U0490105

中国名著大讲堂

中侨大讲堂

刘凤珍 主编

中国名著大讲堂

姜薇薇 编著

中国华侨出版社

图书在版编目（CIP）数据

中国名著大讲堂 / 姜薇薇编著 . — 北京：中国华侨出版社，2016.12
（中侨大讲堂 / 刘凤珍主编）
ISBN 978-7-5113-6518-7

Ⅰ．①中… Ⅱ．①姜… Ⅲ．①名著—介绍—中国 Ⅳ．① Z835

中国版本图书馆 CIP 数据核字（2016）第 281014 号

中国名著大讲堂

编　　　著	/ 姜薇薇
丛书主编	/ 刘凤珍
总　审　定	/ 江　冰
出　版　人	/ 方　鸣
责任编辑	/ 墨　林
封面设计	/ 杨　琪
经　　　销	/ 新华书店
开　　　本	/720mm×1010mm　1/16　印张：24　字数：520 千字
印　　　刷	/ 北京鑫国彩印刷制版有限公司
版　　　次	/2017 年 6 月第 1 版　2017 年 6 月第 1 次印刷
书　　　号	/ISBN 978-7-5113-6518-7
定　　　价	/48.00 元

中国华侨出版社　北京市朝阳区静安里 26 号通成达大厦 3 层　邮编：100028
法律顾问：陈鹰律师事务所
发行部：（010）64443051　　　　　传　真：（010）64439708
网　址：www.oveaschin.com　　　　E-mail：oveaschin@sina.com

如发现图书质量有问题，可联系调换。

前言

Preface

泱泱大中华，悠悠五千年，诞生了许多脍炙人口的经典名著，从诗、词、歌、赋，到戏曲、小说、散文、学术典籍，无不凝结了中华民族的睿智和哲思。经典名著是文明的奠基，是创新的先导，是历史的沉淀。读经典名著，能提升我们的文学修养，增长我们的智慧，还能提高我们处理问题的能力。正如巴金先生所言："读书是在别人思想的帮助下，建立自己的思想。"不仅如此，读经典名著还可以培养一个人的素养，让你心中有一种正确而优雅的为人处世观，使我们的精神世界得到升华。正所谓："品读名著似饮清露，鉴赏圣书如含甘饴。"读经典是一种高层次的审美享受。

读经典，是我们每个人都必需的，而且是永远必需的。有的古典名著里面包含了军事的运用、成功的秘诀、社会的规律，这些在任何年代都适用；有的名著文采斐然，可以提高我们的文笔和阅读水平；有些名著有励志作用，看后使我们倍感振奋；有些名著是弘扬中华民族传统美德与文化的不朽之作。读经典名著还可以了解文学常识与各方面的知识，增长见识与眼光；任何对经典的了解，都会让我们的人文价值、人文精神不断地升华。读名著还可以使我们的人生少走许多弯路，不去步那失败者的后尘。从小读经典名著，并加以思考，对孩童的人格塑造有很大的益处。可以使他们通过这些不朽作品去认识、感悟世界，对真善美、假恶丑形成正确认识和理解，对人生哲理潜移默化地接受，比大人们的说教更有影响和教益。

在瞬息万变的数字时代，我们面对着繁重的工作和学习任务，无法做到对每一部经典名著都细致阅读，因此高效阅读越来越显示出它的重

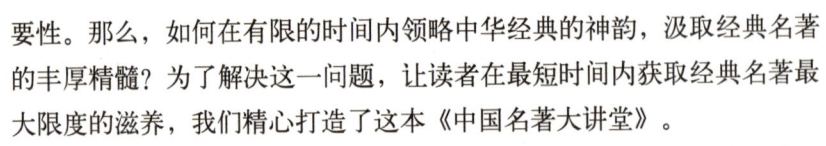

要性。那么，如何在有限的时间内领略中华经典的神韵，汲取经典名著的丰厚精髓？为了解决这一问题，让读者在最短时间内获取经典名著最大限度的滋养，我们精心打造了这本《中国名著大讲堂》。

《中国名著大讲堂》，一册在手，中国名著全知道。本书内容涉及政治、经济、军事、医学、科技等方面，设置了"作者简介""背景介绍""名著概要""阅读指导""作品评价""作品影响""作品特色""名家点评"等栏目。这些栏目从不同角度和层面剖析作品，浓缩原著精华，提炼作品主旨，讲述名著背后的故事，捕捉作品中的点睛之笔，给读者创造出一种轻松的阅读环境，让读者在较短时间内跨越鸿篇巨制的障碍，领略名著的风采，同时也为读者以后深入学习和研究这些经典奠定了基础。这些栏目介绍作家的生平经历、主要作品、文学成就及其在文学史上的地位；讲述名著的写作时代、社会背景或者著作中的逸事等；对作品的主要内容、情节、人物等进行提纲挈领的勾画；对名著提出指导性的阅读建议；收集了著名文学评论家对名著的独到见解，给读者提供阅读名著的不同视角；摘录名著中历经时间考验沉淀下来的不朽词句，引起读者心灵深处的共鸣；介绍与名著相关的内容，当作引申阅读。所有这些内容，由点及面，或纵向深入，或横向延伸，全方位阐释名著的内涵，让读者在有限的时间内博览群书，领略中国名著的博大精深，并产生进一步研究的愿望和探求新知的浓烈兴趣。

本书版式设计生动活泼，力图为读者打造轻松愉悦的阅读空间，200余幅精美插图，包括作者肖像、精版书影、文物照片、遗址风貌、传世名画等，全方位、立体地展现中国名著的内涵，让信息的传递更直观、明了。符合现代人的阅读习惯和阅读趣味，使广大读者在汲取知识的同时扩大视野，感受中华经典的丰厚神韵，增强民族自尊心和自豪感。

目 录
Contents

尚　书 …………………… 1	后汉书 …………………… 82
诗　经 …………………… 3	论　衡 …………………… 84
黄帝内经 ………………… 7	说文解字 ………………… 87
山海经 …………………… 9	伤寒杂病论 ……………… 89
楚　辞 ………………… 11	太平经 ………………… 92
周　易 ………………… 15	搜神记 ………………… 95
道德经 ………………… 17	三国志 ………………… 98
孙子兵法 ……………… 21	抱朴子 ………………… 101
论　语 ………………… 26	金刚经 ………………… 104
大　学 ………………… 30	洛阳伽蓝记 …………… 106
中　庸 ………………… 32	水经注 ………………… 108
考工记 ………………… 34	齐民要术 ……………… 110
左　传 ………………… 37	世说新语 ……………… 112
尔　雅 ………………… 41	千字文 ………………… 116
国　语 ………………… 43	文心雕龙 ……………… 118
战国策 ………………… 46	文　选 ………………… 121
庄　子 ………………… 50	颜氏家训 ……………… 123
荀　子 ………………… 53	大唐西域记 …………… 126
孙膑兵法 ……………… 57	虬髯客传 ……………… 129
韩非子 ………………… 60	贞观政要 ……………… 132
墨　子 ………………… 63	千金方 ………………… 135
孟　子 ………………… 66	六祖坛经 ……………… 138
吕氏春秋 ……………… 69	茶　经 ………………… 140
九章算术 ……………… 71	资治通鉴 ……………… 143
淮南子 ………………… 74	梦溪笔谈 ……………… 146
史　记 ………………… 76	百家姓 ………………… 149
汉　书 ………………… 79	三字经 ………………… 151

中国名著大讲堂

容斋随笔	153	随园诗话	254
窦娥冤	155	随园食单	257
赵氏孤儿	158	镜花缘	258
西厢记	160	再生缘	262
琵琶记	162	海国图志	265
三国演义	166	曾国藩家书	268
农桑衣食撮要	170	三十六计	270
水浒传	173	海上花列传	273
西游记	176	儿女英雄传	275
金瓶梅	180	老残游记	277
封神演义	183	二十年目睹之怪现状	281
菜根谭	185	官场现形记	285
本草纲目	187	孽海花	289
纪效新书	190	人间词话	293
牡丹亭	192	呐喊 彷徨	296
阳羡茗壶系	195	朝花夕拾	300
东周列国志	196	女　神	303
"三　言"	198	屈　原	309
"二　拍"	201	朱自清散文集	311
天工开物	203	背　影	314
农政全书	206	志摩的诗	317
徐霞客游记	208	家	320
陶庵梦忆	210	子　夜	325
夜航船	213	骆驼祥子	331
明夷待访录	215	茶　馆	335
闲情偶寄	218	上海屋檐下	337
笠翁对韵	221	雷　雨	339
日知录	222	边　城	343
聊斋志异	224	围　城	348
阅微草堂笔记	227	金粉世家	352
长生殿	230	倾城之恋	355
桃花扇	234	繁星 春水	358
儒林外史	237	迟桂花	361
醒世姻缘传	241	死　水	364
说岳全传	244	生死场	367
古文观止	246	太阳照在桑干河上	369
唐诗三百首	248		
红楼梦	250		

尚 书

成书年代：春秋早期
地　　位："纪言述事之祖"

作者简介

　　《尚书》是由谁编写的呢？历来有不同的说法，但司马迁和班固都认为是孔子编写的。孔子是中国古代文化承上启下的集大成者，他生活的年代是礼、乐废弛，《诗》《书》散佚的春秋末期。所以他周游列国之后回到鲁国，把晚年的精力都花在编订《诗》《书》《礼》《易》《乐》《春秋》六经上面，还为《尚书》写了序。《尚书》有今文和古文之别，今文《尚书》是汉代伏生所授，在汉代有欧阳氏、大小夏侯氏三家传授。东晋末年，又有梅赜献出的古文《尚书》，综合起来，便形成了今天流行的《尚书》本子。但据清代阎若璩、惠栋等人考证，确认古文《尚书》为伪本。不过其中仍保留了原已散佚的今文《尚书》，因而仍有一定的史料价值。

名著概要

　　《尚书》即上古之书，是儒家经典《六经》之一，又称为《书经》，也简称《书》。它是我国现存最早的一部史书，其体裁属史料选辑，它的内容主要是商、周两代的政府文书，如政府报告、公告、誓词、命令之类，因而可以说它是一部远古的行政档案汇编。

　　在《汉书·艺文志》和《隋书·经籍志》中都言明《尚书》为百篇，但经过秦始皇焚书，《尚书》一度散佚，到了汉文帝时，才由伏生口授出来，共28篇。这就是所谓的今文《尚书》。

《尚书》书影

　　28篇中以朝代分，计《虞书》2篇：《尧典》《皋陶谟》；《夏书》2篇：《禹贡》《甘誓》；《商书》5篇：《汤誓》《盘庚》《高宗肜日》《西伯勘黎》《微子》；《周书》19篇：《牧誓》《洪范》《大诰》《金縢》《康诰》《酒诰》《梓材》《召诰》《洛诰》《多士》《无逸》《君奭》《多方》《立政》《顾命》《费誓》《吕刑》《文侯之命》《秦誓》。

　　《尚书》是以记言为主的史书，其内容大都是历史人物的言语以及朝廷的文

作品评价

　　《尚书》反映了商、周王朝由建立而巩固、兴盛的全过程，是研究商和西周初期政治、经济、文化的极其重要的资料。如《尧典》记载着尧、舜、禹的"禅让"故事，反映了原始公社制度权位继承情况。《禹贡》是我国最早的历史地理文献。《盘庚》记述商朝迁都的情况。但它是政治文件汇编，内容上各篇互相独立而缺乏内在联系，加之又无明确的时间记载顺序，这就为研究古代史的人留下了很多的困难。

诰。若按其性质可分为以下六类：1. 讲述帝王事迹：如《尧典》，这已经可以称之为正式历史；2. 记载典章制度：属于后来志书性质，如《禹贡》，它也是我国最早的地理志；3. 议论国家政治：《洪范》就是箕子为武王论天地之大法、谈治国平天下的道理；4. 誓师词：如《甘誓》《牧誓》；5. 策命：如《文侯之命》；6. 诰：在全书中所占比重最大，其内容所涉及的范围也很广，有的是自上而下，也有的是自下而上。由此可见，前三类是历史记载，后三类是文书档案。

> **名家点评**
>
> 上古帝王之书。
> ——东汉·王充
> 二帝三王，治天下之大经大法皆载于此书。
> ——南宋·蔡沈

虽然仅存28篇，但它所涉及的历史很长。《虞书》这两篇的内容上有较为密切的联系，可以看作是姊妹篇。《尧典》着重记载尧和舜的事迹，反映原始社会末期氏族制度解体的历史。《皋陶谟》的中心问题是讨论治国的方略，提出"知人""安民"，同时提出了"五礼"与"五刑"。这说明当时等级制度与国家机器正在酝酿产生中。《夏书》这两篇反映夏代两件大事：禹治水和夏王伐有扈。禹治水是我国古代一个重要的历史传说，先秦古籍中多有记载。夏王伐有扈则是中国社会制度转化的一件大事。此外《禹贡》一篇的重要性，不单在于记载了这一重要的历史传说，同时还是一篇不可多得的古代地理名著，文中详细地记载了山川的方位和脉络；在行政区域划分方面，将全国区分为9州。《甘誓》一篇，虽然文字极为简短，但它所写的战争事件，意义非常重大，对研究我国奴隶社会的建立提供了文献依据。《尚书》中记载殷商时代历史的，共有5篇：《汤誓》记载了商王朝的建立；《盘庚》《高宗肜日》两篇记载了商王朝的中兴；《西伯戡黎》《微子》记载了商王朝的衰亡。可见5篇基本上反映了商王朝的发展过程。记载周代历史的共有19篇，在今文《尚书》中所占篇幅最多，其史料价值最高。由《牧誓》至《顾命》这15篇，所记载的是西周初期的历史，亦即文王、武王、成王、康王时期的历史。《吕刑》《文侯之命》《费誓》等的主要内容是写周王朝建立过程中的重大历史事件以及周王朝建立以后所采取的巩固政权的措施。就历史事件而言，有武王伐纣、平定武庚禄父及三监的叛乱、周公执政、成王之死与康王受命。

相关链接

《今文尚书考证》，清人皮锡瑞撰。皮锡瑞，字鹿门，湖南善化人。科场不利，遂以治学著书为务。皮氏以今文经学名世，尤其对《尚书》用力最勤。一生著书30余种，尤以此书及《经学历史》《经学通论》最为著名。《今文尚书考证》全书共30卷，以29卷考证今文《尚书》29篇，最后为一卷考证书序。皮氏坚信《尚书》为孔子手定，《序》亦出于孔子之手。为了证明自己的观点，皮氏大量引用史、传及诸子之书详加考证，本着实事求是的态度来研究《尚书》，该书可以说是清代《尚书》之学的总结，对研究《尚书》具有很高的参考价值。

阅读指导

《尚书》在所有中国古代典籍中，最为难读。因此，要阅读《尚书》，必须参照其他书一块儿来读。其中最有参考价值的是《史记》中的《五帝本纪》《夏本纪》《商本纪》和《周本纪》，司马迁在写作时利用了《尚书》中的大量资料，并用当时的语言叙述出来，因而对阅读《尚书》很有帮助。此外，在版本选择上，可供选择的有孔颖达的《尚书正义》、蔡沈的《书经集传》、孙星衍的《尚书今古文注疏》，以及刘逢禄的《尚书今古文集解》，这些书各有所长，可供读者选择。

诗 经

成书年代：春秋
地　　位：我国第一部诗歌总集

作者简介

《诗经》是我国古时的一部诗歌总集。它不是一个人或者几个人写出来的。《诗经》的作者，有的本诗中就有记载，例如《小雅》的《节南山》明说"家父作诵"，《巷伯》明说"寺人孟子，作为此诗"，《大雅》的《崧高》《烝民》都明说"吉甫作诵"；有的可以从别种古书上查出来，例如《尚书》说《鸱鸮》的作者是周公旦，《左传》说《载驰》的作者是许穆公夫人，《常棣》的作者《国语》说是周公、《左传》说是召穆公。

《诗经》中有作者可指的毕竟是极少数，大量的诗是采诗官从民间收集起来的，我们无法知道那些优美而婉转的诗歌的作者到底是谁。我们可以假想这样一个情景：人高兴或悲哀的时候，常愿意将自己的心情诉说出来。日常的言语不够，便用歌唱。碰到节日，大家聚在一起酬神作乐，也要用歌唱表达感想。歌谣越唱越多，留在了人的记忆里。有了现成的歌谣，就可借着抒发感情，要是没有合适的，就删改一些，直到满意。这样，歌谣经过大众的修饰，经采诗官记录下来，结成集子，就是我们现在看到的《诗经》。完全可以说，《诗经》的作者就是上古的大众。

孔子像
据说孔子是最早对《诗经》进行修正和删节的人，今天流传的《诗经》就是由孔子删节而成的。

背景介绍

《诗经》中作品的年代大多不可考，但它所收诗的年代断限，一般是由比较公认的最早或最晚的几首诗来确定的。《豳风》中的《东山》《破斧》据记载是反映"周公东征"的。周公东征在周成王四到三年左右（公元前1113～公元前1112年）。《诗经》中最晚的诗是《陈风·株林》，它所反映的是"刺灵公"的事。据《左传》记载，陈灵公淫乱的事，在周定王七年（公元前600年），相当于春秋中叶。也就是说，《诗

中国名著大讲堂

经》中诗篇的时代，应上起西周初，下不晚于春秋中叶。

西周和春秋时代，周王朝实行的是分封制，中国由许许多多诸侯统治着。那时各国都养着一班乐工，各国使臣来往或者宴会时都得奏乐唱歌。乐工们不但要搜集本国乐歌，还得搜集别国乐歌；不但搜集乐词，还得搜集乐谱。那时的社会有贵族与平民两级。乐工们是伺候贵族的，搜集的歌谣自然得迎合贵族的口味，平民的作品往往必须经过乐工们的加工后才会入选。除了搜集的歌谣以外，太师们所保存的还有贵族们为了特殊事情，如祭祖、宴客、房屋落成、出兵、打猎等所作的诗，这些可以说是典礼的诗。当时还有这样一种风气，臣下想要劝谏或者赞美君主的时候，往往不直接说出自己的意见，而是作了诗献给君上，让乐工唱给君上听，这就是献诗。太师们保存下这些带着乐谱的唱本、唱词共有三百多篇，当时通称作"《诗》三百"。到了战国时代，贵族渐渐衰落，平民渐渐抬头，新乐代替了古乐，职业的乐工纷纷散走，乐谱就此亡失，但还是有三百来篇唱词流传了下来，这便是后来的《诗经》。

名著概要

《诗经》是我国第一部诗歌总集，共收入诗歌305篇（《小雅》中另有6篇"笙诗"，有目无辞，不计在内），最初称《诗》，汉代儒者奉为经典，乃称《诗经》。

《诗经》分为《风》《雅》《颂》三部分。《风》包括《周南》《召南》《邶风》《鄘风》《卫风》《王风》《郑风》《齐风》《魏风》《唐风》《秦风》《陈风》《桧风》《曹风》《豳风》，共15《国风》，收诗160篇；《雅》包括《大雅》31篇，《小雅》74篇；《颂》包括《周颂》31篇，《商颂》5篇，《鲁颂》4篇。

《诗经》歌咏的内容很复杂，由于诗歌的性质不同，描述的内容也相应有所不同。下面，我们分别选择若干重要的类型加以介绍。

《周颂》是周王室的宗庙祭祀诗。除了单纯歌颂祖先功德以外，还有一部分于春夏之际向神祈求丰年或秋冬之际酬谢神灵的乐歌，我们从中可以看到西周初期农业生产的情况。如《丰年》中唱道："丰年多黍多稌，亦有高廪，万亿及秭。为酒为醴，烝畀祖妣，以洽百礼，降福孔皆。"而《噫嘻》则描绘了大规模耕作的情形：

> 关关雎鸠，在河之洲。窈窕淑女，君子好逑。
> ——《周南·关雎》
>
> 昔我往矣，杨柳依依。今我来思，雨雪霏霏。行道迟迟，载渴载饥。我心伤悲，莫知我哀。
> ——《小雅·采薇》
>
> 蒹葭苍苍，白露为霜。所谓伊人，在水一方。溯洄从之，道阻且长。溯游从之，宛在水中央。
> ——《秦风·蒹葭》
>
> 京师之野，于时处处，于时庐旅，于时言言，于时语语。
> ——《大雅·公刘》

"噫嘻成王，既昭假尔，率时农夫，播厥百谷。骏发尔私，终三十里。亦服尔耕，十千维耦。"

《大雅》中的《生民》《公刘》《绵》《皇矣》《大明》五篇是一组周民族的史诗，记述了从关于周民族的始祖后稷到周王朝的创立者武王灭商的历史。如《生民》叙述后稷的母亲姜嫄祷神求子，后来踏了神的脚印而怀孕，生下了后稷，不敢养育，把他丢弃，后稷却历尽苦难而不死："诞置之隘巷，牛羊腓字之。诞置之平林，会伐平林。诞置之寒冰，鸟覆翼之。鸟乃去矣，后稷呱矣。实覃实讦，厥声载路。"

西周后期，由于戎族侵扰、诸侯兼并，社会剧烈动荡。《大雅》《小雅》中产生于这一时期的诗，有很多批评政治的作品。如《瞻卬》中说："人有土田，女反有之。人有民人，女覆夺之。此宜无罪，女反收之。彼宜有罪，女覆说之。"更多的政治批评诗，表达了作者对艰危时事的忧虑，对统治者的强烈不满。如《十月之交》写道："烨烨震电，不宁不令。百川沸腾，山冢崒崩。高岸为谷，深谷为陵。哀今之人，胡憯莫惩！"

《国风》中也有这一类的诗，如《伐檀》："坎坎伐檀兮，置之河之干兮。河水清且涟猗。不稼不穑，胡取禾三百廛兮？不狩不猎，胡瞻尔庭有悬貆兮？彼君子兮，不素餐兮！"《相鼠》也是类似的作品："相鼠有皮，人而无仪。人而无仪，不死何为！相鼠有齿，人而无止。人而无止，不死何俟！相鼠有体，人而无礼。人而无礼，胡不遄死！"

关于战争和劳役的作品也很多。《小雅》中的《采薇》《杕杜》《何草不黄》，《豳风》中的《破斧》《东山》，《邶风》中的《击鼓》，《卫风》中的《伯兮》等，都是这方面的名作。这些诗歌大都从普通士兵的角度来表现他们的遭遇和想法，着重歌唱对于战争的厌倦和对于家乡的思念。其中《东山》写出征多年的士兵在回家路上的复杂感情，在每章的开头，他都唱道："我徂东山，慆慆不归。我来自东，零雨其濛。"又如《卫风·伯兮》："伯兮朅兮，邦之桀兮。伯也执殳，为王前驱。自伯之东，首如飞蓬。岂无膏沐，谁适为容？其雨其雨，杲杲出日。愿言思伯，甘心首疾。焉得谖草，言树之背。愿言思伯，使我心痗。"这首诗是以女子口吻写的。她既为自己的丈夫感到骄傲，因为他是"邦之桀（杰）"，能"为王前驱"，又因丈夫的远出、家庭生活的破坏而痛苦不堪。

在《国风》中，最集中的是关于恋爱和婚姻的诗。《召南·野有死麕》："野有死麕，白茅包之，有女怀春，吉士诱之。""舒而脱脱兮，无感我帨兮，无使尨也吠。"一个打猎的男子在林中引诱一个"如玉"的女子，那女子劝男子别莽撞，别惊动

《豳风·八月剥枣》图

名家点评

> 《诗》,可以兴,可以观,可以群,可以怨,迩之事父,远之事君,多识於鸟兽草木之名。
> ——《论语·阳货》

> 诗三百,一言以蔽之,曰:"思无邪。"
> ——《论语·为政》

> 六经中的《诗》是我国最古老的一部诗歌总集,我国的诗歌文学当以此书为鼻祖。
> ——蒋伯潜、蒋祖怡《经与经学》

了狗,表现了又喜又怕的微妙心理。《郑风·将仲子》写道:"将仲子兮,无逾我里,无折我树杞!岂敢爱之,畏我父母。仲可怀也,父母之言,亦可畏也!""仲子"是她所爱的情人。但她却不敢同他自由相会,且不准他攀树翻墙,只因父母可畏。《国风》中有许多情诗,咏唱着迷惘感伤、可求而不可得的爱情。又如:"月出皎兮,佼人僚兮,舒窈纠兮,劳心悄兮!"(《陈风·月出》)"南有乔木,不可休思。汉有游女,不可求思。汉之广矣,不可泳思。江之永矣,不可方思。"(《周南·汉广》)《国风》中还有许多描写夫妻间感情生活的诗。像《唐风·葛生》,一位死了丈夫的妻子这样表示:"夏之日,冬之夜,百岁之后,归于其居。"《邶风》中的《谷风》,《卫风》中的《氓》,是最著名的两首弃妇诗。《诗经》中写恋爱和婚姻问题的诗,内容丰富,感情真实,是《诗经》中艺术成就最高的作品。

阅读指导

阅读《诗经》,我们能获得美的享受。诗歌的美不仅体现在内容上,而且体现在手法与节奏上。古人说《诗经》有"六义",即风、雅、颂与赋、比、兴。风、雅、颂是诗的性质、体制上的分类,赋、比、兴则是诗的创作手法上的分类。朱熹《诗传纲领》云:"赋者,直陈其事;比者,以彼状此;兴者,托物兴词。""赋"是直抒情意,直述人事;"比"是借物为比,喻其情事;"兴"是托物兴起,抒写情意。例如,"关关雎鸠,在河之洲。窈窕淑女,君子好逑"这一章,以河洲上雎鸠之关关而鸣以求其偶为比,以兴起后二句所赋的淑女之为君子嘉偶,这一类诗是"兴"的作法。

《诗经》中的诗以四言诗为主,但也有例外。《郑风·缁衣》云:"缁衣之宜兮,敝,予又改为兮。适子之馆兮,还,予授子之粲兮。""敝"和"还"是一言的。《小雅·祈父》云:"祈父,予王之爪牙。""祈父"是二言的。《召南·江有汜》云:"江有汜,之子归,不我以。不我以,其后也悔。"前四句都是三言的。《召南·行露》云:"谁谓雀无角,何以穿我屋?谁谓女无家,何以速我狱?"都是五言的。《小雅·十月之交》的"我不敢效我友自逸",是八言的。但以全部《诗经》而论,终以四言诗占绝大多数。《诗经》中也有"兮"字调,如《周南·麟之趾》的"麟之趾,振振公子,于嗟麟兮",则每章末句用"兮"字;《召南·摽有梅》的"摽有梅,其实七兮。求我庶士,迨其吉兮",则间一句用"兮"字。以全部《诗经》而论,虽然"兮"字调只占极少数,但还是可以看出由《诗经》嬗变到《离骚》的"兮"字调的痕迹来。

黄帝内经

成书年代：春秋至战国
地　　位："医学之宗"

作者简介

　　《黄帝内经》冠以黄帝名，并非真为黄帝所作。《淮南子》曾指出："世俗之贱今，必托之于神农、黄帝。"《内经》既非黄帝之作早已为确论，但其成书究竟何时？又出于何人之手？对此，历代以来众说纷纭，终未能取得共识。综观历代学者，《内经》现存本的汉代原本是由谁编订一无所知。仅有的争论在于第9篇的部分内容，66～71篇的全部及第74篇有关"五运"的部分，这些都不见于全元起的校注本，而一般认为是后人所伪造的。由宋英宗治平四年（1067年）版的注释中推测这些部分是由唐人王冰补入的，这种看法

黄帝像

已被后来的学者所认可。而只有范适是一个显著的例外，他极其繁复地论辩哪些部分是由五代或宋初的无名氏补入的。在《黄帝内经》成书年代的问题上约有以下几种观点：如成书于春秋战国说，成书于春秋战国至秦汉之际说，成书于西汉说，或更为晚出说等，现仍为学者争论最为激烈的问题之一。在这个争论上，有一点则为大家所公认，即明代医学家吕复之所论："乃观其旨意，殆非一时之言。其所撰述，亦非一人之手。"

名著概要

　　《黄帝内经》这一名称常常分别冠于《素问》《灵枢》《太素》《明堂》四本书标题前。自北宋以后它常作为前两部分的总称，在这种用法上，它常缩写为《内经》。《黄帝内经》由黄帝与同样具有传说色彩的六大臣之间的对话组成。尽管最著名的部分是黄帝提问，由岐伯作答，但在其他部分这些大臣也参加谈话。全书中他们对宇宙、人们生活的直接环境与人体、情绪之间的关系，对生活习惯与健康之间的关系，对体内各脏器之间的关系，对生命过程与病理过程之间的关系，对于病症与症状之间的关系，以及对如何通过对所有这些的分析而做出诊断与医

作品评价

　　《内经》是先秦诸多医学家对其前代医学发展的一次系统的总结，是对十分丰富的医疗经验的高度概括，从而奠定了中医学发展的理论基础，达到了历史的高水平，有着许许多多的科学成就和十分正确的预见，而且为朝鲜、日本以及东南亚医学家所研究和运用。同时，《内经》也早已为欧美汉学家、私人收藏家、国家图书馆所广泛收藏和流传，甚至被节译或全译为英、法、德等文本出版。在当代科学日新月异发展的今天，《内经》也更为医学界所重视。

> **相关链接**
>
> 《难经》全称《黄帝八十一难经》，原题为秦越人撰，成书约在东汉以前。该书共讨论了81个问题，系以问答形式阐明《内经》的学术思想为其著述宗旨，其内容包括脉诊、经络、脏腑、腧穴、针刺和一部分疾病。这本书对脉学贡献甚大，变《素问》三部九候之脉法为独取寸口，论及脉象约20种，为后世脉学研究及运用奠定了理论基础，其论脏腑经络、生理病理等，均在《内经》的基础上有所发挥，对汉以后医学的进一步发展，产生了积极的影响。

疗决定都提供了见解。《黄帝内经》流传甚广，现就《素问》《灵枢》分述之：

《素问》：6世纪全元起首次对《素问》做全面注释，当时第七卷早佚，故只有8卷。762年，王冰补注，称为《黄帝内经·素问》24卷，81篇，其中除72、73篇目有缺文外，经王氏补入了"旧藏"7篇。11世纪，北宋校正医书局对王氏注本再加校勘注释，改名《重广补注黄帝内经素问》，成为宋之后历代刊刻研究之蓝本和依据，刊刻本有数十种之多。

《灵枢》：在《汉书·艺文志》名为《九卷》，6世纪前后，其名有《针经》《九虚》《九灵》《灵枢》等不同书名之传本。南北朝、隋唐间，《针经》注本多种曾有流传，并见于隋唐及日、朝之医事法令，甚至将其列为医学教材，但未能流传后世。如前所述，宋代刻刊《灵枢》（1135年）后，即成为《九卷》之唯一刻本流传于世，虽有12卷本与24卷本之不同，但篇目内容次第等并无差异。

《黄帝内经》内容十分丰富，《素问》偏重人体生理、病理、疾病治疗原则原理，以及人与自然的关系等基本理论；《灵枢》则偏重于人体解剖、脏腑经络、腧穴针灸，等等。二者之共同点均系有关问题的理论论述，并不涉及或基本上不涉及疾病治疗的具体方药与技术。

《内经》认为：认识人类疾病必须首先认识人类自身。《内经》的作者们很可能直接参与了对人体的解剖研究，并实地进行了人体体表与内脏的解剖。

《内经》中涉及许多高明的医疗技术。例如该书不但记述了水浴疗法、灌肠技术，而且比较正确地论述了血栓闭塞性脉管炎——脱疽的外科手术截趾术等。《内经》已设计使用了筒针（中空的针）进行穿刺放腹水的医疗技术，这是一次改善腹水治疗和减轻患者痛苦比较成功的尝试。筒针穿刺放腹水虽然未能创造出根治腹水的方法，但作为一种医疗技术在后世继续得到发展和应用。

《内经》提倡疾病预防，强调早期治疗。中国医学自古就有重视促进人体健康以预防疾病的思想，追其源则始于《内经》。

阅读指导

《黄帝内经》以对话的形式写成，由黄帝提问，六大臣作答，在阅读上，要把重点放在

《灵枢》《素问》书影

黄帝提问、岐伯作答的部分上，这是全书最著名的地方所在，要注意把握书中关于宇宙、直接的环境与人们情绪之间的关系、生活习惯与健康之间的关系、病症与病症之间的关系等的见解。对于普通读者而言，《黄帝内经》的专业性还是很强的，因而可以先通过阅读一些介绍性的读物做初步了解，然后再进行阅读。在版本上最好采用人民卫生出版社出版的校注本。

山海经

成书年代：春秋晚期
地　　位："古今语怪之祖"

作者简介

《山海经》的作者与成书年代众说纷纭。传统上《山海经》被认为是大禹及其助手伯益所作，如《论衡》《吴越春秋》及刘歆的《上山海经表》所说。另外一些人表示怀疑，北魏郦道元作《水经注》时已发现：《山海经》编书稀绝，书策落次，难以辑缀，后人又加以假合，与原意相差甚远。北齐的颜之推注意到了书中出现的汉代地名，认为是在秦代焚书之后或董卓所加，此后随着考古学与辨伪学的发展，禹、益之说日趋被否定。当代学者较一致地认为《山海经》是由几个部分汇集而成，并非出于一人之手。但具体看法又不同，有学者认为《山海经》由三大部分组成，其中以《山经》成书年代最早，为战国时作；《海经》为西汉时作；《大荒经》及《大荒海内经》为东汉至魏晋时作。有的学者对《山海经》中的《山经》与《禹贡》做比较研究，结论是《山经》所载山川于周秦汉间最详最合。至于时代当在《禹贡》之后，战国后期。

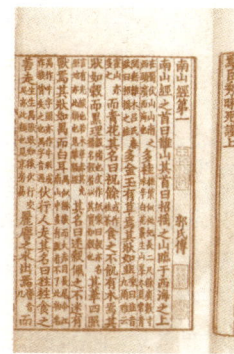

《山海经》书影

名著概要

《山海经》记述的内容十分丰富，其中囊括了天文、历法、地理、气象、动物、植物、矿物、地质、水利、考古、人类学、海洋学和科技史等诸多内容。同时也保留了大量远古神话传说。《山海经》的今传本为18卷39篇，分《五藏山经》《海外经》《海内经》《大荒经》四部分，其中《五藏山经》5卷，包括《南山经》《西山经》《北山经》《东山经》《中山经》，共21000字，占全书的2/3。《海内经》《海

作品评价

《山海经》是一部内容丰富、风貌独特的古代著作。《山海经》实际上也是我国记载神话最多的一部古书。本书通过神话的形式，既记载了全国的山水矿藏，又记载了动植物。该书还记载了古代的一些社会情况，不仅对研究自然科学史有参考价值，而且对研究中国上古社会也有重要的参考价值。

> 经典摘录
>
> 太华之山,削成而四方,其高五千仞,其广十里,鸟兽莫居。
> ——《西山经》
>
> "岷山之首,曰女几之山,其上多石涅","又东一百五十里,曰风雨之山,其上多白金,其下多石涅。"
> ——《中山经》
>
> 夸父与日逐走,入日。渴欲得饮,饮于河渭,河渭不足,北饮大泽。未至,道渴而死。弃其杖。化为邓林。
> ——《海外北经》

外经》8卷,4200字。《大荒经》及《大荒海内经》5卷,5300字。

《山经》以五方山川为纲,记述的内容包括古史、草木、鸟兽、神话、宗教等。《海经》除著录地理方位外,还记载远国异人的状貌和风格。在古代文化、科技和交通不发达的情况下,尤为可贵。

卷1~5分为26节,描写了447座中央陆地上的山脉。每座山的描写至少包括它的名字,它距前面提到的山脉的距离,以及关于其植物、动物和矿物的信息。还包括对居住于一座山或者一群山脉上的守护神和怪物以及某些神话传说的评说。当一条河与一座山相连时,原文详细说明了河流的起源、出口、流向以及其中所见的物品。在24个小部分的末尾,还提供了一些有关山精崇拜的规定,这些记载对研究中国早期宗教是十分重要的。卷6~18的内容有些不同。地名几乎无法确认,植物学和动物学让位于虚构的民族学;医学的、占卜的和仪式的规定再也找不到了,神话记录倒为数更多。

作者以《中山经》所在地区为世界的中心,四周是《南山经》《西山经》《北山经》《东山经》中所记录的山系,它们共同构成大陆,大陆被海包围着,四海之外又有陆地和国家,再外还有荒远之地,这就是《山海经》所描绘的世界。

《山海经》的地域范围依今天的行政区划来分析,大致如下:《南山经》东起浙江舟山群岛,西抵湖南西部,南抵广东南海,包括今天的浙、赣、闽、粤、湘5省。《西山经》东起晋、陕间的黄河,南起陕、甘秦岭山脉,北抵宁夏盐池西北,西北达新疆阿尔泰山。《北山经》西起今内蒙古、宁夏腾格里沙漠、贺兰山,东抵河北太行山东麓,北至内蒙古阴山以北。《东山经》包括今山东及苏皖北境。《中山经》西达四川盆地西北边缘。

《山经》以山为纲,分中、南、西、北、东五个山系,分叙时把有关地理知识附加上去。全文以方向与道里互为经纬,有条不紊。在叙述每列山岳时

后羿射日图(局部)

英雄神话在《山海经》中占有很显著的位置,《山海经》也因其记载神话的多样性、完整性而被认作是中国古代神话的第一典。

还记述山的位置、高度、走向、陡峭程度、形状、谷穴及其面积大小,并注意两山之间的相互关联,有的还涉及植被覆盖密度、雨雪情况等,显然已具备了山脉的初步概念,堪称我国最早的山岳地理书。在叙述

> **名家点评**
>
> 古今语怪之祖。
> ——明·胡应麟
>
> 《山海经》皆圣贤之遗事,古文之著明者也,其事质明有信。
> ——清·毕沅

河流时,必言其发源与流向,还注意到河流的支流或流进支流的水系,包括某些水流的伏流和潜流的情况以及盐池、湖泊、井泉的记载。《山海经》中最具有地理价值的部分《五藏山经》,在全书中最为平实雅正,从形式至内容都以叙述各地山川物产为主。

另外,本书中记载的医学史料、药物知识,对研究中国医药学的萌芽和演化尤为重要。据学者吕子方统计,《山海经》载录的药物数目,动物药 76 种(其中兽类 19 种,鸟类 27 种,鱼龟类 30 种),植物药 54 种(其中木本 24 种,草本 30 种),矿物药及其他 7 种,共计 137 种,并且所收载的药物有明确的医疗效能的记述。经过长期的研究证实,《山海经》还是世界上最古老的矿藏地质文献,所记载的 226 处金、银、铜、铁、锡等矿藏,现在大都可以证实。

楚　辞

成书年代:战国
作　者:屈原
地　位:神奇而瑰丽的骚体之祖

作者简介

《楚辞》是我国古代又一部重要的诗歌集,它编纂于西汉末年。编纂者是著名的文学家、目录学家刘向。《楚辞》的主要作者是屈原和宋玉。

屈原,名平,字原,战国时楚国丹阳(今湖北省秭归县东南)人,约生于公元前 340 年,卒于公元前 278 年。出身贵族,是楚武王后裔,曾任左徒、三闾大夫。怀王时,主张联齐抗秦,选用贤能,但受其他贵族排挤而不见用。遭靳尚与上官大夫等人毁谤,先被放逐到汉北,又被流放至江南,终因不忍见国家沦亡,怀石自沉汨罗江而死。传说,屈原投汨罗江这天,正是农历五月初五,村民得知他投江,赶紧划着船,在江上打捞。但江水茫茫,已经无法寻找了。村民们怕鱼儿咬伤屈原的尸体,就用竹叶包了米饭,撒在江中喂鱼,就算是对屈原的祭奠。从此以后,每年的这一天,人们为了怀念屈原,都要划龙舟、包粽子。这一习俗流传下来,就成了我们现在的端午节。

宋玉的生平,古书中记载很少。传说他是屈原的学生,更详细的情况现在我们已经无法知道了。

屈原像

背景介绍

　　与黄河流域一样，长江流域也孕育着古老的文化，楚文化就是这一地域文化的代表。楚人很早就和中原的国家有联系，同时，它也始终保持着自身强烈的特征，因而楚人长期被中原国家看作野蛮的异族。楚文化的兴起比中原文化迟，原始宗教——巫教盛行可以说是楚文化落后的表现。但在其他方面，楚文化并未落后，甚至有许多地方远远超过中原文化。

　　南方的自然经济条件比北方优越，在南方谋生比较容易，不需要结成强大的集体力量去克服自然、维护生存，所以楚国没有形成像北方国家那样严密的宗法政治制度。在这样的生活环境中，个人受集体的压抑较少，个体意识相应就比较强烈，这就造成了楚国艺术的高度发展，这是楚文化明显超过中原文化的一个方面。中原文化中，艺术包括音乐、舞蹈、歌曲，主要被理解为"礼"的组成部分。与此不同，在楚国，艺术无论是娱神的还是娱人的，都是在朝审美愉悦的方向上发展，展示的是人的活跃的情感。就是在这样的背景下，楚地的歌谣演变成了楚辞。

临李公麟《九歌图》（局部）

名著概要

　　《楚辞》一书中选编了屈原的《离骚》《九歌》《天问》《九章》《远游》《卜居》《渔父》及宋玉的《九辩》《招魂》等名篇。

　　《离骚》是屈原最重要的代表作。全诗370余句，2400余字，是中国古代最宏伟的抒情诗。它的写作年代，是在屈原被放逐之后。

　　《离骚》的题旨，司马迁解释为"离忧"，班固把"离骚"解释为"遭忧作辞"，王逸则把"离骚"解释为"离别的忧愁"。这三种说法都有一定的道理。总之，这是屈原在政治上受到严重挫折之后，面临个人和国家的厄运，对于过去和未来的思考，是一个崇高而痛苦的灵魂的自传。

　　《离骚》从第一句"帝高阳之苗裔兮"开始，诗人用大量笔墨，从多方面描述自我的美好而崇高的人格。他自豪地叙述他是楚王的同姓，记叙自己降生在一个吉祥的时辰（寅年寅月寅日），被赐以美好的名字，又强调自己禀赋卓异不凡，

相关链接

　　《楚辞》之外的楚辞：有些楚辞名作没有被刘向收入《楚辞》一书中。比如有宋玉的《风赋》《高唐赋》《神女赋》《登徒子好色赋》《对楚王问》五篇作品。我们可以在萧统编的《文选》中找到这些作品。

　　楚歌：楚地的民歌。这种民歌的特点是句式长短不一，歌中常用语气词"兮"。这种歌谣到秦汉时还十分流行，流传下来的有刘邦的《大风歌》、项羽的《垓下歌》等，《史记·留侯世家》也记载了戚夫人唱的一首楚歌。

> **名家点评**
>
> 皆书楚语，作楚声，纪楚地，名楚物。
> ——宋·黄伯思《东观余论》
>
> 《天问》《远游》，怀诡而惠巧；《招魂》《招隐》，耀艳而深华；《九歌》《九辩》，绮靡以伤情。
> ——南朝梁·刘勰《文心雕龙·辩骚篇》
>
> 怀疑自遂古之初，直至百物之琐末，放言无惮，为前人所不敢言。
> ——鲁迅《摩罗诗力说·论〈天问〉》

并且叙述自己及时修身，培养高尚的品德，锻炼出众的才干，迫切地希望献身君国，令楚国振兴。诗人自我的形象，代表着美好和正义。"党人"是同诗人敌对的，代表着邪恶。他们只顾苟且偷安，使楚国的前景变得危险而渺茫，还"内恕己以量人，各兴心而嫉妒"，"谓余以善淫"，诬蔑诗人是淫邪小人。诗人受到沉重的打击，却更激起了诗人的高傲和自信。他反复用各种象征手法表现自己高洁的品德。同时，再三坚定地表示：他决不放弃自己的理想而妥协从俗，宁死也不肯丝毫改变自己的人格。而后诗人在想象中驱使众神，上下求索。他来到天界，然而帝阍——天帝的守门人却拒绝为他通报。他又降临地上"求女"，但那些神话和历史传说中的美女，或"无礼"而"骄傲"，或无媒以相通。诗人转而请巫者灵氛占卜、巫咸降神，给予指点。灵氛认为楚国已毫无希望，劝他离国出走；巫咸劝他留下，等待君臣遇合的机会。于是，诗人驾飞龙，乘瑶车，扬云霓，鸣玉鸾，自由翱翔在一片广大而明丽的天空中。在幻想中，正当诗人"高驰邈邈"的时候，"忽临睨夫旧乡。仆夫悲余马怀兮，蜷局顾而不行"。他发现自己根本无法离开故土，既不能改变自己，又不能改变楚国，那么，除了以身殉自己的理想，以死完成自己的人格外，也就别无选择。《离骚》闪耀着理想主义的光辉异彩。诗人以炽烈的情感、坚定的意志，追求真理，追求完美的政治，追求崇高的人格，至死不渝，具有巨大的艺术感染力。

《九章》由九篇作品组成：《惜诵》《涉江》《哀郢》《抽思》《怀沙》《思美人》《惜往日》《橘颂》《悲回风》。《九章》的内容都与屈原的身世有关，这与《离骚》相似。在《九章》中，《橘颂》的内容和风格都比较特殊。作品用拟人化的手法，细致描绘橘树灿烂夺目的外表和"深固难徙"的品质，以表现自我优异的才华、高尚的品格和眷恋故土、热爱祖国的情怀。在描写过程中，诗人既不黏滞于作为象征物的橘树本身，又没有脱离其基本特征，从而为后世咏物诗的创作开辟了一条宽广的道路。其他篇章，多为屈原在放逐期间所作。《涉江》是屈原在江南长期放逐中写的一首纪行诗。诗中叙写作者南渡长江，又溯沅水西上、独处深山的情景。其中的风光描写最为人称道。楚辞中这类风光描写，成了后代山水诗的滥觞，屈原也被推为我国山水文学的鼻祖。《哀郢》作于秦将白起攻陷楚都以后。屈原在流亡中，亲眼目睹了祖国和人民遭受的苦难，心情沉痛，写下这首诗，哀叹郢都的失陷。《怀沙》是屈原临死前的绝笔。诗人一面再次申说自己志不可改，一面更为愤慨地指斥楚国政治的昏乱，表现出对俗世庸众的极度蔑视。诗人希望世人能够从自己的自杀中，看到为人的准则。《九章》的大部分都反映了屈原流放生活的经历，这些诗篇善于把纪实、写景与抒情相结合，以华美而富于表现力的语言，写出复杂的、激烈冲突的内心状态。

《天问》是一篇奇文。它就自然、历史、社会以及神话传说，一口气提出172个问题。这些问题，有些是在当时已经有公认答案的，但诗人并不满足，还是严厉地追问，想找到新的答案。比如尧舜，在当时已被儒家奉为偶像，在《离骚》《九章》中也被反复当作理想政治的化身来歌颂，但在《天问》中，他们仍然不能逃脱深刻的怀疑。

《九辩》是宋玉的代表作，它明显受到屈原的影响。《九辩》中袭用或化用《离骚》《哀郢》等作品中现成语句的地方共有十余处。《九辩》借悲秋抒发"贫士失职而志不平"的感慨，塑造出一个坎坷不遇、憔悴自怜的才士形象。《九辩》的哀愁，主要是一种狭小的、压抑的哀愁，基调是"惆怅兮而私自怜"。宋玉的文才，他怀才不遇的遭遇，他的见秋景而生哀的抒情模式，都影响了后世标榜清高而自惜自怜的文人，写出许多伤春悲秋的诗文。

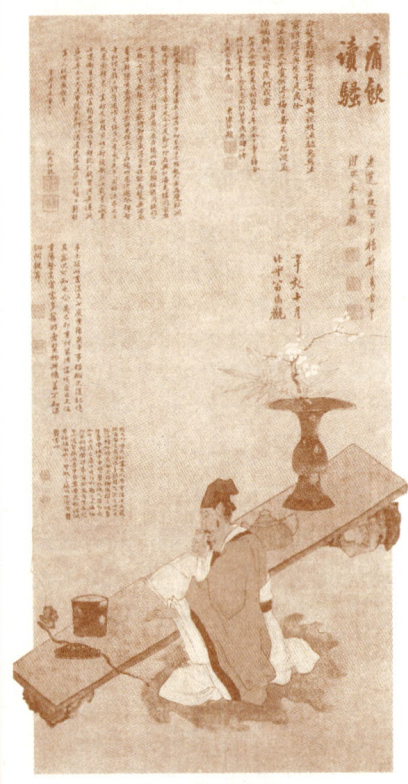

饮酒读《离骚》 明 陈洪绶

阅读指导

　　楚辞受楚地歌谣的影响很深。楚歌的体式和《诗经》不同，不是齐整的四言体，而是每句长短不一，句尾或句中常用"兮"字作语气词。这也是楚辞的显著特征，阅读时不可不注意。

　　楚地盛行的巫教也影响了楚辞，使楚辞具有浓厚的神话色彩。楚辞充满奇异的想象和炽热的情感。诗人在表现情感时，大量运用神话材料，驰骋想象，上天入地，飘游六合九州，给人以神秘的感受。比如《离骚》由"神游"到"降神"，都借用了民间巫术的方式，这是楚辞的另一个突出的特点。

　　中原文化对楚国的影响在楚辞中也有明显的痕迹。《九章》中的《橘颂》全诗都用四言句，在隔句的句尾用"兮"字，可以看作诗经体式对楚辞体式的渗透。这种影响正是春秋战国时期华夏民族逐渐融合的反映。

周 易

成书年代：西周至战国晚期
地　　位："推天道以明人事之书"

作者简介

《周易》的作者，历来说法不一，传说伏羲氏画卦，周文王作彖辞，孔子作传，不见得可靠。据近人研究，它可能产生于殷周之际，是对于古代卜卦的记录，经过较长时间的积累而成。而其中的传等形成于战国晚期，是多人合手而成的。

背景介绍

在原始社会，由于生产力的低下，人们对自然和社会现象的客观情况和规律性缺乏认识，因而产生宗教迷信，当时人们是根据神灵的启示来判断吉凶的，而传达神灵启示的手段是占卜。进入阶级社会之后，占卜逐渐成为一门专业，从事这门专业的人叫作"卜人"或"筮者"。这些卜人，把他们积累的经验编辑成书，以便翻检和传授。在夏朝有《连山》，在商朝有《归藏》，在周朝时出现了《周易》。

名著概要

《周易》，又称《易经》，简称《易》，包括"经"和"传"两部分。"经"的部分主要包含卦象、卦辞和爻辞。"传"的部分主要包含彖传、象传、文言、系辞传、说卦传、序卦传和杂卦传等，古称"十翼"。从不同的角度而言，它是古代的卜筮学、哲学、预测学、信息学、系统学、伦理学、宇宙代数学的混合产物。它涉及天文、地理、气象、历法、数学、物理、化学、生物、医学、武术、炼丹、养生、哲学、历史、文学、艺术、教育、民俗、心理、伦理、军事、宗教、卜筮等领域。它还有许多有价值的方法和思想，如简单性原则、相似性原则、循环原则以及稳定与不稳定、无穷演化的思想等。

《周易》认为，阴阳是天地、万物的总起源，自然界与人及动物没有什么两样，也是由两性相交产生的。万物在阴阳两势力的矛盾中产生变化，而变化的形式就

> **名家点评**
>
> 　　郭沫若在《周易时代的社会生活》中说："《易》的出发点原是一种辩证观。"在《周易之制作时代》中指出："从《易》的纯粹的思想上说，它之强调着变化而透辟地采取着辩证法的思维方式，在中国的思想史上的确是一大进步。"

作品评价

《周易》在社会史料、哲学思想、文学艺术等方面，都为中国的传统文化留下了珍贵的遗产，这些基本观点、看法，大体上都有其学术价值与意义。随着科技进步发展，人们把《周易》所阐述的思想同美学、数理哲学、预测学、医学、气功学等种种学科相联系加以研究，产生出各种各样有意义的见解和思想。

八卦

是通过交感。《周易》认为世界上没有东西不在变化。变化又是有阶段性的，发展到最后阶段，就会带来相反的结果，"物极"就要走向反面。

《易传》是《易经》的解释。它包括《彖》上下、《象》上下、《系辞》上下、《文言》《说卦》《序卦》《杂卦》，也称"十翼"。《彖》是对卦辞的解释。《象》是对爻象和爻辞的解释。《系辞》总论《易经》的基本观点，阐发这些基本观点如何应用于自然和社会。《文言》专论乾、坤两卦的基本概念。《说卦》论述六十四卦的排列秩序。《杂卦》说明卦名的意义及其相互关系。

《易传》的基本思想：（一）"—""--"宇宙存在论，"—"为阳爻，"--"为阴爻。宇宙存在说的观点：第一，八卦产生不是人类主体思维之虚构，它来自人们"近取诸身、远取诸物"，是对宇宙客观存在的认识。第二，八卦论说宇宙生成存在的逻辑思维，是从人的生命之源，来推演宇宙其他事物之源与其变化。男女交而生人，故宇宙亦在交合中产生。第三，宇宙是对立统一体。第四，八卦用对立统一解释事物的普遍性质。六十四卦来自八卦之重叠，八卦最终取自阴"--"阳"—"二符号，"—""--"二符号是对六十四卦所阐述的各种具体事物的普遍性质的抽象化，"—""--"抽象的对立统一物，代表了事物的普遍性质。（二）"变则通"的宇宙发展论。第一，《易传》肯定事物都在发展变化中存在，"易穷则变，变则通，通则久"。第二，变化是事物吉凶的征兆。第三，事物变化的原因是事物间相互交感的矛盾运动。（三）《易传》社会学说：《易传》对自然的揭示，为人类社会管理提供了模拟的依据。在孔子看来，有一种本质无边的东西存在，那就是天（乾）一定在上，地（坤）一定在下，在上者必尊，在下者必卑。这种上下有序、尊卑有别的思想，便形成了儒家政治思想的基础。

《周易》把"道"作为宇宙的本体，如履卦九二爻辞有："履道坦坦，幽人贞吉。"随卦九四爻辞："有孚在，道以明，何咎。"这里所讲的"道"，就是作为宇宙本体的"道"。"十翼"对于《周易》所提出的作为宇宙本体的"道"可以说是理解很深刻、发挥很透彻的，超越了《周易》作者的水平。

相关链接

西汉末期扬雄的《太玄》，模仿《周易》，既是一部占筮书，又是一部哲学书。《太玄》共5000字，除了模仿《周易》外，还有11篇模仿《易传》，是对《太玄》本文的解说。《太玄》主要根据浑天说、太初历，按照《周易》的模式编写出来，分为方、州、部、家四个层次。《太玄》一书很难读懂，它作为占筮书，包含神秘主义内容，但作为哲学，又包含有丰富的辩证法思想，应引起十分的重视。

阅读指导

　　阅读《周易》，重在理解其最基本的概念，以及它对宇宙、社会、人生的看法。但是阅读起来还是相当有困难的，因此，为了方便读者阅读，这里着重推荐如下几个版本，以供读者选择：中国书店出版的唐代李鼎祚撰《周易集解》、孔颖达撰《周易正义》、宋代朱熹撰《周易本义》、清代丁寿昌撰《读易会通》。而最能帮助读者理解的当属近人顾颉刚的《周易卦爻辞中之故事》和高亨的《周易古经今注》《周易大传今注》。这几本书可以说代表了现代人研究周易的成就。

道德经

成书年代：春秋
作　　者：老子
地　　位：中国哲学发展的重要源头

作者简介

　　关于老子其人、其书及其"道论"历来有争论。根据《史记》介绍如下：老聃，姓李名耳，字伯阳，楚国苦县厉乡曲仁里（今河南省鹿邑县东）人，是春秋时著名的思想家，道家学派的创始人。他的生卒年月不详。老子做过周朝的"守藏室吏"，所以他谙于掌故，熟于礼制，不仅有丰富的历史知识，并且有广泛的自然科学知识。他和孔子是同时代的人，较孔子年辈稍长，世称"老子"。公元前520年，周王室发生争夺王位的内战，这场长达5年的内战，最终以王子朝失败告终。王子朝失败后，席卷周室典籍，逃奔楚国。老子所掌管的图书也被带走，于是老子被罢免而归居。由于身受当权者的迫害，为了避免祸害，老子不得不"自隐无名"，流落四方，后来，他西行去秦国。经过函谷关（在今河南省灵宝市西南）时，关令尹喜知道老子将远走隐去，便请老子留言。于是老子写下了5000字的《道德经》。相传老子出关时，骑着青牛飘然而去，世人不知其所终。

老子像

作品评价

　　《道德经》五千言，包容着极大的智慧，在中国乃至世界哲学史和文化史上占有十分重要的地位。这部著作不仅影响先秦诸子各家各派，而且对整个哲学史中的重大哲学派别都有极大的影响。自先秦韩非以来，注释《道德经》者不下千家。魏晋玄学家把《道德经》列为"三玄"之一。在传统文化中，医学、军事、气功、天文、养生、政治等各个领域都离不开对《道德经》的研究。当然由于受时代的限制，老子的自然辩证观是直观的、原始的、朴素的，缺乏科学的论证，并且他的小国寡民的理想是幻想，是违反社会历史发展规律的。但《道德经》一书中光辉的思想火花是值得我们珍视的一份历史遗产。

背景介绍

春秋战国时期，奴隶制走向崩溃，封建制度逐步确立，社会矛盾尖锐复杂。封建制度先后在各个国家确立起来，至此，社会主要矛盾已经不是新兴地主阶级同奴隶主阶级的矛盾，而是地主阶级与农民阶级的矛盾，同时也有地主阶级内部的矛盾。当时国与国之间的战争，各个政治集团的争夺，就属于地主阶级内部矛盾性质。面对当时的社会动乱，诸子百家都提出了自己的济世之方。儒家主张礼治、德治和贤治；墨家反对礼治，但也主张德治和贤治；法家反对墨家而主张法治。同诸家相对立，老子则主张无为而治，认为社会之所以动乱，在于人们的智巧太多，欲望太甚；而智欲的根源在于物质生活的发达和种种造作有为的政治。

名著概要

《道德经》又名《老子》《老子五千文》，是中国道家的主要经典，全面反映了老子的哲学思想。全书共81章，分上下两篇，上篇37章为《道经》，讲的是世界观问题，下篇44章为《德经》，讲的是人生观问题。全书文辞简明，哲理丰富，且体系完整，内容丰富，涉及宇宙、社会、人生、军事、政治、医学等各个方面。其中"道"的观念，是其思想体系的核心。老子反对儒墨两派的道德观，认为真正的道德是不追求道德，提倡柔弱虚静，减少私欲，知足不争；理想政治是无为而治，理想社会是小国寡民的社会。老子提出了以"道"为核心的哲学体系，用"道"来说明宇宙万物的本质、构成、变化和根源。老子认为"道"是天地万物的本源，他的"道论"的中心思想是："道即自然，自然即道。"他说，"道"是万物之母，"道可道，非常道。名可名，非常名。无，名天地之始。有，名万物之母"。也就是说，宇宙的本源就是道，它是永远存在的。道的运行是自由的、必然的，即按其自身的规律而运行。天地万物都是由它产生的，它是宇宙的母体。老子认为，道产生了天地，德是道的性能，天地生养着万物，万物各成其形，各备其用。所以万物没有不尊道而贵德的。道的尊崇，德的贵重，不是有谁给它爵位，而是自然而然的，所以道产生天地，德畜养万物，长育万物，成熟万物，覆盖万物。老子的"道"是超形象、超感觉的观念性存在，是无，没有颜色，没有声音，没有味道。

《道德经》一书中具有丰富的辩证思想。它触及了矛盾普遍存在的原理，提出了一系列对立范畴：阴阳、刚柔、强弱、智愚、损益……它认为这些对立双方处在互相依存之中，而且这些对立的双方又是互相成就、互相转化的。对立双方之所以能互相转化，乃是因为它们的相互包含，不过，对立面的转化有一个量的积累过程。老子的辩证法是来自实际、返诸现实的。老子观察了自然界的变化，生与死、新与旧的相互关系，观察了社会历史与政治的成与败、福与祸等对立双方的相互关系，发现了事物内部所具有的一些辩证规律。

《道德经》帛书

经典摘录

　　天下皆知美之为美，斯恶矣；皆知善之为善，斯不善矣。故有无相生，难易相成，长短相较，高下相倾，音声相和，前后相随。是以圣人处无为之事，行不言之教；万物作焉而不辞，生而不有，为而不恃，功成而弗居。夫唯弗居，是以不去。

——《道德经》 第二章

　　上善若水。水善利万物而不争，处众人之所恶，故几于道。居善地，心善渊，与善仁，言善信，政善治，事善能，动善时，夫唯不争，故无尤。

——《道德经》第八章

　　知人者智，自知者明。胜人者有力，自胜者强。知足者富。强行者有志。不失其所者久。死而不亡者寿。

——《道德经》第三十二章

　　为学日益，为道益损。损之又损，以至于无为，无为而无不为矣。故取天下，常以无事；及其有事，不足以取天下。

——《道德经》第四十八章

　　民不畏死，奈何以死惧之？

——《道德经》第七十四章

　　小国寡民，使有什伯之器而不用；使民重死而不远徙。虽有舟舆，无所乘之。虽有甲兵，无所陈之。使人复结绳而用之。甘其食，美其服，安其居，乐其俗。邻国相望，鸡犬之声相闻，民至老死，不相往来。

——《道德经》第七十九章

中国名著大讲堂

　　同时还深刻地论证了相反相成的道理：长和短二者只有彼此比较才能显现出来，不同的声音产生谐和，前后互相对立而有了顺序。总之，老子承认事物是在矛盾中发展的。老子还初步意识到量的积累可以引起质的变化。

　　老子的"道论"，基本上可以概括为"天道自然观"。所以老子的人生哲学和政治哲学基本上是人当法道，顺其自然。至于如何治理国家，老子认为最好是采取"无为而治"的办法，让人民去过自由自在的生活，用无所作为，听其自然发展的办法，来达到治理好国家的目的。在老子看来，无为正是有所作为，"无为而无不为"。老子反对用刑、礼、智这些来治理国家，反对向人民加重赋税，反对拥有强大的兵力。在老子看来，人类社会不要"圣智""仁义""巧利"，国家就大治了。这三种东西不足以治国，最好的办法是使人们着意于"朴素""少有私欲"，不求知识，就可以没有忧患了。

　　老子所向往的理想世界是小国寡民的原始社会。他的这一设想在一定程度上反映了当时人民迫切要求休养生息和减轻剥削的愿望。这是老子政治思想的进步因素。但是，小国寡民的理想，却是幻想，它是违反社会历史发展规律的。

作品特色

　　《道德经》一书，基本是抽象的理论阐发，而不涉及人物描写。它的艺术特色主要表现为句式比较整齐，多用韵语，读起来朗朗上口，便于记忆。但在韵语之外，又恰到好处地结合了散体文章，这种韵散结合的文体，使得它在先秦诸子的散文中独树一帜，既不同于《论语》的语录体散文，也不同于《诗经》的韵诗，而显得别具一格。

《道德经》的第二个艺术特色是善用比喻。为了说明一个比较深奥的道理，老子常用身边的事物打比方。如为了说明"有无相生"的道理，他以碗为例：如果一个碗做成实心的，看起来是"有"了，可它起不到碗的作用，也就是说它在碗这个意义上是"无"；而如果把它做成空心的，看起来它的中心是"无"，可正是这必要的"无"，使它有了碗的功用。这些例子，都取之于人们的生活本身，所以显得通俗易懂，但却能将"有无相生"这样抽象深奥的道理讲得透彻明白。

《道德经》的第三个艺术特色是它的行文凝练精妙，多用格言警句。如："合抱之木，生于毫末；九层之台，起于垒土；千里之行，始于足下。"（《道德经》第六十四章）

这些格言警句短小精悍，而且寓意深刻，具有很深的启发意义。和差不多同时期的语录体《论语》相比，显得更为精警洗练。因此有人认为《道德经》不是一人一时所作，而可能是不同时期的人们将生活中的谚语和格言汇总在一起而形成的，所以不是每一句话都紧扣道家的思想。当然，这些都是瑕不掩瑜的小问题。

孔子问道图
这幅画反映的是孔子游学途中，拜访老子、虚心求学的情景。图中将孔子的谦虚，老子的睿智表现得十分到位。

作品影响

《道德经》对中国乃至世界的影响是无与伦比的。它对中国传统文化有着巨大的影响，对中国思想史有不可替代的作用。战国时期，儒家的孔子、道家的庄子、法家的韩非子都受到过《道德经》的影响。汉初，黄老之学盛行，并渗入到政治生活中，名相萧何、曹参在治国时，"镇以无为，从民之欲而不扰乱"（《汉书·刑法志》）。东汉末年，道教奉老子为教主，视《道德经》为经典。魏晋时期，玄学昌盛，在朝的玄学家注重《道德经》的无为而治，在野的玄学家提倡《道德经》的"自然"之说，《道德经》的思想成为抒发政治主张、抨击现实的武器。大唐盛世，帝王自称为老子后裔，为之立庙，唐太宗采用"无为而治"为兴国方针，唐高宗封老子为"太上玄元皇帝"，唐玄宗将《道德经》奉为贡举策试的经典之一，并亲身为它作注。宋代帝王对道教情有独钟，宋真宗加封老子为"太上老君混元上德皇帝"，宋徽宗把《道德经》列为太学及地方学校的课本。这一时期，《道德经》的思想对理学也有所渗透，并影响甚大。在中国几千年的历史里，每个朝代在其鼎盛时期，无一例外地采用"内用黄老，外示儒术"的治国理念，即内在的、起领导作用的是中国传统文化中的道家理想。

《道德经》的影响不仅时间久、历史长，而且领域广、方面多。在宗教上，它

名家点评

> 研究了老子以后，我完全改变了对老子的看法。我再不认为老子是江湖骗子的祖师爷、巫师教授、研究长生不老和白日飞升的术士，我发现老子是……微妙的形而上学的真正哲学家。他并不逊于柏拉图，他的思想高度和稍后的毕达哥拉斯学派以及柏拉图学派所提出的学说，有无可争辩的共同之处。
>
> ——法·莱谟萨

是道教的开山之作；在修身方面，"功成身退"是文人入世的信条；在军事方面，"以柔克刚"成为军事家奉行的准则；在管理方面，老子的"以人为本"是日本企业最基本的信条；在艺术方面，"道法自然"成为书法家、绘画家、诗人遵循的理念；在文学方面，《道德经》精警凝练，处处闪烁着哲人的智慧，妙语巧喻、格言警句比比皆是，蕴含人生哲理。

《道德经》的影响不仅在中国，在世界上也备受关注和推崇，形成了"老子热"。《道德经》被译成多种文字，海外发行量居中国传统文化经典之首，堪与《圣经》比肩。他的思想影响了诸如托尔斯泰、奥尼尔、爱因斯坦、汤川秀树等世界级的文学家、思想家和科学家。

阅读指导

《道德经》是一部哲理诗，用诗歌的语言来说明深奥的道理，往往缺乏必要的论证，这也是造成人们理解不一以致误解的重要原因，这就要求阅读时，一定要把握其特点，一定要弄清《道德经》所谈问题的针对性和角度，这样才能真正理解其深刻含义，从中吸取其有利于自身健康发展的东西。

孙子兵法

成书年代：春秋末期
作　　者：孙武
地　　位：世界现存最早兵书

作者简介

孙子即孙武，字长卿。春秋末期著名军事家。孙子出生于齐国乐安，出身将门家庭，生卒年月不详。他是陈国公子完的后裔，由于内乱陈完出奔齐国，以食邑改姓田氏。孙武的祖父孙田书，因伐莒有功，齐景公赐姓孙氏，封地乐安，并封其为齐国大夫。后因孙武家族人谋反作乱，不得不逃往吴国。公元前512年，孙武因文武兼备得到伍子胥引荐，得到了吴王阖闾的重用，并以自著兵法13篇献于吴王阖闾，阖闾得知孙武能用兵，封其为大将。

孙武塑像

背景介绍

春秋时期，各诸侯国之间连年争战，战争规模也日益扩大，长期的兼并战争使各国积累了丰富的战

作品评价

《孙子兵法》是中外现存最早的一部兵书，理论体系完备，历史影响深远。同时《孙子兵法》既是一部军事经典著作，又是一部光辉的哲学著作。千百年来，这部书以"兵经""百世家之师""第一部战略学著作"见称。《孙子兵法》从多方面探讨了军事规律，尤其以整体、综合和动态的方式把握战争全局，凸显了灵活机动的战略战术和谋略权变，充满了辩证法的智慧，不仅深受战国以来历代军事家的重视和推崇，对他们的军事思想和实践产生了重要的影响，而且在世界军事思想领域内也拥有广泛的影响，享有极高的声誉，至今仍有其不可抹杀的科学价值。不仅如此，它的影响所及，今天已扩展到管理学、心理学、逻辑学、文学、语言学、音韵学、地理学、情报学、预测学、医学等许多科学领域，取得了显著效果。《孙子兵法》先后被译成十余种外文出版，广泛流传于海外。

争经验，对作战的战略战术的要求也越来越高，新兴地主阶级为了巩固政权、扩大领土，迫切需要总结战争经验，找出战争的规律，制定用兵的战略战术。《孙子兵法》正是诸侯兼并、战争频繁以及诸子百家学术争鸣这一特定时代的产物。

名著概要

《孙子》，又称《孙子兵法》《吴孙子兵法》《孙武兵法》。传世本《孙子兵法》13篇，是孙武一派兵家的著作，其主要内容和核心思想属于孙武，但经过他的门生和战国兵家的整理补充。该书中所描写的战争规模，似是战国时代的情况。现存的《孙子兵法》是经过三国时代曹操删定编注的，全书分为13篇：《计》《作战》《谋攻》《形》《势》《虚实》《军争》《九变》《行军》《地形》《九地》《火攻》《用间》，总结了春秋至战国时期长期战争的经验，揭示了战争的一些规律，具有朴素的唯物主义思想和原始的军事辩证法思想。其思想内容主要有三方面：

一、战略指导思想

战略论是孙子军事学说的主体部分。孙武在此书中首次提出了战略概念——"庙算"，具体论述"安国保民"的最高目标、"五事七计"的全局运筹、"不战屈敌"的止战谋划、"知彼知己"的作战指挥等战略思想。在战略论中孙子提出"安国全军""唯民是保"的战略目标，把"重战""慎战"作为根本用战原则。并从其对待战争的严肃态度出发，评述了"五事七计"的重要性。"重战"即重视战争，提高警惕，加强戒备，应取态度是："无恃其不来，恃吾有以待之；无恃其不攻，恃吾有所不可攻也。""慎战"即开始须慎重，其原则是："非利不动，非地不用，非危不战。""五事七计"书中详述"道"（治道）、"天"（天时）、"地"（地利）、"将"（将帅）、"法"（法度）五要素，及其"主孰有道、将孰有能、天地孰得、法令孰行、兵众孰强、士卒孰练、赏罚孰明"七个对战备全局做正确估计的条件。但孙子并没有认为军事力量越强越好，而是主张顾及国力，有限地发展军事。孙子反复强调要以"伐谋""伐交"作为优先的决策，总结"不战而屈人之兵"的"全胜战略"。而在实战中争取一"军"、一"旅"、一"卒"、一"伍"之"全"不失为上策。如此，"谋""攻"思想已贯彻到底。

孙子关于"知彼知己"和"致人而不致于人"之说，为作战指挥的战略原则，并尽可能"策之而知得失之计，作之而知动静之理，形之而知死生之地，角之而知有余不足之处"。争取"先机之利"，"致人""不致于人"，掌握战争的主动权。

二、作战策略思想

以战略为基础，孙子提出相应的用兵策略。其重要策略原则有六：其一，因利制权，因敌制胜。其二，奇正相生，出奇制胜。其三，避实击虚，击其惰归。其四，我专敌分，以众击寡。其五，攻其无备，出其不意。其六，示形用诈，诡道制胜。

三、军事哲学思想

孙子论"天"："阴阳、寒暑、时制也"，是自然界之天；论"道"："令民与上同意也"，具有民本主义因素。在书中把具有理性思维的人，放在认识和掌握战争规律的主体地位，并详细分析了战争对客观条件的依赖关系。孙子重视矛盾的相互依存，尤其重视矛盾的相互转化，说"乱生于治，怯生于勇，无恒形"，关键是造成"胜兵先胜"的条件，促使矛盾向有利方面发展。《孙子兵法》除三个主要方面以外，各篇均有其主题思想，又构成一个完整的思想体系。

《计》篇论述的是能否进行战争的问题。开宗明义指出战争是国家大事，关系到生死存亡，因而首要的是明了战争的规律和决定战争胜负的主客观条件。该篇主要提出了"道""天""地""将""法"是决定战争胜负的五项基本要素。

《作战》篇主要阐述的是如何进行战争。孙子认为，战争的消耗和战费的开支是十分庞大的，战争旷日持久势必危及国家的存亡，所以主张速胜。

《谋攻》篇主要论述如何进行攻敌的问题。孙子主张以尽可能小的代价，去取得最大的成功，即力求不战而胜，不靠硬攻而夺取敌城，不需久战毁灭敌国。而要做到这一点，就不仅要知己，还要做到知彼。

相关链接

战国初名将吴起所著《吴子》一书与《孙子兵法》都论及了一些军事理论和方法，对战国以后的历代军事家均有较深的影响。《吴子》篇主要论述了战争观问题。该篇既反对恃众好战，也反对只重修德，而废弛武备。它认为只有内修文德，外治武备，才能使国家强盛。《图国》篇发展了孙武"兵贵胜，不贵久"的思想。《料敌》篇主要讲述如何判断敌情，因敌制胜的问题。《治兵》篇主要论述如何治军，指出战争的胜负不是取决于军队人数的多少，而是取决于军队是否法令严明，赏罚必信，打不散，拖不垮。《论将》篇主要论述将帅的重要和对将帅素质的要求。将帅是全军的统帅，必须刚柔兼备。将帅必须依靠金鼓旗帜和禁令刑罚来治军和指挥作战。《应变》篇阐述了在不同的情况下的应变之术和作战方法。《励士》篇主要讲述如何激励士气。

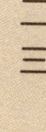

《形》篇主要讲如何利用物质之"形"来保全自己，取得完全的胜利。孙子认为，只有先使自己立于不败之地，然后等待和寻求战胜敌人的时机，才能夺得战争的胜利。当取胜条件不足时，应采取守势；当取胜条件具备时，则应采取攻势。

《势》篇主要阐述如何造成有利的态势，来压倒对方。强调"势"与"造势"。所以，要出奇制胜，就应该善于因时、因地、因事制宜，根据情况的变化，改变奇正的战法。此外，要造成有利的态势，还必须善于故意向敌示弱，诱敌以利，以达到欺骗和调动敌军的目的，造成战胜敌军的有利时机。

《虚实》篇主要论述指挥作战如何争取主动权，主动灵活地打击敌人。"五行无常胜，四时无常位"，指出"夫兵形象水，水之形避高而趋下，兵之形避实而击虚，水因地而制流，兵因敌而制胜"。

《军争》篇论述的是如何通过机动掌握主动，先于敌人造成有利态势和取得制胜的条件。

《九变》篇主要讲述了如何发挥指挥上的灵活性。孙子认为，灵活性的基础在于对利弊进行全面的衡量。

《行军》篇主要讲述如何配置、组织军队、观察判断敌情和团结将士。孙子认为，行军作战必须占据便于作战和生活的有利地形，善于根据地形配置兵力。

《地形》篇主要论述在不同的地形条件下如何指挥军队的行动。孙子认为，地形是用兵的辅助条件。

《九地》篇论述在九种不同的作战地区指挥作战的原则。孙子认为，在不同的作战地区，将帅应该根据地形的不同而采取不同的行动。

《火攻》篇主要指出火攻的目标、种类、发火的物质和气象条件，以及实施方法。孙子认为，火攻只是辅助军事进攻的一种手段。

《用间》篇主要论述使用民间间谍的重要性及其方法。孙子认为，是否了解敌情对战争的胜负具有重要影响。

作品影响

《孙子兵法》是中国古代兵学著作的杰出代表，是中国优秀传统文化的重要组成部分。它的军事思想、军事体系、文学语言，对后世产生了深远的影响，跨越古今，渗透中外，荣膺"世界古代第一兵书"的美誉。

> 夫将者，国之辅也。辅周则国必强，辅隙则国必弱。故君之所以患于军者三：不知军之不可以进而谓之进，不知军之不可以退而谓之退，是谓縻军；不知三军之事而同三军之政，则军士惑矣；不知三军之权而同三军之任，则军士疑矣。三军既惑且疑，则诸侯之难至矣。是谓乱军引胜。故知胜有五：知可以战与不可以战者胜，识众寡之用者胜，上下同欲者胜，以虞待不虞者胜，将能而君不御者胜。此五者，知胜之道也。故曰：知己知彼，百战不殆；不知彼而知己，一胜一负；不知彼不知己，每战必殆。
>
> ——《孙子兵法·谋攻第三》

历代军事家、政治家无不从《孙子兵法》中汲取养料，行军治国平天下。秦末的项羽，汉代的韩信、霍去病，三国的诸葛亮、曹操，唐朝的太宗李世民，宋代的岳飞，明朝的戚继光，都曾从《孙子兵法》中受益匪浅。他们运用其理论指导战争、治理国家。到近代，它更是

孙五（武）子演阵教美人战 年画

声誉日隆，影响甚大。孙中山先生曾说："就中国历史来考究，二千多年的兵书，有十三篇，那十三篇兵书，便形成了中国的军事哲学。"毛泽东历来重视对《孙子兵法》的研究，他称孙武是"中国古代军事学家"，认为"知彼知己，百战不殆"是颠扑不破的科学真理。他不但在著作中多次提到孙武和《孙子兵法》，而且在中国革命战争中创造性地灵活运用这部兵书的理论精髓。可以说，《孙子兵法》促成和丰富了毛泽东卓越的军事思想。

1772 年，法国神父约瑟夫·阿米欧在巴黎出版了法文《中国军事艺术》丛书，其中有《孙子十三篇》。1815 年，拿破仑大败滑铁卢后被囚禁于圣赫勒拿岛，一日，读到《孙子兵法》，拍案叫绝，唏嘘慨叹："倘若早日见到这部兵法，我是不会失败的。"

日本一些大公司的高层管理人士必读《孙子兵法》，认为它是一本"商战圣典"，是任何人都应该学习的一本书；美国著名的西点军校将它列为必读书目之一。进入 20 世纪 80 年代，国际上流行"《孙子兵法》热"。《孙子兵法》不但受到军事界和战略家的重视，而且已经扩展到军事以外的其他领域，如经济、体育、管理、外交等，尤以商业和管理业中的应用最为瞩目。

总而言之，《孙子兵法》以高度凝练的形式概括总结了放之四海而皆准的规律和法则，是一门攻无不克的艺术、创造辉煌的科学。

阅读指导

《孙子兵法》在现代已不仅仅是一部军事学著作，更多的人把《孙子兵法》的思想运用于经济领域。因而在阅读时，不能仅仅了解事例本身的蕴意，更应注意与现实生活相结合，学以致用。

延伸阅读

战国中期齐国的军事家孙膑是孙武的四世孙，著有《孙膑兵法》。它的体系与风格和《孙子兵法》一脉相承，强调"必攻不守""贵势"的战术思想。

北宋神宗元丰年间，朝廷将《孙子》《六韬》《吴子》《三略》《尉缭子》《司马法》《李卫公问对》合在一起，号为"武经七书"。

论　语

成书年代：春秋末期
作　　者：孔子
地　　位："五经之管辖，六艺之吼吟"

作者简介

　　孔子（公元前551～公元前479年），名丘，字仲尼，春秋后期鲁国人，是儒家学派的创始人、中国古代最著名的思想家和教育家。孔子的先世是宋国的大臣，后迁于鲁，但孔子出生时家境已衰落。他父亲孔纥，又名叔梁纥，曾做过陬邑（今山东曲阜东南）宰，本身属于贵族阶级下层的"士"。他的母亲姓颜，名叫征在。孔子早年接受过良好的教育，十分熟悉六艺，加上孔子天资聪明，谦虚好学，因此学识日进。孔子30岁时，他的博学举世闻名，并且开始招收门徒，传授古代文化典籍。孔子早年在鲁国执政季氏手下担任管理仓储、牛羊的小官，都能恪尽职守。后因鲁国内乱，旅居齐国，后又回鲁国收徒讲学，门下弟子达三千之众。50岁后，一度被鲁国国君委以官职，做到司寇，主管鲁国的司法工作。但由于他的主张与当政的季氏等三家大夫产生了矛盾，被迫离开鲁国。此后，孔子为了推行自己的政治思想，先后到过卫、曹、宋、郑、陈、蔡、楚等诸侯国，并在卫国、陈国停留了较长的时间，但他始终没有找到贤明君主来实现自己的政治抱负。在奔走于各国期间，孔子仍坚持不懈地进行治学和教育，留下了很多著名的言论。公元前484年，浪迹约40年的孔子重返鲁国，此后他一边继续讲学，一边整理文化典籍，对诗、书、礼、乐、易、春秋六部典籍进行删订，编成最后的定本。孔子晚年生活屡遭不幸，独子孔鲤、得意门生颜渊和子路都先他而去世。公元前479年孔子病逝于家中，弟子们为其举行了隆重的葬礼。然而终其一生，他没有为自己著书立说。他逝世之后，他的弟子及再传弟子根据其平日的言传身教收集整理，编辑成《论语》。

孔子像

背景介绍

　　春秋时期，是一个奴隶制向封建制过渡的大变革时期。各诸侯国的社会经济继续发展，奴隶和自由民的反抗斗争不断，一些主要大国，在争霸的形势下，为了顺应社会变革的潮流，都实行了不同程度的改革，社会变革的结果是：诸侯的

作品评价

　　《论语》在汉代就是学者的必读之书。到南宋时，理学家朱熹把《论语》《孟子》《大学》《中庸》合在一起，称为"四书"。到了明清两朝，规定科举考试中，八股文的题目必须从四书中选取，因而当时的读书人把《论语》奉为"圣典"。《论语》不仅影响中国历史两千多年，而且很早就流传到海外，作为中国文化的代表性著作，在世界范围内都产生了重大影响，诚可谓东方的"《圣经》"。

逐渐崛起和周王室的日益衰落，一些大国尽力发展自己的实力，出现了旷日持久、错综复杂的"大国争霸"局面。各诸侯之间频繁的兼并争霸战争以及相互交往，构成了这一时期的历史特点。

名著概要

《论语》是一部语录体散文，全书总共20篇，计有《学而》《为政》《八佾》《里仁》《公冶长》《雍也》《述而》《泰伯》《子罕》《乡党》《先进》《颜渊》《子路》《宪问》《卫灵公》《季氏》《阳货》《微子》《子张》《尧曰》等，篇名取篇首的前两三字为题，无意义。全书言简意赅，古朴生动，既富于启发性、哲理性，又幽默诙谐、口语化，体现出语录体散文的独特魅力。

《论语》的核心是"仁"的精神和境界。而在《论语》中对"仁"这个概念做了多角度的阐释，一是"仁者爱人"；二是"克己复礼为仁"；三是"仁者人也"。我们可以看出孔子对"仁"的最简单表述就是"爱人"，即对人尊重和有同情心。孔子认为：一个人如想达到"仁"的标准，就必须"克己复礼"，通过对自己的克制和约束以提高道德水平，从而符合礼的要求。孔子将"仁"看作道德的最高准则，也是道德的主体。孔子还提到很多其他道德名目，如忠、孝、义、信、廉等。但他认为这些都是局部性的东西，能做到某项或几项，值得肯定，但还不能算是达到"仁"。孔子把求仁看作是人生的根本原则。他认为，礼和乐固然能陶冶性情，加强修养，但一个人能否成为品质高尚的君子，关键还在于他能否自觉地按照"仁"的要求去进行实践活动。孔子反对"过"和"不及"，以中庸为至德，对人处事常采取"无可无不可"的态度，但在求仁行义问题上，他认为求仁或违仁是君子与小人的分水岭，有志之士应当为实现崇高的道德理想而奋斗。

孔子把以"仁"为核心的伦理道德思想贯彻到政治领域，提出"仁政"的学说。他希望统治者"节用以爱人，使民以时"，反对对人民过分剥削压榨，而提出富民惠民的主张。他又希望统治者"为政以德"，反对一味使用严刑峻法，而要先用严格的道德标准要求自己，以身作则，通过道德感化搞好政治。综观《论语》，孔子以德治天下的决心和构想昭然可见。在礼崩乐坏的春秋乱世，孔子的德治主义自然是四处碰壁，但孔子并不因此而改变初衷。

在天道观上，孔子不否认天命鬼神的存在，但又对其持怀疑态度，主张"敬鬼神而远之"。

孔子杏林讲学图 明

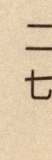

中国名著大讲堂

二七

> **相关链接**
>
> 语录体是先秦诸子散文的主要体式。不过，《论语》虽然是语录体，但是其中的某些描写生活片段的段落已经不是简单的对话，而是具有一定情节和波澜的小故事，具有相当的艺术构思成分。比如《先进》篇的"子路曾皙冉有公西华侍坐"章，是《论语》中最长也最富于变化的一章。作者并没有简单地抄录孔子和学生的抽象议论，而是截取了一个真实的生活横断面，形象、具体地描绘了他们随便聊天的生动场景。这段文字既记录了言谈，又描绘了神情；既勾勒出了不同人物的风貌，又传达了师生之间平等和谐的气氛。结构严谨，情节环环相扣，语言清新明快，显示了相当高的艺术功力。这种写法，是后世许多散文、小说描写的渊薮。

相对天命而言，孔子更加注重人事，强调人的主观努力，把探讨和解决人世间的实际问题放在优先地位。

孔子重义轻利，但并非一概否定功利。他重视公利，主张见利思义，旨在谴责见利忘义、为谋私利而不择手段的行为，要人们追求合乎正道的利益。孔子的义利观，有义利相分的倾向，也有义利并重的倾向。

与从政事业相比较，孔子一生在教育领域取得的成就就要大得多。他是中国历史上第一个向平民普及文化教育的人。他不但提出"有教无类"的原则，而且还创立了一套行之有效的教育方法，提出"因材施教"，重视启发式教育，注意培养学生的学习自觉性和独立思考能力。

作品特色

《论语》是一部以记言为主的语录，同时具有一定的文学价值。它以当时通俗平易、明白晓畅的口头语言为主，又吸收古代书面语言精粹洗练、典雅严谨的长处，形成了一种言简意赅而又深入浅出、朴实无华而又隽永有味的独特语言风格。《论语》善于从常见的生活现象中概括出深刻哲理，尤其善于把深邃的哲理凝聚于具体的形象之中，使抽象的说理文字具有某种诗意。如"岁寒，然后知松柏之后凋也"（《子罕》），通过赞扬耐寒的树木，来歌颂坚贞不屈的人格，形象鲜明，意境高远，启迪了后世无数文人的诗情画意。《论语》词汇丰富、新鲜、生动、活泼，大量使用排比、递进、并列、对偶等手法，句式长短相间，错综变化，造成迂徐婉转、抑扬唱叹的效果，有很强的表现力。同时，《论语》中经常采用"比物连类"的含蓄手法，造成特殊的意蕴和审美效果。如《阳货》："不曰坚乎！磨而不磷。不曰白乎，涅而不缁。吾岂瓠也哉，焉能系而不食？"连用三件具体实物，一层进一层地表明自己的政治态度，把微妙的心理寄寓在浅近的形象之中，再辅以重叠反诘的句式，更显出一种无可奈何的苦衷，耐人寻味。

> **名家点评**
>
> 在美国出版的《人民年鉴手册》中，孔子作为唯一的东方哲人，被列为世界十大思想家之首。
>
> 和平通达之中，寓至精至粹之理。
> ——宋·赵普
>
> 五经之管辖，六艺之吼吟。
> ——宋·朱熹

作品影响

《论语》自西汉武帝以后,由于孔子及儒学地位的提升,成为每个文人的必读书。从元代仁宗皇帝开始直到明清,更是被定为科举考试的教科书,不仅是平民百姓教育子孙的启蒙读物,而且也是士人考取功名、齐家治国平天下的宝典。北宋赵普曾对太宗赵光义说:"臣有《论语》一部,以半部佐太祖定天下,以半部佐陛下致太平。"可见,《论语》包含有深邃的政治思想和治国之道。

该书的另一大价值体现在文学上。由于它是中国散文的最初形式——语录体,多为记言,所以言简意赅,生动凝练,质朴无华,不少篇章闪烁着智慧的光芒,妙语连珠,发人深省,如"子在川上曰:'逝者如斯夫,不舍昼夜。'""岁寒,然后知松柏之后凋也。"前者由东流之水联想到人生的沧桑,富有诗意,含着哲理;后者由树的常青象征风骨的凛然。这样的句子,《论语》中比比皆是,许多已成为今天常见常用的成语,如因材施教、当仁不让、过犹不及、三思而行、功亏一篑等。此外,《论语》大量运用语气词、叠句、排比、对偶等手法,许多章节富有故事情节和感情色彩,对后世的小说、散文、诗歌产生了很大影响。

总之,作为构成中华文明的儒家经典,《论语》对几千年来中国人心理结构的构成、文化价值观的形成、道德素质的培养、风俗习惯的养成都有着不可估量的作用,是了解中国古代社会的一把钥匙。

阅读指导

阅读《论语》一书,关键是在于读者的出发点。这里所提出只是可供选择的版本。自《论语》成书以来,最有代表性的是三国魏何晏的《论语集解》、南朝皇侃的《论语义疏》、北宋邢昺的《论语注疏》、南宋朱熹的《论语章句集注》、清刘宝楠的《论语正义》,还有近人杨树达的《论语疏证》、杨伯峻的《论语译注》。

《论语》的思想具有两重性。一方面,它体现了鲜明的民本思想,要求君主重视老百姓的利益和愿望,"使民以时,与民实惠",而"不可滥施刑罚,不教而诛";另一方面,它是站在统治阶级维护统治的立场,要为恢复礼乐教化而努力,因此提倡"仁悌孝信",反对"犯上作乱"。这种矛盾是由孔子当时所处的阶级、社会、时代的局限性所决定的。在阅读的时候,应该客观地进行分析,剔除那些落后的东西,保留那些有价值的东西,以充分吸取《论语》中熠熠发光的珍贵思想。

延伸阅读

《论语》是儒家经典之一。诸子百家除儒家外,还有墨家、道家、阴阳家、法家、名家、纵横家、农家、杂家、小说家等。

圣迹图·孔门弟子守丧 明

儒家的另一本经典著作是由亚圣孟子所做的《孟子》，他提倡"仁政"，认为士大夫应"富贵不能淫，贫贱不能移，威武不能屈""善养浩然之气"，这对后代文人的思想影响甚大。

荀子是孟子之后的儒家学派的代表人物，他的著名弟子有李斯、韩非。《荀子》同样是荀子门人辑纂的语录，其构思之缜密，结构之严整，条理之清晰，可称鸿篇巨制，在文学上成就斐然。

大　学

成书年代：战国
作　　者：曾子
地　　位："初学入德之门"

作者简介

《大学》原是《礼记》中的一篇，约为秦汉之际儒家的作品。一说是曾子所作。

曾子（公元前505～公元前435年），春秋鲁南武城人，名参，字子舆，孔子弟子。其事迹散见于《论语》各篇及《史记·仲尼弟子传》中，《汉书·艺文志》有《曾子》八十篇，已佚。

名著概要

《大学》就是大学问的意思，就其实质来说，它是儒家的政治哲学。《大学》对儒家理想人格的修为之道进行了从内到外的总结，《大学》全篇所

《大学章句序》书影

阐释的是一种修己治人之道，亦即儒家思想一以贯之的内圣外王之道。《大学》一开始便讲"自天子以至于庶人，壹是皆以修身为本"。把"修身"作为其整个道德修养体系的价值目标和根本目的，并且成为其治国平天下的逻辑出发点。具体说就是，《大学》明确提出了两条最基本的儒家道德修养原则，即"三纲领"说和"八条目"说，而"修身"正是《大学》"三纲八目"说的核心。《大学》开宗明义写道："大学之道，在明明德，在亲民，在止于至善。""明明德"就是修明天赋的光明德行，"亲民"就是管理好臣民百姓，"止于至善"就是要达到至善至美的境界。这三个基本原则被认为是封建统治者一生努力的方向和奋斗的目标，所以这也叫作"三纲领"。要达到这三个努力的方向和奋斗的目标，必须加强个人的道德修养。通过对《大学》中"三纲领"的分析，我们可以看到它们之间存在的一种递进的逻辑关系。这一关系表明了道德主体从"在明明德"出发，经过"亲民"的发展，

作品评价

《大学》是儒家经典之一，自从朱熹把它编入《四书章句集注》以后，历代的封建统治者都把它奉为"初学入德之门"的必读教科书。自宋代以后，《大学》的地位越来越高，它和《中庸》《论语》《孟子》合称为"四书"。

> **经典摘录**
>
> 古之欲明明德于天下者，先治其国。欲治其国者，先齐其家；欲齐其家者，先修其身；欲修其身者，先正其心；欲正其心者，先诚其意；欲诚其意者，先致其知，致知在格物。物格而后知至，知至而后意诚，意诚而后心正，心正而后身修，身修而后家齐，家齐而后国治，国治而后天下平。自天子以至于庶人，壹是皆以修身为本。其本乱而末治者否矣。其所厚者薄，而其所薄者厚，未之有也。
>
> ——《大学》

最终达到"止于至善"的理想境界，这种对主体修为实践活动的规定直接引发出"内""外"两种相联系的具体修为方式，儒家同样以逻辑发展的合理结果提出了"八条目"的具体实践之道。

《大学》在提出了"大学之道"即"三纲领"说之后，接着又提出了"八条目"之说。一般来说，我们把格物、致知、诚意、正心作为道德的内在修为，而把修身、齐家、治国、平天下作为道德的外在修为。《大学》提出的"修身"途径主要是指"八条目"中的格物、致知、诚意、正心，实际上可以概括为两个步骤：正心诚意和格物致知。《大学》认为，修身的起点是格物致知，《大学》对格物致知没有做过多的解释，通过历代一些学者的注疏，我们可以看出，所谓"格物"就是指"对自然外界进行研究"的意思，"格物""致知"是联系紧密、层层递进的两个步骤，"格物"的逻辑结果是获得了对万事万物运行发展规律的理性认识，而这正是"致知"的内在含义。而"致知"的来源首先是个体对客观外界事物的认知，所以《大学》说："格物而后致知。"《大学》教人如何防止个人感情欲望的发展。《大学》把修身看作根本，而修身是建立在取消或以之愤恨、恐惧、好乐、忧患各种感情欲望的基础之上。只有对这些感情欲望彻底消除或抑制，才能达到"致知"的境界，否则"修身为本"只能是一句抽象的空话。《大学》认为最根本的修身方法应该是"慎独"，也即"内心反省"，也就是说要使自己的意念真诚，就是不要欺骗自己，就像厌恶臭味、喜欢美色一样。所以，君子即便是独自一人时，也务必要谨慎地进行内心反省。小人在别人看不见时做不好的事，看见了君子就躲躲闪闪，把不好的德行掩盖起来，以证明自己有好的德行。人们还是有一定的判断力的，一旦把他们的本质看透，那又有什么益处呢？这就是讲，人的内心必然要表现于外表，所以，君子一个人时也要进行自我修养。在政治观上，《大学》直接秉承了孔子、孟子的思想，主张统治者不要过分盘剥人民，要爱民，其目的在于巩固封建等级制度；它强调统治阶级要修己，目的在于取得被统治阶级的理解，达到所谓上行下效的结果。

《礼记》书影

《大学》是儒家思想中重要的政治哲学典籍，出自《礼记》，所阐释的内容是一种修己治人之道。

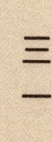

阅读指导

在阅读《大学》时读者应该有意识地记忆一些其中的言语，最好是能够背诵下来，在这样的基础上就能比较好地理解其中的一些哲学思想。《大学》中的许多内容是用来修身的，读者在阅读时，可以静下来修养身心。

中 庸

成书年代：战国
作　　者：子思
地　　位："孔子传授心法"

作者简介

子思（约公元前483～公元前402年），孔子的孙子，名伋，字子思。关于子思的生平，现存资料极少。只有《孟子·公孙丑》记载他受到鲁缪公优礼一事，其余不甚了了。《汉书·艺文志》著录《子思》23篇，已佚。现存《礼记》中除《中庸》外，《表记》《坊记》等相传也是他的作品。关于《中庸》是否是子思的作品，历来就有过多次争议，汉时司马迁在《史记·孔子世家》中，肯定子思作《中庸》。近代多数学者根据《中庸》中的思想也认为它出自子思之手，后人曾对它做过增损和润色，但并没有失去原作的本来面目。

《监本四书》书影

朱熹为"四书"所作之注是封建社会对"四书"经义最权威的解释，科举考试都以朱熹的《四书集注》为准。

名著概要

《中庸》首先主要体现为以"诚"为本体的唯心主义世界观。"诚"原本指的是十分完美的、至善的精神世界。在《中庸》中是一个道德概念，构成了世界的本原，成了第一性的东西。"诚"就是天道，它本身不是有什么另外更高的东西产生的，而是"自成"的，更进一步地说，它不但"自成"，而且还产生万物、派生万物。《中庸》讲的这个从道德精神本体到物质演变过程的"诚"，集中地体现了它的唯心主义宇宙观。这种宇宙观推衍方法的前提是"至诚无息"。

其次表现为"尊德性""道学问"的认识论和修身术。《中庸》说，一个人如

相关链接

《礼》包括《周礼》《仪礼》和《礼记》，又称《三礼》。《周礼》又称《周官》，包括《天官冢宰》《地官司徒》《春官宗伯》《夏官司马》《秋官司寇》《冬官司空》6篇。《冬官司空》亡佚，取《考工记》补，故称《冬官·考工记》。《仪礼》17篇，有戴德、戴圣、刘向三种传本。《礼记》主要有两种版本，一是戴圣编的，称《小戴礼记》。另一是戴德编的，称《大戴礼记》。《小戴礼记》内容极为丰富，《大学》和《中庸》就包含在里面。

作品评价

在汉代，《中庸》曾被收入《礼记》中，作为其中的一篇。到了宋代理学家把它和《大学》从《礼记》中抽出来，与《论语》《孟子》并称为《四书》。《中庸》是儒家经典之一，自从朱熹把他编入《四书章句集注》以后，历代的封建统治者都把它奉为"初学入德之门"的必读教科书。

果完完全全地把"诚"体现出来，就达到了"至诚"的境界，便与"天道"合一成为"圣人"。如何达到"至诚"，《中庸》认为有两条途径，一条是明白自己的本性，即"尊德性"；一条是从事学习，接受教育，即"道学问"。《中庸》写道："天命之谓性，率性之谓道。"这是说，人的本性是由天命决定的，顺着这种天赋的本性的行为，才算作"道"。因而"反求诸其身"。明白和保持这种天赋的道德本性——"尊德性"，乃是修身的根本要求。对自己的行为，在别人看不到的地方和别人听不到的地方也要谨慎警惕。《中庸》的这种明白和保持天赋的道德本性的方法实际上是一种主观内省、自身体验的先验论。"道学问"是达到"至诚"的另一条途径。"道学问"可以分为五个步骤，即"博学之，审问之，慎思之，明辨之，笃行之"。人们如果能按照"道学问"这五个步骤去做，"人一能之，己百之；人十能之，己千之"。如果加倍的话，那么"虽愚必明，虽柔必强"，任何人都能达到目的。在认识论中，认为有了"诚"就有了一切知识，而且这种知识是最可靠的、最根本的知识。另一方面，"明"也可以达到"诚"，"明"的目的就在于恢复"诚"。

最后体现为"中庸"之道的处世哲学。《中庸》认为，"诚"的具体化，就是"中庸"，也叫"中和""中道"。《中庸》一书把"中庸"当作处世从政的根本法则。"天下之达道"就是"君臣也，父子也，夫妇也，昆弟也，朋友之交也"。这五者是人人具有的五方面的关系，处理这五方面关系的准则为"君惠臣忠""父慈子孝""夫义妇顺""兄友弟恭""朋友有信"。靠通行天下的三达德：智、仁、勇，仁是这三达德的核心。

《中庸》认为，在人与政治制度等政治实体的关系中，人是活的主动的因素，治国之本在人而不是在于政治实体，如制度、法律、已形成的政治传统等。据此主张人治，反对法制和政治。同时《中庸》认为只有修身之人才能处理好德与才的关系。

阅读指导

《中庸》这本书自从被朱熹从《礼记》中提出来以后，便成了士大夫进身求名的必读书。因此，在阅读该书时，应着重体悟《中庸》一书中所阐释的儒家的哲学内涵，体悟"中庸""诚""明"等概念在现代社会中的意义，从而对自己的人生修养有所裨益。

《中庸》书影

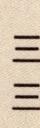

中国名著大讲堂

考工记

成书年代：战国
地　　位：世界第一部手工艺科技专著

作者简介

　　《考工记》是我国先秦时期的手工艺专著，据考证是春秋末年齐国的官书，作者不详。可惜的是，由于年代久远和社会动荡等原因，特别是秦朝统治者的"焚书"暴政，这部珍贵的科学文献一度散佚，直至西汉才重新问世。当时河间献王广征图书，开献书之路，有人献《周官》五篇，失《冬官》一篇，悬赏千金而不得，于是将《考工记》补入代替，所以《考工记》又叫《周礼·冬官考工记》。

生熟铁冶炼图

《考工记》里提出了世界上最早的合金规律，并能根据火焰和烟气颜色来辨别熔炼进程。

背景介绍

　　春秋战国是我国古代社会大变革的重要阶段，农业、手工业、商业、科学技术此时都有了很大的发展。在手工业中，一方面是原有的操作工艺更为纯熟；另一方面又产生了许多新的工艺，而且分工更为精细，打破了春秋以前"工商食官"的格局，除了官府手工业外，还出现了许多私营的个体手工业。学术百家争鸣，许多士人都重视实践，关心社会的进步和生产技术的发展，诸如鲁班、墨翟、李冰这样杰出的学者、技术发明家便是这一时期出现的。为了进一步组织和指导生产，需对已获得的生产经验和技术思想进行总结，《考工记》便是在这一社会大背景下产生出来的。

名著概要

　　今见《考工记》一书是作为《周礼》的一个部分出现的。此书原无名称，《考工记》之名亦是汉代人所起。《考工记》全书记载的范围很广，涉及运输和生产工具、兵器、容器、乐器、玉器、皮革、染色、建筑等项目，每一项目又各自有更细的

作品评价

　　《考工记》一书从多方面反映了先秦科学技术的发展状况以及人们对生产过程规范化的一些设想和周王朝的一些典章制度。这是我国古代比较全面地反映先秦时期整个手工业技术的唯一的一本专著。《考工记》一书自被汉代人发掘出来，并被拼入《周礼》后，一直受到世人推崇，历代知识分子多以之作为必读之物，在国内外都产生过许多积极的影响。大约在唐代，《周礼》便传到了日本；19世纪50年代，《周礼》又被译成了法文，《考工记》现在已受到了更多外国学者的注意和重视。

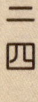

> 经典摘录
>
> 匠人营国，方九里，旁三门。国中九经九纬，经涂九轨，左祖右社，面朝后市，市朝一夫。夏后氏世室，堂修二七，广四修一，五室，三四步，四三尺，九阶，四旁两夹，窗，白盛，门堂三之二，室三之一。殷人重屋，堂修七寻，堂崇三尺，四阿重屋。周人明堂，度九尺之筵，东西九筵，南北七筵，堂崇一筵，五室，凡室二筵。室中度以几，堂上度以筵，宫中度以寻，野度以步，涂度以轨，庙门容大扃七个，闱门容小扃三个，路门不容乘车之五个，应门二彻三个。内有九室，九嫔居之。外有九室，九卿朝焉。九分其国，以为九分，九卿治之。王宫门阿之制五雉，宫隅之制七雉，城隅之制九雉，经涂九轨，环涂七轨，野涂五轨。门阿之制，以为都城之制。宫隅之制，以为诸侯之城制。环涂以为诸侯经涂，野涂以为都经涂。
>
> ——《考工记·匠人营国》

分工。《考工记》记述了三十项手工业生产的设计规范和制作工艺，并在记述各种经验技术知识的同时，力图阐述其中的科学道理。在书中记载手工艺技术的文字中包含了丰富的物理学知识，特别是关于力学、声学、热学的知识，堪称中国古代物理学技术著作。

《考工记》一书包括两个部分，第一部分约与总目、总论相当，主要述说"百工"的含义，它在古代社会生活中的地位，获得优良产品的自然和技术条件。第二部分分别述说"百工"中各工种的职能及其实际的"理想化"了的工艺规范。书中说国有六职，即王公、士大夫、百工、商旅、农夫、妇功。

在《考工记》的卷首，概述了当时工商业蓬勃兴起、手工业高度发展和分工日细的特征，这表明《考工记》的出现不是偶然的，它是春秋时期手工业生产中各种工艺技术和操作经验的总汇，是对中国自上古到战国初期的手工艺科技知识的总结，对了解我国古代的科技发展具有重要的意义。

本书的主要科技成就在于：

在金属冶铸方面。"攻金之工·六齐"条谈到了不同使用性能的器物应使用不同成分的合金，说："六分其金而锡居一，谓之钟鼎之齐；五分其金而锡居一，谓之斧斤之齐……"这是世界上记载最早的合金规律。"㮣氏为量"条谈到了合金熔炼过程中，如何依据火焰和烟气颜色来辨别熔炼进程，这是世界上关于观察熔炼火候的最早记载。

在丝绸漂印染技术方面。"㡛氏湅丝"条谈到了"以栋为灰，渥淳其帛""昼暴诸日"等丝绸漂湅操作，这是我国古代关于灰水脱胶、日光脱胶漂白的最早记载。"钟氏染羽"条谈到了"三入为纁，五入为緅，七入为缁"的染色工艺，这是我国古代关于媒染剂染色的最早记载。这些记载在世界上也是较早的。

在标准化管理方面。"㮣氏为量"条说金属熔炼时，需"不耗然后权之，权之然后准之，准之然后量之"。这是对熔炼工艺的一种规范。又如"车有六等之数"条说："兵车之轮六尺有六寸，田车之轮六尺有三寸，乘车之轮六尺有六寸。"这是对车轮尺寸的一种标准化管理。若依齐尺（每尺约合19.7厘米）推算，此兵

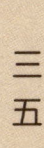

车、乘车之轮直径应为1.30米；而经测量，河南辉县琉璃阁战国墓出土的16号车轮直径正好为1.30米。

在力学方面的论述较多，在"轮人""辀人""弓人""矢人""匠人"等条都曾涉及。有古代关于滚动摩擦与轮径关系的最早记载，有以沉浮法来确定物体的质量分布，把箭羽作为负反馈控制装置的最早记载，对惯性现象也有明确的记载，书中指出"马力既竭，辀犹能取也"。意思是说，马拉车的时候，马虽然停止前进了，即对车不再施力了，但车还会前进一段距离。此外，《考工记》中还记载了一些其他的力学知识，如力的测量、斜面受力分析、材料强度和建筑施工中的一些力学知识，等等。

春秋冶铁遗址

在声学方面，中国古人就已经认识到了物体发声的高低与物体的振动之间的关系。《考工记》中记载："凫氏为钟……薄厚之所震动，清浊之所由出。"意思是说薄钟和厚钟的振动是声音清浊的来源，这里清浊讲的是音调的高低。我们现在知道音调的高低由振动的次数决定，而振动情况与发声物体的厚薄有关。中国古代工匠在公元前3世纪就已经发现了这个道理，并应用于实践。《考工记》中记载："磬人为磬，已上则磨其旁，已下则磨其端。"意思是说，当石制的磬体发声太高，则磨磬体的两旁，使其变薄，振动次数减少，声音就正常了；反之就磨它的两端，使磬体相对变厚，因而提高振动次数，声音就正常了。此外，从《考工记》记述制钟、制鼓的文字中可以看出中国古代工匠对声音的音品、响度等概念也有一定认识。

在实用数学方面。"车人之事"条、"筑氏为削"条、"辀人为辀"条、"轮人为轮"条、"矢人为矢"条、"㮚氏为量"条等，都包含有丰富的实用数学知识，并分别涉及了分数、角度、嘉量容器的计算方法等问题，对后世产生过不同程度的影响。如"车人之事"条谈到了矩、宣、欘、柯、磬折，这是我国最早的一套角度概念。

在天文学方面。"辀人为辀"条谈到了二十八星和四象，且明确地提到了其中一些星的名称，一般认为，这是我国古代关于二十八星最早的较为明确的记载。《周礼·春官·冯相氏》《周礼·秋官·硩蔟氏》虽也提到过二十八星，但都不曾明确地提到星名和四象。

《考工记》中对春秋时期中国古人所掌握的测温知识也有记载。据《考工记·轮人篇》记载，当用火烧烤一根木条并希望把它弯成轮牙时，只有恰当地控制火候，才能使木条外不断绝，内不折裂，旁不弯曲。在论述熔铸青铜合金时，书中明确记载要先把铜熔化再加进锡料（含有锌、铅），并对冶炼过程中火候、合金颜色的变化进行了准确的描写。今天我们知道，在熔铸青铜过程中，温度的控制是至关重要的，特别要注意缩短液体合金在高温下停留的时间。因为组成青铜的几种原料铜、锡、锌等，铜的熔点最高（1083℃），锡、锌等熔点都远低于这个温度。所以现代冶炼青铜时，总是先把铜熔化，然后加锡、锌等原料。中国古人在两千

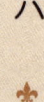

多年前就掌握了这个诀窍，实在难能可贵。

阅读指导

首先，因为《考工记》是先秦时期的作品，很多术语与现在相差甚远，所以在阅读时，最好翻阅一下字典词典；其次，先从第一部分了解当时获得优良产品的自然和技术条件；最后了解"百工"中各工种的职能及其实际的"理想化"了的工艺规范，这是作者比较有见地的方面。

左 传

成书年代：战国
地　　位：中国史学叙事传统的开山之作

作者简介

《左传》是研究春秋历史的最重要典籍，而且在文学史上也有极高的价值。然而这样一部史学和文学名著，它的作者究竟是谁，历来众说纷纭，莫衷一是。自西汉以来的许多记载，都说《左传》是左丘明所撰。司马迁在《史记·十二诸侯年表序》中称："鲁君子左丘明惧弟子人人异端，各安其意，失其真，故因孔子《史记》（即《春秋》），具论其语，成《左氏春秋》。"《汉书·艺文志》著录有"《左氏传》三十卷"。班固自注云："左丘明，鲁太史。"刘歆亦谓："《春秋左氏》，丘明所修。"然而这个说法是大有问题的。《论语·公冶长》篇载孔子曰："巧言、令色、足恭，左丘明耻之，丘亦耻之；匿怨而友其人，左丘明耻之，丘亦耻之。"据此，左丘明是

左丘明像

孔子尊重的前贤，不是孔丘的弟子，年龄不会小于孔子。但《左传》记事，却说到晋"知伯贪而愎，故韩、魏反而丧之"，还称赵无恤之谥为"赵襄子"。知伯之灭在孔子死后26年，赵无恤之死更在其后，左丘明怎么能活到那时？再说，《左传》的文风绝不同于孔子。可见《左传》的作者绝不会是与孔子同好恶的左丘明。在清代和近现代，还有一些学者如刘逢禄、康有为、徐仁甫等，认为《左传》是刘歆窜乱他书而托之左丘明的伪作。这种说法因论据不足而多为人所不取。究竟《左传》是左丘明写，或是左史倚相、子夏、吴起所纂，还是哪些人的集体创作？

作品评价

《春秋》及三传作为儒家经典，备受历代统治者的推崇，长期成为封建统治阶级的教科书和科举取士的考试内容。《左传》在唐宋两代被定为"大经"；《穀梁传》和《公羊传》在唐代被定为"小经"，在宋代被定为"中经"。三传与《春秋》合刊，均被列入十三经中。司马迁发扬《左传》的传统，为世人留下了亦史亦文的巨著《史记》，司马光著《资治通鉴》，体裁、手法均深受《左传》影响。

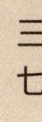

要做一个明晰的结论，实在不是一件容易的事。鉴于《左传》所记涉及孔子死后数十年之事，而其文风又驳杂浮夸，故历来有不少学者，如唐人赵匡，宋人叶梦得、郑樵等，都认为《左传》的作者不是左丘明，而是战国时代的另一个左氏，却又说不出他的名字。目前一种较有影响的说法，认为《左传》是由吴起纂集而成。此说源自清代的姚鼐、章炳麟，而现代学者郭沫若、童书业、钱穆等都赞同之。

背景介绍

周平王东迁以后，至于春秋战国之际，社会急剧变化，阶级斗争复杂激烈，奴隶主贵族日趋没落，地主阶级逐渐兴起。为了维护各自的利益，他们都必须汲取历史的经验教训，国有大事，互相赴告；会盟朝聘，史不绝书；褒善贬恶，直笔不隐。因此各国史官便自觉地积累了大量的档案资料，以备编纂之用。这时候，从前专门记载王朝、诸侯的诰命和大事记如《尚书》《春秋》之类，已不能满足新时代的需要，于是产生了以记载各国卿大夫和新兴阶级士的言论以及诸侯各国的政治、外交和军事活动为主要内容的历史，这就是《左传》《国语》《战国策》等新型历史著作。

名著概要

《左传》全名《春秋左氏传》，或称《左氏春秋》，是我国古代记述春秋时期周王与各诸侯国事迹的编年体史书。全书共有18万余字，始于鲁隐公元年（公元前722年），迄于鲁悼公四年（公元前464年），前后长达259年。《左传》一书，丰富多彩。其主要内容为春秋列国的政治、外交、军事各方面的活动及有关言论。其次则为天道、鬼神、灾祥、卜筮、占梦之事，作者认为可资劝诫者，无不记载。

《左传》的记事文体大概可分三类，每类的来源不同，其史料价值因之而异。首先，是文字比较简短，但有月日，此类应出自当时史官记事，其史料价值最高；其次，是一般记事，包括那些零星的故事，一般无时间记载，多半出自各国私人记录，史事与传说都有，一般是可信的，少数是后人插入的，那就不可信了；再次，是一些长篇大论的文章，类似《国语》，很像后人借题发挥，其可信度就很小了，有的是不可信的，当分别观之。

相关链接

传说《春秋》是孔子写的，是不对的，《春秋》实际是鲁国史官的作品。这书包括了公元前8世纪到公元前5世纪内242年的历史，历史虽用鲁国纪元，记的却是各国的事。它的用意有两个方面：一个是写史实，一个是写教训。因为原文太简略，所以便出现了解释原文的书。

《春秋》有三传：即《春秋左氏传》《春秋公羊传》《春秋穀梁传》。《春秋公羊传》又称《公羊传》《公羊春秋》，儒家经典之一。上起鲁隐公元年，止于鲁哀公十四年，与《春秋》起迄时间相同。相传其作者为子夏的弟子，战国时齐人公羊高。《穀梁传》亦称《春秋穀梁传》《穀梁春秋》，为儒家经典之一。起于鲁隐公元年，终于鲁哀公十四年。体裁与《公羊传》相似。其作者相传是子夏的弟子，战国时鲁人穀梁赤（赤或作喜、嘉等）。起初也为口头传授，至西汉时才成书。

《左传》叙事，往往很注重完整地叙述事件的过程和因果关系。《左传》叙事最突出的成就在描写战争。《左传》的战争描写，全面反映了《左传》的叙事特点。《左传》一书，记录了大大小小几百次战争，城濮之战、崤之战、邲之战、鄢陵之战等大战的描述历来被人们赞不绝口，不计其数的小战役也写得各具特色，精彩生动。一般说来，《左传》写战争，不局限于对交战过程的记叙，而是深入揭示战争起因、酝酿过程及其后果。《左传》对事件因果关系的叙述，还常有道德化与神秘化的特点。《左传》是一部历史著作，但作者有时就像一个故事讲述者，把事件叙述得颇具戏剧性。大量生动的戏剧性情节，使这部作品充满故事性。不仅如此，《左传》有的叙事记言，明显不是对历史事实的真实记录，而是出于臆测或虚构。《左传》叙事中人物的行动、对话构成了表现人物的主要手段，而绝少对人物进行外貌、心理等主观静态描写。通过人物在重大历史事件中的言行，人物性格得以展现，形象得以完成。《左传》在战争描写中还有许多与整个战局关系不大的事，这些事只是反映了战争的一些具体情状，在战争中并不具有重要意义。《左传》还在复杂的战争过程、政治事件中，大量描写细节。作为历史著作，这些描写内容完全可以不写或略写，但《左传》却大量地描写了这些琐事细节，它们在叙事特点和人物刻画方面具有文学意义。

《春秋左传正义》书影

由于春秋战国时期社会变革的影响，《左传》通过人物言行所表现的进步思想是很显著的。首先，是民本思想，例如卫人逐其君，晋侯以为太甚。师旷说："或者其君实甚……夫君，神之主也，民之望也。若困民之主，匮神乏祀，百姓绝望，社稷无主，将安用之？弗去何为？"又说："天之爱民甚矣！岂其使一人肆于民上，以从（纵）其淫，而弃天地之性？必不然矣。"（襄公十四年）师旷这番言论，在从前是不可想象的。他表面上似乎没有摆脱天道鬼神的观念，但实际上却是根据人民利害来发表他的政见的。其次，是爱国思想。弦高遇秦兵侵郑，机智地以犒师为名，因而保全了郑国（僖公三十三年）。吴师入郢，昭王奔随。申包胥如秦乞师，七日夜哭不绝声，勺饮不入口。秦竟出兵，败吴而复楚（定公四年）。作者记载这些动人的历史事件，就是有意表扬他们高度的爱国主义精神。

> **名家点评**
>
> 刘知几在《史通》中称赞《左传》说："其言简而要，其事详而博。"

作品特色

尽管《左传》被认为是一部阐释春秋时期鲁国史书《春秋》的作品，但《左传》实质上是一部独立撰写的史书。

《左传》是一部史书，但它又不仅仅是一部史书。它没有对历史事件做客观的

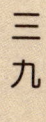

弦高犒军图

罗列，而是以"礼"的规范总结历史、批判人物，为人们提供历史的借鉴。同时，作者敏锐的目光已经深刻地穿透了历史，看透了周王室的衰落和诸侯的争霸，看透了新旧势力的消长和社会变革的趋势。作为一部刚刚摆脱了"巫"文化不久的历史著作，《左传》已经开始表现出"人"的觉醒的力量，这就是至今仍为人们所称道的"民本"思想。一方面，《左传》揭露了贪婪无耻、暴虐荒淫之辈，褒扬了忠良正直之士；另一方面，在《左传》的作者看来，只有尊重人民的权利，才能得到人民的拥护，只有得到人民的拥护，国家政权才能稳固。在《桓公六年》中，作者借师旷之口表明了自己的观点："夫民神之主也。是以圣王先成民而后致力于神。"在《庄公三十二年》，说："国将兴，听于民；将亡，听于神。"这些议论，在以前几乎是不可想象的，然而却实实在在地发生在奴隶社会行将灭亡的时代。表面上看来，天道鬼神的痕迹依然无法抹去，但实质上，"民"已经成为与这些神秘力量平起平坐，甚至高于他们之上的宇宙间的高大形象。在黑暗的奴隶社会，这是怎样的一道人性的曙光啊！由它所埋下的人性觉醒的火种，必然在不久的将来开花结果。

严格来讲，《左传》并不是文学著作，但它却处处孕育着文学的细胞。作为中国第一部大规模的叙事性作品，《左传》的叙事能力比以前任何一种著作都表现出惊人的发展。许多头绪纷杂、变化多端的历史大事件，都在作者笔下被处理得有条不紊，繁而不乱。尤其是关于战争的描写，更是曲折完整，精彩动人，为后人所称道、借鉴。《左传》一书，记录了大大小小几百次战争，不只是像城濮之战、鄢陵之战这样的大战役写得惊心动魄、曲折动人，就是那不计其数的小战役也写得精彩纷呈、各具特色。《左传》并不限于对战争过程的描述，而是将战争的远因近因、各国关系的组合变化、战前策划、交锋过程、战争影响，都以简练而不乏文采的文笔一一交代清楚。在那样久远的年代，这种早熟的叙事能力令人感叹不已。而且，《左传》在记叙历史事件与历史人物时，并不完全从史学价值考虑，而是常常注意到故事的生动有趣，常常以较为细致生动的情节，表现人物的形象。这些都使作品充满了浓厚的文学色彩。

在整个中国文学史上，小说与戏剧在很久以后才产生。然而与此有关的文学因素，却在春秋战国时代就借助了历史著作的母胎孕育着。《左传》正是第一部包含着丰富文学因素的历史著作，它所创立的文史合一的创作传统，既为后代小说、戏剧的写作提供了经验，又为之提供了丰富的素材。

阅读指导

《左传》不仅是一部内容丰富、史料价值很高的重要历史著作，还是一部富

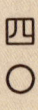

有文学价值的历史散文名著。阅读时，可以关注《左传》的语言，特别是对春秋时期几次大规模战争的描写，体会《左传》对行文辞令的表达，既委婉曲折，又刚强有力。

尔 雅

成书年代：战国
地　　位：中国古代第一部词典

作者简介

《尔雅》最早著录于《汉书·艺文志》，但未记载作者姓名。对于《尔雅》的写作年代及作者，历来说法不同，有人认为是西周初年周公旦所作，后来孔子及其弟子做过增补，有人认为是孔子弟子编写的。这种种说法都令人怀疑。根据史料推测，《尔雅》成书的上限不会早于战国，因为书中所用的资料，有的来自《楚辞》《庄子》《吕氏春秋》等书，而这些书是战国时代的作品。书中谈到的一些动物，如狻猊（即狮子），据研究，不是战国以前所能见到的。《尔雅》成书的下限不会晚于西汉初年，因为在汉文帝时已经设置了《尔雅》博士，到汉武帝时已经出现了犍为文学的《尔雅注》。最初成书当在战国末年，是由当时一些儒生汇集各种资料而成。历经秦火、战乱之后，这部书在汉代初年重新问世，又经过经师儒生的陆续增补，才成为今天所见到的《尔雅》。

《尔雅》书影

背景介绍

《尔雅》是一部以解释五经为主、通释群书语义的训诂汇编，而训诂萌芽于春秋战国，到西汉时才有较大的发展。因为从春秋战国到西汉，几百年间，语言文字发生了很大的变化，一般人已经不大看得懂古书，需要有专门的学者来讲解。而汉代的统治者力图用儒家的经典来巩固自己的统治，于是尊《诗》《书》《礼》《易》《春秋》为五经，并设立五经博士，在官学里讲授经义。这就促进了训诂的繁荣。

作品评价

《尔雅》汇总、解释了先秦古籍中的许多古词古义，成为儒生们读经、通经的重要工具书。在汉代《尔雅》就被视为儒家经典，到宋代被列为十三经之一。事实上，它是一本独立的词典。人们借助于这部词典，可以阅读古籍，进行古代词汇的研究；可以了解古代社会，增长各种知识。《尔雅》首创的按意义分类编排的体例和多种释词方法，对后代辞书、类书的发展产生了很大的影响。

相关链接

《广雅》是仿照《尔雅》体裁编纂的一部训诂汇编，相当于《尔雅》的续篇，篇目也分为19类，各篇的名称、顺序、说解的方式以至全书的体例，都和《尔雅》相同。《广雅》的作者是三国时魏人张揖，原书分为上、中、下3卷，总计18150字。《广雅》前3篇，"释诂""释言""释训"，解释的是一般词语。"释亲"以下的16篇解释百科名词。其中"释亲"解释亲属称谓以及人的形体的名称。"释宫"解释的是关于房舍建筑方面的词汇。"释器"除了解释器用，还解释了一些有关骨骼、肌肤、脏腑、饮食等方面的词语。"释乐"解释的是音乐的名称、乐器的名称、形制和礼乐的制度。

名著概要

已知最早提到《尔雅》这部书的是《汉书·艺文志》，其中它被著录为3卷20篇。此处所列的数字与现行本划分为19篇的歧异历来没有得到令人满意的解释。现行版本19篇，每一篇的题目都以"释"字打头，紧跟的下一个字则描述本篇中所要处理的材料的性质。全书收词语4300多个，分为2091个条目。题目及各篇的内容如下：(一)《释诂》：动词、通常用作形容词或副词的词，以及一些语法虚词。(二)《释言》：动词。(三)《释训》：原始的状态动词或者描述动词，其中许多是重叠的双音节词。(四)《释亲》：亲属称谓。(五)《释宫》：建筑用语。(六)《释器》：范围很广的器具之名，以及与使用这些词条有关的动词。(七)《释乐》：乐器名及某些音乐术语的条目。(八)《释天》：天文、历法及气象用语。(九)《释地》：地理及地质用语。(十)《释丘》：与土丘有关的用语。(十一)《释山》：与山有关的用语及著名山脉之名。(十二)《释水》：与河流、溪水有关的用语以及诸如岛屿和船舶的各种各样的相关条目。(十三)《释草》：草、草药以及蔬菜之名。(十四)《释木》：树及灌木之名。(十五)《释虫》：昆虫、蜘蛛、爬虫等虫类之名。(十六)《释鱼》：各种各样的水生动物诸如鱼、两栖动物以及甲壳类动物。(十七)《释鸟》：野禽之名。(十八)《释兽》：野兽之名。(十九)《释畜》：家养动物及家禽之名。这19篇的前3篇与后16篇有显著的区别，可以分成两大类。前3篇，即"释诂""释言""释训"解释的是一般语词，类似后世的语文词典。其中"释诂"是解释古代的词，它把古已有之的若干个词类聚在一起，作为被训释词，用一个当时通行的词去解释它们。"释言"是以字作为解释对象，被训释词大多只有一两个。"释训"专门解释描写事物情貌的叠音词或联绵词。《尔雅》后16篇是根据事物的类别来分篇解释各种事物的名称，类似后世的百科名词词典。其中"释亲""释宫""释器""释乐"4篇解释的是亲属称谓和宫室器物的名称。在汉代，儿童在完成识字阶段的教育后，要读《论语》《孝经》和《尔雅》这3部书。学习《尔雅》可以"博物不惑"，多识鸟兽草木虫鱼之名，增长各种知识。用今天的标准来看，《尔雅》的知识容量比较有限，但是在古代已经非常可观了。

阅读指导

根据《尔雅》本身的分类，一类一类地看，注意把握大的方向：《尔雅》前3篇即"释诂""释言""释训"解释的是一般语词，类似后世的语文词典；《尔雅》

后 16 篇是根据事物的类别来分篇解释各种事物的名称，类似后世的百科名词词典。

国 语

成书年代：战国
地　　位：中国最早的国别体史书

作者简介

关于本书的作者，历史上多有争议。唐宋以前，人们都认为是与孔子同时代的左丘明。比如西汉时的司马迁，在《史记》卷一百三十中提到左丘明整理了这部著作，还有东汉的班固、三国吴的韦昭、唐朝的刘知几等。按照他们的说法，我们可以得知《国语》的成书经过为：孔子作《春秋》后，左丘明为之作传，即《春秋左氏传》。后来，左丘明不幸失明，根据纂著《春秋》时所剩材料，编著了一本《国语》。根据《史记》记载，左丘明在 20 岁左右时，会见过年老的孔子，而在他编《国语》时差不多 70 岁了，如果真是这样，那么这部书的形成就不可能早于约公元前 425 年。唐宋以后很多学者对左丘明是《国语》的作者一事提出异议，现代学者中也有人认为《国语》是在战国初年编辑而成，作者有待进一步考证。

《国语解叙》书影

背景介绍

随着周平王的东迁，周王朝对于诸侯的控制逐渐受到挑战，各个诸侯国为了自己领土的扩张，攻伐与结盟这两种手段在诸侯国之间被普遍采用。在诸侯国之间的交往中，对于治国方略、外交辞令的要求不断提高，对于前代经验的总结也成了历史的必然。这就是《国语》一书出现的历史背景。

名著概要

《国语》言谈为事实而发，事实又作为言谈的验证。它着重记述"邦国成败，嘉言善语"，故名《国语》。《国语》是我国第一部国别体史书，所记载史实的时间，上起西周周穆王征犬戎（约公元前 976 年），下至韩、赵、魏灭智伯，共约 500

作品评价

《国语》开创了以国分类的国别史体例，对后世产生了很大影响，陈寿的《三国志》、常璩的《华阳国志》、崔鸿的《十六国春秋》、吴任臣的《十国春秋》，都是《国语》体例的发展。《国语》具有较高的文学价值，以其缜密、生动、精练、真切的笔法，在历史散文中占有比较重要的地位。《国语》与《左传》不同，详于记言而略于记事，记言的文笔又略较《左传》浅显。既有史家"尚实录，寓褒贬"的传统，又能运用形象思维来写史，具有较高的文学价值和史学价值。

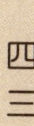

中国名著大讲堂

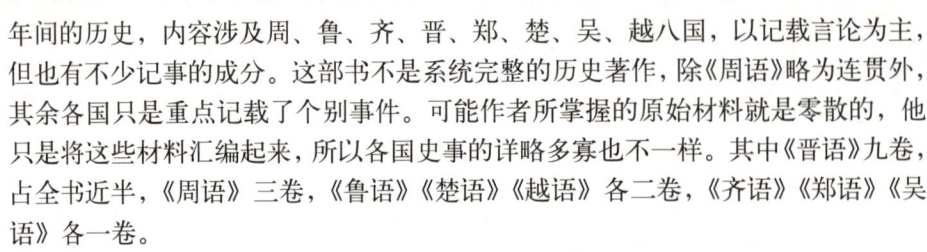

年间的历史,内容涉及周、鲁、齐、晋、郑、楚、吴、越八国,以记载言论为主,但也有不少记事的成分。这部书不是系统完整的历史著作,除《周语》略为连贯外,其余各国只是重点记载了个别事件。可能作者所掌握的原始材料就是零散的,他只是将这些材料汇编起来,所以各国史事的详略多寡也不一样。其中《晋语》九卷,占全书近半,《周语》三卷,《鲁语》《楚语》《越语》各二卷,《齐语》《郑语》《吴语》各一卷。

但《国语》不是编年体,它是以国分类。《国语》中《周语》排在最前面,内容也很丰富,它又和鲁、齐、晋、郑、楚、吴、越并列,所以又不像严格意义上的分国史体例。《国语》记载晋国史事最多,内容最丰富,其卷数占整书近一半,相比之下,其他国的记载就很简略了,如《郑语》,仅记载了桓公与史伯的对话。因此,有人将《国语》称之为《晋史》,也是有一定道理的。

《国语》记有穆、恭、厉、幽、宣、襄、定、灵、景、敬十王的大事,为后代保留了研究周王室的宝贵资料。《国语》的《齐语》专记管仲相齐的业绩,对后人详细了解齐桓公霸业形成之经过大有裨益。《越语》用很大的篇幅,生动详细地记载了越王勾践如何忍辱负重,发愤图强,最终灭吴的历史。《国语》很注重各国贵族的言论。

《国语》以记述西周末年至春秋时期各国贵族言论为主,通过不同风格、特色的语言来塑造人物性格,表述不同人物的思想及命运,记载波澜壮阔的历史大事。《国语》记史,生动、精练,为历代所称道。《吴语》《越语》记载吴越两国斗争始末,从吴败越,越王勾践卑事吴王夫差,最后终于灭吴,如此大事,包括两国最高层的谋略,大臣的劝谏,两国外交、内政、战争以及人心向背等,大都是通过对话来表现的。除表现重大历史事件外,作者还善于选取一些精彩的言论,用以反映重大社会问题。如《周语》"召公谏厉王弭谤"一节,提出了统治者如何对待民间舆论的问题,对那些专制霸道、妄图用高压手段压制来自人民的批评的统治者提出了警告:"防民之口,甚于防川。"这一著名论断也反映了当时统治阶级中开明之士的重民思想。《国语》中的《鲁语》,记载孔子的言论,含有儒家的思想;《齐

晋文公复国图(之五、之六) 南宋 李唐

> **经典摘录**
>
> 厉王虐，国人谤王。召公告曰："民不堪命矣。"王怒，得卫巫，使监谤者。以告，则杀之。国人莫敢言，道路以目。
>
> 王喜，告召公曰："吾能弭谤矣，乃不敢言！"
>
> 召公曰："是障之也。防民之口，甚于防川。川壅而溃，伤人必多；民亦如之。是故为川者决之使导，为民者宣之使言。故天子听政，使公卿至于列士献诗，瞽献曲，史献书，师箴，瞍赋，矇诵，百工谏，庶人传语。近臣尽规，亲戚补察，瞽、史教诲，耆、艾修之，而后王斟酌焉。是以事行而不悖。民之有口，犹土之有山川也，财用于是乎出；犹其原隰之有衍沃也，衣食于是乎生。口之宣言也，善败于是乎兴。行善而备败，其所以阜财用衣食者也。夫民虑之于心而宣之于口，成而行之，胡可壅也？若壅其口，其与能几何？"王不听，于是国人莫敢出言。三年，乃流王于彘。
>
> ——《国语·召公谏厉王弭谤》

语》记管仲谈霸术，含有法家思想；《越语》记范蠡尚阴柔，功成身退，带有浓厚的道家思想。因此，《国语》又是古代思想史研究的资料来源。

《吴语》和《越语》在全书中风格较为特殊。它以吴越争霸和勾践报仇雪耻之事为中心，写得波澜起伏，很有气势。其中写到吴王夫差发兵北征，与晋人争霸中原，事情尚未成功，后院起火，传来了越王勾践袭击吴都姑苏的消息。夫差急召大臣合谋，采用王孙雒的建议，连夜布成三个万人方阵，中军白旗白甲，左军红旗红甲，右军黑旗黑甲，望去"如荼""如火""如墨"。晋军"大骇不出"，吴王乘势要求晋君让他当盟主，然后连忙撤兵，班师回吴。这一段写得有声有色，宛如后世小说笔法。

《国语》所反映的进步思想虽不如《左传》鲜明，然如祭公谏穆王征犬戎说："先王耀德不观兵。"又说："无勤民于远。"召公谏厉王弭谤说："防民之口，甚于防川。川壅而溃，伤人必多，民亦如之。是故为川者决之使导，为民者宣之使言。"都是很有意义的文章。从文学上的成就说，《国语》远不如《左传》，这从长勺之战可以看出。两书所记，意同而辞不同，一则简练而姿态有神，一则平庸而枯槁乏味。试一比较，优劣自见。

但《国语》记言之文亦有风趣绝佳者，如《晋语》记姜氏与子犯谋醉重耳一段，重耳和子犯二人对话，幽默生动，当时情景如在目前；而《左传》于此过于求简，反觉有所不足。此外，《晋语》八记叔向谏晋平公事，滑稽讽刺有似《晏子春秋》；《越语》载越王勾践与范蠡的问答多用韵语，也各具特色。

阅读指导

凡是研究古代史学的人，都在研究《国语》和《左传》的关系，鉴于此，我们在阅读时，可以把《左传》《国语》进行比较，因为两者同是记载春秋时期的历史，都成书于战国时期，可以比较出它们各自的特点。同时《国语》也可与《尚书》比较，虽同属记言之书，但两者还是有其差别。

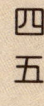

战国策

成书年代：战国末期
地　　位："文辞之最、行人辞命之极"

作者简介

　　《战国策》是一部记录战国时代谋臣策士的言论与行状的文章集，不是某一人的作品，它是战国至秦汉间纵横家游说之辞和权变故事的汇编，它不作于一时，也不成于一手。战国时代，有人专门从事外交策略的研究，讲究如何揣摩人君主观心理，运用纵横捭阖的手腕，打击敌国，史称纵横家。他们对谈说之术非常重视，为了切磋说动人君的技艺，不断收集资料，储以备用，有时自行拟作，以资练习，《战国策》中的许多篇章是这样产生的。由西汉刘向辑录成书，书名也为刘向所定。刘向（约公元前77～公元前6年）是汉代著名学者，除经学与文学外，在古籍整理上贡献亦多。汉成帝时，刘向受诏校录群书，《战国策》即其中之一。据刘向《战国策书录》，该书收集的文章，在

刘向像

他以前已以《国策》《国事》《短长》《事语》《长书》《修书》等书名流传。他做的工作只是收集，按国别和大体时间排序并除去重复章节。

背景介绍

　　战国时期是我国古代历史发生剧烈变动的时代。在社会经济方面，由奴隶制转变为封建地主制。在政治方面，由春秋时期小国林立的争霸局面，变为秦、齐、楚、赵、魏、韩、燕七大国争雄。这就促使各国国君和贵要人物去重视一些虽非出自世卿之家，但有某方面实际能力的人，形成了盛行一时的"养士"之风。在这种形势的激发下，产生了怀抱各种政治主张的游士，奔走于列国之间，进行游说，希望自己的主张能被当政者采纳，而自己受到重用。

名著概要

　　汉代刘向按东周、西周、秦、齐、楚、赵、魏、韩、燕、宋、卫、中山12策分编，共33卷，定名为《战国策》。它记载了继《春秋》以后，至楚、汉之起以前，共245年间的历史。因而此书思想活跃，有许多纵横阴谋之术，不合于儒家的思想，

作品评价

　　《战国策》因其对战国时期各国之间错综复杂的政治斗争及谋臣策士们在此斗争中的折冲周旋有不少生动的记叙，可以作为史书来读。该书叙事记言，起伏跌宕，文笔极佳。作为一种文学的创作，其立论之法，夸饰之辞及所用的许多寓言故事，都脍炙人口。《战国策》的思想性与艺术性相比，显得相当贫乏。

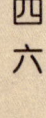

故被儒家所排斥，未得当世广泛传播，后来便渐渐残缺不全。如刘向编订的《战国策》有《蒯通说韩信自立》一篇，曾被司马贞的《史记索隐·淮阴侯列传注》所引，但后来《战国策》中此篇丢失。据《崇文总目》称，共散佚11篇。北宋著名文学家曾巩从士大夫的私人藏书中访求书籍，并加以校订，正其谬误，重新凑足了33篇。然而，由于历史的原因，曾巩所校订的《战国策》与刘向所编订的《战国策》在篇目上已有了出入。所以，历史上就存在两种文本的《战国策》，刘向所编为古文，曾巩所校补的为新本。

> **名家点评**
> 王觉说："自春秋之后以迄秦，二百年兴亡成败之迹，粗具于是矣。"

今本《战国策》的篇目如下：

（一）《西周策》1篇，分为17章。（二）《东周策》1篇，分为22章。（三）《秦策》5篇，分为64章。（四）《齐策》6篇，分为57章。（五）《楚策》4篇，分为52章。（六）《赵策》4篇，分为66章。（七）《魏策》4篇，分为81章。（八）《韩策》3篇，分为69章。（九）《燕策》3篇，分为34章。（十）《宋卫策》1篇，分为14章。（十一）《中山策》1篇，分为10章。以上共33篇，486章。这是元朝泰定二年（1325年），由东阳人吴师道校订的。

《战国策》的学术价值，在于记载了战国时期各个历史阶段的重大事件：

1. 战国历史大致可分为三个阶段，自公元前475年至公元前334年是魏国强大和魏齐争霸时期，属战国前期。本期中的重大事件，如魏国霸业的形成，魏、齐的争衡和互尊为王，在《史记》中均语焉不详，若明若昧，主要靠《战国策》保存了这些事件的梗概。

2. 从公元前333年到公元前288年齐、秦称帝，属于战国史的中期。《战国策》所载，此期的大事有：五国相王，齐破燕，苏秦和燕、齐的关系。

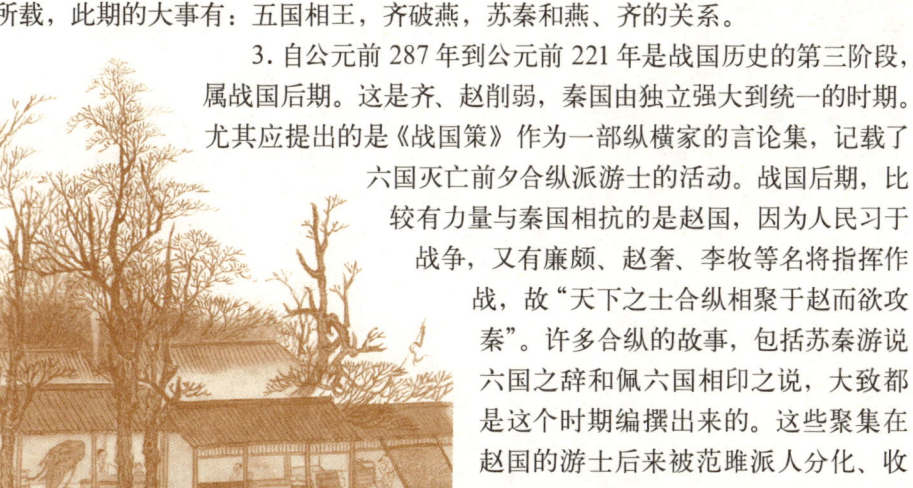

3. 自公元前287年到公元前221年是战国历史的第三阶段，属战国后期。这是齐、赵削弱，秦国由独立强大到统一的时期。尤其应提出的是《战国策》作为一部纵横家的言论集，记载了六国灭亡前夕合纵派游士的活动。战国后期，比较有力量与秦国相抗的是赵国，因为人民习于战争，又有廉颇、赵奢、李牧等名将指挥作战，故"天下之士合纵相聚于赵而欲攻秦"。许多合纵的故事，包括苏秦游说六国之辞和佩六国相印之说，大致都是这个时期编撰出来的。这些聚集在赵国的游士后来被范雎派人分化、收

信陵君夷门访侯嬴　清　吴历
战国时代魏人信陵君广纳贤士，且待人诚恳，当他听说夷门侯嬴十分贤能，便去拜访，并最终以真情感动侯嬴，使其成为自己的门客。

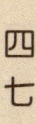

> **相关链接**
>
> 春秋战国时流传下来的比较重要的编年体史书还有《竹书纪年》，也称《汲冢纪年》，是战国时魏国的史书，如《春秋》一样，也是一部原始性的编年史，所记内容起自夏禹，继述夏、商、周之事，但至周宣王以后，则特记晋国之事，晋灭以后，又特记魏国的事，至魏襄王二十年。这本史书对战国时史实的记载较为准确，还可帮助纠正《史记》中的某些错误。

买，最后发生分裂，不再谈合纵，于是张仪为秦破纵连横的故事也就出现了。

《战国策》中所收游说之士的纵横之论，反映了战国时的社会风貌和各国政治、经济、军事、外交的重大活动，生动记载了纵横家们的机智善辩、聪明智慧，使人如临其境，如闻其声。纵横家们在当时的社会大舞台演出了一幕幕生动感人、有声有色的话剧，《战国策》为后人留下了那段历史的宝贵材料。受战国纵横家们的智慧、谋略的影响，至西汉时还涌现了陆贾、蒯通、主父偃、徐乐、邹阳、严助、庄安等一批纵横家。

《战国策》语言流畅犀利，笔调辛辣，善于将寓言故事巧妙地穿插于文中，用以说明抽象的道理，阐述自己的论点，是论辩文的典范。《战国策》中运用工整的对偶和排比法及主客对答、抑客申主的写法，亦为汉赋所继承。《战国策》文笔优美，叙事生动形象，刻画人物栩栩如生，对后世文学产生了深远的影响。汉初著名的散文学家贾谊、晁错、司马迁，宋代的苏洵、苏辙、苏轼的散文都受到《战国策》的影响。

作品特色

和《左传》一样，《战国策》也是一部历史著作。它上接《春秋》，下迄秦统一，以策士的游说活动为中心，反映出这一时期各国政治、外交的情状。它原来的书名并不确定，西汉刘向考订整理后，定名为《战国策》。虽然我们习惯上把《战国策》也归为历史著作，但它与《左传》已经有了太多的不同。从春秋到战国，社会已经发生了翻天覆地的变化。周天子至高无上的权威已经荡然无存，作为威胁社会秩序纽带的"礼"也已然断裂，天下诸侯蜂起，战乱频繁，新兴的士阶层日益崛起，逐渐成为历史舞台的主角。在这种情况下产生的《战国策》，生动地反映了时代的气息。《战国策》以大量的事实展示了"士"的重要性，如《齐策四》记载齐宣王重用王斗，王斗举荐五个人出任要职，结果齐国大治；《燕策一》记载燕昭王师事郭隗，招揽天下之士，结果燕国强大起来，联合五国讨伐齐国。这些布衣之士左右天下局势的事迹被作者津津乐道，甚至加以修饰。他们甚至在诸侯王公面前也毫不掩饰自己的锋芒。在《齐策

毛遂自荐图 清 吴历

四》中，道出："士贵耳，王不贵。"这种思想不仅完全突破了等级尊卑的宗法观念，而且与《左传》的民本思想根本不同。它说明，在社会的巨变中，作为一支新兴的社会力量，士的影响力和地位在不断地上升，自我意识不断地加强，终于要和传统的贵族分庭抗礼了。这样一个战乱频繁的时代，传统的道德在沦丧，传统的伦理在崩溃，人们撕掉了过去笼罩在国家和人际关系方面温情脉脉的"礼"的面纱，而代之以赤裸裸的利益关系。如苏秦始以连横之策劝说秦王并吞天下，后又以合纵之说劝赵王联合六国抗秦。他游秦失败归来时，受到全家人的蔑视；后富贵还乡，父母妻嫂都无比恭敬。于是他感慨道：嗟夫，贫穷则父母不子，富贵则亲戚畏惧。人生世上，势位富贵，盖可忽乎哉！

苏秦在失败时和富贵时人们的态度变化，正说明了那个时代崇实尚利的人际关系实质——名利思想已经侵入了社会生活的各个领域，成为支配人们行为的原动力。围绕谋臣策士的游说活动，《战国策》描写了一大批个性鲜明的人物。上至诸侯王公，下至闾巷细民，三教九流的人物都出现在《战国策》中，使得它的人物画廊空前地开阔。当然，最活跃的还是那些俊雄宏辩之士。他们在历史舞台上纵横捭阖，任意驰骋，转危为安，运亡为存，显示出卓异的风采。作者在叙述他们的事迹时，往往集中笔墨叙写一个人的事迹，通过富于特征的言行表现他们的性格，展示他们的内心世界。同时，作者还使用大量的夸张、渲染和虚构手法，以及铺陈、排比、夸张、比喻的手法，造成酣畅淋漓的启示和铿锵有力的文章节奏。这样，就使得奇异曲折的情节与恢奇卓异的人物有机地结合在一起，使作品既文采飞扬，又充满了传奇色彩。《战国策》在叙事写人上取得的成就，以及它辨丽恣肆、词采华丽的文风，在文学史上都具有承上启下的作用。秦汉的政论散文、汉代的辞赋，都受到《战国策》艺术风格的影响；司马迁的《史记》描绘人物形象，也是在《战国策》的基础上的向前发展。

阅读指导

《战国策》一书，因其对战国时代各国之间错综复杂的政治斗争及谋臣策士们在此斗争中的折冲周旋有不少生动的记叙，可以作为史书来读。此外，该书叙事记言，起伏跌宕，文笔极佳，又可作为文学书来读。

经典摘录

楚有祠者，赐其舍人卮酒。舍人相谓曰："数人饮之不足，一人饮之有余，请画地为蛇，先成者饮酒。"一人先成，引酒且饮之，乃左手持卮，右手画蛇曰："吾能为之足。"未成，一人之蛇成，夺其卮曰："蛇固无足，子安能为之足？"遂饮其酒。为蛇足者，终亡其酒。

——《战国策·齐策二》

虎求百兽而食之，得狐。狐曰："子无敢食我也。天帝使我长百兽，今子食我，是逆天帝命也。子以我为不信，吾为子先行，子随我后，观百兽之见我而敢不走乎！"虎以为然，故遂与之行，兽见之皆走。虎不知兽畏己而走也，以为畏狐也。

——《战国策·楚策一》

庄 子

成书年代：战国
作　　者：庄周
地　　位：游逍遥、达齐物的智慧结晶

作者简介

关于《庄子》一书的作者，自司马迁开始，绝大多数研究者认为：庄子（约公元前369～公元前286年），名周，字子休，战国时宋国蒙（今河南商丘东北）人，先秦著名思想家，道家学派的主要代表人物。庄子与梁惠王、齐宣王是同时代的人，较孟子稍晚，为惠施挚友。他曾做过蒙地漆园小吏，管理生产漆的工匠，任职不久即辞官。庄子一生视仕途为草芥，不追逐官禄，因而他家境贫寒，一生穷困潦倒，除讲学、著述外，有时靠打草鞋维持生活，有时靠钓鱼糊口。曾经向监河侯（官名）借过粮食，也曾经穿着粗布麻鞋见魏王。相传楚威王以厚金聘他做楚国的丞相，但他却坚辞不就，后来终身脱离仕途，过着隐居的生活。庄子蔑视权贵，鄙视吏禄，追求个人自由。他猛烈地抨击当时的社会，在文章中大声疾呼"圣人生而大盗起"，直接把矛头指向暴君，表现出对统治者和当时社会制度的不满和蔑视。庄子还是一位十分豁达的文人，面对什么事情都能处之泰然，并练就了一套"喜怒哀乐不入于胸次"的功夫。庄子一生虽处于穷困之中，但他能在逆境中博览群书，这使他具备了丰富的知识和敏锐的思维。庄子的思想与老子相近，推崇并发展了老子的学说，并且"著书十余万言"，后被编成《庄子》一书。

庄子像

背景介绍

庄子处于战国乱世，当时的许多统治者口尧心桀，盗用仁义之空名，奢谈无定之是非，以行其争权夺利、压迫人民之实，造成了社会黑暗和人生灾难。庄子生活的宋国，当时宋王偃"射天笞地"，荒淫无道，不得人心。在此背景下，庄子对人生的前途和传统的价值观念丧失了信心，产生了悲观厌世的情绪，因而更加促进了老子自然无为思想的形成。

名著概要

《庄子》亦称《南华经》，根据汉代流传的古本，有52篇，内篇7，外篇28，杂篇14，解说3，共10万余字。但传世的郭象注本只有33篇：内篇7，外篇15，杂篇11。这些是不是都是庄子的著作，历来有争议。一般认为，《内篇》思想连贯，文风一致，是全书的核心，应当属于庄子的著作，《外篇》《杂篇》冗杂，有可能是庄子门徒或后学所作。

《庄子》以"寓言""重言""卮言"为主要表现形式，书中绝大部分是寓言。所谓"寓言"指言在此而意在彼；所谓"重言"是借重古先哲或当时名人的话，或另造一些古代的"乌有先生"来谈道说法，让他们互相辩论，或褒或贬，没有一定的定论；所谓"卮言"就是漏斗式的话，漏斗空而无底，隐喻无成见之言。

《庄子》书影

《内篇》是全书的核心，包括《逍遥游》《齐物论》《养生主》《人间世》《道充符》《大宗师》《应帝王》7篇，各篇各有中心思想，但又具内在联系，反映了庄子的宇宙观、认识论、人生观、道德观、政治观和社会历史观。

《逍遥游》是《庄子》的第一篇，主旨是讲人应该如何才能适性解脱，达到逍遥自由的境界。他认为只有忘绝现实，超脱于物，才是真正的逍遥。庄子认为人生种种苦恼和不自由的根本原因在于"有待""有己"，而"逍遥"的境界是"无所待"的，即不依赖外在条件。

《齐物论》表述了庄子的"天地与我并生，万物与我为一"的思想，强调自然与人是有机的生命统一体，肯定物我之间的同体融合。认为一切事物都是相对的，如果要达到解脱逍遥，就必须齐物，所谓"齐物"就是齐同物。首先，从绝对"道体"的高度来看，认识对象的性质是相对的，处于不断转化之中，其性质因而就无法真正认识。其次，人的主观认识能力和知识的可靠性也是相对的，没有客观标准，所以知与不知是不能证明和区分的；再次，探求事物的是非、真假，应该是没有意义的，因为没有客观标准。所以庄子认为，不论客观万物还是人的内心世界都受"道"的主宰，因而事物的彼此、认识上的是非等都是相对的。

《养生主》主要讲人生观，即养生之道或原则。庄子正面阐述养生的原则，就是要"缘督以为经"，即顺乎自然的中道。而后，又以"庖丁解牛"等具体说明：在错综复杂的社会中，如何找出客观规律以适应现实并"游刃有余"，形体的缺陷不影响养生，养生主要是使精神得到自由，人之生死是自然现象，不必过分感情激动而影响养生，养生之道重在精神而不在形体。

《人间世》是讲处世哲学，提出了"心斋"的命题。他认为耳目心智无法去

作品评价

《庄子》是道家学派的一部重要著作，以后成为道家的经典之一，到魏晋时成为玄学的"三玄"之一。它不但涉及哲学、人伦、政治，而且谈论美学、艺术、语言、生物、养生等方面。庄子第一次提出了寓言、小说的概念，创作了近200个寓言故事，开创了以虚构的手法，反映现实和表现理想的先河。《庄子》对后世的政治影响也很复杂，历代知识分子崇尚其悲观遁世、自我陶醉的人生态度，而统治者也较多地取其消极面作为麻醉人民的工具。《庄子》不仅在国内，而且在国际文化界也引起了普遍的关注。

庄生梦蝶图 元

此图取材于"庄周梦蝶"的典故，画家将此场景置于炎夏树荫。童子倚树根而眠，庄周袒胸卧木榻，鼾声正浓，其上一对蝴蝶翩然而乐，点明画题。笔法细利削劲，晕染有致。（此图为局部）

认识道，只有使精神保持虚静状态，才能为道归集，悟得妙道。又以一连串的寓言来说明待人接物要安顺，并说明有用有为必有害，无用无为才是福。

《道充符》主要是讲道德论。通过寓言的形式，写了几个肢体残缺、形状丑陋的人，但他们的道德却完美充实。庄子所指的"德"指领悟大道，因循变化，顺其自然。

《大宗师》的主旨是讲"道"和如何"修道"。"道"是客观存在的，又是看不见摸不着的，其存在不以他物为条件，不以他物为对象，在时空上是无限的，是无始无终的宇宙生命。万物的生命，即此宇宙生命的发用流行。庄子认为，人们通过修养去体验大道，接近大道，可以超越人们对于生死的执着和外在功名利禄的束缚。修养的方法就是"坐忘"，即通过暂时与俗情世界绝缘，忘却知识、智力、礼乐、仁义，甚至我们的形躯，达到精神的绝对自由。

《应帝王》主要是讲政治。通过寓言来强调"无为"的重要性。

《外篇》和《内篇》中还有许多有价值的思想，如在《秋水篇》中提到物质的无穷性、时空的无限性和事物的特殊性；在《则阳》篇中论述了关于矛盾对立面相互依存和相互作用的思想；《天下》篇是介绍先秦几个重要学派哲学思想的专论。

作品特色

《庄子》艺术上最大的特色，就是善于用艺术形象来阐明哲学道理。庄子认为，至高无上的大道理难以用语言表达，逻辑的语言并不能充分地表达思想，只能借助于直觉领悟。因此，《庄子》采用了"寓言""重言""卮言"为主的表现形式。所谓"寓言"，意思是言在此而意在彼，作者借助河伯、海神、云神、元气，甚至鸥鸦狸狌、山灵水怪等逸出尘想的艺术形象，演为故事，来讲述一定的道理。所谓"重言"，是借重古先圣哲或当时名人的话，或另造一些古代的"乌有先生"来谈道说法，让他们互相辩论，或褒或贬，没有一定之论。但在每一个场合的背后，却都隐藏着庄子的观点和身影。"卮"是古代的漏斗，所谓"卮言"，就是漏

相关链接

《庄子》的文章已经形成了浑融完整的篇章结构，特别是内篇中的作品，每篇有明确的中心思想，有反映中心思想的标题，它们的篇幅大都较长，篇中围绕中心观点展开论述。庄子行文信笔挥洒，不拘一格，文中忽而议论，忽而譬喻，忽而叙事，纵横驰骋，变幻莫测，已经显示出成熟散文的风范来。《庄子》因此而成为先秦散文的集大成者。

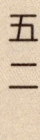

斗式的话。漏斗的特点是空而无底，"卮言"隐喻没有成见的言语。通过这三种暗示性的表现方式，《庄子》把深奥的哲理化作具体生动的艺术形象，给读者留下了广阔的想象空间，似乎具有无限阐释的可能性。

在《庄子》中，作者为人们展现了一个奇幻丰富、光怪陆离的艺术想象世界，使得作品充满了浪漫主义的瑰丽色彩。作者向古代神话传说汲取了丰富的养料，再加上自己匠心独运的艺术创造，编制出新奇怪诞的形象和故事，使作品达到了神奇莫测、出人意表的境界。在作者富有想象力的妙笔下，小到草木虫鱼，大到飞禽走兽，都获得了人的思想、情趣和性格，而在这些生物的活动以及它们所发的议论中，又表现出作者自己的思想和观点。《庄子》这种恣肆纵横、奇特瑰丽的浪漫主义特征对后世影响极大，后人因此把《庄子》与浪漫主义的另一典范《离骚》并称为"庄骚"。

作品影响

《庄子》一书是道家与道教的经典，对后世产生了极其深远的影响。在封建社会，庄子曾被统治者封为南华真人，《庄子》被封为《南华真经》。从魏晋玄学，到宋代理学，从嵇康、阮籍、陶渊明，到李白、苏轼，再到汤显祖、金圣叹、曹雪芹，《庄子》博大精深的思想影响了一代又一代的中国文人。

阅读指导

《庄子》一书文笔纵横、气象磅礴，使人读来往往有一种心神清旷、超然欲仙的感觉。《庄子》一书的后世注笺本比较多，其中最为有名的是郭象的《庄子注》、郭庆藩的《庄子集释》、王先谦的《庄子集释》、刘武的《庄子集释内篇补正》。文笔风流，发藏掘隐，各具千秋，可以说是读者阅读和领略《庄子》一书神采的理想选本。

荀 子

成书年代：战国末期
作　　者：荀况
地　　位：先秦诸子百家集大成者

作者简介

荀子名况，字卿，又称孙卿。战国末期赵国人，生卒年月不详，约生活于公元前325～公元前238年，是战国时期杰出的唯物主义哲学家、无神论者。其政治、学术活动年代约在周赧王十七年（公元前298年）到秦王政九年（公元前238年）间。荀子是战国末期与孟子齐名的一位儒家大师，是继孟子后儒家又一杰出代表。他曾游学齐国，在著名的稷下学宫讲学，并被尊奉为学宫之长。后来做过楚国的兰陵令，也曾议兵于赵，论儒于秦，晚年定居兰陵，从事著作和教育。他的门人很多，

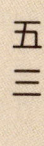

荀子像

赫赫有名的法家人物韩非和李斯就是他的高徒。公元前285年，正是齐王吞并宋国，兵强势盛的时候，荀子曾企图说服齐国宰相实行儒家的仁义王道，劝说齐国君臣选贤任能，重用儒家。但齐湣王听不进荀子的建议，荀子只好离开齐国去了楚国。不久，齐果然被燕打败。荀子总结这一教训时说，齐王不修礼义是齐国由强到弱到失败的根本原因。荀子一生的主要时间和精力是用于研究和传习儒家经典，以及从事教学。他的学生很多，李斯、韩非、浮丘伯等曾受业为其弟子。他善于吸收和批判诸子百家的学说，尤有功于诸经。荀子的著作十分宏富，在汉代抄录流传的有300多篇，后经刘向校雠，定为32篇。有人说荀子是法家，也有人说他是道家，荀子自己则以儒家自居，对孔丘推崇备至。总的说来，荀子之学确是以兴儒尊孔为主旨，却又明显地受到墨、道、法、名诸家的影响。

背景介绍

荀子生活在中国社会制度发生巨大变化的战国末年，当时奴隶制度已经崩溃，割据局面即将结束，封建主义大一统的趋势日益明显，社会生产力和科学都有了新的发展，处在上升时期的新兴地主阶级，如日方升，对改造自然和改造社会充满了积极进取的精神。当时结束战国以来"诸侯异政""百家异说"的局面，已成为历史发展的必然趋势。与这种历史发展趋势相适应，意识形态领域中提出了批判地综合百家之学的任务，当时有一个人试图担当这个任务，这个人就是荀子。

名著概要

据《史记·孟子荀卿列传》记载，《荀子》这部书是荀子晚年为总结当时学术界的百家争鸣和自己的学术思想而编写的。《荀子》一书现存32篇，一般认为，《大略》以下6篇是其"弟子杂录"，其余26篇为荀况手笔。

《荀子》明确论述了"天人相分"人定胜天的朴素唯物主义自然观。《天论》篇认为：天就是自然界，天的变化是自然的变化，而且是有规律的，日月、风雨、寒暑的运行与变化，不因人们的喜怒而转移。同时作品还充分肯定了人类认识、改造自然的主观能动作用，肯定了人具有认识事物的能力和事物是可以被认识的，强调了认识要有正确的方法和途径。他特别强调后天学习的重要性，并用"青出于蓝而胜于蓝"的形象比喻，说明学习没有止境和后来居上的道理，劝导人们要进行广博的学习，要发扬"锲而不舍""用心一也"的精神，反对死记硬背、不求甚解和杂而不专，成为激励后人学习的名篇佳句。

荀子的伦理思想，主要反映在《性恶》《修身》《礼论》等篇中。他在《性恶篇》提出"性伪之分"的命题，指出："人之性，恶；其善者，伪也。""不可学，不可

作品评价

《荀子》一书内容宏富，具有多方面的成就和巨大历史价值。它是先秦哲学积极成果的总结性的著作，对后来的哲学发展产生了深远的影响，在中国哲学史上具有十分重要的地位。

事之在天者，谓之性；可学而能，可事而成之在人者，谓之伪，是性伪之分也。"与生俱来的本能是"性"，而后天习得的则是"伪"。"伪"是"人为"的意思。他认为，人的本性就是"目好色，耳好听，口好味，心好利"和"饥而欲饱""寒而欲暖""劳而欲休"的自然属性，这些自然属性只有通过封建伦理道德来严格加以限制，才能变成性善的，才符合封建礼仪。《礼论篇》认为，礼义起源于对人的自然本性情欲情感的限制，起源于人们无限的欲求与社会有限的财富的矛盾。人们正当的物质欲求必须满足，但财富毕竟有限，因此只能按社会名分等级来确立消费的多寡，以解决需求和生活资料的矛盾。

《荀子》内页

荀子的政治思想和经济思想，主要反映在《王制》《富国》《王霸》《君道》《臣道》《强国》等篇中。为了加强封建统治，巩固地主阶级政权，荀子提出了"隆礼敬士""尚贤使能"的用人原则。《王制篇》指出，人与动物的区别就在于能"群"。人是社会性的动物，面对自然，面对野兽，必须联合成社会群体，而任何群体，必然有一定的组织形式，要有分工和合作，要有等级名分，并依次决定消费品之分配，以免发生斗争和内乱。《富国篇》提出"明分使群"的命题，指出一个人不能兼通数种技艺，兼管各种事务。一个人的生活所需，要靠众多人的生产品供给。群居生活一定要明其职分和等级。明确各人的职分是人能"群"的前提，而礼义是维持"分"的手段。荀子主张"以礼正国"。他所倡导的"礼治"，是通过社会分工，确立贫富贵贱的等级秩序。

荀子的礼论又是与乐论相结合的。《乐论篇》强调，礼乐不仅调节人们的物质需求，还满足人们的精神需求。儒家的治道，是一种教化形态，它也包含法治、刑政，但主要是通过礼乐教化提升每一个人的人格，以礼节民，以乐和民。礼乐刑政，相辅相成。荀子把儒家的礼乐相辅相成之道发挥到极致，主张美善相乐，指出通过礼乐教化可以提高百姓的文化素质，纯洁人心，成就每一个和乐庄敬的生命，达到理想的胜境。《正名篇》《解蔽篇》等主张名实统一，以名指实，达到名实相符，提出了制名的几条原则和防止认识的片面性的方法，具有丰富的逻辑学与认识论思想。《非十二子篇》《解蔽篇》等对儒墨道法名诸学派的代表思想家有所评论和批判。

在如何治理国家问题上，荀子提出了"重法爱民""赏罚严明"的政治主张。他认为，统治者治理国家和统治人民，一定要有一套严密的政治法令和赏罚措施。对人民，在没有给他利益之前就从他身上谋取利益，不如先给他利益然后再从他身上索取利益更有利；不爱护他却重用他，不如先爱护他然后再重用他更为有效。荀子认为，只有赏罚严明，才能治理好国家。

在经济思想方面，荀子主张一方面用赏罚严明的制度来鼓励人民发展生产，

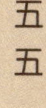

名家点评

大儒孙卿及楚臣屈原,离谗忧国,皆作赋以风,咸有恻隐古诗之义。
—— 东汉·班固《汉书·艺文志》

孟子以后,儒者无杰出之士,至荀卿而儒家壁垒始又一新。
—— 冯友兰

研究荀子学说的人,须要注意荀子和同时代的各家学说,都有关系。
—— 胡适

荀子以儒学为本,对诸子百家之说进行了激烈批评,其论虽不无偏颇,但足可称为先秦时期继孔子、孟子之后最有成就的儒学大师。
—— 钱逊

增加财富。另一方面他又提出了"强本抑末""节用裕民""开源节流"的经济措施,加强发展农业生产,抑制商品流通,不断开拓新的财源,限制统治阶级的费用,以此达到国富民强的目的。荀子这种经济思想,集中代表了中小地主阶级的利益,同时也符合人民的愿望。

作品特色

先秦诸子的散文发展到《荀子》,已经趋于完善和成熟,基本上是自成体系的专题论文,内容和形式都有新的变化。主要有以下几个特点:

荀子的文章博大精深,涵盖面广。他的论文涉及哲学、军事、政治、经济、伦理、学术史、音乐等主要领域。在这些领域里,荀子以其渊博的学识和独到的见解,写出了后人难以企及的精彩篇章。荀子的文章另一个特色是严谨周详,说理缜密。他的论文长于正论反驳,有破有立。而驳论的出现,标志着中国的论文达到了一个新的水平。在后来韩非的努力下,这种文体得到长足的发展和完善。如《正论》一文,荀子先列举6种世俗的说法,然后一一加以驳斥,最后申明自己的观点。

荀子的文章还有一个特点便是老练淳厚。在天下闻名的稷下,他最受人爱戴,多次被学者们推举为"祭酒",他的学生更是高才辈出,如韩非、李斯等,后来都成为一国之相。荀子的文章,辩才无碍,气势磅礴,又自有一种长者的风范。在文中,很少用有故事情节的寓言而常连用一串比喻,如《劝学》最为突出:"君子曰:学不可以已。青,取之于蓝,而青于蓝;冰,水为之,而寒于水。木直中绳,輮以为轮,其曲中规,虽有槁暴,不复挺者,輮使之然也。故木受绳则直,金就砺则利,君子博学而日参省乎己,则知明而行无过矣。故不登高山,不知天之高也;不临深溪,不知地之厚也;不闻先王之遗言,不知学问之大也。"这几个比喻目标明确,就是为了说明学习的重要性和必要性。这些比喻的运用,也增强了荀子文章说理的力度和长者的典重淳厚。

泰山齐长城遗址

作品影响

荀子是孟子之后的一位儒家大师,他不但在自己的论著中崇尚"大儒"而贬低"俗儒",而且在现实中也是以"大儒"自居的。作为大儒的荀子,他对当时的经典无所不通,他继承了孔子所开创的儒学传统,并有所发展,成为先秦时期集大成的儒学思想家。但他和孔子、孟子又有所不同,他的学问已经自成一派,所谓孔子之后儒家"一分为八",荀子就是其一。在儒学发展史上,荀子是位关键性的人物,他不但继承了先师的学问和思想,而且有所创新,发扬了儒家思想中比较进步的一些方面。也许正因为这样,唐代的韩愈认为荀子不再是纯而又纯的儒学大家。但我们认为,荀子值得我们学习和继承的地方,正是他的勇于创新和大胆开拓。

阅读指导

阅读时要注意,荀子学术虽系出于儒家,但在体系上又兼容诸子百家之长,并批评儒家学说(特别是孟子学说)的唯心守旧成分,而有所倾向于法家,是一个半儒半法式人物。要注意荀子思想与传统孔孟思想之间差异并正确把握。

孙膑兵法

成书年代:战国
作　者:孙膑
地　位:战国兵书之杰

作者简介

孙膑,真名失传。齐国阿(今山东阳谷东北)、鄄(今山东鄄城北)一带人。据《史记·孙子吴起列传》说,孙膑是孙子的后代,孙子死后100多年而有孙膑。生卒年不详,约活动于公元前4世纪下半叶。据载,青年时的孙膑曾与庞涓一起师从鬼谷子学习兵法。庞涓下山后,投奔魏国,得到魏惠王的宠信,被任为将。庞涓自忖才能不及孙膑,害怕他下山到魏国后影响自己的前程,更担心他到别国后成为自己的对手,于是决定设计陷害孙膑。不久,庞涓派人上山,以同朝为官为由,劝孙膑赴魏。孙膑不知是计,欣然允诺。不料一到魏国,便落入了庞涓的圈套。魏惠王听信庞涓谗

孙膑像

言,无端处孙膑以膑刑,挖掉了他的两块膝盖骨,使之终身残废。孙膑身处危境,

作品评价

《孙膑兵法》是一部价值很高的战争、战略理论著作,受到中外兵家和军事学术界的推崇。在继承孙武、吴起军事思想的基础上,在战争、治军和战争指导艺术等方面都有新的建树,发展了前人的军事思想和战争指导艺术。美中不足的是,书中有某些迷信色彩和唯心的、形而上学的观点。

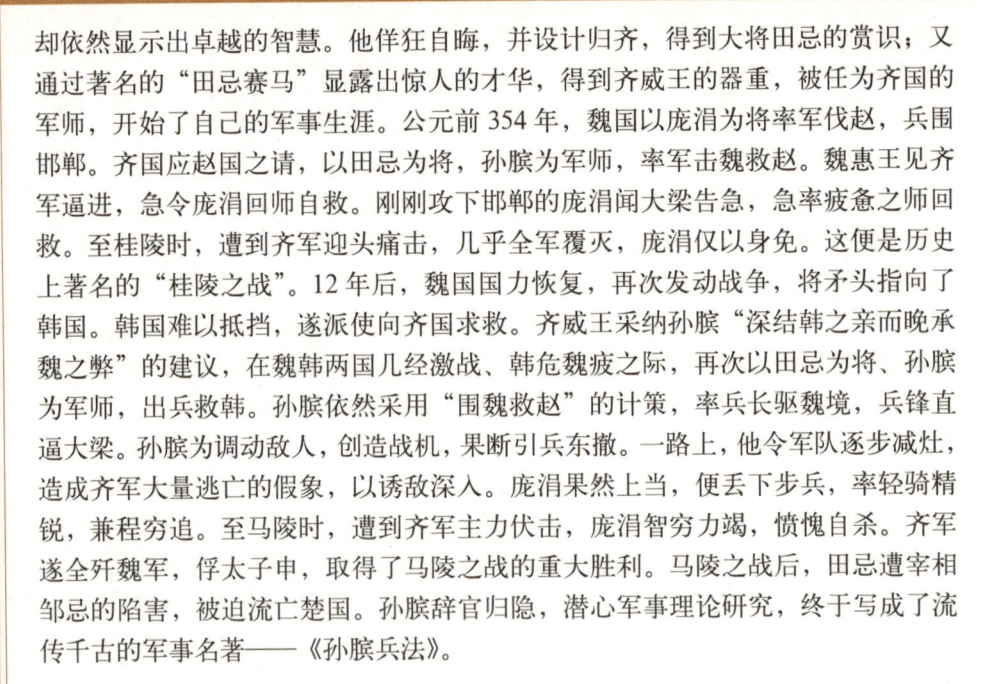

却依然显示出卓越的智慧。他佯狂自晦，并设计归齐，得到大将田忌的赏识；又通过著名的"田忌赛马"显露出惊人的才华，得到齐威王的器重，被任为齐国的军师，开始了自己的军事生涯。公元前354年，魏国以庞涓为将率军伐赵，兵围邯郸。齐国应赵国之请，以田忌为将，孙膑为军师，率军击魏救赵。魏惠王见齐军逼进，急令庞涓回师自救。刚刚攻下邯郸的庞涓闻大梁告急，急率疲惫之师回救。至桂陵时，遭到齐军迎头痛击，几乎全军覆灭，庞涓仅以身免。这便是历史上著名的"桂陵之战"。12年后，魏国国力恢复，再次发动战争，将矛头指向了韩国。韩国难以抵挡，遂派使向齐国求救。齐威王采纳孙膑"深结韩之亲而晚承魏之弊"的建议，在魏韩两国几经激战、韩危魏疲之际，再次以田忌为将、孙膑为军师，出兵救韩。孙膑依然采用"围魏救赵"的计策，率兵长驱魏境，兵锋直逼大梁。孙膑为调动敌人，创造战机，果断引兵东撤。一路上，他令军队逐步减灶，造成齐军大量逃亡的假象，以诱敌深入。庞涓果然上当，便丢下步兵，率轻骑精锐，兼程穷追。至马陵时，遭到齐军主力伏击，庞涓智穷力竭，愤愧自杀。齐军遂全歼魏军，俘太子申，取得了马陵之战的重大胜利。马陵之战后，田忌遭宰相邹忌的陷害，被迫流亡楚国。孙膑辞官归隐，潜心军事理论研究，终于写成了流传千古的军事名著——《孙膑兵法》。

背景介绍

战国时期，奴隶制度处于崩溃之中，封建制度正在逐步确立。各国不但重视发展生产，进行改革和变法，壮大自己的国力，而且还注重扩大地盘，兼并邻国。因而各国普遍建立了常备军制，兵员数量大大增加，精选将领和训练士卒成为形势的迫切要求，对人在战争中的作用的认识进一步提高。

名著概要

《孙膑兵法》又名《齐孙子》，系与《孙子兵法》区别之故。《汉书·艺文志》称"《齐孙子》八十九篇，图四卷"，但自《隋书·经籍志》始，便不见于历代著录，大约在东汉末年便已失传。《孙膑兵法》共16篇，系原上编诸篇加上下编中的《五教法》而成，其篇目依次为：擒庞涓、见威王、威王问、陈忌问垒、篡卒、月战、八阵、地葆、势备、兵情、行篡、杀士、延气、官一、五教法、强兵。孙膑的军事思想主要体现在以下几个方面：

在战争观上，孙膑总结了从三皇五帝到战国中期的一些主要战争的经验教训，在《见威王》篇中，集中地阐述了他的战争观。其贡献和主要观点有：(一)提出了"战而强立""天下服"的战争指导原则。他认为，

马陵道

> 孙子曰：智不足，将兵，自恃也。勇不足，将兵，自广也。不知道，数战不足，将兵，幸也。夫安万乘国，广万乘王，全万乘之民命者，唯知道。知道者，上知天之道，下知地之理，内得其民之心，外知敌之情，阵则知八阵之经，见胜而战，弗见而诤，此王者之将也。
>
> 所不胜者也五，五者有所一，不胜。故战之道，所不胜者也五，五者有所壹，不胜。故战之道，有多杀人而不得将卒者，有得将卒而不得舍者，有得舍而不得将军者，有覆军杀将者。故得其道，则虽欲生不可得也。

在分裂、割据、混战和"诸侯并伐"的战争环境中，决不能靠"仁义""礼乐"去"禁争夺"，只有通过战争才能实现国家的统一，达到"天下服"的目的。这是孙膑战争观的核心思想，揭示了战争的政治目的。（二）区分了"有义""无义"战争，初步揭示了正义战争和非正义战争的性质。指出"有义"战争，"卒寡而兵强"，即兵员虽少，而战斗力强；"无义"战争，"天下无能以固且强者"，即天下谁也无法使其防守坚固、战斗力强大。（三）阐明了战争胜负对国家安危、存亡的关系，指出"战胜"，能挽救和保存危亡中的国家；"战不胜"，就会失地害国。对战争要认真研究，高度警惕。（四）主张慎战，反对穷兵黩武。指出，轻率好战者会导致亡国。战争不是儿戏，不可轻率进行，不能"无义"地贪求胜利。无止境地穷兵黩武，最后必然灭亡。

在军队建设上，认为"间于天地之间，莫贵于人"，把提高人的素质作为强兵的关键所在，强调治军不但要信赏明罚、令行禁止，还要对士卒进行系统的教育训练，包括政治教育、队列训练、行军训练、阵法训练、战法训练等多方面的内容，从而提高军队的全面素质。

在战争指导上，创造性地提出了以"道"制胜的观点。这里的"道"即战争规律。孙膑对"道"的内容做了全面的概括："知道者，上知天之道，下知地之理，内得其民之心，外知敌之情，阵则知八阵之经，见胜而战，弗见而诤，此王者之将也。"也就是说，"道"的内容包括天时、地利、民心、士气、敌情、战法、战机等多方面内容，战争指导者掌握了"道"便能够赢得战争的胜利。

《孙膑兵法》创建了"覆军杀将"的彻底歼灭战的作战指导思想。打歼灭战的原则与战法有：（一）明确了打歼灭战的标准为"覆军杀将"。指出，作战中既歼灭了敌全军，又杀敌将者，才算全胜，道明了战争的目的原则和战场作战的根本方针。（二）以"道"制全胜的原则。战争指导者，懂得战争规律，会运用规律指导战争，才能驾驭战争并取得胜利，使敌人欲生而不得。（三）采用"斗一，守二""以一侵敌，以二收"的部署、战法制胜敌人。即在部署、区分兵力时，用三分之一的兵力与敌接触、交锋，用三分之二的兵力隐蔽待机，在发起进攻时，用三分之一的兵力突破敌阵，用三分之二的兵力伺机而动，抓住有利战机，聚歼敌人。（四）采用"中央无人"的阵法与战法围歼敌人。即三面设伏，一部断敌退路和援路，诱敌钻进口袋阵后，四面合击，围歼敌人，以求全歼。（五）以强击弱，以弱诱敌。即对战力弱、阵势乱之敌，用精锐部队攻歼之；对战力强、阵势严密之敌，用部分战力弱的部队引诱、牵制之。这是打歼灭战的绝妙战法。（六）对不同情况的敌人提出了不同的打法。《威王问》指出，我强敌弱时，用"赞师"战法，即用示弱藏形之计，诱敌出战，聚而歼之；敌强我弱时，用"让威"战法，即后发制人，先退一步，以小部队袭扰敌人，待敌疲惫时，相机用主力攻歼之；敌我势均力敌时，用"营而离之""并卒而击之"战法，即先设法迷惑、调动、分散敌人，使敌犯错误，抓住有利战机，集中兵力，逐个歼灭；对走投无路之敌，用"待生计"战法，即不要急于追歼，要虚留生路，使其上当，引而歼之。（七）以创造"阵""势""变""权"的指导艺术制胜敌人。即正确布阵，创造有利态势，灵活使用兵力和变换战术，夺取主动权，使四者有机结合，就能"破强敌，取猛将"而获胜。（八）用"必攻不守"的原则制胜。即把主要打击方向选在敌人空虚而又是要害之处，予以坚决的打击。强调运用"谋""诈""利诱"等手段欺骗敌人和充分利用有利地形造就有利态势，以趋利避害，扬长击短，克敌制胜，达到歼灭战之目的。

阅读指导

《孙膑兵法》发展了《孙子兵法》，两者有类似之处。在阅读时主要抓住孙膑五个方面的观点，即"战胜而强立"的战争观，"必不攻守"的积极战略，巧妙选势的灵活战略，以人为贵的治军原则，以"道"制胜的军事哲学，把这五个方面形成一个系统，再重点注意一下孙膑关于歼灭战的军事思想。

韩非子

成书年代：战国
作　　者：韩非
地　　位：法家学说集大成者

作者简介

韩非（约公元前280～公元前233年），出身韩国贵族，战国末期著名思想家，古代法家思想的集大成者。韩非出身于没落贵族家庭，他与李斯都是荀子的学生。当时韩国国势弱小，屡败于秦国，割地损兵。于是，他曾数次上书韩王谏议变法图强，均未被采纳。韩非口吃不善言谈，但下笔滔滔、文辞雄辩，著有阐明自己法治理想的著作《孤愤》《五蠹》《说难》等多部。在这些书里，韩非总结历史经验教训，陈述自己的政治主张。此书流传到秦国，秦王看后遂有发兵进攻韩国之意。韩安鳌王只好派韩非出使秦国以平息战事。韩非到了秦国以后，并没有受到秦王的重用，他曾多次向秦王建议，秦国要先稳住楚、魏二国，进攻赵、齐，暂缓进攻韩国，后又状告上卿姚贾私交诸侯，并警告秦王提高警惕。后来，

韩非像

作品评价

《韩非子》是法家思想的集大成者，提出了法、术、势相结合的君主专制的中央集权的理论。该书是研究韩非法治、哲学、伦理、社会思想的主要资料。书中记述了众多历史人物、事件、故事、传说，对研究中国古代政治、经济、文学、哲学、历史亦有重要价值。《韩非子》的许多篇章在作者生前即已流行，至西汉时期经人整理，成为定本流传至今。

李斯与姚贾陷害韩非，使之下狱，又使之在狱中服毒自尽。《韩非子》是先秦法家集大成者韩非的著作。司马迁在《史记·韩非列传》中说："韩非者，韩之诸公子也，喜刑法术之学……悲廉直不容于邪枉之臣，观往者得失之变，故作《孤愤》《五蠹》《说林》《说难》十余万。"这说明《韩非子》确系韩非所著。

背景介绍

韩非生活的战国时代是中国历史上一个大变革、大动荡时代的末期。生产力的发展、经济关系的变革，一方面加强了各诸侯国的经济实力，另一方面使各诸侯国力量的不平衡加剧，于是出现了诸侯国之间更为激烈的兼并战争。在这种激烈的竞争环境下，为争夺人才，各诸侯国广招贤士，为更多的新兴地主与士人进入政治舞台创造了条件。社会现实政治的变化，必然引起人们道德观念和政治思想的转变。各个学派纷纷提出了各自的主张和见解，形成百家争鸣的局面。影响最大的学派当推儒墨道法四家。韩非就是在这样一种时代要求下脱颖而出的。

名著概要

《汉书·艺文志》著录"《韩子》五十五篇"与今本《韩非子》55篇相同。《隋书》《旧唐书》《新唐书》《宋史》《四库全书总目提要》皆著录《韩子》20卷，这说明《韩非子》从先秦流传到现在，基本上没有遗失的现象，这在先秦哲学典籍中，是不多见的。《韩非子》本名《韩子》，后因唐代韩愈的名气越来越大，后人为了加以区别，改名为《韩非子》。

在自然观方面，韩非通过对道家思想的诠释和借鉴，提出了唯物主义自然观：道不是存在于自然界之外，而是存在于自然界万物的生长、变化之中。道是万物的本源，又是万物的总规律。他又引进"理"作为事物的特殊规律。同时他把道和理的关系解释为客观事物的普遍规律和特殊规律的关系。《韩非子》坚持了彻底的无神论，认为天和人各有自己的规律，自然界的天地没有意志。

在认识论方面，韩非受荀子的影响最大。他认为，人们的认识都必须依赖于感觉器官，人的眼睛能看东西，耳朵能够听声音，心能思考问题，这都是人具有的自然属性，所以他称之为"天明""天聪""天智"。他说："目不明则不能决黑白之分，耳不聪则不能别清浊之声，智失别则不能审得失之地。目不能决黑白之色则谓之盲，耳不能别清浊之声则谓之聋，心不能审得失之地则谓之狂。盲则不能避昼日之险，聋则不能知雷霆之害，狂则不能免人间法令之祸。"这就说明了人的感觉和思

名家点评

嗟乎！寡人得见此人，与之游，死不恨矣。

——秦始皇

维器官与认识对象的关系，坚持了唯物主义的认识路线。在认识方法上，韩非主张"去喜去恶"，切忌主观偏见和先入为主的成见来左右人们的认识。

《韩非子》一书，重点阐述了法、术、势相结合的法治理论，主要反映在《难势》《难三》《定法》《扬权》《有度》等篇中。在韩非看来，商鞅治秦只讲"法"，不讲"术"，不擅"法"，甚至片面强调"势"，这都是不全面的，"皆未尽善也"。只有把"法""术""势"三者有机地结合起来，才是切实可行的。他说："君无术则弊于上，臣无法则乱于下，此不可一无，皆帝王之具也。"《五蠹》《显学》《诡使》诸篇主要阐述了韩非的社会历史观。他认为，时代变了，治国措施也要变，应以法治代替礼治，以官吏代替师儒，以耕勤之民、力战之士为贵而当赏，以五蠹之民为贱而当除。《显学》篇对儒、墨等显学进行了进一步的抨击和驳斥，认为他们的学说不合时务，无益于当世。《诡使》篇则更明确地指出"道和者乱，道法者治"，主张明智的君主必须禁止儒家等有害于耕战之人，而尊崇能耕善战之士。《孤愤》《说难》《难言》等篇述说了推行新政、厉行法治的重重阻难，对占据要位的既得利益者——"贵重之臣"做了深刻揭露和无情申斥，指明"智法之士与当途之人不可两存之仇也"。《奸劫弑臣》《说疑》《爱臣》等篇集中揭露权奸近嬖对王权统治的严重威胁及其种种奸术。韩非指出君臣只是互相利用，君臣之交其实是计谋之交，没有情感或道德可言。《解老》《喻老》两篇是韩非对道家的主要哲学范畴的阐释和发挥。一方面，他认为道是万物的本原，即道是"万物之所以成"；另一方面，他又说道是万物的总规律，即"道者，万物之所以然也"。韩非借解释道家《老子》一书，对《老子》哲学体系的核心"道"进行了唯物主义的改造，赋予了客观物质性的内容。他说："道者，万物之所然也，万理之所稽也。"在这里，韩非第一次提出了"理"的概念范畴。"理者，成物之文也……物有理，不可相薄，故理之为物之制。万物各异理，而道尽稽万物之理，故不得不化。"

值得一提的是，《韩非子》书中记载了大量脍炙人口的寓言故事，著名的有"自相矛盾""守株待兔""讳疾忌医""滥竽充数""老马识途""画鬼最易"等。这些生动的寓言故事蕴含着深刻的哲理，以其思想性和艺术性的完美结合，给人们以智慧的启迪，具有较高的文学价值。

阅读指导

相关链接

商鞅的《商君书》关注的是发展法家学说。全书分为5篇，全文26篇，已遗失了第16、23两篇，其中每篇都有自己的篇名，有些篇章采用的是对话体，有些篇章采取的是奏章体，还有一些用的是专论体裁。《商君书》宣扬通过冷酷无情的惩罚制度使国家秩序得以维持，从而保证人民不脱离正轨，强本抑末，奖励军功，以利征伐。在全书中提出了各种各样的社会与经济问题。

在阅读《韩非子》时注意两点：第一，韩非生活在战国末期，受百家争鸣浪潮的激荡，其思想虽以法家为主体，但多少也沾染了百家的色彩，这在书中时时有所体现。第二，可以结合相关著作阅读，历代集注《韩非子》以今人梁启雄的《韩子浅解》最为优异，该书不仅对每篇原著都有题解，而且还对各篇真伪做了考证。

墨 子

成书年代：战国
作　者：墨翟
地　　位：中国逻辑学的代表作

作者简介

墨子，姓墨名翟，春秋战国之际的政治家、思想家，墨家学派的创始人。近代学者一般认为，墨子生于公元前 468 年左右，卒于公元前 376 年左右。墨子出生何地，也有争议。《史记·孟子荀卿列传》说他是"宋之大夫"，《吕氏春秋·当染》认为他是鲁国人，也有的说他原为宋国人，后来长期住在鲁国。墨子自称"今翟上无君上之事，下无耕农之难"，似属当时的"士"阶层。但他又承认自己是"贱人"。他可能当过工匠或小手工业主，具有相当丰富的生产工艺技能经验。有学者认为墨子的祖先是宋国的贵族，后来在宋国的内乱中迁往鲁国。到墨子时，已经降为贱人。墨子擅长于车辖、兵器、机械制造，并且曾经与公输班较量过智巧。墨子早年时"学儒者之业，受孔子之术"，后来因为不满于儒家崇尚天命、繁文缛节、厚葬久丧、尚宗费财及爱有差等，就自己成立了一个学派，招收徒弟进行讲学。他把"兴天下之利，除天下之害"作为教育目的，与儒家并峙。在先秦诸子百家中，儒、墨两家号称"显学"，墨子在当时的声望与孔子差不多。墨子"日夜不休，以自苦为极"，长期奔走于各诸侯国之间，宣传他的政治主张。相传他曾止楚攻宋，实施兼爱、非攻的主张。他"南游使卫"，宣讲"蓄士"以备守御。又屡游楚国，献书楚惠王。他拒绝楚王赐地而去，晚年到齐国，企图劝止项子牛伐鲁，未成功。越王邀墨子做官，并许以五百里封地。他以"听吾言，用我道"为条件，而不计较封地与爵禄，目的是为了实现他的政

墨子像

作品评价

《墨子》一书所蕴含的思想极其丰富，在中国思想发展史上具有重要的学术地位。《墨子》思想代表了广大劳动人民的利益和要求，是劳动人民智慧的结晶。由于秦汉以来，封建统治者崇儒抑墨，墨学逐渐衰微，直到清中叶以后才出现复苏之势。墨学倡导的"兼爱"思想成为中国传统文化的宝贵遗产，它的经世济民的态度也比儒家更为积极。墨家的舍己为人、大公无私、吃苦耐劳、勤俭节约的精神风范，反映了古代劳动人民的朴素本色。因而，墨子哲学被视为古代劳动者的哲学。

治抱负。墨子一生主要从事讲学和政治活动。墨家学派既是学术团体,也是政治组织。墨子倡导尚贤、尚同、兼爱、非攻、节用、节葬等主张,基本反映了广大劳动阶层的呼声,因此,墨子被誉为劳动人民的哲学家。

背景介绍

　　墨子的生活时代正处在春秋战国之交,奴隶制度已经开始崩溃,封建制度正在逐步建立过程中,这是一个社会大变革时期。墨子代表的是作为小生产者的手工业阶层,他们具有独立的经济地位,但在政治上却没有发言权。社会的动荡给他们带来极大的苦恼,这些小生产者一方面希望社会变革,另一方面又害怕社会变革所带来的混乱给自己造成损失。因此,他们一方面反对传统保守的社会制度,憧憬尧舜禹时代的社会理想,一方面又反对战争,反对暴力,他们幻想通过博爱来实现美好的社会。

名著概要

　　《墨子》是记载墨翟言论和墨家学派思想资料的总集,由墨子及其弟子乃至后学相递著述而成。《汉书·艺文志》著录《墨子》71篇,今存15卷53篇。全书大致分五个部分:卷一有《亲士》《修身》《所染》《法仪》《七患》《辞过》《三辨》7篇;卷二至卷九共24篇,有《尚贤》《尚同》《兼爱》《非攻》《节用》《节葬》《天志》《明鬼》《非乐》《非命》《非儒》11个题目;卷十、卷十一有《经上》《经下》《经上说》《经下说》《大取》《小取》6篇,通称为《墨经》;卷十二、卷十三有《耕柱》《贵义》《公孟》《鲁问》《公输》5篇;卷十四、卷十五有《备城门》等11篇。《墨子》记录了墨家的哲学、社会政治学说、伦理思想、逻辑学说、自然科学观点和城守兵法等,尤其是它的逻辑思想,是先秦逻辑思想史的奠基作。

　　《墨子》的政治思想主要反映在《尚贤》《尚同》《非攻》《节用》《节葬》《非乐》诸篇中,主张任人唯贤的用人原则,反对任人唯亲,反对世袭制度,主张从天子到下面的各级官吏,都要选择天下的贤人来充当。墨子反对侵略战争,声援被侵略的国家,并为此而奔走呼号,主持正义。墨子主张对统治者要限制,不能让统治者过骄奢淫逸的糜烂生活。对葬礼,墨子主张节俭,反对铺张浪费。

　　关于伦理思想主要反映在《兼爱》《亲士》《修身》等篇中,墨子的伦理思想以兼爱为号召,以交相利为实质。他认为人们之间不分贫贱,都要互爱互利,主张"兼相爱",反对儒家的等级观念。国君要爱护有功的贤臣,慈父要爱护孝顺的儿子,人们处在贫困的时候不要怨恨,处在富有的时候要讲究仁义,对活着的人要仁爱,对死去的人要哀痛,这样社会就会走向大同。

　　墨子的哲学思想主要反映在《非命》《贵义》《尚同》《天志》《明鬼》《墨经》诸篇中。墨子一方面倡天志明鬼,一方

《墨子》书影

> **经典摘录**
>
> 公输盘为楚造云梯之械，成，将以攻宋。子墨子闻之，起于鲁，行十日十夜而至于郢，见公输盘。
>
> 公输盘曰："夫子何命焉为？"
>
> 子墨子曰："北方有侮臣者，愿藉子杀之。"
>
> 公输盘不说。
>
> 子墨子曰："请献十金。"
>
> 公输盘曰："吾义固不杀人。"
>
> 子墨子起，再拜，曰："请说之。吾从北方闻子为梯，将以攻宋。宋何罪之有？荆国有余于地而不足于民，杀所不足而争所有余，不可谓智；宋无罪而攻之，不可谓仁；知而不争，不可谓忠；争而不得，不可谓强；义不杀少而杀众，不可谓知类。"
>
> 公输盘服。
>
> ——《墨子·公输》

面非命尚力。他认为，天有意志，创造了一切，天能赏善罚恶，主宰人类一切行为。人类社会秩序的建立，国家的形成，都是天志的体现。天志的核心是兼相爱、交相利。墨子反对命定论，把人力的作用提到十分重要的地位。他主张把知识分为"闻知""说知""亲知"三类，"闻知"是传授的知识，"说知"是推理的知识，"亲知"是实践经验的知识。同时，在认识论方面，墨子提出了著名的"三表法"："有本之者，有原之者，有用之者。于何本之？上文之于古者圣王之事。于何原之？下原察百姓耳目之实。于何用之？废以为刑政，观其中国家百姓人民之利。此所谓有三表也。"即要重视历史经验、直接经验和实际效用。

逻辑思想主要反映在《经上》《经下》《经说上》《经说下》《大取》《小取》6篇中，其中提出了"辩"的任务、目的和原则，揭示了概念、判断和推理的实质作用，并做了较科学的分类。《墨经》6篇内容，已构成墨辩逻辑体系，它与亚里士多德逻辑、佛教因明逻辑并称世界三大逻辑体系。在《小取》中论述了辩论的作用，即分析是非的区别，审查治乱的规律，弄清同异的所在，考察名实的道理，判别利害，解决疑似；还阐述了辩论的几种方式，对推理的研究也甚为精细。

军事思想主要反映在《备城门》《备高临》《备水》等篇中，由于墨家主张"兼爱""非攻"，因而反对侵略战争，所以它的军事思想主要是积极的防御战术。

《墨子》中有丰富的自然科学知识内容，涉及数学和物理知识的有40余条，包含了器械制造、冶金化学、动物等自然科学知识。

阅读指导

阅读时要注意墨子前后期思想的差异，特别要注意墨子前期思想中与儒家思想相似的地方。着重把握墨子的逻辑思想，同时可以联系亚里士多德的三段论进行学习。

孟 子

成书年代：战国
作　　者：孟轲
地　　位：儒学"内圣"走向的开启者

作者简介

　　孟子（约公元前 372～公元前 289 年），名轲，字子舆，邹国（今山东省邹城市一带）人，是战国中期著名的思想家、政治家和教育家，是战国中期儒家学派的主要代表，是孔子嫡孙子思的学生。被尊奉为仅次于孔子的"亚圣"。孟子生于何时，众说纷纭。一般认为他生于周烈王四年（公元前 372 年）的说法，较为合理。孟子的经历与孔子颇为相似。孟子从 30 岁到 40 岁这段时间，主要的活动是收徒讲学，宣扬儒家学说。44 岁时，孟子便带领着学生周游列国，宣扬他的"仁政""王道"学说。他游历宋、齐、滕、魏等国，以王道、仁政学说游说诸侯，一度担任过齐宣王的客卿。鲁平王即位以后，他的弟子乐正克为政，孟子曾到鲁国，但未曾见用。滕文公即位后，孟子又来滕国。梁惠王十五年，孟子到魏国，这时已经 70 岁左右。次年，惠王死，襄王嗣位，孟子就离开了。但是孟子所处的时代，是各国诸侯互相兼并的战国时代，各国统治者只讲争霸争利，怎么会相信孟子的"性善"论和"仁政"学说呢？孟子在实践中不断碰壁后，晚年和学生一起"序《诗》《书》，述仲尼之意，作《孟子》七篇"（《史记·孟子荀卿列传》）。孟子结束周游生活后，83 岁去世。

孟子像

背景介绍

　　战国以来，由于社会经济的迅速发展，各地区间经济、文化联系的日益密切，割据混战的局面已成为社会经济进一步发展的严重障碍。在尖锐激烈的社会变革和错综复杂的社会矛盾下，各个学派的代表人物都提出了自己的思想主张。他们著书立说，聚徒讲学，成为那个时期学术界、政治界的活跃人物。各派各家之间展开激烈争论，各自宣传自己的主张。

名著概要

　　司马迁在《史记》中说"作《孟子》七篇"，但班固在《汉书·艺文志》中却说"《孟子》十一篇"。现在一般认为是《孟子》七篇，即《梁惠王》《公孙丑》《滕文公》《离娄》《万章》《告子》《尽心》。本来《孟子》七篇并没有分上下篇，到东汉赵岐著《孟子章句》时，才把七篇分为上下篇，后来加以沿用。在形式上有模仿《论语》之处，亦是摘取每篇开头的几个重要字眼来命名，并没有别的意义。《孟子》一书以问对、答辩方式展开，以驳论为主要的论证方法，与语录体散文《论语》

略有不同。《孟子》翔实地记载了孟子的思想、言论和事迹，保存了丰富的历史资料，是研究孟子思想和先秦文学、历史、经济和哲学的重要著作。孟子的政治思想是行"仁政"，即主张以德政争取人心，统一天下。"仁政"学说的新发展是"民为贵，社稷次之，君为轻"的

孟母择邻 版画

民本主义思想。"仁政"学说的理论基础是性善论。孟子认为人生而具有天赋的"仁心"，即善的本性，这是实行"仁政"的保证。为了实施"仁政"，孟子还提出"劳心者治人，劳力者治于人；治于人者食人，治人者食于人"的社会分工论，反对"君民并耕"的主张。孟子认为王权是"天"授予，"天"是宇宙万物的主宰，"天"意通过贤明的君主来实现。孟子十分强调人的主观能动性，主张"万物皆备于我"。强调思想的作用，重视理性认识。

《孟子》一书的思想可以概括如下：

第一，仁者无敌。《孟子》一书中，反映最突出的是仁义思想。仁是儒家学说的中心，孔子常讲仁很少讲义，孟子则仁义并重。孟子的性善说是他仁政思想的理论基础。他说："先王有不忍人之心（即善性），斯有不忍人之政（即仁政）矣。"孟子把法家的以法治国、以力服人、用暴力实现统一称为霸道，把儒家的以仁政治国、以德服人称之为王道，并且孟子深信"仁者无敌"。在此基础上，孟子提倡"民为贵，君为轻"的思想，把能否赢得民心看作是统治者成就伟业的关键，提倡"省刑罚，薄税敛"，"不违农时"等主张。在后来封建社会历史上，对于反对暴政、反对横行暴敛、要重视人民的吃饭穿衣问题有很好的影响。

第二，人皆可以为尧舜。孟子超凡的胆略和自信，源于他对人性的思索。孟子认为，每个人都具有与生俱来的善端，只要个体能够自觉地实行仁义礼智，经过努力就都可以成为像尧舜那样的圣人。他的"人皆可以为尧舜"的观点，被人们发展为不迷信任何权威的主张。他不仅有这种观点，而且还常常以古代圣贤为榜样，激励自己奋发向上。孟子的性善论有个根本的观点，那就是认为仁义礼智的本性，具体表现在人们服从现实社会的君臣、父子等伦理关系这些方面。他主

作品评价

《孟子》一书说理精辟，文字流畅，语言形象，同时又气势磅礴，笔带锋芒，富于鼓动性，具有很强的逻辑说服力和艺术感染力。汉文帝时，《孟子》被列为辅翼经书的传记。两汉时，《孟子》和《论语》并列。五代时，《孟子》被列入"经书"。南宋朱熹将《大学》《中庸》《论语》和《孟子》合在一起，称为四书。于是《孟子》的地位更加提高了，成了古代读书人的必读之书。

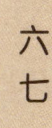

> **相关链接**
>
> 《孟子字义疏证》是清戴震的代表作,他借疏证孟子来阐发自己的政治和哲学思想,抨击了程朱理学。《疏证》由序及上、中、下三卷组成,序用简洁的语言说明了《疏证》的写作目的和主要内容,卷上包括"理"十五条,批判了当时占统治地位的程朱理学,对儒家理论做出新的解释;卷中包括"天道"四条,批判了程朱理学的谬说,"性"九条,借解释孟子"性善论"集中批判了程朱的"性即理",全面阐述自然人性论的观点;卷下表述了性善才美的看法,阐发了伦理道德观。

张尚贤,重视修养,提倡为臣的要以仁义规劝君主,反对阿谀奉承,这有益于培养士大夫知识分子的骨气,有益于澄清吏治、限制朝廷的胡作非为。

第三,"乐以天下,忧以天下"。孟子与孔子相似,都想做一个周公式的贤相,以辅佐当世的圣君,实现大治天下的伟业,并且在气魄和胆略上还略胜一筹。孟子在他的书中表露出这样的观点:要等待文王兴起后才振作的人,是平庸的凡夫,杰出能干的人才即使没有文王也能振作。他认为自己是民众中的先知先觉者,有责任以正道去启发引导天下万民。他认为,历史上每经五百年必定有圣王兴起,其中还必定有声望很高的辅佐者。那么从周朝到孟子生活的年代,已经有七百多年了,且逢诸侯争霸、烽烟四起的乱世,以他的眼光看,正当仁人志士有作为的时候。孟子认为,社会责任感是人和动物相区别的根本标志,人不能只考虑自身的完满,而必须为他人和社会做出贡献。这种"乐以天下,忧以天下"的精神是《孟子》中最富感染力的部分。

作品特色

《孟子》的文章体现出高超的辩论艺术。为了让自己的"仁政"理想推行天下,孟子动辄便与人言辞交锋,唇舌开战,而且必欲争胜。他曾经说过:"吾善养吾浩然之气。"(《公孙丑上》)这种浩然之气,是

> **名家点评**
>
> 包罗天地,揆叙万类,仁义道德,性格祸福,粲然靡所不载。
>   ——东汉·赵岐
>
> 孟子,泰山岩岩之气象也,观其言,皆可以见之矣。
>   ——北宋·程颢

一个正直笃行的士大夫对仁义道德进行坚持不懈的修炼,从而形成一种至大至刚、充塞于天地之间的人格魅力。由这种人格魅力所决定,《孟子》在嬉笑怒骂之间传达观点,绝不做吞吞吐吐之状,感情激越,词锋犀利,气势恢宏,如长河大浪磅礴而来,横行无阻,震荡乾坤。他对自己憎恶的人物与现象总是予以辛辣讽刺,猛烈抨击,毫不留情,因此文章总是显得理直气壮,义正词严。他对自己的理想、信念坚信不疑,每当述及理想的时候总是激昂慷慨,深情无限。例如"鱼我所欲也""天将降大任于斯人也"两章以及向齐宣王宣扬仁政的威力等处,或悲壮,或庄严,或热情洋溢,都具有强烈的抒情性。这些作品不仅有凌轹一切的理论力量,而且使读者受到感染。这种理直气壮的做人和行文的风格,以其巨大的魅力,影响着后世一代又一代的作家。在与人辩论中不管对方是国君还是平民,他都能不卑不亢,有理有据,从容陈词,步步紧逼,纵横捭阖,有时因势利导,有时犯

颜诘问，尤其善于抓住对方心理、抓住对方破绽展开长篇大论，大有战国纵横家的气概。

《孟子》的文章又以善用譬喻见长。孟子喜欢在说理文章中结构故事、使用寓言、恰当比喻，以阐述深奥的理论问题。这些譬喻大都从现实生活中取材，平易通俗而又发人深省。比如，他把百姓盼望仁政比作"大旱之望云霓"，把道义与生命的关系比作鱼和熊掌等，都浅显易懂，形象生动。书中的寓言大都不长，其中很少刻意渲染，但又寓意鲜明，涉笔成趣。如"日攘邻人之鸡""奕秋"等，都颇为生动传神。

阅读指导

《孟子》一书，主要着眼于孟子的"性善论""仁政论"和"义利观"。在解析"性善论"时，最好能够纵观历史上关于"人性"的看法，这样能加深对"性善论"的理解。

吕氏春秋

成书年代：秦
作　　者：吕不韦
地　　位：诸子百家思想的总结

作者简介

吕不韦（？～公元前235年），战国末年秦相。原是卫国濮阳（今河南濮阳西南）人，后来到韩国经商，成了"家累千金"的"阳翟大贾"。吕不韦在赵都邯郸见入质于赵的秦公子子楚（即异人），认为"奇货可居"，遂予重金资助，并游说秦太子安国君宠姬华阳夫人，立子楚为嫡嗣。后子楚与吕不韦逃归秦国。安国君继立为孝文王，子楚遂为太子。次年，子楚即位（即庄襄王），任吕不韦为丞相，封为文信侯，食河南洛阳10万户。没过几年，庄襄王死去，年幼的太子政立为王，即后来的秦始皇，尊吕不韦为相国，号称"仲父"。至此，吕不韦在政治上达到了空前显赫的地位。

吕不韦像

门下有食客3000人，家童万人。命食客编著《吕氏春秋》，有八览、六论、十二纪，共20余万言，汇合了先秦各派学说，"兼儒墨，合名法"，故史称"杂家"。执政时曾攻取周、赵、卫的土地，立三川、太原、东郡，对秦王政兼并六国的事业有重大贡献。后因叛乱事受牵连，被免除相国职务，出居河南封地。不久，秦王政复命其举家迁蜀，吕不韦自知不免，于是饮鸩而死。

背景介绍

战国时期，由于社会经济的快速发展，各地区间经济、文化联系的日益密切，割据混战的局面已成为社会经济进一步发展的严重障碍，实现全国统一在战国后

期已成为历史发展的必然趋势。当时各国都想以自己为中心来实现统一，为实现统一的目的，必定要进行兼并战争。当时秦国的变法比较彻底，在兼并战争中，无论军事、政治、经济等各方面，都逐步取得了压倒性的优势。

名著概要

《吕氏春秋》，又名《吕览》，战国末年秦相吕不韦集合众多门客共同编辑，完成于秦始皇八年（公元前239年）。该书是以儒家学说为主干，以道家理论为基础，以名、法、墨、农、兵、阴阳家思想学说为素材，以封建大一统政治需要为宗旨，熔诸子百家之说于一炉的理论巨著。全书分十二"纪"、八"览"、六"论"三大部分，共160篇，20余万字。

《吕氏春秋》对先秦诸子的思想进行了总结性的批判，它写道："老聃贵柔，孔子贵仁，墨翟贵廉，关尹贵清，列子贵虚，陈骈贵齐，阳生贵己，孙膑贵势，王廖贵先，儿良贵后。"《吕氏春秋》并没有均等地对待各派学说，并没有简单地把各家观点原封不动地糅合在一起，而是赋予所吸收的各家学说以新的内容，以儒家思想为主干融合各家学说。它改造

秦始皇像

和发展了孔夫子开创儒家学派时的儒家思想。如关于儒家维护"君权"的思想，在《吕氏春秋》里，实质虽然没有变，但有其独特的形式，它主张拥立新"天子"，即建立封建集权的国家。对法家、农家、墨家和阴阳家的思想，《吕氏春秋》也是遵循这一原则。《吕氏春秋》中的法家是儒家化了的法家，墨家是兵家化了的墨家，如此等等。

《吕氏春秋》依照预定计划编写，有明确的目的，有大体上统一的学术见解。全书分纪、览、论三部分，以纪为主干。按其形成而论，十二纪是采用阴阳家的《月令》作为章法，仿照《管子》的《幼官》和《幼官图》作的。它把一些论文分配在春夏秋冬四季之下。《吕氏春秋》分配在春季之下的论文都是阐述养生方法的，分配到夏季的论文大部分是有关教育和音乐的，把主要是兵家和法家关于战争的论文分配到秋季，把提倡忠信、廉洁、气节、中庸、节葬等内容的论文分配到冬季。

《吕氏春秋》的《八览》《六论》则分门别类地对其他一些问题进行了论述。天

作品评价

《吕氏春秋》是中国历史上最早的一部具有一定规模和统一系统的私人学术著作。它以生活的具体实践和一定的体验为基础，对先秦诸子百家的观点进行批判地继承，包含了丰富的思想内容。它吸收了各种不一致的学说，反映了当时全国走向统一的趋势。它所提供的一些寓言故事，至今脍炙人口，富有启发意义。但因其中诸家杂陈，远比不上《荀子》和《韩非子》的总结所达到的理论深度。杂家自称是在做集腋为裘的工作。

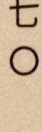

文、地理、政治、经济、生产技术等无所不及，每览八篇，每论六篇。

《吕氏春秋》中有不少朴素的唯物主义思想和朴素的辩证法思想。在关于物质起源的问题上，认为"太一"是万物的本原，世界万物都是从"太一"那里产生出来的、由阴阳二气变化而成的。"太一"就是"道"的名称，是看不见听不着，没有形状的"至精"的气——"精气"。"精气"派生的万物在不停地运动着，上至天上的日月星辰，下至地上的水泉草木，都处于不断的运动变化的状态中。在认识的来源上，《吕氏春秋》认为人的知识绝非天生，而是从学习中得来的；在认识的方法上，主张要想取得对事物的正确认识，必须去掉主观偏见，强调认识事物还要随着客观情况的变化而变化；在社会历史观方面，承认社会历史是不断变化发展的，社会历史是一个统一的、前后相连的历史，是不能割裂的。了解今天的事情，有助于了解古代的事情，知道古代的事情，对了解今天的事情有帮助。

名家点评

《史记》："备天地万物古今之事。"
《汉书·艺文志》说：杂家"兼儒、墨，合名、法"，以至于"漫羡而无所归心"。

阅读指导

《吕氏春秋》对先秦诸子的思想进行了总结性的批判，值得注意的是并没有照搬，而是吸收，并且随着时代的变化而增加了新的内容。它其中所提供的一些脍炙人口的寓言故事，则更应细细品味，慢慢斟酌。

九章算术

成书年代：西汉
地　　位：中国古代数学名著

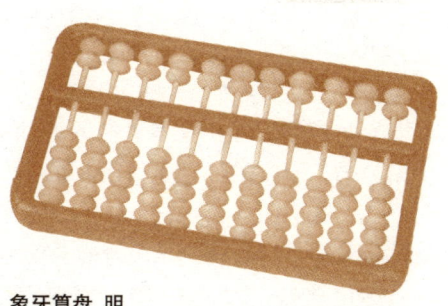

作者简介

《九章算术》集先秦至西汉我国数学知识之大成。根据刘徽的记载，《九章算术》是从先秦"九数"发展来的。暴秦焚书，经术散坏，西汉张苍（？～公元前152年）、耿寿昌（公元前1世纪）收集遗文残稿，加以增补整理，编成《九章算术》。《九章算术》的成书年代，各家说法不一，约在50～100年间。书中系统地总结了战国、秦、汉以来的数学成就，共收集了246个数学的应用问题和各个问题的解法，列为九章。是中国古代数学著作中影响最大的一部。

象牙算盘　明

中国古代的算筹到了后来被先进的运算工具——算盘所取代。有关算盘的兴起时间尚未定论，有人说元代已开始使用算盘，但至今尚未发现实物以验证。明万历年间程大位的《算法统综》已画出算盘形象，和现行算盘完全一致，并记载了运算口诀，可见当时在商业和统计中已广泛运用算盘。这件象牙算盘，制作精良，珠子灵活，至今仍然操作方便。

中国名著大讲堂

作品评价

中国数学史上有一部堪与欧几里得《几何原本》媲美的书，这就是历来被尊为算经之首的《九章算术》。《九章算术》是流传至今的我国最古老的一部数学著作，它不仅内容丰富，而且具有一些当时居于世界领先地位的课题。例如最早系统叙述分数运算，一些比例问题的应用，方程问题，还有首次引入了负数及其加减运算法则，等等。《九章算术》从汉代至今两千年来，一直是数学研究和创造的源泉。《九章算术》在世界数学史上也产生过深远影响，特别是在日本、朝鲜、越南、印度、阿拉伯等国家的一些数学著作中都留有不少"九章"的痕迹。

背景介绍

春秋战国时期社会生产力的逐渐提高，促进了数学知识和计算技能的发展。当时各国实行按亩收税，就必须有测量土地、计算面积的方法；要储备粮食，必须有计算仓库容积的方法；要修建灌溉渠道、治河堤防和其他土木之事，必须能计算工程人工；要修订一个适合农业生产的历法，必须能运用有关的天文数据。那时的百姓已经掌握了相当丰富的、由日常生活中产生的数学知识和计算技能。虽然没有一本先秦的数学书流传到后世，但无可怀疑的是，《九章算术》中的绝大部分是产生于秦以前的。

名著概要

《九章算术》是一部经几代人整理、删补和修订而成的古代数学经典著作。现传本的成书大约是1世纪的下半叶。《九章算术》包括近百条一般性的抽象公式、解法，246个应用问题，分属方田、粟米、衰分、少广、商功、均输、盈不足、方程、勾股九章，每道题有问（题目）、答（答案）、术（解题的步骤，但没有证明），有的是一题一术，有的是多题一术或一题多术。它涉及农业、商业、工程、测量、方程的解法以及直角三角形的性质，共九章。《九章算术》主要内容包括分数四则和比例算法，各种面积和体积的计算，关于勾股测量的计算等。在代数方面，《方程》章中所引入的负数概念及正负数加减法法则，书中关于线性方程（方程组）的解法和现在中学讲授的方法基本相同。"算术"在西汉时期是数学书的代用名词，算字的原意是计算用的竹筹即小竹棍。"算术"本意是应用算筹计算的方法，这里的算术包含当时的全部数学知识与计算技能，这与现代算术的意义是不相同的。《九章算术》以计算为中心，在应用问题中理论与实际相结合的特点，一直影响着中国数学的发展。它的一些成就如十进位制、今有术、盈不足术等还传到印度和阿拉伯，并通过这些国家传到欧洲，促进了世界数学的发展。

方田章提出了各种多边形、圆、弓形等的面积公式；分数的通分、约分和加减乘除四则运算的完整法则。后者比欧洲早1400多年。

粟米章提出比例算法，称为今有术；衰分章提出比例分配法则，称为衰分术；商功章除给出了各种立体体积公式外，还有工程分配方法；均输章用衰分术解决赋役的合理负担问题。今有术、衰分术及其应用方法，构成了包括今天正反比例、

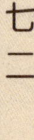

比例分配、复比例、连锁比例在内的整套比例理论。西方直到 15 世纪末以后才形成类似的全套方法。

少广章介绍开平方、开立方的方法，其程序与现今程序基本一致。这是世界上最早的多位数和分数开方法则。它奠定了中国在高次方程数值解法方面长期领先世界的基础。

盈不足章提出了盈不足、盈适足和不足适足、两盈和两不足三种类型的盈亏问题，以及若干可以通过两次假设化为盈不足问题的一般问题的解法。这也是处于世界领先地位的成果，传到西方后，影响极大。

方程章采用分离系数的方法表示线性方程组，相当于现在的矩阵。解线性方程组时使用的直除法，与矩阵的初等变换一致。这是世界上最早的完整的线性方程组的解法。在西方，直到 17 世纪才由莱布尼兹提出完整的线性方程的解法法则。这一章还引进和使用了负数，并提出了正负术——正负数的加减法则，与现今代数的法则完全相同；解线性方程组时实际还施行了正负数的乘除法。这是世界数学史上一项重大的成就，第一次突破了正数的范围，扩展了数系。外国则到 7 世纪印度的婆罗摩及多才认识负数。

勾股章提出了勾股数问题的通解公式：若 a、b、c 分别是勾股形的勾、股、弦，则 a 的平方加上 b 的平方之和等于 c 的平方。

阅读指导

就《九章算术》的特点来说，它注重应用，注重理论联系实际，形成了以筹算为中心的数学体系，读者在阅读时可以以各章论述的定理为核心，结合书中所给的例题和答案，边阅读边分析实际问题，这样可能更有利于理解其中的数学知识。

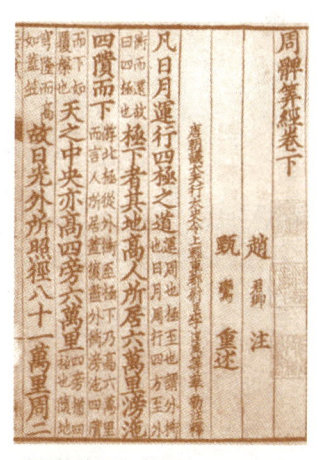

《周髀算经》书影

相关链接

《周髀算经》由不同的两章合成，主要是论历象和盖天说。它的开头是周公与除此之外不为人知的商高之间的对话，商高解释了矩的数学意义并简要地提出了圆天盖在方地之上，与矩尺相关的是，商高叙述了毕达哥拉斯定理，陈子论述了用晷表示日中测影的方法。第二篇开始是一段简短的宇宙论的描述，随后是讲述使用晷表来观测星星的方法。该卷的其余部分讲：一年中日影正午长度的变化；作为四分类诸历基础的月亮的运行和周期；四分类诸历采用的是 365.25 这样一个回归年时间，因此《周髀算经》把天分为 365.25 度。

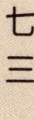

淮南子

成书年代：西汉
作　　者：刘安
地　　位：西汉前期道家思想的系统总结

作者简介

《淮南子》又名《淮南鸿烈》，西汉初年淮南王刘安及门客李尚、苏飞、伍被等共同编著。刘安（公元前179～公元前122年），汉高祖刘邦的少子淮南厉王刘长的儿子，汉武帝刘彻的皇叔。刘长谋反死后，汉文帝封刘安为淮南王。刘安智慧过人，很有文才，好读书鼓琴，不喜欢驰骋射猎。他对中央心怀怨恨，常常想要叛逆。他用施恩行惠的方法争取人心，召集宾客方术之士数千人为羽翼，究天论地，著书立说，使淮南成为当时全国重要的学术中心。汉武帝时，淮南王刘安召集以道家为首的百家游士，仿秦吕不韦著《吕氏春秋》，集体写作《淮南内》二十一篇，又名《淮南子》或《淮南鸿烈》。"鸿"是广大的意思，"烈"是光明的意思，作者自认为此书包括广大而光明的道理，所以称为《淮南鸿烈》。由于后来谋反事发，刘安自杀。

《淮南子》书影

背景介绍

汉王朝高层多来自民间，参加过农民起义，了解人民力量的伟大，采取了比较符合人民要求的"轻徭薄赋""无为而治"的政策。经过汉初六七十年的休养生息，社会经济得到了迅速的恢复和长足的发展，出现了空前繁荣的局面。在思想领域，汉武帝接受董仲舒的建议，罢黜百家，独尊儒术，结束了战国以来"百家争鸣"的局面。

名著概要

《淮南子》认为：宇宙万物的总根源是"道"，是道始于一，不是道生一。在天地未形成之前，大宇宙是一个浑然一体，没有定形的"一"。既然世界万物的最后根源是物质的"一"，那么万物的产生及其发展就绝不是有意志的天安排的，

作品评价

《淮南子》是一部百科全书式的议论文集，有人说它比《老子》更系统，比《论语》《孟子》更深刻，比《墨子》更全面，比《庄子》更现实。坚持唯物主义认识论，反对神学目的论，坚持认识论上的唯物主义，把认识描绘成一个过程，强调按客观规律办事，发挥众人智慧和力量的无为而治，反对封建统治者任情纵欲地压榨、骚扰人民和独断专行等，这些思想无疑具有进步的意义。《淮南子》对后世有一定的影响，许多哲学家从不同的方面对它进行了批判或吸收。

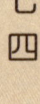

经典摘录

近塞上之人,有善术者。马无故亡而入胡,人皆吊之。其父曰:"此何遽不为福乎?"居数月,其马将胡骏马而归。人皆贺之。其父曰:"此何遽不能为祸乎?"家富良马,其子好骑,堕而折其髀。人皆吊之。其父曰:"此何遽不为福乎?"居一年,胡人大入塞,丁壮者引弦而战,近塞之人,死者十九。此独以跛之故,父子相保。

——《淮南子·塞翁失马》

而只能是一个自然而然的过程。天极尽高,地极尽厚,白天日光普照,晚上众星闪亮,阴阳的变化,并不是什么天有意志的体现,而是按照万物自然而然发展变化的。阴阳四时,并不是为了生成万物而代御,雨露也不是为了滋养草木而降。万物的生长不过是自然的神妙作用和阴阳变化的结果罢了。

《淮南子》认为,人类历史也有一个混沌淳朴的时代,称之为"至德之世"。"至德之世"以后,社会发生了大动荡,急剧地向两极分化,一方面,人主、贵族极尽宫室、花园之乐;另一方面,黎民百姓无所归宿。同时《淮南子》认为生产技术的进步是必然的现象,技术的进步是适应人民克服困难、趋利避害要求而产生的,不应该因循守旧,而应该日新月异。生产技术是不断发展的,社会也是不断进化的,那么法令制度也应当适应时代的需要而相应地改变。这些观点自然有助于汉初封建王朝建立新的法制。

《淮南子》认为,既然自然性是社会历史发展的最高原则,那么,统治者要治理好国家,就必须遵循事物的自然规律,实行无为而治。无为而治的内容可以概括为两个方面:一方面,要"循理",不要纵欲。这就是要求君主在施政方面按客观规律办事,不要放纵个人欲望。君主施政治国必须重视人民的吃饭问题,这是国家的根本问题。衣食有余,封建道德观念就会加强,封建秩序就会安定和巩固。反之,社会就会发生争夺暴乱,统治地位就会动摇。因此,君主要把保证人民的衣食问题当作一个根本问题。《淮南子》还提出了保证人民衣食之源的方法。另一方面,要"因资",不要自用。这就是说在用人方面,要求君主放手任用众人的才智,不要自作聪明地包揽一切,这乃是"君道无为"的重要内容。它要求君主虚心好学,集中众人的智慧。同时主张发挥每一个臣下的长处,反对君主干涉职能部门的工作。如果君主与臣下争能,官员就会无所事事,顺意取宠。众人的才智藏而不用,君主势必智穷力竭,成为孤家寡人。君主的本职工作应该是"无为而有守也,有立而无好也"。即君主不应该做具体工作,而是把操守"法律度量"、驾驭臣下当作本职工作。在立法和持法时,要合乎民心,执法要以身作则。要重视众人的智慧和力量,能较正确地对待个人与众人的关系。

在认识论上,《淮南子》首先承认有独立于人们主观意识之外的外物存在,但是,这个外物不是不可知的,

"一人得道,鸡犬升天" 版画

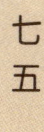

人具有反映外物的能力，这个外物是可以被人所反映、所认识的。书中还提到认识过程中掌握原理和正确方法的重要性，只要遵循事物的普遍法则，根据天地本来的样子去对待事物，认识和处理天下所有事物并不是难以企及的事情。

阅读指导

《淮南子》一书将道家、阴阳家、墨家、法家和一部分儒家思想糅合在一起，但倾向于先秦道家，所以在阅读时要加以辨别，如《淮南子》中对于"道"的阐述就不同于《道德经》；关于"无为而治"的论述也有所不同，只有注意不同点，才能更好地把握此书的精髓。

史 记

成书年代：西汉
作　　者：司马迁
地　　位："史家之绝唱，无韵之离骚"

作者简介

司马迁，字子长，汉朝左冯翊夏阳（今陕西韩城）人。他大约生于汉景帝中元五年（公元前145年），约卒于汉武帝征和三年（公元前90年），是西汉著名历史学家和散文家，自幼深受父亲司马谈的学术思想熏陶。他的父亲司马谈，是汉武帝时的太史令，崇尚道家，曾以黄老学说为主，著有《论六家要旨》，对儒、墨、名、法、阴阳、道等各家学说进行过批判和总结。这种家学传统，对司马迁影响很大。司马迁自幼好学，博闻强记，十岁的时候便通读《左传》《国语》等史籍。青少年时，向古文学家孔安国学过《古文尚书》，

司马迁像

向今文学家董仲舒学过《春秋》《公羊》学。他涉猎的范围很广，使他积累了丰富的文化知识，精通天文历法、史学、儒学等各家学说。20岁时，开始到各地游历，足迹遍及名山大川，从而更广泛地领略到人间冷暖和风土民情。此次远游，使他开阔了眼界，认识了社会，累积了知识，并对其进步历史观的形成产生了巨大的影响。回长安以后，入仕郎中，其间随武帝巡游了很多地方。元鼎六年（公元前111年）奉命"西征巴蜀"，到达邛、笮、昆明一带，从而进行了第二次大游历。元封元年（公元前110年），父亲司马谈病逝，元封三年，继任父职做了太史令，

作品评价

《史记》是一部贯通古今的通史，把本纪、表、书、世家、列传综合于一书，使得《史记》第一次把政治、经济、文化等多方面的内容都包容在历史学的研究范围之内，从而扩大了历史研究的领域。《史记》既是一部纪传体史书，又是一部传纪文学集，其影响所及，已经远远超出中国的范围。《史记》的部分篇章已译成俄文、法文、英文、德文、日文等文字。《史记》成为古今中外一部不朽的杰作。

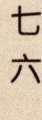

> **名家点评**
>
> 　　史家之绝唱，无韵之离骚。
> 　　　　　　　　　　——鲁迅
> 　　百代而下，史官不能易其法，学者不能舍其书，六经之后，惟有《史记》。

时年38岁。这样，使他有机会阅读宫廷收藏的大量文献典籍。此时，在司马迁的主持下，于太初元年（公元前104年）冬制成新历——《太初历》。同年，司马迁开始撰写巨著《史记》。专志写作的司马迁因李陵之祸而被武帝下狱并遭腐刑。他在身心上受到极大摧残，痛苦之中，数欲"引决自裁"，但恨《史记》未能成稿，便以坚韧不拔的精神，忍辱发愤地过了8年。出狱之后，任中书令，继续笔耕。征和二年（公元前91年），历经16年终于完成《史记》的写作。司马迁大约卒于汉武帝末年，只活了50多岁。这部巨著问世之后，当时称为《太史公书》或《太史公记》，也叫《太史公》。

背景介绍

　　司马迁生活在充满阶级矛盾的汉武帝时代，此时西汉已开始从鼎盛走向衰弱。刘邦建立西汉政权后，为了稳定和巩固统治地位，采取了一些轻徭薄赋、休养生息的政策。经过"文景之治"，到汉武帝继位时，西汉经济达到了空前的繁荣。随着经济形势的好转，汉武帝采取了一系列削弱同姓诸侯王的措施，使封建专制主义的中央集权制度得到了进一步强化。在经济繁荣的基础上，汉武帝在北方抗击匈奴，向西打通了西域，往南开辟了西南，使西汉成为大一统的封建帝国。与此同时，汉武帝好大喜功，连年对外用兵，耗费了巨大的人力、物力和财力，出现了"海内虚耗，户口减半"的局面。所以汉武帝在位期间，农民与地主阶级矛盾日益尖锐，农民暴动、起义事件时有发生。这就从思想上给司马迁打上了充满矛盾的时代烙印。

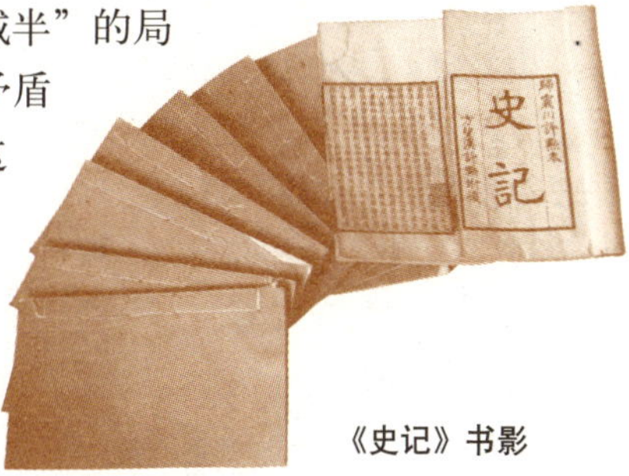

《史记》书影

名著概要

　　《史记》全书130篇，由本纪12篇、表10篇、书8篇、世家30篇、列传70篇组成，计52.65万字。它记载了上起黄帝轩辕氏，下迄汉武帝太初四年（公元前101年），近3000年的历史。

　　司马迁的伟大历史功绩之一，在于他开创了新的历史著作的编写方法，它就是后世史学家所称誉的"纪传体"。它由"本纪""表""书""世家""列传"5种体例组成。《史记》的五体结构是一个完整的体系。

　　"本纪"是全书的提纲，按编年记载历代帝王的兴衰和重大历史事件。专取历代帝王为纲，以编年的形式，提纲挈领地记载了上起轩辕，下迄汉武这一历史阶段的国家大事。

　　"十表"以年表形式，按年月先后的顺序，记载重要的历史大事。以清晰的表格，概括地排列各个历史时期的人事，或年经国纬，或年纬国经，旁行斜上，

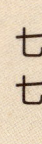

> **相关链接**
>
> 《史记索隐》，唐司马贞撰。司马贞，唐河内人，字子正。开元中为润州别驾，仕至朝散大夫、弘文馆学士。以《史记》诸家音义年远散失，或多疏漏，按南朝宋裴骃《史记集解》，撰成《史记索隐》三十卷。该书注文繁征博引，常断以己意，颇多发明。

纵横有致。分世表、年表、月表三类，以汉代年表为详。

"八书"记载各种典章制度的演变，以及天文历法等，以叙述社会制度和自然现象为主体，对礼乐、天文、历法、经济、水利等制度的发展状况进行了系统记述，具有文化史性质。

"三十世家"记载自周以来开国传世的诸侯，以及有特殊地位的人物事迹，其中主要包括春秋战国以来的诸侯国君、汉代被封的刘姓诸侯子侄以及汉朝所封的开国功臣。此外，还有《孔子世家》《陈涉世家》和《外戚世家》。

"列传"记载社会各阶层代表人物的事迹，其中有著名的思想家、政治家、军事家、文学家等，还有循吏、儒林、酷吏、游侠、刺客、名医、日者、龟策、商人的传记。该部分以"扶义俶傥，不令己失时，立功名于天下"为标准。最后，还专录《太史公自序》一篇。

《史记》作为我国古代第一部纪传体通史，包括政治、经济、军事、文化、少数民族和外国历史等丰富的内容。具有以下长处：首先，发凡起例，创纪传史书体裁。秦汉以前，诸朝列国史书体例纷杂，记事笔法各异，鉴于这种情况，太史公确立以人物为中心的述史体系，首创五体，互为表里。因此，《汉书》以降，直至《明史》，整个封建正史全都袭用纪传体例，除断代为书之外，"少有改张"，就连民国期间成书的《清史稿》也一仍其旧而未变动。其次，立意深刻，具有进步的历史观。《史记》中，歌颂什么，反对什么，态度是十分明朗的，他痛恨封建专制的残暴统治，歌颂人民的反抗斗争，同情人民所受的痛苦。比如，对于我国历史上第一次农民起义，司马迁在《史记》中，把陈胜、吴广两人的事迹列入"世家"，而且将陈胜比作汤、武，肯定他们推翻暴秦的历史功绩。又如，他也尽力描写推翻暴秦的项羽的英雄气概来和狡诈的刘邦做鲜明的对比，而且把项羽的事迹列入"本纪"，不因项羽失败而抹杀他的历史地位。司马迁不但承认历史是发展变化的，而且还试图从历史生活现象中，去寻求历史变化的原因。司马迁不但是中国史学家之父，也是全世界古代最伟大的历史学家之一。《史记》和希腊史学名著相比较，它的特点在于全面性，尤其是对于生产活动、学术思想和普通人在历史上的地位的重视。

阅读指导

《史记》的作者主要通过史例来选择、组织、论述史料，读者可以扣住史例来分析和评价历史。读者可以在对客观史实的叙述过程中，来感悟司马迁的观点。由于作者在某些章节上的写法是"显古隐今"的，读者可以委婉含蓄地看出作者的观点。

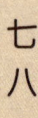

汉 书

成书年代：东汉
作　　者：班固
地　　位：中国第一部纪传体断代史

作者简介

　　班固（32～92年），字孟坚，东汉扶风安陵（今陕西省咸阳市东北）人。班固出身于一个世代显贵豪富的家族，并有家学渊源。父亲班彪，字叔皮，到东汉光武帝时，官至望都长。班彪博学多才，专攻史籍，是著名的儒学大师。他不满当时许多《史记》的续作，便作《后传》65篇，以续《史记》。班彪有二子：班固、班超。班超为东汉时通西域的著名将领。班固从小就非常聪明，9岁便能作诗文，长大之后，班固熟读百家书，并深入研究。渊博的学识以及很强的写作能力，为他以后的作史创造了十分有利的条件。在他23岁那年即建武三十年（54年），班彪去世，班固私自修改国史，被捕入狱。他的弟弟班超赶到洛阳，为班固申辩。当明帝审阅地方官送来的班固的书稿时，十分欣赏班固的才华，并任他为兰台令史，负责掌管图籍，校定文书。此后他与陈宗、尹敏、孟异等共同撰成《世祖本纪》。随后迁任为郎，典校秘书。班固后又写了功臣、平林、公孙述的列传、载记28篇。后来明帝又命令班固继续完成他原来所欲著述的西汉史书。班固一再地思索之后，经过潜精积思20余年，终于在建初七年（82年）完成了《汉书》。《汉书》一写成，影响就很大。和帝永元初年（89年），班固以中护军随大将军窦宪出征北匈奴。永元四年（92年），窦宪以外戚谋反而畏罪自杀，班固因此受到牵连。先被免官，后有人因曾受班固家奴侮辱便借机搜捕班固入狱。不久，班固死于狱中，时年60岁。班固死后，《汉书》尚未完成的八表和《天文志》主要由班固的妹妹班昭继续完成。

班固像

背景介绍

　　班固生活的时代，正是东汉社会生产发展、经济文化繁荣的时期，这就为史学的发展提供了物质条件；而东汉统治者为了总结前期的历史经验，迫切需要编写前朝的历史，司马迁的《史记》又只写到汉武帝，武帝以后便缺而不录，虽有许多学者

作品评价

　　《汉书》，又名《前汉书》，它是我国第一部纪传体断代史，是史书体例上的一个重大飞跃。继《汉书》之后，断代史为后来历代正史所效仿，因此《汉书》在我国史书体例的发展上具有重要意义。《汉书》开拓了史学研究的新领域，同时又是一部文史结合的典范。但由于东汉时期谶纬流行，所以《汉书》也不免有神学思想混杂其中。

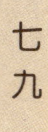

相继加以续补，总归不是一部完整的史著；加之司马迁又把汉初的历史"编于百王之末，侧于秦项之列"，这与"汉承尧运"是不相称的，也是东汉统治者所不能允许的。西汉一代历史应该重新编写，独立成书，这些就是班固创立断代史的客观原因。

名著概要

《汉书》是我国第一部纪传体断代史，体制全袭《史记》而略有变更，《史记》包括本纪、表、书、世家、列传五种体裁，《汉书》有纪、表、志、传，改"书"为"志"，没有世家，凡《史记》列入世家的汉代人物，《汉书》均写入"传"。《汉书》这种体裁上的改动是符合历史趋势的，是合理的。《汉书》沿袭《史记》的体例，但做了一些改动，也有了一些创新。在纪部分，《汉书》不称"本纪"，而改称为"纪"，在《史记》的基础上，《汉书》增立《惠帝纪》，以补《史记》的缺略；在《武帝纪》之后，又续写了昭、宣、元、成、哀、平6篇帝纪。在表的部分，《汉书》立38种表，其中6种王侯表是根据《史记》有关各表制成的，主要记载汉代的人物事迹。只有《古今人表》和《百官公卿表》，是《汉书》新增设的两种表。《古今人表》专议汉代以前的古代人物，表现了班固评论人物的论事标准，暗示出他对汉代人物褒贬的立意，且网罗甚富，亦不无裨益。而《百官公卿表》记述了秦汉官制和西汉将相大臣的升迁、罢免、死亡，是研究古代官制史、政治制度史的重要资料，有重要的学术价值。在志部分，《汉书》改《史记》的"书"为"志"而又予以丰富和发展，形成我国史学上的书志体。

《汉书》将《史记》的《律书》《历书》并为《律历志》，《礼书》《乐书》并为《礼乐志》，增写《史记·平准书》为《食货志》，改《史记·封禅书》为《郊祀志》《天

经典摘录

忠言逆耳利于行，良药苦口利于病。
———《汉书·张陈王周传》

往者不可及，来者犹可追。
———《汉书·袁盎晁错传》

百里不同风，千里不同俗。
———《汉书·王贡两龚鲍传》

水至清则无鱼，人至察则无徒。
———《汉书·东方朔传》

王者以民为天，而民以食为天。
———《汉书·郦陆朱刘叔孙传》

人固有一死，死有重于泰山，或轻于鸿毛。
———《汉书·司马迁传》

高祖常徭咸阳，纵观秦皇帝，喟然太息曰："嗟乎！大丈夫当如此矣。"
———《汉书·高帝纪》

延年侍上起舞，歌曰："北方有佳人，绝世而独立，一顾倾人城，再顾倾人国。不知是倾城与倾国，佳人难再得。"
———《汉书·外戚传》

文志》，《河渠书》为《沟洫志》。除上述诸志增加了主要是武帝以后的内容之外，《汉书》还创设了刑法、五行、地理、艺文四志。《汉书》十志比较《史记》八书在先后次序上也有所不同，《汉书》的志包括律历、礼乐、刑法、食货、郊祀、天文、五行、地理、沟洫、艺文10种。其中，改变或者并八书名称的有律历、礼乐、食货、郊祀、天文、沟洫6种，但它们的内容或者

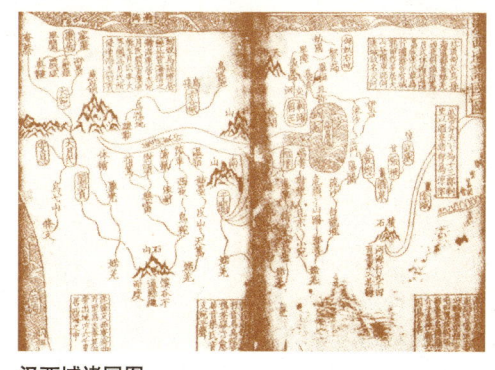

汉西域诸国图

不同，或者有所增损。如《食货志》在继承了《平准书》部分材料的同时，又增加新的内容，分为上、下两卷。上卷记"食"，叙述农业经济情况；下卷载"货"，介绍工商及货币情况。《史记》列传篇题的定名，或以姓，或以名，或以官，或以爵，多不齐一，且排列顺序难为论析。《汉书》则一律以姓名题篇，排列顺序是先专传，次类传，后四夷和域外传，最后是外戚和王莽传，整齐划一。《汉书》将《史记》的《大宛传》扩充为《西域传》，详细记述了西域几十个地区和邻国的历史，是研究古代中国各兄弟民族和亚洲有关各国历史的珍贵资料。

《汉书》主要的4个特点：

第一，《汉书》较真实地记述和评论了西汉一代的政绩及其盛衰变化，从一统功业的角度，对于各时期所取得的成就进行了热情的称颂。《汉书》评述西汉政治，有用"时""势"或"天时"变异来表达历史是发展的这一看法。

第二，《汉书》广泛地评价了各种人物在西汉政治中的作用。他记述汉代的兴盛时，承认是由于有众多的文臣武将和智谋极谏之士，在中央和地方的各方事务中竭其忠诚，做出贡献。

第三，《汉书》暴露了皇权的争夺、外戚的专横，以及封建统治阶级的淫奢，反映了人民的痛苦生活和反抗斗争，暴露了西汉外戚势力的专横、残暴与奢侈。《汉书》以很多笔墨暴露了王室及大臣聚敛财富、奢侈淫逸的行径。

第四，《汉书》详细记述了古代，尤其是汉代的政治典制，表现了西汉文化的发展规模及其重要价值。其中《刑法志》记述了古代的兵学简史，叙述刑法典核详明，首尾备举，论其变化正本清源。《食货志》系统地记述了自西周以至王莽时期的农政和钱法，反映了1000多年以来社会经济发展的重要侧面。《地理志》先叙由古之九州说而进至秦的郡县变迁，是中国地理最为详尽的记载。

阅读指导

读者在阅读《汉书》时，可以尝试与司马迁的《史记》比较阅读。《汉书》在一定程度上继承了《史记》的风格，但《汉书》十志对纪传体史书的书志部分有很大的影响，从而形成了中国史学史上的书志体，读者在阅读时可以品味这个特点。由于《汉书》的作者喜欢使用古文字，这给读者的阅读带来了一定的不便。

后汉书

成书年代：南朝宋
作　　者：范晔
地　　位："简而且周，疏而不漏"

作者简介

范晔（398～445年），字蔚宗，南朝宋顺阳人。范晔的祖先是东晋的世家大族，祖父范宁，曾任豫章太守，著有《春秋穀梁传集解》一书；父亲范泰，曾任御史中丞。范晔少时就出继给叔父范弘之，因而被封武兴县五等侯。刘裕势力发展时，范晔投靠刘义康，在其部下担任要职，参与军机大事。宋文帝元嘉五年（428年）父亲死后他守制去官。此后他虽担任了很多官职，

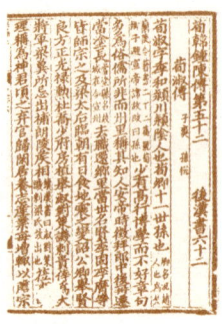

《后汉书》内页书影

但一直受到权贵的打击排挤，元嘉九年（432年）被人告发参与拥立刘义康一事，因此以谋反罪被杀，时年48岁。范晔自幼深受儒家思想的教育，再加家学的影响，他广泛涉猎经史资料，写得一手好文章。他不但是南北朝时期著名的史学家，而且是有贡献的文学家、音乐家和发明家。范晔为人正直，有气概，屡屡触犯封建礼法；有才华，但却恃才傲物，与同僚不合，他的死与此是有一定的关系的。范晔有无神论思想。他不仅曾想著《无鬼论》来反驳佛教转世说，临死前，他还向政敌宣称："天下绝无佛鬼。"在《后汉书·西域传论》中，他批评佛教教义"好大不经，奇谲无已"，指出智者不应相信精灵起灭、应报相导的说教。对于天人感应、图谶符命等神学迷信，他也进行了一定程度的批判。范晔死时，只完成了《后汉书》的纪和传，没有志。到南梁时，刘昭取晋司马彪《续汉书》的八志30卷，加以注释增补，附在范晔原著的后面。时至南宋，才将范晔所著和司马彪《续汉书》的八志30卷重新校勘，合为今天的《后汉书》。

背景介绍

范晔著《后汉书》开始于宋文帝元嘉九年。当时刘宋王朝正处于兴盛时期，政治稳定。统治者为了更进一步巩固政权，很注意思想文化方面的工作，而编写史书，总结前人的经验和教训则是其中极为重要的一项。范晔就十分重视从历史中去总结经验，他编撰《后汉书》的目的就是要总结前人之得失。由于范晔当时

作品评价

《后汉书》与《史记》《汉书》《三国志》并称"前四史"，是纪传体史书的代表作之一。《后汉书》引用第一手材料比较多，记载的内容多且涉及面广，通过这些各种各样的人物的言行和事迹，东汉社会内容的各方面便能得到具体、真实的反映。《后汉书》结构严密，体例完备，内容丰富，记载翔实，叙事繁简适宜，文辞精妙流畅，是一部文学价值和史学价值都很高的史学著作。

被贬，郁郁不得志，他编撰《后汉书》亦有寄情于著述之意，要通过对历史的论述来发表他的政治见解。范晔著《后汉书》时，前人已撰写过不少的东汉史，对于前人的著作，范晔都用发展的眼光去进行考察。

名著概要

《后汉书》全书共120卷，记载自汉光武帝建武元年（25年）到汉献帝建安二十五年（220年）间195年的史事，包括本纪10卷，列传80卷，志30卷。

《后汉书》在撰写上，不仅吸取了前人的撰史经验，接受过去行之有效的治史方法，而且根据当时的具体情况和要求，进行了大胆的创新，进一步开拓了纪传体史书叙事的范围，并在纪传体史书写作手法上总结积累出一定的经验。

《后汉书》在编纂上有几点很有创造性：

1. 《后汉书》继承了《史记》《汉书》的体制，基本上按照已有的传目去叙事和写人，但又不完全囿于旧有的模式，而是针对东汉一代特有的社会风尚和特点，适时制宜地创设一些新的传目去反映。

2. 立传以类相从，叙事繁简得宜。《后汉书》继承了《史记》《汉书》立类传的做法，但在某些方面又有发展。《后汉书》中的类传，一般不受时间先后的限制，或按人品相同，或按事迹相近，或按性质相类等原则来归类立传，使得某个历史事件或某类人物得到集中的反映。《后汉书》的类传中，传主是各有独立的传记的，与整个类传联系起来看，可表现出其一般性；而各人的事迹又表现出其个别性。

3. 注重史评，特崇论赞。论赞是《后汉书》的重要组成部分，在书中占有相当多的篇幅。在每篇纪或传之后的论，主要是针对历史人物或历史事件而作评论，或者是作者对于历史、社会、政治的见解。赞放在每篇纪传的最后面，是四字为句的韵语，作为史学评论的一种特殊的形式，用来品评人物，或补充正文与前论辉映。

范晔著《后汉书》，着力探讨东汉社会问题，贯彻了"正一代得失"的宗旨。书中的《王充王符仲长统传》，载王符《潜夫论》5篇，仲长统《昌言》3篇，都是探讨东汉为政得失的名作。他在传末写了一篇长约600字的总结，对其言论进行具体分析。

范晔重视东汉的对外关系，特别是很注意当时的海上交通问题。东汉和帝永元九年（97年），班超派甘英出使大秦，这是民族关系史上的一件大事，丝绸之路在此时重新出现兴盛之势。《西域传》中大笔描述了当时情况说："立屯田于膏腴之野"，"邮置于要

光武帝涉水图 明 仇英

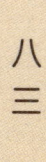

中国名著大讲堂

八三

名家点评

简而且周，疏而不漏。
——唐·刘知几

史才如范，千古能有几人？
——南宋·王应麟

塞之路"，好一派繁荣的景象。此外，范晔在《西域传》中叙述了大秦社会的富裕繁荣，并认为这是与其民主政治分不开的，大秦国王按时治理国事，"国无常人，皆简立贤者，国有灾异及风雨不时，辄废而更立，受放者甘黜不怨"，而"置三十六将，皆会议国事"。很明显，范晔这是做中西对比，以史为鉴，针砭当时封建君主专制之失，也表达了他对大秦民主政治制度的向往。

《后汉书》的文字优美流畅、热情奔放，具有相当高的文学成就。书中的论赞是范晔用力最多之处，一般都具有精湛思想理论、深刻历史见解与高超文字技巧相结合的特点。他特别欣赏自己在史论之后所加的赞语："赞自是吾文之杰思，殆无一字空设。奇变不穷，同含异体，乃自不知所以称之。"

阅读指导

由于《后汉书》注重对史料的评价，特别是重视论赞，论赞是作者针对历史人物或历史事件而提出思想见解的评论，读者可以抓住这些论赞，领悟作者对各人物和事件的观点，就能更好地读懂《后汉书》。

论　衡

成书年代：东汉
作　　者：王充
地　　位：中国古代哲学划时代的著作

作者简介

王充（27～104年），字仲任，会稽上虞（今浙江上虞）人。王充的祖籍本是魏郡元城（今河北大名），先祖因立军功受封于会稽阳亭，但只过了一年就失去了爵位。随后就在当地安家，以农桑为业。王充的家庭非常重义气，好行侠。他的祖先因为要避开仇敌，迁到了钱塘，后来就弃农经商。王充的父亲与伯父因为与豪族结怨，最后迁居到上虞。王充6岁开始学习读书写字，8岁到书馆学习，从小品学兼优。18岁左右，到京师洛阳上太学。王充聪颖好学，勤奋刻苦，博览群书，兴趣极为广泛。因为家境贫困，他经常在洛阳书市上阅读别人卖的书籍，并且能够过目不忘，因而他通晓诸子百家的学说，注意力并没有局限在儒家经典上。后来，王充回到乡里教书。他也曾在县、郡、州里做过一些小官，但在职时间均不长，往往因意见不合得罪当权者，最终弃官而去。王充的晚年与仕途无缘，孤独无靠，贫无供养，郁郁不得志。他一生著作多种，流传至今的只有《论衡》一书。

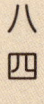

王充像

作品评价

　　《论衡》是东汉思想界唯物主义与唯心主义激烈对抗的集中体现，在中国哲学史上占有重要地位。该书的基本精神是追求真知，反对迷信。它对先秦各家的思想，如儒、墨、道、法，进行了批判性的继承，把中国古代唯物主义哲学推进到一个新的高度。《论衡》极具战斗性的唯物主义无神论思想，成为后来中国无神论的重要理论营养。但《论衡》一书不可能摆脱当时时代的局限，用自然主义和直观的观察来描述世界，特别是在社会历史观上基本是唯心论的，但它毕竟在历史上起了划时代的作用。

背景介绍

　　王充所处的时代是东汉之初，儒家思想在社会思想领域占支配地位，但与春秋战国时期所不同的是儒家学说上披上了神秘主义的色彩，掺进了谶纬学说，使儒学变成了"儒术"。所谓谶，是关于政治的宗教语言，所谓纬，是相对"经"而言，即对儒家经典的解说和补充，以此宣扬迷信。谶纬迷信在汉代就开始盛行。汉章帝时，为了加强思想统治，召令诸儒在白虎观聚会，编撰了带有浓厚神学色彩的著作《白虎通义》，大肆宣扬迷信。东汉的思想界一片混乱。在这种情况下《论衡》问世。

名著概要

　　《论衡》一书共38卷，计85篇。其中《招致》篇已失，实存84篇。《论衡》细说微论，解释世俗之疑，辨明是非之理，即以"实"为根据，疾虚妄之言。"衡"字本义是天平，《论衡》就是评定当时言论价值的天平。它的目的是"冀悟迷惑之心，使知虚实之分"。《论衡》的基本思想包括唯物主义的元气自然论，反对迷信的无神论思想，唯物主义的认识论和历史观。

　　一、唯物主义的元气自然论。汉儒思想体系是董仲舒提出的唯心主义哲学思想，其核心是"天人感应"说，并由此生发出其对其他一切事物的神秘主义的解释和看法。汉儒唯心主义者认为天地是由"太初"产生的，这个"太初"是虚无缥缈的本原。针对这种观点，王充提出：天地万物（包括人在内）都是由"气"构成，"气"是一种统一的物质元素，天和地都是从元气中分化而来的，天气和地气交合就产生出人和物来。"气"有"阴气"和"阳气"，有有形和无形，人、物的生都是"元气"的凝结，死灭则复归"元气"，这是个自然发生的过程。在此基础上，王充进一步提出了自然无为论。他认为"元气"产生万物是一种无意识的过程，不可能是天的故意安排和制作。他以"元气"自然论为武器，否定了天地生人、派生万物的神学目的论。他认为天地生人，就如同夫妇生子一样，是一个自然而然的过程。十月怀胎，一朝分娩，婴儿的耳目口鼻、发肤纹理、肌肉血脉和骨骼是在母亲腹中自然形成的。这就否认了造物者的存在，坚持了以自然的原因说明自然的唯物主义观点。

　　二、反对迷信的无神论思想。当时流行的灾异谴告说认为，如果君主统治无道，老天就会用寒温不节、风雨失调来谴告。王充认为，谴告说与自然无为的天道是相违背的，是否认大自然的客观规律性的。他指出，自然灾害并非政治黑暗所导致的上天谴告，而是一种自然现象。《论衡》反对迷信的思想还体现在他的无鬼论。他首先用"元气"自然论的观点来解释人的生命现象，提出了唯物主义的形知观。他认为人的生命乃是阴气和阳气交合而成的。

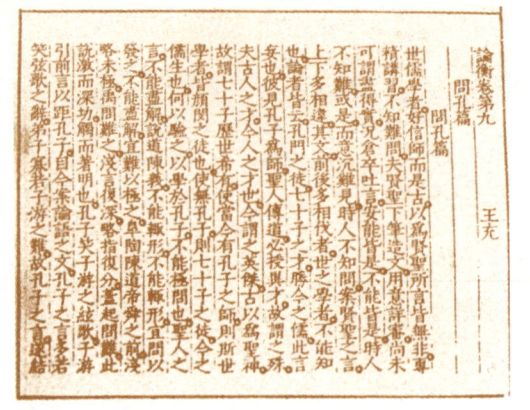

《论衡》书影

阴气构成骨肉形体，阳气构成精神意识。由阳气构成的精神，只有依赖于由阴气构成的五脏器官，才能产生出聪明智慧等精神现象。《论衡》明确肯定了物质第一性、精神第二性的原则，并为其无鬼论奠定了坚实的基础。他认为，人之所以存在是由于阴阳二气结合在一起的缘故。人死之后，精神离散而形体腐朽，人就又还原为本来的气。正是由于物质变化的不可逆性，决定了人死之后不能复生为人之形。王充进一步指出，人们所见的"鬼"只是一种幻觉。"鬼"的出现是人身体患病、思想恐惧、精神恍惚所致。

三、唯物主义的认识论。在认识论上，《论衡》反对神化圣人，否定了圣人生而知之的先验论，提出了注重效验的唯物主义认识论。王充指出，世上没有什么生而知之的圣人，任何人大都必须依靠感觉经验，才能了解事实获得知识。圣人也是通过后天的学习而成的，他反对把圣人偶像化，反对把圣人之言奉为圭臬。同时，王充认为感性经验是知识的来源，而且也是检验知识的必要手段，这就是"效验"。

四、历史观。王充认为，国家的治乱、朝代的兴衰是不以个人的意志为转移的，而有其内在的客观规律。历史是进化的，历史发展的客观规律是由自然原因所决定的治乱往复的规律。《论衡》不仅对儒家思想进行了尖锐而猛烈的抨击，而且还批判地吸取了先秦以来各家各派的思想，特别是道家黄老学派的思想。

阅读指导

《论衡》一书是站在唯物主义无神论立场上，运用当时的自然科学成果和丰富的历史知识，对谶纬学说进行批判，因而读者可以拿《春秋繁露》《白虎通义》

相关链接

《白虎通义》又称《白虎通》，是公元79年汉章帝裁决儒生的经义奏议，而由班固编辑整理而成的一部神学法典。它把《易》《诗》《书》《礼》《春秋》《论语》和图谶纬书杂糅混合在一起，望文附会，构成了一个庸俗的经学和神学的混合物，形成了一套宗教化的理论体系。此书坚持神创造世界的唯心主义观点，正式提出了"君为臣纲，父为子纲，夫为妻纲"的封建社会最高的伦理规范和政治准绳。

对照阅读，这样王充的观点更鲜明，更容易掌握。

说文解字

成书年代：东汉
作　　者：许慎
地　　位：中国第一部字典

作者简介

《说文解字》又简称《说文》，作者是东汉许慎。许慎（30～124年），字叔重，汉昭陵人。曾任汶长、太尉南阁祭酒。从贾逵受业，博通经籍，时人谓之"五经无双许叔重"。此书作于和帝永元二年（100年），历时21年，直到安帝建光二年（121年）才告完成。许慎在病中遣其子许冲将此书连同一份相宜的奏章献给安帝。《说文》之所以会在编成之后被耽误了20多年才面世，这与许慎编纂这本书的目的，以及与1世纪末、2世纪初汉代朝廷的政治、学术环境有密切关系。

许慎像

背景介绍

《说文解字》这样一部巨著，是在经学斗争中产生的。今文经学与古文经学之争是汉代学术思想领域中最重要的一场论争。秦以前的典籍都是用六国时文字写的，汉代称六国文字为"古文"，用古文书写的经书称为古文经。秦始皇出于愚民政策的需要，把这些用古文字写成的《诗》《书》等典籍付之一炬。西汉初年，一些老年儒生凭记忆把五经口授给弟子，弟子用隶书记下来。隶书是汉代通行的文字，称"今文"，用今文书写的经书，称今文经。后来陆续发现用古文字写的经书。这样在汉代经学家中就分成了今文经学家和古文经学家两派。两派的区别不只是表现为所依据的经学版本和文字不同，更主要地表现为怎样使经学为封建统治服务。今文经学家喜欢对经书做牵强附会的解释和宣扬迷信的谶纬之学；古文经学家则强调读懂经典，真正理解儒学精髓，为此侧重名物训诂，重视语言事实，比较简明质朴。许慎属于古文经学派，他编著《说文》是要以语言文字为武器，扩大古文经学在政治上和学术上的影响。

作品评价

《说文》是我国语言学史上第一部分析字形、说解字义、辨识音读的字典。同时，它创立了汉民族风格的语言学——文献语言学，《说文》就是文献语言学的奠基之作。《说文》对传统语言学的形成和发展有巨大影响，后世所说的文字、音韵、训诂，大体不出《说文》所涉及的范围，而《说文》本身则形成一个专门学科。《说文》完整而系统地保存了小篆和部分籀文，是我们认识上古文字——甲骨文和金文的桥梁；《说文》的训解更是我们今天注释古书、整理古籍的重要依据。《说文》应当是从事语文工作和经常阅读古代文献者必备的一部工具书。

名著概要

《说文》是中国历史上第一部字典,全书共收单字 9353 个,另有重文(异体字)1163 个,附在正字之末,把 9353 个字分别归在 540 个部首之中。

《说文》一书的突出贡献可以概括为以下四点:

1. 建立部首是许慎的重大创造之一。汉字是凭借形体来表示意义的,因此,对汉字义符加以分析,把所有汉字都按所属义符加以归类,这是汉字学家的工作,这项工作,由许慎最先完成了。《说文》一共分 540 部,除了个别部首还可以合并与调整外,从总体上说都是合理的,都符合造字意图。许慎在安排 540 部的次序上煞费苦心,把形体相近或相似的排在一起,这等于把 540 部又分成若干大类,这可以帮助读者更深刻地理解义符,更正确地理解字义。每部所属的字的排列也不是杂乱无章的,而是依据以类相从的原则。具体说来有三种情况:其一,词义相近的字排在一起;其二,词义属于积极的排在前边,属于消极的排在后边;其三,专有名词排在前边,普通名词

《说文解字系传》书影

《说文》在唐代虽然传习不废,但善解其意者不多。代宗大历年间(766～779 年),李阳冰善于摹写李斯小篆,并刊定《说文》,修正笔法,而臆说颇多。南唐时,徐铉、徐锴兄弟二人精究《说文》,徐锴作注。图为《说文解字系传》,详解许书,并大量纠正了李阳冰之误。

排在后边。许慎创造的 540 个部首和一部之中各个字的排列方法,都是从文字学角度出发的,这种排列方法更能体现部首与部首、字与字之间的意义联系,这与后世从检字法角度的分部和按笔画多少分类迥然不同。

2. 训释本义。许慎之前的经学家为经典作注,都是随文而释,所注释的字(词)义,基本上是这个字在一定语言环境中的具体意义和灵活意义。许慎在《说文》中紧紧抓住字的本义,并且只讲本义(由于历史的局限,个别字的本义讲得不对),这等于抓住了词义的核心问题,因为一切引申义、比喻义等都是以本义为出发点的,掌握了本义,就能够以简驭繁,可以推知引申意义,解决一系列有关词义的问题。此外,许慎在训释本义时,常常增加描写和叙述的语言,使读者加深对本义的理解,扩大读者的知识面,丰富本义的内涵和外延。

3. 对汉字形音义三方面分析。许慎在每个字下,首先训释词义,然后对字形构造进行分析,如果是形声字,在分析字形时就指示了读音,如果是非形声字,则常常用读若、读与某同等方式指示读音。汉字是属于表义系统文字,是由最初的图画文字演变而来的,这样通过字形分析来确定、证实字义完全符合汉民族语言文字的一般规律。而语音是语言的物质外壳,文字不过是记录语言的符号,许慎深知"音义相依""义傅于音"的原则,所以在《说文》中非常重视音义关系,常常以声音线索来说明字义的由来,这为后世训诂学者提供了因声求义的原则。

4. 以六书分析汉字。在许慎之前,有仓颉依据六书造字的传说。现代文字学家认为,六书是对汉字造字规律的总结,而不是汉字产生之前的造字模式。在许慎

之前，仅有六书的名称：象形、指事、会意、形声、转注、假借，没有具体阐述，更没有用来大量地分析汉字。许慎发展了六书理论，明确地为六书下定义，并把六书用于实践，逐一分析《说文》所收录的 9353 个汉字，这在汉字发展史和研究史上有着承前启后、继往开来的重要意义，从而确立了汉字研究的民族风格、民族特色。

《说文》问世以后，研究者蜂起。清代是《说文》研究的高峰时期。清代研究《说文》的学者不下 200 人，其中称得上专家的有数十人之多。清代《说文》之学，可分为四类：其一，是校勘和考证工作，如严可均的《说文校议》；其二，对《说文》进行匡正，如孔广居的《说文疑疑》等；其三，对《说文》的全面研究，如段玉裁的《说文解字注》、桂馥的《说文解字义证》、朱骏声的《说文通训定声》、王筠的《说文解字句读》；其四，订补前人或同时代学者关于《说文》研究的著作，如严章福的《说文校议》、王绍兰的《说文段注订补》等。其中第三种最为重要，段玉裁、桂馥、朱骏声、王筠被誉为清代《说文》四大家。4 人之中，尤以段玉裁、朱骏声最为突出。

阅读指导

《说文解字》一书就阅读而言，是相当困难的。因而，阅读该书最好能选择其注释本，例如：段玉裁《说文解字注》、王筠《说文释例》和《说文解字句读》、朱骏声《说文通训定声》和桂馥的《说文解字义证》。

伤寒杂病论

成书年代：东汉
作　　者：张仲景
地　　位：中医"众方之祖"

作者简介

张仲景（约 150～219 年），原名机，字仲景，以字行。东汉南阳郡涅阳（今河南邓州市穰东镇）人。据史料记载，年轻时曾跟从同郡张伯祖学医，经过多年的刻苦钻研，青出于蓝，医术远超其师，终成汉代贡献最大的临床医学家。张仲景医术精湛，素为诸家所称颂。相传汉献帝初，张仲景被举孝廉，建安年间官居长沙太守，因此被人呼为张长沙，他的方书亦被称为"长沙方"。相传他经常在公堂之上为人诊病，如今的"坐堂医"由此得名。张仲景一生的著述十分丰富，可惜大部分都已失传了，只留下《伤寒论》和《金匮要略》，综称为《伤寒杂病论》。《伤寒杂病论》一书，撰成于东汉末年，然而其具体之年份却难于考证。今多据其自传推断，其著述应始于建安十年（205 年）之后，终于建安十五年（210 年），另有观点认为，"建安纪年"为建安十二年，则著书应是在建安二十年以后。尚有人认为建安乃建宁之误，则著述应始于建宁十年（178 年）

张仲景像
图为河北安国药王庙供奉的医圣张仲景塑像。

作品评价

《伤寒杂病论》是世界上第一部经验总结性的临床医学著作。融理、法、方、药为一体，开辨证论治之先河，创中医临床医学之体。自唐代以来，仲景学说传播于世界各地，在国际医学界享有崇高声誉，日本、朝鲜等国人民称他为医学"先师"。《伤寒论》和《金匮要略》二书与《黄帝内经》《神农本草经》并称为"中医四大经典"。张仲景的著作毕竟已经1700多年了，当然也不可避免地会存在着某些历史的局限性。

之后。张仲景是中医临床医学的奠基人，被后世尊称为"医圣"。

背景介绍

张仲景生活在东汉末年，其时宦官专权、政治黑暗，人民生活在水深火热之中，官逼民反，各地纷纷爆发农民起义。统治者纠集武装力量疯狂镇压，战火绵延，天灾频仍，疫病流行，到处是"白骨露于野，千里无鸡鸣"的惨状。严酷的现实迫切需要解决伤寒病的防治问题。张仲景因此立志发愤钻研医学，"勤求古训、博采众方"，刻苦攻读经典古代医书，并结合当时医家及自己长期积累的医疗经验，终于写出了《伤寒杂病论》这部临床医学名著。

名著概要

《伤寒杂病论》共16卷，是我国医学发展史上影响最大的著作之一。该书流传至宋代，后由林亿等人整理校定为现存的《伤寒论》和《金匮要略》。在中药方剂方面，《伤寒论》载方113首，《金匮要略》载方262首，除去重复，两书实收方剂269首，使用药物达214种，基本上概括了临床各科的常用方剂，被誉为"众方之祖"。

> **名家点评**
>
> 清代的《医宗金鉴》评价该书："古经皆有法无方，自此始有法有方……诚医门之圣书。"
>
> 医门之仲景，儒门之孔子也。

《伤寒杂病论》系统总结了汉朝以前的医学理论和临床经验，记载了对疾病的各种治疗原则、治疗方法和治疗各种传染病和杂病的药方，奠定了中医治疗学的基础。该书把病症分成若干条目，每条先介绍临床表现，然后根据辨证分析，定为某种病症，最后根据病症提出治法与药方。

《伤寒论》是《伤寒杂病论》一书中综合论述传染病、流行病理论与治疗规律的重要部分，共10卷。

《伤寒论》在大量治疗传染病、流行病经验总结的基础上，对其发病因素、临床症状病候表现、治疗过程与愈后等之共性问题，进行了比较系统而全面的综合分析，从而创造性提出了六经辨证的理论学说，即将当时几乎年年常发的许多热性病，按其发病初期、中期、末期不同的临床表现，以及不同治疗的反应与结果，分为辨太阳病、辨阳明病、辨少阳病、辨太阴病、辨少阴病、辨厥阴病脉证并治。此即历代所称的"辨伤寒六经病"，由此构成了该书的主体内容。有的学者视六经病为六个征候群以帮助学者学习理解。实际上，太阳病所论基本上是综合论述了许多传染性或流行性疾病初发的症状、征候表现，以及切脉等四诊之要点和治疗之原则方法等。在这些辨证论治的过程中，张仲景以其渊博的学识，以及极其丰富的临床经验，依据各种传染病、流行病与不同病人体质等不同反应所表现的千变万化的征候，做出了颇富科学思想的综合、分析、论述和预见性结论。与此同时，张仲景还以"平脉法""辨脉法""伤寒例"（一说为王叔和整理时所加），集中论述了伤寒的切脉与切脉诊断等问题。

张仲景墓
在河南南阳张仲景故乡。

《伤寒论》的理论体系即六经病症的辨证论治体系。它以六经辨证为纲，方剂辨证为法，对六经传变过程中之征候、脉象等各阶段的审证、辨脉、论治的结果，给予遣方、用药等，进行了有规律性的论述。世称《伤寒论》113方、397法，虽不尽确切，但其逐条评述传染病、流行病不同发展时期不同表现的因素、病理、症状、体征以及据以诊断的依据，治疗处方用药的原则与具体方法，无不条分缕析。

《金匮要略》是《伤寒杂病论》的组成部分，专论内科等杂病，共3卷。全书共分25篇，所论述之内科杂病有：痉、湿、暍、百合病、狐惑病、阴阳毒、疟、中风、疖疠、血痹、虚劳、肺痈、咳嗽上气、消渴、黄疸、下痢等40多种；外科、骨伤科方面疾病有：痈肿、肠痈、浸淫疮、刀斧伤等；此外，还有妇科病症等专门论述。

该书认为上述疾病之发作，其病因不越三条，即六淫（风寒暑湿燥火）为外因；七情（喜怒哀乐悲惊恐）过甚为内因；金刃、虫兽咬伤与饮食偏颇而造成伤病者为不内不外因。张仲景对内科等杂病之认识，重视一个病一个病地进行比较具体的叙述，在诊断上强调望、闻、问、切四诊合参，辨证多以脏腑经络为重点，运用营卫气血、阴阳五行等学说，以指导临床治疗之实施。该书共收方剂262首，其特点与《伤寒论》之方剂一样，药味精炼，配制严密，多富有针对性。该书记载了对自缢患者的抢救，其所叙述的原则要求、技术要领，特别是对人工呼吸法全过程的生动描述，几乎与现代之人工呼吸法没有什么两样，甚至更富有综合性技术要求。

相关链接

《景岳全书》，明张介宾撰。张介宾，字会卿，号景岳，原籍四川，后迁于山阴。此书共计64卷，收方2624首，成书于1624年，是一部综合性的医学著作。该书首先提出了"阳非有余，真阴不足"论，对前人观点提出了批评。书中说："若以生死聚散言，则凡精血之生皆为阳气，得阳则生，失阳则死，此实性命之化源，阴阳之大纲也。"在治疗上，该书主张慎用寒凉，勿损阳，慎用攻伐，勿损阴，善用温补法，后世称之为"温补派"。除了温补理论外，该书还对此前诸家治疗理论、妇科、儿科、外科、痘疹等均有所发展，颇值得借鉴。

阅读指导

《伤寒杂病论》是一部临床医学著作，不同于《千金方》等。所以在阅读时，要更多地注重对内科病、外科病等病症的诊治。对六经病症的辨证论治体系要深刻领会：以六经辨证为纲，方剂辨证为法，论述六经传变过程中之征候、脉象等各阶段的审证、辨脉、论治的结果，给予遣方、用药等。

太平经

成书年代：东汉
地　　位：道教基础理论经典之一

作者简介

《太平经》的流传主要有三种：即齐人甘忠的《包元太平经》（12卷），于吉的《太平清领书》（170卷），张道陵的《太平洞极经》（144卷）。现今的《太平经》主要是综合以上三书而成。甘忠无考，于吉亦作干吉，三国吴琅琊人，初住东方，后至吴会，以烧香读道书治病为事，信者甚众。为孙策所杀。张道陵（？～156年）原名张陵。东汉沛国丰人。本太学生，博通五经。曾任江州令。后以儒学无益于年命，乃弃儒习道。顺帝时入蜀。得道后，作道书，以符水咒法为人治病，创立教派。入道者需输米五斗，故称"五斗米道"。其徒尊称为"天师"。后裔袭承道法，居江西龙虎山，世称"张天师"。

张天师像 清 樊沂

背景介绍

西汉时期，儒家思想确立了在思想领域的统治地位之后，道家思想受到了严重影响。尽管这样，道家思想仍继续通过各种形式不断地发展着，尤其到了东汉中后期，这种发展的步伐加快。随着道教的形成，除了阐发道家思想的著作之外，一些早期道教的理论著作也相继出现了。《太平经》就是其中典型的一部。

名著概要

《太平经》又名《太平清领书》，《太平经》曾三次出现于洛阳而闻名于世：第

作品评价

《太平经》是早期道教的主要经典。它的社会政治思想以及教理教义和方术，对道教的发展具有重要影响。《太平经》的思想，一方面在东汉阶级矛盾激烈的情况下可缓和地主阶级和农民阶级的矛盾，有利于封建统治者的长久统治，另一方面，这些思想往往被压迫者加以改造熔冶，从而锻造出反压迫反剥削的思想武器。《太平经》在中国哲学史和中国道教史上都是一部有重要意义的著作。

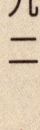

一次是在东汉顺帝（126～144年在位）时，琅琊宫崇到洛阳献此书，朝廷认为"妖妄不经"，收藏了之；第二次是在桓帝（147～167年在位）时，隰阴人襄楷到洛阳上奏又推荐此书，朝廷以其"诬上罔事"下狱治罪；第三次是在灵帝（167～184年在位）即位后，认为襄楷推荐的《太平经》有道理，后此书遂流行天下，巨鹿人张角获有《太平经》，并以此组织"太平道"发动起义。

《太平经》分甲、乙、丙、丁、戊、己、庚、辛、壬、癸十部，每部17卷，共计170卷，366篇。《正统道藏》收入太平部时，仅存57卷，甲、乙、辛、壬、癸五部全佚，其余五部各亡佚若干卷。

该经卷帙浩繁，杂采先秦阴阳五行家、神仙家、道家、墨家及儒家谶纬之学以成篇，除宣扬神仙信仰方术外，还触及世俗的社会政治问题。其主要内容可分以下四方面：

一、"太平世道"的社会政治思想。《太平经》以"太平"名书，有其解释："太者，大也。乃言其积大行如天，凡事大也，无复大于天者也。平者，乃言其治太平，凡事悉理，无复奸私也。"《太平经》追求的理想世界是无灾异、无病疫、无战争、君明臣贤、家富人足、各得其乐的太平世道。主张帝王当行道德，黜刑祸，理政应法天地、顺自然。它将帝王分为上君、中君、下君、乱君及凶败之君。认为帝王是天然的统治者，理想的政治是以有道、德、仁的明君治理天下，实行以民为本的治国之道，满足人民生活之急需，方能致太平，得人心而称天心。它还强调君、臣、民三者关系的协调，认为君明、臣良、民顺"三气悉善"，是太平长治的根本条件。"君导天气而下通，臣导地气而上通，民导中和气而上通"，君、臣、民三者相得，上下相通共成一国。还以阴、阳、和比拟君、臣、民，君阳臣阴，应依阳尊阴卑之则，各居其位。阳盛则阴衰，君盛则臣服。阴、阳、和三者相通，道乃可成。"天下太平不移时"，太平盛世即可实现。

《太平经》还主张选贤任能，广开言路，下可革谏其上；反对轻视和残害妇女，提倡人人应力作以获衣食；反对为富不仁，提倡救穷济急，反对以智欺愚，以强欺弱，提倡孝忠诚信，主张断除兵戈武备等。它的社会政治主张即襄楷上疏所称的"兴国广嗣之术"，主要反映了当时处于苦难之中的广大农民向往太平盛世的思想。

二、"奉天地顺五行"的神学思想。《太平经》称"天者，乃道之真，道之纲，道之信，道之所因缘而行也。地者，乃德之长，德之纪，德之所因缘而止也"。告诫信道者当"奉天地，法天道，得天心，顺天意。天可顺不可违，顺之则吉昌，逆之则危亡"。帝王为天之贵子，尤应顺承天道；顺天地者，其治长久，否则当遭天罚。"天人感应"是《太平经》的基本理论依据之一。天人之感应，表现为自然界之变异灾祥，"王者行道，天地喜悦；失道，天地

飞升图

> **相关链接**
>
> 《云笈七签》，北宋张君房编。张君房，安陆人。北宋真宗景德进士，曾任尚书度支员外郎、集贤校理等职。《云笈七签》内容丰富，其中包括经教宗旨、仙真位籍、斋戒、服食、炼气、内外丹、方术，乃至诗歌、传记等万余条。基本上是摘录原文，不加论说而复有删节。该书不仅是北宋以前道藏集大成者，而且还保留了不少现已失传的道教经籍片段。《四库全书总目提要》称其："类例既明，指归略备，纲条科格，无不兼赅。《道藏》精华，亦大略具于是矣。"

为灾异"。灾异乃天警告人君之"天谏"，若不听从，必降重殃。认为天是冥冥中的最高主宰，能赏善罚恶，具有无上的权威。

阴阳五行说是《太平经》的主要理论基础。认为：阴阳五行体现天道之理则，恒常不变，人须绝对顺从，不可失其道。"道无奇辞，一阴一阳，为其用也。得其治者昌，失其治者乱；得其治者神且明，失其治者道不可行。一阴一阳之理，遍于天地，为道之用。事无大小，皆守道而行，故无凶。今日失道，即致大乱。故阳安即万物自生，阴安即万物自成"。阴阳之关系可互生互变，阴极生阳，阳极生阴，阴阳相得，道乃可行。

三、善恶报应思想与承负说。《太平经》认为天地及人身中皆有众多之神，受天所使，鉴人善恶，掌人命籍，"善自命长，恶自命短"。对人之善恶，天皆遣神记录在簿，过无大小，天皆知之。天赏罚分明，行善者可得天年，如有大功，可增命益年；若作恶不止，则减其寿算，不得天年，或使凶神鬼物入其身中，使其致病。善恶之标准，最重要者为孝、忠。行孝忠者可被荐举，现世荣贵，天佑神敬，乃至白日升天；不忠不孝者，罪不容诛，天地鬼神皆恶之，令其凶夭，魂神受考。

《太平经》在《周易》"积善余庆，积恶余殃"说的基础上，提出承负说。何谓承负？"承者，乃谓先人本承天心而行，小小失之，不自知，用日积久，相聚为多，今后生人反无辜蒙其过谪，连传被其灾，故前为承，后为负也。负者，乃先人负于后生者也"。即为善可遗福子孙，作恶将遗祸后人。承负的范围是：承负前五代，流及后五代。如能行大功，可避免先人的余殃。国家政治也相承负，前朝纲纪失堕，后朝遂被其灾。承负代代积累的结果，也可能出现力行善，反常得恶；或力行恶，反常得善的现象。《太平经》认为力行善反得恶者，是承负先人之过；行恶反得善者，是先人积蓄大功所致。承负说是道教立教的理论依据之一。

四、长寿、成仙、祈禳、治病诸方术。《太平经》认为天地之间，寿最为善，积德行善，为长寿升天之要道。人之生命须神、气结合，或精、气、神俱备。如长期保守精神与形体的结合，使神不离身，就可达到长生久视。此方法为"守一"，也就是守神。"守一"可度世，乃至长生久视。此外，还有食气辟谷、胎息养形、守静存神、存思致神等仙道方术，以及尸解和白日升天两种成仙形式。

《太平经》记载的符咒祈禳诸方术有：卜占决吉凶，神咒以使神，佩、吞神符以避邪治病，叩头解过，依星宿而推禄命等。《太平经》中所谓"法""诀"，皆与道术有关。《太平经》载后圣李君授青童大君《灵书紫文》，内有二十四经诀，

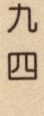

不外符箓禁咒与服食炼养之术。

《太平经》还载有灸刺、生物方、草木方等治病方术。灸刺即针灸，以调安三百六十脉，通阴阳之气而除病。禽兽蚑行之属谓之生物方。草木能相驱使，谓之草木方。认为动植物内均含有"精"，具有疗病之神效。它还阐述静功内养及保健之法，其要旨为：乐和阴阳、守柔不争、安贫无忧、慎用饮食、勿犯风寒、清静存神和内视守一。

阅读指导

《太平经》是一部深奥难懂的道家经典，如果直接阅读原文，难度更大。初读者可以找一些注释《太平经》的书籍，作为参考，也可直接读一些比较好的注释书籍。

搜神记

成书年代：晋
作　　者：干宝
地　　位：六朝小说之白眉

作者简介

《搜神记》的作者是晋朝人干宝。干宝，字令升，新蔡（今河南新蔡县）人。少年时便勤于学习，博览群书，以才气闻名，被朝廷征召为著作郎。曾著《晋记》，记事忠直而文笔婉转，被誉为"良史"。又著有《春秋左氏义外传》等书。干宝喜好阴阳术数。传说，他家中曾发生两件怪事：他父亲的妾随父陪葬十余年，后来开墓，竟然生还，并说"其父常取饮食与之，恩情如生"；某年，干宝的兄长气绝身亡，尸体却未冷，很多天后复苏，叙说自己碰见鬼神的种种事情。这些事情触发干宝"集古今神奇灵异人物变化为《搜神记》"。书写成之后，送给刘惔，刘惔读后说："卿可谓鬼之董狐。"对其人其书推崇备至。

背景介绍

魏晋时期，我国陷入长期的分裂状态，政权更迭频繁，社会动乱，民族之间矛盾尖锐，民众的生活痛苦不堪。痛苦的生活容易催生人的幻想，晋人笃信天地鬼神的存在，鬼怪故事很流行。

在社会动荡的大背景下，东汉后期至魏晋南北朝，老庄哲学渐渐兴起。对汉代的儒学感到厌倦的士人，借用老庄哲学标榜的"自然"和"无为而治"，企图摆脱传统力量的束缚。这一社会思潮的根本内涵即是对个性价值的重视。在"任自然"这个名目下，他们所要得到的是更大的精神自由，是个人选择其生活方式的权利。

佛教从两汉之际传入中土，到了东晋、十六国时期，迅猛发展起来。无论北方南方，无论上层下层，佛教很快成为一种普遍的信仰，寺庙建筑遍布各地。南朝梁武帝虔诚信奉佛教，甚至四次到同泰寺为僧。道教则是中国的本土宗教，东汉末年正式形成。它讲求仙，讲炼丹，不但不否定现世生活，相反以各种法术来帮助享乐，也很受民众的欢迎。

鲁迅先生在《中国小说史略》中说："中国本信巫，秦汉以来，神仙之说盛行，汉末又大畅巫风，而鬼道愈炽；会小乘佛教亦入中土，渐见流传。凡此，皆张皇鬼神，称道灵异，故自晋迄隋，特多鬼神志怪之说。"一语道破《搜神记》产生的背景。

名著概要

《搜神记》主要内容是记载鬼神怪魅，作者著此书的主旨在于"发明神道之不诬"，该书是较早集中记述神话传说、俗闻逸事的专书，共搜集故事464篇。书中故事大都源于神话传说、宗教演义和民间传闻，虽然虚妄荒诞，却也各有理寓。讲忠孝节义的，反映儒家观点；讲神仙术数的，植根道教思想；表现因果报应的，源于佛学宗旨；劝善惩恶则是三教殊途同归的目的。如果我们撩开其鬼怪世界的神秘面纱，可以窥见民俗风情，可以了解世道人心。

书中有很多鬼故事：有的写人鬼相恋，如卷十六《紫玉》《附马都尉》《汉谈生》《崔少府墓》等，这些故事或者反映帝王扼杀自由恋爱的专制，或者反映女子对婚姻和生儿育女的渴望，都写得情节曲折，楚楚动人；有的写鬼扬善惩恶，如卷五《赵公明参佐》中勾魂使者徇私枉法，放还阳寿已尽的高官王佑，阴曹使者深情地述说放他生还的理由，"卿位大常伯，而家无余财。向闻与尊夫人辞诀，言辞哀苦。然则卿国士也，如何可令死？"又如卷十七《倪彦思》中，鬼魅痛斥前来驱鬼的典农："汝取官若干百斛谷，藏著某处。为吏污秽，而敢论吾！"那贪官污吏被揭疮疤，立即"大怖而谢之"，大快人心；有的写不怕鬼的故事，最著名的是卷十六的《宋定伯》。宋定伯不怕鬼而能制鬼获利，很耐人寻味。歌颂英雄人物的凛然正气与藐视鬼神妖怪是本书的主题之一，这类作品中传颂最广的是卷十九的《李寄》。无能昏官年年搜求童女祭祀巨蛇，巨蛇先后吃掉九个女孩。童女李寄自告奋勇，愿作祭品，设法将巨蛇杀死。李寄的智勇双全，令人钦佩。

本书中的神怪故事都有"神道设教"警世醒俗的意味。神道亦如人道，有正有邪、有善有恶、有宽有猛，秉性各不相同。同样是凡人戏谑地指神像为婚，卷四《张璞》中的庐君义还二女，而卷五《蒋山祠（三）》中的蒋侯却逼死三子，贤与不肖相映成趣。魏晋人太信神，因此多淫祀，

嫦娥执桂图 明 唐寅

唐寅，字伯虎，号六如居士，桃花庵主，吴县人，其诗、书、画皆臻妙境，与文徵明、祝允明、徐祯卿并称"吴中四子"。嫦娥的故事始见于《搜神记》中，是干宝根据民间传说创作的。画家在绘制嫦娥时，将自己傲物不羁的性情融入其中，心与笔齐，色墨并施，堪称卓绝。

经典摘录

国家不废注记之官,学士不绝诵览之业,岂不以其所失者小,所存者大乎。……其著述,亦足以发明神道之不诬也。

——《搜神记·序》

妖怪者,盖精气之依物者也。气乱于中,物变于外,形神气质,表里之用也。本于五行,通于五事,虽消息升降,化动万端,其于休咎之征,皆可得域而论矣。

——《搜神记·卷六》

本书对这种现象有所揭示。卷十九《丹阳道士》写龟、鼍之辈冒充庙神,徒费人间祭祀酒食。后来毁庙杀怪,地方才太平无事。卷五《张助》更妙,桑树空洞中生出李树,目痛者偶然休息树荫下,碰巧病愈,于是哄传有神,能使盲人复明。因此不论远近的人都来祭祀,"车骑常数千百,酒肉滂沱"。后来被张助道出原委,拆穿骗局。这则故事对当时滥信神者无疑是当头棒喝,具有反迷信色彩。

本书精彩篇章不少,脍炙人口的还有卷十一《三王墓》《东海孝妇》《韩凭妻》等。这些故事反映了社会上层统治者的残暴、荒淫和昏聩,下层百姓无辜惨死的血海深仇以及他们渴望复仇申冤的强烈心态。《三王墓》中干将、莫邪的儿子眉间尺为报父仇毅然自刎,借手侠客,通过神奇的方式最终杀死楚王。这种复仇精神具有震撼人心的力量。这个故事虽然虚幻,结果却大快人心,因而被广为传诵。鲁迅先生还将这个故事改编成小说《铸剑》,收在《故事新编》中。《韩凭妻》中荒淫无耻的宋康王活活拆散韩凭、何氏一对恩爱夫妻,并将他们迫害致死。结果韩凭夫妇未能同穴而葬,然而两墓各生大梓树,"屈体相就,根交于下,枝错于上"。树上早晚栖息着一对鸳鸯,交颈悲鸣。在悲剧色彩中,显示他们没有为帝王的淫威所屈服,以超自然的力量重新紧密结合在一起,表现出至死不渝、忠贞不屈的抗争精神。这个故事的结局与汉乐府《孔雀东南飞》末尾"两家求合葬,合葬华山傍。东西植松柏,左右种梧桐,枝枝相覆盖,叶叶相交通。中有双飞鸟,自名为鸳鸯,仰头相向鸣,夜夜达五更"很相似,也和后世戏曲《梁山伯与祝英台》末场彩蝶追随双飞情景相仿佛,都是不向黑暗势力屈服的象征,有浓烈的浪漫色彩。《东海孝妇》是一个著名冤案,孝妇周青被昏聩的太守判成死罪,行刑时鲜血逆流而上旗杆,行刑后东海枯旱三年。这个故事与卷七《淳于伯》情节类同,都是对"刑罚妄加"黑暗司法的控诉和揭露。

总之,《搜神记》464篇小说中有很多貌似离奇、实则广泛深刻反映社会现实的故事,读者在品味怪诞情节的同时,也能够形象地了解历史,受到启迪。

阅读指导

《搜神记》是古代民间传说的总汇,有一部分是后来民间传说的根源。它所收的传说有许多至今还流传在平民口头上,例如"蚕神的故事""盘瓠的故事""颛顼氏二子的故事""细腰的故事"等;或者经过许多变化,而演变成今日流行的传说,成为后代戏曲的素材,比如"董永的故事""嫦娥的故事"等。《董永》《三

王墓》《李寄》《韩凭妻》《毛衣女》《神农》《华佗》《嫦娥》等篇甚至得到国际民俗学界的重视。我们读《搜神记》，可以看到很多我们很熟悉的故事的雏形，这是很有意思的。

《搜神记》中有不少故事是精彩的文言小说，有人物形象、曲折情节、生动细节乃至对话、动作等，欣赏它们能够获得美的享受。然而也有些故事情节简单，形象单薄，像简要新闻。当时小说发展尚处雏形阶段，对素材的整理加工还比较粗糙，不及后世的精雕细琢。任何事物的发展期往往如此，不能因为这些瑕疵而否定全书。

三国志

成书年代：晋
作　者：陈寿
地　位：叙事可信、文笔优雅的断代史

作者简介

陈寿，字承祚，晋朝巴西安汉（今四川南充）人。生于三国蜀后主建兴十年（233年），去世于晋惠帝元康七年（297年），享年64岁。他自幼好学，从小师从于谯周，谯周是当时有名的学者，历史学家，著有《古史考》等书。在这位历史学家的教授下，陈寿少年就有志于史学事业，对于《尚书》《春秋》三传、《史记》《汉书》等史书进行过深入的研究。在蜀汉时，陈寿曾担任卫将军主簿、东观秘书郎、散骑黄门侍郎等职。当时宦官黄皓专权，朝中大臣多阿附于他，陈寿不为所屈，后受排挤去职。曹魏灭蜀以后，司马炎夺取曹魏政权，建立晋朝。陈寿受到司空张华的赏识，在西晋政权中担任著作郎、长平太守、治书侍御史等官职。在这个时期，由于中书监荀勖和中书令和山乔的奏请，要他整理诸葛亮文集。晋武帝太康元年（280年），孙吴降晋，三国鼎立的局面最后统一于晋。从这个时候开始，陈寿着手撰写《三国志》。陈寿还著有《益都耆旧传》《古国志》等书，可惜这些书后来都亡佚了。《三国志》成书以后，张华、杜预等都很赞赏陈寿的才华，纷纷向皇帝推荐他出任要职。张华推荐陈寿为中书郎，由于荀勖与张华有矛盾而对陈寿也有不满，将陈寿调任长平太守。因为此地与洛阳相距较远，陈寿以母亲年老为由，辞去了这个职务。镇南将军杜预表荐他可任散骑侍郎，但此职已有寿良担任，后任陈寿为治书

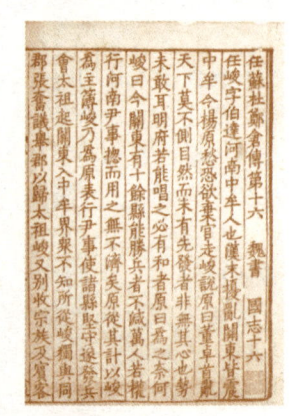

《三国志》内页书影

作品评价

《三国志》在"二十四史"中，与《史记》《汉书》《后汉书》合称"前四史"。《三国志》以三国并列为书，开创了纪传体国别史的先例。全书文笔简洁，记人叙事，生动传神。但《三国志》的确存在不足之处，如没有记载典章制度的"志"、记事比较简略、提供的历史资料不够丰富等。

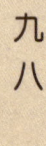

> **相关链接**
>
> 魏晋南北朝时期，史学的发达还表现在对重要史书注释工作的重视。裴松之的《三国志注》便是这个时期所完成的著名史注。宋文帝称《三国志注》是一部不朽的著作。由于陈寿的《三国志》过于简略，因此裴松之的《三国志注》就显得特别重要，加之他所使用的那些历史著作后来大多都失传。裴松之注《三国志》重点不在于训诂名物，而在于对史料的补缺和纠谬。《三国志注》还大量补充史实，汇集异同，进行评论，为史书注释工作开辟了新的途径。

侍御史。两个职位都是皇帝左右的侍从官，职位都很重要。不久陈寿因母病危去职。接着因母亲死后葬在洛阳而不葬于蜀，受到贬议。其实是他母亲有遗言要葬在洛阳。数年后担任太子中庶子，还来不及就职，即因病去世。

背景介绍

陈寿能编撰出《三国志》与他当时所处的时代和具有的主客观条件是分不开的。从主观方面看，陈寿从小对历史就有兴趣，精研了《尚书》《春秋》三传、《史记》《汉书》等。

> **名家点评**
>
> 然吾所以重承祚者，又在乎叙事之可信……予性喜史学，马班而外，即推此书。
> ——清·钱大昕

其中如《春秋左氏传》，是编年体史书的范例，《史记》和《汉书》，是纪传体史书的典型。《三国志》从体例上来看，可以说完全取法《史记》和《汉书》，但又有所改变。从客观环境来看，陈寿的历官行事，也有助于他研究历史，从事著述。在仕蜀期间，曾任东观秘书郎，入晋以后，历任著作佐郎、著作郎等职。而这些职务，即是史官之职。陈寿任著作郎的时候，受命整理诸葛亮的文集，并且写了一篇全面评价诸葛亮的文章，呈给晋武帝。由此可见，陈寿有不少时间，担任的是史官之职。陈寿生活在三国后期和西晋前期，对他撰写三国史，有便利条件。当代人写当代史，对不少史事，可以说是耳闻目睹、闻见真切。由于陈寿所具备的各种条件，决定了《三国志》这部书能成为传世之作。

名著概要

《三国志》是我国古代一部著名的纪传体史书，名为志，其实无志。全书共65卷，分为《魏志》30卷，《蜀志》15卷，《吴志》20卷，记载了汉献帝初平元年到晋太康元年之间共90年的历史。其中《魏志》1～4卷是帝纪，《魏志》其他部分和《蜀志》《吴志》全部是列传。《三国志》成书后就受人推崇，人们赞誉它"善叙事，有良史之才"，"辞多劝诫，明乎得失，有益风化"。这确实道出了《三国志》的特点。

《三国志》在史学方面的成就和贡献，可概括为以下四个方面：

第一，三国并列为书，创纪传体国别史的典范。东汉末年，由于群雄割据，最后形成魏、蜀、吴三国鼎立的局面。记载这一时期历史，也以三国并列，成《魏》《蜀》《吴》三书，是切合当时的历史实际的。《魏》《蜀》《吴》三书合起来就是一部《三国志》。由于这种可分可合的特点，因此说它是纪传体国别史，是切合

实际的。

第二，记事以历史时期的特点为断限标准，不为王朝年限所约束。《三国志》也是一部断代史，它所记录的历史就是三国时期的历史。三国时期，魏、蜀、吴三国的建立和灭亡，各不相同。魏国建立最早，曹丕称帝在220年，紧接着第二年刘备建立了蜀国，第三年孙权建立了吴国。最先灭亡的是蜀国，263年为魏所吞并，两年以后，魏国为司马炎所取代，建立了晋朝，最后灭亡的是吴国，直到280年，投降于晋。陈寿撰《三国志》时，正视了这个历史实际，所以断限的起点不定在曹丕建国，而是从汉灵帝末年开始，上溯了将近四十年。这是很有卓见的。

第三，取材谨慎，史事编排详略互见，少彼此矛盾、重复之嫌。《三国志》在叙事方面，对于史事的安排是比较严密的。同是一事，采取详略互见，既避免了重复，又充分再现了当时的历史。

第四，全书文笔简洁，记人叙事，生动传神，在传记文学方面，亦有较大的贡献。作为一个史学家，如果没有较高的文学修养，是写不出著名史书的。陈寿从小就以"属文富艳"著称。

陈寿对三国历史有总揽全局的看法和处理方式。三国时期历史复杂，三个政权并存，在史书上如何恰当而真实地反映这种史实，是颇费斟酌的，陈寿对此处理得比较得当。《三国志》以魏为中心，为其帝王立纪，也是符合历史实际的。同时陈寿又为蜀和吴单独写书，与《魏书》实际上并无统属关系。三书分开各自是国别史，合起来则是三国史，用三国并叙的方法，反映了三国鼎立的历史局面。

陈寿还能在叙事中做到隐讳而不失实录，扬善而不隐蔽缺点。陈寿所处的时代，各种政治关系复杂，历史与现实问题纠缠在一起，陈寿用曲折方式在反映历史真实方面下了很大功夫。《三国志》对汉魏关系有所隐讳，但指词微而不诬，并于别处透露出一些真实情况。如他在《荀彧传》《董昭传》和《周瑜鲁肃吕蒙传》中都反映了当时的真实情况。陈寿对蜀汉虽怀故国之情却不隐讳刘备、诸葛亮的过失，记下了刘备以私怨张裕和诸葛亮错用马谡等事。这也是良史之才的一个表现。

阅读指导

《三国志》的全文文笔简洁，记人叙事均生动传神，读者在阅读此书时，可以把它当作传记文学看待。《三国志》的记事以历史时期的特点为断限标准，读者在阅读时，不要因各王朝存在的年限而限制了事件的发展。

抱朴子

成书年代：东晋
作　　者：葛洪
地　　位：道教丹学之宗

作者简介

葛洪（283～363年），字稚川，号抱朴子，丹阳句容（今属江苏省）人。他是晋代的名医，以炼丹术著称于世，特别是在养生术方面成就最高，他在后来人眼里几乎就是养生术的鼻祖。他出身于官宦之家，13岁时父亲就去世了，于是家道中落，日益窘迫，但是他仍然不废诵读。16岁开始博览经史、老庄诸子之书，探求"神仙导养之法"以及"三元""遁甲"之术。20岁以后，曾任小官。石冰起义后，葛洪被推荐为将兵都尉，随军征伐。东晋王朝建立后，要追记有功人员的军功，封葛洪为关内侯。此后朝廷一再封赐，但他志在炼丹求道，皆辞而不受。葛洪曾拜炼丹家郑隐、鲍玄为师，学得炼丹之术，晚年在罗浮山

葛洪像

炼丹著书，成为当时金丹道的始祖，81岁无疾而终。葛洪一生著述很多，《晋书》本传说，他"博闻深洽，江左绝伦，著述篇章，富于班马"。认为他的著作比班固和司马迁还要多，这并不是虚言。据史志记录，他的著作70余种，他在其《抱朴子·自序》中说："凡著《内篇》二十卷，《外篇》五十卷，碑颂诗赋百卷，军书檄移章表笺记三十卷，又撰俗所不列者为《神仙传》十卷，又撰高尚不仕者为《隐逸传》十卷，又抄五经、七史、百家之言、兵事、方技、短杂奇要三百一十卷，别有目录。"他的著作之多，由此可见一斑。

背景介绍

炼丹术的发展，到葛洪时，已经有了几百年的历史。当时的炼丹术，以追求长生为目的。人们追求长生成仙，最早是在自然界寻找所谓的长生不老药，后来演化成为人工冶炼金丹，希望通过服食丹药达到长生成仙之目的。可是，服食丹药能否长生？仙人究竟是否存在？对于这些问题，炼丹家们虽然也曾有人谈论，但这些谈论都缺乏系统性和理论性，葛洪在《抱朴子》中首次对长生成仙的可能

作品评价

《抱朴子》的价值不仅仅在于它从理论上"论证"了长生术的可能性，它记载的炼丹术中所反映的化学知识，是中国化学史的重要研究对象。《抱朴子》还广泛涉及药物学和医学，记录了大量矿物、植物药，它对一些疾病的成因和治疗的论述，也非常深刻。《抱朴子》对于研究葛洪的哲学思想、社会政治思想等，都具有极为重要的参考价值。

性和现实性做了认真系统的"论证"。

名著概要

在葛洪众多著述之中,《抱朴子》是其流传至今的代表作之一。该书由《内篇》20卷、《外篇》50卷两部分组成。《内篇》主要论述战国以来神仙家的理论、炼丹方法,阐释他自己关于长生术的见解和实践等,是我国现存年代较早而又比较完整的一部炼丹术著作;《外篇》则为政论性著作,表达的是葛洪的社会政治主张和思想。科学史界一般对《内篇》更重视。

一提到道家,我们便会想到长生不老,想到炼制丹药,到底服用丹药能不能长生不老,能不能成仙?葛洪在《抱朴子》中首次对长生成仙的可能性和现实性做了认真系统的"论证"。他的论证当然不能成立,但通过他的论证,我们可以窥见道家在这一问题上的思维方式。另外,葛洪在论证过程中,记述了一些具体的炼丹方法,他对金银和丹药炼制的记述,集汉、魏以来炼丹术之大成。这些记述,对于我们了解当时人们所具有的化学知识,也是十分有益的。《抱朴子》的这种论证,完全是从物质变化的角度出发,认为人通过自己的后天努力,可以养身延命,进而达到长生的目的。这一论证过程的内核是合理的,科学进步已经越来越证实了这一点。葛洪的错误在于对其做了无限外推,由人可以通过自己努力延长寿命推出了长生可得的结论,这就不能成立了。

既然葛洪认为一个人能够成仙,能够长生不老,那又如何才能长生不老呢?按葛洪的说法是要"以药物养身,以术数延命"。问题的关键在于要服用什么样的药物,《抱朴子·内篇·金丹》指出,只有服食金丹、黄金才能成仙,达到长生不老之目的。原因在于:"夫金丹之为物,烧之愈久,变化愈妙。黄金入火,百炼不消,埋之毕

> **名家点评**
>
> 总的来说,《抱朴子·内篇》是道教史上一部具有比较完整的理论和有多种方术的包罗万象的重要著作,是研究我国晋以前道教史不可缺少的资料。
> ——道教学者王明

葛稚川移居图 元 王蒙
此图表现葛洪携子侄徙家于罗浮山炼丹的故事。画中重山复岭,飞瀑流泉,以细笔勾皴,略带小斧劈,丹柯碧树,用双钩填色,人物虽小但勾描工中带拙,形神兼备。山石纯用水墨,仅树木、人物、屋宇施以淡赭、花青和红色,是王蒙山水画又一风格之杰作。画右上自识:"葛稚川移居图。蒙昔年与日章画此图,已数年矣。今重观之,始题其上。王叔明识。"

相关链接

东汉魏伯阳是一位著名的道教人士,著有《周易参同契》一书,融合易学、黄老之说,综合汉以前的气功炼丹方法,提出一套炼制内外丹以求长生成仙的学说。此书以人体为丹炉,人身精、气为原料,认为依阴阳六十四卦的运行,通过意念修炼,可在身内结成有利于生命的内丹。若以药石为原料,利用真的丹炉,依同样的原理则可炼制外丹。此书对气功学术和道教修炼都产生了重大的影响,魏伯阳被后人尊为"万古丹经王"。

天不朽。服此二物,炼人身体,故能令人不老不死。此盖假求于外物以自坚固。"这段话表明,葛洪长生术的理论依据可以归结为"物性转移"说。金丹在烧炼过程中会有变化,其特点是"烧之愈久,变化愈妙",而黄金则性能稳定,"百炼不消",与天地同寿。人如果服食这两种东西,吸取其精华,把它们的这些性能转移到自己身上,就能做到不老不死。这是炼丹家的基本思想。葛洪认为,要想长生,除了服食丹药以外,还要"以术数延命"。他在其《抱朴子·内篇·至理》卷中说:"服药虽为长生之本,若能兼行气者,其益甚速。若不能得药,但行气而尽其理者,亦得数百岁。然又宜知房中之术,所以尔者,不知阴阳之术,屡为劳损,则行气难得力也。"他把服食金丹、导引行气、房中之术列为长生之道的三大要素,只有具备这三要素,才有可能长生不老。

《抱朴子》的养生之道著称于世:"善养生者,先除六害,然后可以延驻于百年。何者是邪,一曰薄名利,二曰禁声色,三曰廉财货,四曰损滋味,五曰除佞妄,六曰去沮嫉,六者不除,修养之道徒设尔。"要实现上述目标,就需要做到"十二少",即少思、少念、少笑、少言、少喜、少怒、少乐、少愁、少好、少恶、少事、少机。如果无法做到,那么"六害""伐人之生,甚于斤斧,损人之命,猛于豺狼"。此外,还要做到"四无",即无久坐、无久行、无久视、无久听。在饮食和起居方面,抱朴子认为,主要应该做到"不饥勿强食,不渴勿强饮。体欲常劳,劳勿过极;食欲常少,少勿至饥。冬朝勿空心,夏夜勿饱食。早起不在鸡鸣前,晚起不在日出后"。抱朴子还劝告人们"从心澄则真神守其位,气内定则邪物去其身,行欺诈则神悲,行争竞则神沮,轻侮于人则减算,杀害于物则伤年"。总的看来,抱朴子的养生之术就是静心养气,以宽容豁达的心态来面对人世万物,这样,自然也就能长生了。

阅读指导

《抱朴子》全书都围绕一个问题进行论证,即长生成仙的可能性和现实性。阅读时可以紧扣这一论题,然后再涉猎相关的一些化学知识,当然,《抱朴子》中的养生之道也是一个重点。

《抱朴子》内页书影 东晋 葛洪

金刚经

成书年代：后秦
作　　者：不详
译　　者：鸠摩罗什
地　　位：禅宗理论的基石

作者简介

《金刚经》成书的确切年代已不可考察，传为佛教弟子阿难听释迦牟尼说法，记述佛与须菩提的问答而成，属般若部，学术界一般认为它是公元1世纪的作品。曾经许多人增补，渐成现在的规模。公元402年，中国佛教著名的翻译家鸠摩罗什在后秦姚兴的支持下，首次将它翻译为汉文，其后有北魏菩提流支、南朝陈真谛、隋朝达摩笈多、唐玄奘、义净等人也先后翻译此经。鸠摩罗什译本最早，文字流畅，简明，流传最广，是人们最常用的译本。鸠摩罗什（344～413年），祖籍印度，其父是一婆罗门，他从小聪明异常，记忆超群，7岁出家，遍学经乘，崇尚佛法。鸠摩罗什在后秦姚兴的礼待下，在长安逍遥园讲法译经，一生翻译经书35部，294卷，是我国佛教的四大翻译家之一。

金刚经图　唐

背景介绍

《金刚经》一直受到中国封建社会最高统治者的推崇，开元二十四年（736年），唐玄宗在全国颁布了他的《御注金刚般若波罗蜜经》，并把《金刚经》和道家的《道德经》、儒家的《孝经》相提并论，还认为此三经是释、道、儒三家具有代表性的经典之作。明太祖、成祖时编撰了《金刚经集注》，下令天下百姓读诵奉行。

名著概要

《金刚经》全称《能断金刚般若波罗蜜经》，又称《金刚般若波罗蜜经》。"能断金刚"喻此经中所阐发真理如同金刚，无坚不摧，无往不利。"般若"意为"智慧"，指用以成佛的特殊方式，"波罗蜜多"原意为"到达彼岸"，指佛教所说的解脱一切烦恼、痛苦而求超度彼岸，解脱一切苦厄烦恼。《金刚经》是学佛必读的佛典，

作品评价

在中国文化中，《金刚经》是影响非常大的一部佛经。千余年来，不晓得有多少人研究《金刚经》，念诵《金刚经》，因《金刚经》而得到感应。《金刚经》是佛教经典中很特殊的一部，它最伟大之处，是超越了宗教性，但也包含了一切宗教性。《金刚经》彻底破除了一切宗教的界限，它与佛教一部大经——《华严经》的宗旨一样，承认一个真理、一个至道，并不认为一切宗教的教化仅限于劝人为善而已。《金刚经》在学术的分类上，归入般若部，所以叫作《金刚般若波罗蜜经》。

> **经典摘录**
>
> 善男子、善女人，发阿耨多罗三藐三菩提心，云何应住，云何降伏其心？
>
> 颇有众生得闻如是言说章句，生实信不？佛告须菩提：莫作是说！如来灭后后五百岁，有持戒修福者，于此章句能生信心，以此为实，当知是人，不于一佛二佛三四五佛而种善根，已于无量千万佛所种诸善根，闻是章句乃至一念生净信者，须菩提，如来悉知悉见，是诸众生得如是无量福德。
>
> 世尊！佛得阿耨多罗三藐三菩提，为无所得耶？佛言：如是！如是！须菩提！我于阿耨多罗三藐三菩提，乃至无有少法可得，是名阿耨多罗三藐三菩提。
>
> ——《金刚经》

其经义是成佛独一无二的无上妙道。故经言"一切诸佛及诸佛阿耨多罗三藐三菩提法，皆从此经出"。《金刚经》阐发的义理是：万物本原是无相的，世间所见不过是本原在瞬间内虚幻的表相，尽管人们赋予它们各种名称，但本质上都是虚幻不实的，只有了解这一真理，才能获得真正的智慧，解脱苦恼；只有弘扬这一真理，才是功德无量的布施。《金刚经》历来受到中国佛教各宗派重视。特别是禅宗，将其视为经典。

《金刚经》全文5000余字，与我国传统的道家尊奉的根本经典《道德经》的字数相当，内容十分丰富，包括了般若经典的主要思想。它的32个主题不外说明诸法"性空幻有"的理论。所以然者，学佛成佛必遵循一定的因果规律。从果上说，成佛是自觉觉他、觉行圆满的大自在、大解脱者；从因上说，是要修大菩萨行，起慈、悲、喜、舍四无量心，修布施、爱语、利行、同事四摄，以及布施、持戒、安忍、精进、禅定、般若六波罗蜜。总起来说，就是要悲智等运、福慧双修、真俗圆融，久久行持，才能证得觉行圆满的伟大佛果。而《金刚经》所说："以无我、无人、无众生、无寿者，修一切善法，即得阿耨多罗三藐三菩提。"即以简驭繁、守约施博。

《金刚经》着重谈学佛的修证功夫。但修证必须有一定的理论根据，故从经中某些精练的章句，即可窥见其理论的卓越。如："一切有为法，如梦幻泡影，如露亦如电，应作如是观。""一切贤圣皆以无为法而有差别。""若菩萨通达无我法者，如来说名真是菩萨。"诸如此类的章句，其义理幽微，融会贯通，自成体系。

《金刚经》卷首述如来乞食的生活细节，因为佛与凡夫都是活着的人，都要吃饭、穿衣、行路、睡觉、工作、学习，这是佛与众生没有差别之处。但是，凡与圣毕竟有巨大的差异，就是一般凡夫不达缘生如幻，在吃饭时，执有能吃的实人，即是我执；执有所吃之食物，即是法执。由有我法二执，故在吃饭上沉迷颠倒。在睡眠时，执有我这个实人在睡，有实在的卧具等物，为我受用，而亦有严重的我法二执，迷惑颠倒。《金刚经》云："诸菩萨摩诃萨应如是生清净心，所谓不住色生心，不住声、香、味、触、法生心，应无所住而生其心。"这句话就是教学佛者必须在现实中生清净心，迅速入道。

学佛修菩萨行，首须兴大悲心，发宏誓愿，广度无边众生。同时，又必须在度众生的实际生活中了知缘生如幻，我法本空，而时时生起无漏智慧。如是悲智

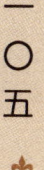

等运，即是自觉觉他盘的大乘佛学始终不移的准则。《金刚经》即坚持这种准则，而于卷首、卷中、卷末都强调这一准则。

阅读指导

《金刚经》的内容比较深奥，哲学性强，不易读懂。读者在读此经时，如古代汉语比较好，可以阅读古文的《金刚经》，以便更好地理解该经的哲理；如古代汉语水平一般，可以阅读白话文的《金刚经》，以便更容易理解其奥义。

洛阳伽蓝记

成书年代：北魏
作　　者：杨衒之
地　　位：中国北朝散文的瑰宝

作者简介

杨衒之（有的书中"杨"误作"羊"，也有写作"阳"的），北魏著名散文家，北平（今河北满城）人，约生活于北齐天保（550～559年）年间。《魏书》《北史》均不立传，生平事迹不甚可考。有的说他曾任北齐时期城郡太守，也有的说他官至秘书监。从本书卷首书名和卷中自述来看，他曾任北魏抚军府司马，担任过奉朝请，后升秘书监，并且亲身经历了北魏中后期的全盛与变乱。后任北齐期城（今河南沁阳县）太守。北魏自太和十九年（495年）迁都洛阳后，大修佛寺，"金刹拥有僧尼二百万，寺院多达三万处"，东魏武定五年（547年），杨衒之重返洛阳，目睹洛阳多年战乱、城郭崩毁的凄凉景象，抚今思昔，感慨之余，著《洛阳伽蓝记》。梵文的"伽蓝"，意思是"众园"或"僧院"，即佛教寺院。作者之所以写这部书，不单是为了记录北魏佛教全盛时期的概貌，也是为了记叙当时社会的富庶，追溯祸乱的由来，悲叹繁华的消失。

背景介绍

汉朝以后佛教鼎盛，佛寺众多。北魏信佛以建功德求福祉为主流，孝文帝迁都洛阳后，进行了一系列的改革。由于生产力的提高与社会经济的发展，社会财富大量积累，佛教寺院更是大规模兴建，佛教在中国如日中天。他的儿子宣武帝是佛教迷，在位16年，造龙门石窟，营缮寺庙，远近承风，百姓无不事佛。上行下效，建造出1000多个庙来。后来尔朱荣、高欢两次作乱，"寺观灰烬，庙塔丘墟"。据史书记载，到公元536年东魏分裂、孝静帝迁都邺城前，全国僧尼已达200万，佛寺3万余所，仅洛阳城内外就有佛寺1376所，"寺夺民居，三分且一"。

白马寺中佛像

作品评价

《洛阳伽蓝记》向来与《水经注》一道被人们誉为中国北朝散文著作的双璧，是以记佛寺为纲的具有文化与文学价值的历史文献。作者长于叙述，精于描绘。文笔浓丽秀逸，情趣盎然，语言洗练，格调高雅，是一部具有高度文学价值的史书，其中尤以《法云寺》《寿丘里》等节为人传诵。

名著概要

《洛阳伽蓝记》是以洛阳的寺院为纲而展开的，全书共分城内、城东、城南、城西、城北五卷。作者先从城内开始，由里及外，并且表列门名，兼记远近市里、官署、道路、桥梁、时人宅第与名胜古迹。全书记载了洛阳大大小小80多所寺院。记寺院先记立寺人、立寺时间、寺院方位，再记建筑结构、周围环境及其兴废沿革。市里、官署、道路、桥梁、时人宅第及名胜古迹等也多交代其地理位置，有的还兼记遗闻逸事，同时还叙述了中外佛教文化的交流情况，在这些记述中，还记录了所交往国度的社会政治、风土人情、物产出品等。

经过孝文帝改革，北魏社会经济有了明显的发展，特别是朝廷放松了对技作户的控制后，民间的手工业与商业日益活跃起来。《洛阳伽蓝记》在描绘佛寺的盛况时，也为我们提供了这方面的材料。如在《法云寺》篇记载洛阳大市东西南北时写道："市东有通商、达货二里，里内之人尽皆工巧屠贩为生，资财巨万。""市西有延酤、治觞二里，里内之人多酿酒为业。""市北有慈孝、奉终二里，里内之人以卖棺椁为业，货辆车为事。""别有阜财、金肆二里，富人在焉。凡此十里，多诸工商货殖之民。"工商业的发达必然导致城市生活的丰富多彩，《洛阳伽蓝记》所记载的当时民间杂技百戏之盛，也正是城市生活丰富多彩的一面，这在《长秋寺》《景乐寺》《禅虚寺》等中都有精彩的记载。从这些记载看，当时表演的节目形形色色，场面相当阔大，情节精彩纷呈，观众上自帝王，下至普通百姓。

《洛阳伽蓝记》以佛寺为线索，还描写了许许多多的人物，其中有不少是作者赞赏的人物，如刘白堕、杨元慎、邢子才、王肃等，不仅交代他们的生平、爵里，有的还花费大量笔墨记载逸事。

《洛阳伽蓝记》之所以能够长盛不衰，不仅仅由于它的内容，同时也有赖于它的描写技艺。书中说："至武定五年，岁次丁卯（547年），余因行役，重览洛阳。城郭崩毁，宫室倾覆，寺观灰烬，庙塔丘墟，墙被蒿艾，巷罗荆棘。野兽穴于荒阶，

相关链接

《洛阳名园记》，北宋李格非撰。李格非，字文叔，济南章丘人。著名词人李清照之父。工词章，文章精练有笔力。此书大致成于1096年。专门记述了洛阳园圃，自富弼以下共19所。在书后的自跋中，李格非说："洛阳之盛衰者，天下治乱之候也；园圃之兴废者，洛阳盛衰之候也。"这是作者写作本书的出发点，他从园圃的兴废来看洛阳的盛衰，由洛阳的盛衰来看天下的治乱，万千感慨，溢于笔端。

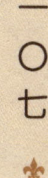

山鸟巢于庭树。游儿牧竖,踯躅于九逵;农夫耕老,艺黍于双阙。麦秀之感,非独殷墟;黍离之悲,信哉周室。"在这种苍凉的故国之悲下,他在书里,写出宫闱,写出政事,写出腐败统治者的贪淫豪奢,写出寺庙中不会诵经的假和尚,笔触所及,都哀伤人世,寓意深远,令人为之惆怅、为之感慨。

阅读指导

《洛阳伽蓝记》涉及很多方面的内容,但它是以记佛寺为纲的历史文献,因而要主次分清,注意抓住主线索,即以佛寺为纲,然后再关注涉及人物的叙述、中外佛教交流及其各国的政治、经济和其他方面的情况。

水经注

成书年代:	北魏
作　　者:	郦道元
地　　位:	中国古代历史地理名著

作者简介

郦道元,字善长,北魏范阳涿县(今河北涿州)人,生年说法不一。史书仅记载他于孝昌三年被害阴盘驿亭(今陕西临潼东)。他出身于官宦世家,其祖父、父亲曾多年为官。他的父亲郦范,是北魏的公侯。郦道元少年时随父官居山东,喜好游历,酷爱祖国锦绣河山,培养了"访渎搜渠"的兴趣。成年之后,承袭其父爵位,被封为永宁伯,先后出任太尉掾、治书御史、颍州太守、东荆州刺史、河南尹、黄门侍郎、御史中尉等职。他充分利用在各地做官的机会进行实地考察,足迹遍及今河北、河南、山东、山西、安徽、江苏、内蒙古等广大地区,每到一地除参观名胜古迹外,还用心勘察水流地势,了解沿岸地理、地貌、土壤、气候以及人民的生产生活、地域的变迁等,并访问各地长者,了解古今水道的变迁情况及河流的源头所在、流经地区等。郦道元自幼好学,博览群书,如《山海经》《禹贡》《禹本纪》《周礼·职方》《汉书·地理志》《水经》等,积累了丰富的地理学知识,为他的地理学研究和著述打下了坚实的基础。郦道元做官"素有严猛之称","为政严酷,吏人畏之"。从山蛮到权贵,都很怕他。后有人排挤他,把他调到关右,假手悍将萧宝夤(齐明帝第六子)杀了他和他弟弟,连同两个儿子。郦道元除撰写《水经注》外,还有《本志》13卷及《七聘》诸文,但都已亡佚,仅《水经注》得以流传。

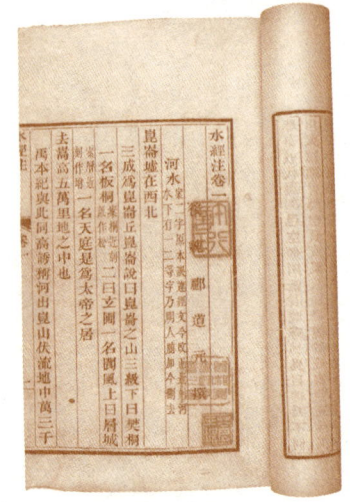

《水经注》书影

名著概要

《水经注》全书共40卷,以《水经》所记水道为纲。《水经》共载水道137条,

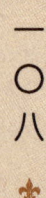

而《水经注》则将支流等补充发展为1252条，达32万字。涉及的地域范围，除了西汉王朝的疆域外，还涉及当时不少涉外的地区，包括今印度、中南半岛和朝鲜半岛若干地区，覆盖面积实属空前。《水经注》所记述的时间起于先秦，下至北朝

> **名家点评**
>
> 他赋予地理描写以时间的深度，又给予许多历史事件以具体的空间的真实感。
> ——侯仁之《水经注选释·前言》
> 中世纪时代世界上最伟大的地理学家。
> ——日·米仓二郎

当代，上下跨度2000多年。它的内容非常丰富，以水道为纲，将河流流经地区的古今历史、地理、经济、政治、文化、社会风俗、古迹等做了尽可能详细的描述，包括自然地理和人文地理的各个方面。

在自然地理方面，所记大小河流有1000余条，从河流的发源到入海，举凡干流、支流、河谷宽度、河床深度、水量和水位季节变化，含沙量、冰期以及沿河所经的伏流、瀑布、急流、滩涂、湖泊等都广泛搜罗，详细记载。

在人文地理方面，所记的一些政区建制往往可以补充正史地理志的不足。所记的县级城市和其他城邑共2800座，除此以外，小于城邑的聚落包括镇、乡、亭、里、聚、村、墟、戍、坞、堡等10类，约1000处。交通地理包括水运和陆路交通，其中仅桥梁就记有100座左右，津渡也近100处。经济地理方面有大量农田水利资料，记载的农田水利工程名称就有陂湖、堤、塘、堰、坨、水门、石逗等。

在手工业生产方面，包括采矿、冶金、机器、纺织、造币、食品等。

在采矿冶金方面，书中记载了很多地方的金、银、铜、铁、锡等金属的冶炼场所和冶炼设备，介绍了各地大小盐场18处，其中对屈茨（今新疆地区一带）地区的冶铁工业的记载更为详细、具体，既记载了冶铁所用的燃料、原料等，还记载了产品的销售地区等情况。

在食品方面，书中记载了三处名酒的酿造情况，为研究我国酿酒技术和酒文化提供了资料。此外，还有兵要地理、人口地理、民族地理等各方面资料。

《水经注》记载了历史上洪水暴发的情况，这些记载包括洪水暴发时间、水量的大小等，具体翔实。它对各种类型湖泊的记载也颇为详细，包括非排水湖、排水湖、人工湖以及沿海的潟湖。郦道元还注意了湖泊与河流之间密切的水文关系，他多次指出，湖泊可以调节河流水量，洪水来时，河流将洪水排入湖泊，旱季，湖泊又将洪水补给河流。

在地质学方面，郦道元在《水经注》中对于流水在地质形成中的作用进行了

作品评价

《水经注》溯源探流，详细记载了1252条河流水道的方位、流向、距离、经过区域，以及这些地区的地形地貌、地理沿革、温泉瀑布、地质矿物、植物动物、农业工业、水利航运、桥梁道路、园林陵墓、自然灾害和风土人情等，内容之丰富，记述之具体，文字之生动，都是空前的，至今仍然具有很高的科学价值，是从事地理、历史、考古、农业、水利和研究工作的重要参考文献。

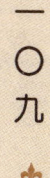

阐述，初步具备了流水侵蚀、搬运和沉积作用的思想。通过长期的观察，他认识到水具有很强的侵蚀作用。《水经注》中还记载了许多化石，包括古生物残骸化石和遗迹化石，记载了温泉31个，对各个温泉的特点、水温、矿物质、生物等情况进行了比较详细的叙述。其中可以治病的温泉有12个，对各地温泉水温的记载尤为具体、详细，并按温度不同，从低温到高温分5个等级。

在生物方面，《水经注》对各个河流周围的动植物情况进行了记载。全书记载各种植物大约有140种，并对各地植物生长情况做了描述。书中还对各地植物生长的地区性分布进行了记载，描述了我国东部湿润地区的沼泽植被、水生植被的情况和西北干燥地区的草原、荒原植被情况。书中记载的动物有100多种，所记内容非常有特色，明确记载了动物的分布界线，指出某些动物超出了原来生活的范围界限就难以生存。

阅读指导

《水经注》是对我国古代记载河流的专著《水经》所做的注，读者可以以《水经》为突破口，主要集中于1252条水道的记载，如果有条件的话，还可以拿一本《水经》对照来看，可以一举两得。

齐民要术

成书年代：北魏
作　　者：贾思勰
地　　位：世界最早最系统的农业科学专著

作者简介

贾思勰，青州齐郡益都（今山东寿平）人，是我国南北朝时期（531～550年）杰出的农业科学家。生平不详。贾思勰出生在一个世代务农的书香门第，祖辈历代都很喜欢读书，尤其重视对农业生产技术知识的学习和研究。贾思勰的家境虽然不很富裕，但拥有大量藏书，使得年幼的贾思勰有机会博览群书。成年以后，他走上了仕途，到过山东、河南、河北等地，曾任高阳郡（今山东淄博）太守等官职。他走到哪儿都非常重视农业生产，认真考察和研究当地的农业生产技术，认真向具有丰富经验的老农请教。中年以后，回到自己的家乡，开始经营农牧业，亲自参加农业生产劳动和放牧活动，对农业生产有亲身体验。约在公元6世纪30年代至40年代间写成农业科学技术巨著《齐民要术》，他将自己积累的许多古书上的农业技术资料，询问老农获得的丰富经验，以及他自己的亲身实践加以分析、整理和总结。

背景介绍

贾思勰生活于北魏末期，青少年时，孝文帝实行"文治"，进行汉化运动，提倡农业，朝廷议政都以农事为首。太和九年（485年）又实行均田制，解决人民的温饱问题。黄河流域是我国农业发源地之一，旱地农业生产一直居于领先地位，农业生产工具的改进和生产技术的提高，一直都在进行中。比如耕作工具，魏晋

作品评价

《齐民要术》规模之庞大，内容之丰富，结构之严谨，都远远超过前代。它是在前代农学的基础上，全面、系统地总结了魏晋以来40年间黄河流域旱地农业生产的新经验和新成就，引起历代政府之重视。其中，《农桑辑要》《王祯农书》《授时通考》均受其影响。《齐民要术》在国外也具有深远的影响，达尔文曾参阅过，并援引有关事例作为他著作学说的佐证。在当今面临农业困境的情况下，《齐民要术》更引起了欧美学者的极大重视和研究。

时出现了"铁齿"（人字耙）和䎬（无齿耙）。到北魏时又积累了一整套耕作经验，形成了完整的耕作体系。生产技术的提高和生产经验的积累为其编撰《齐民要术》提供了丰富的内容和资料。

名著概要

《齐民要术》系统地记述了黄河中下游地区，即今山西东南部、河北中南部、河南东北部和山东中北部的农业生产，包括了农、林、牧、渔、副等部门的生产技术知识，堪称我国古代的一部农业百科全书。《齐民要术》分为10卷，共92篇，约11万字，其中正文约7万字，注释约4万字。书前还有"自序"和"杂说"各一篇。"序"中反复强调"食为政首"的重农思想，通过援引圣君贤相、有识之士重视农业的事例，来强调"治国之本，在于安民；安民之本，在于足用"。把农业生产提到了治国安民的高度。

全书的结构体例相当严密，每篇由篇题、正文和经传文献组成。根据不同的作物，所述详略不一。篇题下有注文，相当于"释名""集解"，包括异名、别名、品种、地方名产、引种来源及其性状特征；正文则为实际调查和亲身体验，是各篇的主体；篇末则援引文献以补充论证正文，包括重农思想、经营管理、生产技术、农业季节、农业地理、农产品贮存与加工。

《齐民要术》书影

《齐民要术》的内容极为丰富。卷一，耕作、收种、种谷各1篇；卷二，谷类、豆、麦、麻、稻、瓜、芋等粮食作物栽培论13篇；卷三，种葵、蔓菁等各论12篇；卷四，园篇、栽树各1篇，枣、桃、李等果树栽培12篇；卷五，栽桑养蚕1篇，榆、白杨、竹以及染料作物10篇，伐木1篇；卷六，畜、禽及养鱼6篇；卷七，货殖、涂瓮各1篇，酿酒4篇；卷八、卷九，酿造酱、醋、乳酪、食品烹调和储存22篇，煮胶、制墨各1篇；卷十，"五谷果蔬菜茹非中国物产者"1篇，记温带、亚热带植物100余种，野生可食植物60余种。总括了农艺、园艺、造林、蚕桑、畜牧、兽医、选种育种、酿造、烹饪、农产品加工储存，以及备荒、救荒等，基本上属于广义的农业范畴，反映了当时农、林、牧、渔、副多种经营方式亦具备了较为

> **相关链接**
>
> 元代王祯的《王祯农书》完成于1313年。全书正文共计37集，371目，13万余字。分《农桑通诀》《百谷谱》和《农器图谱》三大部分，最后所附《杂录》包括两篇与农业生产关系不大的"法制长生屋"和"造活字印书法"。《王祯农书》在前人著作基础上，第一次对所谓的广义农业生产知识做了更全面系统的论述，提出中国农学的传统体系，首次将农具列为综合性整体农书的重要组成部分，"授时指掌活法之图"和"全国农业情况图"也是《王祯农书》的首创。

完整的规模。

《齐民要术》全面、系统地总结了以耕、耙、耱为主体，以防旱保墒为中心的旱地耕作技术体系，以增进地力为中心的轮作倒茬、种植绿肥等耕作制度，以及良种选育等项措施；并且首次系统地总结了园、林经验，林木的压条、嫁接等繁育技术；畜禽的饲养管理、外形鉴定和良种选育；农副产品加工和微生物利用以及救荒备荒的措施。

阅读指导

在阅读《齐民要术》时，首先要牢牢把握"食为政首"的思想，在阅读正文时，要注意把正文与注释结合起来，注意附录的参考文献，这是补充正文内容的。

世说新语

成书年代：	南朝宋
作　　者：	刘义庆
地　　位：	清言之渊薮

作者简介

《世说新语》的作者是南朝宋的刘义庆。刘义庆是南朝宋武帝刘裕之侄，袭封为临川王。史载刘义庆自幼聪敏过人，伯父刘裕很赏识他，曾夸奖他说："此我家之丰城也。"他年轻时曾跟从刘裕攻打长安，历任中书令、荆州刺史、开府仪同三司。刘义庆为人"性简素，寡嗜欲"，"受任历藩，无浮淫之过，唯晚节奉养沙门，颇致费损"。他喜爱文艺，喜欢与文学之士交游。在他周围，聚集着一大批名儒硕学。他自己也创作了大量著作，著有《徐州先贤传》，又曾仿班固《典引》作《典叙》，记述皇代之美；此外还有《集林》200卷，以及志怪小说《幽明录》等，其中，最著名的当然是千古流传的《世说新语》。

《世说新语》书影

《世说新语》问世以来，校注研究甚多，其中以南朝梁刘孝标所注最为精练。1983年，中华书局出版了余嘉锡撰《世说新语笺疏》。1984年，又出版了徐震堮《世说新语校笺》。此书影是宋椠本。

背景介绍

用史学家的眼光看，魏晋南北朝是"乱世"。这一时期的政治领域最重要的现象是士族门阀制度森严。在汉代，形成许多世代官宦的豪门大族，经过汉末大乱，这

些豪门大族成为独立性很强的社会力量。他们有自己的庄园、私人武装和大量依附于他们的农民，使任何统治者都不敢忽视。三国时魏国开始的"九品中正制"实际上形成了门阀制度，巩固了士族的地位。这一时期政权不断兴替，朝代频繁更迭，士族的地位却很少受影响。因此，他们的子弟并不关心实际的事务，而尽情追求内心的超逸。

东汉后期以来，老庄哲学兴起。厌倦了儒学空虚的士人，醉心于老庄哲学所标榜的"自然"和"无为而治"。魏晋时代，这一思潮在社会中更加深入和普遍。到曹魏末年，由于政治环境的残酷，许多文人对此既无法忍受又难以公然反抗，于是纷纷宣称"越名教而任自然"，寄情药酒，行为放旷，毁弃礼法，以表示对现实的不满，具有十分强烈的叛逆精神。

魏晋是一个大动荡的时代，也是一个大解放的时代。魏晋之际，人们从两汉的经学中解放出来，人格美被极大地高扬，主体的自我被认为高于礼法和名教。此时无论在人格审美上还是艺术审美上，都有一种重要的倾向，就是重神而轻形。所以，魏晋时期品评人物的德行标准，不再是外在的功德名节，而是对人物内在的智慧、才情、风度的欣赏，人们追求着一种心灵的深远无极、湛若冰雪的神韵之美。魏晋名士的高扬主体人格，追求自由，注重内心的真实，不务实际，崇尚空谈，举止潇洒，行事率性，形成一种风尚，这就是所谓的"名士风度"。《世说新语》记载的，正是这些魏晋名士们的言行。

雪夜访戴图 夏葵
此幅图绘冬季山水。写"雪夜访戴"的故事，画东晋王徽之雪夜访戴逵，至其门，不入而返，人问其故，答曰"兴尽"（事见《世说新语》）。此画学南宋马、夏画风，以斧劈皴刷山石，画树多露根，瘦硬曲折。

名著概要

《世说新语》按照以类相从的形式编排，分为《德行》《言语》《政事》《文学》《方正》《雅量》《识鉴》《赏誉》《品藻》《规箴》等三十六门，内容主要记述自东汉

经典摘录

王平子、胡毋彦国诸人，皆以任放为达，或有裸体者。乐广笑曰："名教中自有乐地，何为乃尔也？"

——《世说新语·德行》

孔融被收，中外惶怖。时融儿大者九岁，小者八岁，二儿故琢钉戏，了无遽容。融谓使者曰："冀罪止于身，二儿可得全不？"儿徐进曰："大人岂见覆巢之下，复有完卵乎？"寻亦收至。

——《世说新语·言语》

至东晋文人名士的言行，侧重于晋朝。书中所载均属历史上实有的人物，但他们的言论或故事则有一部分出于传闻，不尽符合史实。本书相当多的篇幅是采自前人的记载，如《规箴》《贤媛》等篇所载个别西汉人物的故事，采自《史记》和《汉书》。一些晋宋之间人物的故事，如《言语》篇记谢灵运和孔淳之的对话等，则因这些人物与刘义庆同时或稍早，可能采自当时的传闻。

书中所记，以反映人物的性格、精神风貌为宗旨。书中表彰了一些孝子、贤妻、良母、廉吏的事迹，也讽刺了士族中某些人物贪婪、酷虐、吝啬、虚伪的行为，体现了一些基本的评价准则。就全书来说，并不宣扬教化，也不用狭隘单一的标准褒贬人物，而是以人为本体，宽泛地认可人的行事言论。高尚的品行、超逸的气度、豁达的胸怀、出众的仪态、机智的谈吐，都是本书所欣赏的；对勉力国事、忘情山水、豪爽放达、谨严庄重，作者都加以肯定；即使忿狷轻躁，狡诈假谲、调笑诋毁，也不轻易贬损。这部书记录了士族阶层的多方面的生活面貌和思想情趣。

士族的实际生活，不可能如他们宣称的那样高超，但是作为理想的典范，是要摆脱世俗的利害得失、荣辱毁誉，使个性得到自由发扬的。这种特征在《世说新语》中有集中的表现。对某些优异人物的仪表风采的关注，是因为这里蕴含着令人羡慕的人格修养。同样的例子很多，如《容止》篇记当时人对王羲之的评价："飘若游云，矫若惊龙。"又如《任诞》篇载："王子猷居山阴，夜大雪，眠觉，开室，命酌酒。四望皎然，因起彷徨，咏左思《招隐诗》，忽忆戴安道。时戴在剡，即便夜乘小船就之。经宿方至，造门不前而返。人问其故，王曰：'吾本乘兴而行，兴尽而返，何必见戴？'"任由情性，不拘法度，自由放达，这是当时人所推崇的。《雅量》篇记载："谢公与人围棋，俄而谢玄淮上信至。看书竟，默默无言，徐向局。客问淮上利害，答曰：'小儿辈大破贼。'意色举止，不异于常。"谢安是东晋名相，当时他的侄子谢玄在淝水前线与前秦八十万大军对敌。国家兴亡，在此一举，他临大事而有静气，风度超脱。在魏晋的玄学清谈中，士人常聚集论辩，因此锻炼了语言表达的机智敏捷，这种机智又运用到日常生活中来。《世说新语》各篇中，随处可以读到绝妙话语，有《言语》一篇做专门的记载。《世说新语》中所写的上层妇女，往往也有个性，有情趣，不像后代妇女受到严重的束缚；人们对妇女的要求，也不是一味地温顺贤惠，如《贤媛》篇记载，谢道韫不满意丈夫王凝之，

神骏图　南宋
本画是根据《世说新语》中支遁爱马的故事绘制的。图中僧人支遁袒胸露腹，以右臂支撑，侧卧石案之上，左手斜握长杖，与对面石案上友人望着水面上疾驰而来的神马。马踏水腾跃，马上一童子持缰执鞭，神采奕奕，整个画面尽显脱俗之气。

回娘家对叔父谢安大发牢骚:"不意天壤之中,乃有王郎!"《世说新语》还记载了不少儿童的故事,如《孔文举》。孔文举十岁时,去拜见当地的大官李元礼,门卫不替他通报。孔文举就说:"我和李大人是亲戚,你赶紧通报吧。"结果李元礼

> **名家点评**
>
> 记言则玄远冷峻,记行则高简瑰奇,下至缪惑,亦资一笑。
> ——鲁迅《中国小说史略》
> 叙述名隽,为清言之渊薮。
> ——《四库全书简明目录》

并不认识孔文举,便问:"你叫什么名字?你和我又是什么亲戚?"孔文举报了自己的名字后解释道:"从前我们家老祖宗孔子曾拜你们家的祖先李伯阳(即老子)为师,这么说来,我们两家从上古的时候起就有交情了。"李元礼和宾客们听了这话,都非常吃惊,连夸他是神童。只有一个叫陈韪的人不以为然,说小时候很聪明,长大了未必能成器。孔文举听说这话,立刻反驳道:"想来先生你小时候,一定是很聪明的喽!"这则小说用对话活灵活现地描绘了孔文举聪明机智的形象。《世说新语》中这一类故事还很多,如《周处》《王戎凤慧》等。

在《世说新语》中,记言论的篇幅比记事的多些。记言方面有一个特点,就是往往如实地记载当时口语,不加雕饰,因此有些话现在很不易懂,如"阿堵""宁馨"等当时的俗语。《世说新语》的文字,一般都是很质朴的散文,有时虽然直接记录口语,而意味悠长,颇具特色,历来被人们所喜爱,其中有些故事后来成为通行的成语典故,如"捉刀人""阿堵物""坦腹东床",等等。

阅读指导

《世说新语》笔法简约隽永,含蓄委婉,给人以美的感受。它没有过多地使用铺叙或描写,反将人物本身最有特征、最富于意味的动作和语言,直接呈现出来。寥寥几笔,就把人物的形象表现得相当生动。以简单的文字再现人物自身的活动,描绘出人物的神韵,这是《世说新语》最显著的艺术特色。

《世说新语》的一个特点是通过人物在特定环境中的言语行动,在对比中表现不同人物的个性。如《雅量》写魏明帝砍掉老虎爪牙,放在宣武场上,让百姓去参观。此时王戎才七岁,也去观看。忽然老虎攀着栏杆大吼,声音惊天动地,观看的人群无不吓得魂飞魄散,只有王戎毫无惧色地站在那里,一动也不动。

通过细节描写,来表现人物性格特征,是《世说新语》的又一特点。如《忿狷》篇讲王蓝田吃鸡蛋,先用牙签去刺,鸡蛋滑溜溜的,刺不进去。王蓝田大怒,拿起鸡蛋往地上摔去,没想到鸡蛋在地上转了几圈,仍然不碎。王蓝田又用脚去踩它,又没踩着。王蓝田气得要命,一手就把它从地上抓起来,放进嘴里,咬了个稀巴烂。这则小故事非常形象地描绘出王蓝田急躁的个性特点。

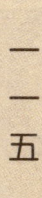

千字文

成书年代：南朝梁
作　　者：周兴嗣
地　　位：中国最早的蒙学读物

作者简介

　　自南朝流传至今的《千字文》为南朝梁周兴嗣所编写。周兴嗣《梁书》49卷有传。他仕梁，颇得梁武帝萧衍的赏识和称誉，多以文笔之事见用。他的《次韵王羲之书千字》在《隋书》《旧唐书》的《经籍志》，以及《新唐书》《宋史》的《艺文志》等史志目录中都有著录，在敦煌文献中也有周本《千字文》。关于他何以编写《千字文》，我们可以从唐李绰《尚书故实》和韦绚《刘宾客嘉话录》等书中寻得解答。原来是当年梁武帝令殷铁石在王羲之书写的碑文中拓下不重复的1000个字，供皇子们学书用的。但由于字字孤立，互不联属，所以他又召来周兴嗣嘱道："卿有才思，为我韵之。"周兴嗣只用了一个晚上就编好进呈武帝。这便是传至今日的《千字文》。

背景介绍

　　在《千字文》初行的时代，作为家庭教育的启蒙课本，同时还有其他几种，如《字训》《幼训》《字统》等。历史排沙而简金，《字训》等湮没无闻，独《千字文》得以流传。

名著概要

　　谈到魏晋南北朝时期的常识教学内容，不能不提到《千字文》，它在常识教学的发展方面，起了承先启后的作用。《千字文》汲取了前人编写识字教材的经验，有所发展提高。这部识字兼常识课本编成于梁武帝大同（535～546年）年间，是周兴嗣执行梁武帝的命令编选而成的。

　　《千字文》全书只有1000字（仅个别字重复），组成连贯通顺的四字句，全文押韵，便于儿童朗读背诵。内容从天象、地理、历史典章、为人处世等，到务农、读书、饮食、居处、园林、祭祀等各个方面，其中有不少劝诫之言和具体的景物描写。所采多为古籍常用字，用典也不深，故流传甚久。

　　《千字文》虽然只用了有限的字，却并不是1000个单字的堆砌，而是组织成通俗的能够表达一定意义的若

真草千字文　隋　释智永

释智永，乃书圣王羲之的七世孙，向从萧子云学书，后则以右军为范，出家山阴永兴寺。《真草千字文》今有墨迹、刻本两种垂世。智永之书，苏东坡以为"精能之至，返透疏淡"。明都穆则评道："智永真草千字文真迹，气韵飞动，优入神品，为天下法书第一。"

> **作品评价**
>
> 《千字文》精思巧构，知识丰赡，音韵谐美，宜蒙童记诵，故成为千百年蒙学教科书。《千字文》流传至今1500多年，全书虽只用1000个字，但却有相当的知识价值和艺术价值。《千字文》不仅在汉民族中间传播，它还有满汉对照本和蒙汉对照本，供满族、蒙族的儿童学习汉字及常识之用；不仅在国内传播，还有日本的刻本，供日本初学者学习汉文之用。

千句子，这些句子的安排又大致前后连贯，相当有条理。开头一部分从"天地玄黄，宇宙洪荒"说起，接着就分别说"天"的一些现象。如："日月盈昃，辰宿列张。寒来暑往，秋收冬藏。云腾致雨，露结为霜。"再说"地"的一些现象。如："金生丽水，玉出昆冈。剑号巨阙，珠称夜光。海河咸淡，鳞潜羽翔。"这样就介绍了一些有关自然界的名物，然后叙述上古之世，介绍一些有关历史的知识，如："推位让国，有虞陶唐，吊民伐罪，周发殷汤，坐朝问道，垂拱平章。"以下说到君子修身之道，并推类而及君臣、父子、兄弟、夫妇、朋友之伦，也不无可取的劝诫。还有一些优美的景物描写，如："渠荷的历，园莽抽条。枇杷晚翠，梧桐早凋。陈根委翳，落叶飘飖。游鹍独运，凌摩绛霄。"

只用了1000个字而能写出这么丰富的内容，并且大多数的句子通畅可读，没有多少牵强拼凑的痕迹，这确是很不容易的。《千字文》编成后，很快就成了流行各地的通俗的识字、常识课本。《唐摭言》记载："顾蒙，宛陵人，博览经史，慕燕许刀尺，亦一时之杰……甲辰淮浙荒乱，避地至广州，人不能知，困于旅食，以至书《千字文》授于聋俗，以换斗筲之资。"《千字文》的语句当时在社会上也广泛流行。《太平广记》引《启颜录》（唐人侯白作）的记载，有人用《千字文》里的话戏作乞社："若不云腾致雨，何以税熟贡新。"甚至某些商人账册的编号，考场试卷的编号，以至大部头书的卷册编号，常用《千字文》里的字序作线索，编成"天字某号""地字某号"。

后世仿效《千字文》的读物层见叠出，如《续千文》《重续千字文》《叙古千文》《稽古千文》《广易千文》《正字千文》《增寿千字文》《训蒙千字文》《梵语千字文》《千字文释义》《百体千字文》等。《千字文》的种种续编、改编本中均包括自然、社会及历史等方面的常识内容。如《续千文》开头的几句是："混沌初开，乾坤刚柔，震兑巽坎，角亢奎娄。"宋胡寅编的《续古千文》第七节讲西汉的几句："炎汉开创，规模广延。勃诛禄产，光拥昭宣。董相仲舒，儒术穷研。请罢辟邪，乃绩巍焉。"清李崇忠重编的《千字文》开头几句是："天地定位，造化生成。曦晖月朗，闰积阶平。俯察川岳，仰眺星辰。藏图出洛，翔鸟跃鳞。"唐代三藏法师义净撰的《梵语千字文》开头几句是："天地日月，阴阳圆矩，昼夜明暗，雷电风雨。"这些续编本和改编本，曾在一时一地流行过，然而都不久远。其重要原因在于内容艰深，不符合儿童的接受能力，不符合初步识字及学习常识的需要。

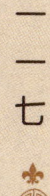

阅读指导

作为一本古代的启蒙教育的教材，首要的任务就是识字，即使受过多年教育的人，这1000个字未必都能认识，其次，主要将《千字文》作为常识性教材，从中了解关于天文、地理、农业、气象、矿产、特产、历史等方面的常识。当然，如果当作启蒙教育课本，也可作为开发记忆力的极好教材。

文心雕龙

成书年代：南朝梁
作　　者：刘勰
地　　位：文学批评系统理论之鼻祖

作者简介

《文心雕龙》的作者是南朝梁的刘勰。刘勰（约465～532年），字彦和，东莞莒（今山东莒县）人，世代居住在京口（今江苏镇江）。少年时家境贫寒，为生活所迫，跟随沙门僧十余年，并因此精通佛教经典。梁代初年，做过南康王萧绩的记室，又曾担任太子萧统的通事舍人，为萧统所赏识。后来出家为僧，法名慧地。刘勰受儒家思想和佛教的影响很深。他的著作最有名的就是我们这里要说的《文心雕龙》。

背景介绍

前面我们已经介绍过魏晋时期的社会状况，在社会思想相对自由、重视个体价值的背景下，魏晋南北朝时期艺术迅猛发展，文学、音乐、舞蹈、绘画、雕塑、书法乃至园林建筑都在这时发生了重大变化。这个时期，人们开始重视文学，重视文学观的发展。很多社会上层人物，包括许多帝王在内，普遍热心于文学创作，他们的活动影响了整个社会，曹操父子就是典型的例子。曹操与他的两个儿子曹丕、曹植都是当代大诗人，中国的五言诗就是在他们手里走向成熟的。曹丕在《典论·论文》中说："盖文章，经国之大业，不朽之盛事。"他所说的"文章"，当然包括抒情的诗赋。实际上，在魏晋南北朝，文学已经成为上层人士的一种必备素养。

这一时期，文学集团开始活跃起来。文学已经进入社会上层人士的社交生活，成为他们相互交往与沟通感情的媒介，而且也是一种高雅的娱乐，这样，就形成了文学集团。建安时期，在曹操父子周围聚集的文人们就是一个文学集团。魏末有以阮籍、嵇康等人组成的"竹林七贤"，齐竟陵王萧子良周围有著名的"竟陵八友"。这些文学集团刺激了文学的兴盛，孕育出一些新的文学现象，也使

《文心雕龙》书影

《文心雕龙》的版本较多，最早的刻本是元至正本。这个本子是以后各版本的祖本。此外尚有清人黄叔琳的《文心雕龙辑注》，另有范文澜《文心雕龙注》、杨明照《文心雕龙校注》、周振甫《文心雕龙注释》以及詹锳的《文心雕龙义证》。

得他们的文学思想变得更加完整明确。

魏晋南北朝文学存在一种风气：追求"新变"。人们普遍把"新变"作为文学应该追求的目标，也拿"新变"作为准绳来衡量文学作品的优劣。人们不再把文学看作政教的工具，而注重表现作者个人的心理感受。因此，文学的题材有许多拓展：陶渊明开创了田园诗，谢灵运、谢朓完成了玄言诗到山水诗的转变，梁代开始出现了"宫体诗"。文学形式也在不断演化。五言古诗在建安诗人（尤其是曹植）和阮籍等人的手里又有新的发展。齐永明年间，沈约等人提出"四声八病"说，创造了"永明体"，这是律诗的开端。对华美修辞的追求，也是魏晋南北朝文学的普遍风气。同时，由于玄学的影响，文学开始与哲理相结合，这使文学的内涵变得更加丰富与深沉。对于魏晋南北朝的诗，人们通常认为阮籍、陶渊明的最耐人寻味，这和他们的作品富于哲理性有直接关系。

鲁迅在《魏晋风度及文章与药及酒之关系》一文中，称魏晋是"文学的自觉时代"，又说"这时代的文学的确有点异彩"。在上述背景下，探讨文学的各种理论问题，评论历代作家的得失，就成为很有必要而且很有意思的工作。因此，魏晋南北朝的文学批评也空前繁荣，这方面最重要的著作就是刘勰的《文心雕龙》。

名著概要

《文心雕龙》是我国历史上第一部系统的文学理论著作。《文心雕龙》评论了晋宋以前200多位重要作家，总结了35种文体的源流演变和特点，全面论述了文学创作和评论上的一些重要问题，内容丰富多彩。全书共50篇，由四大部分组成：

总论：由《原道》《征圣》《宗经》三篇构成。《原道》中论述的"自然之道"，主要说明万事万物必有其自然的文采："形立则章成矣，声发则文生矣。"刘勰据此说明：文学作品必须有文采，但应该是由相应的内容决定其文采。《征圣》《宗经》两篇强调学习儒家经典的写作原则。《宗经》篇论述了"六义"，即认为学习儒家经典对文学创作有六大好处："一则情深而不诡，二则风清而不杂，三则事信而不诞，四则义直而不回，五则体约而不芜，六则文丽而不淫。"要求从儒家经书习得"情深""风清""事信""义直"等，是侧重于内容方面的要求。刘勰认为圣人的著作"衔华而佩实"，所以《征圣》篇强调："志足而言文，情信而辞巧，乃含章之玉牒，秉文之金科矣。"这正是《原道》《征圣》和《宗经》三篇总论提出的核心观点。很明显，《文心雕龙》的文学思想是以儒家思想为核心的。

文体论：从第五篇《辨骚》到《书记》共21篇，通常称为文体论。这部分从四个方面论述了各种文体：一是文体的起源和发展概况，二是文体的名称、意义，三是评论各个时期有代表性的作品，四是总结各种文体的特点及写作要领。所以，这部分不仅论文体，还具有分体文学史的意义，也是批评论的重要组成部分。特别值得注意的是，本书的创作论正是以这部分总结各种文体的创作经验为基础提炼出来的。

创作论：从《神思》到《总术》共19篇是创作论；《时序》《物色》两篇介于

> 盖《文心》之作也，本乎道，师乎圣，体乎经，酌乎纬，变乎骚：文之枢纽，亦云极矣。
>
> ——《文心雕龙·序志》
>
> 唯文章之用，实经典枝条，五礼资之以成，六典因之致用，君臣所以炳焕，军国所以昭明，详其本源，莫非经典。
>
> ——《文心雕龙·序志》
>
> 句有可削，足见其疏；字不得减，乃知其密。精论要语，极略之体；游心窜句，极繁之体。谓繁与略，适分所好。引而申之，则两句敷为一章，约以贯之，则一章删成两句。思赡者善敷，才核者善删。善删者字去而意留，善敷者辞殊而义显。字删而意缺，则短乏而非核；辞敷而言重，则芜秽而非赡。
>
> ——《文心雕龙·熔裁》

创作论和批评论之间，也包含一些论创作的重要意见。这是本书的精华部分。其中对艺术构思、艺术风格、继承与革新、内容和形式的关系、文学与社会现象和自然现象的关系等重要问题，分别进行了专题论述；对声律、对偶、比兴、夸张以至用字谋篇等，也逐一进行了具体的探讨。《文心雕龙》对于风格和风骨也有深入的研讨和论述。在《体性》篇中，刘勰继承曹丕关于风格的意见，做了进一步的发挥，认为形成作家风格的原因，有先天的才情、气质的不同，也有后天的学养和习染的殊异。在风格论的基础上，刘勰特别标举"风骨"。"风骨"一词本是南朝品评人物精神面貌的术语。文学理论批评中的"风骨"一词，正是从这里借用出来的。"风"是要求文学作品要有较强的思想艺术感染力，即《诗大序》中的"风以动之"的"风"；"骨"则是要求表现上的刚健清新。《文心雕龙》关于艺术想象的理论也有精辟的论述。《神思篇》借用"形在江海之上，心存魏阙之下"这一成语，论述艺术想象超越时空限制的特点："故寂然凝虑，思接千载；悄焉动容，视通万里。"刘勰认为艺术想象并非凌虚蹈空而生的，它以"博见为馈贫之粮"的形象化比喻，说明艺术想象的基础只能是客观生活中的素材或原料。《文心雕龙》还强调，唯有当作家的精神心理处于"虚静"状态，不受外界的纷扰时，才能更好地驰骋自己的艺术想象力。《文心雕龙》在论述艺术想象时，还提出了"积学以储宝，酌理以富才，研阅以穷照"等见解，强调艺术想象要有平日广泛的积累和生活知识。

批评论：本书集中阐述文学批评理论的，只有《知音》一篇。但是，从总体上看，三篇总论同时也是批评论的总论；文体论对各种文体的作品所做的评论，同时也是刘勰的作品论；《才略》篇论历代作家的才华，《程器》篇论历代作家的品德，这同时也是刘勰的作家论；创作论中所论述的创作原理，也正是刘勰评论作家作品的原理。所以，从整体上看，他的批评论相当丰富。《知音》篇提出了批评的态度问题、批评家的主观修养问题、批评应该注意的方面等。有些论述虽然带有经学家的口气，但不少论述都是比较精辟的。例如关于批评态度问题，刘勰非常强调批评应该有全面的观点。又如他特别强调批评家的广博识见的重要性，他提出了一个在后世非常出名的论断："操千曲而后晓声，观千剑而后识器"，认

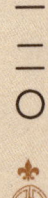

为任何批评中的真知灼见，只能建立在广博的学识和阅历的基础之上。

阅读指导

　　《文心雕龙》是一部比较艰深的理论著作，普通的读者也许会觉得读懂它很困难。但是，只要方法得当，基本理解本书的内容还是可以做到的。在阅读过程中，我们要善于利用其论述的特点。《文心雕龙》讲的是理论问题，抓住其理论的脉络，就比较容易理解了。另外，《文心雕龙》文字上的突出特点是骈偶文，这也是可以用来帮助读者理解部分文字的。根据上下对应的文章结构，就很容易理解一些貌似艰深的言辞。其次，要注意"以刘解刘"。本书的用语，有些是刘勰自己新造的，有的虽然是古书常用的，刘勰却自有其特定的用意。只有以刘勰书中的解释来理解，才是准确可靠的。对于《文心雕龙》中涉及的典故史实，只要勤于查检，一般是不难理解的。另外，《文心雕龙》的译注本对我们很有帮助。比较有名的有范文澜的《文心雕龙注》和周振甫的《文心雕龙注释》。

文　选

成书年代：南朝梁
作　　者：萧统
地　　位：中国最早的诗文选集

作者简介

　　我国古代的帝王贵胄中出过几位大文人，《文选》的编选者萧统就是其中著名的一位。萧统是南朝梁武帝萧衍的长子，萧衍称帝后被立为太子。《梁书》记载他性情敦厚，宽和容众。立为皇太子后，萧衍让他代理朝政，他明于庶事，纤毫必睹，精于政务。萧统一生勤奋读书，在东宫收集图书三万卷，他还在东宫招纳了一批有学问的人，包括《文心雕龙》的作者刘勰及刘孝绰、王筠、殷芸、陆倕、到洽等人。这些人可能都参加了编选《文选》的工作。然而天妒英才，萧统31岁时不幸病死，死后谥号昭明，世称昭明太子，他所编选的《文选》也因此被称为《昭明文选》。

背景介绍

　　由魏、晋到齐、梁，是中国文学史上各种文学形式发展并趋于定型成熟的时期，作家和作品数量之多远远超过前代。南北朝时期，文学已经成为社会上层人士必备的修养，社会对文学也更加重视。南方的乐府机构收集保存了南北朝的民歌，现存五百多首。在诗体方面，南北朝民歌开创了五、七言绝句体，经过文人创作加以提高，后来成为唐诗的主要形式之一。魏晋南北朝的文章较以史传、政论为主的两汉散文，更为丰富多样。檄、碑、诔、序、记、书信等各体文章，普遍都注意辞采，追求艺术性的美，特别是书信，出现了不少富有抒情色彩、语言精美的作品。在表现形式方面，文章也与诗歌同步，多运用

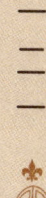

清刊本《文选》书影

相关链接

与《文选》同时流传的有多种诗文选集，但是都散佚了，我们无法看到。这里介绍几部后代著名的文章选集。

《唐宋八大家文钞》：编选者为明代散文家茅坤。茅坤，字顺甫，号鹿门，归安（今浙江吴兴）人，嘉靖十七年（1538年）进士。此书选辑唐代韩愈、柳宗元，宋代欧阳修、苏洵、苏轼、苏辙、曾巩、王安石八家文章共164卷。每家各写有小引。茅坤选文的目的在于宣扬八人文章得"六经"之精髓，他对韩愈尤为推崇。他评述文章艺术形式也不出八股文笔法范围。他的评点注释虽多有疏漏，但这个选本繁简适中，便于初学者使用，因此几百年来盛行不衰。"唐宋八大家"的名目也由此流行。

《古文辞类纂》：编选者为清代散文家姚鼐。姚鼐，字姬传，安徽桐城人。室名惜抱轩，世称惜抱先生。曾参与纂修《四库全书》。为桐城派散文的中坚与集大成者。《古文辞类纂》把文章分为十三类：论辨、辞赋、序跋、诏令、奏议、书说、哀祭、传志、杂记、赠序、颂赞、箴铭、碑志。本书共七十五卷，选录战国至清代的文章，但不收经子史传和诗赋。每类前有一篇序言，论述文体特点源流。

骈偶手段，除了史书和一些专门著作外，大多数文章都是骈体文，甚至像《文心雕龙》这样的文学理论著作，都是用骈体文写成的。魏晋南北朝的辞赋也有重要的发展。虽然还出现过左思的《三都赋》，但汉代兴盛一时的大赋这时没落了，占主导地位的是抒情小赋。辞赋在艺术形式上比一般骈体文更为讲究，藻饰、声律、骈偶、用典这四种修辞手法被大量地使用，语言也特别工整精丽。总之，魏晋南北朝是中国文学史上第一个具有文学的自觉意识、在各方面富于创新精神的时代。与之相适应，从文艺理论角度对文学概念的探讨和文学体制的辨析日益精密。这一时期出现了《典论·论文》《文赋》《文心雕龙》《诗品》等文艺理论著作。

文学作品的数量众多，对它们进行品鉴别裁、芟繁剪芜，就成为广大阅读者的需要，选录优秀作品的文学总集《文选》于是应运而生。

名著概要

我国浩如烟海的古籍之中，除了几部儒家经典以外，以一部书为学者们所研究而能成为一门学问的，只有两种：一种是"红学"，它的研究对象是《红楼梦》；一种是"选学"，它的研究对象就是《文选》。

《文选》是我国现存最早的诗文选集。《文选》30卷，共收录上起子夏、屈原，下至当时的作家共130人的作品513篇。《文选》编排的标准是"凡次文之体，各以汇聚。诗赋体既不一，又以类分。类分之中，各以时代相次"，按文体分为赋、诗、骚、七、诏、册、令、教、文、表、上书、启、弹事、笺、奏记、书、移、檄、对问、设论、辞、序、颂、赞、符命、史论、史述赞、论、连珠、箴、铭、诔、哀、碑文、墓志、行状、吊文、祭文38类。各类中以诗、赋两类所收作品居多，约占全书篇幅的一半，又按内容把赋分为京都、郊祀、耕籍等15门，把诗分为补亡、述德、劝励等23门。

《文选》选录的范围，据萧统在《文选序》中的说明，凡属经书、诸子、历史传记等一律不选，但是历史传记中的赞、论、序、述却可以选录，因为"赞、论之综辑辞采，序、述之错比文华，事出于沉思，义归乎翰藻"。这"事出于沉思，义归乎翰藻"两句，就是《文选》的选录标准。所谓"事"，是指文章所用的典故或者题材,"沉思"指深刻的艺术构思;"义"指文章的思想内容,"翰藻"则指有文采的辞藻。这反映出六朝的绮靡文风在他身上明显的影响。然而他对文学创作的思想内容和艺术形式的关系,却持折中态度,内容要求典雅,形式可以华丽,认为艺术的发展必然是"踵其事而增华,变其本而加厉";同时,他认为"夫文典则累野,丽亦伤浮",要求丽而不浮,典而不野,"文质彬彬,有君子之致"。所以《文选》所选的作品,其实并没有过分忽视内容。除了选录当时不被人重视的陶渊明的8首诗以外,还选录了《古诗十九首》和鲍照的作品18篇。同时,摒弃了那些故作高深的玄言诗和放荡、空虚的艳体诗和咏物诗。这是这部书的优点。

由于《文选》本身的优点,它比起同类型的其他诗文总集的影响更深远。唐代以诗赋取士,唐代文学和六朝文学又有密切的继承关系,因而《文选》就成为士人学习诗赋的范本。宋初亦以诗赋取士,《文选》仍然是士人的必读书籍,甚至有"《文选》烂,秀才半"的谚语。隋、唐以来,文人学者从各种角度对《文选》做了研究,研究《文选》已成为一种专门的学问,以至于有了"选学"这门学问。

阅读指导

《文选》是我国最早的诗文选集,他对文章的分类具有开创之功。我们在阅读的过程中,应该注意把他的文章分类法与后代的文章选集,如《古文辞类纂》之类的编排体制进行比较,在比较中了解评价萧统的分类法。

《文选》的注本中著名的有李善的《文选注》。李善是一位知识渊博的学者,号称"书簏"。他付出了大量的精力来注释《文选》,注释中引用古书近一千七百种,被历来的学者推崇为"淹贯古今"。李善注偏重于说明语源和典故,体例谨严,引证赅博,但对文义的疏通则不免有所忽略。今天来看,李善注的重要性还在于他所引用的大量古籍已经亡佚,后世的学者要做考证或辑佚工作,此书就成了取资的渊薮。

颜氏家训

成书年代:北齐
作　者:颜之推
地　位:古今家训之祖

作者简介

颜之推(531~约595年),字介,祖籍琅琊临沂(今山东临沂),出身于世代精于儒学的仕宦之家,梁中大通三年(531年),颜之推出生在江陵。他青年时正好赶上侯景之乱,21岁的颜之推被俘,囚送建康,第二年返回江陵,任元帝的散骑侍郎,奉命校书。两年以后,西魏讨伐梁,攻陷江陵,他又一次被俘,被遣送

作品评价

《颜氏家训》问世后,一直受读书人重视。《颜氏家训》的佳处在于立论平实。颜之推的教育思想不仅在当时富有意义,对后世也产生了重大的影响,直至今天仍有许多可借鉴之处,因而在我国教育史上占有一席之地。

到关中。不久，颜之推冒着生命危险逃奔北齐，齐武平三年（572年）任黄门侍郎，主持文林馆，修类书《御览》。北齐灭亡后，颜之推到北周，任御史上士。隋朝建立后，他被召为学士，受到尊重，约在开皇十年后病逝。晚年为了用儒家思想教育子孙，鼓励子孙继承家业，扬名于世，写下《颜氏家训》20篇。颜之推一生著述丰富，但流传下来的只有《颜氏家训》和《还冤志》二书。

背景介绍

颜之推生活的年代，战乱频繁，国破家亡之事屡见不鲜，就他本人而言，也是深有体会。加之南北朝后期，门阀制度已经开始衰败，家庭伦理观念开始遭到新的冲击，家庭教育的重要性越发明显，文风的浮藻华靡，亟须补充务实、真切的清新气息，来改变现实。这就是《颜氏家训》出现的大背景。

名著概要

《颜氏家训》虽以儒家思想为正统，但也受到佛、道两家思想的影响，是颜之推在乱世中退能安身立命、进能立身扬名的经验以及当时许多人士取祸杀身的教训的总结。书中用许多历史故事来论述问题，对颜氏子孙的教养起过颇大的作用。

《颜氏家训》共20篇，"序致"第一，是全书的自序，讲述撰写该书的目的，作者从亲身经历入手，告诫子孙好好做人；"教子"第二，讲如何教育子女；"兄弟"第三，讲兄弟之间如何相处；"后娶"第四，讲夫或妻死后，活着的该不该再婚等问题；"治家"第五，讲管家的问题；"风操"第六，讲当时做人的风度节操；"慕贤"第七，讲如何礼敬时贤；"勉学"第八，讲如何为学；"文章"第九，讲如何做文章；"名实"第十，讲做人的名与实；"涉务"第十一，强调多做实事；"省事"第十二，强调做事专精；"止足"第十三，强调知足的道理；"诫兵"第十四，作者从家世入手，讲弃武习文的道理；"养生"第十五，讲保养身体；"归心"第十六，讲归心于佛教；"书证"第十七，是本书中最长的一篇，为作者对经史文章所做的考证的汇集；"音辞"第十八，讲古今语音的变化；"杂艺"第十九，讲书法、绘画、射箭、算术、医学、弹琴及卜筮、六博、投壶、围棋等；"终制"第二十，讲死后的安排，反对厚葬等。

颜之推对于教育作用的看法，完全继承了孔子的"惟上智与下愚不移"的先验论观点，强调中人教育。即上智者有先天的才智，无须教育，下愚者教育无效，唯有中人非教不可，不教不正。

贤母图 康涛

从此图的题款"临民听狱，以庄以公。哀矜勿喜，孝慈则忠"，可以推知此为贤母向即将离家赴任的儿子所作的教诲。画家以高超的笔法将贤母严肃训诫却又暗含离别伤感之态、儿媳恭顺侍立而又对丈夫依恋不舍之情、儿子恭敬聆听却踌躇难离之意，刻画得极其生动传神。

中国名著大讲堂

颜之推注重家庭教育，认为应该及早对子女进行教育，甚至主张胎教。把儒家的"少成若天性，习惯如自然"作为自己的指导思想，并针对父母易于溺爱孩子的情况，主张将爱子之情与教子之方结合起来，对孩子严格要求，勤于监督，爱得其所，爱得其法。同时，他很注意周围环境对子女的影响，要求审慎地看待子女周围的人，发挥教育习染的积极影响。

> **名家点评**
>
> 古今家训，以此为祖。
> ——清·陈振孙
>
> 篇篇药石，言言龟鉴。
> ——清《读书丛笺》
>
> 颜之推是当时南北两朝最通博最有理想的学者，经历南北两朝，深知南北政治、俗尚的弊病，洞悉南学北学的短长，当时所有大小知识，他几乎都钻研过，并且提出自己的见解。
> ——范文澜

颜之推注重全面教育，要求把做人、为学、强身、杂艺相结合，在做人方面，主张虚心好学，不能妄自高大，不能凌忽长者，不能轻慢同列，倡导父慈子孝、夫义妇顺等儒家道德规范。

在为学方面，他主张求学，知行结合，反对空守章句和迂阔无所归趋的浅薄之风。主张博学，博涉经传，兼通文史。

在士大夫教育方面，对当时腐朽空泛之弊，进行了深刻的揭露和批判，主张进行培养国家实际有用的人才的"求实"教育，认为国家大约需要六种人才，即政治家、理论家和学者、军事家、地方官吏、外交官、管理者和工程技术专家。他指出一个人要对这六个方面都有所了解，但不必样样精通，可根据个人的差异专其一项。

关于学习态度和方法，他强调要珍惜时光，虚心学习，尤其要重视亲身观察获得的知识，反对那种"贵耳贱目""以讹传讹"的学风，并提倡在师友之间共同研究切磋，相互启发。

颜之推注重子女教育，家风所被，后代人才辈出。

阅读指导

《颜氏家训》的许多问题是通过故事来说明的，因而可以在读故事的过程中体味颜之推的教育思想，同时也可以结合现代的教育观，进行对照和比较，看看

北齐校书图卷 南北朝 杨子华 绢本

杨子华，北齐宫廷画师，时人称"画圣"。此图表现北齐年间学士奉命刊定五经诸史的故事。画中右起，两学士正捧卷校读，神情专注，身后一位执笔修书，中间设一床榻，上坐四人，衣衫敞开，姿态轻松，神情闲适，其后有侍女、书童，或奉茶，或拿床具为学士们提供休息之用。人物服装透明飘逸，脸形丰满，表现了当时学士们悠闲的生活和优雅的仪态。

颜之推教育思想对现在的可取之处，以弥补现代教育的不足。

大唐西域记

成书年代：唐
作　　者：玄奘
地　　位：中西交流最重要的历史地理文献

作者简介

　　玄奘，俗姓陈，洛州缑氏（今河南偃师市南缑氏镇）人。他于隋文帝仁寿二年（602年）出生于一个世代儒学之家，出家后法名玄奘，敬称三藏法师，俗称唐僧。13岁时在洛阳净土寺诵习佛典，后来去唐朝都城长安，游历成都、荆州（今湖北江陵）、扬州、苏州、相州（今河南安阳）、赵州（今河北赵县）等地，遍访名师，然后又回到长安，拜师于法常、僧辩两位大师。随着学业的日益进步，他的疑问和困惑也越来越多，而这些疑惑中国的佛典和高僧又解决不了。玄奘于是下定决心去佛教的发源地印度取经求法。唐太宗贞观元年（627年），玄奘从长安出发，孤身踏上征程，开始西行之路。途经秦州（今甘肃天水）、兰州、凉州（今甘肃武威）、瓜州（今甘肃安西东南），偷渡玉门关，历五天四夜滴水不进，艰难地通过了800里沙漠，取道伊吾（今新疆哈密），年底到达高昌（今新疆吐鲁番），沿天山南麓西行，历经属国，沿大清池西行，来到素叶城，在这里巧遇突厥叶护可汗，并得到可汗的帮助。然后继续西行，经过昭武九姓中的七国，翻越中亚史上著名的铁门，到达吐火罗，由此又南行，经大雪山，来到迦毕试国，东行至犍驮罗国，进入印度。当时的印度分为东、西、南、北、中五部分，史称五印度或五天竺。玄奘先到北印度，在那里拜望高僧，巡礼佛教圣地，又跋涉数千里，历经十余国，进恒河流域的中印度。在中印度，历史悠久的摩揭陀国拥有全印度规模最大的有700年历史的那烂陀寺，这是当时全印度的文化中心、玄奘西行求法的目的地。玄奘在那烂陀寺留学5年，向寺住持、当时印度佛学权威戒贤法师学习《瑜伽论》等，又研究了寺中收藏的佛教典籍，兼学梵文

玄奘像

作品评价

　　《大唐西域记》的问世，为研究中国新疆、西藏境内少数民族乃至南亚、中亚地区的历史提供了丰富的史料，尤其是对印度，可以说这部书填补了印度古代中世纪历史的空白，并且对印度的考古工作也做出了难得的贡献。当然，受时代的影响，书中也难免掺杂一些神话或迷信成分。今天《大唐西域记》已被译成英、法、日等国文字，在全世界广泛流传，它已经成为中印人民友谊的象征，是中印文化关系史上的一颗明珠。

和印度很多的方言。后到中印度、东印度、南印度、西印度游学，足迹几乎遍及全印度，再返回那烂陀寺，戒贤法师命他为寺内众僧讲解《摄大乘论》等佛典，赢得了极大声誉。贞观十七年（643年）春，玄奘谢绝了戒日王和那烂陀寺众僧的挽留，携带657部佛经，取道今巴基斯坦北上，经阿富汗，翻越帕米尔高原，沿塔里木盆地南线回国，两年后，回到了阔别已久的首都长安。唐太宗得知玄奘回国，在洛阳召见了他，并敦促他将在西域、印度的所见所闻撰写成书。于是玄奘口述，由其弟子辩机执笔的《大唐西域记》一书，于贞观二十年（646年）七月完成。

背景介绍

隋朝末年，由于连年征战，国力衰微，突厥人便乘机兴起，不断扩大割据地盘，到唐朝开国后，仍不时对边境进行侵扰，有时连长安都受到严重威胁。为了求得暂时安稳的环境，唐高祖不得不忍辱向突厥称臣，每年还要贡奉大量的财物。唐太宗即位后，急于打败突厥，和邻国建立友好的关系，以巩固统一的多民族国家，这就需要对西域各国的地理环境有个比较详细的了解，所以玄奘回国后，唐太宗一方面让他翻译佛经，一方面迫不及待地让他修《西域记》。

名著概要

《大唐西域记》分12卷，共10余万字，书前冠以于志宁、敬播两序。卷一记载今天新疆和中亚的广大地区，是玄奘初赴印度所经之地。卷二之首有印度总述，其后直到卷11分述五印度的各国概况，其中摩揭陀一国情况占去了8、9两整卷的篇幅。卷12记载玄奘返国途中行经的帕米尔高原和塔里木盆地南缘诸国概况。全书共记述了玄奘亲身经历的110国和得之传闻的28国情况，书中对各国的记述繁简不一，通常包括国名、地理形势、幅员广狭、都邑大小、历时计算法、国王、族姓、宫室、农业、物产、货币、事物、衣饰、语言、文字、礼仪、兵刑、风俗、宗教信仰以及佛教圣迹、寺数、僧数、佛教各支派的流行情况等内容。《大唐西域记》记载了东起我国新疆、西尽伊朗、南到印度半岛南端、北到吉尔吉斯斯坦、东北到孟加拉国这一广阔地区的历史、地理、风土、人情，科学地概括了印度次大陆的地理概况，记述了从帕米尔高原到咸海之间广大地区的气候、湖泊、地形、土壤、林木、动物等情况。

《大唐西域记》所载内容十分丰富：（一）综述各国的地理形势、气候、物产、政治、经济、文化、风俗、宗教等概况。书中多数国家的介绍都是从自然环境叙述到社会概况，语言简洁，内容翔实，章法基本统一。尤为珍贵的是还用17个专题对印度做了重点介绍，基本上囊括了印度的全

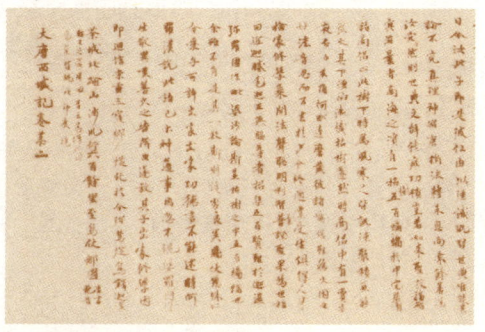

《大唐西域记》 唐 玄奘

中国名著大讲堂

名家点评

近代学者梁启超说:"玄奘是中国第一流学者,决不居第二流以下。"

印度著名学者柏乐天教授说:"无论从哪方面看来,玄奘也是古今中外最伟大的翻译家。在中国以外没有过这么伟大的翻译家,在全人类的文化史中,只好说玄奘是第一个伟大的翻译家。中国很荣幸的是这位翻译家的祖国,只有伟大的中国才能产生这么伟大的翻译家。"

貌,堪称古代和中世纪印度的简史。

(二)记载了重要的历史人物和历史事件。全书介绍的国家多数都涉及一些历史人物或历史事件,但该书并非历史人物传记,只是一部地理志,历史人物与历史事件是玄奘参谒名人故地、观看遗存文物时引发出来的。书中记载的历史事件尽管都与佛教有关,但对考察该国的政治状况也都有重要的参考价值。

(三)记述了佛教各教派的演变与分布状况。玄奘漫游印度各地,随时记录各国信教情况。

《大唐西域记》记录玄奘亲自游过的110个和传闻得知的28个以上的城邦、地区、国家的情况,是唐代杰出的地理著作,主要成就表现在四个方面:1. 新的地理内容。我国自汉代起,就把昆仑山脉西部高山地区称作葱岭。《大唐西域记》卷12有波谜罗川的地名,指出这是葱岭的一部分,"其地最高"。这是我国古代地理著作中首次提到帕米尔(波谜罗)这个名称和地理概念。2. 对中亚、印度等国地理环境的详细描述,超过了以前的任何著作。3. 对某个地区的描述,既有自然地理的内容,又有经济地理内容。是今天研究中亚、印度一带的历史地理所必需的文献。4.《大唐西域记》除去首尾两卷有中国地理内容外,其余各卷都是讲外国地理,是我国古代外国地理专著之一。

阅读指导

阅读此书时,主要着眼于两点:第一,关于印度古代和中世纪的历史,此书介绍了释名、疆域、数量、岁时、邑居、衣饰、文字、教育、佛教、族姓等内容,概括了印度的全貌;第二,以佛教各教派的演变和分布状况为线索,全面了解印度佛教的发展过程。

经典摘录

素叶水城(碎叶城)西行四百余里,至千泉。千泉者,地方二百余里,南面雪山,三垂平陆。水土沃润,林树扶疏,暮春之月,杂花若绮,泉池千所,故以名焉。

清池(咸海)西北行五百里,至素叶水城(碎叶城)。城周六七里,诸国商胡杂居也。土宜糜麦、蒲桃。

千泉西行百四五十里至逻私城(怛罗斯),城周八九里,诸国商胡杂居也。土宜气序,大同素叶。南行十余里,有小孤城,三百余户,本中国人也。昔为突厥所掠,后遂鸠集同国,共保此城,于中宅居、衣服去就,遂同突厥,言辞仪范,犹存本国。

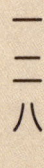

虬髯客传

成书年代：唐
作　　者：杜光庭
地　　位：中国武侠小说的鼻祖

作者简介

　　《虬髯客传》的作者是杜光庭(850～933年)，唐末五代人，字宾圣，号东瀛子，处州缙云（今属浙江）人。少年学习儒学，勤奋好学，学问渊博，但科举却很不顺利。他感慨古今沉浮，于是入天台山修道，拜天台道士应夷节为师，成为司马承祯的五传弟子。唐僖宗听说他的名声，将他召到京城，封为麟德殿文章应制，后来随唐僖宗避乱入蜀，从此留在成都。唐亡后，受到前蜀高祖王建赏识，封蔡国公，赐号广成先生；后主王衍封杜光庭为传真天师、崇真馆大学士。后来杜光庭辞官，隐居青城山白云溪，潜心修道，直至终老。

　　杜光庭学识渊博，精通儒道典籍，对于道教教义、经典、教史、法术等很有研究。他归纳道教科范仪轨，对金箓、黄箓、玉箓大斋醮法，以及设坛立仪等规则很有建树。他终身注释、整理

风尘三侠　清　任颐

道教经文，对道教做过不少实地调查，并进行过整理归纳。杜光庭尤其喜欢编撰神话故事阐扬道教，存世的著作有《灵异记》《神仙感遇记》《墉城集仙记》等。

背景介绍

　　侠士在中国人的想象中，是一些武艺高强、行踪诡异而义薄云天的形象，侠士是古代社会中的英雄人物。他们有独立的人格，敢于寻求、实践和恢复社会公正和道义的理想。先秦时期的著作中，我们就能看见侠士的身影。千百年来，武侠小说一直深受民众喜爱。武侠文学的雏形是《战国策》《国语》《左传》等先秦史著中的一些篇章。著名的侠士有孟尝君门下弹铗长歌的冯谖，不辱使命而公然挑战秦王的唐雎，以及慷然赴难、热血酬知己的聂政、荆轲等。司马迁的《史记》中有《游侠列传》，为秦汉之际名闻天下的布衣侠士朱家、田仲、郭解、剧孟等人立传。《史记·游侠列传》毕竟只是一部历史著作，而不是文学创作。史传中的人物性格单薄，事迹抽象，文笔简略。真正的文学侠士形象，出现在唐传奇中。

　　隋唐时代是秦汉以后又一个富于游侠精神的浪漫时代。盛唐的一些人物，如大诗人李白、陈子昂、杜甫，年轻时都曾经挟剑远游。他们一面研习纵横之术，一面求仙访道，任性放浪。他们确实很有游侠的傲骨和气派。中唐安史之乱后，藩镇割据，社会动乱，游侠之风愈加兴盛。而神仙方术的盛行，又赋予这些侠客以神秘色彩。人们在动荡的社会中对现实不满，又找不到出路，便寄希望于那些

锄强扶弱、伸张正义的侠客身上。就在这个时代，产生了《虬髯客传》这样的侠士小说。

名著概要

隋炀帝游幸江都，司空杨素留守西京。杨素大权在握，目空一切，骄奢淫逸。卫公李靖穿着平民衣服来向他进言献策，杨素倚在床上见他。李靖说："天下正乱，各地英雄蜂拥而起，你是皇帝的重要大臣，应该收罗天下英雄豪杰，不应该倚在床上见客。"杨素这才收敛了傲慢姿态，站起来与李靖交谈。杨素和李靖交谈时，旁边站着一个姬女，容貌美丽，手拿红拂，全神贯注地盯着李靖。她打听到李靖的住处，当夜就投奔李靖。李靖得知她姓张。李靖与红拂骑马回太原，走到灵石旅店住下。张氏站在床前梳头，长发拖地，李靖在外刷马。忽然有一个中等身材、长一脸红而卷曲胡子的人，骑一头瘸驴也来到旅店。他把皮口袋扔在炉前，将其当作枕头卧在那里，看张氏梳头。李靖很生气，张氏一手握发，一手暗示李靖不要生气，她急忙梳完头，向前问那人的姓名，躺着的那人说姓张。张氏说，我也姓张，本是同宗，当以兄妹相称。于是三人相认。客人问起李靖娶红拂的经过，又和他们享用了仇人的人头和心肝，向他打听太原有没有特殊人物。李靖说曾经见过一人。那人便请李靖引见。李靖的朋友刘文静和他很要好，李靖答应通过刘文静见他。那人与李靖约好，到达后次日天亮时，在汾阳桥等李靖，说完，便骑着驴飞也似的走了。李靖和张氏感到很惊奇。于是，二人迅速骑马前行，按期到达太原，那人正在汾阳桥上等候，于是三人一同去拜访刘文静。刘文静出来迎接，他平常就很尊重李靖，见面后便议论起国家大事，知道来客和李靖是好朋友，于是摆酒设宴。这时，李世民来了，他虽然不修边幅，敞怀而来，但是器宇轩昂，面貌不同常人。虬髯客却沉默不语地坐在后边，见到李世民后，他万念俱灰。喝过数巡后，虬髯客招过李靖说："这才是真正的天子啊！"李靖告诉了刘文静，刘文静非常高兴，他走出来时，虬髯客说："我看见了，就定了十之八九，还须叫道兄看一看。"又和李靖约好在京城某处见面。李靖夫妇到京后，很快找到了那里，见虬髯客正与一道士对饮。喝过十数巡后，虬髯客与李靖约好再去太原，依然在汾阳桥会合。李靖按预定时间到了，虬髯客和道士已经先坐在了那里。他们一同去拜访刘文静，他正在下棋，刘文静知道他们想见李世民，便写信请李世民来看棋。一会儿，李世民来了，他神清气朗，笑

> **名家点评**
>
> 《虬髯客传》一文虎虎有生气，或者可以说是我国武侠小说的鼻祖。
> ——金庸《三十三剑客图》

风尘三侠年画

经典摘录

　　其夜五更初，忽闻扣门而声低者，靖起问焉，乃紫衣戴帽人，杖揭一囊。靖问："谁？"曰："妾杨家之红拂妓也。"靖遽延入，脱衣去帽，乃十八九佳丽人也。素面华衣而拜。靖惊答拜。曰："妾侍杨司空久，阅天下之人多矣，无如公者。丝萝非独生，愿托乔木，故来奔耳。"

　　忽有一人，中形，赤髯而虬，乘蹇驴而来，投革囊于炉前，取枕欹卧，看张梳头。

意风生，顾盼左右，两目生辉。道士一见，很是凄惨悲伤，应了一手棋子说："这局输了！输了！此后，不会赢了。"道士出来时对虬髯客说："这个天下不是你的天下，你到别的地方想办法吧。"他们准备同回京城，虬髯客对李靖说："我算了李郎的行程，某日能到京城。到后的第二天，可与义妹同到一个胡同中的小房去找我。"说完，虬髯客感慨而去，李靖也策马扬鞭，很快到了京城，与张氏一同去拜访虬髯客说的那个地方。进了第二道门，就非常壮丽了，厅内陈设非同寻常。不久，虬髯客到来，他头戴纱帽，身穿褐裘，有龙虎之姿。虬髯客夫妇把李氏夫妇请到了中堂，喝酒宴乐。酒足饭饱后，他的家人从西堂屋抬出二十个大桌子的账簿和钥匙。虬髯客对李靖说："这都是我的珍宝钱财的账目，赠送给你吧。我本想在这个国家干一番事业，建立些功绩。现在，真龙天子已经出现，我在这里没有什么作为了。太原的李世民就是真龙天子，三五年内，国家就可太平，李郎应该以你的才华辅佐清平之主，只要你竭心尽智，一定会超过一般大臣。义妹既具有天人之姿，又有非同一般的谋略，你跟着李郎，一定能享荣华富贵。这真是，非义妹不能识李郎，非李郎不能遇义妹。我送给你的这些东西，是让你用来协助真主建功立业。今后十年里，如果东南数千里外发生特殊事情，那就是我实现了愿望的时候，义妹李郎可洒酒为我祝贺。"又对左右手下人说："李郎义妹从今往后就是你们的主人了。"说完，他和妻子戎装骑马而去。李靖于是成为富豪之家，并用虬髯客所赠资产帮助李世民创建大业。到李世民执政的贞观中期，李靖官至仆射。东南蛮上奏皇帝说："有一千多艘船只，十万多人马进占了扶余国，杀其主而自立，现在扶余国内很安定。"李靖知道，这是虬髯客成功了。回家后告诉张氏，二人向东南洒酒遥拜祝贺。

阅读指导

　　杜光庭《虬髯客传》是唐传奇中最好的侠士小说。本篇表面是一篇讲史作品，其实完全虚构，既是作者遣情娱世之作，实际又是有所寄托的讽世之作。通观这篇小说，在形式上具有严密完整的布局。文字清丽，情节曲折变化，波澜迭起，颇为引人入胜。本书对人物个性进行了生动的塑造。篇中对虬髯客这位英侠之士的出现，有精彩的描写，把一位江湖奇侠虬髯客写得活灵活现。自他出场那一刻起，读者的注意力便全被这位风尘异人所吸引。他似迅雷疾雨而至，使人惊悸；又化作清风明月而去，使人神往。在篇中，作者用蹇驴、匕首、革囊、人头、

心肝等事物从侧面衬托虬髯客，使他的形象显得更突出，更异于常人。虬髯客以心肝下酒，却先取出人头，又把人头纳入囊中，这是故意给李靖看，也是故意给读者看。尤其是蹇驴，英雄如虬髯客，不骑骏马而乘蹇驴，作者做如此抉择，是有深意的。骐骥日行千里，理所当然，不足称道；而虬髯客乘蹇驴，却驰行若飞，可见蹇驴的非凡。驴的不凡，正好衬托了虬髯客的不凡。这篇小说推出了中国文学史上第一个性格饱满的剑侠形象。

贞观政要

成书年代：唐
作　　者：吴兢
地　　位：初唐政治的重要文献

作者简介

吴兢（670～749年），唐朝汴州浚仪（今河南开封）人。出生于唐高宗总章三年（670年），病逝于唐玄宗天宝八年（749年）。吴兢为人正直不阿，勤奋好学，对古代经书都有一定的研究，特别是对历史研究有较深的造诣。青年时期，他结识了当代著名人物魏元忠、朱敬则等，并从他们那里得到了不少的教益。约在武周圣历三年（700年）前后，当时武三思领导修撰国史，武三思等人以朋党为界限，记事不实，吴兢具有忠于历史的赤诚，愤而私撰《唐书》《唐春秋》，意欲为后人留下信史。唐中宗时，他任右补阙，与刘知几等人共修《则天实录》。书成后，转任起居郎，又迁水部郎中。开元初，自请继续修史，得准与刘知几撰《睿宗实录》，并重修《则天实录》。刘知几去

唐太宗像

世后，张说为相，见到书中记载张易之诱他诬陷魏元忠之事，感到不安。颇有政治见识的吴兢，对澄清了七八年混乱局面的唐玄宗很敬仰，他热切地希望颇有作为的新皇帝能够吸取老皇帝教训，重整旗鼓，治国安邦，使唐王朝得以长治久安。因此，他大胆而直率地向皇帝上了一道奏书要求皇帝纳谏。吴兢得到唐玄宗的重视和信任，约在开元三年（715年）前后，升任谏议大夫、太子左庶子等官，并兼文馆学士。不久，又任卫尉少卿，兼修国史。开元十七年（729年），吴兢被贬官，出任荆州司马，后又历任地方郡守，辗转迁任，不得重用，寂寞地度过了自己的晚年。

背景介绍

《贞观政要》一书，约完成于唐玄宗开元后期或开元、天宝之际。这一时期唐王朝承续"贞观之治"继续兴盛地发展，但政治危机已在一连串宫廷政变——武后专权、韦氏弄权以后逐渐显现；社会危机也已时露端倪，小股农民起义时有发生。政治上颇为敏感的吴兢已感受到唐王朝的衰颓的趋势，为了保证唐皇朝的长治久安，

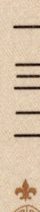

他深感有必要总结唐太宗君臣相得、励精图治的成功经验，为帝王树立起施政的楷模。《贞观政要》正是基于这样一个政治目的而写成的，所以它一直以其具有治国安民的重大参考价值，而受到历代从政者的珍视。

名著概要

《贞观政要》分类编录了唐太宗与魏征、房玄龄、杜如晦等君臣之间有关国家大事的问答，以及大臣诤议和所上谏疏，并旁及政治设施、刑法等，"用备观戒"。"贞观"是唐太宗李世民的年号。"政"指"令""政策"，"要"指"要领""要点"。"贞观政要"即"贞观年间的施政要领"。《贞观政要》虽记载史实，但不按时间顺序组织全书，而是从总结唐太宗治国施政经验、告诫当今皇上的意图出发，将君臣问答、奏疏、方略等材料，按照为君之道、任贤纳谏、君臣鉴戒、教戒太子、道德伦理、正身修德、崇尚儒术、固本宽刑、征伐安边、善始慎终等一系列专题内容归类排列，使这部著作既有史实，又有很强的政论色彩；既是唐太宗贞观之治的历史记录，又蕴含丰富的治国安民的政治观点和成功的施政经验。

全书10卷42篇、250章、8万字左右。

在第一卷中，吴兢将《论君道第一》作为首篇，其中主要记载了唐太宗和时任谏议大夫的魏征关于"为君之道"的讨论。唐太宗认为，为君之道，在于必须先安定老百姓，如果损害了百姓而奉养自身，就如同"割股以啖腹，腹饱而身毙"一样。如果想安定天下，君主必须首先严于自律，否则上行下效，国家的安定将无从谈起。第一卷第二篇是"论政体"。在这里，吴兢继续记述唐太宗君臣对治国之道的讨论，只是这种讨论从由单纯的治国指导思想进一步深入到了具体的治国方式。

古帖　唐　魏征

第二卷《论任贤第三》《论求谏第四》和《论求谏第五》，吴兢更加详细地记录了太宗身边的几个肱骨之臣：房玄龄、杜如晦、魏征、王珪、李靖、虞世南、李勣、马周等被选拔任用的经历。太宗对贤才珍惜和重视，但对那些贪官污吏深恶痛绝。如果有接受钱财而违法的官吏，一定严惩不贷。由于这样，唐太宗时的官吏多能做到"清廉自谨"。

第三卷包括《君臣鉴戒第六》《论择官第七》《论封建第八》三篇。太宗君臣注意从隋亡中吸取教训，认为作为君主应该力戒骄奢淫逸，并随时采纳忠直之言，选用贤良，励精图治。而为臣子者，对君主应该忠诚不贰，敢于直谏，不怕诛杀。

作品评价

《贞观政要》这部著作既有史实，又有很强的政论色彩；既是唐太宗贞观之治的历史记录，又蕴含丰富的治国安民的政治观点和成功的施政经验。这部书是对中国史学史上古老记言体裁加以改造更新而创作出来的，是一部独具特色、对人富有启发的历史著作。它在史料学方面也具有重要价值。唐代起居注、实录等已不存，《贞观政要》是现存记载太宗朝历史较早的一部史书，书中保存了较多的重要史实。

> **相关链接**
>
> 《唐鉴》，宋范祖禹著，这是一部以议论为主的史书。所论上起唐高祖，下至唐昭宗，把近300年唐代历史中事可为法戒者撮取大纲，系以论断。全书共12卷。《唐鉴》一书的儒家思想与主张随处可见。他强调礼义教化是立国之本，他认为君臣名分必须讲究，仁义规范必须遵守，他主张任贤用能，纳谏杜谗。书成之后，宋高宗曾对讲官感慨地说："读《资治通鉴》知司马光有宰相度量，读《唐鉴》知范祖禹有台谏手段。"

在择官方面，基本遵循"任官唯贤才"的原则。

第四卷主要记录了关于对太子及诸王的封授、教育、规谏的问题。太宗采纳了褚遂良的建议，给太子高于诸王的待遇，并为太子延请师傅，教育太子尊师重道，为将来君临天下做准备。其他诸王也应该选择良师益友，接受他们的直言规劝，不得独断专行。

第五卷和第六卷共包括十六篇，记录了唐太宗君臣心中君主或臣子应该恪守的道德准则，包括：仁义、忠义、孝友、公平、诚信、俭约、谦让、仁恻、慎所好、慎言语、杜谗邪、自省、廉洁等内容。

第七卷包括《崇儒学第二十七》《论文史第二十八》《论礼乐第二十九》三篇。记录了太宗自继位以来，通过设弘文馆，尊孔子为至圣先师，广泛授予天下儒士以官职等方法，确立了儒家思想的统治地位。

第八卷包括六篇，分别是《论务农第三十》《论赦令第三十一》《论刑法第三十二》《论贡献第三十三》《禁末作附（三章）》《辩兴亡第三十四》。

第九卷包含《议征伐第三十五》和《议征伐第三十六》两篇，它记录了从唐初期到唐太宗后期，唐朝处理与周边国家、地区关系的情况。

《贞观政要》全书内容涉及非常广泛。分类归纳，基本上可分为以下四个方面：1. 君主的自身修养和作风；2. 官员的选拔和作风要求；3. 对内对外的大政方针；4. 规谏太子，确保国家长久，社稷永存。

《贞观政要》记述的封建政治问题是全面而详备的。吴兢认为君主是封建政权的关键，他在开卷的第一篇《君道》中，首先探讨了为君之道。他列举唐太宗的言论说明：要想当好君主，必先安定百姓，要想安定天下，必须先正自身。把安民与修养己身当作为君的两个要素，对于封建政治来说，是抓到了点子上的。对于君主的个人修养，他以唐太宗为例，说明清心寡欲和虚心纳谏是相当重要的。做到这两点，是唐太宗成功的关键，从历代统治者的施政实践上看，这两条对于政权安危具有普遍意义。

《贞观政要》中，也反映了吴兢思想中的消极方面。如书中第五卷罗列了关于封建伦理道德的一些说教；第六卷中又列举了许多关于修身养性的议论。这固然是希望统治者能够正身修德，做出表率，但

帝王与群臣图 唐

也表明吴兢对封建伦理的重视和虔诚。

阅读指导

阅读时注意两点：第一，《贞观政要》的写作背景要引起注意，只有在特定的环境下，才会有这些言论的记载；第二，文中的对话主要是围绕为君之道、任贤纳谏、君臣鉴戒、教诫太子、道德伦理、正身修德、崇尚儒术、固本宽刑、征伐安边等一系列专题内容展开的，可以根据专题来阅读。

千金方

成书年代：唐
作　　者：孙思邈
地　　位："巍巍堂堂，百代之师"

作者简介

孙思邈（581～682年），世称孙真人，后世尊之为药王，唐京兆华原（今陕西耀州区）孙家塬人。孙氏自幼聪慧好学，敏慧强记，7岁时每天能背诵一千多字，人称圣童。他的家乡在长安附近，为秦汉时期的文化中心，因而孙思邈有机会从小就博览群书。自幼体弱多病，常请医生诊治，以致耗尽家资。因此他从青年时代就立志以医为业。到20岁左右，他已对医学有一定造诣，并且小有名气。除医学书籍外，儒家、道家、佛家的典籍他也无所不读。到青年时期孙思邈已经成为一个知识渊博，尤其精通儒家、道家并兼通佛学思想的颇有功底的学者了。孙思邈鄙弃仕途，先后到长安以西稍偏南，距长安600余里的太白山和长安以南200余里的终南山过了数十年的隐居生活。在这期间，他潜心钻研唐以前历代医家的著作。除此之外，他也在当时盛行的"阴阳禄命""诸家相法""灼龟五兆""周易六壬"及预测祸福、卜筮吉凶等方面消耗了大量的时间。他还利用久居山林的自然条件，钻研并整理记载了大量药物识别、采集、炮制、贮存等方面的丰富经验。在长年为方圆数百里内百姓治疗各种疾病的实践中，他所学的医学理论与临床实践融会贯通，医疗技术达到了炉火纯青的水平。孙思邈淡泊名利，隋文帝、唐太宗、唐高宗多次请其为官，他均托病辞而不受。自85岁以后，他时而居京师，时而隐居山林，以行医为主要社会活动。孙思邈到了晚年，对天文、地理、人文、社会、心理等诸方面学问无不精通，对事物的发展变化有着深刻的洞察力，甚至达到了出神入化的境地。他晚年把主要精力用于著书立说，孙氏在一百多岁才开始着手写《千金方》30卷，682年他又积最后30年之经验，写成《千金翼方》30卷，以补《千金方》之遗。同年，寿至102岁的一代名医孙思邈在长安与世长辞。孙思邈终生勤勉不倦，著述很多，除了《千金要方》《千金翼方》外，还有《老子注》

孙思邈像

作品评价

《千金方》较全面地总结了自上古至唐代的医疗经验和药物学知识,丰富了我国医学知识。他发展了张仲景的伤寒论学说,改六经辨证为按方剂主治及临床表现相结合的分类诊断方法,使理论更切合实际;由于历史条件的限制,在孙思邈的学术思想中,有一定的迷信和糟粕,如御女术、服石、禁咒等。

《庄子注》《枕中素书》1卷、《会三教论》1卷、《福禄论》3卷、《摄生真录》1卷、《龟经》1卷等。

背景介绍

当时的社会风尚是"朝野士庶,咸耻医术之名,多教子弟诵短文,构小策,以求出身之道。医治之术,缺而弗论"。孙思邈目睹民众缺医少药,回顾自己幼遭风冷之疾,屡造医门,为治病而倾尽家产的痛苦经历,遂立志做一名"苍生大医",毅然放弃仕途。他以历代名医为榜样,刻苦钻研医药典籍。对于诊疗疾病的方法,采药和制药的法度,养生保健之术,凡有一事长于己者,他总是不远千里,伏膺取决。

名著概要

《备急千金要方》被誉为中国最早的临床百科全书,世简称为《千金方》。《千金方》共30卷,其中主要对于临床各科的诊治方法、食物疗法及预防、卫生等方面的内容详细论述。卷首以显著地位论述了《大医精诚》与《大医习业》,突出地强调了作为一位优秀医生必须具备高尚的医疗道德修养和精辟的医学理论、医疗技术。为此,该书一一做出了医德与医术的严格标准,成为历代临床医生修养的准绳。

孙思邈十分重视妇女和儿童的疾病,用很大的篇幅专论妇人病、婴幼儿病及体质发展的特点。他认为妇女有经、带、胎、产等方面的特殊生理条件和疾病范围;儿童的身体结构与成人大不相同,皆应单分出科,独立讨论。他也是最早提出将妇科单列一科的医家。孙氏在比较正确地论述了妇女妊娠及胎儿在母体逐月发展之形态等以后,还强调了出生儿的护理、喂养及乳母、保育员的选择条件等,应该说这是很符合科学要求的。

在内科病的防治方面,按脏腑病症逐一论述,这是孙思邈对内科学的一大贡献。将神经和脑血管病分为偏枯、风痱、风懿、风痹进行诊治。记载了神经病人在认识、情感、思维、语言和行为等方面的障碍,在治疗上按病症分类用药,如惊痫药品、失魂魄药品及其他疗法。

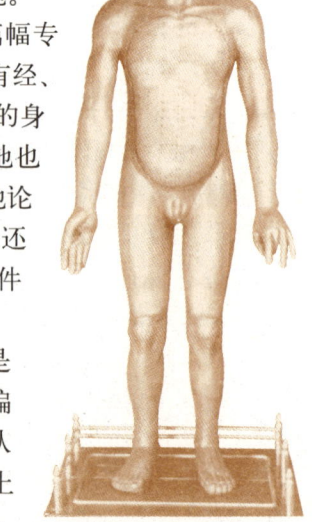

针灸铜人

指出消渴病（糖尿病）患者要节制饮酒、房事、咸食及含糖较高的食品。在治疗上不要使用针灸，以防外伤成疮久不痊愈；除用药物治疗外，还要用饮食疗法，如牛乳、瘦肉等食物。记述了数十种内科急症，如癫痫、惊厥、眩晕、卒心痛、咯血、吐血、腹痛、瘟疫、尸厥等的诊治抢救。广泛地使用黄连、苦参、白头翁治痢；用常山、蜀漆治疟。认为霍乱等传染病并非鬼神所致，皆因饮食不节，或不洁所生。对于慢性消耗性疾病的防治和老年病，孙思邈主张用药物、饮食、运动等调养方法。用含碘丰富的动物甲状腺（靥）及海藻、昆布来治疗甲状腺肿（瘿），用富含维生素 A 的动物肝脏来治疗夜盲症。用地肤子、决明子、芫蔚子、青葙子、车前子、枸杞子来防治维生素 A 缺乏症。用谷白皮、麻黄、防风、防己、羌活、吴茱萸、橘皮、桑白皮、茯苓、薏苡仁、赤小豆来防治维生素 B_1 缺乏症。

> **名家点评**
>
> 药王山一座托名石碑上写道："凿开径路，名魁大医。羽翼三圣，调合四时。降龙伏虎，拯衰救危。巍巍堂堂，百代之师。"

在外科方面，他首创了葱管导尿术和灸法治痈疽等多种效验颇佳的方法，均被后人大量地采用。

在针灸治疗方面，他独创了"阿是穴"疗法，就是找到病人感觉最痛苦的部位施针的方法。他认为，关于针灸疗法，必须首先掌握经络、穴位的理论和技术。他在前人绘图的基础上，经过考订、修改，并创造性地以青、黄、赤、白、黑五色彩绘以区别其十二经各经络之行走方向和空穴之部位，并以绿色绘制奇经八脉。该图分正、侧、背面三幅，大小取常人之一半为之。在针灸临床上，他指出选穴要少而精，提倡针灸辨症，主张综合治疗。

在药物学方面，他十分注重采药的时间和制作方法以及药品的产地，在药材学方面亲自做了大量的实践和调查，对于不同时间采摘、不同方法炮制、不同产地药物的各种细微差别进行了多方面的比较，在组方配药时，就对此有了严格的区分和不同的要求。孙思邈还创立了根据药物的治疗功效对药物进行分类的方法。

在疾病诊疗技术上，孙氏创造了"验透膈法"，就是确诊胸背部化脓性感染是否穿透胸膜引致脓胸的科学方法。其方法是在胸、背肋部脓疮创面贴一薄纸或竹内膜，于光亮处观察竹膜是否随着病人呼吸同步起伏，呼气则竹内膜内陷，吸气则竹内膜凸出，如是则可诊断脓肿已穿透胸膜而成脓胸或尚未穿透胸膜。在医疗技术上，他实际上已创造出有血清疗法性质的技术。

孙思邈还发展了卫生保健说。此说有三个显著的特点：一是将老庄"吐故纳新"思想指导下的"静功"与华佗等倡导的"流水不腐，户枢不蠹"思想指导下的"动功"结合起来；二是把一般人的养生保健理论技术与中老年常见病的防范结合起来；三是严厉地批判了服五石企图长生的思想，同时强调了服食植物类营养防病方剂的必要性。

阅读指导

《千金方》中的许多药物、治疗技术等现在都在运用，可以找几本医学方面

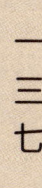

的书，先了解一些中医医学基础理论知识，在阅读时，可以对相关内容做一些分类，这样阅读起来会比较清楚。同时，可以与《伤寒杂病论》相联系，做一个知识的衔接。

六祖坛经

成书年代：唐
作　　者：惠能
地　　位：中国禅宗精神的精髓

作者简介

惠能亦作慧能（638～713年），南海新州（今广东新兴）人，中国佛教禅宗的主要代表人物。惠能生于唐太宗贞观十二年，俗姓卢。他的父亲"本官范阳"（今北京大兴、宛平一带），后"左降迁流岭南，作新州百姓"。他3岁丧父，其母李氏守寡把他养大成人，家境贫寒。他稍稍长大就以卖柴为业，养母度日。于艰难竭蹶之中，存成佛作祖之念，常以虚幻的天国补偿、安顿自己敏感的心灵。24岁时，告别亲人出家，投蕲州黄梅县（今湖北黄梅）东禅寺为行者，参拜弘忍为师学佛。那时他在寺中做过舂米、推磨、劈柴等杂役，地位低下。但是惠能聪明过人，而且具备高超的宗教"觉悟"，得到五祖弘忍的赏识，传授给他袈裟，令为第六祖，随即他回到原籍岭南一带隐遁说法。大约在弘忍去世后两年，惠能到广州法性寺听印宗法师讲经，但却被印宗法师推奉为师。第二年，惠能移住曹溪宝林寺，开讲佛法达30多年，名声远扬。当时武则天、孝和皇帝都下诏书，让惠能进京城，但他坚辞不去，于是皇帝们就陆续送袈裟、钱帛等供养惠能。唐玄宗先天二年，75岁的惠能卒于曹溪。惠能的思想和言行被弟子整理成《六祖坛经》。他所创立的南宗反对烦琐的宗教仪式，不讲布施财物和累世修行，不主张念经拜佛，甚至不主张坐禅，而是主张"顿悟成佛"——"一悟即佛地""一念相应便成正觉"。

背景介绍

中唐以来，均田制已经遭到破坏，土地兼并日益剧烈，大量破产的小农投奔寺院庇身，当时宦官专权，政治腐败，藩镇割据，战争频繁，人民处于极度的物质、精神困苦之中。于是宗教情绪普遍滋长，宗教传播的社会基础扩大，再加上禅宗的顿悟成佛说是统治者对人民加强思想奴役的需要，也是他们填补自己精神空虚的需要。当他们在权力和名利的角逐中失败时，"放下屠刀，立地成佛"就是他们的精神慰藉。此外，安史之乱时，惠能的弟子神会主持度僧，收资补助国家军费，对郭子仪收复两京帮助甚大。

作品评价

《六祖坛经》废除了传统的读经、坐禅等修行方法和烦琐的宗教仪式，用主观主义方法提出了顿悟成佛的途径，并为顿悟成佛提供了理论根据，以自己特有的方式加深和发展了认识论问题。它继承和发展了庄子和魏晋玄学的虚无主义、不可知论和放任自然的思想以及孟子的唯心主义先验论，并给后来的宋明唯心主义理学，尤其是陆王心学以很大的影响，不仅在中国佛教史上，而且在中国哲学史和思想史上都具有重要的地位。

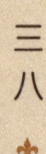

六祖挟担图轴 南宋 直翁 纸本

直翁，生卒年不详。擅长道释人物，风格淡雅。该画取材于六祖惠能的传说故事。相传六祖卖薪归来时，突闻诵《金刚经》之声，于是决意出家。图中正是描绘六祖侧耳恭听的情景：头系方巾，衣衫褴褛，肩扛挑担，神情专注。作者以细笔浓墨勾画人物面部，而以淡墨简笔勾勒手足、衣纹，寥寥数笔，却韵意横生。

名著概要

《六祖坛经》中最主要的思想体现在佛性说、顿悟成佛说和"凡夫即佛"的宗教归宿上。惠能禅宗思想的核心是他的佛性说。佛性在佛教哲学中指的是宇宙的本体，也可称作"如来性""觉性""真如"等。"佛性"还具有成佛的原因、种子的意思。在本体论上，惠能认为"心"就是"本体"，心外别无"本体"，现实世界的一切都依存于"心"。他认为"凡所有相，皆是虚妄"，只有佛性才是真实的永恒的，并进一步指出佛性是人人本来所具有的，并且是"性常清静"，犹如"日月高明""只为云覆盖"才造成"上明下暗"的局面，因而他认为只有除却妄念，拨去云雾，自识本心，直见本性，才可见性成佛。因而他要求人们发挥自我能动性，向自身心中求佛。

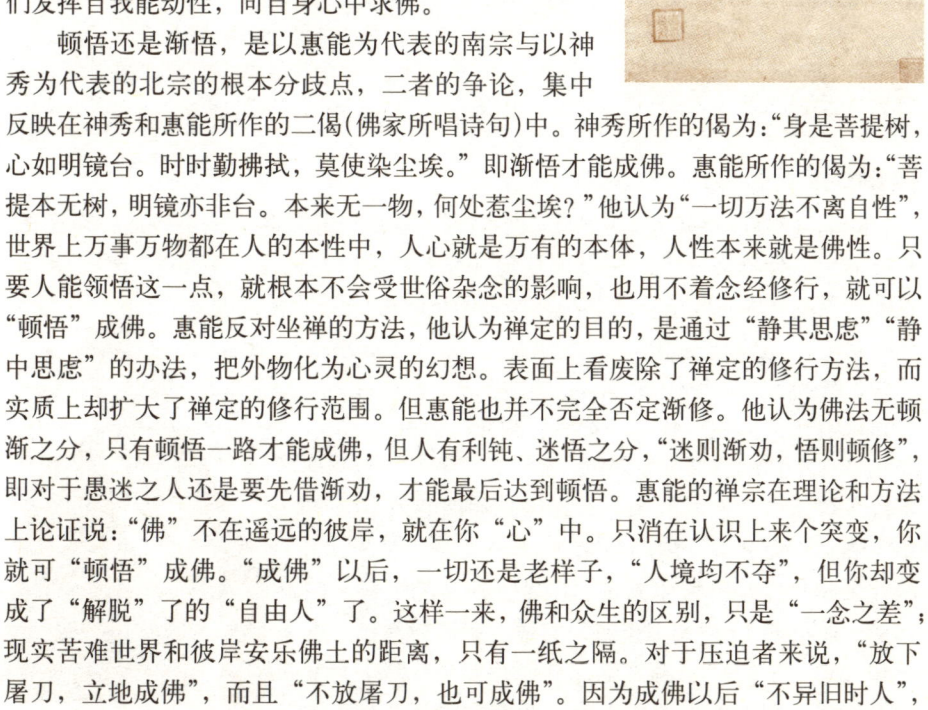

顿悟还是渐悟，是以惠能为代表的南宗与以神秀为代表的北宗的根本分歧点，二者的争论，集中反映在神秀和惠能所作的二偈（佛家所唱诗句）中。神秀所作的偈为："身是菩提树，心如明镜台。时时勤拂拭，莫使染尘埃。"即渐悟才能成佛。惠能所作的偈为："菩提本无树，明镜亦非台。本来无一物，何处惹尘埃？"他认为"一切万法不离自性"，世界上万事万物都在人的本性中，人心就是万有的本体，人性本来就是佛性。只要人能领悟这一点，就根本不会受世俗杂念的影响，也用不着念经修行，就可以"顿悟"成佛。惠能反对坐禅的方法，他认为禅定的目的，是通过"静其思虑""静中思虑"的办法，把外物化为心灵的幻想。表面上看废除了禅定的修行方法，而实质上却扩大了禅定的修行范围。但惠能也并不完全否定渐修。他认为佛法无顿渐之分，只有顿悟一路才能成佛，但人有利钝、迷悟之分，"迷则渐劝，悟则顿修"，即对于愚迷之人还是要先借渐劝，才能最后达到顿悟。惠能的禅宗在理论和方法上论证说："佛"不在遥远的彼岸，就在你"心"中。只消在认识上来个突变，你就可"顿悟"成佛。"成佛"以后，一切还是老样子，"人境均不夺"，但你却变成了"解脱"了的"自由人"了。这样一来，佛和众生的区别，只是"一念之差"；现实苦难世界和彼岸安乐佛土的距离，只有一纸之隔。对于压迫者来说，"放下屠刀，立地成佛"，而且"不放屠刀，也可成佛"。因为成佛以后"不异旧时人"，只要不被诸境迷惑，照样可以为所欲为。对于被压迫者来说，丝毫不必"借相外

> 经典摘录
>
> 菩提本无树，明镜亦非台。本来无一物，何处惹尘埃？
>
> 一切万法，不离自性。何其自性，本自清净；何其自性，本不生灭；何其自性，本自具足；何其自性，本不动摇；何其自性，能生万法。
>
> 善知识！我此法门从上以来，先立无念为宗，无相为体，无住为本。
>
> 念念中不思前念，若前念今念后念，念念相续不断，名为系缚于诸法上，若念念不住即无缚，此是以无住为本。
>
> 生来坐不卧，死去卧不坐。一具臭骨头，何为立功过。
>
> 佛法在世间，不离世间觉。离世觅菩提，恰如求兔角。
>
> 若欲修行，在家亦得，不由在寺。
>
> 心平何劳持戒，行直何用修禅。恩则孝养父母，义则上下相怜。让则尊卑和睦，忍则众恶无喧。若能钻木取火，淤泥定生红莲。

求"，以求改变现状，只消一转念，烦恼变成了菩提（觉悟后的境界），苦难世界就会变成了"清净佛土"，就在"披枷戴锁"中成了"自由人"了。

阅读指导

佛经博大精深，对于没有所谓"慧根"的人来说，理解起来可能难上加难。因此建议在阅读此书前，最好先看一些关于禅宗知识方面的书籍，先具备一点佛教的理论知识。在看此书时，要注意比较南北两派禅宗观点的不同，如有条件的话，可以做一个对比阅读，那样效果更佳，印象更深。

茶 经

成书年代：唐
作　者：陆羽
地　位：世界上第一部茶叶专著

作者简介

陆羽（733～804年），名疾，字鸿渐、季疵，号竟陵子、桑苎翁、东冈子、东园先生，世称陆文学。唐复州竟陵（今湖北天门）人，一生嗜茶，精于茶道，以著世界第一部茶叶专著《茶经》闻名于世，被誉为"茶仙"，奉为"茶圣"，祀为"茶神"。陆羽出身于一个贫困的家庭，他自幼好学，唐天宝十一载（752年），他出巴山，涉峡州，考察茶事，一口气踏访了彭州、绵州、蜀州、邛州、雅州等八州。唐上元初年（760年），他游览了湘、皖、苏、浙等十数州郡后，于次年到达盛产名茶的湖州，在风景秀丽的苕溪结庐隐居，潜心研究茶事，闭门著述《茶经》。乾元三年，开始在湖州苕溪一带搜集采茶、制茶、饮茶的资料，四年后，他根据32州调查资料，写成《茶经》初稿。唐大历八年（773年），颜真卿出任湖州刺史。陆羽拜会颜公之后，即成刺史的座上客。颜真卿看到江南人才

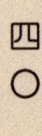

陆羽像

众多，于是就发起重修《韵海镜源》的盛举，约陆羽等十数人共同编纂。陆羽接受邀请，参与编辑，趁机搜集历代茶事，又补充《七之事》，从而完成《茶经》的全部写作，前后历时十几年，出版于建中元年（780年）。陆羽晚年由浙江经湖南而移居江西上饶。他的著作涉及诗歌、戏剧、考古、方志、书法等诸多方面。《茶经》之外，其他著述颇丰：《四悲诗》《天之未明赋》《君臣契》三卷、《源解》三十卷、《江西四姓谱》八卷、《南北人物志》十卷、《吴兴历官记》一卷、《占梦》三卷、《天竺灵隐二寺记》和《武林山记》。可惜这些著述传世甚少。

背景介绍

唐代是我国封建社会的鼎盛时期。在坚实的物质生活的基础上，人们能逐步超出日常生活需求之外去追求更高的精神享受和艺术的生活。因此，改变饮茶方式，从"与瀹蔬（即作菜汤）而啜者无异"的粗放豪迈进入细煎慢品的境界，可以说是一种时代的必然。唐代以科举取士，读书人以中进士为最高目标。攻读过程漫长又艰辛，赴考时尤其令人疲惫难挨，亟须提神之物。唐代禅宗大行，禅宗讲究静修自悟，晚间坐禅要驱赶睡魔，更是非饮茶不可。文士、僧人都是有社会影响的人，他们争相与茶结缘，流风所及，对社会上饮茶风气的推动、普及，无疑起到了一种催化剂的作用。加上中唐以后，朝廷多次禁酒，酒价昂贵，更助长茶风的日渐炽盛。唐人封演《封氏闻见记》中有一段话，颇能反映当时风尚："学禅务于不寐，又不夕食，皆许其饮茶。人自怀挟，到处煮饮，以此转相仿效，遂成风俗。按古人亦饮茶耳，但不如今溺之甚，穷日尽夜，殆成风俗，始于中地，流于塞外。"正是在这样的背景下，"茶圣"陆羽经过多年的努力，终于写出了中国、也是世界上的第一部茶学专著——《茶经》。

名著概要

《茶经》是世界上第一部茶叶专著，分上、中、下三卷，包括茶的本源、制茶器具、茶的采制、煮茶方法、历代茶事、茶叶产地等十章，内容丰富、翔实。

"一之源"：作者于1200多年以前就肯定茶树原产于我国南方，有高一尺二尺的灌木型，也有高数十尺的乔木型。在川东鄂西一带，有两人合抱的大茶树，需把枝条砍下来进行采摘。茶树形态像瓜芦，瓜芦是生长在广州的一种近似茶树的大叶冬青属的植物，味极苦涩。作者简介了茶的栽培方法、茶叶的品质鉴别、茶叶的颜色、形状、茶树的生态环境，认为茶叶具有收敛性，与蛋白质结合凝固，能使皮肤上的痂疾结疤愈合。

"二之具"：介绍采制茶叶的工具。除采茶篮外，其余都是加工蒸青团饼茶的

作品评价

中国乃至世界现存最早、最完整、最全面介绍茶的第一部专著《茶经》，是中国茶道的奠基人陆羽所著，是一部划时代的茶学专著。它不仅是一部精辟的农学著作，又是一本阐述茶文化的书。它将普通的茶事升格为一种美妙的文化艺术。

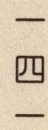

陆羽烹茶图 元

用具。籯，又叫篮、笼。灶，烧水蒸茶所用的炉子。甑，蒸茶（蒸汽杀青）时把鲜叶放在箅上，蒸熟后从箅上取出。锅子里的水烧干时向甑里加水。杵臼，也叫碓，以常用的为佳。规，也叫模，铁制，圆形、方形或花形，做茶饼的模子。承，也叫台、砧，石制，也可用栀木或桑木半埋地下，使之不摇。篾笆，把青叶摊在上面冷却。棨，团饼茶穿孔用。朴，也叫鞭，以竹制成，有利于烘焙。焙，烘焙团饼茶用。贯，"削竹为之，长二尺五寸，以贯茶焙之"。棚，用于焙茶。穿，团饼茶包装的重量单位。育，"以木制之，以竹编之，以纸糊之……江南梅雨时焚之以火"。

"三之造"：介绍团饼茶的蒸青（蒸汽杀青）制造方法。采茶在农历二月三月四月之间；嫩梢长四五寸时，一定要晴天采摘。茶叶的外形千变万化，粗略而言，可分为八等。团饼茶从采到封，经过七道工序。从像胡人的皮靴到霜打过的荷叶，分为八等。

以团饼茶表面是否光黑平整来鉴别品质好坏，是片面的下等的鉴别方法。

以团饼茶表面是否萎黄不平来鉴别品质的好坏，是不全面的中等的鉴别方法。

既讲光黑，又讲皱黄，品质有好有坏，这才是全面的上等的鉴别方法。因为茶膏（汁）充分挤出的表面光，没有充分挤出的（含膏）表面皱。隔夜制成的色黑，太阳晒干的则黄。蒸压适当的表面平正，压得不紧则松开不平。茶叶与其他植物的叶子一样，鉴别品质好坏的最好方法最终需由品尝来决定。

"四之器"：介绍与茶相关的器具。风炉，煮茶烧水的器具，炉膛用铸铁或泥涂。灰承用三足铁架。筥，竹编或用藤作为木柜，盛木炭等燃料用。炭挝，用六棱形铁棒制成或用锤打碎木炭，或用斧劈柴。火筴，用铁或熟铜制成。鍑，煮茶用的铁锅。交床，鍑的支架。夹，用小青竹制成，夹住团饼茶在火上烘烤，烤时竹子产生的清香，有增进茶味的作用。纸囊，用白而厚的剡藤纸缝制而成。"以贮所炙茶，使不泄茗香也"。碾，把烤好的团饼茶捣成粉末，用橘木制成。其次用梨、桑、桐、柘等硬杂木。堕，形如车轮，不辐而轴。罗盒，用竹节制成，或刻杉木漆制，碾碎的末茶用罗（纱绢）筛过后放在罗盒里，把"则"也放在盒里。则，准则，度量。拂末，以鸟羽制之。水方，用稠木或槐、楸木等拼合而成，外面的缝隙涂上油漆封住，容量一升。漉水囊，囊用青篾编成能卷的口袋，内缝碧绸，衬绿油囊贮水。瓢，又叫牺勺，把葫芦剖开而成或用木刻制。竹夹，用桃、

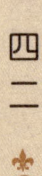

柳、蒲葵木或柿心制成。鹾簋，瓷质，贮盐花用。揭，取盐时用。熟盂，贮沸水用。碗，茶碗，瓷质。畚，可贮碗十枚。札，清洁茶具用。涤方，贮洗涤过的水。滓方，贮渣滓用。具列，陈列茶具用，或作床，或作架。都篮，存放全部茶具用。

"五之煮"：详细介绍了唐代团饼茶的烹煮方法。

"六之饮"：介绍饮茶的历史和方法。饮茶的种类有粗茶、散茶和末茶三种。都是由团饼茶捣碎后分筛出来的。最细的末茶是正品，最粗的是粗茶，两者之间的为散茶。饮茶有九个问题需要解决：一是制造；二是鉴别；三是器具；四是火工；五是用水；六是烘烤；七是碾末；八是烹煮；九是饮用。

"七之事"：辑录了自上古神农氏到唐代中叶数千年间有关茶事的记录，系统而全面地介绍了我国古代茶的发展演变，尤具史料价值。

"八之出"：记载了唐代产茶的区域。根据政治地理，分为道、州、县三级。道相当于现在的省，历代变化较大，名称都已改变。唐代八个产茶道的名称和它们的地理位置大致如下：山南道、淮南道、浙西道、浙东道、剑南道、黔中道、江南道、岭南道。

"九之略"：介绍制茶工具和饮茶器皿。

"十之图"：介绍茶经的挂图。把《茶经》的内容，画在四幅或六幅的白纸上。对于茶的起源、制造工具、制造方法、煮茶器皿、煮茶方法、饮茶方法、历史、产地等，一览可知。

阅读指导

《茶经》绘声绘色，文字与图形相结合，在阅读时对于茶的起源、制造工具、制造方法、煮茶器皿、煮茶方法、饮茶方法、历史、产地等，可将文字与图形结合起来阅读。

资治通鉴

成书年代：北宋
作　　者：司马光
地　　位：中国最著名的编年体通史之一

作者简介

在我国历史上，有两位著名的历史学家，因都复姓司马，所以人们称为"两司马"。即撰写《史记》的司马迁和主编《资治通鉴》的司马光。司马光（1019～1086年），字君实，北宋陕州夏县（今山西夏县）人。他父亲司马池，官任天章阁（皇帝藏书阁）待制（皇帝顾问）。司马池为人正直、清廉，这对司马光有深刻的影响，时人赞誉司马光是"脚踏实地的人"。司马光自幼酷爱史学，"嗜之不厌"。仁宗宝元元年（1038年）司马光中进士，历仕宋仁宗、宋英宗、宋神宗三朝，曾任天章阁待制兼侍讲、龙图阁直学士、翰林学士、御史中丞等职。当时正值神

司马光像

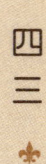

作品评价

《资治通鉴》是我国极为重要的一部编年体史书，具有很高的史料价值。全书体例严谨，前后脉络分明，语言文字也较为简练。这些对后世史学都产生了极大的影响。自《资治通鉴》出现后，一度中衰的编年史书体裁才得以重整旗鼓，并加以发展。《资治通鉴》有它的不足和缺点，在体例上也有失当的地方，如年号问题，这给读者的阅读带来不便。

宗用王安石变法，而司马光是反对变法的"旧党首领"，故于熙宁三年（1070年）王安石执政后，司马光就请求做外官，出知永兴军。此年，王安石为相后又自请改判西京御史台。哲宗即位，高太后听政，保守派掌权，司马光任尚书左仆射，把新法废除得一干二净。时隔不久，与世长辞，死后封温国公，谥文正。

司马光修书时有三大助手：刘恕，字道原，筠州（今江西高安）人，18岁中冯京榜进士，再试经义说书皆第一，司马光受诏修书，上表推荐刘恕，年仅34岁成为史学名家。刘攽，字贡父，号公非先生，临江新喻（今江西新余）人，庆历进士，曾任国子监直讲，入秘书少监，官至中书舍人。范祖禹，字梦得，成都华阳（今四川华阳）人，进士出身，官至奉议郎。

背景介绍

司马光自幼酷爱史学，"嗜之不厌"。屡次深切感受到历代史籍浩繁冗杂，并且除《史记》之外多数为断代史，不便参阅，使学习历史的人感到很困难，同时他为了给封建统治者提供借鉴，决心动手编一部"删削冗长，举撮机要，专区国家盛衰，系生民休戚，善可为法，恶可为戒"的史书，并确定此书的宗旨是"鉴前世之兴衰，考当今之得失，嘉善矜恶，取是舍非"。英宗治平三年（1066年），他将记载战国、秦朝历史的《通志》呈进朝廷，获得赏识，并受诏设局续编。书局始辟于开封，后迁至洛阳，设主修、同修、书吏多人。宋神宗曾专听司马光进读书稿，并赐其书名为《资治通鉴》。同时御撰书序，以示褒奖。元丰七年，全书完成，历时19年之久。

名著概要

《资治通鉴》是中国最著名的编年体通史。共294卷，洋洋三百余万字，上起周威烈王二十三年（前403年），下迄后周显德元年（959年）。记载了包括周、秦、汉、魏、晋、宋、齐、梁、陈、隋、唐、后梁、后唐、后晋、后汉、后周在内的16个朝代1362年的历史。分为294卷，共计300多万字；另外《目录》30卷，《考异》30卷，《周纪》5卷，《秦纪》3卷，《汉纪》60卷，《魏纪》10卷，《晋纪》40卷，《宋纪》16卷，《齐纪》10卷，《梁纪》22卷，《陈纪》10卷，《隋纪》8卷，《唐纪》81卷，《后梁纪》6卷，《后唐纪》8卷，《后晋纪》6卷，《后汉纪》4卷，《后周纪》5卷。司马光是为了巩固当时的封建政权才编写《资治通鉴》的，这就决定了此书的内容主要是政治史。他把历史上的君主依据他们的才能分为五类：第一类是创业之

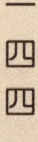

君，比如汉高祖、汉光武帝、隋文帝、唐太宗等；第二类是守成之君，如汉文帝和汉景帝；第三类是中兴之帝，如汉宣帝；第四类是陵夷之君，如西汉的元帝、成帝，东汉的桓帝、灵帝；第五类是乱亡之君，如陈后主、隋炀帝。在司马光看来，最坏的是那些乱亡之君，他们"心不入德义，性不受法则，舍道以趋恶，弃礼以纵欲，谗谄者用，正直者诛，荒淫无厌，刑杀无度，神怒不顾，民怨不知"，像陈后主、隋炀帝等就是最典型的例证。对于乱亡之君，《资治通鉴》都给予了一定程度的揭露和谴责，以为后世君主鉴戒。

《资治通鉴》对军事的记载也很突出，对战争的描述也很生动。凡是重大的战役，如赤壁之战、淝水之战等，《资治通鉴》都要详细记载战争的起因、战局的分析、战事的过程及其影响。《资治通鉴》也注意关于经济的记载，因田赋等赋税是封建经济的首要问题，因此对于商鞅变法、文景之治、北魏孝文帝的均田制等都有记载。《资治通鉴》在文化方面也有记载。从学术思想上来说，上至先秦的儒、法、名、阴阳、纵横五家的代表人物和学术主张，下及汉代的黄老思想、汉武帝的独尊儒术以及魏晋玄学的盛行都有记载。还叙述了佛教、道教的起源及流传，同时也涉及了著名的文人学士及其作品。从史学方面来讲，从《汉书》到沈约的《宋书》以及唐代的修史制度均有记载。从科技方面来讲，历代的历法是记载最多的，其他还有天文学、地理学、土木建筑（如秦长城、隋唐长安城和洛阳城）、水利工程（隋大运河）等都有记载。《资治通鉴》还有历史评论，一类选录前人的评论，开头都写明作者名氏，不过所选录的前人史论都符合司马光的观点，大部分都是用来表达他的政治思想的，还有一类是属于司马光自己写的，每篇以"臣光曰"开头。

《资治通鉴》主张治理国家必须任人唯贤。司马光认为一个国家能否治理得好，关键在于能否选拔到一批得力的人才。不仅如此，他还反对以门第族望为取人的标准。另外在用人问题上，《资治通鉴》还记载了齐威王与魏惠王论宝的一席对话，语言生动，含义深刻，把德才兼备、智勇双全的大臣视为国家的无价之宝，突出

《司马温公稽古录》内页书影

名家点评

钱大昕在《跋宋史新编》中说："读十七史，不可不兼读《通鉴》。《通鉴》之取材，多有出正史之外者，又能考诸史之异同而裁正。昔人所言，事增于前，文省于旧，惟《通鉴》可以当之。"

此天地间必不可无之书，亦学者必不可不读之书也。

——清·王鸣盛

司马温公《通鉴》，亦天地一大文也，其结构之宏伟，其取材之丰赡……至今卒未有遍之者焉。

——梁启超

强调了得人才的重要性。

　　这里还要提一下《通鉴目录》和《通鉴考异》。《目录》30卷，仿《史记》年表的体例，纪年于上，列《资治通鉴》卷数于下；《考异》30卷，说明材料去取的理由。这两书虽不能与《资治通鉴》相比，但它们互相配合，这样就使《资治通鉴》的体例更为完备，这是值得读者注意的。

阅读指导

　　由于《资治通鉴》原书卷帙较富，可以选择较好的选本《资治通鉴》作为入门读本。首先通观选本子目，以对选本内容有一综合了解；其次以选本选文为主要阅读对象，兼及北宋以前相关载籍的相关内容，再次正式读此选本之前，以首读选本的《附录》为宜。

延伸阅读

　　《春秋》是中国现存的第一部编年体史书。它以鲁国的史事为主线，记述各诸侯国的历史，传说由孔子修订成型。解释《春秋》的著作有《春秋左氏传》《春秋公羊传》《春秋穀梁传》，并称"春秋三传"。

　　《左传》简称《左氏春秋》，又称《春秋左氏传》，是先秦著名的编年体史书。其作者一般认为是春秋末年的鲁国人左丘明。《左传》记事起自鲁隐公元年（前722年），终于鲁哀公二十七年（前468年）。它虽以鲁国纪年为顺序，却包含了春秋列国的政治、外交、军事、文化等各方面的情况。这部书的文学成就很高，叙事有条不紊，重点突出，语言简洁生动，文辞婉约有致，对后世文学的发展颇有影响。

梦溪笔谈

成书年代：北宋
作　　者：沈括
地　　位："中国科学史上的坐标"

作者简介

　　沈括（1031～1095年），字存中，钱塘（今杭州）人，北宋治平元年（1064年）进士，曾经担任负责天文、立法的提举司天监，负责兵器制造的判军器监，负责全国政权的权三司使等，曾参与王安石变法运动，又曾出使辽国，驳斥契丹的争地要求，并曾多次巡查地方政务，相度农田水利，并主持修订《奉元历》，改制浑仪、浮漏、影表。宋神宗元丰三年（1080年）任鄜延路经略安抚使时，整顿军备，防御西夏入侵。他一生勤奋好学，于天文、方志、律历、音乐、医药、卜算无所不通。后因边事获罪被贬。他博学多才，为一代学问大家。著述达35种，但大多已散佚。《梦溪笔谈》集其一生研究和

沈括像

作品评价

《梦溪笔谈》是在中国历史上难以胜计的笔记中，知名度最高、影响最大、传播最广的一种。该书反映了11世纪时中国科学技术的水平，其中不少成就在当时世界科学技术领域中居于领先的地位。因此，《梦溪笔谈》被视为中国科学技术史上里程碑式的典籍，受到中外学者的高度重视。

见闻的精华，涉及天文、数学、历法、地理、地质、水利、物理、生物、医药、军事、文学、史学、考古及音乐诸方面。

清刊本《梦溪笔谈》书影

背景介绍

《梦溪笔谈》写作时正值北宋繁荣时期。宋太祖建立北宋后，又和弟弟宋太宗陆续消灭南唐等割据政权，结束了五代十国以来的藩镇割据的局面，与此同时，宋太祖按宰相赵普的建议，采取一系列措施，加强了中央集权，这就为北宋经济、文化、科技的发展创造了良好的环境，到了庆历年间，北宋的经济发展到了一个相当高的水平。《梦溪笔谈》记述了当时社会发展的各方面状况。

名著概要

《梦溪笔谈》是用笔记文学体裁写成的，共26卷，再加上《补笔谈》三卷和《续笔谈》，共列有条文609条，遍及天文、数学、物理、化学、地学、生物以及冶金、机械、营造、造纸技术等各个方面，共分30卷，属自然科学的条文有200多条，约占三分之一，其余皆为社会科学。全书分17类，计有：故事、神奇、异事、谐谑、杂志、人事、辩证、乐律、象数、官政、权智、艺文、书画、技艺、器用、药议，涉及典章制度、财政、军事、外交、历史、考古、文学、艺术以及科学技术等广阔的领域，可谓包罗万象，应有尽有。

《梦溪笔谈》尤以科学技术价值著称。全书论及科学技术的内容非常广泛。根据英国科技史专家李约瑟的统计，书中关于科学技术的条文有207条，占全书三分之一，内容包括天文、历法、数学、地质、地理、地图、气象、物理、化学、生物、农学、医药学、印刷、机械、水利、建筑、矿冶等各个分支。

《梦溪笔谈》中涉及物理学方面的内容主要有声学、光学和磁学等方面，特别是在磁学方面的研究成就尤为卓著。

在磁学上，书中谈及指南针的偏向问题，他指出指南针是由人工磁化而成，并讨论了指南针的四种装置法；在光学上，沈括通过观察实验，对小孔成像、面

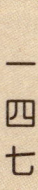

中国名著大讲堂

> **相关链接**
>
> 相传，沈括约从30岁开始，经常梦见一个地方：先是登上一个小山丘，上面花木如锦，山下有清澈流水，两岸乔木丛生。10多年后，一个道士告诉他，有人要卖地，虽然沈括没有看过那块地，竟然也买了下来。又过了几年，在他退休之后，路过该地，于是顺便去看看。一看，使他不禁大吃一惊，竟然就是他梦中所游之地，于是他就定居下来，并在此写下他一生的研究发现，这个神奇的故事，就是中国科学史上大名鼎鼎的《梦溪笔谈》书名的来历。

镜成像及镜的放大和缩小规律做出了具体的说明，他对西汉透光镜的原理也做过一番科学研究。沈括在《梦溪笔谈》中留下了历史上对指南针的最早记载。他在书卷二十四《杂志一》中记载："方家以磁石磨针锋，则能指南，然常偏东，不全南也。"这是世界上关于地磁偏角的最早记载。

在声学上，沈括在《梦溪笔谈》中精心设计了一个声学共振实验。他剪了一个纸人，把它固定在一根弦上，弹动和该弦频率成简单整数比的弦时，它就振动，使纸人跳跃，而弹其他弦时，纸人则不动。沈括把这种现象叫作"应声"。用这种方法显示共振是沈括的创见。

在化学方面，他研究鄜延境内的石油矿藏和用途，注意到石油资源丰富，而"石油"一词更是他首先使用的。

在光学方面，《梦溪笔谈》中记载的知识也极为丰富。关于光的直线传播，沈括在前人的基础上，有更加深刻的理解。为说明光是沿直线传播的这一性质，他在纸窗上开了一个小孔，使窗外的飞鸟和楼塔的影子成像于室内的纸屏上面进行实验。根据实验结果，他生动地指出了物、孔、像三者之间的直线关系。此外，沈括还运用光的直线传播原理形象地说明了月相的变化规律和日月蚀的成因。在《梦溪笔谈》中，沈括还对凹面镜成像、凹凸镜的放大和缩小作用做了通俗生动的论述。

在天文方面，记述有作者改进浑仪、浮漏、圭表，开宋元时代天文仪器改革之先河。

在历法方面，记述了作者主持编订《奉元历》的始末，民间天文学家卫朴的成就和在改历中的贡献。又论及历代历法的疏密，以及历法推步的方法。

在数学方面，记述有作者首创之隙积术和会圆术。隙积术是一种求解垛积问题的方法，会圆术是一种已知弓形圆径和矢高求弧长的方法。

在地质、地理、地图方面，记述有浙江雁荡山"峭拔险怪，上耸千尺，穹崖巨谷"，西部黄土地区"立土动及百尺，迥然耸立"等地貌特征，指出此乃流水之侵蚀作用形成。

在化学和矿冶方面，记载有利用铜铁离子置换反应而发明的湿法冶铜"胆铜法"，以及古代最先进的炼钢方法灌钢法，还记述了井盐、池盐以及羌族的冷锻铁甲法。

在农学、生物学方面，记述有不少作物和动、植物的地理分布、生态特征和分类情况，并对一些古生物进行了考证。

在水利方面，记述有作者在汴河分段筑堰逐段进行测量的过程。

在印刷技术方面，记述有庆历年间布衣毕昇发明胶泥活字印刷术，以及活字印刷的工艺过程。

在建筑学方面，记述有著名匠师喻皓加固杭州梵天寺木塔的事迹，还有他所著建筑学专著《木经》的片段。

在医学方面，记述有人体解剖生理学，并阐述了食物、药物、空气进入人体后的运转过程，以及人体新陈代谢的原理。

除了记述科学技术之外，还有极其丰富的内容。如叙典章制度，有官制、礼制、兵制、舆服、仪卫、文牍、掌故。叙外交，有作者熙宁八年受命使辽，与辽方谈判边界争议的记述。叙财政，有茶法、盐法、均输法，以及北宋历朝铸造铜钱之情况。叙军事，有阵法、兵器、筑城、屯边、战守、粮运、谋略。关于史学，除全书所记述大多为可靠史实外，还有很多记述，为其他史籍所无，或较其他史籍记载翔实。关于考古，对各种出土文物之时代、形状、花纹、文字等，均有细致的考证。关于文学，除文字流畅、洗练，描述条理清晰，层次分明，本身就是一部笔记体文学佳作外，也表现了他的文艺思想，如于诗、词强调把形式、内涵、情感、技巧融为一体。

阅读指导

在阅读此书时，要注意对各个方面的成就做分门别类的概括，主要注意物理学（声学、光学、磁学）、历法、化学、地理、自然现象等自然科学方面。

百家姓

成书年代：北宋
地　　位：中国儿童的启蒙识字书

背景介绍

《百家姓》是从宋朝开始传下来的。传说宋朝初年，钱塘有个钱姓的老儒，饭后茶余与众人谈起姓氏时，以皇上赵姓为天下第一，自己姓钱自称第二。他的理由是后梁太祖封钱镠为吴越国王，拥兵两浙，统十三州，其孙钱俶性宽和，颇知书，以十三州献宋太祖，封邓王，任太师尚书令兼中书令，所以两浙

宁乡南塘刘氏族谱

以钱姓为首。钱姓老儒怕众人不服，便编了个"百家姓"。据南宋学者王明清考证，该书前几个姓氏的排列是有讲究的：赵是指赵宋，既然是国君的姓理应为首；其次是钱姓，钱是五代十国中吴越国王的姓氏；孙为当时吴越国王钱俶的正妃之姓；李为南唐国王李氏。他判断《百家姓》"似是两浙钱氏有国时小民所著"。所谓"有国"据史书记载，吴越在宋太祖开国后，还存在一段时间，至宋太宗太平兴国二年才率土归降。可见这本书是北宋初年问世的。中国姓氏的来

作品评价

《百家姓》是我国流行时间最长、流传范围最广的一种蒙学教材。它的成书和普及要早于《三字经》。《百家姓》采用四言体例，句句押韵，虽然它的内容没有文理，但读来顺口，易学好记，它与《三字经》《千字文》相配合，成为我国古代蒙学中的固定教材。该书颇具实用性，熟悉它，于古于今都是大有裨益的。

源归纳起来主要有以下14种：1.以母亲姓为姓；2.以地名为姓；3.以图腾为姓；4.以族号为姓；5.以国名为姓；6.以食邑为姓；7.以官职或职务为姓；8.以上辈的名、字或号为姓；9.以排行或辈分为姓；10.以天子赐姓和死后追谥庙号为姓；11.外来氏族引来的姓氏；12.以避讳被贬斥或由某种原因被逼改姓；13.以人类对自然物的迷信和崇拜为姓氏；14.以天干、地支、数词、量词、长幼、次第为姓氏，等等。目前，全国有姓氏约14600多个，但《百家姓》中的姓氏占总人口90%以上。

名著概要

百家姓

赵钱孙李，周吴郑王。冯陈褚卫，蒋沈韩杨。朱秦尤许，何吕施张。孔曹严华，金魏陶姜。戚谢邹喻，柏水窦章。云苏潘葛，奚范彭郎。鲁韦昌马，苗凤花方。俞任袁柳，酆鲍史唐。费廉岑薛，雷贺倪汤。滕殷罗毕，郝邬安常。乐于时傅，皮卞齐康。伍余元卜，顾孟平黄。和穆萧尹，姚邵湛汪。祁毛禹狄，米贝明臧。计伏成戴，谈宋茅庞。熊纪舒屈，项祝董梁。杜阮蓝闵，席季麻强。贾路娄危，江童颜郭。梅盛林刁，钟徐邱骆。高夏蔡田，樊胡凌霍。虞万支柯，昝管卢莫。经房裘缪，干解应宗。丁宣贲邓，郁单杭洪。包诸左石，崔吉钮龚。程嵇邢滑，裴陆荣翁。荀羊於惠，甄麹家封。芮羿储靳，汲邴糜松。井段富巫，乌焦巴弓。牧隗山谷，车侯宓蓬。全郗班仰，秋仲伊宫。宁仇栾暴，甘钭厉戎。祖武符刘，景詹束龙。叶幸司韶，郜黎蓟薄。印宿白怀，蒲邰从鄂。索咸籍赖，卓蔺屠蒙。池乔阴郁，胥能苍双。闻莘党翟，谭贡劳逄。姬申扶堵，冉宰郦雍。郤璩桑桂，濮牛寿通。边扈燕冀，郏浦尚农。温别庄晏，柴瞿阎充。慕连茹习，宦艾鱼容。向古易慎，戈廖庾终。暨居衡步，都耿满弘。匡国文寇，广禄阙东。欧殳沃利，蔚越夔隆。师巩厍聂，晁勾敖融。冷訾辛阚，那简饶空。曾毋沙乜，

宋太祖赵匡胤像 　　钱镠像 　　吴大帝孙权像 　　唐太宗李世民像

养鞠须丰。巢关蒯相，查后荆红。游竺权逯，盖益桓公。万俟司马，上官欧阳。夏侯诸葛，闻人东方。赫连皇甫，尉迟公羊。澹台公冶，宗政濮阳。淳于单于，太叔申屠。公孙仲孙，轩辕令狐。钟离宇文，长孙慕容。鲜于闾丘，司徒司空。亓官司寇，仉督子车。颛孙端木，巫马公西。漆雕乐正，壤驷公良。拓跋夹谷，宰父谷梁。晋楚闫法，汝鄢涂钦。段干百里，东郭南门。呼延归海，羊舌微生。岳帅缑亢，况后有琴。梁丘左丘，东门西门。商牟佘佴，伯赏南宫。墨哈谯笪，年爱阳佟。第五言福，百家姓终。

《百家姓》原来的版本图文并茂，每页上方有图，画一些名人表明姓名，下方用姓氏编成四字一行的韵文，读起来朗朗上口，非常好记。百家姓泛指多数，有568个字，其中复姓60个，单姓447个。

阅读指导

作为启蒙教育读本之一，可以以背诵为首要的任务，尤其对于四五岁的儿童，主要注重记忆能力的培养。在书籍的基础上，可以找几本与姓氏相关的书阅读，以便了解各个姓氏的起源，拓展知识面。

三字经

成书年代：南宋
地　　位：使用最广的蒙学读物

作者简介

有关《三字经》作者归属，一直是个历史"公案"。比如《辞源》释词为"相传为南宋王应麟编"，又有说是"宋末区适子撰""明人黎贞撰"。《三字经》直到明代才广为流传，明清人多认定作者是王应麟。王应麟（1223～1296年），字伯厚，南宋鄞县人。他少年时通《六经》，淳祐元年（1241年）中进士，历任秘书监、吏部侍郎等诸多官职，博学多闻，长于考证，著述颇丰。而据王重光介绍，王应麟的文集未见载有《三字经》。王应麟呕心沥血写就的鸿篇著述并未得到广泛传播，反而是这本未收入正集的小册子却家喻户晓，流传数百年。有的研究者认为有3点理由可界定作者是王应麟：其一，《三字经》非博学多闻的大手笔不能作；其二，《三字经》仅为儿童上学的启蒙教材，非热爱儿童教育者不愿撰；其三，《三字经》叙写历史文化原来只到唐宋为止。不过也有一件由清朝咸丰探花、顺德人李文田编辑的《三字经句释》，其封面上"区适子手著"5个大字佐证《三字经》出自顺德。据明清之际的屈大均在《广东新语》卷11中记载："童蒙所诵《三字经》乃宋末区适子所撰。"另一位广东学者凌扬藻在《蠡勺编》中，也认为《三字经》是区适子所撰。此外，他

名家点评

章太炎在《重订三字经》的题辞里曾说："是书，先举方名事类，次及经史诸子，所以启导蒙稚者略备。观其分别部居，不相杂厕，以较梁人所集《千字文》，虽字有重复，辞无藻采，其启人知识过之。"

作品评价

《三字经》文字简练，概括性极强，句句成韵，通俗易懂，读来朗朗上口，便于背诵。许多人少年读过，终生不忘。

们认为《三字经》在叙述史实时有多处错误，少数地方行文不严密，这与相传另一位作者王应麟博学严谨的学风完全不合。

名著概要

《三字经》涉及自然现象、社会生活和历史文化，内容广泛实用。课文全用三言韵语，句子短，韵脚出现的频率高，节奏性强，好读易记，尤其适合于年幼的初学儿童。作者在语言上下了很多功夫，课文不但流畅明白，而且有许多提炼精辟的警句。这篇教材选用历史名人的事例，加入许多生动的形象，使儿童在识字过程中学到一些典故。今天所见到的清初本子是1140字，后来比较通行的本子总共1248字，内容大致包含五个部分。

首先，讲教育和学习的重要性，84字。如："人之初，性本善。性相近，习相远。苟不教，性乃迁。教之道，贵以专。昔孟母，择邻处，子不学，断机杼。窦燕山，有义方。教五子，名俱扬。养不教，父之过。教不严，师之惰。子不学，非所宜。幼不学，老何为！玉不琢，不成器。人不学，不知义。"

其次，讲些封建伦常，114字。再就是介绍数目、四时、五行、六谷、六畜这些基本名物的，96字。如："一而十，十而百，百而千，千而万。三才者，天地人。三光者，日月星。……曰春夏，曰秋冬，此四时，运不穷。曰南北，曰西东，此四方，应乎中。曰水火，木金土，此五行，本乎数。……稻粱菽，麦黍稷，此六谷，人所食。马牛羊，鸡犬豕，此六畜，人所饲。"

然后介绍"小学""四书""六经"和"五子"这些当时的基本知识，246字。如："论语者，二十篇，群弟子，记善言。孟子者，七篇止，讲道德，说仁义。作中庸，子思笔，中不偏，庸不易。作大学，乃曾子，自修齐，至平治。"

窦燕山教子图轴 清 任薰 纸本

窦燕山，本名窦禹钧，五代时后周渔阳人，后居幽州，因其地属燕山，故名窦燕山。以词学闻名。持家克俭，乐善好施，高义笃行，曾建书院四十间，聚书数千卷，请名儒执教，并供给衣食。《三字经》有"窦燕山，有义方"句。其五子相继连科及第，皆成人才，时号燕山窦氏五龙。画面中屏风岿然，窦燕山捧卷斜坐榻上，身着便服，慈眉善目，方颐阔耳，须髯飘逸，儒雅之风充溢画端。此时，他正教导身前幼子背诵诗书。幼子踌躇满志，斜视旁边专心读书论诗的兄长，羡慕之余，暗握拳头，发誓紧追兄长，成就大业。窦燕山身边书卷堆砌，身后仆人抱书而立。旁边女仆袖手而立，望着主人，现喜色。本画用笔细劲，人物神情刻画惟妙惟肖，衣纹运笔多以钉头鼠尾描，转折处劲健有力。设色古朴，构图疏密得体。

接着讲述历史，468字，如："汉祖兴，汉业建，至孝平，王莽篡。光武兴，为东汉，四百年，终于献。蜀魏吴，争当鼎，号三国，迄两晋。"

最后讲了一些历史上发愤勤学的故事，勉励儿童努力学习，做有用的人。

通过上面粗略的分析，我们可以看出，无论是从内容或是从语言，《三字经》作为封建社会的一部识字、启蒙兼常识教材，的确是编得比较高明的。在极短的篇幅内，包含如此丰富的内容，而且非常系统、准确，实在是罕见的。后来仿照《三字经》体例编写的蒙学教材有多种。如李琜的《小学四字韵语》和《小学稽业》，清人李毓秀的《弟子规》，还有众多的四言、五言、六言、七言的杂字书，多包括日用常识，内容丰富多彩。元明以后陆续出现过多种增改，如章太炎的《重订三字经》、余懋勋的《三字鉴》等，但这些新编和改编都未能较广、较久地流传。

阅读指导

《三字经》到现在为止，一直都是作为启蒙教育的课本，现在更多地把它作为训练孩子记忆能力的教材，而没有真正利用《三字经》所记载的常识。因此，在阅读《三字经》时，可以以故事的形式讲给孩子听，不要仅仅让孩子记忆，让孩子在快乐中增长知识，增强记忆。《三字经》中封建糟粕的东西，阅读时应鉴别。

容斋随笔

成书年代：南宋
作　　者：洪迈
地　　位："南宋说部之首"

作者简介

洪迈（1123～1202年），字景庐，别号野处。饶州鄱阳（江西波阳）人，洪皓第三子，南宋著名文学家。洪皓使金，遭金人扣留，洪迈时年仅7岁，随兄洪适、洪遵攻读。他天资聪颖，"博极载籍，虽稗官虞初，释老傍行，靡不涉猎"。10岁时，随兄洪适避乱，往返于秀（今浙江嘉兴）、饶二州之间。绍兴十五年（1145年），洪迈中进士，因受秦桧排挤，出为福州教授。其时洪皓已自金返国，正出知饶州。洪迈便不赴福州任而至饶州侍奉父母，至绍兴十九年（1149年）才赴任。二十八

名家点评

《四库全书总目提要》称："南宋说部当以此为首。"

宋人称这部书"可以稽典故，可以广见闻，可以正讹误，可以膏笔端，实为儒生进学之地"。

——《容斋随笔》何异《序》

明人称这部书"可劝可戒，可喜可愕，其于世教未尝无所裨补"，并说读这部书可以"大豁襟抱，洞归正理。如跻明堂，而胸中楼阁四通八达"。

——《容斋随笔》李瀚《序》

清人称这部书"淹通该博，南渡以后诸说部，惟《野客丛书》可与对垒，他家终不逮也"。

——《四库全书简明目录》

文苑图卷 五代

文苑，是文人荟萃之所。此图描绘文人聚会于古松下构思创作诗文的情景。

年（1158年）归葬父后，召为起居舍人、秘书省校书郎，兼国史馆编修官、吏部员外郎。三十一年，授枢密院检校诸房文字。三十二年春，洪迈以翰林学名义充贺金国主登位使。金大都督怀中提议将洪迈扣留，因左丞相张浩而罢。洪迈回朝后，殿中御史张震弹劾洪迈"使金辱命"。乾道二年（1166年），知吉州（今江西吉安），后改知赣州（今江西赣州）。洪迈到任，重视教育，建学馆，造浮桥，便利人民。后又徙知建宁府（今福建建瓯）。淳熙十一年（1184年）知婺州（今浙江金华）。在婺州大兴水利，共修公私塘堰及湖泊837所。后孝宗召对，洪迈对淮东抗金边备提出很好的建议，得到孝宗嘉许，提举佑神观兼侍讲，同修国史。迈入史馆后预修《四朝帝纪》，又进敷文阁直学士，直学士院，深得孝宗信任。淳熙十三年（1186年）拜翰林学士。光宗绍熙元年焕章阁学士，知绍兴府。二年上章告老，进龙图阁学士。嘉泰二年（1202年）以端明殿学士致仕。洪迈学识渊博，一生涉猎典籍颇多，被称为博洽通儒。撰著除《容斋随笔》外，还有志怪小说集《夷坚志》，并编有《万首唐人绝句》等。

背景介绍

宋朝是中国封建社会的繁荣时期，专制主义中央集权得到进一步的巩固和加强，经济空前繁荣，中外经济文化交流更趋频繁，从而促使科学文化事业长足发展。北宋布衣毕昇发明了活字印刷术，对于文化的传播、普及和提高，都起了很大的促进作用，有力地推动了社会经济、文化的发展。但是到了南宋，内忧外患，同金国时时有战争，一直处于议战议和的状态。

名著概要

《容斋随笔》始撰于隆兴元年（1163年），既是读书心得，又是典故考证的书，不仅涉及了宋以前的一些史实、政治经济制度、典章典故，也对宋代典章制度、历史人物、历史事件进行了评论和综述。可以说此书是南宋笔记体的代表。《容斋随笔》分《随笔》《续笔》《三笔》《四笔》《五笔》，共5集74卷，是一部著名

作品评价

宋代的笔记小说数以百计，《容斋随笔》堪称是其中的出类拔萃之作，被誉为是补《资治通鉴》之不足，集中国数千年历史文化之精粹的珍品。该书一问世便受到了当时的最高统治者宋孝宗赵昚的称誉。这是一部广涉历史、文学、哲学、艺术等方面的随笔集，历来为人们所推崇，其中自经史诸子百家，以及医卜星算之属，皆钩纂不遗，辨证考核，也颇为精确。

的笔记体学术著述。

　　《容斋随笔》是洪迈近40年的读书笔记，读书凡意有所得，即随笔记录下来：自经史典故、诸子百家之言，至诗词文翰、医卜星历之类，无所不载；历史、文学、哲学、艺术各门类知识，无所不备。而多所辩证，资料丰富，考据精确，议论高简，是这部书的最大特色。如《随笔》卷三"唐人诰命"、卷九"老人推恩"、卷十"唐书判"，《续笔》卷十"唐诸生束"、卷十一"唐人避讳"、卷十六"唐朝士俸微"等，记载唐代风俗习惯、典章制度，多史传不载的材料。《随笔》卷四"野史不可信"、卷六"杜悰"、卷八"谈丛失实""韩文公佚事"等，指出新旧《唐书》《资治通鉴》以及魏泰《东轩录》、沈括《梦溪笔谈》等书记载失实之处，并提供了一些重要资料。书中对李白、杜甫、白居易、韩愈、柳宗元等人的诗文亦多所论述。书中有关诗歌部分，后人曾辑为《容斋诗话》传世。这部书为明清时代讲求训诂、论析经史的学术笔记著述提供了范例，影响深远。

　　此书虽涉及内容广泛，然其最重要的价值和贡献，则是对历代典籍的重评、辨伪与订误，并考证了前朝的一些史实，如政治制度、事件、年代、人物等，提出了许多颇有见地的观点，更正了许多流传已久的谬误，不仅在中国历史文献上有着重要的地位和影响，而且对于中国文化的发展亦意义重大。

　　《容斋随笔》初刊于南宋嘉定初年，明清时亦有多种刻本。其中清康熙年间洪氏刊本，刻印最为精美，内容完整无讹，堪称善本。

阅读指导

　　《容斋随笔》包含的内容丰富，有经史典故、诸子百家之言，以及诗词文翰、医卜星历之类，涵盖历史、文学、哲学、艺术各门类知识。因此阅读的难度较大，可以在阅读时做相应的读书笔记，按各个门类记述，从而概括出在各个方面的洪迈的思想，也可以参阅其他史书进行考证阅读。

窦娥冤

成书年代：金末元初
作　　者：关汉卿
地　　位：感天动地的人间悲剧

作者简介

　　《窦娥冤》的作者是关汉卿。关汉卿是中国古代戏剧创作的代表人物，但是有关关汉卿生平的资料却很缺乏，只能从一些零星的记载中知道一个大概。他号已斋（或作一斋），大都（今北京市）人。据元代后期戏曲家钟嗣成《录鬼簿》的记载，关汉卿很可能是元代太医院的一个医生。南宋灭亡（1279年）之后，关汉卿曾到过当时南方戏曲演出的中心杭州，写有《南吕一枝花·杭州景》套曲，他还曾到过扬州。关汉卿熟悉勾栏伎艺，《析津志》说他"生而倜傥，博学能文，滑稽多智，蕴藉风流，为一时之冠"。明代臧晋叔《元

关汉卿像

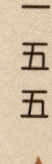

曲选·序》说他"躬践排场，面敷粉墨。以为我家生活，偶倡优而不辞"。关汉卿是元代前期杂剧界领袖人物，玉京书会里最著名的书会才人。据各种文献资料记载，关汉卿编有杂剧67部，现存18部，其中《窦娥冤》《救风尘》《望江亭》《拜月亭》《鲁斋郎》《单刀会》《调风月》等，是他的代表作。贾仲明《录鬼簿》吊词称他为"驱梨园领袖，总编修师首，捻杂剧班头"，可见他在元代剧坛上的地位之高。1958年，关汉卿被世界和平理事会提名为"世界文化名人"，北京隆重举行了关汉卿戏剧活动700年纪念大会。

> **名家点评**
>
> 人习其方言，事肖其本色。境无旁溢，语无外假。
> ——明·臧晋叔《元曲选·序》
>
> 其最有悲剧之性质者，则如关汉卿之《窦娥冤》、纪君祥之《赵氏孤儿》，剧中虽有恶人交构其间，而其赴汤蹈火者，仍出于其主人翁之意志，即列之于世界大悲剧中，亦无愧色也。
> ——王国维《宋元戏曲史》

背景介绍

元代是中国历史上第一个少数民族入主中原的朝代。蒙古人用他们的精兵铁骑征服了大半个欧亚大陆，也颠覆了腐朽的南宋王朝，占据了富庶的中华大地。蒙古人依种族将全国的人民分为四等：第一等是蒙古人；第二等称色目人，包括西域各族；第三等称汉人，指黄河流域原来受金国统治的人民；第四等是南人，就是原来南宋统治下的人民。汉人和南人的地位低下，不能做官，很多事情都受限制。

元代的知识分子境遇更惨。元朝初年，士人与普通民众一样常常被掳掠为奴隶。蒙古人对士人的观念，似乎是把他们当作一种工匠。当时流传的形容元代的社会阶层的民谣："八娼九儒十丐"，儒生的社会地位比娼妓还低。元代初年不设科举，士人失去了进身的机会，又没有谋生的能力，景况往往很惨，很多人混入

经典摘录

【滚绣球】有日月朝暮悬，有鬼神掌著生死权。天地也！只合把清浊分辨，可怎生糊突了盗跖颜渊：为善的受贫穷更命短，造恶的享富贵又寿延。天地也，做得个怕硬欺软，却元来也这般顺水推船。地也，你不分好歹何为地。天也，你错勘贤愚枉做天！哎，只落得两泪涟涟。
——《第三折》

【耍孩儿】不是我窦娥罚下这等无头愿，委实的冤情不浅。若没些儿灵圣与世人传，也不见得湛湛青天。我不要半星热血红尘洒，都只在八尺旗枪素练悬。等他四下里皆瞧见，这就是咱苌弘化碧，望帝啼鹃。……你道是暑气暄，不是那下雪天；岂不闻飞霜六月因邹衍？若果有一腔怨气喷如火，定要感得六出冰花滚似绵，免着我尸骸现；要什么素车白马，断送出古陌荒阡？……你道是天公不可期，人心不可怜，不知皇天也肯从人愿。做甚么三年不见甘霖降？也只为东海曾经孝妇冤。如今轮到你山阳县。这都是官吏每无心正法，使百姓有口难言。
——《第三折》

勾栏瓦舍，以戏曲为业。

蒙古人看不起汉人与南人，所有的州县官员都由蒙古人或色目人充任，有的甚至世袭。然而蒙古人中有政治才能的人实在不多，他们的政治，大抵只是防止反叛与聚敛赋税，统治的黑暗可想而知。官员颠倒黑白，社会道德败坏，民众的生活水深火热。当时社会的黑暗催生出了《窦娥冤》这样的描写社会现实的作品。

名著概要

本剧全名《感天动地窦娥冤》。主要情节如下：

贫寒秀才窦天章上京城求取功名，向寡妇蔡婆借盘缠。蔡婆早就看上了他的女儿瑞云，于是乘机索要瑞云做童养媳。瑞云三岁丧母，七岁便到蔡婆家，改名窦娥。十七岁时窦娥与蔡婆的儿子成婚，一年后丈夫病故，婆媳相依为命。一天，蔡婆去向赛卢医索讨银钱，赛卢医想赖账，骗她到僻静处，想勒死她，幸亏张驴儿及其父把她救下。

《窦娥冤》书影

因这救命之恩，张驴儿和他的父亲想霸占婆媳二人。窦娥执意不从。张驴儿在羊肚汤里放了毒药，想害死蔡婆，强占窦娥。不料其父喝下了那碗羊肚汤，中毒身亡。张驴儿反诬窦娥毒死其父，并威胁窦娥嫁给他为妻，不然要去公堂告发。窦娥问心无愧，与张驴儿去见官评理。太守桃杌是一个昏官，严刑逼供，窦娥绝不屈从。桃杌转而对蔡婆用刑，窦娥为救婆婆，含冤招认，被判死罪。临刑时窦娥满腔悲愤，死前发出三桩誓愿：若是屈死，死后血飞白练，六月降雪，大旱三年。这些誓愿果然一一应验。

窦天章后来官拜两淮提刑肃政廉访使，来到楚州地面。窦娥鬼魂托梦给父亲，诉说冤情。窦天章重新审理此案，杀了张驴儿。窦娥冤情得以昭雪。

《窦娥冤》是深刻地反映元代社会现实的一出著名的悲剧。

阅读指导

悲剧《窦娥冤》揭示了元代社会的黑暗，也赋予主人公窦娥以绝不妥协的性格。本剧着重描画窦娥那股惊天地、泣鬼神的如虹怨气，给作品蒙上一层浪漫的色彩。作者还以高超的艺术手腕，细致地刻画了窦娥内心矛盾冲突和性格的不同侧面，使她成为一个令人同情和崇敬的、有血有肉的艺术形象。

《窦娥冤》第三折是全戏的高峰，这是一场唱工戏。开始的【正宫·端正好】【滚绣球】等几支曲子，把窦娥的满腔怨恨如火山爆发般倾泻出来。窦娥胸中的激愤之情汹涌澎湃，犹如山呼海啸，震撼人心！而此后的【倘秀才】【叨叨令】【快活三】【鲍老儿】等曲情绪陡然转化，从另一侧面表现了窦娥深沉细腻、忠厚善良的性格。剧中窦娥与婆婆生离死别的描写，情绪低回深沉，场面凄楚哀怨，深深地扣动着人们的心扉。最后窦娥发出三桩誓愿，这是作者一种大胆的艺术处理，其精神是浪漫主义的。剧终时窦天章的出现以及窦天章对案情的重新审理，表现了作者对窦娥的深切同情，也体现了古人善恶终有报的良好愿望。

关汉卿是一位杰出的语言艺术大师，他汲取大量民间生动的语言，熔铸精美的古典诗词，创造出生动流畅的语言风格。他的人物语言，酷似人物口吻，符合人物身份，如本剧中窦娥的朴素无华，张驴儿的无赖油滑，都表现得惟妙惟肖。

赵氏孤儿

成书年代：	元
作　　者：	纪君祥
地　　位：	最早流传到国外的古典戏曲

作者简介

《赵氏孤儿》的作者是元代戏曲作家纪君祥。纪君祥，亦作纪天祥，生平不详。《录鬼簿》记载他与郑廷玉、李寿卿为同时人。现代研究者考证李寿卿为至元（元世祖年号）年间人，由此可推知纪君祥的活动年代应该在元初。他著有杂剧6种，现仅存1种：《赵氏孤儿冤报冤》，亦作《赵氏孤儿大报仇》，简称《赵氏孤儿》。另外《陈文图悟道松阴梦》1剧，仅存曲词1折。

背景介绍

元杂剧的形成，大约是在金元之际，它的充分成熟和兴盛，则要到元代前期。这当然有其历史原因。

城市经济的繁荣是戏剧成熟与兴盛的基础。宋金时代，在瓦舍勾栏等固定场所面向城市民众的各类伎艺演出已经很兴盛。蒙古军攻占北方以后，若干中心城市人口激增，财富更为集中，出现了畸形的繁荣。《马可·波罗游记》记载的元大都，人口众多，华屋巨室列布，四方珍奇物产汇聚。都市经济的发达使市民阶层相应地壮大，市民不像文人士大夫那么高雅，却比乡村农夫见识要广，戏曲对于他们是很合适的精神享受。夏庭芝《青楼集》记载，大都的著名杂剧艺人珠帘秀、顺时秀、天然秀、司燕奴等，当时在观众中都很有吸引力。

蒙古贵族的爱好也推动了元杂剧的兴盛。蒙古人在很长时期内都没有搞懂儒学到底有什么用，却很重视工匠、艺人的价值。他们中多数人的修养不足以欣赏诗词等高雅的艺术，他们特别嗜好歌舞伎乐。元代的教坊乐部规模非常庞大，在历史上是很突出的。元代宫廷中，也经常由教坊司搬演各种歌舞和杂剧。

专门作家是使元杂剧发展成熟、繁荣兴旺的一个关键因素。宋金时期的杂剧、院本都是简单

京剧《赵氏孤儿》剧照

> **相关链接**
>
> 《死生交范张鸡黍》：元代戏曲作家宫天挺作。宫天挺，字大用，大名开州（今河南濮阳）人，生卒年不详。他曾任钓台书院山长。本剧取材于《后汉书·范式传》，亦见《搜神记》。本剧写太学生范式和张劭愤恨奸佞当道，不愿做官，辞归故里，临别时约定两年后至汝阳张劭家赴"鸡黍会"。届时张劭杀鸡炊黍等待范式，范式果然不远千里而来。后来张劭病亡，范式又千里送葬，并为之修坟守墓百日。作品歌颂了朋友间真挚深厚的友谊和生死不渝的信义。
>
> 《单刀会》：关汉卿作。本剧取材于《三国志》故事。本剧写鲁肃设宴约关羽过江，企图强迫他交出荆州。关羽明知其意，却不肯示弱，单刀赴会，怒斥鲁肃，智退伏兵，安然归去。本剧描绘关羽的英雄业绩、慷慨豪情，突出了英雄主义的主题。

粗糙的，这是因为编剧者缺乏较高的文化修养。元初很长时期废除了科举，大量儒生便从事戏曲，走上这条谋生道路。这样，有不少文化修养、艺术趣味很高的人投入到这一行业，用他们的文学专长创作剧本。他们的代表人物是关汉卿，他既懂得表演，又能够粉墨登场，写作才能也很高超，而且了解社会与民众生活，他加入民间编剧团体"书会"，从事剧本创作，对于元杂剧艺术水平的提高是很有贡献的。

名著概要

《赵氏孤儿》故事采自《左传》《史记·赵世家》和刘向《新序·节士》《说苑·复思》等书。当然，作者进行了提炼、改造和虚构。

故事讲述春秋时晋国奸臣屠岸贾谋害忠直大臣赵盾，使赵家三百余口被满门抄斩，赵盾之子赵朔为驸马，也被逼自杀，其妻亦被囚禁并在此时生下赵氏孤儿。赵朔门客程婴将孤儿偷带出宫时，被奉屠岸贾之命把守宫门的韩厥发现，但韩厥不愿献孤儿以图荣进，遂放走程婴，自刎而死。继而屠岸贾发现有人偷偷救出孤儿，下令杀死全国出生一个月至半岁的婴儿。程婴为保全孤儿和全国幼儿，与赵盾友人公孙杵臼商量，以自己的儿子冒充赵氏孤儿，然后出面揭发公孙杵臼收藏了他。公孙杵臼与假孤儿被害，真孤儿得以保全。程婴将赵氏孤儿过继给屠岸贾抚养。二十年后，赵氏孤儿长大成人，程婴向他说明真相，赵氏孤儿手擒屠岸贾，报了血海深仇。程婴则自刎，以谢二十年前为此而死的公孙杵臼。

《赵氏孤儿》在戏剧发展史上影响很大，历来有不少改编剧种上演。《赵氏孤儿》曾经于1735年被伏尔泰改编为歌剧《中国孤儿》，德国诗人歌德也曾将它改编为《埃尔佩诺》，意大利作家梅塔斯塔齐奥改编时将它改名为《中国英雄》。

阅读指导

古人经常把历史上一些重大政治斗争的原因解释为"忠"与"奸"的对立，这当然是很简单化的处理，本剧基本上也是这样做的。剧中程婴的行为，是为了报答赵朔平日的知遇之恩。宋代的皇室姓赵，他们对这一段故事情有独钟，一再为程婴、公孙杵臼和韩厥修祠立庙、加封爵号，这对后来写"忠奸斗争"的戏剧有较大的影响。但是我们也应该注意到，屠岸贾之"奸"与赵氏之"忠"，在剧中主要是作为基本的背景，是作为对两大家族之间对立的简便的解释而出

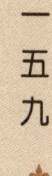

现的，作家并无意对此做过多的渲染。正如剧本全名《赵氏孤儿冤报冤》所显示的，家族复仇意识在剧中表现得更为突出。它的主题，不是简单的忠与奸的对立。在表现这种复仇意识时，作者又强调了弱者对于残暴的反抗。屠岸贾杀绝赵氏一门三百余口，又为了斩草除根而准备杀尽晋国所有适龄的婴儿，这为程婴、公孙杵白等人的自我牺牲提供了较单纯的"忠"，还有更有人情味的道义根据。韩厥决定放走程婴和他所携带的赵氏孤儿时的一段唱词，"子见他腮脸上泪成痕，口角内乳食喷，子转的一双小眼将人认。紧帮帮匣子内束着腰身，低矮矮怎舒伸"，也表达了对无辜的弱小者的同情。因而，他们或者杀身成仁，或者忍辱负重，便都有了人格的高尚意义和崇高的悲剧美感。

《赵氏孤儿》戏剧冲突尖锐激烈，矛盾连续不断，层层递进，气氛始终紧张而扣人心弦，因此，戏剧效果也特别强烈。这是它在艺术上的一大特点，我们阅读时须细心体会其紧张的戏剧氛围。

西厢记

成书年代：元
作　　者：王实甫
地　　位：才子佳人的第一声号角

作者简介

《西厢记》的作者王实甫，元代杂剧作家，名德信，大都（今北京市）人，生卒年不详，生平事迹资料缺乏。钟嗣成的《录鬼簿》将他列入"前辈已死名公才人"，由此可以推知，王实甫活动的年代可能与关汉卿等相去不远。他的主要创作活动当在元成宗元贞、大德年间。据流传下来的散曲作品推测，王实甫早年曾经为官，宦途不无坎坷，晚年退隐。王实甫所作杂剧，今仅存有《崔莺莺待月西厢记》《吕蒙正风雪破窑记》和《四大王歌舞丽春堂》三种。

背景介绍

我们称包括京剧和各种地方戏在内的传统戏剧为"戏曲"，这是因为"曲"的演唱在其中特别重要。戏曲的起源可以追溯到很古老的时代，原始歌舞就是戏曲的萌芽状态。元杂剧的直接源头主要是两个方面：一是从宋到金的说唱艺术"诸宫调"，一是从宋到金的以调笑为主的短剧——宋杂剧和金院本。

说唱有古老的历史，唐代发展为变文；北宋中叶，艺人孔三传创造了说唱长

名家点评

《西厢》妙处，不当以字句求之。其联络顾盼，斐亹映发，如长河之流，率然之蛇，是一部片段好文字，它曲莫及。
　　　　——明·王伯良《新校注古本西厢记·附评语十六则》
吾于古曲中，去其全本不懈，多瑜鲜瑕者，唯《西厢》能之。
　　　　——清·李渔《闲情偶寄·词曲部·词采第二》
不是何人做得出来，是他天地直会自己劈空结撰而出。
　　　　——清·金圣叹《第六才子书·西厢记读法》

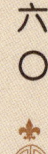

篇故事的"诸宫调";金代出现了董解元《西厢记诸宫调》,说唱艺术更为成熟了。它的音乐即是元杂剧音乐的基础;它按不同宫调将多个曲牌分别联套演唱一段段故事情节;体式上曲与说白交错;经常通过故事中人物的自叙来展开情节,这些都给元杂剧以非常大的影响。

以诙谐、调笑为特点的艺术表演,始于上古宫廷弄臣"优",东汉时演化为双人表演的"弄参军"。唐代"参军戏"很兴盛,现代的相声还保留着它的一些基本特征。参军戏与歌舞相结

《西厢记》插图 清 任薰

合,并掺入了戏剧的元素,便形成宋杂剧和金院本。宋杂剧和金院本已经是基本成型的戏曲,它们的内容以诙谐调笑为主,有了简单的故事情节;形式上有的偏重于唱,有的偏重于念白,两者逐渐结合;角色有四五个,各有不同的名目,正在向代言体转化。

元杂剧是直接继承金院本又糅合了诸宫调的多种特点而发展起来的。元杂剧已经成为具有完备的文学剧本、严格的表演形式、完整而丰富的内容的成熟戏剧。在体制方面,元杂剧有如下基本特点:结构方面,一般是以四折,通常外加一段楔子为一本,表演一种剧目。少数剧目是多本的,楔子可以没有,也可以用到两三个;唱词和演唱方面,元杂剧的核心部分是唱词,每一折用同一宫调的一套曲子组成,并一韵到底,四折可以选用四种不同的宫调。元杂剧通常限定每一本由正旦或正末两类角色中的一类主唱,正旦所唱的本子为"旦本",正末所唱的本子为"末本";宾白方面,有散白与韵白之分,前者用当时的口语,后者用诗词或顺口溜式的韵文。元杂剧的角色,可分为旦、末、净、外、杂五大类,每大类下又分若干小类,把剧中各种人物分为若干类型,便于程式化的表演。

名著概要

《西厢记》的故事源于唐代元稹的《莺莺传》,直接取材于金代董解元的《西厢记诸宫调》。《西厢记》故事波澜起伏,环环相扣。情节概要如下:相国之女崔莺莺随母亲回乡,与书生张君瑞邂逅于普救寺,彼此生相慕之心。守将孙飞虎听说莺莺美貌,带兵合围普救寺,想抢夺崔莺莺为妻。张生在老夫人许婚的条件下,冒险写信给他的朋友蒲关守将杜君实,杜君实带兵解围。然而紧接着老夫人赖婚。崔张在红娘的帮助下暗相沟通,莺莺心存疑惧,好事多磨。张生相思成疾,卧病在床,眼见得好梦成空,忽然莺莺夜访,两人私自同居。此后幽情败露,老夫人大怒。红娘据理力争,并抓住老夫人的弱点,使她不得不认可既成事实。然而老夫人提出相府不招"白衣女婿",迫使张生赴考。之后,与莺莺原有婚约的郑恒

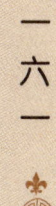

设计骗婚，再度横生枝节。最后张君瑞得中进士，与崔莺莺团圆成婚。

《西厢记》很受文人推崇，金圣叹把它称为"第六才子书"，赵景深称《西厢记》与《红楼梦》是"中国古典文艺的双璧"。

阅读指导

《西厢记》中主要人物的性格都具有鲜明的特征。张生性格忠厚，他对莺莺一往情深。莺莺的性格深沉而内向，她对张生虽亦一往情深，但欲前又却，内心曲折。红娘伶俐机敏，敢于抗争，有勇有谋，在"拷红"一场中，她的思想性格得到了最充分有力的表现。

《西厢记》情节曲折，波澜迭起，悬念丛生，引人入胜。全剧接连不断的矛盾起伏跌宕，常给人山重水复、柳暗花明之感。《西厢记》不仅善于正面刻画人物，而且长于侧面描写，使人物性格呈现出丰富的色彩和立体浑成的效果。《西厢记》的心理描写，不仅在曲词中，而且在人物的对话、动作中，也往往有着丰富的潜台词，间接地表现人物的内心活动。《西厢记》的曲词华美，并有诗的意境。作者常常结合剧情，在景物描绘中，构造抒情意味极浓的意境。

《西厢记》故事表现了中国古代爱情剧的模式特点："私订终身后花园，落难公子中状元，金榜题名大团圆。"这就是所谓的才子佳人大团圆的模式。

琵琶记

成书年代：元末明初
作　　者：高明
地　　位：元代南戏绝唱

作者简介

《琵琶记》的作者高明，字则诚，自号菜根道人，瑞安（今属浙江）人。他出身于书香门第，是理学家黄㮣的弟子，是刘基（伯温）的好朋友。至正五年中进士，先后任处州录事、江浙行省掾吏、浙东阃幕（统帅府）都事、福建行省都事等职，平生为人耿直，"意所不可，辄上政事堂慷慨求去"，他"论事不合，避不治文书"，官声很好。晚年时，天下大乱，方国珍想强召他入幕府，他力辞不从，并从此隐居在宁波城东的栋社，以词曲自娱。顾德辉《玉山草堂雅集》称其"长才硕学，为时名流"。作有南戏《琵琶记》《闵子骞单衣记》；《全元散曲》收其《二

经典摘录

呕得我肝肠痛，珠泪垂，喉咙尚兀自牢嗄住。糠！遭砻被舂杵，筛你簸扬你，吃尽控持。悄似奴家身狼狈，千辛万苦皆经历。苦人吃着苦味，两苦相逢，可知道欲吞不去。

——《琵琶记·孝顺歌》

糠和米，本是两倚依，谁人簸扬你作两处飞？一贱与一贵，好似奴家共夫婿，终无见期。（白）丈夫，你便是米么，（唱）米在他方没寻处。（白）奴便是糠么，（唱）怎的把糠救得人饥馁？好似儿夫出去，怎的教奴，供给得公婆甘旨？

——《琵琶记·前腔》

郎神·愁怀》等三首。另外，还有少量诗文传世。

背景介绍

宋元时期，中国戏曲主要有两支：一支是从宋杂剧、金院本发展出的元杂剧，另有一支是在东南沿海地区流行的南戏。南戏发展较晚，到元末才趋向成熟，后来演化为明清戏剧的主要形式——传奇。

南戏最初应该是在温州一带民间歌舞的基础上形成的，《南词叙录》说它"即村坊小曲而为之"。温州是一座古城，又是对外贸易的通商口岸，商业发达，经济繁荣。南戏在这种良好的环境中得以成长，并逐渐扩展到东南沿海一带，进入南宋都城临安。元灭南宋以后，北方剧作家大批南下，促成了南北剧的交流。在这个过程中，南戏发生了一些重要变化，如改编杂剧的剧目，吸收杂剧曲牌联套的方法，采用杂剧的一些曲调，形成"南北合套"的形式等，南戏的艺术水准因而得到提高。到元末，《琵琶记》等剧本出现，标志着南戏达到了成熟。

南戏的体制与杂剧有很大不同，它在各方面都要比杂剧来得自由，它的曲调配合可以根据剧情需要做较为自由的选择；它的剧本结构以人物的上下场的界线分场，可长可短；它的任何角色都可以唱，而且有接唱、同唱、多人合唱等形式。由于南戏体制更自由，更便于展开复杂的剧情，塑造丰满的人物形象，到了明代，杂剧渐渐衰微，从南戏发展而来的"传奇"取代了杂剧。

《琵琶记·拐信》插图 清 胡锡珪

南戏的题材与杂剧有明显区别。总的来说，它的民间色彩更浓，而文人气息较淡。像杂剧《梧桐雨》《汉宫秋》一类借历史故事表现作者自身的人生感慨的抒情性很强的作品在南戏中几乎没有，维护稳定的家庭关系的伦理剧在南戏中很集中，严厉指斥男子富贵变心是南戏最重要的内容。这与当时的社会有关：宋代以来，科举制度使"寒士"有了一举成名的机会，这容易造成原有婚姻的不稳定。本剧就是这一主题的作品。

名著概要

《琵琶记》是高明根据长期在民间流传的南戏《赵贞女》改编的。《赵贞女》写蔡伯喈上京应举，贪恋功名富贵，长期不归，赵五娘独力支撑门户，在蔡家父母死后到京师寻访伯喈，伯喈却不认。最后以马踩赵五娘、雷轰蔡伯喈结束。

本剧共42出，剧情大致是：书生蔡伯喈与赵五娘新婚不久，恰逢朝廷开科取士，伯喈觉得父母年事已高，不愿去考试，打算留在家中服侍父母。但是蔡公不从，邻居张大公也在旁劝说，伯喈只好告别父母妻子，赴京考试。应试及第，中了状元。朝廷牛丞相看中伯喈，恰有一女未婚配，奉旨招新科状元为婿。伯喈以父母年迈，在家无人照顾，需回家尽孝为理由，打算辞婚、辞官，但牛丞相与皇帝不从，他被迫滞留京城。自从伯喈离家后，陈留连年遭受旱灾，五娘任劳任怨，服侍公婆，让公婆吃米，自己则背着公婆私下自咽糟糠。婆婆发现后，痛悔而亡，不久，蔡公也死于饥荒。而伯喈被强迫入赘牛府后，终日思念父母，写信去陈留家中，信却被拐子骗走，以致音信不通。一日，在书房弹琴抒发乡思，被牛氏听见，得知实情，告知父亲。牛丞相被女儿说服，于是派人去迎接伯喈父母、妻子来京。蔡公、蔡婆去世后，五娘罗裙包土，自筑坟墓，又亲手绘成公婆遗容，身背琵琶，沿路弹唱乞食，前往京城寻夫。她历尽风霜，来到京城，正遇弥陀寺大法会，便往寺中募化求食，将公婆真容供于佛前。正逢伯喈也来寺中烧香，祈祷父母路上平安。见到父母真容，他便拿回府中挂在书房内。五娘寻至牛府，被牛氏请至府内弹唱。五娘见牛氏贤淑，便将自己的身世告知牛氏。牛氏为让五娘与伯喈团聚，又怕伯喈不认，便让五娘来到书房，在公婆的真容上题诗暗喻。伯喈回府，见画上所题之诗，正欲问牛氏，牛氏便带五娘入内，夫妻遂得以团聚。五娘告知家中事情，伯喈悲痛至极，即刻上表辞官，回乡守孝。得到牛丞相的同意，伯喈遂携赵氏、牛氏同归故里，庐墓守孝。后来皇帝下诏，旌表蔡氏一门。

作品特色

戏剧中的蔡伯喈是一个忠孝双全的正面人物，在作者的笔下，他抛弃家庭、另娶贵妻是被人胁迫而不得已的。蔡伯喈无法照顾家庭、奉养父母，结果父母在饥荒中死去。这就是所谓"只为三不从，做成灾祸天来大"。赵五娘是《琵琶记》中着力刻画的人物。她是家庭的真正支撑者，她坚韧不拔，牺牲自我，奉养老人，抚育子女，使丈夫能够在科举中获得成功。作者对赵五娘做了多方面的强化，并为她设计了极端艰困的处境：被丈夫遗弃却必须奉养公婆，家境贫寒而又遭遇灾年，竭力尽"孝"仍被婆婆猜疑……这种描写确实集中反映了当时妇女所受的非人的磨难。作者对赵五娘这样的人物怀有深刻的同情，他进一步在赵五娘的性格中加入明确的道德自觉与道德说教，使得赵五娘成为一个由现实生活和道德理念混合而成的艺术形象。

这些人物形象虽然夹杂了一些理念化的成分，但无论是赵五娘历经磨难而默默忍受，还是蔡伯喈进退两难而矛盾苦闷，都有其真实的生活基础。作者为了达到"动人"的目的，逐步深入地

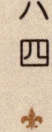

名家点评

《五经》《四书》布帛菽粟，家家皆有；高明《琵琶记》，如山珍、海错，贵富家不可无。用清丽之词，一洗作者之陋，于是村坊小伎，进与古法部相参，卓乎不可及也。
——明·徐渭《南词叙录》

至《琵琶》则独铸伟词，其佳处但兼南北之胜。
——王国维《宋元戏曲史》

元南戏之佳处，以一言以蔽之，曰自然而已矣。
——王国维《宋元戏曲史》

展现他们的性格特色和细微的心理活动，使之有血有肉，不因为说教的目的而变得苍白僵死。剧中的语言，大都本色自然，能够比较深入地写出人物的心理和感情活动。在戏曲的声调格律方面，《琵琶记》改变了早期南戏不讲究宫调配合的做法，根据剧情的需要，考虑曲牌的缓急、性质的粗细、声情的哀乐以及相互间的搭配，加以妥帖的安排。对句格、四声的运用，也比较严密细致。所以它在这方面也被明清传奇奉为圭臬。

《琵琶记·蔡公逼试》插图

作品影响

《琵琶记》代表了南戏在进入明清"传奇"阶段之前的最高水平，取得了较高的艺术成就。元末元杂剧走向衰落，但戏曲活动仍很频繁，这都是因为《琵琶记》等南戏的兴起。它的双线结构的形式，成为传奇创作的固定模式；它的曲律，成为各曲谱的主选对象；它的表演艺术，成为演剧的典范，是每一个演员必须学习的入门剧本。它从明代开始一直是被名家仿效的典范，至今仍活跃于舞台上，是戏曲史上传演最广的作品之一；同时它也是人们案头阅读的对象。后人称《琵琶记》是"词曲之祖"、元代剧坛的殿军、明代戏曲的先声。

阅读指导

高明写《琵琶记》的主观意图是宣扬道德，他在全戏开场时说："少甚佳人才子，也有神仙幽怪，琐碎不堪观。正是不关风化体，纵好也徒然。"正是这种创作意图促使他改编了《赵贞女》的故事情节，也因此使作品中的人物都带上了说教的色彩。

本剧有两条线索：一条线是蔡伯喈步步青云直上，飞黄腾达，满心苦闷地处于一片繁华富贵的气氛中；一条线是赵五娘含辛茹苦，拼命在荒凉萧条的境地里挣扎。许多场面不断交错出现，相互映衬，给观众以强烈的感受。从人物形象来说，虽然夹杂了一些教化的成分，但无论是赵五娘历经磨难而默默忍受，还是蔡伯喈进退两难而矛盾苦闷，都有其真实的生活基础。作者逐步深入地展现他们的性格特征和细微的心理活动，使之有血有肉，不因为说教的目的而变得苍白僵死。剧中的语言，正如汤显祖所评论的，"都在性情上着工夫，并不以词调巧倩见长"，大都本色自然，能够比较深入地写出人物的心理和感情活动。《糟糠自餍》一出戏中赵五娘两段唱词非常精彩（见"精彩语段"部分所引）。

《琵琶记》的戏剧冲突很有特色。它的情节沿着两条线索展开，一条是蔡伯喈离家后的种种遭遇，一条是赵五娘在家中的种种苦难，这两条线索交叉对比描写，更增加了作品的感人力量。同时，作品的戏剧冲突围绕"三不从"展开。辞考不从、辞婚不从、辞官不从，使蔡伯喈无法照顾家庭、奉养父母，结果父母在饥荒中死去，"只为三不从，做成灾祸天来大"。在封建时代正统观念中，忠、孝原来是统一的，但作者却注意到两者之间的矛盾，尤其是政治权力的绝对要求对家庭伦理的破坏，这反映了知识阶层在维护家庭和服务于政权之间的矛盾。把握了这一点，在阅读戏剧原文时就容易理解其思想主旨了。

三国演义

成书年代：元末明初
作　　者：罗贯中
地　　位：中国历史小说的开山之作

作者简介

《三国演义》作者罗贯中（约1330～约1400年），名本，字贯中，号湖海散人。杭州人，祖籍太原。元末明初小说家、戏曲家。《录鬼簿续编》记载罗贯中"与人寡合""遭时多故"流浪江湖。罗贯中生于元末社会动乱时期，他有自己的政治理想，不苟同流俗，东奔西走，参加了反元的起义，明朝建立之后，即不再从事政治，而"传神稗史"，专心致力于小说创作。相传他写有巨著《十七史演义》，现存署名由他编著的小说有《三国志通俗演义》《隋唐两朝志传》《残唐五代史演传》《三遂平妖传》等。罗贯中有着多方面的艺术才能，《录鬼簿续编》说他"乐府隐语，极为清新"，著录他创作的杂剧三种：《赵太祖龙虎风云会》《忠正孝子连环谏》《三平章死哭蜚虎子》。他所有的著作以《三国演义》最著名，被后人称为"第一才子书"，是我国历史小说的开山之作，也是我国长篇历史小说最杰出的巨著。

背景介绍

演义是一种以一定的历史事件为背景，以史书及传说的材料为基础，增添一些细节，用章回体写成的小说。它要求所写的故事和人物生动形象，细节往往虚构，但基本情节不违背史实。

三国故事很早就流传于民间。据杜宝《大业拾遗录》记载，隋炀帝观赏水上杂戏，便有曹操谯水击蛟、刘备檀溪跃马等节目。刘知几《史通·采撰》记载，唐初时有些三国故事已"得之于道路，传之于众口"。李商隐《骄儿》诗说："或谑张飞胡，或笑邓艾吃。"可见到了晚唐，三国故事已经普及到小儿都知道的程度。宋代通过艺人的表演说唱，三国故事更为流行。根据《东京梦华录》载，北宋时已出现了"说三分"的专家霍四究，同时皮影戏、傀儡戏、南戏、院本也有搬演三国故事的。这时的三国故事

三顾茅庐图　明　周臣

相关链接

《隋唐演义》：清初人褚人获作。故事起自隋文帝起兵伐陈，而止于唐明皇回京抑郁而死，共一百七十余年间的事情。全书的基本结构线索为隋炀帝、朱贵儿及唐明皇、杨玉环的"两世姻缘"，以隋末群雄并起、瓦岗寨英雄聚义、花木兰代父从军、唐太宗文治武功、武则天改元称帝等事件穿插其间。

《反三国演义》：作者是周大荒，民国初年湖南人。该书对《三国演义》中凡是让人感到痛憾的人物故事，几乎逐一加以翻案。比如，庞统不仅未死于落凤坡，反而屡立大功。魏延也偷渡子午谷，袭取了长安。这是一部翻案奇书。

《中华全史演义》：民国期间蔡东藩著。包括《前汉演义》《后汉演义》《两晋演义》《南北史演义》《唐史演义》《五代史演义》《宋史演义》《元史演义》《明史演义》《清史演义》等。演绎了中国两千年的历史进程，卷帙浩繁；只是艺术手法上稍显粗糙。

已有明显的尊刘贬曹倾向。苏轼《东坡志林》记载："王彭尝云：涂巷中小儿薄劣，其家所厌苦，辄与钱，令聚坐听古话。至说三国事，闻刘玄德败，频蹙眉，有出涕者；闻曹操败，即喜唱快。"宋元时代三国故事更是经常地被搬上舞台。《宋史·范纯礼传》及南宋姜白石《观灯口号》等诗歌中都有演出三国戏的记载。金元演出的三国剧目有《三战吕布》《赤壁鏖兵》《隔江斗智》等三十多种，在这些剧本中，继续表现出"尊刘贬曹"的倾向。三国故事流传的历史如此长久，以三国故事为题材的平话小说，可能很早就产生了。现存早期的三国讲史话本，有元至治年间所刊《三国志评话》，其故事已初具《三国演义》的规模，拥刘反曹的倾向极为鲜明，刘、关、张等人都富有草莽英雄气息，张飞的形象最活跃、最有生气，诸葛亮的神机妙算也写得很突出，但情节颇与史实相违，民间传说色彩较浓；叙事简略，文笔粗糙，人名地名多有谬误，显然没有经过文人的修饰。与此同时，戏剧舞台上也大量搬演三国故事，现存剧目即有四十多种，桃园结义、过五关斩六将、三顾茅庐、赤壁之战、单刀会、白帝城托孤等重要情节都已具备。此后罗贯中"据正史，采小说，证文辞，通好尚"，创作出杰出的历史小说《三国志通俗演义》。它是文人素养与民间文艺的结合。罗贯中充分运用《三国志》和裴松之注等史籍所提供的材料，重要历史事件都与史实相符；又大量采录话本、戏剧、民间传说的内容，在细节处多有虚构，形成"七分实事，三分虚假"的特点。

名著概要

《三国演义》的故事从东汉灵帝建宁二年（169年）起，到晋武帝太康元年（280年）止，叙写了百年左右的时间里发生的事件，中间着重写了历时约半个世纪的魏、蜀、吴三国的兴亡盛衰过程。第一回到第三十三回，写东汉末年黄巾起义和曹操平定北方的过程；第三十四回到第五十回，集中写赤壁之战以及战后天下三分的局势；第五十一回到第一百一十五回，重点写刘备集团活动，以及刘备死后诸葛亮治理蜀国、南征北伐等事情；第一百一十六回到第一百二十回，写晋朝统一全国。全部故事的基本轮廓和基本线索，主要人物的主要活动，大体上同历史记载相去不远，但是三国历史只是一个框架，作品的细节部分主要是虚构的。著

名的情节有："三英战吕布""连环计""吕布辕门射戟""夏侯惇拔矢啖睛""关公过五关斩六将""青梅煮酒论英雄""关云长挂印封金""刘备三顾茅庐""官渡之战""刘备跃马过檀溪""隆中对""诸葛亮火烧新野""张飞大闹长坂桥""赵子龙单骑救主""群英会蒋干中计""诸葛亮舌战群儒""孔明草船借箭""华容道关羽义释曹操""孔明三气周瑜""关云长单刀赴会""关云长刮骨疗毒""关云长败走麦城""刘备遗诏托孤""七擒孟获""孔明挥泪斩马谡""木牛流马"等。

《三国演义》在曹操、刘备、孙权三个政治势力中，把曹操与刘备作为主要对立面，把刘备集团放在中心地位。孙权更多是作为刘备对抗曹操的联合力量出现的。小说刻画了很多生动的人物形象。曹操在《三国演义》里是一个极端利己的典型。把曹操本来就有诡诈、残暴的特点夸大，成功地刻画了曹操诡谲多变、心狠手辣的形象。小说中有他的一句名言："宁教我负天下人，休教天下人负我。"罗贯中也写了曹操的"雄才大略"，在与董卓、袁绍等人的对比中，描写了他的政治远见与政治气度。同曹操相反，对刘备则在政治与道德上都加以美化。刘备有一句话："吾宁死，不为不仁不义之事。"刘备是一位理想仁君的形象。诸葛亮是《三国演义》中又一个重要人物。刘备对诸葛亮自称"如鱼得水"，不仅言听计从，而且付托以军国大事，诸葛亮为报答刘备三顾茅庐的知遇之恩，"鞠躬尽瘁，死而后已"。他足智多谋，高瞻远瞩，沉着机智，料事如神，是理想的贤臣。小说中的另一个重要人物是关羽。《三国演义》描写刘备同关羽、张飞的关系，着重表现他们的"义"。关羽武勇刚强，"义重如山"。刘、关、张"桃园结义"已经成为古往今来人们讲求朋友信义的楷模。民众看重"义"，因此，把关羽推崇到了很高的地位，直到现在，关帝庙依然遍布各地。

作品特色

《三国演义》塑造了大量性格鲜明的英雄人物。在塑造人物的时候，作者喜欢采用类型化的写法，即从人物的各种复杂性格中，舍弃次要方面，而集中笔墨突出、渲染其某一个方面的特点，把这一特点发展到极端。比如曹操的形象就是一个典型。一方面，他的身上集中了狡猾诡诈、阴险毒辣、两面三刀、假仁假义、损人利己、专横残暴等"奸"的特征，不但用残暴的手段消灭异己，而且善于用狡诈的方法来开脱自己的罪责，其奸诈和残忍令人发指；但另一方面，他身上又充分地体现了"雄"的特点：志存高远、心怀天下，富有长远发展的政治手段和谋略，能够以本集团的长远利益为出发点，而不计较一时的成败得失，因此才能在群雄并起的时代，最终兼并其他诸侯，成就一番大事业。残暴狡诈和雄才大略紧密结合，显示了这个千古奸雄的独特的性格特征。

《三国演义》的艺术成就，在中国"演义"体小说中是最为突出的。作者成功地把历史因素与艺术因素结合起来，把历史人物和艺术典型统一起来，使这部"七

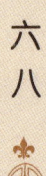

分事实、三分虚构"的小说，在艺术上成为不朽杰作。全书叙述了将近一个世纪的历史、几百位人物，尽管头绪纷繁，但作者依然能组织得法，详略得当，做到脉络清晰，主次分明。作者既善于把一些简单的小事件写得波澜起伏、错落有致；也善于把一些错综复杂的大事件写得脉络分明、有条不紊。作者还善于使实写、虚写、详写、略写、明写、暗写、正写、侧写各尽其妙，在叙事时又能兼用顺叙、倒叙、插叙、补叙等不同方法。这样，既避免了行文的冗长和繁复，又使故事参差错落、浓淡适宜。

阅读指导

《三国演义》的艺术结构，既宏伟壮阔，又不失严密和精巧。全书时间漫长、人物众多，事件复杂、头绪纷繁。但作者以蜀汉之争为中心，抓住三国矛盾斗争的主线，井然有序地展开故事情节，既曲折变化，又前后贯穿，宾主照应，脉络分明，较少琐碎支离的情况，构成了一个基本完美的艺术整体。这在艺术上是很高超的。

《三国演义》善于通过错综复杂的故事情节，巧妙地表现政治事件，尤其擅长描写战争。作者总是围绕战争双方的人物，写出战争的各个方面，双方的战略、战术，使大小战役各具特色。精彩的有：官渡之战、赤壁之战、七擒孟获、六出祁山等。其中赤壁之战写得最为精彩。《三国演义》用长达八回的篇幅，把赤壁之战故事渲染得波澜壮阔，淋漓尽致。写双方备战，作者紧紧抓住曹军不习水战的问题，写周瑜和曹操之间来回隔江斗智，曹操两次派蒋干过江以及派遣蔡中、蔡和诈降，都被周瑜识破，并巧妙地利用。但是周瑜这些妙计每次都不出孔明的意料。周瑜忌妒孔明，想用断粮道、造箭杀孔明，计谋也被孔明识破。这样作者便很自然地写出孔明的才能、气度处处高过周瑜。作者善于在紧张的气氛中运用抒情的笔调，孔明饮酒借箭，庞统挑灯夜读，曹操横槊赋诗等插曲使人物的形象更为真实生动。叙述战争时还善于运用实写和虚写相结合的手法，对战争的胜利者，往往不惜详尽描写，如上引的"关云长温酒斩华雄"一段就是典型的虚实相生的写法。

《三国演义》吸收了传记文学的语言风格，并使之通俗化，"文不甚深，言不甚俗"，雅俗共赏，具有简洁、明快而又生动的特色。叙述描写不以细腻见长，而以粗笔勾勒为精；还有许多生动片段，也写得粗中有细。

关羽擒将图 明

《关羽擒将图》色彩明快，气势恢宏。其所表现的内容主要取材于《三国演义》中"水淹七军"一节，被擒之人便是庞德。画家将关羽的安闲儒雅、庞德的愤怒激动表现得极为到位，性格上的差异使得整个画面充满张力。

中国名著大讲堂

农桑衣食撮要

成书年代：元
作　　者：鲁明善
地　　位：元代农书的代表作

作者简介

　　鲁明善，以父字为姓，名铁柱，字明善。高昌（今新疆吐鲁番东）人。生卒年不详。生活于元代后期。父亲伽鲁纳答思，是元代著名的翻译家、外交家和学者，他通晓印度、中亚、汉、藏等多种语言文字，曾经作为外交使者到过许多国家，也接待过许多外国使臣。待人接物处处表现出宽厚、机智、廉洁的作风。元世祖时，他由西

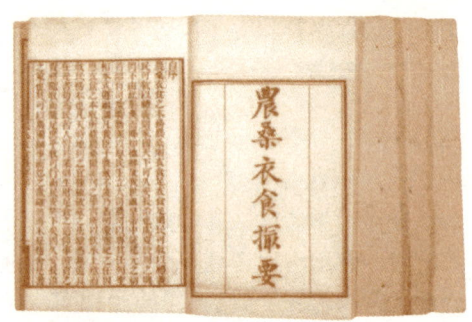

《农桑衣食撮要》书影

域进入大都（今北京）从事翻译佛经的工作，并担任过皇太子的师傅。他历事世祖、成宗、武宗、仁宗四朝，做过禁卫领行人，官至开府仪同三司大司徒。地位显赫，深得朝廷器重。鲁明善长期跟随父亲居住在汉族地区，深受汉族文化的影响，治过圣贤之学；取鲁明善为姓名，亦足见受儒家文化影响之深。鲁明善受父辈的恩荫，曾在朝廷里为皇帝主持文史工作。后来又以奉议大夫的名义被派到江西行省辅佐狱讼之事。延祐元年（1314年）被任命为中顺大夫、安丰路（今安徽寿县）达鲁花赤。第二年（1315年）改授亚中大夫、太平路总管。后又在池州府、衡阳、桂阳、靖州等地任职。虽然每次任期都不长，但政绩显赫，声振朝野。他重视农业生产，每到一处或"讲学劝农"，或"复葺农桑为书以教人"，或"修农书，亲劝耕稼"。所管辖的人民对他深表怀念，为之树碑立传，《农桑衣食撮要》就是在延祐元年他出监安丰路时撰写并刊刻的，以后又在至顺元年（1330年）再刊于学宫。鲁明善为人慈祥，为官清廉。平日喜抚琴作书，除《农桑衣食撮要》外，还撰有《琴谱》8卷。

背景介绍

　　在蒙古对金作战期间，北方人口大量减少，生产力遭到严重的破坏，此外，从成吉思汗到元世祖，双方一直存在农牧争地问题。在中原和江南地区先进农业

作品评价

　　《农桑衣食撮要》文字通俗易懂，简明扼要，既吸收了古人的生产经验，又总结了当时农民群众的先进技术，强调了农业生产的重要性，对元代农业生产的恢复和发展起了积极作用；既继承了汉族地区的农业生产的优良传统，又发扬了少数民族在农牧业生产上的好经验，是我国各族人民劳动和智慧的结晶，是一部比较优秀的古代农书。

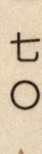

经济的影响下，蒙古统治者不得不放弃其落后的游牧经济和剥削方式，而采用"以农桑为急务"的政策。在元军攻宋的过程中，对农业生产的破坏较之北方要轻一些。这种"使百姓安业力农"的思想，还贯穿在元朝许多其他行政措施和命令中。1261年，忽必烈设立劝农司，派出许多劝农使分赴各地整顿农桑，1270年又成立司农司，下设四道巡行劝农司，同年改司农司为大司农司，添设巡行劝农使、副使各四员。由劝农司到大司农司，这反映出元朝对农业的逐渐重视。由于政府对农业的重视，私人撰写农书的风气也随之兴起，在元王朝不到百年的统治期内，见于后人著录的农书就有十几种之多，《农桑衣食撮要》即其一。

名著概要

《农桑衣食撮要》又称为《农桑撮要》，分上、下两卷，是一部按"月令"体裁撰写的农书，列有农事208条，约15000字。该书体例略同东汉崔寔的《四民月令》和晚唐韩鄂的《四时纂要》，按一年十二个月，分别把每月的农事简明地列举出来。资料主要采自元初官颁的《农桑辑要》，并增选了一些新材料编成。内容丰富，包括农作物、蔬菜、果树、竹木等的栽培，家禽、家畜、蜂、蚕等的饲养，农产品的加工、贮藏和酿造等，都加以详细记述。在此书中，鲁明善强调建立和巩固农桑为本的思想，提出政府在发展农桑生产上加强技术指导，反对当时废农为牧的错误主张。强调正确利用天时地利之宜，不误农时，实行多种经营，以取得更大的经济效益。要求既要取得地利，也要保持水土，增加土地肥力，切不可破坏性和掠夺性地使用土地。他还提出在发展生产和实行多种经营的基础上，力争兼收"货卖"之利，主张发展城乡间的商品交换，这是取得更大经济效益的一个重要途径。

《农桑衣食撮要》从书名和内容看，都与司农司撰写的《农桑辑要》有相同之处。首先，这两部农书都继承了《齐民要术》的传统，皆为百科性、综合性农书，内容涉及农业生产和农村生活的方方面面。主要内容包括气象、物候、农田、水利、作物栽培（如谷物、块根作物、油料作物、纤维作物、绿肥作物、药材、染料作物、香料作物、饮料作物等）、蔬菜栽培、瓜类栽培、果树栽培、竹木栽培、栽桑养蚕、畜禽饲养、养蜂采蜜、贮藏、加工等。其次，这两本书中蚕桑都占有相当重要的地位。在《农桑辑要》中，栽桑、养蚕各占一卷，篇幅和条数上几乎占全书的三分之一。《农桑撮要》中蚕桑也占有五分之一的条数，两书名中"桑"与"农"并列，也反映了对蚕桑的重视，体现了元代

缫丝图 元 王桢

相关链接

《蚕书》篇幅很小，全书共1000余字，内容分为种变、时食、制居、化治、钱眼、锁星、添梯、车、祷神、戎治等小节，从浴卵到缫丝各个阶段，都有简明切实的记载。其中种变，讲有关浴卵和孵化技术，文中提到："腊之日，聚蚕种，沃以牛溲，浴于川，毋伤其籍，乃悬之。"其作用在于利用低温来选择优良蚕卵，淘汰劣种。宋元时期，对于蚕卵的选择已从"浴卵"发展到生理上的择优，而《蚕书》是这一发展的最早记载。时食，即有关蚕的喂养，书中所说体现了依据不同蚕龄，定时定量的喂养原则。制居，即蚕室以及蚕室中的一些蚕器，有筐（蚕盘）、槌（蚕架）、簇等。化治，即缫丝。钱眼、锁星、添梯和车几节，则对缫车的结构和用法及有关缫车的几个关键部件，做了特别细致的记载。这也是有关缫车的最早记载。

农书的特色。其三，《农桑辑要》中一些新添的内容在《农桑撮要》中也有反映。《辑要》添加的一些新的内容，大多被改编收入《撮要》之中，如种苎麻、木棉、西瓜、萝卜、菠菜、银杏、松、桧、皂荚、栀子以及取漆、养蜂等。

两者也有许多不同之处。首先，在体裁上《农桑衣食撮要》采用了古已有之的"月令"体，书中"考种艺敛藏之节，集岁时伏腊之需，以事系月，编类成帙"，因此，明代有人将此书改名为《养民月宜》。虽然《农桑辑要》之后所附"岁用杂事"一节亦属月令体，但内容十分简略，仅相当于《撮要》的目录，而《撮要》不仅列出每月该做的事，而且在每件事下面还写明该怎么做，语言通俗易懂，切实可行，使读者能够"一览了然"。其次，《撮要》较《辑要》在内容上也有新的增加。如关于小麦的播种期、播种量，《齐民要术》等农书中虽有记载，但时过境迁已不适用，而当时的《农桑辑要》中也有记载。鲁明善便在书中补上了这条，他在"八月，种大麦小麦"中写道："白露节后逢上戊日，每亩种子三升；中戊日，每亩种子五升；下戊日，每亩种子七升。"把播种量与播种期联系起来，播种期越早，播种量越小。值得注意的是鲁明善作为维吾尔族的农学家，还介绍了一些少数民族的生产技术和经验，如种葡萄技术、制造酪、酥油、干酪的方法等。同时增加了南方农业方面的内容，一些南方特产，如鸡头（即芡实）、菱、藕、茭笋（白）、茨菰（慈姑）、竹笋、鳜鱼等，均在书中有所介绍。

除了增加新内容外，还删除了一些旧内容。作为月令体农书，全书没有任何有关商业行为的叙述，其中有关教育的条文，也仅仅是以农民为对象，这就使得全书的内容更加精练集中，也体现了作者"农桑，衣食之本"的思想。

阅读指导

农书发展到这个时候已经越来越专业化，并且在前人基础上继承和创新的东西也比较多。读者不妨找来《王祯农书》《农桑辑要》一起阅读，找出异同点，并且重点掌握《农桑撮要》较前人进步的内容。

名家点评

清《四库全书总目提要》曰："明善此书，分十二月令，件系条列，简明易晓，使种艺敛藏之节，开卷了然，盖以阴补《农桑辑要》所未备，亦可谓能以民事讲求实用者矣。"

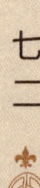

在讲到某种技术时，可以参阅相关的书籍，如讲到养蚕技术时可以参阅《蚕书》，这样利于知识的全面掌握。

水浒传

成书年代：明
作　　者：施耐庵
地　　位：绿林豪杰的忠义悲歌

作者简介

《水浒传》的作者，明代人有多种记载，大致有三种说法：施耐庵、罗贯中和施、罗合作。郎瑛《七修类稿》中说："《三国》《宋江》二书，乃杭人罗本贯中所编。予意旧必有本，故曰编。《宋江》又曰钱塘施耐庵底本。"高儒《百川书志》中说："《忠义水浒传》一百卷。钱塘施耐庵的本，罗贯中编次。"李贽《忠义水浒传叙》中提到作者时，说是"施、罗二公"，就是认为施、罗合作的。此外，田汝成《西湖游览志余》和王圻《稗史汇编》都记载罗贯中作。而胡应麟《少室山房笔丛》则说是"武林施某所编""世传施号耐庵"。

施耐庵像

现在学术界大都认为施耐庵作，也有少数人认为施、罗合作。关于施耐庵，没有什么可靠的历史记载。他大概是元末明初人，生平不详。民间传说他曾参与张士诚的农民起义，这未必可信。但是他生活的时代比罗贯中稍早，可以肯定的是，元末如火如荼的农民大起义，他应当是见过或亲身经历过的，这对他的小说创作也许有某种影响。

背景介绍

《水浒传》取材于北宋末年宋江起义的故事。关于宋江起义，史籍中有些零星的记载。《宋史·徽宗本纪》记载："淮南盗宋江等犯淮阳军，遣将讨捕；又犯东京、江北，入楚海州界，命知州张叔夜招降之。"《张叔夜传》说："宋江起河朔，转略十郡，官兵莫敢撄其锋。"宋代陈均《九朝编年备要》和徐梦莘的《三朝北盟会编》，也都有类似的记载。还有的记载说宋江投降后曾参与征讨方腊。宋代说书兴盛，在民间流传的宋江等36人故事，很快就成为话本的素材，南宋罗烨《醉翁谈录》记载有小说《青面兽》《花和尚》和《武行者》，都是水浒故事。宋末元初，画家龚开的《宋江三十六人赞》完整地写出了36人的姓名和绰号。宋末元初的《大宋宣和遗事》有一部分涉及水浒故事，只是内容非常简单，可能是说书人的提纲。它所记水浒故事，从杨志卖刀杀人起，经智取生辰纲、宋江杀阎婆惜、九天玄女授天书，直到受招安平方腊，顺序和现在的《水浒传》基本一致。元代出现了大量水浒戏，至今存目的有30余种，其中完整传世的有六种：《李逵负荆》《燕青博鱼》《黄花峪》《双献功》《争报恩》《还牢末》。在这些戏里，水浒原来的人物故

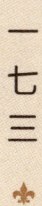

中国名著大讲堂

事发展日益丰富。其中有的英雄人物如李逵、宋江、燕青等已有生动的描绘。施耐庵正是在这样的背景下，综合民间流传的水浒故事，并且加上自己的修饰点染，写成了这部优秀的古典小说《水浒传》。

名著概要

《水浒传》全书可分前后两大部分。

前 70 回为前半部分，写各路英雄纷纷上梁山大聚义，打官军，聚义排座次。《水浒传》写英雄们走上造反的道路各有不同的

《水浒传》书影

原因；但是在逼上梁山这一点上，许多人是共同的。如阮氏三雄的造反是由于生活所迫，他们不满官府的压榨，参加劫"生辰纲"的行动，因此上了梁山；解珍、解宝是由于不堪受地主的掠夺起而反抗的；鲁智深是个军官，他好打不平，结果被逼上山落草；武松出身城市贫民，为打抱不平和报杀兄之仇，屡遭陷害，终于造反；林冲原是东京八十万禁军教头，是个有地位的人，他奉公守法，安分守己，但最终也被逼上梁山。其中精彩的章回有："鲁提辖拳打镇关西""鲁智深大闹五台山""鲁智深火烧瓦官寺""花和尚倒拔垂杨柳""林冲棒打洪教头""鲁智深大闹野猪林""林教头风雪山神庙""林冲雪夜上梁山""杨志卖刀""智取生辰纲""林冲水寨大并火""宋江怒杀阎婆惜""景阳冈武松打虎""武松怒杀西门庆""施恩再夺快活林""武松醉打蒋门神""武松血洗鸳鸯楼""梁山泊好汉劫法场""杨雄醉骂潘巧云，石秀智杀裴如海""三打祝家庄""时迁偷甲""时迁火烧翠云楼""梁山泊英雄排座次"等。

71 回以后为后半部分。后半部分由五个小部分组成，即征辽、平田虎、平王庆、平方腊及结局。其中平田虎、平王庆两部分是后来加的，今天有的百回本，征辽之后紧接平方腊，没有这两部分。后半部分中，梁山受朝廷招安，成为官军，南北征战，英雄们或死或伤，渐渐离散，很少有人善终。最终有以宋江、李逵服毒身亡结局。这一部分读来令人泄气，因此金圣叹"腰斩"《水浒传》时将他们都删了。

作品特色

作为中国第一部成熟的白话长篇小说，《水浒传》在艺术上取得了很高的成就，这首先表现在它对人物形象的塑造上。施耐庵善于将人物置于具体环境中，紧扣人物身份、结合心理与细节描写来刻画人物各自的性格，成功地塑造了数十个性格鲜明的人物形象。其中，宋江的形象对于理解全书思想内涵具有枢纽的作用。作为梁山起义军的领导人，宋江的性格中同时存在着革命性与妥协性、进步的一面与落后的一面。他是出身于地主阶级的知识分子，又做了个"刀笔精通、吏道纯熟"的押司，这样的阶级地位和身份，使他对包括君权、父权、法权在内的统治权威从内心里绝对遵从，形成了他性格中根深蒂固的"忠"的本质。但同时，他身上又非常富有正义感、仗义疏财、济困扶危、排难解纷，因此被人们称为"山

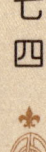

东及时雨",这是他身上的"义"的特征。在这种"忠"和"义"的双重主导下,宋江的性格既矛盾又统一地曲折发展着:他一边与梁山好汉有着斩不断的关系,另一方面又严守"忠"的尺度,害怕自己被扯入造反者的行列中。即使是被逼无奈上了梁山后,他也始终抱定等待朝廷赦罪招安的念头,直到饮了朝廷的毒酒死在旦夕,还表白着自己的忠心。而他所坚持不肯放弃的"忠",正是造成他自身以及梁山泊英雄悲剧的根源。对传统皇权的"忠"和对江湖的"义"组成了一个矛盾的宋江,这种矛盾性正是这个人物艺术魅力的体现,不过也反映出了作者历史观的局限。《水浒传》不是仅仅描写某一方面的特征,它抓住了人物性格中的矛盾冲突,使得它塑造人物的艺术性达到了同期小说艺术的最高水平。

《水浒传》的语言也独具风格。施耐庵创造性地继承和发展了"说话"的语言艺术,以北方口语、山东一带口语为基础,形成了明快、洗练、表现力非常强的《水浒传》语言。状人叙事时,多用白描,不用长段描写,寥寥几笔就神情毕肖。同时,《水浒传》的语言开始从《三国演义》的类型化写法摆脱出来,走向初步个性化写法,这标志着传统的写实方法在古代小说创作上的重大发展。

阅读指导

《水浒传》的故事内容富有传奇性,情节跌宕起伏,变幻莫测,一波未平,一波又起。如"拳打镇关西""智取生辰纲""宋江杀惜""武松打虎""血溅鸳鸯楼""江州劫法场""三打祝家庄"等情节,数百年来脍炙人口。《水浒传》最精彩的是人物形象的塑造。作者把故事情节和人物性格融合在一起,用不同的情节来表现人物不同的性格特征。武松、林冲都受过官府的陷害,被充过军,但他们面对厄运时的反应却大不一样。林冲在路上受差人任意摆布,忍气吞声;武松则相反,充

经典摘录

那大虫又饿,又渴,把两只爪在地上略按一按,和身望上一扑,从半空里撺将下来。武松被那一惊,酒都作冷汗出了。说时迟,那时快;武松见大虫扑来,只一闪,闪在大虫背后。那大虫背后看人最难,便把前爪搭在地下,把腰胯一掀,掀将起来。武松只一闪,闪在一边。大虫见掀他不着,吼一声,却似半天里起个霹雳,振得那山冈也动,把这铁棒也似虎尾倒竖起来只一剪。武松却又闪在一边。原来那大虫拿人只是一扑,一掀,一剪;三般捉不着时,气性先自没了一半。那大虫又剪不着,再吼了一声,一兜兜将回来。武松见那大虫复翻身回来,双手抡起哨棒,尽平生气力,只一棒,从半空劈将下来。
——第二十二回《横海郡柴进留宾 景阳冈武松打虎》

八方共域,异姓一家。天地显罡煞之精,人境合杰灵之美。千里面朝夕相见,一寸心死生可同。相貌语言,南北东西虽各别;心情肝胆,忠诚信义并无差。其人则有帝子神孙,富豪将吏,并三教九流,乃至猎户渔人,屠儿刽子,都一般哥儿弟弟称呼,不分贵贱;且又有同胞手足,捉对夫妻,与叔侄郎舅,以及跟随主仆,争斗冤仇,皆一样的酒筵欢乐,无问亲疏。或精灵,或粗卤,或村朴,或风流,何尝相碍,果然识性同居;或笔舌,或奔驰,或偷骗,各有偏长,真是随才器使。
——第七十一回《梁山泊英雄排座次 宋公明慷慨话宿愿》

> **名家点评**
>
> 人有其性情，人有其气质，人有其形状，人有其声口。
>
> ——清·金圣叹《〈第五才子书施耐庵水浒传〉序三》
>
> 我想《水浒传》是一部奇书，在中国文学史占的地位比《左传》《史记》还要重大的多。
>
> ——胡适《〈水浒传〉考证》

军恩州路上，收拾了要害死他的差人，还不解恨，一口气奔回孟州，血洗鸳鸯楼。这是因为，林冲是东京八十万禁军教头，是有地位、懂法度的人，不幸遭受冤枉，只希望服刑期满，重振家声；而武松无家室之累，惯走江湖，性格强悍，无所顾忌，报复心强，手段也狠。作者对他们的性格特点把握得十分细致。

《水浒传》的语言特色是明快、洗练、生动，无论是作者的描述，还是人物的语言，都惟妙惟肖，生活气息浓厚，写景、状物、叙事、表情，都很传神。《水浒传》善于白描，简洁明快，没有冗长的叙事，也没有烦琐的景物描写，比如"武松打虎"就写得简练而传神，简洁地写老虎一扑、一掀、一剪，一只老虎活生生的形象便跃然纸上。

《水浒传》人物语言准确而精练，恰如其分地表现出人物的性格、地位以及文化教养。如粗鲁而不懂得客套的李逵第一次见宋江，就问戴宗："哥哥，这黑汉子是谁？"他刚上梁山便大发狂言："便造反怕怎地，晁盖哥哥便做大宋皇帝，宋江哥哥便做小宋皇帝……杀去东京，夺了鸟位。"寥寥数语，便描画出活脱脱一个草莽英雄的形象。

西游记

成书年代：明
作　　者：吴承恩
地　　位：神魔之域中的世态万象

作者简介

《西游记》的作者吴承恩（约1500～1582年），字汝忠，号射阳山人，淮安山阳（今江苏淮安）人。吴家世代书香，到他父亲时败落为小商人。吴承恩自幼聪敏好学，博读群书，闻名乡里。他喜欢奇闻逸事，爱读稗官野史和唐人传奇，这对他创作《西游记》有很重要的影响。吴承恩多次参加科举考试，然而屡试不爽，以至于"迂疏漫浪"。中年当过长兴县丞，不久，因"耻折腰"而辞官。晚年归居故乡，放浪诗酒。《西游记》就是他晚年的作品。吴承恩另外还作有传奇小说集《禹鼎志》，篇幅很短。

吴承恩雕像

背景介绍

　　《西游记》的故事经历了一个漫长的演变过程。《西游记》所写的唐僧取经故事是由唐朝和尚玄奘的经历演绎成的。唐太宗贞观元年，和尚玄奘不顾禁令，偷越国境，费时17载，经历百余国，只身一人前往天竺（今印度）取回佛经657部。玄奘口述西行见闻，由弟子辩机写成《大唐西域记》。他的弟子慧立、彦琮又写成《大唐大慈恩寺三藏法师传》，记述玄奘西行取经事迹。为了宣传佛教并颂扬师父的业绩，他们不免夸大其词，并插入一些带神话色彩的故事，如狮子王劫女为子、西女国生男不举，迦湿罗国"灭坏佛法"等。此后取经故事即在社会上广泛流传，越传越离奇。在《独异志》《大唐新语》等唐人笔记中，取经故事已带有浓厚的神异色彩。南宋的说经话本《大唐三藏取经诗话》，开始把各种神话与取经故事串联起来，书中出现了猴子行者。他原是"花果山紫云洞八万四千铜头铁额猕猴王"，化身为白衣秀士，来护送三藏。他神通广大、足智多谋，一路杀白虎精、伏九馗龙、降深沙神，使取经事业得以"功德圆满"。这是取经故事的中心人物由玄奘逐渐变为猴王的开端。猴行者的形象源于我国古代的志怪小说。《吴越春秋》《搜神记》《补江总白猿传》等书中都有白猿成精为怪的故事，而李公佐的《古岳渎经》中的淮涡水怪无支祁的"神变奋迅"和叛逆性格同取经传说中的猴王尤为接近。书中的深沙神则是《西游记》中沙僧的前身，但此时还没有出现猪八戒。到元代，又出现了更加完整生动的《西游记平话》，其主要情节与《西游记》已非常接近。由宋至明，取经故事也经常出现在戏曲舞台上。宋元南戏有《陈光蕊江流和尚》，金院本有《唐三藏》，元代吴昌龄有《唐三藏西天取经》杂剧，元末明初有《二郎

相关链接

　　《西游补》：南潜作。南潜是董说出家后的法名。董说字若雨，乌程人。生于万历年间。明亡后，隐居灵岩，三十余年不入城市，成为一代高僧。本书叙述悟空化斋，被鲭鱼精迷惑，渐渐进入梦境，打算找秦始皇借驱山铎，徘徊之间，进入万镜楼，于是时而见过去，时而见未来，忽而化作美人，忽而化作阎罗，被虚空主人呼唤，才离开梦境，才得知鲭鱼本来与悟空同时出世，住在"幻部"，自称"青青世界"，所有境界，都是他创造的，并不是实有的。因此"悟通大道，必先空破情根，破情根必先走入情内，走入情内见得世界情根之虚，然后走出情外认得道根之实"。书中所说的鲭鱼精、青青世界、小月王，都指的是"情"。本书情节恍惚奇幻，常常惊人；夹杂徘谐，也很俊逸，很值得一读。

　　《后西游记》：作者不详。叙述花果山再生石猴，也神通广大，称为小圣，辅助大颠和尚再往西天，求取佛经的真解。途中收猪一戒，得沙弥，屡次路遇妖魔，陷于危难，最终到达灵山，得到真解，返回中华。这部书情节与《西游记》过于接近，缺少独创，比较而言价值不高，偶尔有可读之处。

　　《四游记》：包括四部书。其一是《上洞八仙传》，也叫《八仙出处东游记传》，旧题"兰江吴元泰著"。写铁拐李、钟离权、吕洞宾、韩湘、曹友、张果、蓝采和、何仙姑八仙故事。其二是《五显灵官大帝华光天王传》，即《南游记》，旧题"三台山人仰止余象斗编"。写妙吉祥童子历经三世、上天入地的神怪故事。其三为《北方真武玄天上帝出身志传》，即《北游记》，象斗编。写真武大帝本身及成道降妖的故事。其四为《西游记传》。写孙悟空得道，唐太宗入冥界，玄奘应诏求经，途中遇难，最终到达西土，得经东归，内容与吴承恩所著之书相似。

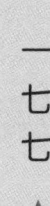

神锁齐天大圣》杂剧和杨景贤的《西游记》杂剧。吴承恩创作《西游记》以前，取经故事已经以各种形式在社会上长期流传。吴承恩就是在前代传说和平话、戏曲的基础上，创作出这部规模宏大的神话小说——《西游记》。

吴承恩墨迹

名著概要

　　《西游记》全书100回，大致可分为三个部分：第一部分是前七回，写孙悟空"大闹天宫"。孙悟空原是破石而生的美猴王，占领花果山水帘洞后，海外拜师，学得七十二般变化。他不愿受冥府、天界管束，大闹"三界"，自封"齐天大圣"，与玉皇大帝分庭抗礼，搅得天昏地暗。第二部分为8至13回，交代取经的缘由，写魏征斩龙、唐太宗入冥、观音访求高僧和唐僧出世，为取经做了铺垫。第三部分为14至100回，由41个小故事组成，写了孙悟空在猪八戒、沙僧的协助下保护唐僧前往西天取经，一路上共克服了八十一难，斩妖除怪，历尽艰险，终于取回真经，师徒五人也都修成正果。其中著名的情节有"黑风山怪窃袈裟""高老庄""黄风岭""大战流沙河""五庄观行者窃人参果""三打白骨精""红孩儿""车迟国显法""大闹金山兜洞""女儿国""火焰山""盘丝洞""大战青龙山"等。

　　《西游记》中的主要人物性格鲜明。唐僧恪守宗教信条，善良慈悲，胆小懦弱；孙悟空叛逆大胆，急躁敏捷，足智多谋；猪八戒粗劣莽撞，好吃懒做，忌妒心强，好拨弄是非，但是心肠倒也不坏，某些方面还颇有可爱之处；沙僧则任劳任怨，忠厚勤恳。

作品特色

　　《西游记》中的艺术形象，既以现实的人性为基础，又加上作为其原形的各种动物的特征，再加上浪漫的想象，写得生动活泼，令人喜爱。如孙悟空的热爱自由、不受拘束、勇于反抗等特点，体现着人性的欲求，这已经在前文进行了分析。而他的神通广大、变化无穷，则是人们自由幻想的产物；他的机灵好动、淘气捣蛋，又是猴类特征和人性的混合。猪八戒的形象也颇值得注意。他行动莽撞、贪吃好睡、懒惰笨拙等特点，既与他错投猪胎有关，又是人性的表现。自然，猪八戒也有不少长处，如能吃苦，在妖魔面前从不屈服，总记得自己原是"天蓬元帅"下凡，等等。但他的毛病特别多，除了上述几项，他还贪恋女色，好占小便宜，对孙悟空心怀忌妒，遇到困难常常动摇，老想着回高老庄当女婿，在取经的路上，还攒着一笔小小的私房钱。他在勇敢中带着怯懦，憨厚中带着奸猾。猪八戒的形象，体现了人类普遍存在的欲望和弱点。但在作者笔下，这一形象不仅不可恶，而且很有几分可爱之处。比起孙悟空的形象多有理想化成分，猪八戒的形象更具有日常生活中人物的真实性，读起来让人觉得亲切。这一种人物形象，是过去的文学中未曾有过的，他的出现，显示出作者对于人性固有弱点的宽容和承认,也显示了中国文学中的人物类型进一步向真实、日常和复杂多样的方向发展。

《西游记》虽是由众多零散故事传说汇聚成的一部大书,但经过再创作,结构却相当完整;它的文字诙谐幽默,灵动流畅,善于描写各种奇幻的场面,显示了相当高的艺术水平。

阅读指导

《西游记》虽然是神话小说,但是正如鲁迅在《中国小说史略》中说的,《西游记》"讽刺揶揄则取当时世态,加以铺张描写"。《西游记》神话实际上表现了丰富的社会内容,曲折地反映出明代社会的黑暗,有很明显的现实批判意义。唐僧师徒取经路上遇到的妖魔鬼怪很多都是菩萨或天神的坐骑,当孙悟空打败妖魔、准备灭杀的时候,它们的主人往往就出来说情,将它们救走。从这里,我们可以看出明代社会有势力的宦官庇护他们的干儿子干孙子们贪赃枉法的影子。另外,一些神圣的人物在《西游记》中形象很恶劣。如玉皇大帝是一个优柔寡断、软弱无能的形象,遇到事情拿不出什么解决的办法;而如来佛祖则贪图小利,向唐僧一行人索要贿赂,甚至把唐僧化缘用的紫金钵都要走了。这些细节描写都折射出当时当权者的所作所为,有很强的讽刺意味。

《西游记》创造了神奇绚烂的神话世界。情节生动、奇幻、曲折,具有非凡的想象力和强烈的浪漫色彩。天上地下、龙宫冥府、八十一难、七十二变、各种神魔都充满幻想色彩。他们使用的武器法宝都具有超自然的惊人威力:孙悟空的金箍棒重一万三千五百斤,缩小了却可以藏在耳朵里;"芭蕉扇"能灭火焰山上的火,缩小了就能够噙在口里。而且"一生必有一克",任何武器法宝都有厉害的对手:孙悟空的金箍棒可以一变千条、飞蛇走蟒一般打向敌人;可是青牛怪却能用白森森的"金钢琢"一股脑儿套去。"芭蕉扇"能将人扇出八万四千里,孙悟空噙了"定风丹",就能在漫天盖地的阴风前面岿然不动。这些宝贝五花八门,让人惊叹不已。

《西游记》的语言生动流畅,尤其是人物对话,富有鲜明的个性和浓烈的生活气息,富有诙谐幽默的艺术情趣。吴承恩提炼民众生活中的口语,吸收其中的新鲜词汇,利用它富有变化的句法,熔铸成优美的文学语言。敌我交锋时,经常用韵文表明各自的身份;交手后,又用韵文渲染炽烈紧张的气氛。它汲取了民间说唱和方言口语的精华,在人物对话中,官话和淮安方言相互融会,如"不当人子""活达""了

《西游记》图册 清
明代吴承恩的《西游记》问世后,各种表现唐僧师徒取经故事的艺术形式相继涌现,如诗歌、绘画、书法、雕塑、建筑等,不仅有巨大的美学价值,而且在民俗学、社会学上也有不小成就。《西游记》图册由清代康熙时期的四大书法家之一的陈奕禧书写了简单的文字说明,图画生动传神,富有想象力,图文并茂,使故事情节经过图片与文字得到更好的体现和延伸。

中国名著大讲堂

账""断根""囫囵吞""一骨辣"这些词语,既不难理解,又别有风趣。往往只用寥寥几笔,就能将人物写得神采焕发,写出微妙的心理活动。如猪八戒吃人参果、狮陀国三妖设谋、孙悟空以金箍棒指挥风云雷电的描写,都精彩纷呈。

金瓶梅

成书年代:	明
作　　者:	兰陵笑笑生
地　　位:	中国第一部文人独创的长篇小说

作者简介

　　《金瓶梅》作者署名兰陵笑笑生。兰陵笑笑生到底是何许人?三百多年来众说纷纭,直到现在还没有定论。据考查,涉嫌的作者竟有十二位之多,连李笠翁、徐渭、李卓吾等都被列为考疑的对象,但说法最多的不外兰陵笑笑生与王世贞两人。有人论定为兰陵笑笑生,仅仅因为兰陵笑笑生是山东人,与小说中方言有诸多相同。很显然,这个根据是远远不足以说明问题的。

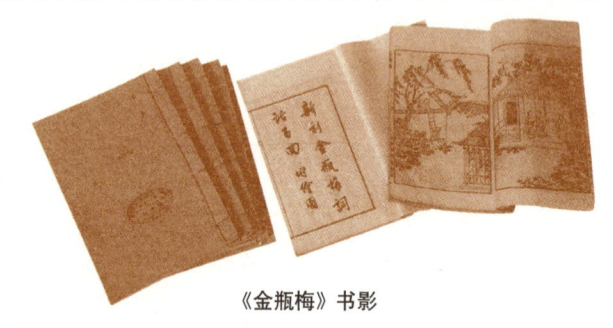

《金瓶梅》书影

　　据《野获编》记载,《金瓶梅》的作者是王世贞。王世贞(1526～1590年),明文学家。字元美,号凤洲、弇州山人,太仓(今属江苏)人。嘉靖年间进士,官至南京刑部尚书。与李攀龙同为"后七子"领袖,主张"文必秦汉,诗必盛唐",倡导诗文复古风气,在文学史上很有影响。据说,他作《金瓶梅》乃出于为父报仇。王世贞是出名的大孝子,其父被奸相严嵩所害,传说严嵩之子严世蕃好读奇书,王世贞于是著《金瓶梅》,在书角蘸以砒霜毒液,然后将书卖给严嵩,其子读完此书,遂毒发而死。这个故事很有传奇色彩,但依然没有确证,仅仅是传说而已。

背景介绍

　　明代从正德年间开始,整个社会即呈现出末世的征兆。嘉靖、隆庆之后,整个社会奢靡淫逸,拟饰娼妓之风气更为猖獗。宪宗成化年间,大臣竟献"秋石方"以媚上。上行下效,举世若狂,纵谈服食采战、闹帏裹事,全无羞耻感。街市上公然出售春宫画和淫具。"男风"时尚亦于此时兴盛。

　　晚明及清初的文献史料记载,文人士大夫的"名士风流"俯拾皆是:王世贞作诗赞"鞋杯";李开先宿妓染疥;袁中道津津乐道于自己的流连"游冶之场,倡家桃李之蹊";钱谦益与柳如是"兰汤共浴",一时也传为佳话;冯梦龙沉湎秦楼楚馆,为品评金陵妓女的《金陵百媚》一书撰写书评,其《情史》书中颇多对与妓女浓情的歌颂。它们传达了一个普遍的价值虚无主义的信念。

　　但是,我们应该知道,晚明文人颓然自放,流连浪荡于风月场所,表现的只是表面的现象。表面的玩世不恭掩饰不住内心的苦闷,传统的价值观念已经幻灭,他们便把人生的寄寓从原先的仕途转向了市井曲巷的声色犬马；而摆脱了名缰利索的束缚，又给他们在做人为文上失落了可以凭依的"准则"。于是，他们的作品在涉及两性关系时，展现出了旷古的自主意识。历代人做得说不得的事，晚明文人做了也说了，而且更为狂放。正是在这样的社会风气和文化氛围中，产生了《金瓶梅》等世情小说。

名著概要

《金瓶梅》成书于明朝万历年间（1573～1620年），是我国第一部文人独创的长篇小说，又是我国第一部家庭生活题材的长篇小说，清代被列为禁书。世传的版本有两个系统：《金瓶梅词话》和《金瓶梅》。《金瓶梅》是《金瓶梅词话》的改编本。书中除西门庆外，还着重写了潘金莲、李瓶儿和春梅，《金瓶梅》的书名，就是从这三个人名字中各取一字连缀而成的。其情节梗概如下：

山东阳谷县人武植，人称大郎，因饥荒，搬到清河县，卖炊饼度日。邻居张大户的妻子余氏厌恶使女潘金莲妖艳，把她嫁与武大。

一日，大郎遇见失散的兄弟武松。原来武松在景阳冈上打死猛虎，在清河县做了巡捕都头。潘金莲见武松体格雄壮，备酒招待武松，想撩拨挑逗他，可是却被武松严厉训斥了一番，讨了一个没趣。不久，本县知县因到任一年有余，捞到许多金银，派下属武松送到东京亲眷处。

潘金莲由邻居媒婆王婆牵线与西门庆勾搭上了。这西门庆是清河县一个财主，在县城开着个生药铺，是个浮浪子弟。武大得知奸情，便去捉奸，被西门庆一脚踢伤，后又被潘金莲毒死。西门庆买通仵作，将武大火化，不留痕迹。武松回县后，到县里告状。因上下官吏都与西门庆有来往，不允拿西门庆审问。

武松只好自己找西门庆报仇。找到狮子楼，西门庆跳窗逃走，武松打死在场的李外传。西门庆买通官吏，把武松刺配两千里充军。西门庆见已无事，就娶潘氏来家做了第五房妻妾。娶潘氏之前还娶了富孀孟玉楼，为第三房妾。第四房妾叫孙雪娥。吴月娘为了拉拢潘金莲，让自己的丫头春梅服侍潘氏。潘金莲为了收服她，又让西门庆收用了她。

西门庆有个结义兄弟名叫花子虚。西门庆勾搭上了花子虚的妻子李瓶儿，借官司侵吞了花子虚的财产，把他气成重病，不久死去。

当时西门庆的亲家因事被参劾，要发边充军。女婿陈经济带了财物和西门大姐来投西门庆。西门庆派家人进京找蔡京的儿子蔡攸打通关节。李瓶儿见西门庆家中出事，便招赘了医生蒋竹山。西门庆祸事已脱，逼打了蒋竹山，娶李瓶儿做第六房妾。西门庆又勾搭家人来旺的妻子宋蕙莲。来旺乘醉怒骂西门

名家点评

《金瓶梅》从何得来？伏枕略观，云霞满纸，胜于枚生《七发》多矣！
——明·袁宏道《与董思白书》

作者之于世情，盖诚极洞达，凡所形容，或条畅，或曲折，或刻露而尽相，或幽伏而含讥，或一时并写两面，使之相形，变幻之情，随在显见，同时说部，无以上之。
——鲁迅《中国小说史略》

中国名著大讲堂

《金瓶梅》故事图 清

此是清初人依据《金瓶梅词话》第六十三回所绘的图画。画面中央艺人正在表演海盐腔，右下方的伴奏乐队有胡琴、三弦、笙、笛、云锣等乐器，两旁是饮酒看戏的宾客，左上方是掀帘看戏的女眷。

庆，西门庆与潘金莲设计诬陷来旺，买通夏提刑，将来旺递解原籍为民。宋蕙莲悲痛万分，上吊自尽。

蔡太师生日，西门庆奉送重礼。蔡太师大喜，送了西门庆山东提刑所理刑副千户的五品官职。正好李瓶儿又生了一个儿子，便取名叫官哥儿。第二年蔡京生日，西门庆又亲自进京拜寿，拜蔡京为干爹，以父子相称。

西门庆有了官衔，朝中又有了大靠山，更加贪赃枉法，大胆妄为。又曾伙同夏提刑，庇护见财起意、杀死主人的苗青。

西门庆家中妻妾之间成天争宠斗强，通奸卖俏。李瓶儿生下官哥儿后，潘金莲心怀妒忌，常在家内挑拨是非。潘金莲特地养了一只猫，把官哥儿惊吓成病而亡。李瓶儿痛不欲生，加上潘金莲常在那边百般称快地暗骂，痛上加气，得了重病，不久病亡。

李瓶儿死后不久，西门庆又奸了奶妈如意儿，又与王招宣家的私通。后来酒醉中多服了胡僧给他的淫药，贪欲得病，33岁纵欲而亡。当天吴月娘生子，取名孝哥儿。李娇儿乘乱偷去5锭元宝，随后嫁人去了。潘金莲与春梅一起同陈经济通奸。月娘先将春梅卖给周守备做二房，又叫王婆领潘金莲出去嫁人，随后又将女婿陈经济赶了出去。

陈经济往东京去取银子要娶潘金莲。这时武松遇赦回清河县，依旧在县里当督头。他假说要娶潘金莲，趁机杀了潘金莲和王婆，祭了武大的灵牌，便投十字坡张青夫妇去了。

不久，孟玉楼改嫁给本县知县儿子李衙内。孙雪娥被月娘卖给周守备。春梅本来就与孙雪娥作对，便将孙雪娥打下厨房做厨娘。陈经济从东京回来交上了无赖铁指甲杨先彦，娶了娼妓冯金宝，把妻子西门大姐逼死。做生意的本金又被铁指甲骗走，他一贫如洗，乞食街头，后到晏公庙做道士，却又偷老道士的钱去嫖妓，被抓到守备府，在周守备公堂上被春梅认出，认为姑表兄弟。春梅为了与陈经济姘居，借故将孙雪娥卖给了私娼家。后来陈经济被孙雪娥的姘头张胜所杀，孙雪

经典摘录

在世为人保七旬，何劳日夜弄精神？世事到头终有悔，浮华过眼恐非真；贫穷富贵天之命，得失荣华隙里尘。不如且放开怀乐，莫使苍然两鬓侵。
——第二十回

我劝世间人，切莫把心欺。欺心即欺天，莫道天不知。天只在头上，昭然不可欺。
——第八十一回

娥也自缢身亡。不久，周守备升任统制，与金国兵马作战，中箭身亡。春梅在家纵欲无度，29岁身死。

兵荒马乱中，吴月娘带孝哥儿往济南府投奔云离守，想为孝哥儿成亲。在城郊遇见雪洞老和尚普静。月娘此时已经感悟，遂让孝哥儿随雪洞老和尚为徒，取法名明悟。

阅读指导

读《金瓶梅》，我们最应该注重的是它的世情描写。它描写了朝廷、官场、市井，各行各业，各种人物，各种场景。作者对于他所描绘的世态人情，都持一种冷眼观世的态度。这些描述，在他的笔下那样详细无遗、毫发毕现，总给人一种极端冷静的感觉、嘲讽的味道。

我们也应该注意他所刻画的女性的形象与性格。《金瓶梅》中刻画了十余位性格鲜明的女性形象，她们虽然或淫荡，或狠毒，或滑诈，然而实际上都是弱者，甚至只是男人的玩物，她们命运的悲苦也正源于此。

正如张竹坡《批评第一才子书读法》中所说："《金瓶梅》不可零星看，如零星便只看其淫处也。故必尽数日之间，一气看完，方知作者起伏层次，贯通气脉，为一线穿下来也。"

封神演义

成书年代：明
作　　者：许仲琳
地　　位：家喻户晓的神魔小说

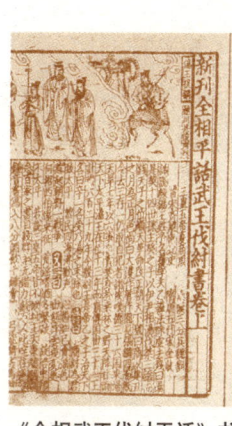

作者简介

《封神演义》的作者是许仲琳。许仲琳，号钟山逸叟，明应天府（今江苏南京）人，生平不详。本书有原刊本藏于日本内阁文库，卷二题有"钟山逸叟许仲琳编辑"，这就是认定本书最初作者为许仲琳的根据。成书的年代，大概在明天启年间。

《全相武王伐纣平话》书影

背景介绍

我国古典长篇小说都是章回小说形式，它是宋元讲史话本渐渐发展而成的。讲史说的是历代兴亡的故事，比如《五代史平话》《宣和遗事》等。因为历史事实头绪复杂，讲史不能把一段历史有头有尾地在一两次说完，必须分若干次连续讲，每讲一次，就相当于后来的一回。在每次说书之前，都要用题目向听众揭示本次说书的主要内容，这就慢慢演变成章回小说的回目。章回小说中经常出现的"话说""看官"等字样，显示出它和话本之间有继承关系。元末明初出现了一些章回小说，如《三国志通俗演义》《残唐五代史演义》《水浒传》等。这些小说都是长期在民间流传，经说书艺人加工补充，最后由作家改写而成的。它们已经包括了作家的大量创作。它们的篇幅比讲史更长，分为若干卷若干节，每节前面有一个简洁的题目。很显然，这种小说已经主要是供读者阅览的了。明中叶以后，章回小说更加成熟，出现了《西游记》《金瓶梅》等作品。这些章回小说的故事情节更为复杂，描写也更为细腻，它们体例上保持了"讲史"的痕迹，但是内容上已经与"讲史"没有什么联系了。这时章回小说已经不再分节了，而是明确地分成多少回，回目也采用工整的对偶句。本书也是一部章回小说。

姜子牙辅佐武王伐纣的故事，很早就成为民间说书的材料，元代的《新刊全相平话武王伐纣书》，已包含不少神怪故事。明代后期，许仲琳将它改编成《封神演义》。

名著概要

《封神演义》全书100回，写武王灭商的故事。大致可以分为两部分：前30回重点写商纣王的荒淫暴虐；后70回写武王伐纣。演义叙述纣王进香，题诗亵渎神明，于是女娲命令三个妖怪迷惑纣王，帮助周国兴起。纣王、妲己荒淫暴虐，作恶多端。姜子牙晚年遇周文王，帮助文王武王谋划伐纣。武王起兵反商，商周之战过程曲折，其间神怪迭出，各有匡助。神仙们也分成两派，阐教支持武王，有道、释两家；截教支持纣王。双方各逞法术，互有死伤，截教最终失败。诸侯孟津会盟，牧野大战，纣王自焚，商朝覆灭，周武王分封列国，姜子牙将双方战死的重要人物一一封神。其中著名的情节有"哪吒闹海""姜子牙七死三难""十绝阵""诛仙阵"等。

《封神演义》的作者信仰的是神道。不论人事还是国家兴衰成败都是劫数。劫数在天，即使是神魔鬼怪亦不能逃脱劫数的安排。"成汤气数已尽，周室当兴"，每个参加商周之争的人不过是"完天地之劫数，成气运之迁移"而已。作者是个正统思想很重的人，从书中的一些描写看，他认为商是正统，反商就是叛乱。比如两军对阵，交手之前都有一番辩论，这时纣王的将官都是理直气壮，而周的将官往往有理亏之嫌。作者通过设炮烙、剖孕妇、敲骨髓等情节，描写纣王的残暴不仁，从而为武王反商寻找道义上的借口。作者把武王伐纣写成"以臣伐君""以下伐上"，是"灭独夫"之举，姜子牙则以"天下者，非一人之天下，乃天下人之天下也"的主张，号召诸侯"吊民伐罪"，突出了双方的正义与非正义的道义

相关链接

《三宝太监西洋记通俗演义》：明代罗懋登撰。写的是郑和七下南洋、征服外夷三十九国的事情。从中可以多少看到一些外国的风土人情。但描写的神魔故事非常荒诞，文字也较杂乱。

《绿野仙踪》：清代乾隆年间李百川作。这部小说以明代嘉靖朝为历史背景，写冷于冰看破红尘弃家修道以及度脱连城璧、金不换、温如玉、周琏等人的故事。这部小说相当真切地描摹出当时社会的人情世态。小说对官场的描写也有成功之处。小说还杂有一些神怪和秽亵的描写。

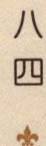

对立。哪吒剔骨还父、黄飞虎反商归周等情节也强调了"父逼子反""君逼臣反"不得不反的寓意。这些内容显然一方面是维护君主神圣地位的忠君思想，一方面也说出了民众希望君主施仁政的愿望。作者还宣扬"青竹蛇儿口，黄蜂尾上针，两般由自可，最毒妇人心"的"女祸"思想，这是很消极的。

阅读指导

　　这部小说最能吸引人的地方，是它奇特的想象。它发挥神话传说善于想象夸张的特长，赋予各类人物以奇特的形貌，其中的人物，如杨任手掌内生出眼睛，雷震子胁下长有肉翅，哪吒有三头六臂；仙术道法也神奇莫测，如土行孙等的土遁、水遁之法，陆压的躬身杀人之术，还有的或者有千里眼，或者有顺风耳，或者有七十二变，又各有各的法宝相助，显得光怪陆离，幻奇无比，富有浪漫色彩。小说在人物描绘上有一定成就，如妲己的阴险残忍，杨戬的机谋果敢，闻仲的耿直愚忠，申公豹的恶意挑拨，等等，都写出了一定的性格。其中写得最好的是哪吒的故事。《封神演义》写他大闹龙宫，剔骨还父，后以莲花为化身。这一神话人物以儿童的形象出现，别具可爱之处。但综观全书，人物大都是概念化的，他们在天数的绝对支配之下，大部分缺乏鲜明的性格特征。此外，在故事情节上，许多场面显得呆板，后七十回中破阵斗法的描写，显得千篇一律。这是本书的不足之处。

菜根谭

成书年代：明
作　　者：洪应明
地　　位：为人处世之典，养性育德之教

作者简介

　　洪应明（生卒年不详），字自诚，号还初道人。洪应明的籍贯、事迹，都无法考证，从他的作品推测应当是一位勤于耕耘稼穑的布衣之士。洪应明著有《仙佛奇踪》。他与金坛（今属江苏省镇江市）人于孔兼是好朋友。于孔兼于明万历年间进士及第，官至礼部仪制郎中，后来因为直言极谏而遭贬谪，罢官后隐居田里20余年。屏居茅舍，日与渔夫、田夫朗吟唱和。或许洪应明就是此时此地与于孔兼结为挚友的。于孔兼应洪应明的请求，给他所写的《菜根谭》写了"题词"，在"题词"中于孔兼称赞这部书："其谭性命直入玄微，道人性曲尽岩险。俯仰天地，见胸次之夷犹；尘芥功名，知识趣之高远。笔底陶铸，无非绿树青山；口吻化工，尽是鸢飞鱼跃。"他认为这本书"悉砭世醒人之吃紧，非入耳出口之浮华也。"

　　清朝乾隆年间，三山病夫重刻《菜根谭》一书，给它作了一个序言："其间有持身语，有涉世语，有隐逸语，有显达语，有迁善语，有介节语，

《菜根谭》字帖

中国名著大讲堂

一八五

作品评价

《菜根谭》熔道、释、儒于一炉，充分地展现了它的处世原则、方法和手段，被人看成修身处世的通俗课本。台湾著名漫画家蔡志忠把《菜根谭》编绘成漫画行世，在世界华人圈内得到广泛流传。现代人对《菜根谭》更为熟悉，也有了更深入的了解，把它视为铸造民族魂的教科书，看成为人处世的规范。当然，由于受到时代的局限，其中也有儒、道两家消极的思想。

有仁语，有义语，有趣语，有学道语，有见道语，词约意明，文简理诣。"三山病夫很看重这部书，认为《菜根谭》可以"启迪天下后世"。读者如果能"熟习沉玩而励行之，其于语默动静之间，穷通得失之际，可以补过，可以进德，且近于律，亦近于道矣"。清朝中叶以后，《菜根谭》逐渐得到重视，人们把它看成修身处世的通俗课本，不断翻刻，各种版本流行于世。

背景介绍

明朝是中国封建社会高度发展的时期，商品经济已经有了长足的发展，在江南地区已经开始出现资本主义因素的萌芽，主要体现在商业、农业和手工业等领域。在政治上，封建专制统治进一步加强，专制主义更为突出，各种社会矛盾日益尖锐，整个社会处于激烈的斗争之中。

名著概要

《菜根谭》一书共有6篇，篇目依次是：《修身》《应酬》《评议》《闲适》《概论》《补遗》。

该书以"菜根"来命名，蕴含着深刻含义。其含义大致有以下三点：一、努力培养处世之根。蔬菜是人类得以生存的必不可少的东西，是营养极其丰富的佐餐佳品。菜可能是甘甜美味，也可能是清醇爽口，还可能是又辛又辣，但这都是由根产生的。一般老农都知道这个道理，所以他们在种菜的时候必定把重点放在菜根上。人生在世，为人处世，也必须厚培其根，这根就是对人生真谛的探求和理解。二、不可轻视菜根。与菜叶、菜茎相比，菜根多被人们所遗弃，很多人认为，处世的道理就如同菜根，根本不值得重视。洪应明却认为处世之道不能等闲视之。三、菜根自有菜根的妙处。根与菜相比，远远比不上，但一些贫困人家常常把菜根当作菜蔬来食用。只要不存在太多的奢望，不贪求更多，菜根吃起来其实也是很香的。或许洪应明就是嚼着菜根谈"菜根"，他希望世人阅读《菜根谭》如同咀嚼菜根，能从中体味出一些为人处世的滋味来。

《菜根谭》所提倡的处世原则、处世方法、处世手段是十分广博的，涉及了人际交往中的方方面面。《菜根谭》提倡的处世哲学主要有三点：首先，提倡安贫乐道，淡泊名利。安贫乐道，是治国、平天下的大经络；淡泊名利，是修身处世的做人原则。作为一名普通的百姓，应该要学会安于清贫的生活，甘心处于窘迫的境地，乐于接受人们共同遵守的道德，不存非分之想，也不做非分之事。名和

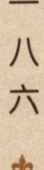

利就如镜中花，水中月。洪应明在《修省》篇中反复强调不要把富贵名利看得太重，而要耐得住贫寒寂寞。唯有这样，才能在纷繁复杂的世界中优游自处，如鱼得水，游刃有余。如同他在《评议》篇中告诫的那样："富贵是无情之物，看得它重，它害你越大；贫贱是耐久之交，处得它好，它益你反深。"其次，提倡克己博爱，厚以待人。《菜根谭》所有的篇章都闪耀着这一处世思想的光芒。"克己"的内容非常广泛，但首要的是要节制欲望，要能制怒。要清心寡欲，抑制各种欲望，各种怒火要抑而不发。洪应明在《修省》篇中形象地说："人欲从初起处剪除，便以新刍刻斩，其功夫极易；天理自乍明时充拓，便如尘镜复磨，其光彩更新。"在《应酬》篇中提供了一种节欲制怒的方法："己之情欲不可纵，当用逆之之法以制之，其道只在一忍字；人之情欲不可拂，当用顺之之法以调之，其道只在一恕字。"人食五谷杂粮，接触千人万物，不可能不产生种种欲望，关键在于要肯于并善于控制，把"欲"消灭在萌芽之中。薄以待己，宽以待人，是人际交往、处世酬人时不可或缺的原则之一。最后，提倡心地坦白，慎于独处。"慎独"是儒家一贯提倡的修身处世的原则，今日也被人们所接受，承认这是应该具有的美好的道德品质。为人处世要心地坦白，光明磊落，要做一个正人君子，对自己心安理得，无所愧悔，也就无偏私，无畏惧，对人则开诚布公，无隐瞒，无避讳。如果当面一套，背后一套，见人说人话，见鬼说鬼话，就会失掉朋友，在人世中也难以容身。正如《概论》篇中所言，只有"不昧己心，不拂人情，不竭物力"，才能"可以为天地立心，为生民立命，为子孙造福"。

阅读指导

正如洪应明给此书命名的一样，他希望读者阅读《菜根谭》时如同咀嚼菜根，从中体味出一些为人处世的滋味。而菜根的咀嚼则应该嚼得时间越长，越能品味出菜根的与众不同，品味出菜根的另一番景致。所以在阅读时，要细细品味，慢慢体会，宁慢毋滥，心如止水，道自然就从中来。

本草纲目

成书年代：明
作　者：李时珍
地　位："东方医学巨典"

作者简介

李时珍（1518～1593年），字东璧，湖北蕲州（今湖北蕲春）人，出生于医学世家，祖父和父亲都是医生。他自幼受到医药知识的熏陶，喜爱研究医药，立下了治病救人的志愿。李时珍14岁考取秀才，但是17岁、20岁、23岁三次参加乡试都没有考中举人，于是他便决心放弃科举途径，专心研究医药学。他拜名医顾日岩为师，苦读10年，以后也开始给人看病。34岁时，他被楚王府聘为奉祠，掌管良医所的事，得有机会饱览其藏书，以后曾被推荐到京城太医院任职，不及一年便辞官回乡，一面行医，一面编写《本草纲目》（1552年）。李时珍"搜罗百氏，访采四方"，一面"渔猎群书"，一面实地考察访问。"步历三十稔，书考800

余家，稿凡三易"。可见付出了多么艰苦的劳动。1578年，在李时珍61岁的时候，书稿完成，共52卷，但1590年才开始由南京刻书家胡承龙出钱刻印，直到1596年首次出版。而此时李时珍已经于三年前去世，未能亲眼看到。除医药学外，李时珍对生物、矿物、化学、地学、天文等也有研究。传世著作还有《濒湖脉学》和《奇经八脉考》。

背景介绍

明代中叶开始，在商品经济繁荣的江南地区，已出现了资本主义因素的萌芽，它反映在手工业、商业和农业生产等各个领域。由于手工业和商品经济的发展，城市的日益繁荣，出现了以手工工人、小商品生产者、工场主和中小商人为主体的市民阶层，这使社会矛盾呈现出更加尖锐和错综复杂的状况，除地主阶级和农民阶级这一对基本矛盾以及地主阶级内部的矛盾外，还出现了新兴市民阶层同封建势力压制和摧残的矛盾。

名著概要

《本草纲目》共收录了中药1892种，共52卷。卷一至卷四是全书的附录，收入序言、凡例、目录、附图、引用书目、资料及一些医药基础理论，等等。卷五以后是全书的主体部分，李时珍把所有药物分为16部：水部、火部、土部、金石部、草部、谷部、菜部、果部、木部、服器部、虫部、鳞部、介部、禽部、兽部、人部。每一部又分为若干类，共计62类。其中植物1195种，动物340种，矿石357种。

书中更有历代医家临床验方11096种，其中8100多个为新增，另附各种矿物植物插图1127幅。

在药物解说方面，《本草纲目》包括八个部分：第一，释名，罗列典籍中药物的异名，并解说诸名的由来；第二，集解，集录诸家对该药产地、形态、栽培、采集等的论述；第三，修治，介绍该药的炮制法和保存法；第四，气味，介绍该药的药性；第五，主治，列举该药所能治的主要病症；第六，发明，阐明药理或记录前人和自己的心得体会；第七，正误，纠正过去本草书中的错误；第八，附方，介绍以药为主的各种验方及其主治。

《本草纲目》的分类是先无机物而后有机物，先植物而后动物。

在植物类药物中，则先草、谷、菜而后果、木；在动物类药物中，则先虫、鳞、

作品评价

这本书系统地总结了我国16世纪以前药物学的成果，对后世药物学的发展起了重大作用。全书内容丰富，取材精审，编排有系统，是我国古代药物学、生物学的宝贵遗产，也是世界药物学、生物学划时代的名著。1603年以后，《本草纲目》在国内几十次被翻刻，有50多个版本，在国外被翻译成拉丁、法、日、朝、德、英、俄等文字，流行全世界。仅就日本来说，就先后出现了11种翻刻本，40多种改写、教材和研究本，还有两种全译本，可见影响之大。

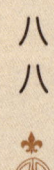

> **相关链接**
>
> 《神农本草经》是我国第一部本草学专著，作者不可考，约成书于秦汉时期。此书汇集了远古至汉代以前的药学成就，共载药365种，分上、中、下三品。书中明确药物以寒、热、温、凉为四气，辛、甘、酸、苦、咸为五味，并概括药物的性能和作用。明确"疗寒以热药，疗热以寒药"的用药原则，创立方剂的君、臣、佐、使和单行、相须、相使、相畏、相恶、相反、相杀七情和合等配伍方法，还阐述了药物的采集、时间、根、茎、花、籽的不同用途，服用注意事项等，对药物的炮制、贮藏方法和经验做了概括性的论述。

介而后禽、兽，最后则叙述人类药物。该书首先是对矿物药之科学分类，这在无机化学方面也已具备一定的水平。李氏记述的每一物质，均评论其来源、鉴别其化学性质。该书以单体元素为纲，对各化合物做了比较全面的论述和分类，大体上对前代所存在的混乱做了澄清。

在生物药的分类方面，可以说是划时代的，基本上采用了"双名法"。其法虽不能达到现代所应用的拉丁系统双名法那么科学精确，但在明代却是世界上最为先进的。其次在关于动物药之分类方面，基本上有以下之特点，例如书中的虫类相当于无脊椎动物，鳞类相当于鱼类和部分爬行类，介类则相当于两栖类和少数软体动物类，禽类则为鸟类，兽类系哺乳类动物。其分类方法富有科学性，代表了当时的先进水平，近代中外学者称赞其有着生物进化论思想，为把人为分类法推向自然分类法做出了重要贡献。

在药物学发展方面，《本草纲目》也做出了卓越的贡献。不但考订了前人1518种药物，并以自己的亲身实践，调查研究，搜询访验，为中国医药宝库增加新药374种。

在药物鉴别方面，《本草纲目》纠正了明代之前《本草》中的许多错误和非科学内容。关于水银的记述，更能说明李时珍严肃、认真、求实的科学态度和无畏精神；他的认识在当时达到科学发展的最新水平，对彻底根除服水银以求长生的荒谬做法产生了积极的作用。

关于生物对生活环境的适应，《本草纲目》也有独到见解。以动物药的描述为例，《本草纲目》对每一动物药的动物都有概括性的定义，多能抓住各类动物的生物学属性特征。《本草纲目》在有关药物的论述上，还强调了生物因受到人工方法的干预而在生活习性方面发生改变的特性。

在制药化学和实验研究方面，《本草纲目》所载制药化学包括蒸馏、蒸发、升华、重结晶、风化、沉淀、干燥、烧灼、倾泻等许多的方法，较之以前也有着突出的飞跃。

《本草纲目》书影

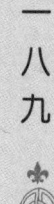

纪效新书

成书年代：明
作　　者：戚继光
地　　位：与《战争论》齐名之作

作者简介

戚继光（1528～1588年），字元敬，号南塘，晚号孟诸。明代杰出的军事家、民族英雄。祖籍安徽定远，生于山东济宁。戚继光自幼聪慧，勤习文武。明世宗嘉靖二十三年（1544年）袭父职为登州卫指挥佥事。嘉靖三十四年（1555年），戚继光调浙江抗倭，翌年任参将。他见"各卫所官兵大都桀骜不驯，顽钝无比"，作风腐败，乃倡议招募新军依法管束。嘉靖三十八年（1559年）亲赴浙江义乌，精选3000名农民和矿工，训练成一支军纪严明的劲旅，史称这支军旅为"戚家军"。他率这支军队在浙江先后取得高家楼、龙山、缙云、乌牛、松浦、鉴云诸捷，扭转了战局。嘉靖四十年（1561年），在台州、仙居、桃渚等处大胜倭寇，九战皆捷。次年奉调援闽，连破倭寇巢穴横屿、牛田、兴化，闽境倭寇主力被消灭殆尽。因功升署都督佥事。两年后再援福建，破倭寇巢穴平海卫（今莆田东南），进官都督同知，升福建总兵。此后转战闽粤沿海各地，终于解除东南沿海倭患。明穆宗隆庆二年（1568年），朝廷特召戚继光总理蓟州、昌平、保定三镇练兵事，总兵官以下悉受节制。16年间他整饬防务，加强战备，修筑御敌台，设立武学，训练将士，编成一支车、骑、步三者皆备的精锐部队，使防御巩固，京师（今北京）安全。后被排挤、诬陷夺职。明神宗万历十六年一月五日（1588年2月1日）病逝于登州。著有《纪效新书》《练兵实纪》等，为兵家所重视。

戚继光坐像

背景介绍

中国封建社会发展到明代进入了晚期，特别是明代中叶开始，在商品经济繁荣的江南地区，已经出现了资本主义因素的萌芽，主要表现在手工业、商业和农业生产等各个领域。但明中叶后，倭患一直困扰着东南沿海地区，倭寇窜扰中国沿海，烧杀掳掠，无恶不作，但明军却束手无策，戚继光受命抗倭后，整肃军纪，

作品评价

《纪效新书》所载都是戚继光行兵布阵征战实用的有效之法，是一部中国古代兵法经典著作。《纪效新书》的14卷为《拳经捷要篇》，是目前唯一的一部史料与拳法俱备、对后世影响巨大的明代武术专论，尤其是其中对武艺的论述为后世武术家所推崇，是研究武术的重要文献。明朝时此书传入欧洲，在世界军事理论上，享有极高声誉，与克劳塞维茨的《战争论》齐名。

> **名家点评**
>
> 　　当时的兵部侍郎、浙江总督胡宗宪夸赞戚继光"勇冠三军，身经百战，累解桃诸之厄，屡扶海门之危"，"且任劳任怨，挺身干事，诚无出其右者"。
> 　　同僚们称赞戚继光"批亢捣虚，彼且畏之如虎，除凶雪耻，斯民望之如云"，"岂直当今之虎臣，实为振古之名将"。

加强训练，局面为之一变，东南沿海倭寇的隐患基本消除。

名著概要

　　《纪效新书》是明代以军事训练为主的著名兵书。戚继光于嘉靖三十九年（1560年）前后在抗倭战争中写成。全书共18卷，卷首1卷。有明刻本和清代以来的抄本和刻本多种，《墨海金壶》等丛书亦收录。国外有日本宽政九年（1797年）刻本等。另有万历年间成书的14卷本，内容与18卷本有所不同。

　　戚继光在序言中说明了该书思想的基本来源以及结构和内容。他说："夫曰'纪效'，明非口耳空言；曰'新书'，所以明其出于法而不泥于法，合时措之宜也。"（《纪效新书》，万历二十三年本，下同）阐明该书以实战经验为主，汲取前人兵法写成。该书"集所练士卒条目，自选畎亩民丁以至号令、战法、行营、武艺、守哨、水战，间择其实用有效者分别教练，先后次第之，各为一卷，以诲诸三军俾习焉"。

　　全书分总序和正文两部分。总序由两件"公移"和《纪效或问》组成。作者在"公移"中，反复陈述结合东南沿海情况及针对敌情进行练兵的重大意义和势在必行的道理。《纪效或问》则历述练兵所急与可办者，提出了明确的要求，以统一将士思想，使之"信于众，而后教练可施"。正文18卷记述的问题有：选兵和编伍，技术战术训练，军事纪律和比较武艺，行军作战及旗帜信号，守城和墩堠报警，兵船束伍、水寨习操、战艇器用和水上战斗等。

　　戚继光注重选兵，认为从"乡野老实之人"中选募兵员，才能把军队建设好。他根据敌情、地形、武器装备的实情，锐意改革军事训练，注重气质，讲究"气性活泼"；注重实用，平时所学与"临阵敌一般"，"不能徒支虚架，以图人前美观"；注重奇正多变，攻守结合，创制著名的鸳鸯阵等；注重各种火器及冷兵器在战场上的作用，改进了多种兵器，并训练铳手、炮手、狼筅手、弓弩手等在统一指挥下互相配合行动。所有这些，在书中都有详细的记述。

　　书中所记载的理论都来源于戚继光的军事实践，如他于嘉靖三十四年调浙江都司，次年任参将，镇守宁波、绍兴、台州三府。嘉靖三十八年，他鉴于明军将骄兵惰、纪律松弛、战斗力低，亲去金华、

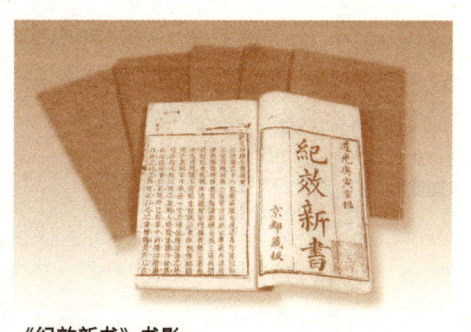

《纪效新书》书影

义乌等地招募精壮的农民和矿工 4000 余人，按年龄和身材配发不同兵器，进行编组训练。他以"岳家军"为榜样，教育士兵严守纪律，勇猛杀敌，爱护百姓，终于锻炼成一支闻名天下的"戚家军"。他赏罚严明，不计个人恩怨，主张官兵"同滋味"，深受士兵的拥戴。还针对南方多湖泽的地形和倭寇作战的特点，创造攻防兼宜的"鸳鸯阵"，以 12 人为一队，长短兵器配合，因敌因地变换队形，灵活作战，屡次打败敌人。

该书文字通俗，配以图说，便于当时将士学习。它既是抗倭实战经验总结，又反映了火器发展到一定阶段的军队训练和作战情况，体现了时代的特点，有较高的军事价值，为后世所重。

阅读指导

正如戚继光在本书序言中所说，本书以实战经验为主，所以在阅读时可以结合具体的战役，来了解和掌握戚继光的军事思想。同时注意军事思想的继承和发展，牢牢把握明朝这一时期的特殊历史背景。

牡丹亭

成书年代：明
作　　者：汤显祖
地　　位：人类自我发现的庄严仪式

作者简介

《牡丹亭》的作者是明代伟大的戏剧家、文学家汤显祖。汤显祖（1550～1616 年），字义仍，号若士，又号海若，又号清远道人，别号玉茗堂主人。江西临川人。汤显祖一生蔑视权贵，不肯趋炎附势，经常得罪人。早年参加进士考试，因拒绝内阁首辅张居正的招致而落选。直到三十三岁时才中进士。中进士后，拒绝当时执掌朝政的张四维、申时行的拉拢。仕途坎坷，很不得志。汤显祖晚年潜心佛学，自称"偏州浪士，盛世遗民"，说"天下事耳之而已，顺之而已"，后又自号"茧翁"。汤显祖的主要创作成就在戏曲方面，代表作是《牡丹亭》，它和《邯郸记》《南柯记》《紫钗记》合称"玉茗堂四梦"，

汤显祖像

又称"临川四梦"。他生前有《玉茗堂文集》刊行。汤显祖也是世界文化伟人之一，日本学者青木正儿在《中国近世戏曲史》中，将他和莎士比亚并称为东西方交相辉映的两颗明星，被誉为"东方的莎士比亚"。

背景介绍

汤显祖所生活的时代——明王朝正走向衰落。两千年来作为社会思想基础的儒学，已经日益迂腐固执，禁锢着人们的思想发展，扼杀人性。女性受到礼教的束缚就更为残酷。《丛杂记》记载说：明时，"以家有烈女贞妇为荣，愚民遂有搭

经典摘录

【醉扶归】你道翠生生出落的裙衫儿茜，艳晶晶花簪八宝填；可知我常一生儿爱好是天然，恰三春好处无人见。不提防沈鱼落雁鸟惊喧，只怕的羞花闭月花愁颤。

【皂罗袍】原来姹紫嫣红开遍，似这般都付与断井颓垣。良辰美景奈何天，赏心乐事谁家院！（白）恁般景致，我老爷和奶奶再不提起。（合）朝飞暮卷，云霞翠轩；雨丝风片，烟波画船。——锦屏人忒看的这韶光贱。

——《惊梦》

【懒画眉】最撩人春色是今年。少甚么低就高来粉画垣，原来春心无处不飞悬。睡荼蘼抓住裙衩线，恰便是花似人心好处牵。

——《寻梦》

台死节之事。女有不愿，家人或诟骂辱之，甚至有鞭打使从者"。可见当时妇女遭受的摧残是多么严重。

然而，时代毕竟在变化。16世纪，新的商业城市在兴起，市民阶层逐渐形成。这样，社会上出现了一些新的思想，比如反对超经济的榨取方式，主张个人主义的国民之富；反对君主专制的政体，主张没有皇帝的民主政治；反对迷信和正统思想的束缚，要求个性解放，等等。在文学上，出现了以市井人物为主角的文艺作品。

在这样的历史条件下，汤显祖创作《牡丹亭》，塑造了一个背叛礼教的人物形象，反对束缚人的个性，呼吁妇女做"人"的权利，不能不说是进步社会思想的反映。这也是《牡丹亭》的意义和价值的重要方面。

名著概要

《牡丹亭》共55出，写杜丽娘和柳梦梅的爱情故事。本剧不少情节取自话本《杜丽娘慕色还魂》。剧情梗概是：贫寒书生柳梦梅梦见在一座花园的梅树下站着一位佳人，说同他有姻缘之分，从此经常思念她。南安太守杜宝之女名丽娘，才貌端庄美丽，跟从师傅陈最良读书。她由读《诗经·关雎》章而产生伤春的情绪，于是由丫鬟陪同，去后花园游赏。回来后，在昏昏睡梦中，见一书生持半枝垂柳前来求爱，两人在牡丹亭畔幽会。杜丽娘从此愁闷消瘦，一病不起。她在弥留之际要求母亲把她葬在花园的梅树下，嘱咐丫鬟春香将她的自画像藏在太湖石底。其父升任淮阳安抚使，委托陈最良葬女并修建"梅花庵观"。三年后，柳梦梅赴京应试，借宿梅花观中，在太湖石下拾得杜丽娘画像，发现就是梦中见到的佳人。杜丽娘魂游后花园，和柳梦梅再度幽会。于是，柳梦梅掘墓开棺，杜丽娘起死回生，两人结为夫妻。这个故事感人至深，汤显祖在本剧《题词》中写道："如丽娘者，乃可谓之有情人耳。情不知所起，一往而深，生者可以死，死可以生。生而不可与死，死而不可复生者，皆非情之至也。"

作品特色

《牡丹亭》塑造了封建社会中为了真情而冲破封建礼教的束缚，大胆地走向

人性解放的青年女子杜丽娘的形象，并以此折射出了吃人的封建礼教对人性的摧残和压抑。杜丽娘从小得到父母的疼爱，而疼爱的方式却是竭力把她塑造成一个绝对符合于礼教规范的淑女。杜宝夫妇以自己的"爱"给予女儿以最大的压迫。杜丽娘的老师陈最良"自幼习儒"，穷酸潦倒；更可怜的是除了几句经书，他就不知道人生是什么；但他也不是"坏人"，他只是拿社会教导他的东西教导杜丽娘，这同样给杜丽娘以深重的压迫。作品深刻地揭示了杜丽娘所面临的对手不是某些单个人物，而是由这些人物所代表着的整个正统意识和正统社会势力。她所做的只是徒然的抗争，她的现实的结局只能是含恨而死。显然，如果作品只是到此结束，也有相当的艺术魅力和现实意义，但作者的目的并不止于此。他通过积极的浪漫主义手法，让杜丽娘复活。这种复活，不是简单生命的复原，而是爱情意识的觉醒和胜利，也是新思想的觉醒和胜利。作者所追求的并非情节的离奇，而是要通过离奇的情节来表现人们追求自由与幸福的意志无论如何也不能被彻底抹杀，它终究要得到一种实现。

《牡丹亭》是一部美丽的诗剧，它的抒情气氛极为浓厚。构成这种抒情气氛的主要因素，一是众多的浪漫的幻想场景，一是大量的内心独白，再就是显示出作者富赡才华的优美文辞，像《惊梦》《寻梦》两出，把春日园林的明媚风光、杜丽娘的伤春情怀和内心深处的隐秘融为一体，用艳丽而精雅的语言写出，非常动人。前面所录《皂罗袍》便是一支名曲。还有《闹殇》《冥誓》《玩真》诸出，都富于诗情，其中《闹殇》写杜丽娘临终之际凄凉的景象，充满伤感。总体上说，明传奇的语言比之元杂剧有较多的人工雕琢的痕迹，在辞采方面追求过重。另外，《牡丹亭》也有卖弄才情的倾向，比起《西厢记》的既优美又老练爽朗，还是略为逊色。

阅读指导

《牡丹亭》在艺术上的最大特色是它的浪漫色彩。它的浪漫色彩最重要的表现是"梦而死""死而生"的幻想情节。杜丽娘所追求的爱情在当时的现实环境里几乎是不可能实现的；可是在梦想、魂游的境界里，她终于摆脱了礼教的种种束缚，改变了一个大家闺秀的软弱性格，实现了梦寐以求的美好愿望。例如在《惊梦》里，杜丽娘在梦里和柳梦梅相见，"真个是千般爱惜，万种温存"。又如在《冥判》里，杜丽娘还敢于向阎王殿下的胡判官诉说她感梦而亡的全部经过，得到判官的允许自由自在地去寻找梦里的情人。作者用这些富有奇情异彩的艺术创造突出了现实和理想的矛盾，也表现了青年妇女对自由幸福生活的强烈追求。本剧采用抒情诗的手法，抒写人物内心的感情，《惊梦》《寻梦》《闹殇》《冥誓》等出更多地像抒情诗，而不太像剧本。用写诗的手法写戏曲是我国戏曲作家的传统，汤显祖正是这方面的代表人物。

《牡丹亭》以文词典雅秀丽著称。如《惊梦》的几支曲子一向为人称道（见"精彩语段"所引）。这些曲子写杜丽娘对春光的欣赏和叹惜，透露了她爱情上的苦闷。这种典丽的曲文用来刻画杜丽娘这样出身官宦人家的小姐的情态是很适合的。《牡丹亭》的曲文并不单纯是典丽，在描写下层人物如农夫、牧童和桑妇时，比较通俗。

在宾白的运用上，语言比较精练，也较通俗，在描写陈最良等人物时，尤为出色。不过《牡丹亭》曲文也表现出它的弱点，比如使用冷僻的典故过多，甚至有晦涩生硬之病。

阳羡茗壶系

成书年代：明
作　　者：周高起
地　　位：中国第一本专论紫砂壶的著述

作者简介

周高起（？～1654年），字伯高，江阴（今属江苏）人。明天启年间著名学者，博学强识，工古文辞，喜欢读书和藏书。《江阴县志》记载，周高起"颖敏，尤好积书……工为故辞，早岁补诸生，列名第一。纂修县志，又著书读志，行于世。乙酉（1654年）闰六月，城变突作，避地由里山。值大兵勒重，箧中惟图书翰墨。无以勒者，肆加箠掠，高起亦抗声诃之，遂遇害。"主要著作有《读书志》《阳羡茗壶系》。

名著概要

《阳羡茗壶系》一书成于明末崇祯年间，是中国最早的一部有关紫砂壶的著作。该书共一卷，书记述了宜兴紫砂壶替代银、锡、瓷壶的情况，当时已誉为实用与陈设欣赏兼备的艺术珍品，"一壶重不数两，价每一二十金"。书中着重介绍了供春、时大彬等三十一名紫砂民间艺人的造壶技艺及其作品，并将他们分别列为创

经典摘录

　　金沙寺僧，久而逸其名矣。闻之陶家云，僧闲静有致，习与陶缸瓮者处。抟其细土，加以澄炼，捏筑为胎，规而圆之，刳使中空，踵傅口、柄、盖、的，附陶穴烧成，人遂传用。
　　　　　　　　　　　　　　　　——《阳羡茗壶系·创始》

　　供春，学宪吴颐山公青衣也。颐山读书金沙寺中，供春于给役之暇，窃仿老伪心匠，亦淘细土抟胚。茶匙穴中，指掠内外，指螺文隐起可按，胎必累按，故腹半矣。世外其孙龚姓，亦书为龚春。人皆证为龚。予于吴周聊家见时大彬所仿，则刻供春二字，足折聚讼云。
　　董翰，号后溪，始造菱花式，已殚工巧。
　　赵梁，多提梁式，亦有传为名良者。
　　玄锡。
　　时朋，即大彬父，是为四名家。万历间人，皆供春之后劲也。董文巧而三家多古拙。
　　　　　　　　　　　　　　　　——《阳羡茗壶系·正始》

　　时大彬，号少山，或淘土，或杂砜砂土，诸款具足，诸土色亦具足，不务妍媚，而朴雅紧栗，妙不可思。初自仿供春得手，喜作大壶。后游娄东闻陈眉公与琅琊太原诸公品茶施茶之论，乃作小壶，几案有一具，生人闲远之思，前后诸名家，并不能及。前于陶人标大雅之遗，擅空群之目矣。
　　　　　　　　　　　　　　　　——《阳羡茗壶系·大家》

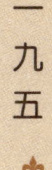

始、正始、大家、名家、雅流、神品、别派七大类。其中时大彬、李仲芳、徐友泉被誉为壶家"妙手三大"。《阳羡茗壶系》记载了紫砂壶的起源,制作于明代中期,还记述了紫砂壶的泥料产地及制壶地点,紫砂壶受欢迎的原因及紫砂壶的使用与保养。文章最后为赞美紫砂壶的制作工艺、实用功能及艺术特色。后附有周伯高诗二首,林茂之、俞仲茅诗各一首。

阅读指导

该书撰于崇祯十三年(1640年)前后,其主要刊本有:(1)檀几丛书本;(2)江阴丛书本;(3)翠琅轩馆丛书本;(4)粟香室丛书本;(5)常州先哲遗书本;(6)艺术丛书本;(7)芋园丛书本。该书是研究宜兴紫砂壶的重要著作。此以檀几丛书本为底本,校以粟香室丛书本、常州先哲遗书本等。

延伸阅读

鉴定紫砂壶优劣标准:可以总结为形、神、气、态四要素。"形"即形式的美,作品的外轮廓,也就是具象的面相。"神"即神韵,一种能令人意会体验出精神的意味。"气"即气质,壶艺所有内涵的本质美;"态"即形态,作品的高、低、肥、瘦、刚、柔、方、圆的各种姿态,从以上几个方面贯通一气才是一件完美的好作品。评价一件紫砂壶的内涵,必须具备三个主要因素:完美的形象结构,精湛的制作技巧和优良的实用功能。形象结构是指壶的嘴、扳、盖、钮、脚,应与壶身整体比例相协调。精湛的技艺,是评审紫砂壶艺优劣的准则。优良的实用功能是指容积和重量的恰当,壶扳、执握、壶的周围合缝,壶嘴出水流畅,同时也要考虑色地和图案的脱俗和谐。

东周列国志

成书年代:	明
作　者:	明 冯梦龙著　清 蔡元放编订
地　位:	春秋战国的宏伟画卷

作者简介

本书编订者蔡元放,名昇,号七都梦夫、野云主人,江宁(今南京)人,乾隆年间通俗文学家。生平不详。其主要业绩为润色增删冯梦龙的长篇历史演义小说《新列国志》,修订原书一些讹误之处,并附上序、读法、详细的评语和简要的注释,改名为《东周列国志》刊行。

本书成书过程中的另外一位重要人物冯梦龙的情况,后面"三言"将要详细谈到。

背景介绍

本书的成书经历了三个阶段。关于春秋战国故事的平话,最早产生在元代。明代嘉靖、隆庆年间,余邵鱼(字畏斋)撰《列国志传》,分节不分回,共8卷,226节,每节随事立题。内容起于武王伐纣,终于秦统一天下,比较全面地记载了列国故事。其中若干章节,把流传在民间的神话故事穿插进去,如"苏妲己驿

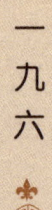

堂被魅""穆王西游昆仑山"等,但并未改变历史演义的简朴面貌,文字也稍显粗糙。

到了明代末年,冯梦龙"本诸左史,旁及诸书",加以改编,改名为《新列国志》,凡余邵鱼疏忽或遗漏的地方,都根据史书做了订正。全书共108回,篇幅较原书大为扩充;在文字、故事情节、人物描绘等方面也做了许多艺术加工,使原书的艺术水准大大提高。《新列国志》比较重视史实,故事基本上都根据《左传》《国语》《战国策》《史记》等史籍展开。它的长处在于文字通畅,能够把春秋战国纷繁复杂的历史编排得有条不紊,有些故事因在史籍中就有较丰富的素材和一定的戏剧性,经过作者的加工,更显得有声有色,如"郑庄公掘地见母""晋重耳周游列国""孙武子演阵斩美姬"等。但总的说来,此书文学创作的成分较少,过于平铺直叙,很多地方只是史料的连缀。它在历史知识的传播方面有较大的功用,文学性虽然不强,但在明代同类小说中,仍然可以算是上乘之作。

清代乾隆年间,蔡元放对《新列国志》做了一番修改,并加了序、读法、详细的评语和简要的注释,改名为《东周列国志》,23卷,108回。这实际上是冯梦龙《新列国志》的评点本,叙事起于周宣王,止于秦始皇,删去了《新列国志》中某些虚构情节,改正了谬误,更符合于史实,同时"敷衍不无增添,形容不无润色"。

名著概要

《东周列国志》叙述春秋战国五百年间的历史故事。所有的情节、人物都是从《左传》《国语》《战国策》《史记》等书中取材的。它将分散的历史故事、人物传记,按照时间的先后串联起来,熔铸成一部结构完整的历史演义。全书108回,前83回写春秋五霸,后25回写战国七雄。小说叙写周幽王残暴无道,引起西戎之乱。周平王东迁洛邑,从此周王室逐渐衰弱,诸侯国互相兼并,互相争霸。在诸侯国内部,大夫的势力也越来越大,他们之间也互相兼并,致使有的诸侯国为大夫所瓜

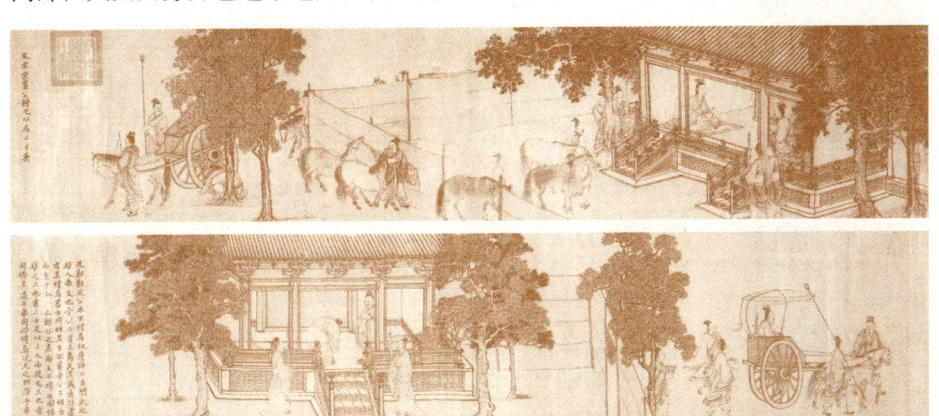

晋文公复国图 南宋 李唐
李唐,字晞古,河阳孟县人。《晋文公复国图》是根据《左传》中晋文公重耳奔走六国、最终称霸诸侯的故事绘制的。在《东周列国志》一书中,对晋文公复国的故事也描写得相当精彩,极具特色。

分。接着出现了七雄并峙的局面，各国征战不断。其间谋臣摇唇鼓舌，武将东征西讨，天下多事。最终秦王嬴政灭六国，一统天下。其中包括许多脍炙人口的历史故事。如：烽火戏诸侯、曹刿论战、弦高退敌、赵氏孤儿、二桃杀三士、伍子胥过昭关、勾践复国、商鞅变法、西门豹治邺、孙庞斗法、苏秦合纵相六国、屈原投汨罗江、田单复国等。

阅读指导

　　春秋战国时期，周王朝共分封有大小诸侯国数百个，这一时期的历史纷繁复杂，头绪繁多。要将这一段历史有条理地叙述出来，是一件很不容易做到的事，需要很高超的艺术技巧。本书就做到了这一点。本书结构主次分明、繁简得当，虽然头绪纷繁，矛盾错综复杂，但来龙去脉交代得很清楚，整个历史时代的发展变化得到如实的反映，各诸侯国的发展、变化，各国之间的关系，都条分缕析，写得井井有条。本书故事性强，每个故事既有相对的独立性，又是全书的一部分。许多故事描述得娓娓动听，引人入胜。如"卫懿公好鹤亡国""西门豹乔送河伯妇""伍子胥微服过昭关"，等等。

　　本书讲述了五六百年的历史，不可能有贯穿始终的人物形象，但在不少篇章里，人物形象描绘得还相当生动，如管夷吾的博学奇才、齐小白的王霸之度、鲍叔牙的苦心荐贤等。又如晋重耳、伍子胥、介子推、孙膑、庞涓、廉颇、蔺相如、文种、范蠡等，个个都写得个性鲜明。本书谴责了那些昏聩、残暴、荒淫、愚昧的帝王、诸侯，以及贪婪、狡诈、阴险的佞臣；本书同时也赞扬了从善如流、赏罚严明、胸怀大度的王侯和忠贞、勇敢、有才干的将相，也颂扬了那些见义勇为、机智果敢的豪侠。

　　本书用语简洁、通畅，不过因为汲取了多种史书的内容，本书语言风格有前后不同的地方，文字繁简也有不一致的地方。

"三　言"

成书年代：明
作　　者：冯梦龙
地　　位：中国白话短篇小说的高峰

作者简介

　　"三言"的编者冯梦龙是明代著名的通俗文学家、戏曲家，字犹龙，又字子犹，别号龙子犹、墨憨斋主人、顾曲散人、词奴等，长洲（今江苏苏州）人。冯梦龙出身于书香门第，与兄梦桂、弟梦熊兄弟三人并称"吴下三冯"。冯梦龙很有才情，博学多识，为人旷达，不拘一格。但他自从少年中秀才之后，

名家点评

龙子犹氏所辑《喻世》等，颇存雅道，时著良规。一破今时陋习，如宋元旧种，亦被搜括殆尽。
　　　　　　　——《初刻拍案惊奇序》

墨憨斋……所纂《喻世》《警世》《醒世》三言，极摹人情世态之歧，备写悲欢离合之致。
　　　　　　　——笑花主人《今古奇观序》

多次参加科举考试不中，落魄奔走，曾经坐馆教书。57岁时才选为贡生，崇祯年间做过几年福建寿宁知县。清兵渡江后，他辗转浙闽之间，刊行《中兴伟略》等书，宣传抗清。南明政权覆亡后，忧愤而死。冯梦龙一生主要从事通俗文学的整理与创作，成就卓著。他曾改编长篇小说《三遂平妖传》《新列国志》；推动书商刻印《金瓶梅词话》；刊行民间歌曲集《挂枝儿》《山歌》；编印《笑府》《古今谈概》《情史类略》；编辑有散曲集《太霞新奏》；也写作传奇剧本，并刻印了《墨憨斋传奇定本》十种；他最重要的成就，是编著"三言"。

背景介绍

话本原来是说书艺人的底本，是伴随着民间说书技艺而发展起来的。说书这一民间技艺中唐就已经产生了。段成式《酉阳杂俎》中有"市人小说"的记载；而且流传下来《庐山远公话》《韩擒虎话本》和《叶净能话》等唐话本；20世纪初，敦煌藏经洞发现一批中古史料，其中也有唐代的话本。尽管唐话本还很粗糙，情节还不够集中，语言还不够通俗，但无疑是宋元话本的先驱。

《金玉奴棒打薄情郎》年画

这个故事出自冯梦龙的《喻世明言》，主要内容是：团头金老大将女儿玉奴嫁与穷秀才莫稽，后莫稽中举得官，嫌弃玉奴门第卑贱，在上任途中将金玉奴推坠江中，玉奴幸遇淮西转运使许德厚相救，向许公夫妇诉说原委，被许公认为义女，后许公以嫁女之名，将玉奴配于莫稽，莫稽欢喜异常，洞房之夜，玉奴棒打薄情郎，在许公调解下，最终夫妻和好。年画所表现的就是莫稽推妻坠江一节。

话本直到宋元时代才渐趋成熟。在宋代汴京、杭州等工商业繁盛的都市里，市民阶层兴盛，各种瓦肆技艺应运而生（"瓦肆"也就是"瓦子"或"瓦舍"，取易聚易散的意思），各种民间技艺有了固定的演出地点。《东京梦华录》记载，北宋汴京城"街南桑家瓦子，近北则中瓦，次里瓦，其中大小勾栏五十余座。内中瓦子莲花棚、牡丹棚，里瓦子夜叉棚、象棚最大，可容纳数千人"。《武林旧事》也记载南宋杭州演出的技艺有50多种，瓦子23处。在这些瓦肆技艺中，说书有四种：小说、讲史、讲经、合生或说诨话。其中以小说、讲史两家最为重要。"小说"原名银字儿，最初也用乐器伴奏，后来逐渐减少了音乐歌唱的成分。宋代说话艺人还有书会、"雄辩社"等组织，用来出版书籍、切磋技艺。

话本在体裁上很多地方残留着说唱的遗迹。说话人在讲正文之前，为了延迟正文开讲时间，等候听众，并且稳定早到听众的情绪，往往吟诵几首诗词或讲一两个小故事，这就是"入话"。这些诗词、小故事大都和正文意思相关，可以互相引发。说话人为渲染故事场景或人物风貌，往往在话本中穿插骈文或诗词。话本结尾也常用诗句总结全篇，劝诫听众。说话人为吸引听众再来听讲，往往选择故事引人入胜处突然中止，这是后来章回小说分回的起源。

相关链接

《醉醒石》：明代话本小说集，题"东鲁古狂生编辑"，共15回。所收载作品只有《李微化虎》在唐朝，其他的都在明代，而且说到崇祯朝的事情，应该是明朝人的作品。本书文笔刻露简练，教诫意味很重，过多夹杂评议。有的篇章刻意回护士人，如第十四回写淮南莫翁之女嫁与苏秀才，久后嫌苏秀才贫穷，自己要求离婚，再嫁为酒家妇。而后苏秀才考中进士，荣归故里，路过酒家，前妻正当垆卖酒，下轿施礼。前妻又悔又急，不堪众人笑骂，于是上吊自杀。这就是所谓的"大为寒士吐气"。

《照世杯》：话本小说集。共4回。本书描写社会状态、人情世故深刻周至。比如《掘新坑悭鬼成财主》，嘲笑了悭吝起家的财主。全书没有枯燥、呆板的道德说教，表现出新鲜活泼的艺术风格。

名著概要

"三言"指《喻世明言》《警世通言》《醒世恒言》，其中所录话本和拟话本有一部分是宋、元、明人的旧作，有一部分是冯梦龙自己创作的。现分别介绍如下：

《喻世明言》：原名《古今小说》。本书所收话本，多数为宋、元旧作，少数为明人拟作。《史弘肇龙虎君臣会》《宋四公大闹禁魂张》等是宋、元旧作，《蒋兴哥重会珍珠衫》《沈小霞相会出师表》等是明人拟作。还有一些作品可能是明人改编宋、元旧作而成的，如《新桥市韩五卖春情》《闹阴司司马貌断狱》等。这些小说中，以描写市井民众的作品最引人注目，比如《宋四公大闹禁魂张》写东京开当铺的张富爱财如命，欺凌一个乞讨为生的穷苦人，引起"小番子闲汉"宋四公的不平，夜间即去偷取张富的财宝，终致张富破产自杀。《沈小官一鸟害七命》，写一个机户的儿子爱鸟被杀的"公案"。

《警世通言》：《警世通言》收作品四十篇，其中宋、元旧作占了将近一半，如《陈可常端阳仙化》《崔待诏生死冤家》等，但它们多少都经过冯梦龙的整理、加工。其中《老门生三世报恩》《宋小官团圆破毡笠》《玉堂春落难逢夫》《唐解元一笑姻缘》《赵春儿重旺曹家庄》《杜十娘怒沉百宝箱》《王娇鸾百年长恨》等篇，大概是冯梦龙作的。爱情描写在《警世通言》中占有相当大的比例，比如，《小夫人金钱赠年少》与《白娘子永镇雷峰塔》都是通过爱情悲剧表现妇女不顾礼教，对于自由幸福的大胆追求。《警世通言》中描写的妓女命运往往很悲惨，《杜十娘怒沉百宝箱》中，杜十娘见李布政公子李甲"忠厚老成"，决计以身相许，共谋跳出火坑。但是她的妓女身份却不能被官宦人家接受，她终于被李甲出卖，于是愤而投江。《警世通言》中描写爱情的较好作品还有《乐小舍弃生觅偶》《宋小官团圆破毡笠》等。

《醒世恒言》：《醒世恒言》的纂辑时间晚于《喻世明言》与《警世通言》，其中所收的宋、元旧作也比前"二言"少一些，只占六分之一左右。可以确定为宋、元旧作的有《小水湾天狐贻书》《勘皮靴单证二郎神》《闹樊楼多情周胜仙》《金海陵纵欲亡身》《郑节使立功神臂弓》《十五贯戏言成巧祸》等篇。冯梦龙纂辑宋元旧作时，已经做了一些整理加工。《大树坡义虎送亲》《陈多寿生死夫妻》《佛

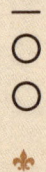

印师四调琴娘》《郝大卿遗恨鸳鸯绦》《白玉娘忍苦成夫》《张廷秀逃生救父》《隋炀帝逸游召谴》《吴衙内邻舟赴约》《卢太学诗酒傲王侯》《李汧公穷邸遇侠客》《黄秀才徼灵玉马坠》等篇，可能就是出自冯梦龙的手笔。在《醒世恒言》的明人拟作中，关于爱情、婚姻、家庭的描写占有突出的位置，比如《钱秀才错占凤凰俦》《乔太守乱点鸳鸯谱》等篇，借闹剧方式，嘲弄了扼杀青年男女幸福爱情的封建婚姻制度。

阅读指导

在艺术方面，"三言"中的优秀作品，故事完整，情节曲折，细节丰富，调动了多种表现手段刻画人物性格。话本小说迎合的是市民的趣味，富有世俗生活气息，语言新鲜活泼、富于生命力。从与文言小说的对比中，我们能更清楚地看到白话小说的优势与特点。文言小说的语言是一种书面语，是与生活中的口语相脱离的，简练是其基本要求。活生生的、直接呈现的生活场景在文言小说中不太可能得到。文言小说是不用细致的笔触来写人物心理活动的，这既与史传传统的影响有关，也与文言讲究简洁有关。而"三言"在这方面却有突出的成绩，如《蒋兴哥重会珍珠衫》中写蒋兴哥得知妻子与人私通时，描写了他又恼又恨又悔的心理活动过程，长达五六百字。在以前的小说中，没有出现过如此细致的心理描写。

"二 拍"

成书年代：明
作　者：凌濛初
地　位：市民意识高度集中的杰作

作者简介

"二拍"的作者凌濛初（1580～1644年）是明末小说家，字玄房，号初成，别号即空观主人，浙江乌程（今湖州）人。他和冯梦龙一样科场不利，55岁才以优贡得任上海县丞，63岁任徐州通判。明末天下大乱，他对抗农民军，最后呕血而死。凌濛初著作有拟话本小说集《拍案惊奇》初刻和二刻；戏曲《虬髯翁》《颠倒姻缘》《北红拂》《乔合衫襟记》和《蓦忽姻缘》等；此外还著有《圣门传诗嫡冢》《言诗翼》《诗逆》《诗经人物考》《左传合鲭》《倪思史汉异同补评》《荡栉后录》《国门集》《国门乙集》《鸡讲斋诗文》《燕筑讴》《南音之籁》《东坡禅喜集》《合评选诗》《陶韦合集》《惑溺供》和《国策概》等著作。

经典摘录

天下事有好些不平的所在！假如男人死了，女人再嫁，便道是失了节，玷了名，污了身子，是个行不得的事，万口訾议。及到男人家丧了妻子，却又凭他续弦再娶，置妾买婢，做出若干的勾当，把死的丢在脑后不提起了，并没有人道他薄幸负心，做一场说话。就是生前房室之中，女人少有外情，便是老大的丑事，人世羞言。及到男人家撇了妻子，贪淫好色，宿娼养妓，无所不为，虽有议论不是的，不为十分大害。所以女子愈加可怜，男人愈加放肆，这些也是伏不得女娘们心里的所在。
——《初刻拍案惊奇》卷十一《满少卿饥附饱飏　焦文姬生仇死报》

背景介绍

前面我们已经了解了话本的发展演变过程。到了明代，有的文人开始采用话本的形式创作小说，这种形式的作品被称为"拟话本"。"二拍"的作者凌濛初是创作"拟话本"最多的作家。

话本和"拟话本"有着共同的特点，它们注重趣味性和虚构。话本主要是叙述故事，为了使故事有趣，它们设计精巧的情节，如《一窟鬼癞道人除怪》，写书生吴洪与友人夜间从郊外返归，在一处坟地里遇到了鬼，两人拼命奔逃，不料所到之处都有鬼，而且连吴洪新娶的妻子及其陪嫁等人原来也都是鬼，在当夜一起出现，两人心胆俱裂。同时，它们叙述时注重诙谐，如《简帖和尚》写皇甫殿直怀疑妻子与人私通，吊打使女迎儿以逼问口供，迎儿

《初刻拍案惊奇》插图

痛得受不了，只好说他妻子在那期间是"夜夜和个人睡"，皇甫殿直以为她已招认，细问她却说那和他妻子睡的人就是她自己。这些情节具有幽默感，很吸引人。话本小说叙事明晰，对话也较生动，其中《十五贯戏言成巧祸》《一窟鬼癞道人除怪》《崔待诏生死冤家》等作品比较有代表性，这是与文人的参与分不开的，"三言"中宋元话本里的细腻描写很可能就是明代人加工的结果。

名著概要

"二拍"指的是《初刻拍案惊奇》与《二刻拍案惊奇》，这是凌濛初根据野史笔记、文言小说和当时社会传闻创作的两部"拟话本"小说集。从《初刻》的序言里，可以知道是由于"肆中人"看到冯梦龙所编辑的"三言"行世很畅销，因而怂恿凌濛初写的。在小说的取材上，宋元旧本已被冯梦龙"搜刮殆尽"，剩下的都是"沟中之断芜，略不足陈"的东西，所以他"取古今来杂碎事，可新听睹、佐谈谐者，演而畅之"。

"二拍"包括小说78篇。其中有些篇章反映了商人的经济活动，如《转运汉巧遇洞庭红》《叠居奇程客得助》，都用欢快的文笔描述商人的奇遇，流露出对冒险求财富的赞赏。与"三言"一样，爱情与婚姻也是"二拍"中最重要的主题，但两者有不同的偏向，"三言"每每把"情"看作人伦关系的基础；而"二拍"则更多地把"情"与"欲"即性爱联系在一起，并且对女性的情欲做肯定的描述。如《闻人生野战翠浮庵》写女尼静观爱上闻人生，便假扮和尚，在夜航船上主动引诱闻人生，最后成就完美婚姻。和"三言"一样，"二拍"在描写爱情与婚姻故事时，常常肯定妇女的权利。如《满少卿饥附饱飏》中作者明白地指出，男子续弦再娶、宿娼养妓，世人不以为意，而女子再嫁或稍有外情，便万口訾议，

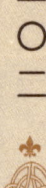

这是不公平的。作者在两性关系上的平等意识表达得相当明确。"二拍"在肯定情与欲时，每每露骨地描写性行为。比如《任君用恣乐深闺》一篇，指斥富贵之家广蓄姬妾是对女性的不公平，认为"男女大欲，彼此一般"。其见识是高明的，但故事情节的描绘，则多淫词秽语，显得过于庸俗。这样的段子"二拍"中俯拾皆是，读时应鉴别。

阅读指导

"二拍"格外值得注意的是其中反映出的凌濛初的小说观，他反对小说的传奇性。《拍案惊奇序》说："语有之：'少所见，多所怪。'今之人但知耳之外牛鬼蛇神之为奇，而不知耳止之内日用起居，其为谲诡幻怪非可以常理测者固多也。"他又批评当时小说"失真之病，起于好奇。——知奇之为奇，而不知无奇之所以为奇"。他的理想是写一种"无奇之奇"，如《韩秀才趁乱聘娇妻》《恶船家计赚假尸银》《懵教官爱女不受报》等篇，没有神奇鬼怪或大奸大恶之类，也没有过于巧合的事件。这就是凌濛初"无奇"观念的初衷。小说摆脱传奇性，这是艺术上的重要进步，因为这样小说就更贴近人们的日常生活，更有利于深入挖掘人性内涵。后世《儒林外史》《红楼梦》等优秀作品，就沿袭了这一发展方向，而且获得更大的成功。

"二拍"中的故事大多写得情节生动、语言流畅。"二拍"善于组织情节，因此多数篇章有一定吸引力，如前所述，"二拍"不在情节的奇巧上下功夫，情节的生动，主要靠巧妙的叙述手法。读者细心阅读，自然会有所体会。

天工开物

成书年代：明
作　　者：宋应星
地　　位：17世纪早期的重要工程技术著作

作者简介

宋应星（1587～1663年），字长庚，明南昌府奉新县北乡人。他出身官宦之家，书香门第，自幼就聪明过人。宋应星的爱好兴趣十分广泛，对农业、手工业生产都比较注意观察和研究。万历四十三年（1615年），28岁的宋应星和他的哥哥在江西乡试时同时中举，一时间成为广为流传的佳话。明思宗崇祯七年（1634年）即宋应星47岁时，出任江西分宜县教谕（管教育的官），动手编写《天工开物》，3年后成书。以后在福建、安徽当过小官，但是他在科举场上屡次受到挫折，以致"六上公车而不第"，之后他就幡然醒悟。从此以后，宋应星一方面做官，另

作品评价

《天工开物》从科学技术和生产实践出发，总结了工农业生产方面长期积累的经验和知识，成为中国古代科技史上一部里程碑式的名著，在世界科技史上也是一部珍贵的书籍。《天工开物》是保留我国科技史料最丰富的一部书，它更多地着眼于手工业，反映了我国明末出现资本主义萌芽时期的生产力状况。

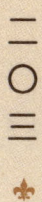

一方面著书立说。《天工开物》是宋应星任江西分宜教谕时（1634～1638年）撰写成的，初版于崇祯十年(1637年)。1644年明朝灭亡后，宋应星便弃官回乡隐居。宋应星的著作还有《思怜诗》《画音归正》《卮言十种》等，但今已佚失。

背景介绍

明代是我国古代农业、手工业、商业都比较发达的阶段，由于商品经济的发展，明代中期以后，部分地区不少行业中还出现了资本主义萌芽。在农业方面，耕地面积扩大，农作物的品种得到改良和增加，粮食作物、经济作物的总产量和单位面积产量都有了明显的提高，有些地区出现了专业化经营。在手工业方面，种类众多，并且已经具备了一定的规模，特别是冶金、陶瓷、纺织等行业；明代的商业和交通也较为发达。农业、手工业和商业的发展，都有力地促进了科学技术的发展。在那个时代，人们重视实践，许多学术观点都带有启蒙思想的气息。这就为《天工开物》的产生创造了优越的条件。

名著概要

西方曾把《天工开物》以《中华帝国古今工业》为书名，翻译出版。这是一部有关农业和手工业生产技术的百科全书，总结了各个生产领域的知识。宋应星把天工开物分为三

《天工开物》开采银矿图

编，全书按照"贵五谷而贱金玉"的原则列为18个类目，每类1卷，共18卷。上编记载了谷物的栽种、蚕丝棉苎的纺织染色，以及制盐制糖的工艺。中编记载了砖瓦、陶艺的制作、车船的制造、金属的铸造、矿石的开采和烧炼以及制油造纸的方法等。下编记载了兵器的制造、颜料的生产、酿酒的技术以及珠玉的采集和加工等。而当中更有附图100余幅，是一部图文并茂的科技文献。书中详细地记载了有关炼锌的技术，其中介绍了密封加热法，解决了锌极易氧化的问题。亦有记载铁矿石变成钢的生产过程，完全符合现代钢铁生产的原理。书中还介绍防

● **相关链接** ●

《畴人传》，清阮元编，共46卷，是有关我国古代自然科学家传记的汇编。前42卷收录了自上古至清代的天文学家和数学家243人；后4卷收录了与中国相关的西方科学家37人，共计280人。"畴人"是指古代掌握天文历法等专业知识的人。本书汇集了历史上主要科学技术专家的事略，对了解中国古代科技发展具有重要作用。该书在《凡例》中说："是编于仪器制度摭录特详，欲使学者知算造根本当凭实测，实测所资首重仪表，不务乎此而附合于律于易，皆无当也。"这种注重实证、反对虚妄的科学态度，使该书意义更为重大。

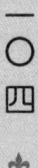

经典摘录

凡钢铁炼法，用熟铁打成薄片如指头阔，长寸半许，以铁片束尖紧，生铁安置其上（广南生铁名堕子生钢者，妙甚），又用破草覆盖其上（粘带泥土者，故不神化），泥涂其底下。洪炉鼓鞴，火力到时，生铁先化，渗淋熟铁之中，两情投合。取出加锤，再炼再锤，不一而足，俗名团钢，亦曰灌钢者是也。

——《天工开物》中的灌钢法

治稻田八大灾害的方法，至今仍然在农业中广泛流传和应用。

《天工开物》中记载的冷浸田使用骨灰蘸秧根，是我国使用磷肥的最早记录；利用不同品种蚕蛾杂交而生出"嘉种"，是我国利用杂交技术改良蚕种的最早记录。书中记载的精巧复杂的提花机是当时世界上最先进的，记载的锌的冶炼技术在世界上是最早的。

《天工开物》在作物分类学上提出了一些新的方法和标准，且与今人之分类法十分接近。如它把古代农业归纳成了乃粒、乃服、彰施、粹精、甘嗜、膏液、曲糵7个大类，这在先世或者同时代的其他农书以及本草类书中是不曾见过的。该书还把水稻排到五谷之首，稻下又分出了水稻、旱稻，麦下又分出了大麦、小麦，并指出了荞麦非麦。这些分类方法，给人一种眉目清晰之感。在水稻栽培技术上，较早地阐明了秧龄和早穗的关系，首次记述了再生秧技术，以及冷浆田中以骨灰、石灰包秧根的技术，还最先记述了早稻在干旱条件下变异为旱稻的问题。在麦类栽培管理技术方面，最先指出了以砒霜拌豆麦种子的防虫杀虫之法，最先指出了荞麦的吸肥性。在养蚕技术上，最先记述了利用"早雄配晚雌"的杂交优势来培育新品种的方法，并指出家蚕"软化病"的传染性，提出"需急择而去之，勿使败群"的处理方法。在金属冶炼、铸造、加工方面，空前绝后地记述了串联式炒炼法，较好地记述了明代灌钢工艺的发展，首次记述了今俗称为"焖钢"的箱式渗碳制钢工艺，最早记述了火法炼锌的操作方法，最早以图文并茂的方式记述了大型器物的铸造工艺，较早图示了活塞式鼓风箱的使用情况。最早明确地记述了响铜的合金成分以及有关响器的成型工艺，最先记述了铁锚锻造工艺、钢铁拉拔工艺以及一种叫作生铁淋口的特殊化学热处理工艺，较早地详述了金属复合材料技术的基本操作。

在煤炭和化工技术方面，较早对煤进行了分类，较早记述了煤井排除瓦斯的方法。最早记述了银朱生产过程中的质量互变关系，可认为这是"化合物"观念和"质量守恒"观念的萌芽。

名家点评

欧洲人惊奇不已，称它是"中国17世纪的工艺百科全书"。

阅读指导

阅读此书时注意两点：第一，《天工开物》是在当时商品经济高度发展、生产技术达到新水平的条件下写成的，必然有资本主义萌芽时期的烙印；第二，对书中各方面知识的论述可以以现代学科分类的标准进行分类，这样理解起来会容易得多，如果具备相关的知识背景，如物理、化学等方面的知识，读起来会觉得比较轻松。

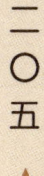

农政全书

成书年代：明
作　　者：徐光启
地　　位：17世纪的中国农业百科全书

作者简介

徐光启（1562～1633年），字子先，号元扈，上海人，明末天主教徒，天文学家、农业科学家，中西文化交流的先驱之一。明万历二十四年（1596年）在广东韶州结识西方传教士，初步闻知天主教教义及西方科学知识；后又读了利玛窦的《山海舆地图》。次年中举。二十八年春赴北京应试，途经南京，拜访利玛窦，对西方科学知识发生兴趣。万历三十一年在南京聆听了葡萄牙耶稣会士罗如望的宣道，阅读了利玛窦的《天学实义》。他接受了"天学"，受洗入教，取教名保禄。万历三十二年中进士，考选为翰林院庶吉士。从政之余随利玛窦问学，并与之合译《几何原本》前六卷。万历三十五年丁忧，回籍守制。次年邀意大利耶稣会士郭居静到上海传教，在家中设立教堂，并在其亲友、佃户中发展教徒，是为天主教传入上海之始。

徐光启像

守制期间，将《测量法仪》参以《周髀算经》《九章算术》，中西会通，加以整理，并撰成《测量异同》《勾股义》。三年后回京任翰林院检讨。适值钦天监推算日食不准，遂和传教士合作研究天文仪器。主张翻译学习西方天文学说。因皇帝不予重视，其事遂寝。四十年，向意大利耶稣会士熊三拔学习西方水利。崇祯元年（1628年）复任礼部侍郎。此时农书写作已初具规模，但由于上任后忙于负责修订历书，农书的最后定稿工作无暇顾及，直到死于任上。以后这部农书便由他的门人陈子龙等人修订，于崇祯十二年（1639年），亦即徐光启死后第六年，刻板付印，并定名为《农政全书》。徐光启一生著作颇丰：译著有《几何原本》《测量法义》《测量异同》和《勾股义》等。历法方面主持编译《崇祯历书》，著有《徐氏庖言》《兵事或问》《选练百字括》《选练条格》《屯盐疏》《种竹图说》《宜垦令》《农政全书》等，以《农政全书》影响最大。

背景介绍

明清之际是中国封建社会大动荡的时代，阶级矛盾和民族矛盾都表现得尖锐

作品评价

《农政全书》基本上囊括了古代农业生产和人民生活的各个方面，而其中又贯穿着一个基本思想，即徐光启的治国治民的"农政"思想。这一思想正是本书不同于前代大型农书的特色之所在。徐光启并没有因为着重农政而忽视技术，相反他还根据自己多年从事农事试验的经验，极大地丰富了古农书中的农业技术内容。

而复杂。在经济领域特别是在商品经济繁荣的江南地区，已出现了资本主义因素的萌芽，它反映在手工业、商业和农业生产等各个领域。徐光启出生的松江府是个农业、工商业发达之区，早年他曾从事过农业生产，取得功名以后，虽忙于各种政事，但一刻也没有忘怀农本。他眼见明朝统治江河日下，屡次陈说根本之计在于农。

名著概要

整理之后的《农政全书》，"大约删者十之三，增者十之二"，全书分为12目，共60卷，50余万字。12目中包括：农本3卷；田制2卷；农事6卷；水利9卷；农器4卷；树艺6卷；蚕桑4卷；蚕桑广类2卷；种植4卷；牧养1卷；制造1卷；荒政18卷。

《农政全书》按内容大致上可分为农政措施和农业技术两部分。前者是全书的纲，后者是实现纲领的技术措施。在书中看到了开垦、水利、荒政这样不同寻常的内容，并且占了全书将近一半的篇幅，这是前代农书所鲜见的。《农政全书》中，"荒政"作为一目，且有18卷之多，为全书12目之冠。目中对历代备荒的议论、政策做了综述，水旱虫灾做了统计，救灾措施及其利弊做了分析，最后附草木野菜可资充饥的植物414种。水利作为一目，亦有9卷，位居全书第二。徐光启认为，水利为农之本，无水则无田。当时的情况是，一方面西北方有着广阔的荒地弃而不耕；另一方面京师和军队需要的大量粮食要从长江下游启运，耗费惊人。为了解决这一矛盾，他提出在北方实行屯垦。屯垦需要水利，他在天津所做的垦殖试验，就是为了探索扭转南粮北调的可行性问题，借以巩固国防，安定人民生活。这正是《农政全书》中专门讨论开垦和水利问题的出发点，从某种意义上来说，这也就是徐光启写作《农政全书》的宗旨。他还根据自己多年从事农事试验的经验，极大地丰富了古农书中的农业技术内容。例如，对棉花栽培技术的总结。

从农政思想出发，徐光启非常热衷于新作物的试验与推广。例如当他听到闽越一带有甘薯的消息后，便从莆田引来薯种试种，并取得成功。随后便根据自己的经验，写下了详细的生产指导书《甘薯疏》，用以推广甘薯种植。后经过整理，收入《农政全书》。对于其他一切新引入、新驯化栽培的作物也都详尽地搜集了栽种、加工技术知识，这就使得《农政全书》成了一部名副其实的农业百科全书。

《农政全书》基本上囊括了古代农业生产和人民生活的各个方面，而其中又贯穿着一个基本思想，即徐光启的治国治民的"农政"思想。贯彻这一思想正是本书不同于前代大型农书的特色所在。

通观全书不难发现《农政全书》是在对前人的农书和有关农业的文献进行系统摘编、译

《农政全书》书影

述的基础上,加上自己的研究成果和心得体会撰写而成的。徐光启十分重视农业文献的研究,"大而经纶康济之书,小而农桑琐屑之务,目不停览,手不停笔"。据统计,全书征引的文献就有225种之多,真可谓是"杂采众家"。徐光启在大量摘引前人文献的同时,结合自己的实践经验和数理知识,提出独到的见解。例如,在书中徐光启用大量的事实对"唯风土论"进行了尖锐的批判,提出了有风土论、不唯风土论,重在发挥人的主观能动性的正确观点。对引进新作物,推广新品种,产生了重大的影响,起了很大的推动作用。

阅读指导

我们在阅读《农政全书》的时候,所了解到的不仅仅是有关古代农业的百科知识,而且还能够了解到一个古代科学家严谨而求实的大家风范。所以,在阅读时,不仅要掌握百科知识,更应该体会和学习求实严谨的学风。

徐霞客游记

成书年代:明
作　　者:徐霞客
地　　位:古今游记之最

作者简介

徐霞客(1586～1641年),名宏祖,字振之,号霞客,江苏江阴人,明代地理学家、旅行家。自幼博览群书,学问渊博。他从小就立志游遍祖国的锦绣河山,探索大自然的奥秘。应试失败后,淡泊功名,不求仕进。他酷爱史籍舆地之学,对历代地志的辗转抄袭附会深感不满,万历三十六年(1608年),他开始有计划地远游,直到55岁时为止。东游普陀,北游幽燕,南涉闽粤,西北抵太华之巅,西南达云贵边陲。不避风雨,不惮虎狼,不计程期,不求伴侣,甚至饥食草木之实,进行实地考察,足迹遍于今江苏、浙江、安徽、福建、广东、广西、江西、河南、陕西、山东、山西、河北、湖南、湖北、云南、贵州等十六个省区及北京、天津、上海等地。可以说,几乎大半个中国的土地上都留下了他的足迹,他把自己的毕生精力都献给了祖国的地理考察事业。他所到之处,对地貌、地质、水文、气候、植物等科学问题,都做了深入而细致的考察,以科学的态度和惊人的毅力,以及锐敏的观察和生动入微的文笔,逐日写成考察记录。明崇祯十三年因疾病缠身,双足不能行走,才由云南木知府用轿送回家乡。回家后,卧病在床,已无能力整理自己的游记手稿。临危前,委托外甥来实现这一心愿。后经季梦良、王忠纫共同努力将游记手稿编辑成书。后因累遭战乱,多有散佚,幸有传抄诸本,历经后人校刊,迟至乾隆四十一年(1776年)才有初刻本问世,但已非全稿。20世纪20年代,其科学价值才被发现,1928年,丁文江主持编绘徐霞客旅行路线

徐霞客像

作品评价

《徐霞客游记》是徐霞客根据自己的亲身经历用日记体裁撰写的一部光辉著作，生动准确、详细地记录着祖国丰富的自然资源和地理景观，为历史地理学的研究提供了许多重要资料。《徐霞客游记》不仅是一部地理学名著，还是一部享有盛名的文学佳篇；不仅有很高的科学价值，而且有很高的文学价值，受到国内外广大专家和读者的赞赏。

图 36 幅，连同据嘉庆年间刊本标点的游记及自著的《徐霞客先生年谱》一起印行。

背景介绍

当时中国的封建制度已趋衰落，资本主义有了萌芽，探索自然、重视考察实验的风气开始兴起，徐霞客顺应时代潮流，摈弃利禄，冲破科举制度的罗网，毕生从事旅行考察实验，开辟了中国古代地理走上实地考察、研究自然规律的新方向。

徐霞客故里

名著概要

《徐霞客游记》(包括《徐霞客西游记》)是徐霞客30多年旅行考察的真实记录和结晶，它的内容十分广泛、丰富，从山川源流、地形地貌的考察到奇峰、异洞、瀑布、温泉的探索；从动植物生态品种到手工业、矿产、农业、交通运输、城市建置的记述；从各地风土人情到民族关系和边陲防务等，皆有记载。它为我国历史自然地理和历史人文地理的研究都提供了极其珍贵的资料，开创了我国地理学上实地考察自然，系统描述自然的先河。

徐霞客的主要贡献是详细地考察和记述了中国西南地区广大的石灰岩地区的峰林、洞穴、溶沟、石芽、石梁、圆洼地、落水洞、天生桥和地热现象等地貌景观的分布、类型、变化、特征和成因等，并做了详细的记录和分析研究，有比较科学的解释，是我国也是世界上最早的有关岩溶地貌的珍贵文献，在世界上开辟了岩溶地貌考察的新方向。

在水文方面，对很多河流的源流做了详细考察，对诸水的源头、走向进行过认真的探索，他勇于打破传统的错误说法，并纠正前人研究中的不足和地方志记载的错误。尤其是他的《江源考》，正确指出长江的正源是金沙江，不是岷江，大胆地否认了1000多年来陈陈相因的"岷山导江"的错误论断，还将气候、地形对植物的影响，做了详细的描述。

《徐霞客游记》对一些奇特的自然地理现象都做了许多科学解释，揭示了一定的自然规律。例如，它以福建宁洋溪（今九龙江）与建溪为例，说明二水发

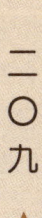

> **名家点评**
>
> 　　清初大文豪钱谦益就曾赞美"徐霞客，千古奇人，《游记》乃千古奇书"，又称道"当为古今游记之最"，"此世间真文字、大文字、奇文字"。
> 　　羊春秋在《徐霞客游记》一书的前言中称：《游记》的真正价值，在于据景直书，凿凿可稽，不是有意去模山范水，托兴抒怀，与一般文人争一字之奇、一韵之巧，而妙手天成，韵味深远，读之如亲见其形，亲闻其声，亲历其境，亲观其动静变化之妙，久久在眉睫之间而不会消失，在记忆之中而不会遗忘。
> 　　李约瑟："他的游记读来并不像是17世纪的学者所写的东西，倒像是一部20世纪的野外勘察记录。"

源的山岭高度相等，但距海的远近不同决定了二者流速的快慢，即所谓"程愈迫，则流愈急"。

《徐霞客游记》亦有不少篇幅记载有关各地的工农业生产、交通运输、风土人情，动植物的种类、分布、特征以及与地理环境的关系。

《徐霞客游记》还是一部享有盛名的文学佳篇，祖国的锦绣河山，自然界的万千奇景，在徐霞客的笔下，如诗如画，栩栩如生。写动态，千变万化；写静态，清新秀丽；写山，或峻险幽奇，或巍峨雄壮，令人目不暇接；写水，或碧波荡漾，或水清石寒，令人心旷神怡；写洞，或玲珑剔透，或乳柱缤纷，令人眼花缭乱；写险，或悬流而下，或猿挂蛇行，令人心惊胆战。如此种种，美不胜言。它文字优美，语言生动，感情真挚，表达深刻细致。洋洋60多万字的著作，人们读起来，如身临其境。

阅读指导

《徐霞客游记》采用的是日记体裁，既是一部历史地理学著作，又具有很高的文学价值，所以在阅读时，应该根据自己的需要，略有偏重。同时，要特别注意书中对前人研究不足的改进和对地方志记载错误的纠正，领会正确的见解。

陶庵梦忆

成书年代：明末清初
作　　者：张岱
地　　位：家亡国破遗民心血

作者简介

《陶庵梦忆》的作者张岱（1597～1679年），字宗子，又字石公，号陶庵，别号蝶庵居士，明末山阴人，侨寓杭州。他出身仕宦家庭，早年生活优裕，自称"少为纨绔子弟，极爱繁华，好精舍，好美婢，好娈童，好鲜衣，好美食，好骏马，好华灯，好烟火，好梨园，好鼓吹，好古董，好花鸟，兼以茶淫橘虐，书蠹诗魔"。明亡后披发入山，穷愁潦倒，安贫著书。一生落拓不羁，淡泊功名，有广泛的爱好。他喜游历山水，深味园林布置之法；懂音乐，能弹琴制曲；善于品茗，茶道功夫颇深；爱好收藏，具备非凡的鉴赏水平；精通戏曲，编导评论追求至善至美。前人评论说："吾越有明一代，才人称徐文长、张陶庵，徐以奇警胜、先生以雄浑胜。"

在文学上，张岱沿袭公安派、竟陵派的主张，反对桎梏性灵的复古主义，提倡任情适性的文风。他的作品题材广阔，涉及社会生活的各个方面。文笔活泼清新，时杂诙谐，不论写景抒情，叙事论理，均趣味盎然，有《琅嬛文集》《陶庵梦忆》《西湖梦寻》等作品集。张岱也是一位史学家，著有纪传体的明代历史书《石匮藏书》与《石匮后集》。

背景介绍

晚明是中国历史上继魏晋南北朝之后又一个思想变革迅速剧烈的时期，表现在文学上，是理论上的自觉性。在晚明的文学理论中，李贽的"童心说"也具有先导意义。所谓"童心"，李贽解释为"绝假纯真，最初一念之本心"，也就是由人的自然本性所产生的未经假饰的真实情感；与之对立的，则是由耳目而获得的"闻见道理"。他提出："天下之至文，未有不出于童心者也。"其后，袁宏道提出"性灵说"，他认

张岱《西湖七月半》文意图

为"以出自性灵者为真诗"。标举"童心"和"性灵"，强调了将真实情感与个性作为文学的基础，这意味着文学的解放，使有悖于传统道德的"喜怒哀乐嗜好情欲"大量进入文学。晚明诗歌中影响最大的就是"公安派"。这一派以袁宏道为中心，强调真性情，力排复古。他们确实写出了很多优秀的诗篇。晚明散文，特别是所谓"小品"，在文学史上具有重要的意义。"小品"原是佛家用语，指大部佛经的略本，明后期才用来指一般文章。这种文体并没有固定的格式，尺牍、日记、游记、序跋、短论，都可以算是"小品"。这一文体的兴盛，与"性灵说"有密切关系，主要是为了区别于以往人们所看重的关乎国家政典、理学精义之类的"高文大册"，而提倡一种灵便鲜活、真情流露的新格调的散文。小品文的历史可以追溯到很远，唐宋古文家苏轼等人写过不少这一类的作品。它的特点是：篇幅不长，结构松散随意，文笔轻松而富有情趣。我们这里读到的《陶庵梦忆》就是晚明"小品"的杰出作品。

相关链接

《西湖梦寻》：张岱的另一部小品散文集，与《陶庵梦忆》齐名，两书常常被并称。本书也是张岱的忆旧之作，全书共5卷，70余篇短文。书中所写都是杭州的名胜，如西泠桥、岳王坟、保俶塔、明圣二湖、灵隐寺、北高峰、三生石、苏小小墓、关王庙、孤山、苏公堤、湖心亭、放生池、雷峰塔、龙井、一片云、伍公祠、西溪、六和塔、虎跑泉等，都写得极有情致。

《游居柿录》：又名《袁小修日记》，袁中道著。这是关于日常见闻的札记随笔。本书是不经意间写成的，没有"文章"的格式腔调，显得散淡洒脱。例如："夜，雪大作，时欲登身至沙市，竟为雨雪阻。然万竹中雪子敲戛，铮铮有声；暗窗红火，任意看数卷书，亦复有少趣。自叹每有欲往，辄复不遂，然流行坎止，任之而已。鲁直所谓'无处不可寄一梦'也。"文笔清新自然，俊逸可爱。

中国名著大讲堂

经典摘录

崇祯五年十二月，余住西湖。大雪三日，湖中人鸟声俱绝。是日更定矣，余拿一小舟拥毳衣炉火独往湖心亭看雪。雾凇沆砀，天与云、与山、与水，上下一白。湖上影子惟长堤一痕、湖心亭一点，与余舟一芥，舟中人两三粒而已。到亭上，有两人铺毡对坐，一童子烧酒，炉正沸。见余大喜，曰："湖中焉得更有此人？"拉余同饮。余强饮三大白而别，问其姓氏，是金陵人，客此。及下船，舟子喃喃曰："莫说相公痴，更有痴似相公者。"

——《陶庵梦忆》卷三《湖心亭看雪》

名著概要

张岱的《陶庵梦忆》是他晚年隐居时的作品。他在《陶庵梦忆》序中说，"因想余生平，繁华靡丽，过眼皆空，五十年来，总成一梦。"这是他回想往昔的记忆。全书共八卷，120余篇短文。这些小品散文的题材较广，涉及城市胜概、山川景物、风俗人情、文学艺术等各个方面；人物多为市井众生和艺界人物，如画师、琴师、工匠、花匠、艺妓、优伶、说书人、杂耍儿等。其中的名篇有:《天砚》《金山夜戏》《越俗扫墓》《报恩塔》《日月湖》《吴中绝技》《奔云石》《孔林》《燕子矶》《花石纲遗石》《兰雪茶》《湖心亭看雪》《逍遥楼》《秦淮河房》《二十四桥风月》《扬州清明》《柳敬亭说书》《虎丘中秋夜》《扬州瘦马》《目莲戏》《水浒牌》《一尺雪》《绍兴灯景》《西湖香市》《瑞草溪亭》《蟹会》《范与兰》《西湖七月半》等。

阅读指导

《陶庵梦忆》中所写大多为琐碎的事物，在所写中写出真性情，写出心境的孤独与超脱。绍兴的灯景，天童寺的僧人，朱氏的收藏，血渍覆盖的松花石，都是些不起眼的小东西，有谁会津津有味地欣赏？张岱是一个敏感的人，更能注意到琐屑的东西，并用它们酝酿出一段深远的情绪。我们常听说，世界上不缺乏美，缺乏的只是发现美的眼睛。张岱就是有一双发现美的慧眼的人。"真性情"是张岱散文的美感之源。"国破家亡，无所归止，披发入山，为野人……自挽诗，每欲引诀。"最终张岱选择了放弃，古稀之年，在幽独的回忆中寄托深沉真挚的情思。张岱记百姓日用，写时俗风物，绘百姓生活。这里有张岱昔日的追忆，《孔庙桧》中追述孔子手植柏的荣枯盛衰，描绘杏坛曾有的煌煌上庠，能看到落拓士子的内心情怀。《鲁藩灯火》中陆离的世界，异彩流光的境界，"灯中，光中，影中，火中，闪烁变化"的人间仙境，形成"天上被烟火挤往，无空隙处"的情景，显示了往日的繁华与回忆的落寞。张岱着力表现盛大的文化生活和民间活动，其中既有达官贵人的种种清娱——戏曲、赏景、音乐、园林、书画、古董、珍玩；也有民间里巷的各种游乐——灯火、龙舟、蹴鞠、观潮、演武等。张岱热情地赞述人的才智和技艺，书中的许多人物，都是具有某种技能的奇士异人。张岱在文中赞扬他们的才智、技巧以至风骨，人是万物的精灵，在张岱笔下，人的内涵更加真实，更加亲切。

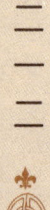

《陶庵梦忆》以客观叙述的手法，笔墨简练而情深，细致而淡远，宛如一幅俊秀清逸的国画。

成书年代：明末清初
作　　者：张岱
地　　位：一部包罗万象的百科类图书

夜航船

背景介绍

张岱对于《夜航船》的读者有明确的预设，他在序中说："余因想吾八越，惟余姚风俗，后生小子，无不读书，及至二十无成，然后习为手艺。故凡百工贱业，其《性理》《纲鉴》皆全部烂熟，偶问及一事，则人名、官爵、年号、地方枚举之，未尝少错。"余姚的平民阶层都有一定的文化知识，这在当时已领先于其他地区，但张岱对他们以《性理》《纲鉴》为基础的知识结构是不满意的，他编纂的《夜航船》显然针对这个问题，力图使普通民众有比较合理的知识结构和一些实用的技能，并通过知识的接受升华成一种见识和素质，这是张岱较高的文化期待。另一方面，张岱的这部书也是为一般的读书人而编纂的。《夜航船》中所引的"且待小僧伸伸脚"的故事清楚地说明了这个问题。对于晚明的读书人来说，弄不清澹台灭明和尧舜是一个人还是两个人自然有些夸张，而他们知识的贫乏却是事实。我们应注意这样一个情况，明末清初正是八股文选本盛行的时期，许多想走捷径的士子终日只会背诵体会选本里的文章，甚至连"四书五经"的原文都不读，遑论其他典籍。张岱虽然年轻时也参加科举，但他对八股科举有着清醒深刻的认识。他对那些沉溺于科举仕途的士子的知识水平深为痛心，《夜航船》试图给他们建构全面的知识系统，并进而提升其思想素质和生活情趣。

名著概要

《夜航船》是明代文学家张岱著的一部百科全书类的著作，是他针对明末"无益于文理考校"的死记硬背的学风而编纂的综合性的类书。《夜航船》共20卷，其内容从天文地理到经史百家，从三教九流到神仙鬼怪，从政治人事到典章沿革，广采博收，共分天文、地理、人物、考古、伦类、选举、政事、文学、礼乐、兵刑、日用、宝玩、容貌、九流、外国、植物、四灵、荒唐、物理、方术20部，每部一卷。部下分类，如天文部下有象纬、日月、星及春、夏、秋、冬、历律等14类，全书共计121类。类下是与此相关的具体条目，比如象纬类下有"九天""二十八宿"

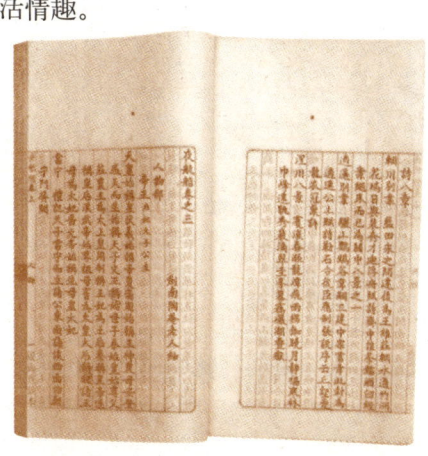

《夜航船》书影

《夜航船》共20卷，是张岱针对明末"无益于文理考校"的死记硬背式的学风而编撰的综合性的类书。全书共分为天文、地理、人物、考古、伦类、选举、政事、文学、礼乐、兵刑、日用、宝玩、容貌、九流、外国、植物、四灵、荒唐、物理、方术20部。

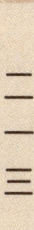

中国名著大讲堂

> 天下学问，惟夜航船中最难对付。盖村夫俗子，其学问皆预先备办，如瀛洲十八学士，云台二十八将之类，稍差其姓名，辄掩口笑之。彼盖不知十八学士、二十八将，虽失记其姓名，实无害于学问文理，而反谓错落一人，则可耻孰甚。故道听途说，只办口头数十个名氏，便为博学才子矣。余因想吾八越，惟余姚风俗，后生小子，无不读书，及至二十无成，然后习为手艺。故凡百工贱业，其《性理》《纲鉴》，皆全部烂熟，偶问及一事，则人名、官爵、年号、地方枚举之，未尝少错。学问之富，真是两脚书厨，而其无益于文理考校，与彼目不识丁之人无以异也。或曰："信如此言，则古人姓名总不必记忆矣。"余曰："不然。姓名有不关于文理，不记不妨，如八元、八恺、厨、俊、顾、及之类是也。有关于文理者，不可不记，如四岳、三老、臧毂、徐夫人之类是也。"
>
> ——《夜航船·序》

等17条，全书共有4000多个条目，其内容多取自古代各类典籍，也有一些直接采自明代的史事和传闻，它们都经过张岱精心剪裁和编纂。这样的体例划分既吸收了前代类书的分类标准，也注意到晚明时代社会生活的一些特点，囊括了自然和社会生活的各个方面。因此，《夜航船》堪称"一部小型百科全书"。

作品特色

张岱编纂这样一部内容丰富的小百科全书，并不仅仅是作为夜航船中的谈资，他还有更为深沉的目的和期待。事实上，他对夜航船中炫露才学、卖弄知识的风气并不看好，他哂笑那些"只办口头数十个名氏"的博学才子是"两脚书橱"，这样的知识在张岱看来"无益于文理考校"，只能供人口舌之争。"文理"一词在张岱文章中经常出现，在《夜航船·序》中，张岱既说"学问文理"，又说"文理考校"，从上下语境来看，"文理"应指知识的线索和系统。以"文理"为标准，张岱提出这样的主张："姓名有不关于文理，不记不妨，如八元、八恺、厨、俊、顾、及之类是也。有关于文理者，不可不记，如四岳、三老、臧毂、徐夫人之类是也。"这实际上是注重知识的系统性和完整性，与"破碎摘裂"的浅学不可同日而语。《夜航船》书中部类的划分，许多条目的探源析流都显示着张岱的努力方向，尊崇智慧和幽默诙谐也可以看作贯穿《夜航船》全书的"文理"，既吸收了世俗社会的精华，也汲取晚明时代精神，从而构成了《夜航船》独特的风貌和品格，完成了对夜航船中"破碎摘裂，足供谈笑"的知识的超越。

阅读指导

《夜航船》是张岱编纂的一部包罗万象的综合类书籍。

《夜航船》的书名反映了张岱对这部书的文化定位，夜航船是江南水乡夜间航行搭载行客和货物的船只，陶宗仪说："凡篙师于城阜市镇人烟凑集去处，招聚客旅装载夜行者谓之夜航船。太平之时，在处有之。然古乐府有《夜航船曲》，皮日休诗有'明朝有物充君信，携酒三瓶寄夜航'之句，则此名亦古矣"(《南村

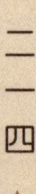

辍耕录》卷十一）。夜航船与江南民众的生活有着千丝万缕的联系，在悠悠的历史长河中，它已凝聚成能够代表水乡特色的文化形态。晚明时代，江南地区经济繁荣，文化发达，夜航船自然"在处有之"。张岱经常乘坐夜航船出游，他敏锐地觉察到这一只小小的航船所包蕴的文化内涵。缓慢的旅程之中，乘客间的谈论必不可少，知识的优势可以转化成支配空间的权力，在这样的规则之下，会有"且待小僧伸伸脚"的故事发生。夜航船是一个特殊的时空，可以容纳三教九流的人物，这就决定了夜航船中所谈论的内容广博而不深入，职是之故，晚明时期夜航船又成为某一类人的称呼，朱国桢《涌幢小品》卷四说："有以夜航船呼人者，谓其中群坐诸人，偶语纷纷，以比浅学之破碎摘裂，足供谈笑耳。"这样的解释精辟地指出夜航船中知识的特色。张岱以《夜航船》为书名，也包含有此义，他说："余所记载，皆眼前极肤浅之事，吾辈聊且记取，但勿使僧人伸脚则可矣"（《夜航船序》）。这里虽然有调侃的意味，却也明确地点出这部书的文化定位：具有浓郁的生活气息和世俗倾向，同时也展现了一种文化活力。

明夷待访录

成书年代：明末清初
作　　者：黄宗羲
地　　位：中国思想启蒙的基石

作者简介

　　黄宗羲（1610～1695年），字太冲，号梨洲，又号南雷，学者称梨洲先生，浙江余杭人，明清之际学者，卓越思想家，明万历三十八年生于一个书香世家。他父亲黄尊素，是有名的"东林党人"。黄宗羲14岁时考中秀才，就到北京和父亲住在一起。19岁前后，自明十三朝实录上溯二十一史，每日一本，通宵达旦，两年读毕，打下了扎实的历史知识基础。少年时代其父被魏忠贤害死。崇祯即位后，歼除了魏忠贤及其党羽，黄宗羲入京为父申冤，以铁锥杀死仇人。后就学名儒刘宗周。崇祯末年，以复社主将身份参与反宦官斗争，作《留都防乱揭》，揭露阉党阮大铖阴谋。1645年，清兵大举南下，黄宗羲愤而毁家避难，和浙东人民一起，展开轰轰烈烈的抗清斗争。他组织起一支抗清的"世忠营"。后来他又联合了太湖一带的豪杰，抗拒清兵半年之久。当他扼守的四明山被攻破后，黄宗羲渡海到舟山，和张煌言等继续进行复明活动。1664年，张煌言殉难后，黄宗羲遂改名换姓回到故乡，聚众讲学，著书立说，清廷多次征召，皆辞不就。黄宗羲学问渊博，研究过天文、地理、算学、音乐、历史和哲学等，与孙奇逢等被称为三大儒。

黄宗羲像

他留下了许多著作，有《南雷文定》《南雷诗历》《明夷待访录》《明儒学案》《宋元

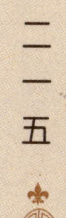

相关链接

《明儒学案》也是黄宗羲的代表作,共62卷。"学案"指学术思想史。内容根据大量的明代学者的文集语录,立学案十九,分析评述明朝300年间各个学派学术思想的发展史。每人先列小传,后载语录,对各人的时代背景、生平经历、著作要旨、学说演变均有简要明晰的介绍和公允中肯的评论。是我国历史上第一次将一代思想家及其主要著作,系统排比,分清流派、渊源,考订著作,剖析思想及发展的大部头哲学思想史著作。

学案》等。其中所著《明儒学案》开浙东史学及学术史研究之风。在54岁时,写下了划时代的抨击君主专制制度的光辉著作——《明夷待访录》。1695年秋,黄宗羲病故,遵其遗嘱,弟子以被褥裹之不棺而葬。

背景介绍

黄宗羲所处的明清之际,正是中国封建社会逐步走向没落的时期。经济上,明清两朝的土地兼并非常严重,土地高度集中,并且赋税苛重。政治上,君主专制制度高度发展。朱元璋废除宰相制度,集六部大权于一身。明成祖开始在全国范围内实行特务统治,明清统治者还大兴文字狱,以防知识分子滋生不满思想和情绪,在思想领域,明清统治者都极力宣扬程朱理学,以它作为官方统治思想,理学成了明清时期的显学,取得了独尊的地位,它的触角伸到百姓生活的各个角落。另外,在明清之际,中国封建社会开始有了资本主义萌芽,市民阶层开始出现,西方社会也积极向东方寻找殖民地。在这样的历史条件下,先进的思想家把攻击的矛头指向了君主专制制度,黄宗羲便是其中杰出的一员。

名著概要

《明夷待访录》原名《待访录》,是黄宗羲最重要的政治思想著作。此书开始撰写于清顺治十八年,成于康熙元年,郑姓父子于乾隆年间刊刻此书时,改名《明夷待访录》,"明夷"为《周易》六十四卦中的一个卦名,"明"谓太阳,"夷"谓隐没,合指"日入地中"的黑暗时代,却等待着周武王那样的明君前来造访,郑姓父子据此命名。

《明夷待访录》书影

《明夷待访录》1卷21篇,有《原君》《原臣》《原法》《置相》《学校》《取士上》《取士下》《建都》《方镇》《田制一》《田制二》《田制三》《兵制一》《兵制二》《兵制三》《财计一》《财计二》《财计三》《胥吏》《阉宦上》《阉宦下》。《明夷待访录》的基本思想可以概括如下:

第一，对君主专制制度的抨击。黄宗羲对君主专制的批评是从否定"君权神授"开始的，他认为君权起于兴利除害的需要。他认为秦汉以后的君主专制制度从根本上违背了这一基本的政治原则，认为他们不是为天下兴公利除公害，而是"以天下之利尽归于己，以天下之害尽归于人"，指出这些君主在夺取政权时，"屠毒天下之肝脑，离散天下之子女，以博我一人之产业，曾不惨然，曰我固为子孙创业也。敲剥天下之骨髓"。夺取政权后，"离散天下之子女，以奉我一人之淫乐，曰此我产业之花息也"。因此黄氏在《原君》中无情地揭露封建帝王的罪恶，指出帝王是唯一的害民之贼。他还批判了"君为臣纲"说，主张君臣关系应该是平等的师友、同事关系，不是不平等的主仆关系。他认为现在应该是"天下（人民）为主，君为客"，臣僚不再是皇帝"敲剥"百姓的服役者，而应该是"为万民"服务的同事。"为臣之道"不是忠于君主。他公开鼓励为臣的要抵制和反对君主的不义行为。

《明儒学案》书影

第二，法治主张。他认为过去为了使天下得治而创立了各种规矩法度，使大家共守，以维护共同利益，这是"天下之法"，但后来的统治者为维护一家皇族而制法，这是"一家之法"。他说君主专制是公私不分，权利义务不平等，没有公法可言，因此他反对"一家之法"，主张"天下之法"。他为了求得人权平等，主张非废除秦汉以来的"非法之法"不可；要求得天下太平，非废除专制的君主制度，而改为民本制度不可。所以在他看来，法的成败，全看它是以公还是以私为出发点。

第三，限制君权的主张。黄宗羲认为，皇帝个人独裁和君权的无限扩张是政治腐败的重要根源，要限制君权，其一必须恢复古代的宰相制度，他认为宰相一是贤人，二是有职有权的人。他心中的宰相是拥有很大权力的，可以和皇帝一起商讨国家大事，批发重要文件。其二以学校监督王权，他认为古代的学校不仅是培养人才的地方，而且是制造舆论、左右舆论、批评时政、分辨是非，监督上自皇帝下至各级地方官吏的机关，学校是判断是非的中心。因而他主张推举当代的大儒和名

作品评价

《明夷待访录》因尖锐的社会批判内容，在作者当代及此后相当长的时间内，受到冷遇，乾隆间更被列为禁书。直至清末，力倡社会革新的维新变法派兴起之际，此书才得以重生。黄宗羲在此书中所阐述的思想，表明他是一个带有浓厚市民色彩的地主阶级思想家，他的思想主流反映了社会发展的进步趋势，他思想中的民主因素给我国后来的启蒙运动以很大的影响，黄氏以勇敢的"异端"精神，批判旧世界，设计将来的新世界，值得称颂。

儒担任中央和地方的学官，作为批评、监督中央和地方各级政府的舆论代言人。

第四，均平和工商皆本思想。一方面，明清之际，随着经济的发展，出现了资本主义的工场手工业，反映到意识形态上，产生了黄宗羲具有资本主义萌芽思想的市民政治学说。我国封建社会一向重农抑商，黄宗羲鉴于社会的变动，面对现实，提出"工商皆本"的学说。另一方面，当时农民无地可耕，而土地都被皇室、外戚、阉党和地方的豪强所霸占，赋税苛役特重，黄氏为了减轻农民的负担，主张减赋税，为了使人民能生活下去，他又提出"天下大公"的制度，其土地制度改革的理想是恢复井田制度，所以他主张"齐之均之"，认为土地应收回为国家所有，然后再平均分配给农民耕种。

> **名家点评**
>
> 读之再三，于是知天下之未尝无人，百王之弊可以复起，而三代之盛可以徐还也。
>
> ——明末清初·顾炎武

阅读指导

《明夷待访录》以批判的形式阐发民主启蒙思想，针对十三个问题从政治、法律、经济、军事、教育、选拔官吏等方面加以论述。如果在阅读时能对比中西方启蒙思想的异同，并且寻求它们的历史根源，那么对黄氏启蒙思想的理解将有更大的帮助。

闲情偶寄

成书年代：明末清初
作　　者：李渔
地　　位：中国人生活艺术的袖珍指南

作者简介

《闲情偶寄》的作者李渔（1611～约1679年）是明末清初戏曲作家、戏曲理论家，字笠鸿，号湖上笠翁，生于雉皋（今江苏如皋）。出身富有之家，在明代考取过秀才，清兵南下后，家道衰落，遂移居杭州，又迁南京，入清后不曾应试做官。开芥子园书铺，刻售图书，并从事著述。他又组织剧团，以自己的姬妾为主要演员，行遍大江南北，在达官贵人府邸演出自编的戏曲。著有剧本《笠翁十种曲》，即《奈何天》《比目鱼》《蜃中楼》《怜香伴》《风筝误》《慎鸾交》《巧团圆》《凤求凰》《意中缘》《玉搔头》；小说《无声戏》《十二楼》《肉蒲团》等；杂著《闲情偶寄》和诗文集《笠翁一家言》等。

李渔的戏曲创作数量虽多，但大都为滑稽剧和风情剧，且多情趣低下，甚至流于猥亵之病。就思想内容言，《十种曲》中

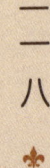

李渔像

只有《比目鱼》和《蜃中楼》较为可取。前者写谭楚玉和刘藐姑的爱情故事，刻画出他们对爱情的忠贞；后者把柳毅传书和张羽煮海两个故事糅合在一起，歌颂了男女主角维护爱情的反抗精神和行为。但自清代以来，通常认为《风筝误》是李渔的代表作，此剧写韩世勋与詹淑娟的婚姻故事，情节曲折，误会丛生。论者认为它关目布置工整，宾白言谈得当，曲词本色平易，但也批评它有堕入恶趣的严重缺点。

背景介绍

在晚明的文学界，散文富于个性，不受形式的拘束，成就显著。入清以后，散文中固有的"载道"传统又重新抬头，一些具有反清思想的人提倡经世致用的文章。这一类散文家以顾炎武、王夫之、黄宗羲三人为代表。顾、王的文章，大多是单纯的政论和学术论文，大多风格平实，而黄宗羲的散文就比较有文采，富于感情。侯方域等人的创作反映了明清之际的文风转变。他的散文有向"韩柳古文"传统靠拢的趋势，他的作品以人物传记类最为出色，取司马迁、韩愈的笔法，也讲求优美的词采。与他类似的作家还有魏禧与汪琬。到清中叶，"文以载道"的传统得到进一步的强化，这方面的代表是桐城派。桐城派著名的散文家有方苞、刘大櫆等。他们用"义法"阐释了自己的散文理论系统。义，就是"言有物"；法，就是"言有序"。义法就是说散文要言之有物而文有条理。

这一时期，李渔的《闲情偶寄》是其中比较特殊、比较富于情趣的作品。与他们相比较起来看，我们能更清楚地看到李渔的价值与可贵之处。

名著概要

《闲情偶寄》是李渔的一部杂著，内容包含戏曲理论、饮食、营造、园艺、养生等，在中国传统雅文化中享有很高声誉，被誉为古代生活艺术大全，名列"中

经典摘录

学技必先学文。非曰先难后易，正欲先易而后难也。天下万事万物，尽有开门之锁钥。锁钥维何？"文理"二字是也。寻常锁钥，一钥止开一锁，一锁止管一门；而文理二字之为锁钥，其所管者不止千门万户。盖合天上地下，万国九州，其大至于无外，其小止于无内，一切当行当学之事，无不握其枢纽，而司其出入者也。此论之发，不独为妇人女子，通天下之士农工贾、三教九流、百工技艺，皆当作如是观。以许大世界，摄入文理二字之中，可谓约矣。不知二字之中又分宾主。凡学文者，非为学文，但欲明此理也，此理既明，则文学又属敲门之砖，可以废而不用矣。天下技艺无穷，其源头止出一理。明理之人学技，与不明理之人学技，其难易意判若天渊。然不读书不识字，何由明理？故学技必先学文。然女子所学之文，无事求全责备，识得一字，有一字之用，多多益善，少亦未尝不善；事事能精，一事自可愈精。予尝谓土木匠工，但有能识字记账者，其所造之房屋器皿，定与拙匠不同，且有事半功倍之益。人初不信，后择数人验之，果如予言。粗技若此，精者可知。甚矣，字之不可不识，理之不可不明也！

——《声容部·习技第四·文艺》

国名士八大奇著"之首。下面选取两部分内容加以介绍。

《闲情偶寄》中的《饮馔部》，是李渔讲求饮食之道的专著。他主张在俭约中求饮食的精美，在平淡处寻生活的乐趣。他的饮食原则可以概括为二十四字诀，即：重蔬食，崇俭约，尚真味，主清淡，忌油腻，讲洁美，慎杀生，求食益。这正表现了中国传统文化对饮食的美的追求。

《闲情偶寄》的《词曲部》《演习部》实际上是戏曲理论专著。曾有人抽出单独印刷，取名《李笠翁曲话》或《笠翁剧论》。《词曲部》论戏曲创作，包含结构、词采、音律、宾白、科诨、格局六项；《演习部》论戏曲表演，李渔在编剧技巧方面做了系统、丰富而精到的论述。他十分重视戏曲作为一种舞台表演艺术的特征，强调"填词之设，专为登场"，要求编剧之时，"手则握笔，口却登场，全以身代梨园，复以神魂四绕，考其关目，试其声音，好则直书，否则搁笔"。他认识到戏剧结构在剧本创作中的重要性，声称"填词首重音律，而予独先结构"，并就结构问题提出了"立主脑""密针线""减头绪"等具体方法。他强调宾白的个性化，即所谓"语求肖似"，"欲代此一人立言，先以代此一人立心"，"务使心曲隐微，随口唾出，说一人，肖一人，勿使雷同，弗使浮泛"。他又提出戏曲的格局要求"小收煞"处，须"令人揣摩下文，不知此事如何结果"，最后的"大收煞"既要使重要角色"大团圆"，又要"自然而然，水到渠成"，"最忌无因而至、突如其来、与勉强生情、拉成一处"。他要求戏曲语言应浅显，他说："传奇不比文章，文章做与读书人看，故不怪其深；戏文做与读书人与不读书人同看，故贵浅而不贵深。"并且认为"自古来圣贤所传之经传亦只浅而不深"，"能从浅处见才，方是文章高手"。他反对语言的"迂腐""艰深""隐晦""粗俗""填塞"，要求语言"尖新""洁净"和有"机趣"，主张少用方言。在音律方面，他主张"恪守词韵""凛遵曲谱"。他说："只求文字好，音律正，即牌名旧杀，终觉新奇可喜；如以极新极美之名，

相关链接

《万历野获编》：明代嘉兴（今属浙江）人沈德符（1578～1642年）著。这是一部杂著，其中提供了不少文学史料。此书内容上记朝章掌故，下及风土人情、琐事逸闻，包括内阁原委、词林雅故、词曲技艺、士女谐谑等，是资料十分丰富的笔记。比如，此书记载了民歌的演变，从宣德、成化年间有《锁南枝》《傍妆台》《山坡羊》三曲盛行于中原，到嘉靖时兴起《闹五更》《寄生草》《罗江怨》《哭皇天》《乾荷叶》《粉红莲》《桐城歌》《银纽丝》等，再到万历年间又出现《打枣竿》《挂枝儿》的发展过程，提供了明代民歌发展状况的重要依据。书中所记，多为作者目睹见闻，所以有些叙述可以补史料的不足。

《少室山房笔丛》：明代胡应麟撰。胡应麟（1551～1602年），字元瑞，号石羊生，又号少室山人，兰溪（今属浙江）人。这是一部笔记杂著，包括不少文学史料。其中《经籍会通》论古来藏书存亡聚散之迹，《艺林学山》品评文学遗产的优劣，《四部正讹》考证古籍伪书，《二酉缀遗》采摭古籍中奇闻怪事，《华阳博议》杂述古人博闻强识之事，《庄岳委谈》广泛论及社会杂事，包括戏曲、小说。卷二十九里关于小说分类的记述，可了解当时人们的小说观，对认识小说的历史演变颇有帮助。《丹铅新录》《艺林学山》两部分对考辨诗文典故、词曲名称的来源、作家籍里等均有助益。本书征引典籍极其宏富，但也有不少疏误。

而填以庸腐乖张之曲，谁其好之。善恶在实，不在名也。"关于科诨，他提出"戒淫亵""忌俗恶""重关系""贵自然"，主张科诨合于生旦净丑的身份，自然包孕事理之中。诸如此类，都堪称卓识。

《闲情偶寄》不仅熏陶、影响了周作人、梁实秋、林语堂等一大批现代散文大师，开现代生活美文之先河，而且对我们今天提高生活品位、营造艺术的人生氛围仍有借鉴价值。

阅读指导

现代人的生活忙忙碌碌，生活节奏越快，就越需要悠闲的心境，品味生活的乐趣。忙里偷闲读《闲情偶寄》，是很有趣的事情。周作人曾说："得半日之闲，可抵十年的尘梦。"忙人恰恰更需要在小憩之时，品玩一下生活的艺术。李渔的《闲情偶寄》把日常生活变成艺术化的享受，有许多话题，都说得很新鲜。比如《菜》一文谈菜花虽贱，因其至多至盛而可贵，有如"君轻民贵"，这种联想很奇特，很有意思。这一类文章有真实的感情，有活泼的美感。李渔最可贵的一点是追求日用平常事物的本真之美。他的审美由事物细微处谈起，最见切实。他谈论戏曲，丝丝入扣。谈选择演员，从肌肤开始说起，细到鞋袜、盥沐。谈居室更是考虑到物力的艰难，所以能使"贫无卓锥者亦可行"。谈论家居日用器物，描状之详尽细腻，让人叹为观止。这不仅需要闲情，更需要兴致与情趣。这种切近物质本身的审美方式正是我们现今社会所缺少的，无怪乎李渔的《闲情偶寄》至今仍备受欢迎。《闲情偶寄》的语言清新隽永，叙述娓娓动人，读后齿颊留香，余味无穷。

笠翁对韵

成书年代：明末清初
作　　者：李渔
地　　位：声韵启蒙

名著概要

《笠翁对韵》是当时人们学习写作近体诗、词，用来熟悉对仗、用韵、组织词语的启蒙读物。《笠翁对韵》分前后两个篇章，每个篇章15个段落，每个段落有一个主题字加以概括；以平水韵的30个韵部为目，把常见的韵字都组织进了韵语，这些韵语又都是富有文采的符合格律的对子。该书的特点是辞藻丰富、优美，典故众多。熟读《笠翁对韵》对儿童遣词造句、作诗、对对子都有很大的帮助。《笠翁对韵》是训练儿童作诗对句、掌握声韵格律的最佳启蒙读物。因其"音韵铿锵，辞藻华丽，妙不可言"，因而风行全国，拥有众多读者。语言学家称：要通晓中国文字韵律的精妙、优美，《笠翁对韵》是必不可少的。熟读之后，即能领会平仄对仗，学做对联和诗词，达到"熟读唐诗三百首，不会作诗也会吟"的理想效果。

作品特色

《笠翁对韵》是掌握声韵格律的启蒙读物。从单字对到双字对，三字对、五字对、七字对到十一字对，声韵协调，朗朗上口，从中得到语音、词汇、修辞的

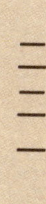

训练。从单字到多字的层层属对，读起来，如唱歌般。较之其他全用三言、四言句式更见韵味。《笠翁对韵》正是研究古汉语修辞所必读之书。

阅读指导

"笠"就是下雨天穿的蓑衣，"翁"就是李渔自称。"对韵"就是古代人对对子，讲押韵。中国文学自《诗经》始对韵即表现出特别的关注，所谓的"韵"，就是能使诗词读起来朗朗上口的音节或文字，诗词创作要重视艺术性，并重几个方面，其中之一就是"韵律"，要讲究字词的搭配、音调的和谐。唐朝时，律诗要求两句必须对仗工整，明朝时开始出现的对联，是讲究对仗和韵律的极致，表达人们对新年的良好祝愿，对新的一年里幸福生活的向往，这种用来表达祝愿和祝福的挂在门框上的表达喜庆的对联，后来发展成一种文学形式，这也成为作者创作《笠翁对韵》的基础。

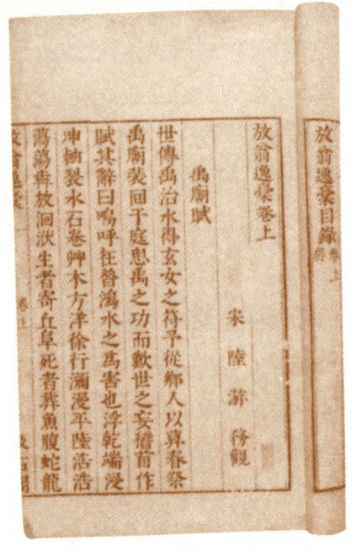

《笠翁偶集五卷》书影

日知录

成书年代：明末清初
作　　者：顾炎武
地　　位：中国思想启蒙的先驱

作者简介

顾炎武（1613～1682年）与黄宗羲、王夫之在20世纪初被并称为明末清初"三大家"。顾炎武原名忠清，学名绛，字宁人，号亭林，人称亭林先生，又曾署名蒋山佣，江苏昆山人，出生于"乡宦豪绅"家庭，到他祖父、父亲时，家道中落，但藏书还是很多。他的祖父是一个很留心时事的人，顾炎武从小就受到祖父和母亲的严格教育，六岁时母亲就教他读《大学》，7岁跟老师学《四书》，9岁读《周易》，11岁读《资治通鉴》。顾炎武自14岁入昆山县学，学习、自修18年，在这期间，他在祖父的指导培养下，打造了有关传统文化典籍及当时政治、经济构架的深厚与坚实的基础。自清顺治元年至十三年（1644～1656年）他在江南地区对清军入主中原的统治，做了旗帜鲜明以及秘密串联的反抗活动。自清顺治十四年至康熙二十一年（1657～1682年），他离开江南，到北方的齐、燕、鲁、赵以及秦、晋等地，做了许多带政治性的学术活动和人际活动，进行了若干调查研究工作，写出了大量具有很高价值的专著和诗文。顾炎武还有许多经济活动，如开垦荒地，兴办水利，创办票号等，顾炎武一生著作甚多，其中有代表性的是《音学五书》《日知录》和《天下郡国利病书》。

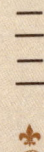

背景介绍

在明末之际，轰轰烈烈的农民大起义，很快冲垮了明王朝的统治，起义风暴几乎席卷了北部中国。在清军入关以后，各地又掀起了大规模的抗清复明斗争。顾炎武在十四岁时就同好友一起参加了一个由知识分子组织的吟诗作文、议论时政的复社，这对他后来研究社会问题有深刻的影响。同时顾炎武誓不与清军合作的态度也对他的作品有一定的影响。

名著概要

《日知录》书名取之于《论语·子张篇》，含有深刻的寓意：要每天学习自己未知的新知识，每月复习它们，就算得上好学了。顾氏于初刻本卷首对此有说明，以示其笃学之志。顾炎武生前，《日知录》只有8卷本行世，是康熙九年在江苏淮安付刻的，称为符山堂本。顾炎武去世后，潘耒从其家取出书稿，稍事整理，删改了触犯时忌的字眼，于康熙三十四年在福建建阳刊刻，32卷，是为遂初堂本。

顾炎武像

《日知录》内容宏富，贯通古今。32卷本《日知录》有条目1019条（不包括黄侃《校记》增加的2条），长短不拘，最长者《苏淞二府田赋之重》有5000多字；最短者《召杀》仅有9字。这与作者立志学术创新有密切的联系。潘耒把《日知录》的内容大体划为八类，即经义、史学、官方、吏治、财赋、典礼、舆地、艺文。《四库全书总目》则分作十五类，即经义、政事、世风、礼制、科举、艺文、名义、古事真妄、史法、注书、杂事、兵及外国事、天象术数、地理、杂考证。这两种划分都有其价值。前者重视了《日知录》的经世意义，抓住了其主要的方面，并说这书只有宋元时期的名儒能做出来，明朝三百年来没有这样的书，将来治国者采用其说，会大有益于"世道人心"，如果仅叹服其考据的

名家点评

元元本本，无不洞悉。

——明·潘耒

作品评价

《日知录》是明末清初著名学者顾炎武的代表作品，对后世影响巨大。《日知录》是顾炎武"稽古有得，随时札记，久而类次成书"的著作。书中阐述的一些思想是有进步意义的。同一切历史人物一样，顾炎武也有他的历史局限性。他的思想中有比较浓厚的封建正统意识和狭隘的民族观念；他提出的"寓封建于郡县之中"的改革方案也带有不少宗法色彩。

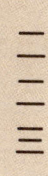

精辟、文辞的博辨,那不是作者著书的本意。后者则偏重其学术意义,划分虽更为细致却不免得其体而遗其神,评价也与前者相左,盛称顾氏考据之学而贬低其经世思想,认为"其说或迂而难行,或愎而过锐"。关于写作此书的目的,顾炎武本人说得很明白,他说:"别著《日知录》,上篇经术,中篇治道,下篇博闻,共三十余卷。有王者起,将以见诸行事,以跻斯世于治古之隆。"对于君主的地位,君主与臣下的关系,顾炎武也做了新的解释。在《周室班爵禄》条中,他说,天子、公、侯、伯、子、男,并不是天生的尊贵,他们管理国家事务,与老百姓一样,也是靠劳动吃饭。"禄"是他们为老百姓工作,取之于百姓的报酬。所以,君主不应该肆虐于上以自尊,不应该厚取于民以自奉。他列举出历史上大量的"称臣下为父母""人臣称人君""人臣称万岁"的例子,以淡化至高无上的君权,为建立新型的君臣关系提供历史根据,表现出初步的民主思想。

《日知录》书影

阅读指导

《日知录》阐发了唯物主义的思想,在当时是进步的,但由于时代的局限性,以现在的观点看有些问题是过时的,我们在阅读时应该汲取精华、剔除糟粕。

聊斋志异

成书年代:清
作　　者:蒲松龄
地　　位:花妖狐魅的笑影与诗情

作者简介

《聊斋志异》的作者蒲松龄(1640~1715年),字留仙,又字剑臣,别号柳泉居士,世称聊斋先生,山东省淄川县人,清代杰出文学家。蒲松龄自幼聪慧好学,19岁参加科举考试,县、府、道三考皆第一,名闻乡里,但后来却科场不利,直到71岁时才成岁贡生。为生活所迫,他曾给宝应县知县孙蕙做了数年幕宾,一生大部分时间在官宦人家做塾师,前后将近40年。他一生怀才不遇,穷困潦倒,少年时起就"雅好搜神""喜人谈鬼",并且热心地记录、加工,集成《聊斋》一书。除《聊斋志异》外,蒲松龄还有大量诗文、戏剧、俚曲以及有关农业、医药方面的著述存世。计有文集13卷,400余篇;诗集6卷,1000余首;词1卷,100余阕;戏本三出(《考词九转货郎儿》《钟妹庆寿》《闹馆》);俚曲14种(《墙头记》《姑妇曲》《慈悲曲》《寒森曲》《翻魇殃》《琴瑟乐》《蓬莱宴》《俊夜叉》《穷汉词》《丑俊巴》《快曲》《禳妒咒》《富贵神仙复变磨难曲》《增补幸云曲》);以及《农桑经》《日用俗字》《省身语录》《药崇书》《伤寒药性赋》《草木传》等多种杂著,

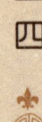

总计近二百万言。

背景介绍

《聊斋志异》是一部"不平而鸣"的作品。"不平而鸣"是中国文人中一种长久流传的心态。汉代,司马迁就发表过这样的见解。他在《报任安书》里,对中国古代历史上的许多士人和政治家的不平而鸣做了描述:"盖西伯拘而演《周易》;仲尼厄而作《春秋》;屈原放逐,乃赋《离骚》;左丘失明,厥有《国语》;孙子膑脚,《兵法》修列;不韦迁蜀,世传《吕览》;韩非囚秦,《说难》《孤愤》。《诗》三百篇,大抵圣贤发愤之所为作也。此人皆意有所郁结,不得通其道,故述往事,思来者。……以舒其愤,思垂空文以自见。"唐代古文家韩愈在他的《送孟东野序》里有一段相当精辟的话:"大凡物不得其平则鸣;草木之无声,风挠之鸣。水之无声,风荡之鸣。……其于人也亦然,人声之精者为言,文辞之于言,又其精也。尤择其善鸣者而假之鸣:其在唐、虞,咎陶、禹,其善鸣者也,而假以鸣;夔弗能以文辞鸣,又自假于韶以鸣;夏之时,五子以其歌鸣,伊尹鸣殷,周公鸣周。凡载于《诗》《书》、六艺,皆鸣之善者也。"

蒲松龄早年醉心于科举,可是命途多舛,屡试不第,他一直考到五十岁,也未能金榜题名。长达30年的应举路途换来的除了失望之外,更多的就是愤愤不平。他说:"仕途黑暗,公道不彰,非袖金输璧,不能自达于圣明,真令人愤气填胸,欲望望然哭向南山而去!"又说:"集腋为裘,妄续幽冥之录;浮白载笔,仅成孤愤之书,寄托如此,亦足悲矣!"他把满腔的孤愤,倾述在一部《聊斋志异》中。

蒲松龄像

名著概要

《聊斋志异》共16卷,计400余篇。《聊斋志异》的故事来源很广泛,有的是作者的亲身见闻,有的出自过去的题材,有的采自民间传说,有的为作者自己的虚构。有些故事,虽有模拟的痕迹,但作者以丰富的想象和生活经验,推陈出新,充实了这些故事的内容。《聊斋志异》的作品内容主要有以下几类:

暴露现实社会的黑暗。当时社会政治腐败、官贪吏虐、豪强横行、生灵涂炭等弊病,都在《聊斋志异》

《铸雪斋抄本聊斋志异》书影

名家点评

写鬼写妖高人一等,刺贪刺虐入骨三分。
———郭沫若

描写委曲,叙次井然,用传奇法,而以志怪,变幻之状,如在目前,又或易调改弦,别叙畸人异行,出于幻域,顿入人间,偶述琐闻,亦多简洁,故读者耳目,为之一新。
———鲁迅《中国小说史略》

内有所反映,如《促织》写成名一家为捉一头蟋蟀"以塞官责"而经历的悲欢坎坷,《席方平》则写席方平魂赴地下、代父申冤的曲折。这些作品虽然写的是狐鬼,其实是黑暗现实的投影。《聊斋志异》有很多作品写贪官暴吏的恶行,如《梅女》中的典史为了三百钱的贿赂,便逼死人命;《书痴》中的彭城邑宰贪爱别人妻子的美貌,竟利用职权,捕人入狱。

揭露科举考试的种种弊端。蒲松龄一生科举不利,非常熟悉科场的黑暗与对士人的摧残,如《素秋》《神女》等篇章写科举考试中的营私舞弊;《司文郎》《于去恶》等篇章讽刺考官的不学无术。有些作品生动描写被科举考试戕害了的读书人,如《叶生》中的叶生、《于去恶》中的陶圣俞和于去恶、《三生》中的兴于唐、《素秋》中的俞慎和俞士忱等人。

描写人与狐鬼的爱情。《聊斋志异》中数量最多的是人和人、人和狐鬼精灵的恋爱故事,如《娇娜》《青凤》《婴宁》《莲香》《阿宝》《巧娘》《翩翩》《鸦头》《葛巾》《香玉》等,都写得十分动人。《香玉》中的黄生爱上了白牡丹花妖香玉,不幸花被人移走,黄生日日哭吊,结果感动了花神,使香玉复生。《青凤》写狐女青凤与耿去病相恋,两人不顾礼法与险恶,互相爱慕,终于获得幸福。有些作品写了青年男女爱情生活对压抑他们爱情的人与事的反抗。如《连城》写乔生与连城相爱,因为父亲阻挠,连城含恨而死,乔生也悲痛而亡,两人在阴间相会,结为夫妻。《晚霞》写龙宫中的歌伎阿端和晚霞,不顾龙宫中的王法,互相爱慕,拼死逃出龙宫,在人间做了夫妻。

作品特色

《聊斋志异》能获得如此高的成就,主要源于作者高超的艺术创造力,在于他能够把真实的人情和幻想的场景、奇异的情节巧妙地结合起来,从中折射出人间

《聊斋志异·画皮》插图

的理想光彩。《聊斋志异》既结合了志怪和传奇两类文言小说的传统，又吸收了白话小说的某些长处，形成了独特的叙事风格。作者能以丰富的想象力建构离奇的情节，同时又善于在这种离奇的情节中进行细致的、富有生活真实感的描绘，塑造生动活泼、人情味浓厚的艺术形象，使人沉浸于小说所虚构的恍惚迷离的场景与气氛中。小说的叙事语言是一种简洁而优雅的文言，而小说中人物的对话虽亦以文言为主，但较为浅显，有时还巧妙地融入白话成分，既不破坏总体的语言风格，又在一定程度上克服了通常文言小说的对话难以摹写人物神情的难题，这是很难得的成就。

阅读指导

《聊斋志异》的作品具有惊人的想象力。它说狐谈鬼，无奇不有，如书中所写红莲变成美女、裙子可作帆船、襟袖间飞出花朵、天空飘落彩船、诵诗治病等情节。写鬼写狐，不仅怪异，而且在怪异之外写出了人情味，这是《聊斋志异》较一般志怪小说高明的地方。正如鲁迅所说，"《聊斋志异》独于详尽之外，示以平常，使花妖狐魅，多具人情，和易可亲，忘为异类。"这些描写大大增强了故事情节的感染力。

《聊斋志异》的叙事语言是简洁优雅的文言，小说中人物的对话虽然也是文言，但比较浅显，有时还融入了白话成分，摹写人物神情更加逼真。作者还融会了当时的方言俗语，形成了典丽而活泼的语言风格，不管是抒情写景，还是叙事状物，都绘声绘色，惟妙惟肖。比如《刘姓》中恶霸的流氓腔调，《邵女》中媒婆的神态，《阎王》中村妇的口吻，《小翠》中姑娘们斗嘴的情致，都写得神采飞扬，如在眼前。

阅微草堂笔记

成书年代：清
作　　者：纪昀
地　　位："简淡数笔，自然妙远"

作者简介

《阅微草堂笔记》的作者纪昀（1742～1855 年），字晓岚，直隶献县（今河北沧州市）人。纪晓岚出身书香门第，父亲纪客舒是著名的考据学家。纪晓岚 4 岁开始读书，24 岁中顺天府乡试解元，31 岁中进士，典翰林。后因事发配新疆，3 年后回京，受命任《四库全书》总纂官。《四库全书》的编纂历时 13 年才完成。《四库全书》修成后，纪晓岚官运亨通，曾五次主持都察院，三次担任礼部尚书。

纪昀学问渊博，擅长考证训诂。乾隆年间修《四库全书》，他任总纂官，并主持修订《四库全书总目》。《四库全书》分经、史、子、集四部，收书 3503 种，计 79337 卷，对于搜集、整理历史文化遗产有极大的作用；《四库全书总目》200 卷，论述各书宗旨与源流，考证得失，辨析文字，是清代目录学的最高成就。

纪昀是一代才子，文采风流，为百姓所津津乐道，近年《铁齿铜牙纪晓岚》等热播电视剧演绎的就是他的故事。

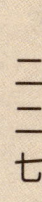

背景介绍

本书是模仿《聊斋志异》创作出来的，但是我们读起来却能感觉到两者之间的差异，这种差异主要是由于蒲松龄和纪昀的身世造成的。蒲松龄参加科举考试，屡战屡败，一生落魄；纪昀则出身官宦家庭，自己也曾做到正二品的尚书，而且很受乾隆皇帝的宠爱。他的家庭背景对他创作《阅微草堂笔记》有很大的影响。纪昀从他父亲那里得到了崇实黜虚、经时济世思想的熏陶。他父亲纪客舒治学态度严谨，著有《杜律疏》。纪昀耳濡目染，备受影响。他始终以"以实心励实行，以实学求实用"的思想作为准则。门人盛时彦在《阅微草堂笔记序》中称纪昀"天性孤直，不喜以心性空谈，标榜门户，亦不喜才人放诞，诗坛酒社，夸名士风流"。在《阅微草堂笔记》中，他对那些浮言虚饰而无实行者加以辛辣的嘲讽，对那些实事求是者加以推崇，他崇尚实事求是、经世致用的思想观念是渊源有自的。他也从他的家族那里继承了崇尚儒学、恪守礼法的思想。自从纪昀的曾祖开始，纪氏家族就出仕朝廷，诗礼传家。这种传统使他形成了以儒家道德为轴心的思想，而对于佛、道，尽管他认为可以与儒家思想相互补充，但对它们还是持否定、贬抑态度。这一思想从他在《阅微草堂笔记》中对释道之徒的虚伪、狡诈的嬉笑怒骂及酣畅淋漓的讽刺、鞭挞中明显表现出来。鲁迅先生在《中国小说史略》中评论《阅微草堂笔记》说："不安于仅为小说，更欲有益人心。"他的学生盛时彦也有过类似的说法。正是因为纪昀家族历代官宦、诗书传家的背景，他在看问题时与蒲松龄角度就很不一样，眼光也不如蒲松龄尖刻犀利。细心的读者一定会对此深有体会。

名著概要

《阅微草堂笔记》这部笔记小说集是纪昀在创作上的主要成就。这部书包括《滦阳消夏录》6卷、《如是我闻》4卷、《槐西杂志》4卷、《姑妄听之》4卷、《滦阳续录》6卷，共24卷，有笔记1200余则。这是他晚年追寻旧闻的作品，自乾隆五十四年（1789年）至嘉庆三年（1798年）陆续写成，嘉庆五年他的学生盛时彦合刊印行，总名《阅微草堂笔记五种》，后来通称为《阅微草堂笔记》。

> **经典摘录**
>
> 吴惠叔言，"医者某生素谨厚，一夜，有老媪持金钏一双就买堕胎药，医者大骇，峻拒之；次夕，又添持珠花两枝来，医者益骇，力挥去。越半载余，忽梦为冥司所拘，言有诉其杀人者。至，则一披发女子，项勒红巾，泣陈乞药不与状。医者曰，'药以活人，岂敢杀人以渔利。汝自以奸败，于我何尤！'女子曰，'我乞药时，孕未成形，倘得堕之，我可不死：是破一无知之血块，而全一待尽之命也。既不得药，不能不产，以致子遭扼杀，受诸痛苦，我亦见逼而就缢：是汝欲全一命，反戕两命矣。罪不归汝，反谁归乎？'冥官喟然曰，'汝之所言，酌乎事势；彼之所执者则理也。宋以来固执一理而不揆事势之利害者，独此人也哉？汝且休矣！'拊几有声，医者悚然而寤。"
>
> ——《如是我闻》三

该书的材料，一部分来自于纪昀本人的亲身经历，或者是他耳闻目睹的事情；一部分来自于他人提供或转述。小说涉及的社会生活领域，从文人学士到妓女乞丐，从三教九流到花妖狐魅，几乎无所不包。内容广博、无所不涉，是《阅微草堂笔记》的特点，这使它具有较强的知识性和趣味性。

《阅微草堂笔记》在思想倾向上站在"正统"的立场。纪昀自序说："缅昔作者如王仲任、应仲远引经据古，博辨宏通，陶渊明、刘敬叔、刘义庆简淡数言，自然妙远，诚不敢妄拟前修，然大旨期不乖于风教。"盛时彦《序》说本书"大旨要归于醇正，欲使人知所劝惩"。虽然如此，纪昀毕竟是一位博达的学者，他的思想有一定的包容性，在"理"与"欲"之间，他反对不近人情的顽固与偏执，每每讥刺"道学家"的苛刻、虚伪。他写的鬼神故事大都反映了人情世态，如《如是我闻》卷三中写一个因私情怀孕的女子向郎中买堕胎药，没有买到，后来孩子生下来，被杀死，她自己也被逼着悬梁自尽。这个女子变成鬼之后，向阎罗状告郎中杀人，说他本来可以"破一无知之血块，而全一待尽之命"，结果"欲全一命，反戕两命"，阎罗也指责郎中不应该"固执一理"。《滦阳消夏录》卷四中写两个"以道学自任"的私塾教师讲学，高谈性理，"严词正色"，忽然有纸片吹落，掉在台阶下面，学生拾起一看，原来是两位教师商量夺取寡妇田产的信札。这一类故事揭露出道学家的虚伪，反映出纪昀的胸襟。他有时借狐鬼阐述自己的想法，往往机智有趣，颇值一读。

阅读指导

与《聊斋志异》的名篇相比，《阅微草堂笔记》在艺术上又自成一格。《聊斋志异》效法唐人传奇，铺陈描绘，有浓厚的浪漫风格；《阅微草堂笔记》效法六朝志怪，"尚质黜华，叙述简古"，往往表现出严谨的手法，其中优秀的篇章继承了六朝简古的神韵，读后余味悠长。本书语言质朴、简明、精练、传神，也与六朝作家"简淡数言，自然妙远"的风格相似。如《柳青》中写柳青相貌，只用"颇有姿"三字，没有正面的描写，而是从主人一再追求这个侧面烘托，使人想象她的美貌。写柳青两次拒绝嫁人，也不正面描写具体的情态，只用两个"誓死不肯"，略繁就简，

在词语重复中强化了柳青爱情的忠贞与态度的坚决。本书在谋篇布局方面也颇具匠心，最突出的是善于应用"空白"艺术。还是用《柳青》做例子，作者按时间顺序写柳青一生，笔墨集中在柳青与益寿的婚姻曲折上，对次要情节则一笔带过，作"空白"处理。作者没有详写主人如何用富贵引诱柳青，而只是写柳青被主人"遣之"时，送还"主人数年私给"，"纤毫不缺"，从这个细节可以推想出主人的所作所为。这种稍加点染的笔法收到了"简淡数笔，自然妙远"的艺术效果。从这些地方，《阅微草堂笔记》的艺术成就可见一斑。

长生殿

成书年代：	清
作　　者：	洪昇
地　　位：	帝王家罕有的爱情誓盟

作者简介

　　《长生殿》的作者洪昇（1645～1704年），字昉思，号稗畦，又号稗村、南屏樵者，钱塘（今浙江杭州市）人。洪氏是钱塘的望族，书香门第，家里藏书很多，有"学海"之称。洪昇少年时期，受过正统的儒家教育，很早就显露才华。24岁时，洪昇到北京的国子监学习，想求取功名。27岁左右回到杭州，与父母关系变得恶劣，为父母所不容，被迫离家别居，贫困到断炊的地步。他只好再度前往北京谋生，两年以后，他的诗集《啸月楼集》编成，受到王士祯等名流的赏识，诗名大起，开始卖文过活。康熙二十七年，他把旧作《舞霓裳》传奇戏曲改写为《长生殿》，一时广为传诵。次年八月间，正值孝懿皇后佟氏死后一个月，洪昇在家中排演《长生殿》，被以大不敬的罪名弹劾。洪昇因此下狱，同时被国子监除名。不得已，于康熙三十年返回故乡杭州。他疏狂如故，往来于吴越山水之间，写诗填词作曲，过着放浪潦倒的生活。康熙四十三年，江宁织造曹寅集会演出《长生殿》，演毕洪昇回杭州，经过乌镇，不幸酒后落水而死。洪昇的著作现存六种：《诗骚韵注》，诗集《稗畦集》《稗畦续集》《啸月楼集》，杂剧《四婵娟》，传奇《长生殿》。

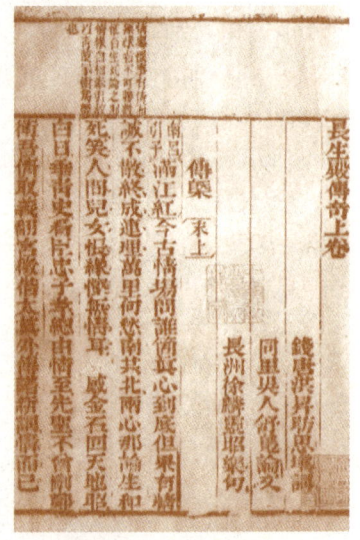

《长生殿传奇》书影

《长生殿》的刊本，最早的是康熙稗畦草堂原刊本、暖红室本、光绪庚寅文瑞楼刻本等。1958年，人民文学出版社出版了徐朔方校注本。

背景介绍

　　《长生殿》的故事来自于唐朝开元天宝年间的史实。唐明皇杨贵妃的故事在安史之乱以后便开始在民间流传，并经常为文人的创作所采用。晚唐的诗人白居易就写过长诗《长恨歌》，同时的陈鸿写过传奇《长恨歌传》，这些都是有高度艺术成就的作品。《长恨歌》首先把有关唐明皇杨贵妃爱情的传说和安史之乱联系起来描写，对他们的爱情悲剧给以同情；宋乐史的《杨太真外传》描述更为详细；元明以来，无论诸宫调、院本、杂剧、南戏、传奇、弹词、鼓词中，都有有关这个故事的创作，其中著名的有元人白朴的杂剧《梧桐雨》。《梧桐雨》在写爱情的同时，有意通过他们的宫廷生活写出国家兴亡的历史教训；明人吴世美有传奇《惊鸿记》。在这些作品中，有的着重描写他们荒淫的宫廷生活，有的侧重描写他们的爱情，具有浓厚的悲剧意味。元杂剧在清代已无法直接演出，而《惊鸿记》中"涉秽"的情节让人不满，所以，为这样一个人所熟知的历史故事编写一个较为完美的演出剧本，是《长生殿》创作的主要动因。《长生殿》继承了前人的成就又有所发展，热烈地歌颂唐明皇杨贵妃的爱情，并联系他们的爱情生活，反映了复杂的社会矛盾。洪昇在《长生殿》例言中，清楚地说明了他的创作过程："忆与严十定隅坐皋园，谈及开元、天宝间事，偶感李白之遇，作《沈香亭》传奇。寻客燕台，亡友毛玉斯谓排场近熟，因去李白，入李泌辅肃宗中兴，更名《舞霓裳》，优伶皆久习之。后又念情之所钟，在帝王家罕有。马嵬之变，已违凤誓；而唐人有玉妃归蓬莱仙院，明皇游月宫之说，因合用之，专写钗盒情缘，以《长生殿》题名，诸同人颇赏之。乐人请是本演习，遂传于时。盖经十余年，三易稿而始成，予可谓乐此不疲矣。"由于经历了明朝的覆亡，人民的民族意识有所加强，对于历史兴亡也更加感慨，《长生殿》隐晦地表达了作者的历史思考，在艺术表现上达到清代戏曲创作的最高水平。它与当时另一部历史剧孔尚任写的《桃花扇》堪称双璧，洪昇与孔尚任并称"南洪北孔"。

名家点评

若夫措词协律，精严变化，有未易窥测者。自古作者大难，赏者亦复不易。试杂此剧于元人之间，直可并驾仁甫，俯视赤水。

——清·徐麟《长生殿序》

其词之工，与《西厢》《琵琶》相掩映矣。

——清·吴舒凫《长生殿序》

杨贵妃像

名著概要

本剧的大致情节是：唐明皇与杨贵妃在长生殿用金钗、钿盒定情。幽州节度使裨将安禄山失机当斩，解送京师。因贿赂杨国忠，不仅没有被杀，而且升官。后来，杨贵妃与唐明皇关系一度紧张，不过很快恢复，反而更加亲密。其间，郭子仪因功

明皇游月宫图 明 周臣

唐明皇李隆基游月宫的故事在唐代已广为流传。后代的众多文学家、书画家更是将这一故事作为常用的表现题材，唐代白居易的《长恨歌》、元代白朴的《梧桐雨》就是其中的代表作。在清代，洪昇对前代有关的文学作品润色加工并加以创造，衍生成戏剧《长生殿》。

被任命为安德军使。后来，安禄山造反，明皇逃出长安，打算往蜀中避祸。大军行至马嵬驿，军士兵谏，要求诛杀杨贵妃兄妹。明皇无奈，命高力士缢死贵妃。后来郭子仪等人率军平定了叛乱，唐明皇返回长安。杨贵妃死后，神登仙界，依然思念唐明皇。唐明皇将贵妃改葬，又遣道士寻觅贵妃的灵魂。最终唐明皇和杨贵妃在月宫相会。

本剧与《汉宫秋》等剧作在情节上的差别是，没有提及杨贵妃与寿王及安禄山的关系，使唐明皇与杨贵妃的感情显得更加纯洁，也更加合乎后代人的伦理观念。这里可见洪昇的良苦用心。

作品特色

由于取材于历史上的封建帝王、后妃故事，因此《长生殿》中的人物形象并不是很突出。唐明皇既是一个真实的历史人物，又是一个传说人物，而且为了突出"情"的主题，还有他对爱情和江山的态度，在塑造时分寸很不易把握。因而唐明皇的性格也大抵集中在痴于"情"这一点上，显得比较简单。至于杨贵妃在前半部分写她恃宠骄纵，为独占唐明皇的欢心而机变百出，又因害怕失宠而忧心忡忡，性格较为丰富，也切近一个宠妃的身份。其他人物，如作为忠臣义士的郭

相关链接

《清忠谱》：作者清初人李玉。本剧写魏忠贤迫害东林党人的故事。天启六年春，魏忠贤派厂卫缇骑到苏州逮捕东林党人周顺昌，市民万余人聚会冲击官衙，反对逮捕周顺昌。后为首的颜佩韦等五人被逮杀害，周顺昌也被害死在狱中。次年，崇祯即位，魏忠贤被黜，周顺昌等人得以昭雪，苏州市民将被杀的五人合葬，建五人墓。李玉写此剧，充满了怀旧的心情与历史兴亡的感慨。

《秣陵春》：又名《双影记》，共四十一出。明末清初著名诗人、剧作家吴伟业作。写南唐徐铉藏有李后主所赐玉杯，后主内侄女黄展娘藏有内宫宝镜。后来玉杯落到黄展娘手中，宝镜落到徐铉手中，彼此在宝物中看见对方影像，因而发生恋情，几经曲折，终成眷属。此剧语言典丽，颇见才华。

《钧天乐》：作者为江苏长洲（今苏州）人尤侗。尤侗为人耿直，恃才自负，因而仕途坎坷，多愤世之情。他的剧作也主要表现对社会现实的不满，抒发内心忧郁。本剧内容是针砭科场积弊。写博学多才的沈白等名落孙山，不学无术的贾斯文等却依仗财势而高中；后来天界开科考试真才，沈白等才一展抱负，得志于仙宫。

子仪、雷海青等，都显得简单化。

然而《长生殿》在艺术上却有着极高的成就。在结构方面，全剧长达50出，场面壮丽、情节曲折且组织相当严密。李、杨之间的爱情是戏的主线，这条主线又以一组道具———一对金钗、一只钿盒贯穿始终，随情节变化由合而分、由分而合，对"钗盒情缘"的刻意描写具有很强的戏剧性。同时，剧中又巧妙地把宫廷内外的政治与社会生活情景与李、杨爱情的线索组合成一体，写了安禄山、杨国忠、高力士、李龟年、雷海青等各式人物乃至村妇小民的活动，使剧情显得很丰富，又层次分明。除了后半部分稍略拖沓以外，全剧显示了作者杰出的创作能力。《长生殿》的曲词优美，尤为人们称道。从文字上说，它具有清丽流畅、刻画细致、抒情色彩浓郁的特点，在写唐明皇痴于"情"这一点上，写得很深入。《长生殿》曲词的风格也多有变化，能够紧贴人物的身份和心情。如前面抄录李龟年流落江南时所唱的一支曲子，别有一种苍凉的感觉；剧中另有几支民间百姓的唱词，则大多偏向于通俗风趣。在音律上，洪昇更是达到了相当高的水平，即使从书面诵读，也能感受到那富于音乐性的美感。此外，《长生殿》还具有很好的舞台效果，这是作为戏剧文学所必备的。

阅读指导

本剧结构奇巧。作者将李、杨爱情和安史之乱两条情节线索互相纠结而有条不紊，在布局和结构上也安排得很巧妙。一方面从《定情》到《密誓》，他们的爱情在发展；一方面从《贿权》到《陷关》，安禄山慢慢酿成大祸。场次与场次之间互相对照，交错发展。他运用了对比的手法，使宫廷内外、朝野上下、天上人间交相辉映，一起展现在观众和读者的眼前，形成强烈的对照，发人深省，这正是作者的用心所在。

本剧有强烈的感情色彩和鲜明的倾向性，作者把自己的理想熔铸在他所创造的人物形象之中。郭子仪、雷海青、郭从谨、李龟年、李昇等人物形象都在不同程度上表现了作者自己的思想和爱憎。作者又善于从发展的角度塑造人物，他细致地描述了唐明皇杨贵妃爱情曲折发展的过程，从而表现了他们对爱情的忠贞。

《长生殿》的曲词清丽流畅，充满诗意。例如《弹词》一出中，《转调货郎儿》九支曲子，低回深郁，曲折动人。《惊变》《骂贼》《闻铃》等折子更能结合剧情的需要，运用不同的格调，酝酿环境气氛，突出人物性格特征。

洪昇深通音律，又得到当时的音律专家徐麟的订正，在全剧中，前一折和后一折的宫调决不重复，遣词用韵方面，字字审慎。所以《长生殿》在音律方面的成就一向受到曲家的推崇。这也是本剧值得注意的艺术成就。

桃花扇

成书年代：清
作　　者：孔尚任
地　　位：戏剧中的历史画卷

作者简介

　　《桃花扇》的作者孔尚任（1648～1718年），字聘之，又字季重，号东塘、岸堂，别号云亭山人，山东曲阜人。孔尚任是孔子后裔，继承了儒家的思想传统与学术，自幼研习礼、乐、兵、农等学问，还考证过乐律，为戏曲创作准备了音乐知识基础。

　　康熙二十二年（1683年），康熙亲自到曲阜祭孔，孔尚任被选为御前讲经人员，撰写典籍讲义，在康熙面前讲《大学》，康熙破格将他由监生提升为国子监博士。康熙二十四年（1685年）初，孔尚任进京，正式走上仕途，同年七月初，便奉命随工部侍郎孙在丰往淮扬，协助疏浚黄河入海口。孔尚任在扬州登梅花岭，拜史可法衣冠冢；在南京过明故宫，拜明孝陵，游秦淮河，登燕子矶，到栖霞山白云庵访问张瑶星道士。这时，他还结交了不少明代遗民，其中有冒襄、石涛等。在淮扬的四年对他以后写《桃花扇》有直接的影响。

　　孔尚任兴趣广泛，知识渊博，尤其爱好书画古玩，有《享金簿》一书，记载其收藏。他也擅长诗文，有《湖海集》《岸堂稿》等传世。

背景介绍

　　我们已经介绍了不少戏曲作品，因此有必要了解一下我国的戏曲发展状况。前面提到过的《窦娥冤》《赵氏孤儿》等是元杂剧，《琵琶记》是南戏，而这里说的两部清初传奇《桃花扇》与《长生殿》则是昆曲的剧本。昆曲是兴起于江苏昆

经典摘录

　　《离亭宴带歇拍煞》俺曾见金陵玉殿莺啼晓，秦淮水榭花开早，谁知道容易冰消。眼看他起朱楼，眼看他宴宾客，眼看他楼塌了。这青苔碧瓦堆，俺曾睡风流觉，将五十年兴亡看饱。

　　那乌衣巷不姓王，莫愁湖鬼夜哭，凤凰台栖枭鸟。残山梦最真，旧境丢难掉，不信这舆图换稿。诌一套《哀江南》，放悲声，唱到老。

　　　　　　　　　　　　　　　　　　　　——《桃花扇·余韵》

　　《古轮台》走江边，满腔愤恨向谁言？老泪风吹面，孤城一片，望救目穿。使尽残兵血战，跳出重围，故国苦恋，谁知歌罢剩空筵。长江一线，吴头楚尾路三千，尽归别姓。雨翻云变，寒涛东卷，万事付空烟。精魂显，《大招》声逐海天远。

　　　　　　　　　　　　　　　　　　　　——《桃花扇·沉江》

　　桃花扇一剧，皆南朝新事，父老犹有存者。场上歌舞，局外指点，知三百年之基业，隳于何人？败于何事？消于何年？歇于何地？不独令观者感慨涕零，亦可惩创人心，为末世之一救矣。

　　　　　　　　　　　　　　　　　　　　——《桃花扇小引》

山一带的一种戏曲形式，起初叫昆山腔，后来昆山腔流行，并吸收了别的戏曲形式的一些优点，渐渐演变成昆曲。在戏曲表演方面，清代乾隆以前，昆曲占有绝对优势，虽有其他地方戏曲存在，但不太流行。昆曲从晚明开始就经常在贵族家庭及宫廷中演出，日益脱离民众与现实，到清代中叶便转入衰落期。昆曲的曲词以典雅著称，到了乾嘉时代，昆曲曲辞越来越生涩艰深，大多数人不能理解。昆曲的唱腔以悠扬婉转见长，听来使人有荡气回肠之感，到后来节奏越来越缓慢低沉，行腔转调太过细密，大多数人不能欣赏。由于偏重曲词的欣赏，忽视作品的社会内容，剧本题材的范围也日益狭小。这些原因使得昆曲渐渐衰落。

在昆曲日益衰落的同时，被称为"花部"的其他地方戏开始兴盛。自乾隆时期开始，地方戏曲已经能和昆曲分庭抗礼，出现"花部"（指各种地方戏曲）和"雅部"（指昆曲）的对立。乾隆时各地剧班纷纷进京，形成南腔北调汇聚一城的局面。乾隆末年，三庆、四喜、春台、和春四大徽班进京，带来了徽剧的二黄调。徽班以唱二黄调为主，又吸收秦腔、昆曲等声腔曲调，逐渐风行一时。道光年间，二黄调与湖北艺人带来的西皮调糅合，形成一种新的剧种，称为"京剧"。京剧渐渐流行全国，成为最兴盛的剧种，直到现在它还是最受民众欢迎的剧种。

名著概要

《桃花扇》是一部爱情悲剧，所写的都是真人真事。明末复社文人侯方域避乱南京，结识了秦淮名妓李香君，两人一见钟情。定情的次日，香君得知婚事所有费用都是魏忠贤余孽阮大铖所出，阮大铖意在结交方域，以求开脱自己的恶名。香君立即将妆奁退还。阮大铖自此衔恨在心，乘左良玉率兵将要攻打南京之际，造谣说侯方域是左良玉内应。为躲避祸害，侯方域往淮南投奔史可法，为史可法参赞军务。甲申三月，李自成攻入北京，崇祯皇帝自缢，奸臣马士英、阮大铖等立即于南京迎立福王，建立南明朝廷。昏王奸臣不理朝政，征歌逐舞。马士英、阮大铖又屡屡加害李香君，逼迫李香君嫁给新任漕抚田仰，香君誓死不从，将头撞破，血溅宫扇（侯方域之友杨龙友在宫扇上点血，画成一枝桃花，所以称为桃花扇），侯方域回到南京，与复社文人一起被阮大铖捕获，也锒铛入狱。不久清兵南下，弘光、马、阮等人出逃。侯方域出狱，随张瑶星往栖霞山。香君趁乱出宫，也随人入山。侯、李二人在祭坛相遇，张道士撕破以香君的鲜血点染成的代表着爱情之坚贞的桃花扇，以国恨、家恨点醒他们，二人双双出家。

彩绘本《桃花扇》 清

《桃花扇》自问世以后盛极一时，各种刊本、彩绘本多种多样，改编成的地方戏更是层出不绝，相关题材的民间工艺品也数量巨大，产生了广泛的社会影响。这本带有插图的《桃花扇》文字由三色套印而成，是清代同治年间的彩绘精品，体现了当时的艺术水平，反映了当时人们对《桃花扇》的认识，同时通过这些绘画也可以一窥同治年间中国士人的生活状态。

作品特色

《桃花扇》在许多方面均富有艺术

创造性。从人物形象的塑造来说，女主角李香君给人的印象颇为深刻。《桃花扇》把李香君放在政治斗争的旋涡中来刻画，反映了一定的时代特点，虽说不免夸张（如《骂筵》），但她的聪慧、勇毅的个性，还是显得颇有光彩。《桃花扇》虽不能完全摆脱陈套，但已有较明显的改进。如阮大铖，剧中既写了他的阴险奸猾，也注意写他富于才情的一面；对复社文人，剧中也触及了他们风流轻脱的名士派头。尤为突出的，是在正反两面之间，作者还刻画了几个边缘性的人物，其中杨文骢写得最为成功。他能诗善画，风流自赏，八面玲珑，政治上没有原则，却颇有人情味；他依附马、阮而得势，但在侯、李遭到马、阮严重迫害时，又出力帮助他们。象征李香君高洁品格的扇上桃花，是他在香君洒下的血痕上点染而成，这也是很有意思的一笔。由于他的存在，剧情显得分外活跃灵动。

孔尚任墓

孔尚任死后和祖先孔子共处一地。在山东曲阜孔林的东北隅，有雍正十三年（1735年）立的墓碑："奉直大夫户部广东吏清吏司员外郎东塘先生之墓"。

总之，在古典戏剧中，《桃花扇》较多地注意到人物类型的多样化和人物性格的多面性。孔尚任非常重视戏剧结构。剧中以桃花扇这一具有象征意义的道具串联侯、李悲欢离合的爱情线索，又以这一线索串联南明政权各派各系以及社会中各色人物的活动与矛盾斗争，纷繁错综、起伏转折而有条不紊、不枝不蔓。从戏剧的构造能力来说，《桃花扇》在古代戏剧中也是很突出的。《桃花扇》的悲剧性结局，有力地打破了古代戏剧习见的大团圆程式，给读者或观众留下了更大的思考余地。尽管作者未必是有意识的，但他确实触及了一个相当深刻的问题：在强调个人对群体的依附性的历史状态下，某种群体价值的丧失便直接导致个人价值的丧失，这便造成了人生的不自由和巨大痛苦。

阅读指导

《桃花扇》通过侯、李的离合之情来串演南明王朝的兴亡历史，"借离合之情，写兴亡之感"，利用真人真事和大量文献资料，"朝政得失，文人聚散，皆确考时地，全无假借"，形象而深刻地写出了明末腐朽、动乱的社会现实，谴责了南明王朝昏王当朝、奸臣掌权的腐朽政治。侯、李的爱情在剧中被赋予了浓厚的政治色彩，男女主人公的悲欢离合，始终卷在南明政治旋涡和南明政权覆亡的过程中，所以"国破"自然"家亡"，两人只能以各自出家为结局。这正说明了个人一旦与某种历史价值相联系，便从此不能摆脱它的影响。《桃花扇》中，作者甚至有意避免对"情"做单独的描写，这正是为了突出"兴亡之感"，也就是突出个人与历史的关系。作者在《桃花扇小引》中痛问："三百年之基业，隳于何人，败于何事，消于何年，歇于何地？"这样的剧作出现在清初，自然有它特有的感人之处，能引发明代遗民的无限伤感，我们阅读时应该仔细体会。

在戏剧结构上，孔尚任以非凡的艺术才能和独创性，通过象征爱情命运的一把扇子，把一系列包含了南明兴亡史的戏剧情节贯穿在一起。从赠扇定情始，他们的爱情就被置于明末的政治旋涡之中。侯、李被迫分离后，结构上展开了由侯方域和李香君联系着的两条线索：侯方域四处奔波这条线索，写南明草创及四镇内讧等重大事件和矛盾；李香君备受欺凌这条线索，写弘光和马、阮之流倒行逆施、宴游偷安。这两条线索交互映衬，"争斗则朝宗分其忧，宴游则香君罹其苦。一生一旦，为全本纲领，而南朝之治乱系焉"。最后，作者摆脱了传统戏曲大团圆的俗套，以侯、李入道的爱情悲剧来揭露国破家亡的严酷现实。这种如网一般似疏实密的戏曲结构，显示了本剧高超的艺术手段。

儒林外史

成书年代：清
作　　者：吴敬梓
地　　位：科举制度的悲情讽刺

作者简介

吴敬梓（1701～1754年），字敏轩，又字粒民，号秦淮寓家。安徽全椒人。因家有文木山房，晚年自称"文木老人"。他出身于诗礼传家、科甲鼎盛的官宦世家，又资质超逸、才思敏捷，但由于孤标脱俗、蔑视富贵的性格，喜欢沉浸在诗赋词章、稗官野史中，而不喜八股举业，对科举制度也充满了怀疑与不满。吴敬梓曾亲眼目睹许多"举业无凭"的怪现象：周遭的许多亲友，为着科举，而糊涂昏聩、摧残灵魂、虚耗一生。他的舅舅，临死还念兹在兹，不忘举业；他的表兄屡试屡败，还执迷不悟地"长鸣望伯乐"。他看透了举业所带来的世态炎凉、人心鄙陋愚昧、读书人的道貌岸然、士大夫的堕落无耻等现象，而这些也成了他日后写作《儒林外史》的最佳素材。

背景介绍

《儒林外史》表面上写明代生活，实际上是一幅展示18世纪中国社会的风俗画。它以封建士大夫的生活和精神面貌为描写对象，以揭露科举制度以及在这个制度下士大夫的丑恶灵魂作为切入路径，深刻揭露和讽刺了整个封建礼教制度的腐朽和不堪救药。

名著概要

元朝末年，诸暨县的一个村子里有一个少年叫王冕，因家境贫寒，他从小替人放牛，但他聪明颖悟，勤奋好学，他画的荷花惟妙惟肖、呼之

吴敬梓像

> **相关链接**
>
> 吴敬梓在经、史、诗、词、文各方面都有著述，可惜没有全部流传下来。原有《文木山房诗文集》十二卷，现仅存四卷。他的经学研究《诗说》七卷，在乾隆、嘉庆年代还有人读过，今已失传。在史学方面，他有《史汉存疑》，但没有成书。吴敬梓的佚文诗词，现均收录在新中国成立后排印的《文木山房集》中。

欲出，并且他博览群书、才华横溢。明朝立国，推行八股取士制度，王冕不禁感叹：这种以八股文形式取士的制度不仅不会为国家选到真正的人才，而且将来的读书人恐怕也只有这一条荣身之路了，他们因此会把学问、道德、做官、退隐的准则都看得轻了。

明宪宗成化末年，山东兖州府汶上县有一位教书先生，名叫周进，他为了能够出人头地，荣耀乡里，屡次参加科举考试，可是六十多岁了，却连秀才也未考上。一天，他与姐夫来到省城，走进了贡院。他触景生情，悲痛不已，一头撞在了号板上不省人事，被救醒后，满地打滚，哭得口中鲜血直流。几个商人见他很是可怜，于是凑了二百两银子替他捐了个监生。不久，周进凭着监生的资格竟考中了举人。顷刻之间，不是亲的也来认亲，不是朋友的也来认作朋友，连他教过书的学堂居然也供奉起了"周太老爷"的"长生牌"。过了几年，他又中了进士，升为御史，被指派为广东学道。在广州，周进发现了范进。为了照顾这个五十四岁的老童生，他把范进的卷子反复看了三遍，于是将范进取为秀才。过后不久，范进又去应考，中了举人。

当时，范进因为和周进当初相似的境遇，在家里备受冷眼，妻子对他呼西唤东，老丈人对他更是百般呵斥。当范进一家正在为揭不开锅、等着卖鸡换米而发愁时，传来范进中举的喜报，范进从集上被找了回来，知道喜讯后，他高兴得发了疯。好在他的老丈人胡屠户给了他一耳光，才打醒了他，治好了这场疯病。转眼工夫，范进时来运转，不仅有了钱、米、房子，而且奴仆、丫鬟也有了。范进母亲见此欢喜得一下子胸口接不上气，竟一命归了西天。后来，范进入京拜见周进，由周进荐引而中了进士，被任为山东学道。范进虽然凭着八股文发达了，但他所熟知的不过是四书五经，当别人提起北宋文豪苏轼的时候，他却以为是明朝的秀才，闹出了天大的笑话。

科举制度不仅培养了一批庸才，同时也豢养了一批贪官污吏。进士王惠被任命为南昌知府，他上任的第一件事，不是询问当地的治安，不是询问黎民生计，不是询问案件冤情，而是查询地方人情，了解当地有什么特产，各种案件中有什么地方可以通融；接着定做了一把头号的库戥，将衙门中的六房书办统统传齐，问明了各项差事的余利，让大家将钱财归公。从此，衙门内整天是一片戥子声、算盘声、板子声。衙役和百姓一个个被打得魂飞魄散，睡梦中都战战兢兢。

官吏们贪赃枉法，而在八股科举之下，土豪劣绅也恣意横行。举人出身的张静斋，是南海一霸，他勾结官府，巧取豪夺。为了霸占寺庙的田产，他唆使七八个流氓，诬陷和尚与妇女通奸，让和尚不明不白地吃了官司。

高要县的监生严致和是一个把钱财看作是一切的财主，家财万贯。他病得饮

> **名家点评**
>
> 慎勿读《儒林外史》，读竟乃觉日用酬酢之间，无往而非《儒林外史》。
> ——惺园退士
>
> 迨吴敬梓《儒林外史》出，乃秉持公心，指摘时弊，机锋所向，尤在士林。其文又戚而能所谐，婉而多讽，于是说部中始有足称讽刺之书。
> ——鲁迅《中国小说史略》

食不进，卧床不起，奄奄一息，还念念不忘田里要收早稻，打发管庄的仆人下乡，又不放心，心里只是急躁。他吝啬成性，家中米烂粮仓，牛马成行，可在平时猪肉也舍不得买一斤，临死时还因为灯盏里多点了一根灯草，迟迟不肯断气。他的哥哥贡生严致中更是横行乡里的恶棍，他强圈了邻居王小二的猪，别人来讨，他竟行凶，打断了王小二哥哥的腿。他四处讹诈，本来没有借给别人银子，却硬要人家偿付利息；他把云片糕说成是贵重药物，恐吓船家，赖掉了几文船钱。严监生死后，他以哥哥身份，逼着弟媳过继他的二儿子为儿子，谋夺兄弟家产，还声称这是"礼义名分，我们乡绅人家，这些大礼，却是差错不得的"。

科举制度造就了一批社会蛀虫，同时也毒害着整个社会。温州府的乐清县有一农家子弟叫匡超人，他本来朴实敦厚。为了赡养父母，他外出做小买卖，流落杭州。后来遇上了选印八股文的马二先生。马二先生赠给他十两银子，劝他读书上进。匡超人回家后，一面做小买卖，一面用功读八股文，很快他就得到了李知县的赏识，被提拔考上了秀才。为追求更高的功名利禄，他更加刻苦学写八股文。不料知县出了事，为避免被牵累，他逃到杭州。在这里，他结识了冒充名士的头巾店老板景兰江和衙门里当吏员的潘三爷，学会了代人应考、包揽讼词的本领。又因马二先生的关系，他成了八股文的"选家"，并吹嘘印出了95本八股文选本，人人争着购买，五省读书的人，家家都在书案上供着"先儒匡子之神位"。不久，那个曾提拔过他的李知县被平了反，升为京官，匡超人也就跟着去了京城。为了巴结权贵，他抛妻弃子去做了恩师的外甥女婿，他的妻子在贫困潦倒中死在家乡。这时，帮助过他的潘三爷入了狱，匡超人怕影响自己的名声和前程，竟同潘三爷断绝了关系，甚至看他也不肯去看一下。对曾经帮助过他的马二先生他不仅不知恩图报，还妄加诽谤嘲笑，完全堕落成了出卖灵魂的衣冠禽兽。

科举制度不仅使人堕落，同时也是封建礼教的帮凶。年过六十的徽州府穷秀才王玉辉，年年科举，屡试不中，但他却恪守礼教纲常。他的三女婿死了，女儿要殉夫，公婆不肯。他反而劝亲家让女儿殉节。但事过之后，当他女儿的灵牌被送入烈女祠公祭的时候，他突然感到了伤心。回家看见老妻悲痛，他也心下不忍，离家外出散心。一路上，他悲悼女儿，凄凄惶惶，到了苏州虎丘，见船上一个身穿白衣的少妇人，竟一下想起了穿着孝服殉夫的女儿，喉间哽咽，那热泪直滚下来。

凡此种种从明朝成化年间以来形成的风气，到了万历年间则愈演愈烈。科场得意，被认为才能出众；科场失意的任你有李白、杜甫的文才以及颜渊、曾参的品行，都被看成愚笨无能。大户人家讲的是升官发财，贫贱儒生研究的是逢迎拍马。儒林堕落了，社会更加腐败。看来，要寻找不受科举八股影响的"奇人"，只能抛开儒林，放眼于市井小民之中了。

哪知市井中间，真的出了几个奇人。一个是会写字的，这人姓季，名遐年，自小无家无业，总在一些寺院里安身。他的字写得最好，却又不肯学古人的法帖，只是自己创出来的格调，由着笔性写了去。又一个是卖火纸筒子的，这人姓王，名太，自小最喜下围棋。他无以为生，每日到虎踞夫一带卖火纸筒过活。像他们这样淡泊功名利禄的隐士在市井中还有，只不过在那些达官贵人看来，追求功名利禄才是正道。

作品特色

《儒林外史》虽然一般归类为长篇小说，但它的结构却不是现代意义上严格的长篇小说的结构。全书中没有贯穿始终的主要人物和故事框架，而是一个个相对独立的故事的连缀：前面一个故事说完了，引出一些新的人物，这些新的人物便成为后一个故事中的主要角色。有的人物上场表现一番以后，就不再出现，有的人物还再次出现，但基本上只是陪衬了。但全书也不只是若干短篇的集合，它以明代为背景，揭露在封建专制下读书人的精神堕落和与此相关的种种社会弊端，有一个非常明确的中心主题，也有大致清楚的时间线索。总体说来，这是一部短篇艺术与长篇艺术相结合的作品。

小说从传奇性向非传奇性发展，本质上是一个逐渐深入人性的过程。因为越是在排除偶然因素的平淡而日常化的生活中，越是能反映出人物的真实面貌和深层心理。《儒林外史》在这方面的成就尤其值得赞赏。

《儒林外史》的语言是一种高度纯熟的白话文，写得简练、准确、生动、传神，极少有累赘的成分，也极少有程式化的套语。如第二回写周进的出场："头戴一顶旧毡帽，身穿元色绸旧直裰，那右边袖子同后边坐处都破了，脚下一双旧大红绸鞋，黑瘦面皮，花白胡子。"简单的几笔，就把一个穷老塾师的神情面目勾勒出来。像"旧毡帽"表明他还不是秀才，"右边袖子"先破，表明他经常伏案写字，这些都是用笔极细的地方。而这种例子在小说中是随处可见的。白话写到如此精练，已经完全可以同历史悠久的文言文媲美了。

阅读指导

"十载寒窗无人问，一举成名天下知"，这是形容中国读书人生涯最常用的一句话。在科举取士的时代里，只有进业中举，才能够步入升官发财的坦途。于是天下的读书人莫不终其一生，埋头于八股文章，什么进德修业的理想，都在追求名利的欲望之下丧失殆尽了。

《儒林外史》就是暴露封建专制体制中

科举考试图
科举考试自隋唐以来，就成为文人通往仕途的必经之路。随着社会的发展，到明清两代，科举逐渐沦为戕害知识分子的利器。这幅科举考试图表现的是皇帝亲自进行殿试的情形。

知识分子的丑陋面貌和官场黑暗、世态炎凉的一部讽刺小说。一个务农的子弟，终生以孝道奉养双亲，终日待人以礼，夜夜苦读诗书，有朝一日获得提拔高中状元，从此便改变了一生的命运。

这种例子，是戏曲小说中最常见的故事背景，也是《儒林外史》所描述的典型之一。中国有一句传统俗语叫"万般皆下品，唯有读书高"，这句话表现过去的读书人在社会上的崇高地位。读书人也就是高居士农工商之首的儒士，而这也正是清代讽刺小说《儒林外史》当中的主角。在中国传统观念里，一个读书人最高的理想应该是救国救民，为天下苍生尽一己之力，所以政治舞台才是他们发挥才能的地方。然而在明清两代，想要登上仕途只有一个途径，那就是要通过科举考试。但是当科举制度过于僵化，不仅命题范围狭小，而且讲究所谓八股格律，使得科举成为文字的游戏，以选拔社会所需要的人才，而考生专就应试的科目用功，也难培养真正的能力。虽然八股取士的弊病如此大，但是当时的读书人几乎统统陷入科举的泥淖里面了！《儒林外史》所描写的，正是在这个时代悲剧中载沉载浮的读书人。作者吴敬梓以婉转讽刺的手法，写出正史所不及记载的另一面更真实的人性历史。

醒世姻缘传

成书年代： 清
作　　者： 西周生
地　　位： 幽默讽刺交织的社会众生相

作者简介

《醒世姻缘传》署名西周生。虽然很多人研究过作者的问题，但是至今不能确切知道西周生的真实姓名，他的生平就更加不知道了。胡适曾经写过一篇名为《〈醒世姻缘传〉考证》的文章，断定《醒世姻缘传》的作者是蒲松龄。但是他的考证并没有被完全接受，比如金性尧就有过反驳。《醒世姻缘传》是不是蒲松龄的作品，还需要更有说服力的证据来证明。不过有些方面是可以确认的：此书写于明末清初，这是得到公认的；书中大量使用了山东方言，介绍了许多山东的地理、古迹与民风民俗，这也是事实。除此之外，我们不能获得更多的关于作者的信息。

背景介绍

这部小说的历史背景是明代正统（1436～1449年）至成化（1465～1487年）年间，比明朝灭亡（1644年）早200年左右。地理背景则以山东省武城县、绣江县为主，也写到京城和北通州等地。书中说绣江县属于济南府，在济南府东向110里，距泰安州230里，是一个有名的大县，按其地理位置，当在今章丘市一带。实际上山东自古以来并没有这样一个县，这是作者虚构的。

这是一部以家庭为题材的小说。古代中国家庭中的一个尖锐的问题，就是包办婚姻造成的夫妻不和，以及纳妾制度造成的妻妾争风。虽然古代有针对妇女的

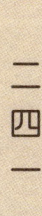

"七出"条例，实际上，因为婚姻牵涉到的是家族之间的关系，离婚是很困难的，因而，"恶姻缘"往往也只能维持下去。纳妾制度实际是一种补偿，却反而加剧了矛盾，夫妻、妻妾之间往往有尖锐的矛盾，甚至彼此虐待。本书着力描写的就是这样一种社会背景下的家庭关系。

名著概要

本书又名《恶姻缘》，共100回，将近100万字，前20回主要写武城县晁氏家族；后80回主要写绣江县明水镇狄家。

明代正统年间，山东武城县秀才晁思孝中年中举，选任华亭（今上海市松江区）知县。后来依靠太监王振升任北通州知州。晁思孝的独子晁源从小不爱读书，游手好闲，养成了飞扬跋扈的性格。父亲当官以后，更加为非作歹，仗势敛财，从此暴富。晁源娶妓女小珍哥做妾后，喜新厌旧，百般虐待原配计氏。一天，晁源携小珍哥上山打猎，遇到一个狐仙化成的美女，却被鹰犬逼出了原形，被晁源一箭射死，结下冤仇。狐仙作祟，晁源得病，于是携带珍哥到父亲任所避祸。适逢土木堡之变，京师危急，晁源离开父母，带着珍哥和银两，逃回老家。珍哥与人私通，但为争夺正室的位子，反而诬蔑计氏，伙同晁源逼计氏自缢。因此事被计氏娘家告发，珍哥被判绞刑。入狱后，晁源贿赂狱吏，经常进监狱与珍哥私会，还在死囚牢中为珍哥建造福堂、举办寿庆。晁源恶习不改，后来与鞋匠老婆私通，被鞋匠杀死。珍哥与狱吏私通，制造火灾趁机越狱，成为狱吏的小妾。若干年后事泄被捕，受刑而死。

姑苏繁华图·乡村妇女生活

随着社会经济的发展，就妇女而言，在家庭中，以往那种昼织夜纺的生活模式正逐渐发生改变，被压迫、被奴役的状况正在受到多层面的冲击，但是，在变化的过程中开始走向另一个极端，或许《醒世姻缘传》正是揭示了这一变化过程。

经典摘录

靠山第一是"财"，第二才数着"势"。就是"势"也脱不过要"财"去结纳。若没了"财"，这"势"也是不中用的东西。

你若行到路上，撞见响马强人，他要割你一万刀子，割到九千九百九十九下，你也切不可挣扎；走到甚么深沟大涧的所在，忙跑几步，好失了脚，掉得下去，好跌得烂酱如泥，免得半死辣活，受苦受罪；若走到悬崖峭壁底下，你却慢慢行走，等他崩坠下来，压你在内，省得又买箔卷你；要过江过河，你务必人和马挤在一个船上，叫头口踢跳起来，好叫你翻江祭海；寻主人家，拣那破房烂屋住，好塌下来，砸得扁扁的；我听见那耷爹说，京里人家多有叫臭煤熏杀了的，你务必买些臭煤烧；又说街两旁，都是无底的臭沟，专常掉下人去，直等掏阳沟，才捞出臭骨殖来，你千万与那淹死鬼做个替身，也是你的阴鸷……

四个死者先后转世。晁源托生在绣江县员外狄宗羽家,名希陈;狐仙托生在薛教授家为女,名素姐;计氏托生在北京乌银匠童七家为女,名寄姐;珍哥托生在北京一个挂名皂隶韩芦家为女,名珍珠。前世的冤孽在这四个人之间错综复杂地展开。素姐由父母做主,嫁给了希陈。由于素姐与希陈有前世的冤仇,而且过门前夜,素姐梦中被恶鬼换了心,变成一个悍妻恶妇。她百般打骂丈夫,公然忤逆公婆。但是希陈生性怯懦,逆来顺受,受了许多苦。不久希陈纳了准贡,到北京国子监读书,租童七家房屋居住,认识了寄姐,常在一起抹牌戏耍。狄员外的厨子被雷劈死,买了个丫头司厨。希陈学习期满,与父亲回到家中,母亲和岳父已经被素姐气成风瘫。狄员外收调羹为妾,素姐怕调羹生了儿子要分去家财,又怀疑丈夫与调羹有染,经常借题打闹,将婆婆和自己的父亲气死。

　　成化帝登基后,狄希陈以监生资格入京考官,得了个候补经历。他在京城娶了寄姐做妾,又买了珍珠做奴婢。这两人也是前世的冤家,寄姐待珍珠十分刻薄,而希陈却爱怜珍珠,于是寄姐迁怒于珍珠,百般折磨虐待。素姐独居家中,见不到希陈,有气没处出,养了只猴子,让它穿上衣冠,打扮成希陈的样子,终日里打骂出气。猴子忍无可忍,挣断了铁链,把素姐的鼻子啃掉,撕破了脸皮,还抠瞎了一只眼睛。她听说希陈在京城娶妾,便到京城找希陈算账,正好希陈回到老家,未曾见面,只好又回家。珍珠受不了寄姐的百般折磨,自杀身亡,珍珠的父母出面首告,为此打了一场官司,最后由希陈在京做官的表弟出面,花了许多银子,方才了结。希陈纳了个中书,第一天上朝就误了点,为此调外省任用,做了成都府经历。于是带了寄姐上任,一路上却受了寄姐许多的折磨。素姐发觉受骗,带了家人追赶,半路上家人携资逃跑,只好又回到老家。她到县衙去诬告希陈谋反,想借此叫回希陈,却被县官识破。素姐无计可施,只好再次去成都找希陈。希陈听说素姐来了,吓得晕过去。寄姐成了素姐的死对头。素姐不甘居于下风,暗中伺机报复,把希陈关在房内,痛打了600棒槌。希陈从此不敢再见素姐。素姐怀恨在心,有一次把一熨斗炭火倒进希陈的衣领,把他脊梁烫得稀烂。太守得知,要帮希陈离了素姐,希陈却不愿意,素姐假意求饶,太守也只好作罢。希陈因此获得"家政纷如乱丝,不能齐家"的坏考语,无法在官场混了,于是干脆回到老家。回籍以后,素姐表面温顺,心藏杀机,用箭射倒希陈。幸亏高僧元翳将其救活,并说破这两世姻缘、冤冤相报的因果。希陈大彻大悟,戒了杀生,持长斋,立诵《金刚经》一万卷的誓愿,方才化解冤孽,祸消福到。后来素姐病死,寄姐扶正,希陈活到87岁。

阅读指导

　　本书以"因果报应"为主旨思想,后80回中的主角,是前20回中主角"重投胎再做人"的"后世";前20回是"因",后80回是"果"。作者意在用这个故事来表达"善恶到头总有报"的"因果报应"的思想,在客观上也起了劝人为善的作用。

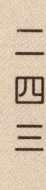

抛开《醒世姻缘传》的劝化主题不论，本书的描写有很多地方是很精彩的。本书写悍妻、写懦夫很精彩，悍妻虐待丈夫的手段，泼妇骂街的生动语言，都惟妙惟肖，比如上面引用的素姐诅咒丈夫的一段话，就是这一类描写的代表。作品中对当时社会的描写相当细致，例如囚犯刺配以后的遭遇，官场的过班和礼节，包括如何穿官服、如何坐官轿，官员之间送礼都送些什么东西，等等，都有详细的描写。除此之外，对当时的物价更有详细的记载，例如一个大丫头卖五两银子，一两银子买一石米，八分银子买一斤肉，一钱半银子买一只鸡，等等，对于了解明末清初人的生活很有帮助，如果与我们时下的物价比较起来，更是饶有兴趣的事情。书中对下层社会一些人的奸诈嘴脸，描写得淋漓尽致，例如医生艾前川故意把病人医坏，趁机多收诊金；里正刘振白看见邻居家死人，就趁机讹诈，把这些人物的卑劣刻画得入木三分。

说岳全传

成书年代：清
作　　者：钱彩
地　　位：清代英雄传奇小说

作者简介

钱彩，字锦文，浙江杭州人。清代小说家。生平事迹不详。约清世宗雍正中前后在世。著有《说岳全传》，20卷80回，清初钱彩在岳飞故事于民间长期广泛流传的基础上，吸收了民间文学的营养，并有《中国通俗小说书目》传世。

名著概要

《说岳全传》全称《精忠演义说本岳王全传》，20卷80回。成书约在清康熙至乾隆年间。岳飞的故事，自南宋直到清代，就广泛流传于民间，成为说话艺人、戏曲家、小说家创作的题材，"岳家将"故事一直是说书艺人们讲说的主要内容之一，数百年来从未中断过。《说岳全传》正是以民间说书人的底本为基础编订而成的。小说以抗金为背景，歌颂了岳飞等将士英勇作战、精忠报国的忠勇行为，鞭笞了秦桧等人卖国求荣、陷害忠良的丑恶罪行。小说故事生动，情节曲折，塑造了一大批栩栩如生的人物。小说中很多充满传奇色彩的情节，如岳飞单枪闯敌营、梁红玉击鼓战金山、牛皋

行书《前出师表》 南宋 岳飞
诸葛亮出师表，天下闻名，千古传颂，评为表中杰作。历朝历代忠臣烈士、迁客骚人书之不倦，或寄托性情，或激励明志。岳飞此帖，传为行军至南阳，秋夜深深，秋雨绵绵，遥想徽钦二帝远囚五国城，一时忠心触动，挥泪如雨，写就诸葛武侯出师表，墨迹淋漓，豪情毕现。

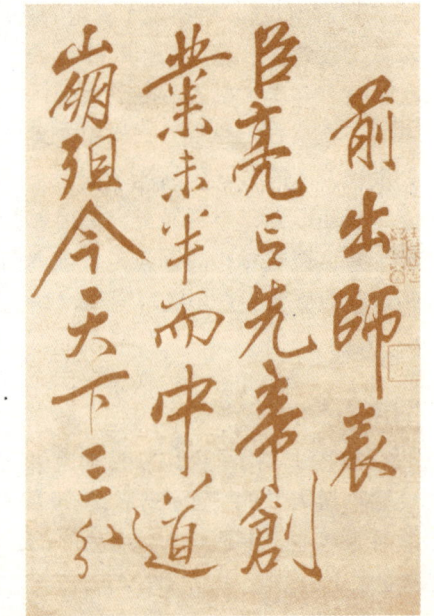

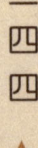

> **经典摘录**
>
> 　　闲言不道。且说西方极乐世界大雷音寺我佛如来，一日端坐九品莲台，旁列着四大菩萨、八大金刚、五百罗汉、三千偈谛、比邱尼、比邱僧、优婆夷、优婆塞，共诸天护法圣众，齐听讲说妙法真经。正说得天花乱坠、宝雨缤纷之际，不期有一位星官，乃是女士蝠，偶在莲台之下听讲，一时忍不住撒出一个臭屁来。我佛原是个大慈大悲之主，毫不在意。不道恼了佛顶上头一位护法神祇，名为大鹏金翅明王，眼射金光，背呈祥瑞，见那女士蝠污秽不洁，不觉大怒，展开双翅落下来，望着女士蝠头上，这一嘴就啄死了！那女上蝠一点灵光射出雷音寺，径往东土认母投胎，在下界王门为女，后来嫁与秦桧为妻，残害忠良，以报今日之仇。此是后话，按下不提。
>
> 　　且说佛爷将慧眼一观，口称："善哉，善哉！原来有此一段因果。"即唤大鹏鸟近前，喝道："你这孽畜！既归我教，怎不皈依五戒，辄敢如此行凶！我这里用你不着，今将你降落红尘，偿还冤债。直待功成行满，方许你归山，再成正果。"大鹏鸟遵了法旨，飞出雷音寺，径来东土投胎，不表。
>
> ——《说岳全传》

将金兀术骑于胯下大笑而死等，都写得有声有色，富于感染力，给读者留下难忘的印象。

作品特色

　　《说岳全传》是在史实的基础上，广泛吸收了前代有关岳飞传说的精彩部分，给予铺排加工，做到虚实结合，使小说既有史实的一面，又有浓厚的文学色彩，这是《说岳全传》高出于前代说岳故事的地方。《说岳全传》艺术上也有相当成就。情节结构有张有弛，有粗有细，富于变化。塑造的人物性格鲜明，像岳飞的精忠报国、牛皋的豪爽刚烈，都给人留下了深刻印象。《说岳全传》明显地保留着民间话本的痕迹。每回结尾都是在情节紧要处打住，体现着说话人吸引听众的技巧。小说以叙述为主，是粗线条的描写，但多是说话人的套语。某些细节一再重复，如第28回平江知府错把牛皋当岳飞，恭敬迎候，牛皋竟以一小小统制受之无愧，这个细节在别的场合重复描写了两次。这种重复在说话中可以获得演出效果。小说还留存着"说话"人的许多插话，或者解释、评论情节，或者打诨逗笑。

作品影响

　　《说岳全传》是"说岳"系列小说中成就最高的一部，堪称是岳飞故事的集大成者；同时，它也是清代英雄传奇小说中的代表作。《说岳全传》在吸收过去岳传中的精彩部分后，又加进许多民间传说的基础上创作而成，其成就和影响都超越了前人，至今仍极受广大读者的喜爱。这部小说在文学史上的地位虽然不如四大名著登峰造极，但其完整巧妙的篇章结构、曲折动人的情节布局、生动多姿的人物形象仍然堪称经典，刊行后吸引了众多的读者，广为流布。

阅读指导

《说岳全传》中所写的忠奸斗争是在南宋立国未稳、金兵大举进兵中原的特殊历史背景之下展开的。岳飞等爱国将领，力主抗战，收复失地。而以秦桧为首的权奸集团，则竭力主张卖国求和。因此，爱国与卖国、抗战与投降，便成为作品中反映的忠奸斗争的具体内容。由于最高统治者皇帝站在投降派一方，这就使作者和作品的主人公面临着不可克服的矛盾：一方面歌颂抗战是说岳故事固有的中心内容，也是符合作者思想的；另一方面忠君是封建社会最高的道德准则，是"三纲之首"，作者逾越不了这个认识。本来，在皇帝本人就是投降派头子的情况下，忠君与爱国二者是不可兼得的。但在《说岳全传》里，作者要尽力将两者统一起来，结果造成了作品主题思想和岳飞性格的复杂性。

古文观止

成书年代：清
作　　者：吴楚材、吴调侯
地　　位：便览古文发展的最佳范本

背景介绍

《古文观止》的编选者吴楚材（名乘权）、吴调侯（名大职）为叔侄二人，生于浙江山阴（今绍兴市）。清吴兴祚在《古文观止序》中说："会稽章子、习子，以古文课余子于三山之凌云处；维时从子楚材实左右之。楚材天性孝友，潜心力学，工举业，尤好读经史，于寻常讲贯之外，别有会心。与从孙调侯，日以古学相砥砺。调侯奇伟倜傥，敦尚气谊。本其家学，每思继序前人而光大之。二子才气过人，下笔洒洒数千言无懈漫，盖其得力于古者深矣。"二人的情况现在只能于此序中窥见一斑。"观止"二字，出自《左传·襄公十九年》：吴季札在鲁国赏周乐，至《韶箾》舞，赞叹："德至矣哉！大矣"，认为无美不具，于是说："观止矣。"书名为观止，意在选编达到尽善尽美、无以超越。

名著概要

《古文观止》全书一共有12卷，收入上起周代下讫明末的历代文章222篇，论说抒情，写景状物，众体兼备。

书中西汉以前的文章以左丘明的《左传》为突出点，选录34篇，占全书的六分之一以上；《国语》《战国策》《公羊传》《穀梁传》《礼记》的文章选录有36篇，两者汇总计70篇，占《古文观止》全书的三分之一。编者有意强化对汉代以前文章的分量，是为了使读者更清晰、更全面、更深入地了解中国古代散文的源本，

滕王阁图　元　夏永
此图根据唐代王勃的《滕王阁序》文意绘制而成，描绘中国四大楼阁之一的"滕王阁"，界画精丽，上部题有《滕王阁序》的全部文字。

> **名家点评**
>
> 今年春，余统师云中，寄身绝塞，不胜今昔聚散之感。二子寄余《古文观止》一编。阅其选，简而赅，评注详而不繁。其审音辨字，无为精切而确当，披阅数过，觉向时之所阙如者，今则然以喜矣。以此正蒙养而裨后学，厥功岂浅鲜哉！
>
> ——清·吴兴祚
>
> 以《古文观止》和《文选》并称，初看好像是可笑的，但是，在文学上的影响，两者却一样不可轻视。
>
> ——鲁迅

以便扎好根基。

对两汉的文章，编者比较重视司马迁的《史记》，汉文 31 篇，《史记》有 14 篇。唐代文章以"唐宋八大家"中的韩愈、柳宗元为主，分别选入 24 篇和 11 篇；宋文以欧阳修、苏轼为侧重点，分别选入 13 篇和 12 篇。秦文仅选李斯一篇，六朝文章选 6 篇，元代一篇未选，明代选入 18 篇。

编者在文章的选择上轻重得宜，取舍有据，集中反映汉文及唐宋八大家文，有轻有重，便于阅读。

作品影响

《古文观止》篇幅适当，所选的文章以汉唐二代为多，以散文为主，兼顾骈韵二体，既有长篇大论，又有精短美文，反映出编者眼光的细致和周到。它本身的鲜明特点与突出优势使它在问世后的 300 多年里，成为最流行、最通俗、最广为人知、最有影响的初学古文选本，常作为私塾及学堂的启蒙读本，几乎家家备一本，海内风行。那么，它最突出的特点和优势是什么呢？《古文观止》之前的古文选本，大多依据昭明太子萧统《文选》的体例，分类烦琐，常以条目为主线，阅读使用时都很不简便。《古文观止》则以时代为纲，作者为目，将作者的各类文体的作品集萃于一处，阅读方便，查看快捷，使读者对清代之前的散文史认识清楚，印象深刻。所以，《古文观止》的流行性、通俗性与权威性至今难以动摇，仍影响巨大，是青年首选的普及性古文选本，一版再版，依旧常售不衰。

延伸阅读

《唐宋八大家文钞》是明代茅坤编定的一本书。此书流行以后，"唐宋八大家"的说法才得以固定下来。自那时起，学古文者皆以八大家为宗师，唐宋八大家的影响也越来越大。唐宋八大家是指唐朝的韩愈、柳宗元，宋朝的欧阳修、苏洵、苏辙、苏轼、曾巩、王安石。

《文选》是梁代昭明太子萧统编辑的现在所能见到的最早的诗文总集。它收录从先秦到梁代八九百年间 130 位作者的 514 篇各种体裁的文学作品，成为历代文人学习的范本。民间曾有"《文选》烂，秀才半"的谚语。

唐诗三百首

成书年代：清
作　　者：孙洙、徐兰英

背景介绍

　　《唐诗三百首》的编选者蘅塘退士（1711～1778年），原名孙洙，字临西，江苏无锡人。他自幼家贫，性敏好学，寒冬腊月读书时，常握一木，谓木能生火可敌寒。乾隆九年（1745年）考中顺天举人，授景山官学教习，出任上元县教谕。乾隆十六年（1752年）得中进士，历任卢龙、大城知县。后遭人谗陷罢官，平复后任山东邹平知县。乾隆二十五年（1761年）、二十七年（1763年）两次主持乡试，推掖名士。他为官清廉如水，爱民如子，又勤勉好学，书似欧阳询，诗宗杜工部，著有《蘅塘漫稿》。乾隆二十八年春，孙洙与他的继室夫人徐兰英相互商榷，开始编选《唐诗三百首》。编选这本书是有感于《千家诗》选诗标准不严，体裁不备，体例不一，希望以新的选本取而代之，成为合适的、流传不废的家塾课本。他们的选诗标准是"因专就唐诗中脍炙人口之作，择其尤要者"。既好又易诵，以体裁为经，以时间为纬。《唐诗三百首》于清乾隆二十九年（1765年）编纂完成，书的题目有的说脱胎于民谚"熟读唐诗三百首，不会作诗也会吟"，有的说取自"诗三百"，说法各不相同。

名著概要

　　《唐诗三百首》共选入唐代诗人77位，计310首诗，其中五言古诗33首，乐府46首，七言古诗28首，七言律诗50首，五言绝句29首，七言绝句51首，诸诗配有注释和评点。

　　五言古诗简称五古，是唐代诗坛较为流行的体裁。唐人五古笔力豪纵，

孟郊《游子吟》诗意图　清　钱慧安

气象万千，直接用于叙事、抒情、议论、写景，使其功能得到了空前的发挥，其代表作家有李白、杜甫、王维、孟浩然、韦应物等。

　　七言古诗简称七古，起源于战国时期，甚至更早。现在公认最早的、最完整的七古是曹丕的《燕歌行》。南北朝时期，鲍照致力于七古创作，将之衍变成一种充满活力的诗体。唐代七古显示出大唐鼎盛的气象，手法多样，深沉开阔，代表诗人有李白、杜甫、韩愈。

　　五言律诗简称五律，是律诗的一种。五律源于五言古体，风格峻整，音律雄浑，含蓄深厚，成为唐人应制、应试以及日常生活中普遍采用的诗歌题材。唐代五律名家数不胜数，以王昌龄、王维、孟浩然、李白、杜甫、刘长卿成就为大。

　　七言律诗简称七律，是近体诗的一种，格律要求与五律相同。七律源于七言

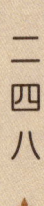

古体，在初唐时期渐成规模，至杜甫臻至炉火纯青。有唐一代，七律圣手有王维、杜甫、李商隐、杜牧、罗隐等，风华绝代，辉映古今。

五七言绝句简称五绝和七绝，都是古典诗体中绝句的一种。五绝起源于汉，七绝起源于六朝，两者都在齐梁时期成型，初唐阶段成熟。唐代绝句气象高远，率真自然，达到了吟诵自由化的最高峰，名家有李白、王维、王昌龄、韦应物、杜牧、刘禹锡等人。

作品影响

中国是诗的国度，唐朝是中国诗歌的巅峰，巅峰时期的那个黄金时代令人神往。诗歌是当时文学的最高代表，成为中国传统文学坚实的组成部分，也是中华文明亮丽的风景线。

唐诗与宋词、元曲并称，题材宽泛，众体兼备，格调高雅，是中国诗歌发展史上的奇迹。唐诗对中国文学的影响极为深远。历朝历代的文人视唐诗为圭臬，奉唐人为典范。公元7世纪，孙季良开始编纂唐诗选本，至辛亥革命前，一千二百余年间，每二年即有一本唐诗选本问世。众多选本中以《唐诗三百首》流传最广、影响最大，风行海内，老幼皆宜，雅俗共赏，成为屡印不止的最经典的选本之一。《唐诗三百首》以成功务实的编法、简易适中的篇幅、通俗大众的观点打动着读者，成为最成功的儿童启蒙教材、了解中国文化的模范读本，对中国诗歌选编学、中国人的心理构成都有很大的影响。

陈子昂诗意图 当代 刘旦宅

此图表现《登幽州台歌》诗意。清黄周星评此诗曰："胸中自有万古，眼底更无一人。古今诗人多矣，从未有道及此者。此二十二字，真可泣鬼神。"刘旦宅先生是当代名家，笔墨清润，意境浑融，人物更是生动优雅。

延伸阅读

《千家诗》由南宋著名词人刘克庄编辑的蓝本增删而成，从宋代至今，在民

经典摘录

慈母手中线，游子身上衣。临行密密缝，意恐迟迟归。谁言寸草心，报得三春晖。
——孟郊《游子吟》

红豆生南国，春来发几枝。愿君多采撷，此物最相思。
——王维《相思》

春眠不觉晓，处处闻啼鸟。夜来风雨声，花落知多少。
——孟浩然《春晓》

白日依山尽，黄河入海流。欲穷千里目，更上一层楼。
——王之涣《登鹳雀楼》

在天愿作比翼鸟，在地愿为连理枝。天长地久有时尽，此恨绵绵无绝期。
——白居易《长恨歌》

间流传很广,是非常有名的儿童启蒙读物。所选诗为唐宋两代的作品,大多文采晓畅,易于吟诵。

《全唐诗》在康熙四十五年(1707年),由彭定求、沈三曾等编校而成,收诗4.8万多首,作者2000余人,是自唐到清内容最丰富的唐诗总集。此后,由于敦煌文书的出土以及新的唐诗的发现,《全唐诗》得以更加完善,又增加了数千首唐诗。

《唐诗别裁集》于康熙五十六年(1718年)问世,由江苏苏州人沈德潜编辑而成,这部书重点突出了沈德潜的文学思想,在清代的文士间影响较大。

红楼梦

成书年代:清
作　　者:曹雪芹
地　　位:中国古典小说巅峰之作

作者简介

《红楼梦》的作者曹雪芹(约1715～约1763年),名霑,字梦阮,"雪芹"是他的别号,又号芹圃、芹溪。他出生在官宦世家。曹家的先世原是汉族人,后为满洲正白旗"包衣"人。清初时他的高祖父曹振彦随清兵入关,立有军功,家族开始发达起来。曾祖父曹玺曾任江宁织造,曾祖母做过康熙帝玄烨的保姆,祖父曹寅做过玄烨的伴读和御前侍卫,后继任江宁织造,兼任两淮巡盐监察御史,此后曹雪芹的伯父与父亲相继袭任此职,祖孙三代四人担任此职前后达60余年。康熙六下江南,其中四次由曹寅负责接驾,

曹雪芹画像

并住在曹家。曹雪芹就是在这种繁盛荣华的家境中度过了他的少年时代。雍正初年,曹家备受打击。父亲被以"苛索繁费、苦累驿站""织造款项亏空甚多"等罪名革职,家产被抄没,全家迁回北京。乾隆初年,曹家彻底败落,子弟们沦落到社会底层。曹雪芹曾在一所宗族学堂"右翼宗学"里当过掌管文墨的杂差,境遇潦倒,生活困顿,晚年流落到北京西郊的一个小山村。

曹雪芹"身胖,头广而色黑"。他性格傲岸,愤世嫉俗,豪放不羁,酷爱喝酒,才气纵横,善于谈吐。他是一位诗人,也是一位画家,喜欢画突兀奇峭的石头。他最重要的作品当然是《红楼梦》。

背景介绍

《红楼梦》又名《金陵十二钗》《石头记》,整个故事以南京为背景。学者们历来对《红楼梦》的故事来源有很多种猜测,现简要介绍几种:

有人认为《红楼梦》写的是纳兰性德的故事。支持这个说法的人很多。陈康祺《燕下乡脞录》中说:"小说《红楼梦》一书,即记故相明珠家事,金钗十二,皆纳兰侍御所奉为上客者也;宝钗影高澹人;妙玉即影西溟先生:'妙'为'少女',

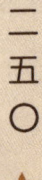

'姜'亦妇人之美称；'如玉''如英'，义可通假。"侍御指的是明珠的儿子纳兰性德，字容若。纳兰性德是清初著名的词人，才华横溢，词作缠绵凄婉，至今为人喜爱。

有人认为是写顺治皇帝与董鄂妃的故事。王梦阮、沈瓶庵合著之《红楼梦索隐》中说："盖尝闻之京师故老云，是书全为清世祖与董鄂妃而作，兼及当时诸名王奇女也。"又说董鄂妃就是明末秦淮名妓董小宛，清兵下江南，带回北京，得到清世祖宠爱，不久夭亡，世祖哀痛不已，于是往五台山出家为僧。

有人认为写的是康熙朝的政治状态。蔡元培的《石头记索隐》说："《石头记》者，清康熙朝政治小说也。作者持民族主义甚挚，书中本事，在吊明之亡，揭清之失，而尤于汉族名士仕清者寓痛惜之意。"认为，"红"影射"朱"字；"石头"指金陵；"贾"意在指责伪朝；"金陵十二钗"暗指清初江南的名士：林黛玉影射朱彝尊，王熙凤影射余国柱，史湘云影射陈维崧，宝钗、妙玉也各有所指。

还有人认为本书是作者自叙。胡适经过考证后主张这种观点。曹雪芹的家世与书中描写的内容很相似，这种说法也很有说服力。

名著概要

《红楼梦》写的是贾宝玉与林黛玉之间的爱情悲剧，同时写了贾、王、史、薛四大家族的兴衰。贾宝玉前生是女娲补天时剩下的一块顽石，曾化作神瑛侍者，用水浇灌一株绛珠草，使其脱去草木之质，幻化为女形。绛珠仙子为了报答神瑛侍者的浇灌之恩，在神瑛侍者投胎下凡时也往生人间，要还他一生的眼泪。林黛玉因为母亲亡故，被外祖家收留。与表兄贾宝玉从小生活在一起，渐渐产生爱情。这是本书故事的前世因缘。宝黛故事凄恻动人，读者可以从中细心体会，这里不多叙说，只简要介绍一下主要的几个人物。

贾宝玉、林黛玉、薛宝钗是本书的主要人物。贾宝玉是荣国府嫡系子孙，他出身不凡，又聪明灵秀。他因自己生为男子而感到遗憾，他觉得只有和纯洁美丽的少女们在一起才惬意。他憎恶和蔑视男性，亲近和尊重女性。他说"女儿是水做的骨肉，男子是泥做的骨肉。我见了女儿便清爽，见了男子便觉浊臭逼人"。他企求过随心所欲、听其自然的生活，即在大观园女儿国中斗草簪花、低吟悄唱、

相关链接

《后红楼梦》《红楼后梦》《续红楼梦》《红楼复梦》《红楼梦补》《红楼补梦》《红楼重梦》《红楼再梦》《红楼幻梦》《红楼圆梦》《增补红楼》《鬼红楼》《红楼梦影》：这些都是《红楼梦》的续书。《红楼梦》原书只写到80回，并没有写完，因此续作纷纭。这些续作大都没有把握原书的精髓，或者流于神怪，或者思想迂腐，或者一意圆梦，艺术上造诣不高。

《脂砚斋红楼梦辑评》：文学资料。今人俞平伯辑。《红楼梦》的一个版本系统是脂砚斋评本，只流行80回。中国古人有评书和将评语与原书一起刊行的习惯。传世的小说大多有评点本，如《水浒传》的金圣叹评本，《三国演义》的毛宗岗评本。《红楼梦》的评本最重要的是脂评本。脂本评语出自多人之手，其中以脂砚斋和畸笏叟的评语最为重要，它的内容涉及作者曹雪芹生平身世、人物原型和写作修改等情况，是了解红楼梦很重要的参考资料。脂评本有十余种，各本评语参差互见。《脂砚斋红楼梦辑评》将各本评语汇辑校订，便于使用。

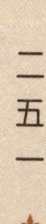

大观园图

自由自在地生活。"我此时若果有造化,趁着你们都在眼前,我就死了,再能够你们哭我的眼泪,流成大河,把我的尸首漂起来,送到那鸦雀不到的幽僻去处,随风化了,自此再不托生为人,这就是我死的得时了。"贾宝玉对个性自由的追求集中表现在爱情婚姻方面。他爱林黛玉,因为林黛玉的身世处境和内心品格集中了所有女孩子的一切能使他感动的美好。他对待身边的女孩子们的态度也是同情和亲爱。他爱林黛玉,但遇着温柔丰韵的薛宝钗和飘逸洒脱的史湘云,却又不能不炫目动情。

林黛玉出生在一个已衰微的家庭。她父亲是科甲出身,官至巡盐御史。林黛玉没有兄弟姐妹,母亲的早逝使她从小失去母爱。她保持着纯真的天性,爱自己之所爱,憎自己之所憎,我行我素,很少顾及后果得失。因父母相继去世,她不得不依傍外祖母家生活。林黛玉的羸弱的身体、孤傲的脾性以及自定终身的越轨行为,贾母是不会喜欢的。贾母要给贾宝玉说亲,曾托过清虚观的张道士,后来又留意打量过薛宝钗,她就是没有选择林黛玉的意思。最后,林黛玉的幻想破灭了,眼泪流尽了,怀抱纯洁的爱离开了尘世,实现了她的誓言:"质本洁来还洁去,不教污淖陷渠沟。"

薛宝钗出生在一个富商家庭。薛家是商人与贵族的结合,既有注重实利的商人市侩习气,又有崇奉礼教的倾向。薛宝钗幼年丧父,兄长薛蟠是个没有出息的酒色流氓。出身于这样一个家庭,薛宝钗有着与林黛玉截然不同的性格。她们同样都博览诗书,才思敏捷,但林黛玉一心追求美好丰富的精神生活,薛宝钗却牢牢把握着现实的利益。"好风凭借力,送我上青云",薛宝钗孜孜以求的是富贵荣华。薛宝钗也深爱着贾宝玉。她在初次和贾宝玉单独相处时,热衷于贾宝玉脖子上的"通灵宝玉",又急切地让贾宝玉认识自己项上的

> **名家点评**
>
> 单是命意,就因读者的眼光而有种种,经学家看见《易》,道学家看见淫,才子看见缠绵,革命家看见排满,流言家看见宫闱秘事……在我眼下的宝玉,却看见他看见许多死亡。
> ——鲁迅
>
> 它自成一个宇宙,一个世界,既丰富又复杂,既深邃又玄秘,既真实生动又意味无穷。
> ——王蒙

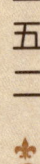

金锁。搬进大观园后,她还常常到贾宝玉的怡红院玩到深夜;她去探视被贾政打伤的贾宝玉时压抑不住内心的爱怜之情。

《红楼梦》是一部百科全书式的长篇小说,它在描写宝黛爱情的同时,也描写了广阔的社会生活,上至皇妃国公,下至贩夫走卒,都有生动的描画。它对贵族家庭的饮食起居各方面的生活细节都进行了真切细致的描写,比如园林建筑、家具器皿、服饰摆设、车轿排场等。它还表现了作者对烹调、医药、诗词、小说、绘画、建筑、戏曲等各种文化艺术的丰富知识和精到见解。《红楼梦》的博大精深在世界文学史上是罕见的,因此很早就有人研究它。现在,研究《红楼梦》已经成为一门独立的学问——"红学"。可见《红楼梦》的魅力之大、影响之深。

作品特色

《红楼梦》在艺术上取得了巨大的成就,它塑造出了成群的有血有肉的个性化人物形象。例如贾宝玉、林黛玉、薛宝钗、王熙凤就成为千古不朽的典型形象。作者对人物独特的性格反复皴染,给人以深刻的印象。贾宝玉的叛逆性格以各种"似傻如狂""行为乖张"的形式表现出来,作者总是通过日常的生活细节,惟妙惟肖地写出了他对黛玉、宝钗、晴雯、袭人、平儿等不同类型女性所持有的不同感情和态度,着力刻画了他"爱博而心劳"的性格特征。

林黛玉像

曹雪芹善于将相近人物进行复杂性格之间的全面对照,使他们的个性在对比中凸显出来。如薛宝钗和林黛玉两个人,都是美丽多才的少女,但一个"行为豁达,随分从时",有时则矫揉造作;一个"孤高自许""目无下尘",不免尖酸任性。一个倾向理智,喜怒不形于色,"任是无情也动人";一个执着于感情,宁愿为纯洁的爱情付出全部的生命。一个城府很深,顺从环境,既会对上逢迎,又会对下安抚;一个我行我素,以感情的追求作为人生的目标。这样两个难以调和的性格在对比中就鲜明地呈现出其独特性。

《红楼梦》一改过去古代小说中人物类型化、绝对化的描写,写出了人物性格的丰富性。作者把王熙凤放在广阔的社会生活中,从各个侧面去描写,构成了她性格的丰富性、完整性,达到了典型化的高度。作者一方面写出了这位管家奶奶治家的才干,她似乎是支撑这座将要倾塌的大厦的顶梁柱;另一方面她舞弊营私,真正是蚀空贾府内部的大蛀虫。她的阴险毒辣令人胆寒,而幽默诙谐、机智灵巧又让人叹服。这是一个充满活力,既使人觉得可憎可恨,又让人感到可亲可近的人物形象。

阅读指导

《红楼梦》代表了我国古典小说最高的艺术成就,在人物描绘、情节安排、细节描写等方面都非常出色，堪称一绝，其中的美妙难以用语言传达，读者当在细细品味中体悟《红楼梦》的博大精深。这里只拈出其中的一个特色稍作讲解：

《红楼梦》很大的一个特点就是好用谶语。在第五回中，警幻仙子给宝玉看的金陵十二钗画册上的题诗和十二支《红楼梦》曲子分别暗示了每一位佳丽的身世，如《终身误》曲"都道是金玉良姻，俺只念木石前盟。空对着，山中高士晶莹雪；终不忘，世外仙姝寂寞林。叹人间，美中不足今方信。纵然是齐眉举案，到底意难平"，就暗示了宝黛爱情的悲剧结局。作者善用"谐音寓意"的手法，他把贾家四姐妹命名为元春、迎春、探春、惜春，这是谐"原应叹息"的音；在贾宝玉神游太虚幻境时，警幻仙姑让他饮的茶"千红一窟"，是"千红一哭"的谐音，又让他饮的酒"万艳同杯"，这酒名是"万艳同悲"的谐音，这样的手法几乎贯穿了全书。小说的行文中也往往暗示以后的情节，这为索隐派的红学家提供了很多考证的蛛丝马迹，寻找和思索这些谶语也许是一件很有意思的事情，有心的读者可以尝试。

随园诗话

成书年代：清
作　　者：袁枚
地　　位："诗写性情，惟吾所适"

作者简介

《随园诗话》作者袁枚（1716～1797年），字子才，号简斋，钱塘（今浙江杭州）人。袁枚幼年家境贫困，但他聪颖好学。乾隆四年中进士，入翰林院。乾隆七年（1742年）之后做过溧水、江浦、沭阳、江宁等地的知县。乾隆十三年（1748年）辞官，定居江宁（今江苏南京市），在小仓山筑随园，从此不再出仕，从事诗文著述，世称随园先生。

袁枚才情高致，少年时就表现出超乎常人的禀赋，九岁时袁枚曾游杭州吴山，登高远望，吟成一首五律，其中一联是："眼前两三级，足下万千家。"后来他晚年重游吴山回忆此联，仍"觉童语终是真语"。袁枚嗜书如命，他曾自述"我年十二三，爱书如爱命。每过书肆中，两脚先立定。苦无买书钱，梦中犹买归。至今所摘记，多半儿时为"。当时人称赞他"以才运情，使笔如舌"，而且"话必惊人总近情"。他的诗文集"家弦户诵，有志观摩者无不奉为圭臬"。他与蒋士铨、赵翼并称"江右三大家"，赵翼赞他"子才果是真才子"。

袁枚像

袁枚之所以为人敬仰，还在于他奖掖后学，培育诗才。袁枚广收门生弟子，"方外缁流，青衣红粉，无所不备"。他还"广收女弟子三十余人"，与其女弟子关系密切，有很多趣事流传。乾隆五十七年（1792年），77岁的袁枚在杭州望湖楼招女弟子七人作诗会，轰动杭州城，连太守明希哲也打桨访问；又留下所乘的玻璃画

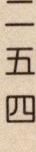

船供群女游山，而独自骑马回衙。袁枚专门刻印了《女弟子诗选》以及女弟子张瑶英的《绣墨诗集》等。

背景介绍

谈一个时代的诗歌理论，不可不了解一个时代的诗歌创作。清初的诗坛上，钱谦益、吴伟业和龚鼎孳被称为"江左三大家"。他们的人生经历颇为相似，但诗歌的作风和对诗歌的看法却有显著的区别，他们各自代表了不同的趋向。钱谦益晚年的《投笔集》多抒发反对清朝、恢复故国的心愿。吴伟业并没有很强烈的致世之心，他不得不出仕清朝，又感受到传统"名节"观念的负担，心情十分痛苦。他的名作《圆圆曲》烟水迷离，百感交集，富于艺术魅力。顾炎武年少时与同乡归庄参加"复社"，又曾在昆山、嘉定一带抗清，他的诗透露出内心沉郁的情感。屈大均也曾参加抗清武装，失败后削发为僧，不久还俗。屈大均以英雄自诩，他的诗热烈奔放。从康熙初期到中期，天下大势已定，清王朝笼络汉族文人的政策也逐渐奏效，但社会的心理已经发生了变化。新的诗坛领袖人物是王士禛。王士禛论诗主张"神韵说"，他要求诗歌应有高远的意境和天然的韵致，富有言外之味。王士禛还多次提出诗歌应有清亮的音节，这也是"神韵"的一个因素。和王士禛同时驰名诗坛的还有朱彝尊，当时有"南朱北王"之称。他是一个典型的学者文人。清诗中有重学问而抑制激情的风气，这很接近宋诗。公开崇尚宋诗的诗人是查慎行。查慎行的诗大多写社会民生问题，表现士大夫"忧国忧民"的责任感，因此叙述多而激情少。当时的著名诗人还有沈德潜，沈德潜论诗主张"格调说"。所谓"格调"，本意是指诗歌的格律、声调，同时也指由此表现出的高华雄壮、富于变化的美感。他论诗有一个前提，就是要求合于"温柔敦厚"的"诗教"。与王、沈相对应的，乾隆诗坛上影响最大的，是袁枚所倡导的"性灵说"。

名著概要

《随园诗话》共有 26 卷，其中《诗话》16 卷，《诗话补遗》10 卷，接近 57 万字。《随园诗话》的核心是袁枚的"性灵说"，主旨是强调创作主体应具有的条件主要在于三要素：真情、个性、诗才。他以这三要素为轴心导引出一些具体观点，从而建构起包括真情论、个性论与诗才论在内的"性灵说"体系。其具体内容是：

经典摘录

人所易言，我寡言之，人所难言，我易言之。
——《随园诗话》卷四

自三百篇至今日，凡诗之传者，都是性灵，不关堆垛。
——《随园诗话》卷五

诗者，由情生者也。有必不可解之情，而后有必不可朽之诗。
——《随园诗话》卷五

诗文自须学力，然用笔构思，全凭天分。
——《随园诗话》卷十五

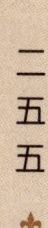

真情论：《随园诗话》认为真情是诗人创作首先应该具备的。他说："诗人者，不失其赤子之心也。"诗自然应该"自写性情"。《随园诗话》尤其推崇诗"言男女之情"。诗应该写真情，因此他大力标榜诗的美感功能，强调"诗能入人心脾，便是佳诗"。

个性论：《随园诗话》认为诗人创作需有个性。他说："作诗，不可以无我。"认为"有人无我，是傀儡也"。突出"我"即是强调诗人特有的秉性、气质在创作中的作用。因为有"我"，才能独抒性灵，"出新意，去陈言"，写出与众不同的佳作。不同的个性自然形成不同的风格，他主张诗歌风格的多样化，"诗如天生花卉，春兰秋菊，各有一时之秀……无所谓第一、第二也"。

袁枚《袁太史文选》书影

诗才论："性灵"既指性情，也包括"笔性灵"，即才思敏捷。他说："诗文之道，全关天分，聪颖之人，一指便悟。"又说："凡多读书为诗家要事，所以必须胸有万卷者。"但是他的目的不在以书卷代替灵性，而是"欲其助我神气耳"。他声称"天籁最妙"，赞赏"劳人思妇，静狡童矢口而成"的歌谣。

袁枚的诗论是结合选诗阐发的，《诗话》内容的基础正是大量的选诗。袁枚曾说过："枚平生爱诗如爱色，每读人一佳句，有如绝代佳人过目，明知是他人妻女，于我无分，而不觉中心藏之，有忍俊不禁之意，此《随园诗话》之所由作也。"《随园诗话》包括了大量的选诗。

选诗的标准必须是抒写性灵之佳作，能印证他的"性灵说"理论。他选诗的作者面很广。入选者既有公卿将军，也有布衣寒士，既有僧尼道士，也有青衣童子；既有命妇闺秀，也有妓女歌姬；既有劳人思妇，也有小贩工匠。尤其值得注意的是，他大量选取女子所作诗歌，袁枚声称："余作《诗话》，录闺秀诗甚多。"其中有女弟子的诗，也有其他的闺秀、寡妇，乃至无名妓女的诗作。当时有人据此批评袁枚"乃名教罪人"，可见袁枚的胆识。

阅读指导

《随园诗话》在论述诗歌理论的同时，选取了大量诗歌作为其理论的说明与补充，这是一个很突出的特点，我们读《随园诗话》的时候务必要注意袁枚所选的诗，注意将他所选的诗与他的理论结合起来理解。袁枚选诗的标准就是他所标榜的"性灵"，他说："村童牧竖，一言一笑，皆吾之师，善取之皆成佳句。"袁枚自己作诗的取材也很广泛，随时随地都能找到灵感。据《随园诗话》卷二记载，"随园中有一担粪者，一日在梅树下喜报云：'有一身花矣！'"敏感的袁枚将这句话加工成警句："月映竹成千'个'字，霜高梅孕一身花。"有一次，袁枚出门，有野僧送行说："可惜园中梅花盛开，公带不去！"袁枚即就此创作了"只怜香雪梅千树，不得随身带上船"这样风趣盎然的诗句。我们从这里可以领会到袁枚的才情，加深对"性灵说"的理解。

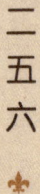

随园食单

成书年代：清
作　　者：袁枚
地　　位：美食家的必读之书

名著概要

《随园食单》是清代著名文学家袁枚所著。全书是系统论述清代烹饪技术和涵盖南北菜品的难得著作。是提高烹饪技术、研究传统菜点以及烹制方法的指导性史籍。袁枚是一位有丰富经验的烹饪学家，他所著的《随园食单》一书虽然表面上看，只是一个食谱，但出自袁枚之手，其文风和观点自然与一般食谱大相径庭，因此，这部食谱经常被历代文人赞赏。

《随园食单》出版于1792年。全书分为须知单、戒单、海鲜单、江鲜单、特牲单、杂牲单、羽族单、水族有鳞单、水族无鳞单、杂素单、小菜单、点心单、饭粥单和菜酒单14个方面。在须知单中提出了既全且严的20个操作要求，在戒单中提出了14单，也就相当于现在的14章。不仅介绍了一些菜品的操作方法，还谈及注意事项和营养搭配。接着，用大量的篇幅详细地记述了我国从14世纪至18世纪中流行的326种南北菜肴饭点，也介绍了当时的美酒名茶。从选料到品尝都有所述及。其中有关饮食卫生、饮食方式以及菜品搭配等观点，就是在今天看来，依然见解独到，读来获益多多。从中可以看出，中国菜肴几百年来没有多少根本性的变化，他推崇的美食，如今仍然广受追捧，非常实用。

袁枚像轴

作品影响

《随园食单》自问世以来，长期被公认为厨者的经典，英、法、日等大语种均有译本。袁枚此人，生前身后颇多訾议，独他这本食谱，一直被视为食界指南，传布甚广。据说，此书有过日文译本，译者为青木正儿。至今，淮扬菜、本帮菜、杭菜、徽菜，万变不离其宗，跳不出这本食单。清人梁章钜在其《浪迹丛谈》里，凡谈及饮食，无不推介袁枚的《随园食单》，认为他"所讲求烹调之法，率皆常味蔬菜，并无山海奇珍，不失雅人清致"。看来这本虽薄薄一册，但极具文采的《随园食单》，总算填补中国饮食文化史上的空白。从泽及后人的意义来讲，袁枚这本《随园食单》意义重大。

《随园食单》文字简单易懂，人人都可照着去做，有趣的是，作者还将某菜做法出自何人何家大都写了出来，实在是一本美食家的必读之书。

延伸阅读

袁枚一生致力为文，著述颇丰，有《小仓山房诗文集》《随园诗话》《随园随笔》《随园食单》……其中在《随园食单》的须知单中他开宗明义地说："学问之道，先知而后行，饮食亦然，作须知单。"此篇可作为饮食通则，而戒单云："为政者兴一利不如除一弊，能除饮食之弊，则思过半矣，作戒单。"此篇值得一提的是"茶酒单"一篇，此篇对于南北名茶均有所评述，此外还记载着不少茶制食品，颇有特色。其中有一种"面茶"，即是将面用粗茶汁去熬煮后，再加上芝麻酱、牛乳等佐料，面中散发淡淡茶香，美味可口，而"茶腿"是经过茶叶熏过的火腿，肉色火红，肉质鲜美而茶香四溢。由此可以看出袁枚是一个对茶、对饮食有较深研究的人。

镜花缘

成书年代：	清
作　　者：	李汝珍
地　　位：	借学问驰骋想象，托理想讽谕现实

作者简介

《镜花缘》的作者李汝珍（约1763～约1830年），字松石，直隶大兴（今属北京市）人。曾经在河南做过县丞。乾隆四十七年（1782年），他的兄长到江苏海州做官，他跟随前往，此后一生大多数时间在海州生活。在海州，他拜凌廷堪为师，学文章的闲暇，也学习音韵学，因此对音韵学特别精通。他博学多才，读书不屑于章句之学，不屑作八股文，而对杂学特别感兴趣，壬遁、星卜、象纬、书法、弈道之类无不通达。晚年贫困潦倒，作小说打发时光。他的著作有《镜花缘》《李氏音鉴》《受子谱》。

背景介绍

《镜花缘》是清代以小说炫耀学问的一派中最突出的作品。清代小说中出现这一派，与清代的学术风气有关。自从汉武帝独尊儒术以来，中国学术基本上一直以经学一统天下。自汉唐以至宋明，文字音韵、训诂考证、金石考古、算学历法等学术门类渐渐萌生和兴起。顾炎武之后，乾嘉学者对各门学问进行了专门而精深的研究。梁启超在《中国近三百年学术史》中认为，乾嘉诸儒所做的工作约有十三个方面：一、经书的笺释，二、史料之搜补鉴别，三、辨伪书，四、辑佚书，五、校勘，六、文字训诂，七、音韵，八、算学，九、地理，十、金石，十一、方志之编纂，十二、类书之编纂，十三、丛书之校刻。上列分类大致可以看出乾嘉学术的规模和气象。

《镜花缘》书影

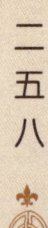

乾嘉学者中有专攻一门之士，也不乏博学通儒。据江藩《国朝汉学师承记》记载，吴派学术的先导者惠士奇"博通六艺、九经、诸子及《史》《汉》《三国志》，皆能阖颂"。吴派中坚惠栋"自经史、诸子、百家、杂说及释道二藏，靡不穿穴。……乾隆十五年，诏举经明行修之士，两江总督尹文端公继善、黄文襄公廷桂交章论荐，有'博通经史，学有渊源'之语"。皖派的代表人物戴震，更是精研经学、史学、小学、音韵、训诂，博通天文、历算、地理、水利之学，其多闻博学之名饮誉学界。皖派的分支扬州派的学者治

《镜花缘》图册 清 孙继芳

学唯是为求，不守门户，其学术范围更为广博，江藩称其代表人物汪中"博综群籍，谙究儒墨，经耳无遗，触目成诵，遂为通人焉"。其另一个领袖人物焦循专研经书，博览典籍，于经史、历算、声韵、训诂之学无所不究。可见，乾嘉学者在学术气象上弘扬了广博的学风。李汝珍受当时风气的影响，也力求博学，从《镜花缘》中，我们可以看到他对音韵学、中医学，甚至对水利的研究。

名著概要

《镜花缘》是李汝珍晚年的作品，一百回。前五十回写秀才唐敖和林之洋、多九公三人出海游历各国，以及唐小山寻找父亲的故事：严冬时节，女皇武则天乘醉下诏，要百花齐放，当时百花仙子不在洞府，众花神不敢违抗，只得按期开放。因此，百花仙子同九十九位花神被罚，贬到人间。百花仙子托生为秀才唐敖的女儿唐小山。唐敖仕途不顺，产生隐遁的想法，抛妻别子，跟随妻兄林之洋到海外经商游览。他们路经几十个国家，见识了许多奇风异俗、奇人异事、野草仙花、野岛怪兽，并且结识了由花仙转世的十几名秀外慧中的妙龄女子。唐小山跟着林之洋寻父，直到小蓬莱山，依父亲的意见改名唐闺臣，上船回国应考。后五十回着重表现众女子的才华：武则天开科考试，录取一百名才女。她们多次举行庆贺宴会，并表演了书、画、琴、棋、赋诗、音韵、医卜、算法、灯谜、酒令以及双陆、马吊、射鹄、蹴鞠、斗草、投壶等种种技艺，尽欢而散。唐闺臣第二次去小蓬莱寻父。最后则写到徐敬业、骆宾王等人的儿子起兵讨伐武则天，在仙人的帮助下，他们打败了武氏军队设下的酒色财气四大迷魂阵，使得中宗继位。

李汝珍在《镜花缘》中有意显示自己的博学多识，比如他对中医医理的阐释有相当高的水平，他对小儿惊风的医理做如下分析："小儿惊风，其症不一，并非一概而论，岂可冒昧乱投治惊之药，必须细细查他是因何而起。如因热起则清其

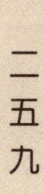

热；因寒起则去其寒；因风起则疏其风；因痰起则化其痰；因食起则消其食。如此用药，不须治惊，其惊自愈，这叫作'釜底抽薪'。再以足尾俱全的活蝎一个，用鲜薄荷叶四片裹定，火上炙焦，同研为末，白汤（米汤）调下，最治惊风抽掣等症。盖蝎产于东方，色青属木，乃是厥阴经之要药。凡小儿抽掣，莫不因染他疾引起风木所致，故用活蝎以治风，风息则惊止，如无活蝎，或以腌蝎泡去咸味也可，但不如活蝎有力。"从中可见辨证清楚，用药细腻，辨证与辨病有机地结合而选药极为恰切。他在《镜花缘》中记录的药方，至今还有人抄出来治病，据说很有效，可见他确实精通医道，而且是用心在编纂这部小说。

作品特色

《镜花缘》的出现，标志着女性解放春天的到来。作者塑造了一大批超群出众的女子，如才华横溢的史探幽，学识渊博的米兰芳；如剑侠魏紫绡，音乐家井尧春；如具

名家点评

是一部讨论妇女问题的小说，他对于这个问题的答案，是男女应该受平等的待遇，平等的教育，平等的选举制度。
——胡适《〈镜花缘〉的引论》

有经国济世之才的枝兰音等。作者虚构了一个与现实世界截然相反的"女儿国"，用"反诸其身"手法，形象地控诉了封建社会摧残妇女的非人道。在这个"女儿国"里，"男人反穿衣裙，作为妇人，以治内事；女人反穿靴帽，作为男人，以治外事"。作者让林之洋在女儿国被纳为王妃，让他与现实中的女子一样穿耳洞、戴耳环，像女子一样道万福，给国王请安，并遭受缠足痛苦，"未及半月，已将脚面弯曲做两段，十指俱已腐烂，日日鲜血淋漓"，而且连自杀都不能。这种看似游戏，却又蕴含着客观真实性的描写中，作者描绘出封建社会女性所遭受的非人待遇，强烈地控诉了封建时代对女性身心的摧残。作者通过唐敖游历海外诸国的经历、见闻，描写、展示世情的丑恶、世风的沦丧。而与这些丑恶的现状相对应的，则是作者所极力描写的"君子国"式的理想国度。这样一个乌托邦式的理想国度，完全是作者在自己的艺术世界里建造的精神家园。

在某种程度上，《镜花缘》可以说是明清时期各种类型小说的借鉴总结作品。

相关链接

《野叟曝言》：清代小说，夏敬渠（1705～1787年）撰，共154回，以"奋武揆文天下无双正士熔经铸史人间第一奇书"20字编卷，这20字也是作者的自况。本书内容包括"叙事，说理，谈经，论史，教孝，劝忠，运筹，决策，艺之兵诗医算，情之喜怒哀惧，讲道学，辟邪说……"等等。书中主角文白，"是铮铮铁汉，落落奇才，吟遍江山，胸罗星斗"，是个文武全才，无所不能，一生享尽人世间所有的福禄。本书是作者炫耀学问、寄寓感慨的作品，从中可以窥见书生的某些心理。

《蟫史》：清代小说，江苏江阴人屠绅著，20卷。书中的主角桑蠋生，实际上是作者自况。本书写福建人桑蠋生协助甘鼎平定南方叛乱的经历。《蟫史》文笔古奥，虽华美而缺乏天然之趣，奇崛而毫无深意。作者的意图，乃是向世人炫耀他的文辞之典雅。从小说的角度看，未必很高明。

《燕山外史》：清代小说，陈球著，8卷。写永乐年间窦绳祖与李爱姑的爱情与婚姻故事。全书用骈俪文写成，专意炫耀文笔。

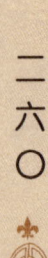

经典摘录

泣红亭主人曰：以史幽探哀萃芳冠首者，盖主人自言穷探野史，尝有所见，惜湮没无闻，而哀群芳之不传，因笔志之。……结以花再芳毕全贞者，盖以群芳沦落，几至澌灭无闻，今赖斯而不朽，非若花之重芳乎？所列百人，莫非琼林琪树，合璧骈珠，故以全贞毕焉。

——第四十八回

他解释科举弊端、士林丑态的讽刺笔法，模仿《儒林外史》的风格；它诙谐幽默的笔调和奇幻瑰丽的结构模式，类似于《西游记》；它对道家理想天国的描述，又和明代的《禅真逸史》、清代的《绿野仙踪》颇有渊源。苏联学者费施曼曾评价《镜花缘》是一部"熔幻想小说、历史小说、讽刺小说和游记小说于一炉的巨著"。

阅读指导

本书凭借高超的想象力，结合我国古代神话资料《山海经》中提供的线索，加以发挥补充，描写了君子国、大人国、两面国、黑齿国、白民国、淑士国、无肠国、毛民国、翼民国等地的奇闻异事、风土人情，令人目不暇接，忍俊不禁，读来仿佛置身于一个神奇的海外神话世界。

李汝珍在本书中彰显他的博学。比如第96回粉牌上列举了50余种酒，大致都是清朝中期的名酒：山西汾酒、江南沛酒、真定煮酒、潮洲濉酒、湖南衡酒、饶州米酒、徽州甲酒、陕西权酒、湖南浔酒、巴县咋酒、贵州苗酒、广西瑶酒、甘肃乾酒、浙江绍兴酒、镇江百花酒、扬州木瓜酒、无锡惠泉酒、苏州福贞酒、杭州三白酒、直隶东路酒、卫辉明流酒、和州苦露酒、大名滴溜酒、济宁金波酒、云南包裹酒、四川路江酒、湖南砂仁酒、冀州衡水酒、海宁香雪酒、淮安延寿酒、乍浦郁金酒、福建院香酒、海州辣黄酒、栾城羊羔酒、河南柿子酒、泰州枯陈酒、茂州锅疤酒、山西潞安酒、芜湖五毒酒、成都薛涛酒、山阳陈坛酒、清河双辣酒、高邮豨莶酒、绍兴女儿酒、琉球白酌酒、楚雄府滴酒、贵筑县夹酒、南通州雪酒、嘉兴十月白酒、盐城草艳浆酒、山东谷辘子酒、广东瓮头春酒、琉球蜜林酊酒、长沙洞庭春色酒、太平府延年益寿酒等。这本书囊括了李汝珍的毕生所学，一片苦心，值得珍视；但是将学问写在小说里，写太多了自然会招致反感，这也是本书的一个瑕疵。

《镜花缘》图册 清 孙继芳

再生缘

成书年代：清
作　　者：陈端生
地　　位：弹词中第一部书

作者简介

　　弹词《再生缘》为清代杭州人陈端生少女时代的作品。陈端生是当时的大名人陈句山的长孙女，生于乾隆十六年（1751年），卒于乾隆五十五年（1790年）或嘉庆元年（1796年）。她的父亲陈玉敦是个举人，曾任山东登州府的地方官。母亲汪氏是在云南为官多年的汪上育的女儿。这样的家庭使陈端生自幼受到很高的学术熏陶，并比一般女性有更开阔的眼界和更广泛的知识。她从17岁起，

《再生缘》剧照

用了两年左右的时间，在山东登州父亲的官邸完成了前16卷的创作。1770年陈端生母亲病逝，1771年祖父病亡，陈端生全家从登州回到原籍杭州。按礼制，陈端生应守母丧及祖父丧各3年，陈端生结婚时已是23岁。陈寅恪先生考证，陈端生丈夫名范讫，也是世家子弟。他在1780年的一次科举考试中，因作弊，被流放新疆伊犁。15年后，方才遇赦，在回乡途中，陈端生病故，没有来得及相见。《再生缘》的写作中断了14年，乾隆四十九年（1784年）开始动手写第17卷，17卷后就未能再写下去。现存20卷本的后三卷是另一个女作家梁楚生所续补。最后由女作家侯芝整理为80回本。

背景介绍

　　弹词是一种讲唱文学。它来源于唐代"变文"，"变文"多以说唱交替、散韵结合的形式讲述宗教故事，以七字句为主。宋代的陶真、涯词、鼓子词也都是说

名家点评

　　心中于吾国当日奉为金科玉律之君父夫三纲，皆欲藉此等描写以摧破之也。端生此等自由及自尊即独立之思想，在当日及其后百余年间，俱足惊世骇俗，自为一般人所非议。

——陈寅恪《论〈再生缘〉》

　　若是长篇巨制，文字逾数十百万言，为弹词之体者，求一叙述有重点中心，结构无夹杂骈枝等病之作，以寅恪所知，要以《再生缘》为弹词中第一部书也。

——陈寅恪《论〈再生缘〉》

　　陈端生的本领比之十八九世纪英法的大作家们，如英国的司考特、法国的斯汤达和巴尔扎克，实际上也未遑多让。

——郭沫若《序再生缘前十七卷校订本》

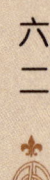

弹词起源于唐，至明时已十分流行，不仅在酒肆歌楼随处可见，在达官显贵的客舍里，也常可见到弹唱歌女的身容。由于官贵们要求她们面容姣好，体态轻盈，且音色端纯而清丽，故其身价也较歌楼酒肆的高。

唱文学。"弹词"的名称，最早见于金代，董解元《西厢记诸宫调》的别称就是《西厢记挡弹词》。虽然"挡弹词"与后来所说弹词并不是一回事，但同样作为说唱文学形式，两者还是有相似之处的。到了明嘉靖至万历年间，弹词已经流行。杨慎有《二十一史弹词》，又名《历代史略十段锦词话》，其唱文均为十字句。田汝成的《西湖游览志余》中记载杭州八月观潮，"其时，优人百戏，击球、关扑、鱼鼓、弹词，声音鼎沸"。沈德潜的《万历野获编》则记载万历时北京朱国臣"蓄二瞽妹，教以弹词，博金钱"之事。到了清代，出现了弹词与鼓词的分野：弹词主要流行于南方，用琵琶、三弦伴奏；鼓词主要流行于北方，用鼓、板击节，用三弦伴奏。

弹词是由说（说白）、噱（穿插）、弹（伴奏）、唱（唱词）几部分组成的。说白为散体，唱词以七言韵文为主，穿插着三言句。方言弹词以吴语为最多，另外像广东的木鱼书，则杂入广东方言。弹词的篇幅往往很大，如《榴花梦》竟达360卷，约500万字。内容通常用第三人称叙述，文字大多很浅近，弹词可以说是一种韵文体的长篇小说。弹词的演出很简单，二三人、几件乐器即可，一个本子可以说得很长，这种特点使它适宜家庭的日常娱乐，弹词的文本也适宜作消遣读物。一些生活比较优裕的妇女，没有劳作之苦，社交活动又很少，生活乏趣，听读弹词于是成为她们生活中的喜好。清代弹词的兴盛与这一背景有很大关系，许多弹词也是为此而写的。

名著概要

《再生缘》故事情节大致是：十三省都督之子皇甫少华与元戎侯爵之子刘奎璧都向才貌双全的15岁少女孟丽君求婚。孟丽君之父孟尚书决定用比箭的方式选择女婿，双方各射三箭，一箭射垂杨，一箭射金钱眼，一箭射挂着蜀锦宫袍的红绳。刘奎璧以一箭之差败于皇甫少华，孟丽君成了皇甫少华的未婚妻。刘奎璧不服输，多次阴谋陷害皇甫少华，又借着姐姐做皇后的权势，使皇甫全家抄家问斩。少华及其母、姐潜逃。刘奎璧逼孟丽君改嫁，孟丽君不从，女扮男装逃离家庭，参加科举考试，中了状元，官至兵部尚书及丞相，揭穿了刘氏家族的阴谋，使皇甫一家不仅官复原职而且晋升高官。皇甫少华及皇帝本人与孟丽君同朝共事，虽未完全确认，但早已觉察了她是一名女性。少华多次巧用计谋，企图逼迫孟丽君与他"同偕花烛"；而皇帝本人也深深堕入情网，一方面逼迫她承认自己是女性，另一方面又逼迫她假认自己不是孟丽君而是另外一个女子，以便他自己能娶她入宫，封为皇妃。孟丽君为保卫自己开创出来的独立自由生活，劳心焦思，左推右挡，冒着"惑乱阴阳，盗名欺君"的死罪，始终不愿恢复女性身份。然而，不幸她终于未能逃脱皇太后的圈套，在一次无法拒绝的极为特殊恩宠的赐宴之中，她被药酒迷醉。宫女奉皇后（皇甫少华姐姐）之命，乘醉脱靴，暴露了孟丽君的三寸金莲，并盗去她的红绣软鞋。宫女为皇帝所截，三寸红绣鞋落入皇帝之手。皇帝即将孟丽君秘密送回府第，随即微服造访，要孟丽君承认自己的性别，但不要承认是孟丽君，只说是来自他乡的未婚女子，否则就要将她打入天牢，治她欺君死罪。孟丽君的父母、翁姑、兄弟、乳母、密友，无一例外都来逼她。孟丽君孤单无靠，走投无路，无法冲决天罗地网，在绝境中吐血昏迷。

阅读指导

　　这是一部女子写给女子看的作品。书中赞扬女子的才德，也写出了男权社会中女子的困境。在男权社会中，女性自我处于一种无名、无称谓、无身份的状态，她要表述自己的梦，就只能借助于男性所创造的一切，只能利用男子的经历、男子的判断和男子的声音来曲折迂回地表述女性的梦幻。孟丽君最终连"隐居林泉"的最低愿望也不能实现，她身犯"瞒蔽天子，戏弄大臣，搅乱阴阳，误人婚配"的四重大罪，这就是一个女性梦想逃出男权秩序、追求男女并驾齐驱、公平竞争而不得不冒犯的罪名。《再生缘》的不朽价值正在于它全面揭露了在男权社会里女子无名、无称谓、无话语的暗哑世界，第一次曲折地表现了女性对男尊女卑定式的逆反心理，表明了女性与男性并驾齐驱、公平竞争的意愿，它第一次否定了"男婚女嫁""从一而终"的陈规定式，而幻想着女性独立自主、建功立业的完全不同于传统的生活。这是这本书的思想价值。

　　在艺术上，《再生缘》也有着许多成功之处。它情节曲折，结构精密，尤其擅长人物心理描写。它围绕孟丽君与皇甫少华的情感波折，展开了曲折的故事情节，叙事生动，悬念迭出，波澜起伏，引人入胜。篇幅虽然浩瀚，文字逾百万，但结构精密，线索分明，决无冗长枝蔓。在人物描写特别是人物心理描写方面，《再生缘》也有着一定的特点。《再生缘》的主要人物孟丽君塑造得性格鲜明，作者善于抓住人物主要的性格特征，反复进行艺术描写，使人物的性格丰满充实。

经典摘录

　　郦明堂（孟丽君）：（唱）此刻是珠窗隔开珠帘卷，见那窗外花儿尽牡丹。富贵牡丹分五色，香风阵阵扑人面。（白）牡丹的种类很多，有七十二种；就说几种吧！（唱）有那嫩白娇红和墨种，姚黄魏紫出天然。朝酣国色真称绝，夜染天香果不凡。……（白）启奏万岁，此间牡丹，尽皆异种，人间少有，依稀是天上仙花。万岁月乃人中之王，牡丹乃花中之王。牡丹盛开，正是国家祥瑞之兆。……想那吕祖纯阳，三戏白牡丹，乃是民间传说误。其实，乃是吕祖师三度白牡丹，度脱她凡胎俗骨，早升仙界。

——《再生缘》六十二回

海国图志

成书年代：清
作　　者：魏源
地　　位：中国第一部系统的世界史地著作

作者简介

魏源（1794～1857年），原名远达，字默深，湖南邵阳金滩人。父亲魏邦鲁做过主簿之类的小官，在魏源10岁时，家乡发生了严重的灾荒，当时父亲正在江苏，无法救济他们，家庭生活极为艰苦，但魏源还是坚持看书。魏源21岁时，父亲由地方调往京师做官，他也就跟随父亲来到了北京。29岁时中了举人后，考进士一直落榜，到了51岁时，才中了三榜的第十九名进士。中进士之后，到扬州、高邮等地做过知县和知州。此前魏源和林则徐、龚自珍等爱国志士交往甚密，经常议论时政。由于魏源思想敏锐，富有朝气，因此他在官场上很不得意，处处碰壁。他一生的大部分时间是做幕客和从事写作。魏源在32岁时，江苏布政使贺长龄请他编《皇朝经世文编》，一年之后完成，共有120卷，包括了政治、经济等方面。因为搜集了很多的社会经济资料，而且以经世致用为指导思想，所以，该文编成之后影响极大，受到当时许多人的赞赏。1840年，鸦片战争爆发，由于战事失利，魏源悲愤填膺，爱国心切，于是在1841年3月，愤然弃笔从戎，投入两江总督、抵抗派将领裕谦幕府，到定海前线参谋战事。于1842年写成50卷的《海国图志》，1847年至1848年，魏源又将《海国图志》增补为60卷本，刊于扬州，到1852年又扩充为百卷本。在1853年，太平天国攻陷南京后，魏源也和曾国藩一样在地方筹办团练，准备镇压。后来被人诬陷延误情报传送，被免职。第二年恢复职务后不久，他就以"世乱多故，无心仕宦"为由，辞

魏源画像

作品评价

《海国图志》在中国近代史上，是第一部较为系统的世界史地著作，它给闭塞已久的中国人以全新的近代世界概念，使中国人既看到了西洋的"坚船利炮"，又看到了欧洲国家的商业、铁路交通、学校等情况。《海国图志》不仅在编撰和内容上弥补了《四洲志》等书的缺憾，而且初步形成了自己的结构和理论方法。当然它并不是一部完善的著作，如书中除《筹海篇》和各部分的叙文、按语以及《元代北方疆域考》为精心撰写外，其余大多是辑录他人著作汇编而成。在汇编时其中原有的欠缺和错误，他并没有纠正。但《海国图志》仍不愧是一部杰作，对海内外产生过深远的影响。

职回乡。最后住在杭州的寺庙里研究佛教，不见任何客人，64 岁时病逝，葬在杭州。魏源的著作极多，除《海国图志》之外，还著有《圣武记》《元史新编》《清夜斋诗稿》《古微堂诗集》《默觚》等。

背景介绍

清朝乾隆、嘉庆以来，学术思想界盛行以考据训诂为主流的学术思潮，世称乾嘉学派。这种学术思潮很快暴露出严重弊端，那就是使知识学问脱离国计民生和生活实践，儒学的社会功能日渐丧失。为了纠正这一学术文化之偏，清道光以后学术风尚发生了重大转向，龚自珍、魏源等继承了汉代今文经学的经世致用传统，以竭力扭转当时的学风。魏源曾受贺长龄所托，编《皇朝经世文编》，影响深远。他还关注河政、漕政、盐政等方面的现实问题。尤在西方列强对中华民族的主权构成严重威胁之时，魏源主张对外开放，学习西方的科学技术，"师夷长技以制夷"。

名著概要

1842 年写成的《海国图志》只有 50 卷，1847 年至 1848 年，增补为 60 卷，1852 年又扩充为百卷本。《海国图志》是中国近代史上最早的一部由中国人自己编写的有关世界各国情况介绍的巨著。百卷本的《海国图志》除了以《四洲志》为基础外，还先后征引了历代史志 14 种，中外古今各家著述 70 多种，还有奏折十多件和一些亲自了解的材料，其中也包括外国人的著述。《海国图志》系统地介绍了世界各国的地理位置和历史沿革等史地知识，涉及各国的气候、物产、交通贸易、民情风俗、文化教育、宗教、历法、科学技术等，有人誉《海国图志》为国人谈世界史地的"开山"之作。

《海国图志》不但详细记载了外国的情况，还首次从理论上肯定了研究世界史地的必要性。在百卷本的《海国图志》中，作者不仅重视工商业，并由经济扩展到政治，由原来对西方"坚船利炮"等奇技的惊叹，发展到对西方近代资本主义民主政体的介绍。就拿介绍美国民主政治来说，《海国图志》征引了《地球图说》《地球备考》《外国史略》《瀛环志略》等书中的材料，详细地介绍了美国民主政治，涉及美国的联邦制度、选举制度、议会制度等方面。

在军事思想方面，魏源在战略防御的指导思想下，提出了"以守为战""以逸待劳"的战略思想，以及"诱其深入""坚壁清野""出奇设伏""水陆夹攻""草木皆兵"等战术原则。这种以弱胜强的战略战术思想，不但适用于近代中国的反侵略战争，也适用于遭受西方殖民主义侵略的其他国家。

魏源认为"行"是知识的真正来源，而不是死的

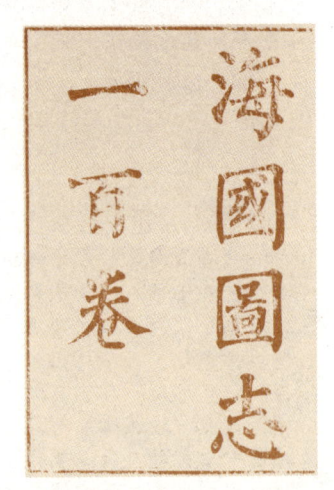

《海国图志》书影

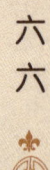

相关链接

魏源的另一部代表作《默觚》是其主要哲学著作,是《古微堂文集》的内篇。《默觚》分为《学篇》十四、《治篇》十六,提倡"经世致用"之学,反对烦琐考证的汉学和空谈心性的理学,着重从认识论上阐发了一些朴素唯物主义反映论的道理。本书坚持知识来源于亲身经历,行而后知,不知不行的唯物主义原则。更可贵的是,《默觚》在历史观上有发展和进化的观点。

名家点评

治域外地理者,(魏)源实为先驱。
——梁启超《清代学术概论》

幕府末期日本学者文化人等……例如横井小楠的思想起了革命,倾向开国主义,其契机是读了《海国图志》。
——日·井上靖

书本,不"行"就得不到有用的知识。他对此有个很形象的比喻:"披(即阅读)五岳之图以为知山,不如樵夫之一足;谈沧溟之广以为知海,不如估客(指海外贸易商人)之一瞥;疏(即注释)八珍之谱(名贵菜谱)以为知味,不如庖丁之一啜(品尝)。"所以,魏源才重视实际的调查研究。

魏源坚信这形而下的宇宙世界有一个形而上的根本,它是世界的主宰者和本原。在他的思想体系中,天道的观念一直居于十分重要的核心地位。魏源所关怀和信仰的"道",具有下面所论的一系列基本特征:恒常性、普遍性、唯一性、主客合一性。从魏源对"道"的思考和论述来看,他确是充满着对道的深切关怀。尽管他一直被认定为晚清时期"好作经济谈,而最注重边事""喜以经术作政论",即充满经世情怀之士,然而,他所钻研的一切经世之学、治世之术,都必须有"道"的依托。所以,对"道"的深切关怀,一直贯穿着魏源的学术思想,构成了他的学术思想的核心。

魏源对"器""技"等西方近代的科学技术做了充分的肯定,并大力倡导学习、引进这些代表西方科学技术的"器""技"。明确提出了"师夷长技以制夷"的思想,率先倡导学习西方文化。当然,这里所言的西方文化主要还限定在"夷之长技",而所谓"长技"又是指军事工业技术方面,即如他所说的:"一战船,二火器,三养兵练兵之法。"但是,这一点,对于闭关锁国的清皇朝来说,仍是十分激进的主张,对以后的洋务运动、维新运动均起到了重要的推动作用。而这一"师夷长技"主张的思想基础,仍是魏源那种"治事"的经世致用观念,尤其是重功效的价值标准、验实事的思维取向。

魏源以"师夷长技"为突破口,不仅仅主张学习西方的军事工业方面的制造技术,而且也开始广泛学习、引进西方的科学思想、经济思想和政治思想。

阅读指导

在阅读时,首先应该牢牢把握住魏源"经世致用"的主要学术思想,而具体则体现为"师夷长技以制夷"。其次要处理好所征引的图书资料,因为从古到今,从中到西，从书到图多达近百种。在看到考证具体史实处理古今中西记载的歧异问题时，魏源的基本原则是立足于今、西。

曾国藩家书

成书年代：清
作　　者：曾国藩
地　　位：末世圣贤的肺腑之言

作者简介

曾国藩（1811～1872年），字伯涵，号涤生。1811年出生于湖南省双峰县井字镇荷叶塘的一个豪门地主家庭。祖辈以农为主，生活较为宽裕。祖父曾玉屏虽少文化，但阅历丰富；父亲曾麟书身为塾师秀才，满腹经纶，作为长子长孙的曾国藩，自然得到二位先辈的厚望，他们望子成龙心切，便早早地对曾国藩进行封建伦理教育。曾国藩6岁时入私塾读书，8岁能读八股文诵五经，14岁时能读《周礼》《史记》《文选》，并参加长沙的童子试，成绩俱佳列为优等，可见他自幼天资聪明，勤奋好学。至1832年他考取秀才，并与欧阳沧溟之女成婚，踏上了人生的一大台阶。曾国藩28岁便考中了进士，从此之后，他一步一阶地踏上仕途之路，并成为军机大臣穆彰阿的得意门生。在京十多年间，他先后任翰林院庶吉士、侍读、侍讲学士，文渊阁直阁事，内阁学士，稽察中书科事务，礼部侍郎及署兵部、工部、刑部、吏部侍郎等职，步步升迁到二品官位。他一生严于治军、治家、修身、养性，实践了立功、立言、立德的封建士大夫的最高追求。曾国藩一生经过了清王朝衰朽的过程，就其本人而言，早年精专学问，学作圣贤，着实取得不少成绩，后从戎理政，也不失终有成。1872年3月12日，曾国藩死于两江总督任上，终年61岁。

曾国藩像

背景介绍

曾国藩所处的时代，是清王朝由盛而衰、内忧外患接踵而来的动荡年代，由于曾国藩等人的力挽狂澜，一度出现所谓"同治中兴"的局面，曾国藩正是这一过渡时期的中心人物，在政治、军事、文化、经济等各个方面产生了令人瞩目的

作品评价

历史是公正和客观的，无论曾国藩属何种类型的人，该如何评说，但至少有一点可以肯定，曾国藩对他所处的历史时期和后世的中国社会，都产生过重要的影响，尤其是他留下的《曾国藩家书》一书，历来受到世人的重视。《曾国藩家书》反映了曾国藩一生的主要活动和其治政、治家、治学、治军的主要思想，是研究曾国藩其人及这一时期历史的重要材料。

影响。这种影响不仅仅作用于当时，而且一直延至今日。因而也使之成为近代中国最显赫和最有争议的历史人物。

名著概要

《曾国藩家书》收集及整理了曾国藩家书中的精华部分，按年代顺序并合为：修身篇、劝学篇、治家篇、理财篇、交友篇、为政篇及用人篇等部分，基本涵盖了曾国藩一生的主要思想。

曾国藩作为晚清著名政治家，对清王朝的腐败衰落，洞若观火，他说："国贫不足患，惟民心涣散，则为患甚大。"他认为"吏治之坏，由于群幕，求吏才以剔幕弊，诚为探源之论"。基于此，曾国藩提出，"行政之要，首在得人"，危急之时需用德器兼备之人，要倡廉正之风，行礼治之仁政，反对暴政、扰民，对于那些贪赃枉法、渔民肥己的官吏，一定要予以严惩。至于关系国运民生的财政经济，曾国藩认为，理财之道，全在酌盈济虚，脚踏实地，洁己奉公，"渐求整顿，不在于求取速效"。曾国藩将农业提到国家经济中基础性的地位。受两次鸦片战争的冲击，曾国藩对中西邦交有自己的看法，一方面他十分痛恨西方侵略中国，认为卧榻之旁，岂容他人鼾睡，并反对"借师助剿"，以借助外国为深愧；另一方面又不盲目排外，主张向西方学习其先进的科学技术。

在治学论道方面，曾国藩说："盖真能读书者，良亦贵乎强有力也。"要有"旧雨三年精化碧，孤灯五夜眼常青"的精神。写字或阳刚之美，或阴柔之美。文章写作，需在气势上下功夫，要注意详略得当，详人所略，略人所详，为文贵在自辟蹊径。

曾国藩认为持家教子主要应注意以下十事：勤理家事，严明家规；尽孝悌，除骄逸；"以习劳苦为第一要义"；居家之道，不可有余财；联姻"不必定富室名门"；家事忌奢华，尚俭；治家八字：考、宝、早、扫、书、蔬、鱼、猪；亲戚交往宜重情轻物；不可厌倦家常琐事；择良师以求教。

曾国藩的军事思想内涵极丰，他认为，兵不在多而在于精，"兵少而国强"，"兵愈多，则力愈弱；饷愈多，则国愈贫"。主张军政分理，各负其责。他购买洋枪、洋炮、洋船，推进中国军队武器的近代化。治军以严明军纪为先，同时注意培养"合气"，将士同心，他认为"将军有死之心，士卒无生之气"。其中最丰富并值得今人借鉴的是其战略战术。如"用兵

曾国藩手札

中国名著大讲堂

二六九

动如脱兔，静如处子"；主客奇正之术，"扎硬寨，打死仗"，水师不可顺风进击，善择营地，"先自治，后制敌"，深沟高垒，地道攻城之术，水陆配合，以静制动，"先拔根本，后翦枝叶"，等等。

曾国藩认为交友贵雅量，要"推诚守正，委曲含宏，而无私意猜疑之弊"。"凡事不可占人半点便宜。不可轻取人财"。要集思广益，兼听而不失聪。为人须在一"淡"字上着意。曾国藩写有格言十二首，基本上概括了他的处世交友之道。

曾国藩总结了修身十二款：敬、静坐、早起、读书不二、读史、谨言、养气、保身、日知所亡、月无亡不能、作字、夜不出门。他认为古人修身有四端可效："慎独则心泰，主敬则身强，求人则人悦，思诚则神钦。"曾国藩不信医药，不信僧巫，不信地仙，主张守笃诚，戒机巧，抱道守真，不慕富贵，"人生有穷达，知命而无忧"。曾国藩认为："养生之法约有五事：一曰眠食有恒，二曰惩忿，三曰节欲，四曰每夜临睡前洗脚，五曰每日两饭后各行三千步。"养生之道，"视""息""眠""食"四字最为要紧，养病须知调卫之道。

名家点评

曾国藩建立的功业和文章思想都可以为后世取法。曾编纂的《经史百家杂钞》"孕群籍而抱万有"，是国学的入门书。
——毛泽东

吾于近人，独服曾文正。
——毛泽东

章太炎对曾国藩的评价最为客观，称曾国藩"誉之则为圣相，谳之则为元凶"。

阅读指导

阅读时，首先要抛开历来从历史课本上得来的对曾国藩的印象，持实事求是的态度，定会受益匪浅。

三十六计

成书年代：明清之际
地　位：汇集兵家奇谋方略之兵书

作者简介

据调查，国内流行本《三十六计》（以下简称"流行本"）一书最早来源于民国三十年(1941年)，由成都瑞琴楼发行、四川兴华印刷所用土纸排印本。1943年，北京的一名教师叔和在成都的祠堂旧街一地摊上无意购得瑞琴楼版的《三十六计》，该书旁注小字"秘本兵法"，无作者姓名且后三页被撕毁。现在通行的《三十六

作品评价

自《孙子兵法》问世以来，兵书丛集，洋洋大观。见于记载的三千余种，保存至今的也在千种以上，而《三十六计》则独树一帜，雄踞一流。其用途之广博，即使《孙子兵法》也难以企及。世界上许多国家很早就对《三十六计》进行了认真深入的研究。在日本，该书不仅是军事领域的必修教材，更是工商企业人士的制胜法宝，就连一些运动员对其中的精言警句也能脱口而出。

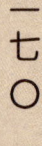

唐烽火台遗址

计》版本是叔和发现的。内地与港台地区近年来出版的有关三十六计方面的书籍，基本上以叔和本为依据。叔和本无准确的著作年代，也无作者姓名可考。但据推测，该书成书约在明清之际，其作者很可能是一位深谙兵法理论、悉通《易经》、满腹经纶的中下层失意的知识分子。名姓现今尚无确考。2003年7月，西安一位姓张的民间收藏家向媒体披露了一个震撼性的消息：他收藏有其父原著的《秘本兵法》手定稿，社会上流传的《三十六计》一书仅有2797字，其源自《秘本兵法》的早期草创本，内容也只是《秘本兵法》中的"第六行"即第六卷万余字中的一部分。有关专家认为，如果情况属实，《秘本兵法》的出现，是《三十六计》在版本学上的一个重要发现，也为探究《三十六计》的原作者提供了一个新线索。

背景介绍

《三十六计》是根据我国古代卓越的军事思想和丰富的斗争经验总结而成的兵书。"三十六计"一语，先于著书之年，语源可考自南朝宋将檀道济（？～436年），据《南齐书·王敬则传》："檀公三十六策，走为上计，汝父子惟应走耳。"意为败局已定，无可挽回，唯有退却，方是上策。此语后人赓相沿用，宋代惠洪《冷斋夜话》："三十六计，走为上计。"及明末清初，引用此语的人更多。于是有心人采集群书，编撰成《三十六计》。

原书按计名排列，共分六套，即胜战计、敌战计、攻战计、混战计、并战计、败战计。前三套是处于优势优域所用之计，后三套是处于劣势所用之计。每套各包含六计，总共三十六计。其计名，有的来源于历史典故，如"围魏救赵"等；有的来源于古代军事术语，如"以逸待劳"；有的来源于古代诗人的诗句，如"擒

相关链接

民国时期从事中国古代兵法研究的陕西学者张联甲的《秘本兵法》一书，又名《九已兵法》。定稿本《秘本兵法》共有14万字，分为九行，即九卷，其"总目"为："前辞·从善如流；一一行·一道而立；二二行·四德而生；三三行·九神定容；四四行·一十六备；五五行·二十五正；六六行·三十六计；七七行·四十九策；八八行·六十四变；九九行·八十一知；验辞·从善可登。"从《秘本兵法》的整体结构可明显看出，"六六行·三十六计"属于其第六卷。《秘本兵法》的篇题全部用成语定名，内容全部用《易》理解释，数术贯穿于兵理之中，这是《秘本兵法》的三大独有特点。

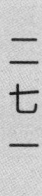

贼擒王"；有的借用成语，如"金蝉脱壳"；还有出自其他方面的。其中每计名称后的解说，均系依据《易经》中的阴阳变化之理及古代兵家刚柔、奇正、攻防、彼己、虚实、主客等对立关系相互转化的思想推演而成。解说后的按语，多引证宋代以前的战例和孙武、吴起、尉缭子等兵家的精辟语句。全书还有总说和跋。

> **名家点评**
>
> 现今传世的《三十六计》被称为"益智之荟萃、谋略之大成"的兵学奇书。
>
> 古书中称："用兵如孙子，策谋《三十六》。"
>
> 法国海军上将拉科斯也曾发表文章赞誉《三十六计》描述的方法和计谋"既适用于小小的战术，也适用于重大政治抉择，各行各业领导人都能从中找到新的秘诀"。

原书广引《易经》语辞，或以《易经》为依据。《三十六计》正是在前人的基础上进一步研究《易经》中的阴阳变化，推演出兵法的刚柔、奇正、攻防、彼己、主客、劳逸等对立关系的互相转化，使每一计都体现出极强的辩证哲理。全书三十六条计，引用《易经》二十七处，涉及六十四卦中二十二个卦。例如第三计"借刀杀人"，原文为"敌已明，友未定。引友杀敌，不自出力，以损推演"，也就是说，"借刀杀人"之计与损卦密切相关。先定计，后推卦，这是三十六计的特色所在。从某种意义上可以说，三十六计的理论基础就是《周易》的阴阳法则。三十六计原文运用阴阳变化之理，论证刚柔、奇正、攻防、虚实、劳逸等相反相成的关系，包含着丰富的辩证法思想。

《三十六计》作为一部兵书，所涉及的内容仅局限于古代战争的领域。然而，其丰富的内涵已经远远超出了军事斗争的范畴，被人们广泛应用于政治、经济、外交、管理、科技、体育乃至人生哲学等许多领域，成为人们排难解疑、克敌制胜的重要智慧源泉。人们今天研究三十六计应当遵循古为今用、兵为民用的原则，根据社会的进步与发展来不断发掘其无穷的思想价值。

《三十六计》是我国古代兵家计谋的总结和军事谋略学的宝贵遗产，为便于人们熟记这三十六条妙计，有位学者在三十六计中每计取一字，依序组成一首诗：金玉檀公策，借以擒劫贼。鱼蛇海间笑，羊虎桃桑隔。树暗走痴故，釜空苦远客。屋梁有美尸，击魏连伐虢。全诗除了檀公策外，每字包含了三十六计中的一计，依序为：金蝉脱壳、抛砖引玉、借刀杀人、以逸待劳、擒贼擒王、趁火打劫、关门捉贼、浑水摸鱼、打草惊蛇、瞒天过海、反间计、笑里藏刀、顺手牵羊、调虎离山、李代桃僵、指桑骂槐、隔岸观火、树上开花、暗度陈仓、走为上、假痴不癫、欲擒故纵、釜底抽薪、空城计、苦肉计、远交近攻、反客为主、上屋抽梯、偷梁换柱、无中生有、美人计、借尸还魂、声东击西、围魏救赵、连环计、假道伐虢。

阅读指导

鉴于《三十六计》原书中原解部分的文字过于艰深晦涩，难于理解，按语部分具体例证较少，因此，读者在阅读时最好找现代版的《三十六计》：书里首先

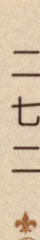

对"原解"中较难理解的词句尽可能地加以注释；接着参照原书"按语"对每计意思做了解析；然后对每一计的计名来源做了介绍；最后，每一计还各举一历史上有关的生动故事，以加深印象。

海上花列传

成书年代：清
作　　者：韩邦庆
地　　位：清代狎邪小说的压卷之作

作者简介

《海上花列传》原书署名"花也怜侬著"，作者真名韩邦庆（1856～1894年），字子云，号太仙，松江（今属上海）人。作者自幼随父亲居住北京，后来回家乡应科举考试，中秀才后多次考举人失败，曾一度在河南省的官府做幕僚，因性格不合而离去。后旅居上海，为《申报》撰述文稿。1892年，他创办个人性文艺期刊《海上奇书》。《海上奇书》是中国第一份小说期刊。刊物先是半月一期，后改月刊，每期刊《海上花列传》两回，每回配精美插图两幅；坚持了8个月，共出15期，终于停刊。刊物停办后的10个月左右完成全书。在《海上花列传》全书出版后不久，韩邦庆病逝，年仅39岁。

韩邦庆为人淡于功名，潇洒绝俗。家境寒素而不重钱财；弹琴赋诗，自怡自得；尤其擅长围棋，与好友对弈，气宇娴雅，一派名士风度。少年时即染上鸦片瘾，又沉迷女色，出入妓院青楼，将所得稿费尽情挥霍，因此入不敷出，捉襟见肘。他留下的作品还有文言短篇小说《太仙漫稿》等。

背景介绍

本书的背景是上海滩的妓院。300多年前，今天的上海市区还是一片荒地，地势低洼潮湿，被称为"上海滩"。明清之交，黄浦江与吴淞江汇合的三角地带，由于交通便利，货物集散，逐渐形成了市镇。到了清代中叶，人口超过了县城莘庄，于是上海县县治从莘庄（旧上海县）迁了过来。新上海的居民，大都来自苏

相关链接

《品花宝鉴》：清代小说。又名《怡情佚史》《群花宝鉴》。作者为江苏常州人陈森。全书60回。全书写青年公子梅子玉和男伶杜琴言的故事。本书对比描写了像梅、杜这样的"情之正者"和商贾市井、纨绔子弟之流的"情之淫者"两种人，寄寓作者劝世的意愿。

《青楼梦》：清代小说，又名《绮红小史》。作者为长洲（今江苏苏州）人俞达。全书64回。书中写吴中风流才子金挹香，与36美人（妓女）朝夕往来，缠绵缱绻，又不忘"努力诗书"，成就功名。中举后，为奉养双亲，在杭州做知府；最后弃官修道，妻妾全都白日升天，36美人也是仙女谪降的。

《花月痕》：清代小说，又名《花月痕全书》《花月因缘》《花月痕全传》。福建侯官人魏秀仁著。全书52回。写才子韦痴珠、韩荷生的故事。韦痴珠文采风流，狎妓刘秋痕；然而时运不济，以至于困顿羁旅，落魄而亡，秋痕也殉情而死。韩荷生饱读诗书，得到达官贵人赏识，聘作幕府，参赞军务，因功升官封侯。其所狎妓杜采秋后来从良，封一品夫人。

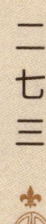

中国名著大讲堂

二七三

州、宁波等地。鸦片战争失败以后，中英两国签订了《南京条约》，把上海开放为通商口岸。不久，英、法、日等列强又在上海县城北面强占了大片土地，划为"租界"，开设洋行，雇用买办，收购土产，贩卖洋货。租界之内，一切权力全归外国人行使掌握。十里洋场，简直就是"中国中的外国"。随着商业的日渐发达，人口的逐渐增多，一向跟商旅有不解之缘的娼妓，也就在"上海滩"逐渐兴盛起来了。

上海的娼妓，据说最早的是"画舫"，也就是水上妓院。那是从南京的"秦淮娼妓"演变而来的。大约在签订了《南京条约》以后，上海的人口迅速增长，这时水上娼妓开始登陆。妓女的来源，主要是江浙两省的穷苦人家因天灾人祸无力偿还债务等原因，把稍有姿色的女儿卖入妓院。不过凡是长三堂子（高级妓院）中的妓女，一律以讲苏州话为时髦，因此不论妓女来自何方，到了上海，都要学说苏州话，而且自称是苏州人。问她原住苏州何处，则总是回答"阊门"。上海娼妓种类繁多，略去俄国人、日本人、朝鲜人开的外国妓院不说，单是"国产"的，就有画舫、书寓、堂子、台基、花烟间、野鸡、钉棚、咸水妹以及后期兴起的咸肉庄（应召女郎）、向导社、玻璃杯（茶座女招待）等十几种，还不包括私娼和"半开门"在内。中国自从有了鸦片以后，"烟赌嫖酒"四宗法宝结合起来，在"风月场"上大显身手，所向披靡，征服了无数浮浪少年、纨绔子弟，令他们沉沦孽海，无法自拔。

名著概要

《海上花列传》共64回，又名《青楼宝鉴》《海上青楼奇缘》《海上花》。"海上"是上海的倒语，"花"是妓女的代称。《海上花列传》主要写清末上海租界中官僚、富商社交活动场所高级妓馆中发生的故事，以及妓女与嫖客的生活，也提及了低级妓女的情形，因而妓馆、官场、商界是此书的三大场景。全书以赵朴斋、赵二宝兄妹二人的事迹为主要线索，前半部分写赵朴斋从乡间到上海投靠舅舅洪善卿，流连青楼，因而沦落到以拉洋车为生；后半部分写赵朴斋母亲携带二宝来上海寻赵朴斋，而二宝留恋上海的繁华，沦落为妓女。但赵氏兄妹之事在书中所占篇幅仅十分之一左右，前后还串联了其他许多人物的故事，比如罗子富与黄翠凤，王莲生与张蕙贞、沈小红，陶玉甫与李漱芳、李浣芳诸人的故事。作者说，这是一种"合传"的体式："合传之体有三无：一曰无雷同。一书百十人，其性情、言语、面目、行为，此与彼稍有相仿，即是雷同。一曰无矛盾。一人而前后数见，前与后稍有不符，即是矛盾。一曰无挂漏。写一人而无结局，

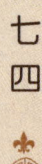

> **名家点评**
>
> 《海上花》第一个专写妓院，主题其实是禁果的果园，填写了百年前人生的一个重要的空白。
> ——张爱玲《国语本〈海上花〉译后记》
>
> 因为他是用苏州语写苏州妓女，故能绘声绘影，刻画入微，那些妓女们的脾气、语调和态度，都能活跃纸上，这正是方言文学的特色。
> ——刘大杰《中国文学发展史》

挂漏也；叙一事而无收场，亦挂漏也。知是三者，而后可与言说部。"《海上花列传》本来各人有各人的故事，经作者加以组织，结成一个总故事，因为作者要使得这些故事联合紧密，所以用了两个善于牵线的人物——洪善卿与齐韵叟，因此，一切零散的故事都联系成为有机体了。

阅读指导

《海上花列传》是一部精心构撰的小说，作者在艺术上有明确的追求。全书由若干独立单元连缀而成，作者强调"穿插藏闪之法"，追求"一波未平，一波又起"的连续性效果，使原本可以独立存在的人物故事相互纠结交错地发展，具有较完整的长篇结构。正如作者在《例言》中所说："全书笔法自谓从《儒林外史》脱化出来。惟穿插、藏问之法，则为从来说部所未有。一波未平，一波又起，或竟接连起十余波，忽东忽西，忽南忽北，随手叙来并无一事完，全部并无一丝挂漏；阅之觉其背面无文字处尚有许多文字，虽未明明叙出，而可以意会得之：此穿插之法也。劈空而来，使阅者茫然不解其如何缘故，急欲观后文，而后文又舍而叙他事矣；及他事叙毕，再叙明其缘故，而其缘故仍未尽明，直至全体尽露，乃知前文所叙并无半个闲字：此藏闪之法也。"

此书的语言，是用普通话叙述事件，用苏州话写对白。对不懂吴方言的人来说，确实很难读得真切，它的流传范围不广即与此有关。但作者明知会有这样的后果，为了保持人物鲜活的口吻，而坚持不肯改变，同样表现了他对小说艺术的重视。

儿女英雄传

成书年代：清
作　　者：文康
地　　位：重振八旗之"乌托邦"版

作者简介

《儿女英雄传》作者文康，满族镶红旗人，姓费莫，字铁仙，别号燕北闲人，生于1800年左右，卒于1860年左右。他出身满洲贵族，曾祖父温福做过工部尚书，祖父勒保做过经略大臣、陕甘等地总督、武英殿大学士及军机大臣，父辈中也有

正黄旗　镶黄旗　正红旗　镶红旗　正白旗　镶白旗　正蓝旗　镶蓝旗

八旗军服
八旗军服以颜色做区别，但只为大阅礼时穿着，平时不用。起初各旗是地位平列的，入关之后才有皇帝自领上三旗的做法。正黄旗、镶黄旗、正白旗被称为上三旗，其余五旗为下五旗。上三旗比下五旗尊贵。

> 侠烈英雄本色，温柔儿女家风。两般若说不相同，除是痴人说梦。儿女无非天性，英雄不外人情。最怜儿女最英雄，才是人中龙凤。
> ——缘起首回《开宗明义闲评儿女英雄　引古证今演说人情天理》
>
> 方今正值天上日午中天，人间尧舜在上，仁风化雨所被，不知将来成全得多少儿女英雄。正好发落这班儿入世，作一场儿女英雄公案，成一篇人情天理文章，点缀太平盛事。这便是今日绣旗齐展，宝镜高悬，发落这桩公案的本意也。
> ——缘起首回《开宗明义闲评儿女英雄　引古证今演说人情天理》

人做过内阁学士。文康自己曾经出资捐买过理藩院员外郎的官，后来升到直隶天津兵备道。但是他的儿子们不争气，晚年有感于国事与家事，写了这部小说，寄托自己的感慨。他的朋友马从善在《〈儿女英雄传〉序》中说："先生少袭家世余荫，门第之盛，无与伦比；晚年诸子不肖，家道中落，先时遗物，斥卖略尽。先生块居一室，笔墨之外无长物，故著此书以自遣。其书虽托于稗官家言，而国家典故，先世旧闻，往往而在。且先生一生亲历乎盛衰升降之际，故于世运之变迁，人情之反复，三致意焉。先生殆悔其已往之过，而抒其未遂之志欤？"文康借这部小说，表达他希望八旗子弟重新振作的愿望。

背景介绍

清朝是满族人建立的，实行优待满族人的政策，满族人有所谓的"铁杆庄稼"。政府的高官一般由满族人担任，中央各部尚书都设两人，满一人汉一人，满族实际上成为一个处在社会上层的阶层。八旗兵在清初战斗力很强，所以能占据中原，统一中国，成为中国的统治者。但是经过100多年养尊处优的生活，满族人日渐失去了往日的活力与进取精神，满族的种族优势正在失去。文康所处的时代，世风日下，满族上层人士大多面临着家族颓败的趋势。作者希望这一颓势得以挽回，创作了这部小说，期望能振奋人心。

名著概要

《儿女英雄传》，又名《金玉缘》，或称为《儿女英雄评话》。原著共有53回。而在刊刻出版时，经过他的朋友马从善删削，浓缩成41回。本书写汉军世族旧家子弟安骥的父亲安学海被上司陷害入狱，于是安骥变卖家产，不远千里前往赎救，途中夜宿能仁寺遇上歹徒，幸好得到侠女十三妹解救，同时被救的还有一位村女张金凤，由十三妹做主，二人结为夫妇。后来安学海打听到，十三妹就是其故交中军别将何杞之女何玉凤。玉凤因父亲被大将军纪献唐所害，隐姓埋名，避居他乡，志在待机复仇。安学海告诉她，纪献唐已经被天子处死，她寻思父仇已报，母亲又已经去世了，无家可归，便打算出家，却被张金凤等人劝阻，最后也嫁给了安骥。此后，何玉凤一反十三妹的侠义面目，勤于理家，而又热衷功名，劝丈夫"奋志成名，力求上进"。安骥得到两个妻子的辅助，连中举人、进士，考中探花，连连高升，官运亨通，"办了些疑难大案，政声载道，位极人臣"。金凤、玉凤姐妹各生了一个儿子，夫妻都活到一百岁，子孙也都很有出息，尽享荣华富贵。

书中人物有同时代人或前代人做原型，如纪献唐、蒋瑞藻《小说考证》中说："吾之意，以为纪者，年也；献者，《曲礼》云，'犬名羹献'；唐为帝尧年号：合之则年羹尧也。"又如，安骥大概是作者自况。

名家点评

缘欲使英雄儿女之概，备于一身，遂致性格失常，言动绝异，矫揉之态，触目皆是矣。

——鲁迅《中国小说史略》

短处在思想的浅陋，长处在口齿的犀利，语言的漂亮。

——胡适《〈儿女英雄传〉序》

阅读指导

《儿女英雄传》是一部武侠小说，但它又不是一部纯粹的武侠小说。书中感情的部分写得曲折动人，实际上同时也是一部言情小说，它将言情与武侠很好地结合在一起。同时，在文康的笔下，民间风俗得到尽情的展现，作者生动传神地描绘了清代中后期的科举程序、市井生涯、婚丧嫁娶、庙会场景等，是我们了解清代中后期北方社会的绝好材料。

《儿女英雄传》的一大特色，是它流畅悦耳、幽默动人的北京话。胡适对这一点很有感触，他说过："旗人最会说话，前有《红楼梦》，后有《儿女英雄传》，都是绝好的记录，都是绝好的京语教科书。"王力先生在著《中国现代语法》一书时选用的例子，就都是从《红楼梦》和《儿女英雄传》中选出，可见本书在语言运用上的成就。

小说前半部分写十三妹的豪侠仗义，有惊心动魄的草莽气度，很值得一读。但是本书也有让人生厌的地方，作者常常在叙述中掺杂迂腐的说教，使人厌烦。

老残游记

成书年代：清
作　　者：刘鹗
地　　位：小说艺术由古典向现代的转变

作者简介

《老残游记》的作者刘鹗（1857～1909年），字铁云，别号洪都百炼生，江苏丹徒（今镇江市）人。刘鹗出身官僚家庭，自小聪敏，四岁开始识字。刘鹗不喜欢科举文字，却爱结交三教九流的朋友，涉猎了治河、天算、乐律、词章、医学、儒经、佛典、诸子百家、基督教等方面的知识。刘鹗20岁时，在扬州碰到了太谷学派的第二代传人李光炘。太谷学派自称直接继承孔孟心法，主张以教养二途救国救民。刘鹗钦佩李光炘的学说，拜他为师。这期间，刘鹗在淮安开过烟草店，在上海办过印书局，都先后亏本，也曾正式挂牌行医。刘鹗34岁时，赴郑州协助总督吴大澂治理黄河，测绘出"豫、直、鲁三省黄河图"，撰写了《历代黄河变迁图考》《治

刘鹗像

> **相关链接**
>
> 《市声》：近代小说。作者姬文。最初发表在文学刊物《绣像小说》上，全书共25回。《市声》是一部以工商界为题材的小说，写华达泉、李伯正、范慕蠡等民族资本家，热心创办实业，不惜工本，购置机器，研究工艺，开办学堂，训练工人，但结果资金耗尽，事业无成。
>
> 《邻女语》：近代小说。作者署名忧患余生。最初发表在文学刊物《绣像小说》上，全书共12回。《邻女语》的题材是"庚子事变"。小说写宦宦子弟金坚北上见闻与官僚逸事，勾勒了当时社会的混乱面貌：一面是田园荒芜，城镇凋敝；一面是官僚们无恶不作。本书暴露了清末政治的腐败，官僚的昏聩无能。

河五说》《治河续二说》《勾股天玄草》《弧角三术》等著作。此后，他又曾经开工厂、办商场，不幸都以失败告终。1900年义和团起事，八国联军侵入北京，刘鹗向联军购得太仓储粟，设平粜局赈济北京饥困。1908年，清廷以"私售仓粟"的罪名把他充军新疆。1909年，因中风逝世于乌鲁木齐。刘鹗也是著名的学者，他编撰出版的《铁云藏龟》是我国第一部著录甲骨文资料的书，对甲骨学的发展有很大贡献。

背景介绍

　　鸦片战争前后，长期闭关的国门被外国侵略者用鸦片和坚船利炮强行打开，一时间"海警飙忽，军问沓至"，中国社会出现了数千年未有的危机，整个社会以及思想文化界处于"万马齐喑"的状况，社会危机日益积重难返。鸦片战争前后的社会情景，正如时人所论析："今日之时势，观其外犹一浑全之器也，而内之空虚无一足以自固。"清朝社会已是百孔千疮，穷途末路。清朝统治阶层到嘉庆、道光时期，已经完全腐化败坏。当时皇宫"一日之餐，费至十余万"，"三年清知县，十万雪花银"则是官场的真实写照。当时卖官鬻爵公行，贪污贿赂成风。政府已经连维持政治秩序的能力也没有了，社会矛盾迅速激化。小农经济日益破产，大批农民丧失赖以生存的土地，酿成彼伏此起的农民起义。就在农民起义不断爆发之际，西方殖民势力又不断入侵。这些现象表明，当时的中国已处于内忧外患的夹击之中，整个社会已是风雨飘摇。

名著概要

　　《老残游记》是刘鹗晚年撰写的长篇小说。从1903年开始，先在上海商务印书馆的半月刊《绣像小说》上连载，后来在《天津日日新闻报》上继续连载。本书写江湖医生老残在山东一带游历过程中的所见、所闻、所为。

　　老残姓铁名英，读过几句诗书，做不通八股文章，没中过秀才，也没人要他教书，拜了一个道士为师，也摇起串铃，靠替人治病糊口，奔走江湖近20年。山东博兴县有个姓黄的大户，得了一种浑身溃烂的奇病，无人能医。老残用古药方治好了黄大户的病。黄家感激不尽，设宴招待三天。老残和黄大户告辞，前往济南大明湖去看风景。到了大明湖，听说有位说鼓书的白妞很不寻常。于是老残

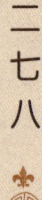

审案图

图中所表现的是清末官员在光天化日之下审理案件，以示天日昭昭不可欺。然而吏狠官毒，百姓仍生活在有天无日的世界中。

来到明湖居，听了白妞的鼓书，大饱耳福，颇有"三月不绝"的感觉。接着他又游览了济南的四大名泉：趵突泉、金钱泉、黑虎泉、珍珠泉。在衙门机要幕宾的江苏人高绍殷之妾得了喉蛾，已滴水不进，经老残医治，三四天就好了。从此，找老残看病的人越来越多。有一天，老残在饭馆听人议论玉贤办强盗案办得好，受到巡抚赏识，保荐他为知府。老残想实地考察玉贤的"政绩"。可是山东省巡抚把老残看作是奇才，授予官职。老残无奈，只好半夜离开济南，赶往曹州。一路上听说了不少玉贤"政绩"。如于家屯的财主于朝栋家父子三人被栽赃，被关进站笼，全站死了。于朝栋的二儿媳妇就在府衙门口自尽了。一桩冤案，屈死四人。最后强盗倒是抓住了，但是给于家移赃的三个案犯却被玉贤放了！老残气愤酷吏加衔晋升，决心为民申冤，打算去省城。路上滞留在齐河县的一个旅店里，刚巧遇上好友监察御史黄人瑞。经黄人瑞撮合，老残用几百两银子，从火坑中救出了妓女翠环，纳为妾。老残听黄人瑞说，眼下齐河县有个清廉得格登登的县官名叫刚弼，实际上这个人也和玉贤一样，刚愎自用，主观断案，百姓有冤无处申。齐河县东北齐东镇的贾老翁，生有二男一女。大儿子30岁刚过就病死了，儿媳妇心情悲痛，就常回娘家去住。有一天贾魏氏回娘家，这边贾家13口人却平白无故猝然死去。贾老翁新过继的儿子贾干告到官府，说吃了魏家送来的月饼中毒而死。刚弼把魏家父女二人关入大牢，动刑逼供，贾魏氏不忍心看父亲受屈而死，就屈打成招。刚弼为此很是得意，准备了结此案。但衙内一些人都觉得这样办案不妥，不满意"瘟刚"的一意孤行。黄人瑞向老残请教办法。老残火速写信给山东巡抚，结果一封信救活了两条性命。贾家13口人死因不明，还是疑案，老残决心搞明真相。他东奔西走，几经周折，才侦知原来是贾老翁的女儿贾探春的情夫吴二浪子干的，他用的是一种香草"千日醉"，其实这不是毒药，千日之内若寻来另一种药草"还魂香"，这些人仍能复活。老残让官府押吴二浪子入监牢，然后亲自往泰山找道士青龙子，寻"还魂香"。寻来"还魂香"立即救活贾家13口人。贾、魏两家都很感激老残，招来戏班子、大摆宴席款待老残。老残没有久留，带着翠环离开齐河县，回江南老家去了。

作品特色

作品的主人公老残——一个摇串铃走四方的走方郎中，实际上是作者的自况。老残给自己取号"补残"，是因为他希望自己能像传说中唐代的神僧懒残一样，能够推演社会治乱，预测国家兴亡。小说以老残的行踪为线索，展示了他在中国

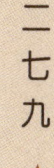

中国名著大讲堂

二七九

北方土地上所见、所闻、所思、所感。而所有这些，都是围绕"补残"这一深刻的寓意来进行的。

作者对于"补残"的追问与探索，主要通过两条线索来进行。一方面，它立足现实，以老残为主线，描写玉贤、刚弼、庄宫保等所谓"清官"的本质。小说破天荒地把"清官"之恶揭示在众人的面前，豁人耳目，撼动人心，为众多读者激赏。除以上主线外，小说在8至11回中，撇开主线人物老残，插入申子平夜访桃花山的故事。作者煞费苦心地把桃花山描绘成一个"桃花源"——这里风景如画，环境幽美，人们过着无拘无束、安逸闲适的生活。他们精通物理，洞察世运，超尘脱俗，逍遥自在，在这里自由地宣讲教义，纵论时局。

《老残游记》在小说中掺入散文和诗的艺术笔法，使得小说读来文笔清丽潇洒，意境深邃高远，大大地开拓了小说的审美空间。

阅读指导

刘鹗生在乱世，亲眼目睹国事的糜烂不堪，再加上自己一生事业上的失败，《老残游记》事实上也是刘鹗个人情感的寄托。他在书中说："吾人生今之时，有身世之感情，有国家之感情，有社会之感情，有宗教之感情，其感情愈深者，其哭泣愈痛，此洪都百炼生所以有老残游记之作也。棋局已残，吾人将老，欲不哭泣也得乎？"由此可知，《老残游记》为当时中国社会之缩影，也是作者寄托自己理想与思考的著作。这番感情，读者需认真体会。本书的独特之处是揭露了"清官"的暴政，作者说："赃官可恨，人人知之。清官尤可恨，人多不知。盖赃官自知有病，不敢公然为非，清官则自以为不要钱，何所不可？刚愎自用，小则杀人，大则误国，吾人亲目所见，不知凡几矣。……历来小说皆揭赃官之恶，有揭清官之恶者，自《老残游记》始。"刘鹗笔下那些清官，其实是一些急于升官的人，他们杀人邀功，用人血染红顶子。玉贤署理曹州府不到一年，衙门前12个站笼内便站死了2000多人。本书在这方面的描写，与为清官大唱赞歌的传统相悖，揭示出清廉面纱掩盖下的罪恶，眼光犀利，观点深刻，触及了国家政治制度的根源，足以发人深省。

本书中所写的人物和事件有些是影射真人真事的。刘鹗说："野史者，补正史之缺也。名可托诸子虚，事须征诸实在。"如姚云松影射姚松云，玉贤影射毓贤，张宫保影射张曜，史钧甫影射施少卿，王子谨影射王子展，刚弼影射刚毅，申东造影射杜秉国，柳小惠影射杨少和等，都能一一指实。有的完全是实录。如黑妞、白妞是当时真实的艺人。白妞又名小玉，在明湖居说书，人称"红妆柳敬亭"。

《老残游记》是晚清小说中艺术成就比较高的。本书在语言运用方面更是艺

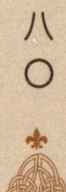

名家点评

其书即借铁英号老残者之游行，而历记其言论闻见，叙景状物，时有可观，作者信仰，并见于内，而攻击官吏之处亦多。
——鲁迅《中国小说史略》

一般的说，《老残游记》在晚清小说中，是最能写实的，所以然能有此种成果，当时刘铁云比较接近西洋科学故。
——阿英《阿英说小说》

高一筹。比如在写景方面，能做到自然逼真，书中描写千佛山的景色，描写桃花山的月夜，都显得清新明朗。在写明湖居王小玉唱大鼓时，作者更是运用烘托手法，辅以一连串生动贴切的比喻，将她的高超技艺绘声绘色地描摹出来，给人以身临其境的感受。这一段美文和其他很多文段一样，是脍炙人口的优美散文，甚至被选进中学语文教材。

二十年目睹之怪现状

成书年代：清
作　　者：吴沃尧
地　　位：离奇光怪的社会诸相写真

作者简介

《二十年目睹之怪现状》作者是广东佛山人吴沃尧（1866～1910年），字小允，号趼人，亦作茧人，别号我佛山人、野史氏、老上海、抽筋主人等。他出身小官吏家庭，曾祖父吴荣光官至湖广总督，祖父、父亲都是小官吏。吴沃尧17岁丧父，家境窘困。1883年，18岁的吴沃尧离家来到上海，先在茶馆做伙计，后到江南制造局做抄写工作。1897年，吴沃尧开始创办小报，先后主持了《字林沪报》《采风报》《奇新报》《寓言报》等报纸。1906年，担任《月月小说》杂志总撰述。他不满意清末政治的腐败、官僚的腐朽、社会风气的堕落、帝国主义的侵略，尤其憎恶惧洋媚外思想，在小说中一一予以揭露鞭挞。他主张要开化，要进步，要维新，力求借小说"改良社会"，"佐群治之进化"，挽救"道德沦亡"的风气。吴沃尧一生清贫，常常囊中羞涩，工作劳累，而生活困窘。吴沃尧著有《二十年目睹之怪现状》《痛史》《瞎骗奇闻》《恨海》《新石头记》《九命奇冤》《糊涂世界》《劫余灰》《上海游骖录》《发财秘诀》《近十年之怪现状》等长篇小说，《黑籍冤魂》《立宪万岁》《光绪万年》《平步青云》等短篇小说。其中以《二十年目睹之怪现状》最为著名。

背景介绍

晚清时期，在现代西方文明的压力和示范下，中国开始了现代化的进程，社会的各个方面发生了质的变化。在文学领域，由于旧的社会体制趋于松动，非官方的报刊等现代传媒在19世纪下半叶就已经出现，到了1906年，仅上海出版的报刊就达到66种，这时全国出版的报刊总数达到239种之多。这些报刊发表政论新闻，也发表诗歌和娱乐性质的文章，后来这些内容演变成副刊，最初的文学刊物就是以副刊的形式出现的。当时并称为四大文学刊物的是梁启超创办的《新小说》（1902年），李宝嘉主编的《绣像小说》（1903年），吴沃尧、周桂笙编辑的《月月小说》（1906年），吴摩西编辑的《小说林》（1907年）。1902年，梁启超提出"小说界革命"的口号，他认为小说是开启民智最有力的手段，他宣称"小说是文学之最上乘"，它与人生息息相关，"如空气，如菽麦，欲避不得避，欲屏不得屏，而日日相与呼吸之餐嚼之矣"。他还宣称，"今日欲改良群治，必自小说界革命始；欲新民，必自新小说始"。梁启超的话如平地惊雷，震撼了无数知识分子，并很快

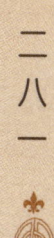

激起了强烈的社会反响。别士、楚卿、松岑、陶佑曾等人纷纷发表文章，他们赞同梁启超的"小说界革命"观点，鼓吹"新小说"，强调小说改造社会的功用和价值。这一运动刺激了小说的发展。辛亥革命以后，报纸杂志又一次大增，仅1911年新办的报纸杂志就达500种。据统计，从晚清到1917年文学革命之前，单是以"小说"命名的文学杂志就已近30种。文学刊物的出版呈现出繁荣的局面，"小说界革命"刺激了小说的革新，这种局势为小说创作的繁荣提供了土壤，这时出现了以写作为生的文人，也就是职业作家。晚清四大谴责小说最初都是在这些文学刊物上发表的，它们的作者有的也是报人。正是这些文学杂志催生了这些小说。

名著概要

《二十年目睹之怪现状》从1903年开始在梁启超主编的《新小说》上连载。全书共108回。全书写"九死一生"从1884年中法战争以来所见所闻的各种怪现状。

我15岁那年，父亲从杭州连发四封急信，说病危，叫我到杭州去。我乘了三日航船，方才到杭州，父亲竟在一小时前咽了气。父亲大殓之后，我盘了一个店铺，账上的银洋、黄金数目可观。我托父亲的好友云岫给母亲捎回132元银洋，余下的5000银子由伯父存到钱庄里。半年后，我才知道托云岫捎的钱竟被他贪了。家里生计困难，我到南京伯父那里支取利钱，公馆的人说他下乡办案，伯母又不肯见我，只好做了大关吴继之的书启。在当书启的日子里，我见到、听到了许多事情：一个乡下人靠娼妓当上道台；年轻的候补道台为升官，让自己的妻子出卖色相，巴结枭台；候补县太爷因撤职去做贼；珠宝店的东家诈骗伙计19000两银子；落魄官员苟才为求高升，穷摆架子。伯父终于与我见面了。有一日，一个40多岁的女人求见继之。她的丈夫是个候补知县，没有升迁路子，7年没有差事，因穷困自缢身亡。家徒四壁，安葬丈夫成了难事。继之送给她100两银子，并答应找人帮忙。

家乡来电报，称母亲病危。我急忙回故乡。原来是族中长辈修宗族祠堂摊派

经典摘录

唉！繁华到极，便容易沦于虚浮。久而久之，凡在上海来来往往的人，开口便讲应酬，闭口也讲应酬。人生世上，这"应酬"两个字，本来是免不了的；争奈这些人所讲的应酬，与平常的应酬不同。所讲的不是嫖经，便是赌局，花天酒地，闹个不休，车水马龙，日无暇晷。还有那些本是手头空乏的，虽是空着心儿，也要充作大老官模样，去逐队嬉游，好像除了征逐之外，别无正事似的。所以那"空心大老官"，居然成为上海的土产物。这还是小事。还有许多骗局、拐局、赌局，一切希奇古怪，梦想不到的事，都在上海出现——于是乎又把六十年前民风淳朴的地方，变了个轻浮险诈的逋逃薮。

——第一回《楔子》

我出来应世的二十年中，回头想来，所遇见的只有三种东西：第一种是蛇虫鼠蚁；第二种是豺狼虎豹；第三种是魑魅魍魉。

——第二回《守常经不使疏逾戚　睹怪状几疑贼是官》

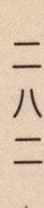

官吏出巡图

官吏出巡，往往全副仪仗，官气十足，且美其名曰亲民、爱民、理讼。然而到了清末，官吏一出，则百姓四骇，其所行所做，无非是扰民、害民、吓民、诈民而已。所谓"匪来如梳，兵来如篦，官来如剃"，足见官吏为害之甚且大。

银两，把我诳回来的。我安抚了族中长辈，变卖了田产，与母亲、婶婶和新寡的堂姊，离家到南京定居。行程中，我遇到了远亲王伯述。他曾官至山西大同府篆，精明强干，关心民间疾苦。在微服私访时，遇到了也微服私访的抚台，因为眼睛近视，未认出抚台，口无遮拦地指斥抚台的弊政，得罪了对方，被撤职察看。两日后到了南京，继之已为我们租了房子，我和继之分别拜各自的母亲为干娘，继之母亲也收堂姊为干女儿。一日，听关上的多师爷说了做贼的当了臬台的事：这个臬台本是一个飞檐走壁的贼，他听了一位算命先生的话，偷了一笔钱，捐了一个知县。在任时，仍没断了偷。后来，居然做了安徽臬台。

几个月后，继之说：为了将来有一个退路，他在上海开了家商号，其中有我2000股本。他让我去上海一趟，给他买一样送礼的东西，同时去对对账。我次日便乘船去上海。一日早晨，伯父家原来的一个伙计叫黎景翼的来见我，说他弟弟亡故，无钱安葬，求我资助。我答应了他。他走后，商号里的人告诉我：黎景翼不是个好人，为了得到长辈的遗产，他逼死了自己的亲弟弟，又把他的弟妇秋菊卖给了妓院。继之来信，叫我到苏州再开一个坐庄，以便两头接货。

一年后，我又到上海稽查，继之叫我速回南京。他得了一个新差事，要在科考之前到科场里面等待阅卷，请我给他帮忙。科考到了，我便以随从的身份入了内帘。外面早把大门封了，加上封条。傍晚时，我看见一只鸽子站在檐上，鸽子尾巴上竟缚着一张纸，拆开却是一张科考题目纸。继之大吃一惊，说是有人在作弊。他吩咐手下人把鸽子埋掉，把题目纸烧了。他说：历年科考作弊的都千奇百怪，传递文章的、换卷的、偷题目的……层出不穷。初十以后，就有卷子送了进来。我和继之从中批出了一些好卷，拿过去推荐给主考官。不久，继之拒绝新藩台仆人的索贿，得罪了上峰，被撤职。我们把两家都搬到了上海。继之的商号愈益兴旺，我替他在各处稽查，一晃几年。在南京，我遇到了苟才。他的大儿媳妇容貌很美。苟才被撤职，为了复职，苟才让儿媳给制台做姨太太，以换取制台欢心，不出十天，他得到了苏州抚台的职务。到任不几天便被革职。不久，就被他的小儿子毒死了。

又过了几年，一天，我接到了好友文述农的信，说我的叔父和婶母过世，遗下两个幼子，让我做安排。行途中，我听说我们的商号垮了。这时，又接到了伯父在宜昌病故的消息，我赶紧去安葬。到了此时，我除了带两个小兄弟回家乡去之外，束手无策。

中国名著大讲堂

二八三

作品特色

《二十年目睹之怪现状》是一部带有自传性质的作品。作者通过主人公"九死一生"在20年中耳闻目见的怪现状，揭示了在封建社会的总崩溃时期，整个统治阶级的腐败、堕落，以及封建社会的黑暗、丑恶和必然灭亡的命运。它就像晚清社会的一面镜子，反映了清王朝在覆灭前的概况。

作者的批判，首先从对封建官僚机构开始。统治机构的每一个毛孔里，都渗透着贪污盗窃、男盗女娼的毒菌。知县做贼，按察使盗银，学政大人贩卖人口……整个上流社会，充斥着流氓、骗子、烟鬼、赌棍、讼师、泼皮、和尚、道士、婊子、狎客……为了升官发财，他们不惜出卖故交，严参僚属，冒名顶替，窜改供词，甚至把自己的女儿、媳妇、老婆去"孝敬"上司。总之，上自慈禧太后、王爷，中至尚书、总督、巡抚，下至未入流的佐杂小官，宫里的大小太监，官僚的幕客、差役、姨太太、丫鬟，全都置国家的危亡和人民苦难于不顾，赤裸裸地干着强盗、骗子、娼妇的勾当。

如果说作者对封建官僚机构腐败的揭露，是力图从政治的角度来展示末代封建王朝崩溃前兆的话，那么作者对于封建家庭的罪恶与道德的沦丧，则是从赖以维系一个社会存在的文化机制的角度来揭示封建大厦的必然坍塌。吏部主事符弥轩满口"孝悌忠信"，自己整天花天酒地，而让祖父到处行乞。九死一生的伯父平时道貌岸然，动辄对子侄加以训斥，可是他竟乘料理丧事之机吞没了亡弟家产。作品抹去了封建制度"天意""永恒"的神圣灵光，将它腐败不堪的丑恶面貌彻底暴露在世人面前。

在辛辣地批判现实的同时，作者也塑造了蔡侣笙、吴继之等正直、贤良而又恪守封建道德的正面人物。吴继之由地主、官僚转化为富商，是我国小说中最早出现的新型资产阶级形象。他与九死一生所经营的大宗出口贸易曾经兴旺一时，与昏庸腐败的官场群丑形成鲜明对比。然而，在当时的社会环境里，在帝国主义和封建主义的双重挤压下，他们最后还是不可避免地走向破产的命运，这种命运也正是半殖民地半封建时代的中国新兴资产阶级命定的归宿。书中的正面人物无一例外地被人欲横流的尘嚣浊浪所吞没，既真实地折射了时代的悲剧，也反映出作者改良主义理想的幻灭。

阅读指导

本书结构精巧，虽然转述故事较多，题材庞杂，但是却并不显得零散，虽然是单篇故事的串联，但始终以"九死一生"的见闻为线索，很有连贯性，正如《〈二十年目睹之怪现状〉评语之总评》中所说："举定一人为主，如万马千军，均归一人操纵"，又说"且开卷时几个重要

名家点评

相传吴沃尧性强毅，不欲下于人，遂坎坷没世，故其言殊慨然。
——鲁迅《中国小说史略》

描写最好的部分，是摹画知识分子的丑态。
——阿英《阿英说小说》

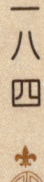

人物，于篇终时皆一一回顾到，首尾联络"，独具匠心，颇见功力。

　　本书用第一人称叙述，这是过去的长篇小说从来没有过的，这标志着中国小说叙事角度开始向多元化转变。以前中国的小说都是以全知全能的叙事角度创作的，作家对于他所描写的每一个人物都无所不晓，他知道每一个人物的心理，可以随意点染，随时引出另一个人物。本书则有所不同，作者用第一人称展开叙述，总是从自己这个角度来描写别的人物的言语与行动，而很少写到眼睛所看不到的心理活动。虽然这种手法在他这里还不成熟，但是也是一个全新的尝试，读者不妨将它和别的作品比较起来阅读。

成书年代：清
作　　者：李宝嘉
地　　位：封建社会崩溃前夕的官场群丑图

官场现形记

作者简介

　　《官场现形记》的作者李宝嘉，字伯元，别号南亭亭长，笔名游戏主人、讴歌变俗人、二春居士等。江苏武进（今属江苏常州市）人。李宝嘉出身官宦家庭，3岁丧父，由伯父李翼清抚养教育，多才多艺，能写八股文，曾考中秀才；也擅长书画篆刻，又曾向传教士学习英文。1896年到上海，编撰《指南报》，1897年创办《游戏报》。1901年创办《世界繁华报》，"假游戏之说，以隐寓劝惩"，在谈风月的同时，也嘲笑腐败的官僚，暴露社会黑暗。1903年，主编《绣像小说》。李宝嘉痛恨清王朝的腐败与列强的侵略，在小说《活地狱》的"楔子"里说："世界昏昏成黑暗，未知何日放光明，书生一掬伤时泪，誓洒大千救众生。"李宝嘉的作品有《官场现形记》《文明小史》《中国现在记》《活地狱》《海天鸿雪记》《南亭笔记》以及《庚子国变弹词》《爱国歌》《芋香宝印谱》等。他与吴沃尧、刘鹗、曾朴并称"清末四大小说家"。

李宝嘉像

背景介绍

　　中国人习惯把政府官员结成的关系网叫官场，把担任政府官员、踏入这个关系网叫作混迹官场。官场也是一种社会关系，官吏们为了自己利益不受侵害，或者使自己利益越来越大，结成这么一个关系网。官员们或者官官相护，或者互相倾轧，巧妙地维持着微妙的关系。历朝历代，官场都很难得干净，晚清官场的腐败更是自不待言。这种腐败除了官吏的道德败坏之外，主要还是封建专制政体自身有问题，是制度的腐败。中国自从秦始皇统一天下，建立一套中央集权的官制以来，历代沿袭，只是稍加修改，并没有任何本质的变革。官员作为一个对全体人民开放但是相对独立的阶层，有它自身特殊的利益，它们处在社会的上层，享受民众的奉养，是一个既得利益阶层。又因为中国皇帝的地位远远超过官员，官

相关链接

《中国现在记》：李宝嘉著。全书12回。本书用与《官场现形记》一样的写作手法，着重暴露捐班出身官吏的贪污秽迹，以及他们相互倾轧的丑行。

《活地狱》：李宝嘉著。全书共43回。全书由15个故事连缀而成，着重揭露州县衙门的暗无天日，书吏胥役的卑鄙无耻，刑罚监狱的惨无人道，揭示晚清社会是惨不忍睹的活地狱。

《新党升官发财记》：近代小说，又名《官场维新记》。作者不详，全书16回。本书写举人袁伯修痛恨新法和外国新学术，爱好鸦片与洋钱。后来发现投靠洋人有利可图，而且发现维新是升官发财的窍门，于是摇身一变，成为维新人士。他混进银元局，又找门路混进洋务公司。此后，他曾经开矿山、办学堂、筹建练兵处，财源滚滚，官运亨通。此书揭露有的维新人物用假维新求得升官发财，笔法犀利而辛辣。

员们与皇帝之间也有一道利益的鸿沟，皇帝考虑的是他的家族利益，而官员们考虑的则是自身阶层的利益，这两者虽然不是对立关系，但是也很微妙。历朝历代，最高统治者没有谁不希望自己的江山社稷能传之万世而不朽，为此他们必然要制定律例，惩治贪赃枉法，遏制官场恶习。但是官员们有官员们的手段，他们既要敷衍皇帝，又要保证自身阶层的利益尽量不受损害，结果使得皇帝们淳清吏治的宏伟构想无一例外地失败。腐败之所以横行而难以根除，很重要的原因就在于，人们并不觉得拉关系、讲人情在道德上有什么危险，甚至认为他们是社会道德伦理的一部分。专门描写晚清官场的小说有李宝嘉的《官场现形记》，作者自诩熟知"官之腥腻卑鄙之要凡，昏聩糊涂之大旨"，所以能"以含蓄酝酿存其忠厚，以酣畅淋漓阐其隐微"，风行一时。《官场现形记》虽然只是一部小说，但是它揭示出官场的黑暗，可以带给我们关于社会的思索。

名著概要

《官场现形记》最初连载于《世界繁华报》，全书共60回。本书写陕西同州府朝邑县赵温中举捐官，他的同伴钱典史捐派江西。江西代理巡抚何某，绰号"荷包"，"荷包"平生爱钱。他的三弟绰号"三荷包"。两个"荷包"分赃不均失和，抖出许多卖官鬻爵的旧账。"三荷包"带着卖官所得的银子，买得山东胶州知州的位子。到任后，千方百计巴结山东巡抚。外国人劝巡抚做生意，候补通判陶子尧趁机大讲"整顿商务"，被巡抚派往上海购买机器。陶到上海，被骗子与妓女捉弄，狼狈不堪。幸好山东试用府经周因从中帮忙，才算了结。周因得陶谢礼，前往浙江，协助旧交浙江巡抚刘中丞办洋务。周与文案戴大理钩心斗角，互相拆台。上司委胡统领带着周因等人前往剿捕严州一带土匪，官兵上下避匪不战，骚扰民众，却个个立功受赏。

官员打牌图 法国

在中国游历的欧洲传教士将晚清腐朽的官僚机构用略带幽默和嘲笑的笔触赤裸裸地表现在画面上。

御史参劾刘中丞，两名钦差来浙江巡查。副钦差傅理堂署理浙江巡抚，外表廉明，暗地卖官。浙江粮道贾筱芝用 6000 两银子买得一个密保，升任河南按察使。贾的大少爷贾润孙趁黄河决口，任河工总办，赚了 10 万两银子，进京谋职，先后结识了钱席掌柜黄胖姑、宗室博四爷、书铺掌柜黑白果、开古董铺的刘厚守、试用知府时筱仁，通过太监黑大叔、内阁大学士华中堂等权贵，谋求放缺，因有人作梗，未能办成。

时筱仁与广西提督舒军门、户部王博高、军机徐中堂、江南记名道余小观等人交往。余小观到南京候职，结识了牙厘局总办余荩臣、学堂总办孙国英、洋务局会办潘金士、保甲局会办唐六轩、旗人乌额拉布等候补道，一起赌博、狎妓。一起鬼混的还有南京统带防管的统领羊紫辰。羊统领好色，家中已有八个姨太太。一个名叫冒得官的船哨官，为保官职，逼诱亲生女儿，给羊统领做第九个小老婆。湖广总督也是一位旗人，名叫湍多欢，原有十个姨太太，人称"制台衙门十美图"。有个属员为谋官职，又特地在上海买了两个绝色女子送他，湖北人改称为"十二金钗"。得宠的九姨太与十二姨太，先后卖官捞钱。经常惹乱子的唐二乱子，通过制台的十二姨太，一夜之间变成了银元局总办。连制台的女儿宝小姨也放手卖官。湍制台奉旨进京，署理直隶总督。湖北巡抚贾世文升任湖广制台。此人自称生平有两桩绝技：一是画梅花，一是写字。其实一概不通。下属想要趋奉他，便借此讨他的好。他平日号令不常，起居无节。候补知县卫瓒，藩台噶扎腾额，远房表弟萧秃子，蕲州州官区奉仁，撤任兴国州官瞿耐庵，蕲州吏目随凤占，府经申守尧，秦梅士，代理蕲州吏目钱琼光等人先后前来拜见，这些人互相牵扯，搅起许多污泥浊水。北京派署理户部尚书童子良来湖北清查财政。童钦差最厌恶的是洋人。无论什么东西，只要带一个"洋"字，他决不肯亲近。听人说鸦片是洋烟，便摔掉烟灯、烟枪。做官要钱，专要银子，不要洋钱。出京之后，一路上捞到近 100 万两。安徽一个候补知府刁迈彭，得到童子良的赏识，进京引见，凭空里得了一个"特旨道"，安徽人叫他"二抚台"，后来又署了芜湖关道。刁迈彭到任后，插手外路缙绅张守财家事，赚了几十万两银子。后来奉使外洋。当时有许多人与洋人打交道。江南制台文明，景慕维新，对下级傲慢粗暴，对洋人却卑躬屈膝。六合县知县梅仁谄媚洋人，得到文制台的格外赞赏。枪炮制造厂总办傅博万，因为出过洋，归国后到处招摇，也得到文制台赏识。当时的吏治，已经不可收拾。

官员见外国军官漫画 法国
这幅漫画形象地揭露了晚清官员对外国人卑躬屈膝、奴颜媚骨的丑态。

作品特色

《官场现形记》是我国第一部在报刊上连载、直面社会而取得轰动效应的长篇章回小说。在作者笔下，上至尚书、军机大臣，

中国名著大讲堂

下至州县吏役佐杂，无不在为升官发财而奔走。他们一个个或钻营诈骗，或狂嫖滥赌；或吸鸦片，或玩相公；或妄断刑狱，或明码买缺。总之，整个官场上全都是见钱眼开，视钱如命，蝇营狗苟，排挤倾轧，谄媚逢迎，道德败坏之徒。用作者自己的话来说，就是"妖魔鬼怪，一齐都有"。这些国家的蛀虫、社会的败类，一方面掌握着国家的命脉，对人民百姓作威作福，极尽欺压剥削之能事；另一方面，却又在帝国主义面前奴颜婢膝，丑态百出。他们无论在什么场合，只要听到洋人或碰到洋人，马上便手忙脚乱，面容失色。如第五十三回，两江制台一听到洋人来拜，"顿时气焰矮了半截"。一听到百姓反对洋人，便马上派兵去"弹压"。作者以犀利的笔锋刻画了官场的丑态，表达了对那些崇洋媚外的帝国主义奴才的鄙视，充分展示了一个觉醒的中国人强烈的民族自尊心。作者在小说中大胆地影射当时的很多权要人士，书中故事很多都以真人真事为蓝本，如书中的黑大叔影射李莲英，华中堂影射荣禄，周中堂影射翁同龢。他所揭示的，正是穷途末路的清王朝无官不贪，无吏不污的现状。而且，在清政府淫威下，他居然秉笔直刺最高统治者，借宫廷掌权太监的口吻道破天机：

> 名家点评
>
> 故凡所叙述，皆迎合、钻营、蒙混、罗掘、倾轧等故事，兼及士人之热心于作吏，及官吏中之隐情。
> ——鲁迅
>
> 官的丑史。
> ——胡适

佛爷早有话"通天底下一十八省，那里来的清官。"但是御史不说，我也装糊涂罢了；就是御史参过，派了大臣查过，办掉几个人，还不是这么一回事。前者已去，后者又来，真正能惩一儆百吗？

这赤裸裸的揭示，正说明了清朝末年的官场普遍贪污，实在是在最高统治者的纵容下进行的，而腐朽的社会制度又是滋养这些贪官污吏的温床。作者以极大的注意力去观察着污浊的心灵世界，并将之形象地刻画出来，揭露了这个统治阶级集团道德情操的极端堕落，明示着曾经辉煌的大清帝国，实际上已经是一片废墟。

阅读指导

本书的写法受《儒林外史》影响很大，由一些相对独立的短篇组成，但又相互关联。全书从西北写到东南，写到北京；从一个尚未当官的士子（赵温）和一个州县佐杂小官（钱典史）写起，写到州府长吏（黄知府、郭道台）、藩台（"荷包"）、督抚（山东巡抚、浙江巡抚刘中丞、傅理堂，湖广总督湍多欢，贾世文，江南制台文明）、钦差（童子良）、太监（黑大叔）、军机（徐大军机）、大学士（华中堂、沈中堂）等。他们的丑恶嘴脸一个个跃然纸上。

本书笔锋犀利刚劲，深刻中有含蓄，嘲讽中有诙谐，书中许多章节，写得有声有色。如第二回、第三回，写钱典史如何巴结新贵赵温，"暗里赚他钱用，然而面子上总是做得十分要好"，又想通过赵温巴结吴赞善。后来见吴赞善冷淡赵

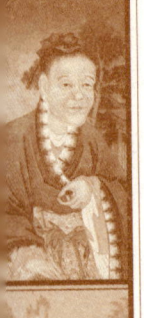

温,"就把赵温不放在眼里"。可是,"忽然看见他有了银子捐官,便重新亲热起来;想替他经经手,可以于中取利","后见赵温果然托他,他喜的了不得,今天请听戏,明天请吃饭"。把这官场上小人物的曲折心理刻画得精细入微。又比如第四十六回、第四十七回写钦差大人童子良忌讳"洋"字,第五十三回写江南制台文明谄媚洋人,都活灵活现,令人发笑。

孽海花

成书年代:清末民初
作　　者:金一、曾朴
地　　位:多重意蕴相互纠绕的讽世杰作

作者简介

《孽海花》的作者曾朴(1872～1935年),字孟朴,笔名东亚病夫,江苏常熟人。出身于官僚地主家庭。1891年中举人,捐了个内阁中书。他早年受西方思想文化的影响,1895年在京师同文馆学习法文,又曾参加维新变法运动。1896年回到家乡,在常熟当小学校长,同时翻译雨果等人的作品。1903年,到上海经营丝业,不料血本无归。1904年,同徐念慈等创立小说林书社,翻译、出版小说,并开始重新撰写。(金一只写了小说《孽海花》的前六回)1907年初,创办月刊《小说林》杂志,《孽海花》的一部分就是发表在这个刊物上的。1908年,小说林书社因资金困难倒闭。次年,曾朴在两江总督端方幕中任财政文案。辛亥革命后,江苏宣告独立,他被选为江苏临时议会议员。1915年袁世凯称帝期间,曾朴与蔡锷等反袁人士密切往来,并资助陈其美、钮永建等人反袁。1927年,他与长子曾虚白在上海开真美善书店,11月创办《真美善》杂志。《孽海花》的很大一部分就发表在这个杂志上。回到常熟后,潜心园艺,游憩养病,直到病故。曾朴创作的小说有《孽海花》《鲁男子》等;翻译有法国名著《九十三年》《笑面人》《吕克兰斯鲍夏》《欧那尼》(以上雨果)、《南丹与奈侬夫人》(左拉)、《夫人学堂》(莫里哀)等。

背景介绍

本书的主角之一傅彩云的原型赛金花是清末的风云人物。赛金花原姓赵,小名三宝,又叫灵飞,苏州人。她从小聪明伶俐,秀雅婉柔,非常讨人喜爱。后来赵家家道中落,13岁的赛金花化名曹梦兰,流落风尘。苏州的好事嫖客起哄,选拔花魁,把赛金花选为"花国状元",一时传为美谈。这时,苏州城内张家巷洪钧中了状元,看上赛金花,娶她为第三房姨太太。洪钧把她改名叫赵梦鸾。光绪十二年,洪钧被任命为出使德、奥、俄、荷的四国钦使,带着赛金花漂洋过海。在俄国圣彼得堡,赛金花与德国驻俄陆军中尉瓦德西有一段风流韵事。光绪十六年,洪钧任满回国,三年后病死。赛金花上海重操妓女旧业。光绪二十四年夏天,赛金花来到天津,招募一批较漂亮的女子,组成了南方韵味的"金花班"。"赛金花"的名号也就是从此时开始的。后来,金花班转移到北京城。

1900年7月21日,八国联军侵入北京城,劫掠、烧杀、奸淫,无所不为,使京华之地变成黑暗的人间地狱。八国联军进占北京之初,疯狂烧杀掳掠,清廷

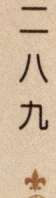

的留守大臣，却束手无策。赛金花目睹了这场浩劫。她听说联军的司令是瓦德西，于是找了去，在紫禁城内的仪鸾殿上见到了昔日的情人。赛金花督促瓦德西整饬纪律，制止士兵的淫乱抢掠，凡有关联军想使中国人难堪的事，她一定在瓦德西面前力争，使北京城的治安获得相当程度的恢复，北京城百姓生命财产，因此保全了不少。此时的赛金花几乎成了人们心目中救苦救难的观世音菩萨，名公巨卿，王孙公子，纷纷对赛金花礼敬有加。赛金花对达成和议，八国联军退出北京城一事，出力尤其多。谁料朝局的转变，民生的利钝，不在王公大臣之手，竟然系在一个妓女的手中。

慈禧太后与光绪皇帝由西安回銮后，赛金花没有得到应有的褒奖，知道自己已难容于"清议"，于是改名傅玉莲，重起炉灶，再次成为妓女。赛金花已被当作肮脏无用的东西被抛弃，她离开京城，回到苏州，两年后，开始了她的第二度婚姻。辛亥革命后，丈夫曹瑞忠因病去世。1917年，她改用赵灵飞的闺名，又与民国政府参议员魏斯灵在上海举行了新式婚礼。1922年，赛金花再度丧夫。魏斯灵死后，魏家将她逼出家门。1926年冬天，赛金花辞世，享年65岁，葬在北京陶然亭香冢。当时报上登了一副挽联：

救生灵于涂炭，救国家于沉沦，不得已色相牺牲，其功可歌，其德可颂；
乏负廓之田园，乏立锥之庐舍，到如此穷愁病死，无儿来哭，无女来啼。

这副挽联总结了她的一生，也寄托了世人的惋惜。著名学者刘半农和学生商鸿逵合作，亲自访问赛金花本人，晤谈十多次，写成《赛金花本事》一书，记载她一生的经历，颇值得参看。

名著概要

本书写同治年间，苏州名流陆如、潘胜之、钱唐卿等在雅聚园谈论国运科举，品评人物。顾肇廷、何珏斋，在梁聘珠家为陆如钱行，邀大家回去赴宴。新科状元金雯青受薛淑云大人邀请，也来聚会。席间众人议论风生，都讲西洋学问，雯青暗暗惭愧。时光如水，宝青、陆如玩过了端阳，结伴回苏州。唐卿、珏斋、公坊相约而来，饮酒叙谈。四人十年前是患难之交。雯青十年前认识的京师名妓傅珍珠，后嫁给龚孝琪为妾。孝琪的父亲与明善的福晋西林春有私情，事发后被毒死，孝琪怀恨在心，投靠英国领事，据说火烧圆明园就是他的主意。后来孝琪落

> 现在是五洲万国交通时代，从前多少词章考据的学问，是不尽可以用世的。昔孔子翻百二十国之宝书，我看现在读书，最好能通外国语言文字，晓得他所以富强的缘故，一切声、光、化、电的学问，轮船、枪炮的制造，一件件都要学他，那才算得个经济！我却晓得去年三月，京里开了同文馆，考取聪俊子弟，学习推步及各国语言。论起"一物不知，儒者之耻"的道理，这是正当办法，而廷臣交章谏阻。倭良峰为一代理学名臣，而亦上一疏。有个京官抄寄我看，我实在不以为然。闻得近来同文馆学生，人人叫他洋翰林、洋举人呢。
> ——第二回《陆孝廉访艳宴金闾　金殿撰归装留沪渎》

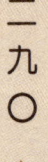

《孽海花》封面

《孽海花》一书原载于杂志，1931年后方合为一册出版，1962年中华书局出版了增订本。

魄潦倒。过了两年，陆如也中状元。公坊考了两次未中，雯青为他捐了个礼部郎中。

雯青大考中名列一等，不久做了江西学政。公坊也中了进士，但他知道自己不是官场中人物，也南归过逍遥自在的生活。江西巡抚兴达是个纨绔官僚，他拉拢雯青，雯青顾及同僚面子，勉强敷衍。一日兴达请雯青观赏苗女绳上歌舞，雯青大饱耳目之福。到了秋天，雯青坐船游览江景，遇到祝宝廷。宝廷做浙江学政，因与船女妹儿的风流韵事成为话柄，不久革职，正好携妹儿北归，两人不免畅饮一番。雯青忽闻母亲病逝，急忙回乡奔丧。一年后清明节，山芝、孝亭等邀请雯青出外散心，同僚次芳引来花榜状元傅彩云，两人一见倾心。自此，雯青无日不来彩云的大郎巷。

光阴如梭，雯青满了服，回到京城。恰好朝廷选派雯青出使德、俄等国。雯青回乡，择吉日将彩云娶过门来。到了德国，雯青觐见了德皇，不想彩云也要觐见，适逢德皇身体不适，赴俄的日子便耽搁了。彩云却很高兴，跳舞聚会，游玩得很快乐。就在彩云见德皇的第二天，俄国画家毕叶来找雯青，向他出售一张中俄交界图。雯青为整理国界，也为自己的《元史补正》找确实证据，便出八百英镑买下。雯青等人乘火车赴俄国，觐见沙皇，便写一封信，连同交界图，让黄翻译带回国，交给唐卿，再由庄小燕呈送总理衙门。雯青开始专心做《元史补正》。一天，彩云在阳台上唱起《十八摸》，顿时使馆门前挤满了人，都是来听中国公使夫人雅调的。彩云见人群中有柏林见到的日耳曼少年，陆军装束，风彩夺人，顿时心荡神摇，不想头簪掉落，正好被这青年拾得。自此，彩云和这位瓦德西中尉频频幽会。不久，雯青任满，清廷派许镜澄接任。雯青离开俄国，经柏林乘船回国。彩云在俄国未能和瓦德西道别，闷闷不乐，船主质克常逗她开心，于是彩云和质克明来暗去，又弄出许多风流韵事。

雯青回京后便大病一场。一日唐卿来访，说雯青所呈献的地图将国土错划归了俄国七八百里，被御史参奏，皇上震怒。唐卿为雯青地图事件找潘、龚两尚书调和。雯青又写信给薛淑云、许祝云，求他们在英、俄两政府间交涉。清廷又派工部杨谊前往帕米尔勘察国界。依靠英国的压力，中俄重新判定国界，地图事件于是平息。雯青与小燕不和，小燕常借事讥笑雯青。一日回家，偶闻彩云与孙三儿的风流韵事，气得昏倒，竟然一病不起。

时值中日争端，不久两边开战，清军兵败，海军也在大东沟海战中遭惨败。唐卿升总理衙门大臣，国势日衰，他寝食不安。何珏斋来电请求率湘军对日作战。珏斋训练二十营乡勇，开赴关外。不料日军长驱直入，旅顺等地先后陷落，刘公岛之战，大清舰队全军覆灭。何珏斋全然不顾儒将的体面，弃甲丢兵，败退石家庄。朝廷与日本和谈，签马关条约，割让台湾，赔偿白银。

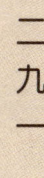

傅彩云不辞而去,改名曹梦兰,在上海燕庆里挂牌。这时,革命党人陈千秋准备起义。孙波在广州改组青年会为兴中会,因为走漏消息,起义夭折。

作品特色

《孽海花》是一个不甘沦亡的赤子,为反对封建专制统治和帝国主义侵略的双重黑暗,拯救祖国于

> **名家点评**
>
> 惟结构工巧,文采斐然,则其所长也。
> ——鲁迅《中国小说史略》
> 最值得惊异的,是反映在书中的作者的思想。在专制的淫威之下,竟毫无顾忌的同情革命。
> ——阿英《清末四大小说家》

危难而发出的最强呼声。小说以清代状元金雯青与妓女傅彩云的婚姻故事为线索,描写清末同治初年到甲午战争30年间的真人真事,为我们展示了内忧外患的中国在政治、军事、外交、文化和社会生活各方面的广阔画卷。他批判的笔锋直指最高统治者慈禧太后,揭示了她的凶顽贪暴,荒淫无耻,在国家危亡、战事频起之时,利用海军军费建造颐和园。

《孽海花》告诉人们,这个专制的清王朝从上到下已经烂透。那个时代的各种新人物和新思想都出现在作者笔下,他们中有的强调首先应该加强军备,有的则力主改善外交环境;有的坚持君主立宪拯救中国的主张,有的则认为最主要的是"商有新思想,工有新技术,农有新树艺"。作者甚至借书中人物之口,阐述了石破天惊的革命主张:"从前的革命,扑了专制政府,又添一个专制政府;现在的革命,要组织我炎黄子孙民主共和的政府。"这是一个炎黄赤子对于民族未来的清醒认识。

阅读指导

全书的结构是把许多短篇故事连缀成长篇,但与《儒林外史》《官场现形记》并不完全相同。作者自己说:"《儒林外史》等是直线穿珠,是一根珠链;而自己则是蟠曲回旋地穿,时收时放,东交西错,不离中心,是一朵珠花。"

作品中人物大多是在真人真事的基础上稍作加工点染而成的,作者熟悉这些人的生活,写得都很有生气,讽刺的味道表现得淋漓尽致。曾朴描写达官名士,与刘鹗、李伯元和吴趼人不同,他并不着眼于描写其凶残或贪鄙,而是着重刻画

相关链接

《苦社会》:近代小说。作者不详。全书共48回。本书写阮通甫、鲁吉园、李心纯三位知识分子出国谋生,备受欺凌。在途中,阮通甫夫妇即不堪凌辱而死,鲁吉园遇友人搭救,在轮船上管账。李心纯辛勤经商,最后被迫回国。本书是一部深刻感人的华工血泪史。

《负曝闲谈》:晚清谴责小说。作者欧阳巨源。全书共34回。本书描写了广阔的社会场景,涉及众多的人物阶层和活动场所:人物有士子、佐杂、买办、出洋随员、维新派、官宦子弟、朝廷大臣等;活动场所有公园、烟馆、学堂、集市、戏院、妓院、县府衙门、皇宫朝廷等。本书广泛反映了晚清腐败的社会风气和黑暗的政治状况。本书文笔灵活简洁,缺点是有时失之夸张。

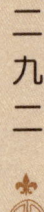

他们精神颓废的要害,他们有的崇尚空谈,有的师心自用,还自命风雅,其实都是迂腐无用的人。曾朴刻画了这群人的精神世界,入木三分。

本书的语言也很有特色,优美而诙谐,官僚、名士的对话都半文半白,旁征博引,完全是当时士大夫阶层的口吻。

人间词话

成书年代: 清末民初
作　　者: 王国维
地　　位: 自由之思想,独立之精神

作者简介

《人间词话》的作者王国维(1877～1927年)是近代著名的学者、词人。王国维字静安,号观堂,浙江海宁人,清末秀才。1898年前往上海,在梁启超主编的改良派报纸《时务报》任职。1901年,王国维赴日本留学,就学于东京物理学校。次年回国,曾任通州、苏州等地师范学堂教习,讲授哲学、心理学、伦理学,并致力于文学研究。1906年到北京,集中精力研究宋词元曲。1907年起在学部任职。1911年12月随罗振玉移居日本京都,研究甲骨文、金文和汉简。1916年,受犹太富商哈同聘请,回上海编辑《学术丛编》。1918年,任哈同创办的仓圣明智大学教授。1922年,受聘为北京大学通讯导师。1923年,任清故宫南书房行走,成为末代皇帝溥仪的老师。1925年,任清华大学国学研究院导师,与梁启超、陈寅恪、赵元任并称国学院四大导师。1927年6月,投北京颐和园内的昆明湖自杀,年仅50岁,遗书中说:"五十之年,只欠一死,经此世变,义无再辱。"

王国维像

王国维的政治思想是保守的,然而学术上,他在哲学、教育、文学、史学、文字学和考古学等方面取得了卓越的成就,他是近代学术界最早把乾嘉学派的治学传统和西方治学方法融会贯通的代表人物之一。王国维毕生的主要精力花在史学研究上,著有《殷卜辞中所见先公先王考》《殷周制度论》等论文,利用甲骨文探求、论证历史,被认为是"新史学的开山"。在文学领域,他吸收西方哲学与美学理论法研究中国文学,对"五四"以后的新文学有过启蒙作用。王国维在文学方面的重要著作有:《叔本华之哲学及教育学说》《〈红楼梦〉评论》《文学小言》《屈子文学之精神》《人间词话》《宋元戏曲史》以及《观堂长短句》等。王国维的部分考证文章及诗词收入《观堂集林》;他死后,后人将他的著作编成《海宁王静安先生遗书》。

背景介绍

王国维生活的时代,正是我国内忧外患日益加剧、国家民族处于危亡关头的

时代。自从 1840 年以来，中国的知识分子就开始觉醒，他们看到了我们固有的文化存在某些弱点，需要向外国学习先进的技术和思想。19 世纪六七十年代，清政府的一些封疆大吏发起了一场旨在强兵富国的洋务运动，开办工厂、邮局，修筑铁路，开设新式学堂，举办印书译书馆，并且派遣留学生去外国留学。中国与西方国家的联系加强了，西方的政治思想、学术思想也随之大量流入中国，这种现象被称为西学东渐。

西学东渐使国人对于我们固有的文化有了新的看法，一批有识之士开始用西方的学术思想来整理中国固有的学术，或者将西方的学术思想与中国的传统学术思想结合起来，使学术研究达到一个新的高度。王国维先生就是这个背景造就出的大学者，他的研究方法兼有中西两面的长处，堪称中西合璧，成就斐然。

名著概要

《人间词话》是一部札记式的诗歌理论著作，共 64 条，又有后人整理了他自己原稿中删掉的一些条目，集成 100 余条。本书的中心概念是"意境"。《人间词话》的前 9 条是有关意境基本理论的论述，第 10 条至第 52 条是对历代词人及其创作的评论，第 53 条至第 64 条论述词与其他诗歌形式的联系与区别。

王国维总结了古代有关意境的论述，并且运用西方文艺美学的观点进行理论分析。他认为意境是词的创作的中心问题，境界是心与物互相统一的表现，"词以境界为最上。有境界则自成高格，自有名句"。他认为，词要真实自然，"能写真景物、真感情者，谓之有境界，否则谓之无境界"，要具有"言外之意"。他在评论姜夔时说："无言外之味，弦外之响，终不能与于第一流之作者也"。他将意境分为"有我之境"与"无我之境"两类。"有我之境"指"以我观物，故物皆着我之色彩"，"无我之境"指"以物观物，故不知何者为我，何者为物"。他又说："无我之境，人惟于静中得之。有我之境，于由动之静时得之。故一优美，一宏壮也。"

相关链接

《石遗室诗话》：近代诗论著作。著者陈衍，号石遗。本书内容主要有以下几方面：记载"同光体"诗派的来由；强调学古要"体会渊微"，"作诗是自家意思，自家言说"；阐述梅尧臣、姜夔、严羽、方回、钟惺、谭元春、宋大樽等人的诗论；评述前人注诗的得失；评论历代诗人诗作，如杜甫、陆游、王安石等以及当时的陈三立、沈曾植、郑孝胥、袁昶、林旭、陈书、陈宝琛、陈曾寿、夏敬观、李宣龚、胡朝梁等人。《石遗室诗话》代表的是"同光体"诗人的意见。

《饮冰室诗话》：近代诗话著作。梁启超著。本书共 174 条。《饮冰室诗话》主张"新意境"说，推崇黄遵宪的诗歌，赞赏以新名词、新事物入诗，赞赏用诗歌表达爱国热情。本书总结了黄遵宪等人发起的"诗界革命"，论诗往往把政治标准放在第一位，具有明显的功利主义色彩。

《白雨斋词话》：近代词话。江苏丹徒人陈廷焯著。《白雨斋词话》共 8 卷，690 余则。本书词论强调"感兴""寄托"，认为"寄托不厚，感人不深"，"托喻不深，树义不厚，不足以言兴"；推崇情意忠厚和风格沉郁，主张"诚能本诸忠厚，而出以沉郁，豪放亦可，婉约亦可"。本书作者轻视民间文学，认为"山歌樵唱"，"难登大雅之堂"，这是他理论上的局限。

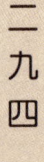

王国维《观堂集林》内页

《观堂集林》共20卷，王国维去世后，由罗振玉、赵万里等人辑补，增至24卷。是作者有关经学、史学的论文集，并附有作者所作诗词。其中艺林8卷，为古史及经学研究论文，史林14卷，为有关殷周史地、西北边疆史地等的考订文章。另有缀林2卷。

王国维认为，判别意境优劣的原则是"不隔"。"不隔"指真实自然、生动传神而又有"言外之意"的境界。他又说："古今之成大事业、大学问者，必经过三种之境界：'昨夜西风凋碧树，独上高楼，望尽天涯路。'此第一境也。'衣带渐宽终不悔，为伊消得人憔悴。'此第二境也。'众里寻他千百度，蓦然回首，那人却在灯火阑珊处。'此第三境也。"这也是要写出有意境的作品需要经历的三个阶段。第一境是认识学习阶段，第二境是艰难训练阶段，第三境是功到自然成的阶段。

本书对理想与写实的关系、主观与客观的关系、景与情的关系、观察事物与表现事物的关系等文学创作中一些带有规律性的问题，都有精辟的见解，这部著作也表现了叔本华等西方美学思想的影响。

作品特色

《人间词话》熔中国古典文论和西方哲学、美学于一炉，而以发挥前者为主，建立起自己的一套文艺理论体系。王国维论词以"境界"说为中心，论述了关于艺术特征与创作方法的许多问题。境界说在《人间词话》中提出一个观点，即文学作品的意境是由作品所描写的生活实际和它所表现的思想感情融合一致而形成的，是主观和客观、理想和现实、情感和理智的统一，所谓境界"非独谓景物"。诗词要达到高境界必须用真景真情，"能写真景物，真感情者，谓之有境界；否则谓之无境界"。情景交融，两为一体，"其言情也必沁人心脾，其写景也必豁人耳目，其辞脱口而出无矫揉妆束之态"，即形象鲜明，富有感染力量。《人间词话》围绕"境界"这一中心还论述了"有我之境"与"无我之境"、"景语"与"情语"对宇宙人生的"入乎其内"与"出乎其外"等内容，见解之精辟，皆为文坛所罕见。它高人一筹的思维水平与自成一家的创作形式都要高于当时其他诗词论著，但仍有失之偏颇之处，如美学和文艺思想还是立足于唯心主义，对唐、五代、北宋词人作品过于推崇等。

阅读指导

本书融合了中国古典文论与西方美学，提出了以"意境"为核心的理论，可以说这是对我国古典美学意境论的一个总结。阅读这样一部作品，最重要的是领悟其理论的内涵。王国维每阐述一个理论观点，总是以大量的例子来证明自己的论述，甚至用古人诗歌的例证来说明观点，而不展开理论的论述。比如他论"隔"

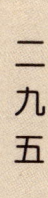

与"不隔",就没有理论阐述,而是引用了大量的例子:"陶谢之诗不隔,延年则稍隔已。东坡之诗不隔,山谷则稍隔矣。'池塘生春草''空梁落燕泥'等二句,妙处唯在不隔,词亦如是。即以一人一词论,如欧阳公〔少年游〕咏春草上半阕云:'阑干十二独凭春,晴碧远连云。二月三月,千里万里,行色苦愁人。'语语都在目前,便是不隔。至云:'谢家池上,江淹浦畔'则隔矣。白石〔翠楼吟〕'此地,宜有词仙,拥素云黄鹤,与君游戏。玉梯凝望久,叹芳草、萋萋千里。'便是不隔。至'酒祓清愁,花消英气'则隔矣。然南宋词虽不隔处,比之前人,自有浅深厚薄之别。"王国维对历代词人的评论很精彩,可以帮助我们领会以境界为中心的美学思想。

当然,就理论思维方式和理论术语来说,20世纪初王国维在《人间词话》中主要运用的依然是中国古典美学的思维方式,也就是以形象性、象征性的思维来阐发个人的直观感悟,而没有采用西方的思辨方式;他使用的术语也是中国传统的美学术语,如"境界""景语""情语"等,与传统的"风骨""气韵"等术语很相似。这种术语体系缺乏明晰性和准确性,犹如雾里看花,没有明确的概念界定,可能很不适合现代人的思维方式,这样就要求读者抛开量化或者数据化的思维方式,调动自己的情感,用心去体会古典诗词的美,领悟古典诗词"意境",从而理解王国维的理论。

呐喊 彷徨

成书年代:现代
作　　者:鲁迅
地　　位:寂寞中的呐喊,战斗后的彷徨

作者简介

鲁迅(1881～1936年),中国现代伟大的文学家、思想家和革命家,是中国现代文学的奠基人。原名周树人,字豫才,浙江绍兴人,出身于破落的封建家庭。

1902年去日本留学,原学医,后从事文艺活动,企图用以改变国民精神。1909年回国,先后在杭州、绍兴任教。辛亥革命后,曾任南京临时政府和北京政府教育部部员、佥事等职,兼在北京大学、女子师范大学等校授课。1918年5月,首次以"鲁迅"为笔名,发表中国现代文学史上第一篇白话小说《狂人日记》,对人吃人的制度进行猛烈的揭露和抨击,奠定了新文化运动的基石。五四运动前后,参加《新青年》杂志的工作,

鲁迅像

站在反帝反封建的新文化运动的最前列,成为"五四"新文化运动的伟大旗手。1918～1936年间,陆续创作出版了《呐喊》《坟》《热风》《彷徨》《野草》《朝花夕拾》《华盖集》《华盖集续编》等杂文、散文、诗歌专集,表现出爱国主义和彻底的民主主义的思想特色。其中,1921年12月发表的中篇小说《阿Q正传》,是

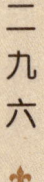

中国现代文学史上杰出的作品之一。1927～1936年，创作了《故事新编》中的大部分作品和大量的杂文，这些杂文作品收录在《而已集》《三闲集》《二心集》《南腔北调集》《伪自由书》《准风月谈》《花边文学》《且介亭杂文》等杂文集中。鲁迅的一生，对中国的文化事业做出了巨大的贡献；他领导和支持了"未名社""朝花社"等进步的文学团体；主编了《国民新报副刊》《莽原》《奔流》《萌芽》《译文》等文艺期刊；热忱关怀、积极培养青年作者；大力翻译外国进步的文学作品和介绍国内外著名的绘画、木刻；搜集、研究、整理了大量古典文学，批判地继承了祖国古代文化遗产，编著《中国小说史略》《汉文学史纲要》《唐宋传奇集》《小说旧闻钞》，等等。1936年10月19日病逝于上海。

> **名家点评**
>
> 十多篇小说，几乎一篇有一篇新形式，而这些新形式又莫不给青年作者以极大的影响，必然有多数人跟上去试验。
>
> ——茅盾

背景介绍

辛亥革命爆发之后，中国的社会状况并没有发生根本的变化。那些曾经在革命前是奴隶的人们一旦掌握了政权，便又把广大人民群众当作自己的奴隶来对待了。袁世凯称帝、张勋复辟等一系列复辟活动的发生，把中国社会思想的陈腐性、落后性更充分地暴露出来。鲁迅从1909年回国至"五四"新文化运动爆发的整个阶段，是他的思想沉淀期。辛亥革命的失败从一个侧面证明了他对国民性问题的重要性的基本估计，使他对中国国民性问题的思考更加深入和细致了。1919年爆发的"五四"新文化运动给鲁迅带来了新的希望，他在对封建传统的自觉反叛中受到鼓舞。1918年，他以"鲁迅"为笔名在《新青年》第4卷第5号发表了他的第一篇白话小说《狂人日记》，这是中国现代文学史上的第一篇白话小说，揭开了中国小说史新的一页。1923年，鲁迅将1918年至1922年所作的15篇短篇小说辑为《呐喊》，由新潮社出版（后来再版时抽去《不周山》一篇，改入《故事新编》），它是中国现代小说的奠基之作。

经典摘录

在我自己，本以为现在是已经并非一个切迫而不能已于言的人了，但或者也还未能忘怀于当日自己的寂寞的悲哀罢，所以有时候仍不免呐喊几声，聊以慰藉那在寂寞里奔驰的猛士，使他不惮于前驱。至于我的喊声是勇猛或是悲哀，是可憎或是可笑，那倒是不暇顾及的；但既然是呐喊，则当然须听将令的了，所以我往往不恤用了曲笔，在《药》的瑜儿的坟上凭空添上一个花环，在《明天》里也不叙单四嫂子竟没有做到看见儿子的梦，因为那时的主将是不主张消极的。至于自己，却也并不愿将自以为苦的寂寞，再来传染也如我那年青时候似的正做着好梦的青年。

——《呐喊》自序

名著概要

《呐喊》

《狂人日记》描写一个"迫害狂"患者的心理状态,并把作者对社会生活的深刻揭示和狂人特有的内心感受,巧妙地结合起来。狂人所说的每一句话,都是疯话,但又都真实地揭露了生活的真相,从而显示了"家族制度和礼教的弊害"。它剥开了"仁义道德"的伪装,控诉了"易子而食""食肉寝皮""割股疗亲"等残酷的罪行,尖锐地指出中国几千年来的历史是"人吃人"的历史。

《阿Q正传》漫画 丰子恺

《孔乙己》以鲁镇的咸亨酒店为背景,通过"我"(小伙计)的眼光,表现了在科举制度毒害下,具有迂腐而善良性格的孔乙己的悲剧,控诉了封建教育、封建科举制度的罪行。

《药》描写了两条故事线索,一条是革命者夏瑜的英勇牺牲,一条是华老栓夫妇为了医治儿子疾病所表现的落后无知,并通过"药"——人血馒头而联结起来,深刻有力地表现了所谓"国民性"的痼弊,表现了革命者的悲剧,表现了资产阶级旧民主主义革命的历史教训。

《明天》描写单四嫂子的孤寡及其失子的惨痛,并对封建统治下人与人的冷漠关系进行了挖掘和批判。

《一件小事》通过"我"乘人力车所遭遇的一个意外事故,对比地描写了劳动人民与知识分子的行为和思想。作者歌颂劳动人民的正直无私的品质,揭示并批判知识分子的个人主义的劣根性。

《风波》取材于1917年张勋复辟的历史事件,直接联系到1911年的辛亥革命。小说通过一根辫子的去留问题,反映社会生活的巨大风波。

《故乡》通过第一人称"我"回乡的见闻和回忆,展示了当时农村的萧瑟、凄凉的生活图景,塑造了闰土这样一个饱受反动统治者剥削和压迫的纯朴、勤劳的农民形象。

《阿Q正传》真实而深刻地塑造出一个在精神和物质上受到严重摧残和盘剥的落后农民的典型。他的思想性格比较复杂,而"精神胜利法"是其主要的性格特征。这种不正视失败与痛苦、运用各种方式以求精神慰藉的病态,在半殖民地半封建社会里普遍存在。

《社戏》以浓郁的抒情笔调,描写"我"和农村少年朋友看戏的情景。

《白光》描写了陈士成疯狂追求功名利禄的卑污心理,他是科举制度的殉葬品。

《彷徨》

《在酒楼上》从"我"在S城的小酒楼上偶遇旧友入笔,描写了吕纬甫的不

幸遭遇和痛苦经历。这个过去敢于向旧礼教挑战的人，经过时间的消磨、旧制度的腐蚀，到后来完全丧失了斗志，成了一个过了明日不知如何的麻木的人。

《孤独者》记述了魏连殳的一生。这个曾经是"新党"的知识分子，曾经毫无顾忌地写文章、发议论，和黑暗社会进行斗争。然而旧势力却不允许他这样活着，各种无形的箭向他袭来，他渐渐地消沉了。后来竟向旧势力完全妥协，成了一个军阀师长的顾问，最终也毁灭了自己。

《伤逝》中的涓生和子君较多接受了西方的资产阶级民主主义思想，反抗封建主义的思想则更为强烈。子君毅然冲破封建家庭的牢笼，与主张男女平等、婚姻自主的涓生同居。可是在冷酷的社会现实面前，两人最终被迫分离，涓生又回到了冷寂和空虚的会馆破屋，子君也不得不回到父亲那里，最后悲惨地死去。

《祝福》描写了祥林嫂曾经被迫与比自己小十岁的男人结婚，丈夫死后又被迫卖进深山野坳；再婚不久，丈夫病死，孩子也被狼吃掉，又被赶出门外；她只能又回到鲁四老爷家帮工，受尽了嘲笑和奚落；她用血汗钱捐了门槛，本以为从此有了希望，然而无情的现实把她最后一点希冀完全粉碎，最终冻死在雪地里。

《离婚》主人公爱姑虽然是一个农村妇女，但她在丈夫与人姘居而要求和她离婚时，不甘心驯从于封建夫权的摆布，敢于轻视偏袒丈夫的慰老爷和七大人。

《肥皂》描写了一个表面上满口仁义道德，极力维护封建礼教的四铭先生，他反对儿子学洋文，反对女儿进学堂，反对新文化思想，可是他自己却有着极其肮脏下流的心理，做着见不得人的美梦。

《高老夫子》讽刺了高尔础这个所谓的文人。他自命不凡，鼓吹国粹，然而又不学无术，知识甚少，他到学堂只不过是为了去看女学生。

《幸福的家庭》描写了文学青年在资产阶级思想的诱惑下，梦想以自己的笔，开出通向"幸福家庭"的路，但最终不过是自我嘲讽。

《长明灯》刻画了一个试图吹熄"不灭之灯"的疯子，不断地传出"熄掉它罢"

相关链接

鲁迅一生写了大量杂文，他自编和他人为之编订的杂文集共有16部（如果加上后来发现的鲁迅译文构成的《集外集拾遗补编》共有17部）。杂文在鲁迅的全部创作中占有最大的比重，是鲁迅一生的主要文化和文学业绩。鲁迅是对现代杂文的发生和发展具有最敏锐感受和最清醒认识的一位现代作家。他自觉以"杂文家"的身份积极从事杂文创作，并且在理论上加以说明，在实践上予以护卫、扶持，为中国杂文文体的形成和发展做出了巨大的贡献。可以说，现代杂文这种文体形式是鲁迅创造的，是他对中国现代散文文体所做的一个重大贡献。

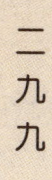

的呼声，最后疯子被关了起来，但他那"我放火"的呼喊已深入人心，由孩子们歌唱。

《示众》描绘了城市马路一角"示众"的场面，"一个巡警押着犯人示众，围观的市民围得水泄不通。他们神情麻木，表现得毫无灵魂，这不仅包括看客，也包括那个犯人"。

《弟兄》描写了张沛君一方面对于弟弟染病非常关心，另一方面又因弟弟生病引起自私的考虑，从而真实地反映了一个小知识分子在当时的社会环境中形成的复杂性格。

阅读指导

《呐喊》和《彷徨》通过具体的人物和事件，写出了一个时代。在这个时代里，封建势力虽然日趋崩溃但暂时还很强大，人民群众灾难深重而尚未普遍觉醒，知识分子在追求中充满着怀疑与希望。虽然近代中国工人阶级的力量在鲁迅的作品里没有得到反映，但他还是从自己熟悉的生活出发，对中国革命力量做了深入的巡视和考察。他宣判了封建势力的死刑，揭示了资产阶级的软弱无力，要求知识分子摆脱"空虚"和"动摇"，改造自己的思想和生活，同时对农民寄予殷切的希望。出现在他小说里的农民即使落后，却仍然在苦难中保持着坚韧的性格，深厚地蕴藏着一种终将爆发的革命潜力。由于鲁迅的现实主义植根于彻底的革命民主主义思想，时时自觉地与革命前驱者取同一的步调，因而在严峻的现实解剖中不断地闪烁着理想主义的光芒。

从《呐喊》到《彷徨》，每一篇作品的题材内容和艺术构思都不一样，这不仅得益于鲁迅在创作过程中的反复酝酿，而且也是他长期生活考察和艺术探索的结果。在表现上，有时多用白描，如《肥皂》，如《高老夫子》；有时侧重抒情，如《故乡》，如《伤逝》；有时则是白描和抒情的有机的结合，如《祝福》《在酒楼上》《孤独者》，等等。小说都从多方面做了尝试和创造。同时，鲁迅小说又富于独创性，具有非常突出的个人风格：丰满而又洗练，隽永而又舒展，诙谐而又峭拔。

朝花夕拾

成书年代：现代
作　　者：鲁迅
地　　位：追忆永逝韶光的散文集

背景介绍

《朝花夕拾》写于1926年9月18日，当时鲁迅在厦门。鲁迅曾屡屡谈及创作本文时"所处的社会状态"。在《故事新编·序言》中说，写作《朝花夕拾》是"一个人住在厦门的石屋里，对着大海，翻着古书，四近无生人气，心里空空洞洞的时候"。在《朝花夕拾·小引》中他还说："后五篇（指《从百草园到三味书屋》《父亲的病》等）却在厦门大学图书馆的楼上，已经被学者们挤出集团之后了。"为了"在纷扰中寻出一点闲静来"，鲁迅只能借回忆旧时的美好事物，来寻找一丝安慰，排解一些苦闷；"便是现在心目中的离奇与芜杂，我也还不能使他即刻幻化，

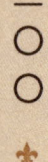

转成离奇与芜杂的文章"。在这样的思想状态中,"回忆在心里出土了",著文即以"朝花"的艳丽与单纯,来安慰"夕拾"(即现时,此时)"离奇与芜杂"的思绪。

名著概要

在《朝花夕拾》中,鲁迅用夹叙夹议的方式,以青少年时代生活经历为线索,真实而动人地抒写了从农村到城镇、从家庭到社会、从国内到国外的一组生活。《狗·猫·鼠》《二十四孝图》《无常》三篇议论与叙述并重,隐寓作家对当时现实生活的针砭,写来挥洒自如,庄谐杂陈。《阿长与山海经》《五猖会》《从百草园到三味书屋》《父亲的病》《琐记》等五篇,以亲切动人的笔墨,分别记录了社会生活的一面,几乎每篇都是一幅浓淡相间、色彩鲜明的风俗画或世态画。《藤野先生》和《范爱农》本意在追怀旧日的师友,却也写出了海外生活和革命运动的片段,境界更为开阔。正如他的小说一样,鲁迅在这些散文里也创造了许多富有个性的人物——爽朗而多嘴的长妈妈,她有许多麻烦的礼节,却能够做别人不肯做或不能做的事情;藤野先生纯然是一个诚笃而不拘小节的学者;范爱农生性狷介,他有自己的理想,却总是落落寡合。作品往往只用几段故事,便烘托出了人物的性格,使他们跃然纸上。例如长妈妈,当她切切察察地向人低声絮说的时候,"竖起第二个手指在空中上下摇动,或者点着对手或自己的鼻尖"。这一段便很生动。再加上睡觉时伸开手脚,占领全床,以及终于买来了《山海经》,她的性格就表现得十分全面了。藤野先生对于生活很随便,上讲堂"忘记带领结","冬天是一件旧外套,寒颤颤的";对于学术却又认真、严肃,一个字一个字地改讲义,订正血管的位置,探询足骨的变形。在对比中,人物的个性便凸显出来。范爱农的反对发电,时常瞪着多白的眼睛,自然都和他的个性有关,但真正使人感动的,也是几笔对比的描写:革命以前,他喝酒,说些"愚不可及的疯话";革命以后,"还是那件布袍子,但不大喝酒了","他办事,兼教书,实在勤快得可以。"这是他性格中最本质的一点,写来朴素而又鲜明。不仅长妈妈、藤野先生、范爱农是这样,便是三味书屋里"将头仰起,摇着,向后拗过去,拗过去",

《朝花夕拾》 初版封面

名家点评

以儿童的天然的、正常的兴趣和爱好作为对人和事的评价的尺度的,它提供了一个关于风俗、琐事和人物的美丑的价值观念……《朝花夕拾》在平静朴素的叙述中渗透了作者真挚的感情,在简洁洗练的文笔中有深长的韵味,虽为个人回忆,但有丰富深刻的社会内容。在为数众多的现代散文创作中,它的艺术成就是创造性的,并且具有一定的典范意义。

——王瑶

> 经典摘录
>
> 我总要上下四方寻求，得到一种最黑，最黑，最黑的咒文，先来诅咒一切反对白话，妨害白话者。即使人死了真有灵魂，因这最恶的心，应该堕入地狱，也将决不改悔，总要先来诅咒一切反对白话，妨害白话者。
>
> ——《二十四孝图》

大声朗读着的先生；爱用奇特的药引，说"舌乃心之灵苗"，"医能医病，不能医命"的陈莲河；在孩子面前怂恿打旋子，从旁计数，看见大人来了就说"你看，不是跌了么？不听我的话。我叫你不要旋，不要旋……"的衍太太；以至纵使"空着手，也一定将肘弯撑开，像一只螃蟹"一样走路的目空一切的大学生。这些都着墨不多，而能情态逼真，说明鲁迅在艺术创作上卓越的本领。

《朝花夕拾》中所写的事和人，往往饱含着作家强烈的爱憎，闪烁着社会批判的锋芒，在平淡的叙述中寓有褒贬，在简洁的描写中分清是非，使回忆与感想、抒情与讽刺和谐地结合起来。固然，鲁迅有时也采取直接批评的方式，例如《狗·猫·鼠》里反对繁文缛节的婚礼，《二十四孝图》里反对矫揉造作的孝行，以及对自称维持"公理"的绅士，一味妨害白话的文人，大都口诛笔伐，色严词厉。然而更多的时候，这种批评却不是表现在字面的论述上，而是深入到内容和情节里。《父亲的病》写两个医生自高身价，毫无实学；《琐记》写衍太太教唆作歹，散布流言；《五猖会》写出发看会前，父亲忽然叫他背书，全篇都是叙述，到结尾加上一句："我至今一想起，还诧异我的父亲何以要在那时候叫我来背书。"《父亲的病》写临终前，衍太太按照当地风俗，要他大声叫喊。这一段也是客观叙述，结尾又加上一句："我现在还听到那时的自己的这声音，每听到时，就觉得这却是我对于父亲的最大的错处。"出语似极平静，感情却很强烈。譬如他反对不恰当的讲礼节，分尊卑，写一群读书人在国外的客车上让座，"甲要乙坐在这位上，乙让丙去坐，揖让未终，火车已开，车身一摇，即刻跌倒了三四个"。(《朝花夕拾·范爱农》)又譬如他反对空疏而没有效果的教育，谦虚地以自己为例，说明学海军爬了几次桅杆，学开矿下了几次矿井，接下去道："爬上天空二十丈和钻下地面二十丈，结果还是一无所能，学问是'上穷碧落下黄泉，两处茫茫皆不见'了。"(《朝花夕拾·琐记》)流畅自然，用古见新，在平淡的叙述中包含着深刻的批评。

作品特色

《朝花夕拾》是回忆童年和

三味书屋

青少年的散文，充满了个体生命的童年时代与人类文化发展的童年（原始）时代所特有的天真之气。这里展现的是一个"人间至爱者"对于人类生存的基本命题"爱"与"死"的童年体验的追忆与成年的思考。在这些爱与死的反顾里，既弥漫着慈爱的精神与情调，显露了鲁迅心灵世界最为柔和的一面，又内蕴着深沉而深刻的悲怆，这形成了《朝花夕拾》的特殊韵味。

这本散文集的语言是闲话似的，亲近、从容、细细勾勒，在柔和温暖的笔触中回忆了旧人旧事，饱含感情，写出了人物的真实，丝毫没有拔高或光框架化，所以读来非常真实亲切。并且因为是中年回忆旧事，思想中带有深深的包容和理解，常常发以智慧的启迪。作品中时而用小孩视角，时而用成人视角，灵活多变，又便于阐发情感。

同时，《朝花夕拾》中也含有批判与嘲弄。这是鲁迅杂文笔法向散文的渗透，形式多样，笔法灵活，抒情之中见讽刺，叙述之中显深意，严肃的内蕴常以幽默诙谐的语言表达出来，构成了独特的艺术风格，而且显示了鲁迅关怀现实的一面，表现了余裕、从容的风姿。

阅读指导

《朝花夕拾》中的 10 篇散文，是"回忆的记事"（《三闲集·〈自选集〉自序》），比较完整地记录了鲁迅从幼年到青年时期的生活道路和经历，生动描绘了清末民初的生活画面，是研究鲁迅早期思想和生活以至当时社会的重要艺术文献。这些篇章，文笔深沉隽永，是中国现代散文中的经典作品。

《朝花夕拾》给人们留下了一幅幅色彩鲜明、浓淡相宜的风俗画和世态画，其中浸透着作者深切的人生感受和对中国社会生活、中国国民精神的剖析。同时，书中许多栩栩如生的人物，如长妈妈的纯朴、"先生"的方正、藤野先生的亲切、范爱农的孤傲，都给人留下了深刻的印象。《朝花夕拾》的另一特点是将大量的议论融于记叙之中，这些议论有的用于讽刺，有的用于针砭时事，有的用于评述生活和人物，但总的目的都在于赋予所记叙的生活现象和人物以新的视点，从而起到化腐朽为神奇、由平凡见哲理、从特殊到一般的升华作用。

女　神

成书年代：现代
作　　者：郭沫若
地　　位：中国第一部新体诗集

作者简介

郭沫若（1892～1978 年），原名郭开贞，又名郭鼎堂。四川乐山人。作家、诗人、剧作家、历史学家、考古学家、古文字学家、社会活动家。郭沫若出生在一个中等地主兼商人的家庭。早年留学日本，先学医，后从文。

郭沫若或许是中国现当代文学史上命运升沉起伏最为剧烈的一位作家。生前的显贵与身后的寂寞形成的反差如此之大，足以引起世人们关于人生和命运的深沉思索。然而现在他的被冷落与被遗忘并不能否定他的一切，放在中国现代文学

> **相关链接**
>
> 《星空》：郭沫若继《女神》之后出版的第二部诗文集。在这部诗集中，我们仍然会看到与《女神》中那些富有激情的诗歌相类似的主题和风格，但它们在内在精神上却再也不能与《女神》中的诗歌相媲美。在这些诗里，郭沫若仍然想追回青春时的热情和理想，但它内心的情绪却再也不再能够承担起它们的艺术表现——节奏和旋律的平滑难以将读者带入《女神》中那些优秀诗篇的境界中去。但这也说明，郭沫若诗歌的力的美已经转向静的美，同时也隐隐含有对现实的失望和淡淡的悲哀情绪了。

史的坐标上来看，他仍然是一位足以代表一个时代的杰出诗人。

在小学和中学时代，郭沫若即对中国古典文学经典有深厚的积淀，深受庄子的奇诡恣肆和屈原的浪漫想象的影响。1913年他到天津求学，同年底赴日本留学。在日本的十年时间里，他的阅读十分广泛，从孔子哲学、老庄哲学一直读到明代王阳明的哲学；从印度诗人泰戈尔一直读到德国诗人海涅和歌德；此外还有西方现代哲学家康德、尼采与弗洛伊德等人的著作。广博的阅读使他的思想呈现出异常复杂的情况。1916年他开始新诗的创作，1921年诗集《女神》出版。这部诗集不仅确立了郭沫若在中国现代文学史上的卓越地位，而且也为中国的新诗开辟了一个崭新的时代。这一年，郭沫若和郁达夫等人一起在日本创立了创造社。1923年，郭沫若从九州帝国大学医科毕业回国，积极从事创造社的文艺活动。

郭沫若像

从文艺思想上看，郭沫若以浪漫主义为主，同时吸收了西方现代主义的某些因素。其主要特征是尊崇自我，偏重主观，认为艺术是自我的表现，是艺术家的一种内在的冲动，是不得不发的表现，在这个发而为诗的过程中，作家的天才、灵感与激情又是非常重要的。他的这些思想，在其作品中都有鲜明的体现。

1926年郭沫若南下广州，同年七月参加北伐战争。1927年参加南昌起义，在起义部队南下途中参加中国共产党。1928年因受蒋介石通缉，旅居日本，从事中国古代史和古文字学的研究工作，著有《中国古代社会研究》《甲骨文研究》。1941年皖南事变后，创作了《屈原》《棠棣之花》《虎符》《孔雀胆》等历史剧和战斗诗篇《战声集》。抗战爆发以后，他只身归国，投入到抗日战争的大潮中，同时进行历史剧的创作。新中国成立以后，郭沫若由一位出色的文学家，转变为一位重要的社会活动家。历任中央人民政府委员、政务院副总理兼文化教育委员会主任、中国科学院院长、中国科学院哲学社会科学部主任、历史研究所第一所所长、中国科技大学校长、中国文联主席、中日友好协会名誉会长等职。1978年6月12日，在北京逝世，终年86岁。所著《甲骨文字研究》《两周金文辞图录考释》《金文丛考》《卜辞通纂》等，曾在学术界引起震动。生平著述有《郭沫若文集》（17

卷）和《郭沫若全集》。

背景介绍

《女神》除序诗外共收诗56首。诗集中最早的诗写在1918年初夏。除一小部分为1921年归国后所作外，其余均写于诗人留学日本期间，绝大部分完成在1919年和1920年两年里。这时俄国十月革命的炮声震醒了古老的中国，五四运动的浪潮正在国内汹涌澎湃。人们在漫漫长夜中看到了新的希望。旧道德、旧礼教、专制政治和一切封建偶像受到猛烈的抨击和破坏；科学、民主、社会主义和一切新事物则受到了自觉的热烈的追求。这是一个生气蓬勃的时代，一个充满着反抗和破坏、革新和创造的时代。《女神》对于封建藩篱的勇猛冲击，改造社会的强烈要求，追求和赞颂美好理想的无比热力，都鲜明地反映了"五四"革命运动的特征，传达出"五四"时代精神的最强音。

名著概要

《凤凰涅槃》以有关凤凰的传说作素材，借凤凰"集香木自焚，复从死灰中更生"的故事，象征着旧中国以及诗人旧我的毁灭和新中国以及诗人新我的诞生。除夕将近的时候，在梧桐已枯、醴泉已竭的丹穴山上，"冰天"与"寒风凛冽"，一对凤凰飞来飞去地为自己安排火葬。临死之前，它们回旋低昂地起舞，凤鸟"即即"而鸣，凰鸟"足足"相应。它们诅咒现实，诅咒了冷酷、黑暗、腥秽的旧宇宙，把它比作"屠场"，比作"囚牢"，比作"坟墓"，比作"地狱"，怀疑并且质问它"为什么存在"。它们从滔滔的泪水中倾诉悲愤，诅咒了五百年来沉睡、衰朽、死尸似的生活，在这段悠长的时间里，有的只是"流不尽的眼泪，洗不尽的污浊，浇不息的情炎，荡不去的羞辱"；在这段悠长的时间里，看不到"新鲜"和"甘美"，看不到"光华"和"欢爱"，年轻时的生命力已经消逝。于是它们痛不欲生，集木自焚。在对现实的谴责里，交融着深深郁积在诗人心头的民族的悲愤和人民的苦难。凤凰的自我牺牲、自我再造形成了一种浓烈的悲壮气氛。当他们同声唱出"死期已到了，死期已到了"的时候，一场漫天大火终于使旧我连同旧世界的一切黑暗和不义同归于尽。

《女神》中许多重要的诗篇，都饱含着郭沫若眷念祖国、颂扬新生的深情，这也正是对"五四"的礼赞。五四运动是一次新的爱国运动，标志着中国近百年民族革命运动在新形势下的新高涨。五四运动首先激起身居异国的郭沫若的，正是这种深切的爱国之情。从这些爱国诗篇奔腾澎湃着的热情里，始终可以看到再生女神和火中凤凰的身影。《晨安》和《匪徒颂》是两首格调相近的名诗，气势磅礴，笔力雄浑。《晨安》写诗人在"千载一时的晨光"里，向着"年青的祖国"，"新生的同胞"，向着革命的先驱，艺苑的巨擘，向着壮丽的山河，向着世界上一切美好的事物，一口气喊出了二十七个"晨安"。《匪徒颂》则是为反对日本新闻界对中国青年的诬蔑而作的。他们称五四运动后的中国学生为"学匪"，诗人满怀愤怒地写下了抗议的名篇，对历史上曾经起过革新作用的一些"古今中外的真正的匪徒们"做了由衷的赞扬。在这些诗篇中，最能表达他对祖国眷恋深情的是《炉中煤》。郭沫若在《创造十年》里说过："'五四'以后的中国，在我的心目中就像一位很聪俊的有进取气象的姑娘，她简直就和我的爱人一样……'眷念祖国的情绪'的《炉中煤》便是我对于她的恋歌。《晨安》和《匪徒颂》都是对于她的颂词。"恋歌没有颂歌的奔放，却别具一种深婉含蓄的美。

歌颂富有叛逆精神的自我形象，表现与万物相结合的自我的力量，是《女神》的另一重要内容。收在《女神》里的诗作，无论是反抗、破坏或者创造，几乎处处透过抒情形象表现了鲜明的自我特色；而在一部分诗篇里，更对作为叛逆者的自我唱出了激越的颂歌。这个自我气吞日月、志盖寰宇，"是全宇宙的能底总量"，它"如烈火一样地燃烧"，"如大海一样地狂叫"，"如电气一样地飞跑"；这个自我无视一切偶像和封建权威，公开宣称"我又是个偶像破坏者哟"；这个自我俨然是"可与神祇比伍"的"雄伟的巨制"，"便是天上的太阳也在向我低头"；这个自我还与"全宇宙的本体"融合起来，引起诗人高唱"我赞美这自我表现的全宇宙的本体"。这种对自我的极度夸张，透露出强烈的个性解放的要求。

题蒲松龄故居对联 现代 郭沫若

对于劳动、对于工农群众的敬仰和颂扬，是《女神》中很多诗篇的一个十分引人注目的地方。在《三个泛神论者》里，他把三个泛神论者都作为靠劳动吃饭的人来赞美。在《地球，我的母亲！》里，他认为"田地里的农人"是"全人类的保姆"，"炭坑里的工人"是"全人类的普罗美修士"。在《西湖纪游》里，他更想跪在雷峰塔下一个锄地的老人面前，"把他脚上的黄泥舐个干净。"这种对劳动人民恳挚真诚的感情正是诗人阶级意识觉醒的征兆，就像他在《巨炮之教训》中所写的那样，时代的霹雳把他"从梦中惊醒了"。

郭沫若对于大自然怀着深情。《女神》中有不少歌咏大自然的诗篇。诗人当时正受泛神论思想影响，认为"全宇宙的本体"只是万物的"自我表现"，而人则是自然界的一个组成部分。因此，他喜欢讴歌自然，并把自己溶解在广阔的大自然里，达到"物我无间"的境界。这在《光海》《梅花树下醉歌》等诗里可以很明显地看出来。这些歌咏大自然的诗篇，不仅倾心大自然的伟大和美丽，它们又和《女神》中的其他诗歌一样，向往光明和新生，向往劳动和创造，渗透着积极向上的精神。诗人歌唱的是"日出"和"春之胎动"，赞美的是"太阳"和"雪朝"。他在"无限的大自然"里感受到"生命的光波"和"新鲜的情调"，他从在他"头上飞航"的"雄壮的飞鹰"想到他"心地里翱翔着的凤凰"。在这一部分诗里，有气象宏伟、壮阔飞动的描画，也有笔致婉约、清丽幽静的篇章；但无论是礼赞"波涛汹涌着"的大海、"新生的太阳"和"天海中的云岛"，或是歌咏"池上几株新柳，柳下一座长亭"，以及"含着梦中幽韵"的"醉红的新叶，青嫩的草藤，高标的林树"，总是流转着一股清新的气息和足以使人愉悦、奋发的乐观主义色彩，洋溢着"五四"时代蓬勃进取的精神和诗人自己的飞扬凌厉的朝气。

作品特色

在《女神》里，人的自我价值得到肯定，人的尊严得到尊重，人的创造能力得到承认。这是一个伟大的解放与觉醒。诗人郭沫若在这里显示出了一种极度自由的精神状态，人的一切情感都被引发出来，奔放无拘地自在表演，无所顾忌地追求天马行空的心灵世界。对于习惯于含蓄，习惯于压抑自己的精神和情感的中国人，这是一个爆炸式的、全新的心灵境界。彻底破坏的意志，大胆创新的精神，加上丰富的想象，神奇的夸张，激越的音调，成就了现代诗歌的奠基之作——《女神》。今天的读者阅读这部诗集，或许会觉得写得有些粗糙，艺术上不够成熟。这些都是毋庸讳言的。然而《女神》自有其不可磨灭的价值，那就是它集中而强烈地表现了冲破封建樊篱，扫荡旧世界的五四精神，而且其艺术上的奇特雄伟的浪漫主义特色，也为新诗的发展开辟了广阔的道路。作为社会活动家的郭沫若，随着历史的推移，也许会渐渐地被人们遗忘；而作为文学家的郭沫若，自会与他的《女神》青春常在。

《女神》体现出了浓重的泛神论思想，《女神》的艺术想象与形象体系就是建筑在泛神论的思想基础上。郭沫若从16、17世纪泛神论哲学及中国、印度古代哲学那里吸取泛神论思想，他曾经将其内容概括为："泛神便是无神。一切的自然只是神的表现"，"我就是神，一切自然都是我的表现"。从这样的哲学思想出发，诗人把整个大自然都作为自己的书写对象，于是，宇宙地球、日月星辰、山岳海洋、风云雷雨、草木飞禽等统统奔入笔底，构成了囊括宇宙万物的极其壮阔的形象体系，而居于中心位置的是：包容一切的地球、汹涌浩瀚的海洋、光芒万丈的太阳，甚至诗中的比喻、联想也离不开地球、海洋、太阳的形象。《女神》形象的基本特色是壮阔性、奇异性与飞动性，由此形成了《女神》雄奇的艺术风格。

郭沫若的诗风深受美国诗人惠特曼的影响，雄浑豪放。诗人在诗歌中极力地张扬自我，突出自我的力量，激情澎湃，是豪情万丈的肯定和褒扬，显示了新一代人大无畏的精神。而且，诗人采用直抒胸臆的爆发性的抒情方式，使得作品中的诗句几乎都是脱口而出，没有经过沉淀和思考，保留了它最原始的情绪状态，

名家点评

若讲新诗，郭沫若君的诗才配称新呢，不独艺术上他的作品与旧诗词相去最远，最要紧的是他的精神完全是时代的精神——二十世纪底时代的精神。有人讲文艺作品是时代底产儿。《女神》真不愧为时代底一个肖子。
——闻一多《女神之时代精神》

（《女神》）是号角，是战鼓，它警醒我们，给我们勇气，引导我们去斗争。
——周扬《郭沫若和他的〈女神〉》

如《凤凰涅槃》里"火便是你／火便是我／火便是他／火便是火",《天狗》里每句都是"我是……"的重复句式。

《女神》中也体现着"五四"时期的"暴躁凌厉",回响着真正的"男性的声音"。忽视形式的精致,直率地呼喊,在词汇、句式上不忌讳重复,虽然构成了紧张热烈的节奏与激昂的音调,但有些诗篇不无空泛粗糙之憾。

郭沫若像

阅读指导

综观郭沫若的文学创作,他的最大成就乃是他的第一部诗集《女神》。这部诗集之所以在今天依然能够获得如此高的评价,在于诗人将"五四"时代的精神与自身的创作个性高度地融合在一起,表现出了一种历久弥新的五四精神。《女神》共分为三辑。第三辑主要是受泰戈尔的影响而作的一些清新恬淡的抒情小诗,表现的是诗人渴望爱情,热爱自然而又烦闷寂寞的灵魂。第一、二辑是这部诗集的主体,鲜明地体现了"五四"狂飙突进的时代精神,格调雄壮豪放,唱出了民主与科学时代的最强音。

《女神》的抒情主人公是一位"开辟鸿荒的大我",或谓之为"五四"时期初步觉醒的中华民族的自我形象。郭沫若最先感受到了伟大的五四运动中祖国的新生和中华民族的觉醒,《凤凰涅槃》就是一首庄严的时代颂歌,凤凰所象征的古老的中华民族正经历着"从死灰中更生"的历史过程,诗中的"凤歌"和"凰歌"以悲壮的葬歌结束了中华民族历史上最为黑暗的一页,"凤凰更生歌"以热诚而和谐的欢唱预示着生动、自由、净朗、华美的民族振兴的新时代的到来。

《女神》出版于1921年8月,是郭沫若的第一部新诗集,也是我国现代文学史上一部具有突出成就和巨大影响的新诗集,尽管在《女神》出版以前已经有新诗集出现,但真正以崭新的内容和形式为中国现代诗歌开辟一个新天地,除《女神》外,在当时却没有第二部。郭沫若实在是中国的第一个新诗人,《女神》实在是中国的第一部新诗集。

《女神》所表达的思想内容,首先是"五四"狂飙突进时代改造旧世界、冲击封建藩篱的要求。主人公以一个追求个性解放的叛逆者形象出现,要求打破一切封建枷锁,歌唱一切破坏者。其次,是对祖国深情的热爱和对美好明天的憧憬。诗中歌唱太阳、光明、希望,处处洋溢着积极进取的希望。

《女神》在艺术上取得了新诗最辉煌的成就,它是"五四"时期浪漫主义的瑰丽奇峰。《女神》的格式追求"绝对自由,绝对自主",而不受任何一种格式的束缚。它的形式自由多变,依感情的变化自然地形成"情绪的节奏"。

《女神》的浪漫主义特征主要表现在:诗中采用了比喻、象征的手法,并常借助神话传说、历史故事表达感情。

《女神》的诗风豪壮、雄健、颇具阳刚之美。郭沫若的诗可以说是新诗中豪放的先驱。

屈 原

成书年代：现代
作　　者：郭沫若
地　　位：浪漫主义历史剧

背景介绍

　　该剧创作于1942年1月，此时正值抗日战争的相持阶段。半壁河山沦于敌手，国民党当局却消极抗日，且悍然发动"皖南事变"，大肆屠杀爱国抗战的军民，掀起反共高潮。郭沫若面对这样的政治现实义愤填膺，创作了该剧，以鞭挞国民党反动派的黑暗统治，鼓舞中华民族的爱国激情。

名著概要

　　楚怀王十六年，为对抗野心勃勃的秦国，楚国决定与齐国联合抗秦。为了说服楚怀王与齐国绝交，秦国以商于六百里土地作为诱饵，并派丞相张仪出使楚国。三闾大夫屈原力主联齐抗秦，楚怀王听取屈原的建议拒绝了张仪。张仪眼见要无功而返，便想以女色打动楚怀王。他声称自己

郭沫若与妻子安娜及孩子合影（1923）

已无颜见秦王，决定回祖国魏国，并承诺回去后给楚怀王送一个魏国美女。张仪的话让南后郑袖深感不安。为了阻止张仪，在楚怀王为张仪饯行的前一天晚上，南后派上官大夫靳尚给张仪送上1500个大钱。张仪心大悦，让靳尚向南后表达了自己的谢意，并表示希望南后能与自己合作。为了固宠，南后决定勾结靳尚陷害屈原，让楚怀王放弃屈原的主张。

　　次日清晨，楚怀王出宫去令尹子椒家中。南后以帮助楚怀王为张仪饯行为借口，要儿子子兰去请先生屈原来为自己改编的歌舞做指导。

　　此时，屈原正在自家的橘园中散步。他边走边抚弄残橘，后即兴做了一首《橘颂》。弟子宋玉来到园中，屈原将《橘颂》赠给宋玉，并教导他为人应像橘子，做到独立不倚、凛然难犯；他结合当时楚国形势，告诫宋玉在国家危难时刻要保持高尚的民族气节。宋玉谦逊地表示谨遵先生教导。

　　这时，屈原的侍女婵娟匆匆进橘园禀告，上官大夫靳尚刚刚来过，告诉他楚怀王已接受屈原的主张决定联齐抗秦。屈原十分高兴，忙吩咐宋玉去誊写自己起草的国书，以备楚怀王与齐国建交时急用。不久，公子子兰奉母命来请屈原，屈原忙换好衣服随他进宫。

　　靳尚从屈原处回来去拜见南后。南后把自己如何陷害屈原的想法告诉了他，并吩咐他等屈原进宫就到子椒家请楚怀王回宫。过了一会儿屈原来了，南后热情地对他称赞一番。屈原有些惶惑不解，问起南后让自己来的真正目的。南后告诉他自己改编了他的《九歌》，中午将在为张仪饯行的宴会上表演，特请他来指导。

中国名著大讲堂

三〇九

接着，南后打发走子兰等人，吩咐歌舞者开始排演。屈原随南后登上台阶。

屈原正在看歌舞表演，南后突然口呼"头晕"，并做出要倒之势，屈原见状忙去扶抱。此时，楚怀王与张仪、子椒、靳尚等人走进宫中，南后见势做出奋力挣扎状，并大声喝令屈原。屈原茫然不知所措，南后飞奔到楚怀王的怀抱痛哭起来。楚怀王大怒，下令不准屈原再进宫廷。屈原这才明白原来这是一场阴谋，辩解无效，他痛心地恳请楚怀王多为百姓着想。楚怀王更加愤怒，下令免去了屈原的左徒官制。张仪乘机夸赞南后的美貌，楚怀王对屈原怒火难消，决定同意张仪绝齐联秦的主张。

这一突变对屈原来说是个沉重的打击，他愤怒地撕裂自己的衣服，步履蹒跚地走回家。他不愿见人，只是愤怒地喃喃自语。邻里乡亲们都来围观，这时靳尚和子兰也赶来。靳尚大肆宣扬屈原在宫中对南后的无礼举动，还让不知情的子椒作证。乡亲们相信了靳尚的话，以为屈原精神错乱，一齐为他招魂。屈原见平日敬仰自己的乡亲们也听信谗言，顿时大怒，大声呵斥他们。众人都说屈原真的疯掉了，四散而逃。

屈原极度悲愤，离家出走。家里的老仆人、老厨娘和徒弟宋玉都收拾行李随子兰进宫，只有婵娟忠心耿耿，焦急地四处寻找屈原。婵娟来到郢都东门外，在桥头遇见了一个中年垂钓者。此人是宫中的一位舞师，正是早晨排练《九歌》时扮演河伯的人。他把屈原遭遇的内情告诉了婵娟，婵娟听后更加为屈原担心。

婵娟离去不久，屈原也来到桥头。他衣衫褴褛、面容憔悴，口中不断吟诵着诗句在河边徘徊。垂钓者又向屈原道出了实情，屈原从他真诚的话语中得到几分安慰。此时，楚怀王与南后、张仪也来河边散步。楚怀王看到屈原怒气顿生，南后摆出一副委屈的样子，提议将屈原找来戏弄一番。楚怀王令人传屈原过来，屈原一听楚怀王要召见自己，立刻喜形于色，跟随侍卫来到楚怀王近前。南后将屈原当成一个因痴迷自己而致神经错乱的人，故意摆出种种姿态戏谑屈原。张仪小人得志，在一旁哈哈大笑起来。屈原难以抑制心中的怒火，大骂张仪。楚怀王大怒，令人将屈原押走囚禁在东皇太一庙中。

婵娟寻屈原又回到桥头。南后走上来故意欺骗她说屈原已经溺水而死。婵娟极度悲伤，痛斥南后陷害屈原的卑劣行径。垂钓者也上来作证。南后恼羞成怒，下令将二人关入大牢。

经典摘录

　　啊，雷！你那轰隆隆的，是你的车轮子滚动的声音。我要和着你，和着你的声音、和着那茫茫的大海，一同跳进那没有边际的，没有限制的自由里去。

　　啊，电！你这宇宙中最犀利的剑呀！也正是我心中的剑！你劈吧，劈吧，劈吧！把这比铁还黑暗的，劈开，劈开，劈开！……哦，那是多么灿烂的、多么炫目的光明！光明啊，我景仰你，我景仰你啊，你，你这宇宙中的最伟大者呀！火，你在天边，你在眼前，你在我的四面，我知道，你就是宇宙的生命，你就是我的生命，你就是我呀——

——《屈原》第五幕雷电颂

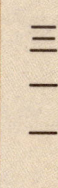

屈原卜居图 清 黄应谌

这幅画描绘屈原被放逐后，心怀国事而不能为，因而心思迷乱，遂拜访太卜郑詹尹，询问自处之道的情景。

夜里，子兰同宋玉一齐来牢中看望婵娟。此时的宋玉已由子兰引荐投靠了南后，且被楚怀王收为义子。子兰对婵娟说，只要她答应跟随自己便立刻救她出牢。婵娟却丝毫不为所动。宋玉企图以屈原的安危打动她，让子兰答应只要婵娟同意，也会设法搭救屈原。婵娟这才得知屈原没死，她坚决回绝了二人，痛斥了宋玉的背叛行为，并表示会和屈原一样，生得光明，死得磊落。子兰和宋玉只好悻悻离开。婵娟的话语感动了看守的卫士，他救出婵娟，并和她一起到东皇太一庙营救屈原。

深夜，狂风怒吼、雷电交加。靳尚来到东皇太一庙，告诉看守屈原的太卜郑詹尹、南后的父亲立即执行南后的密令处死屈原。靳尚离开后，郑詹尹将戴着刑具的屈原带入神殿中。面对众神，屈原大声疾呼雷电狂风，希望能把这黑暗的现实毁灭，迎来光明新世界。郑詹尹再次走上来，端上一杯甜酒要屈原润润嗓子。他装出一副无奈的样子，与屈原谈论近来的国事，指责女儿的所作所为。郑詹尹极力劝屈原借酒消愁，屈原说一会儿口渴再喝，他只好放下酒杯走了。

婵娟和卫士来到东皇太一庙。屈原十分感动，他想到婵娟一路赶来，一定口干舌燥，便取来郑詹尹放下的那杯甜酒让婵娟解渴。婵娟喝下后，全身痉挛，很快死去。屈原这才明白，郑詹尹送来的是毒酒。面对婵娟的尸体，他悲痛万分。卫士一怒之下杀死了郑詹尹，并在他身上搜出南后的密令。屈原以《橘颂》为哀辞，为婵娟举行了庄严的火葬。卫士表示愿意做仆人跟随屈原，并建议屈原去汉北，与汉北人民共同抵御外敌，保卫祖国。二人经过一番乔装，踏上去汉北的征程。

朱自清散文集

成书年代：现代
作　　者：朱自清
地　　位：清新与华美的交响曲

作者简介

朱自清（1898～1948年），原名自华，字佩弦，江苏扬州人。1916年，他就读于北京清华大学，参加新潮社和文学研究会。

1920年大学毕业后他前往江浙一带，在中学教书任课。1924年，作为诗人的朱自清出版了长诗《毁灭》和诗文集《踪迹》。1925年，他就任北京清华大学教授，研究古典文学，创作出版散文集《背影》。1931年，朱自清赴英国留学，漫游欧洲。次年，他返回祖国，继任清华大学教授。1937年抗日战争爆发，他任西南联大教授，撰有学术著作《经

朱自清像

中国名著大讲堂

月光如流水一般，静静地泻在这一片叶子和花上。薄薄的青雾浮起在荷塘里，叶子和花仿佛在牛乳中洗过一样，又像笼着轻纱的梦。虽然是满月，天上却有一层淡淡的云，所以不能朗照；但我以为这恰是到了好处——酣眠固不可少，小睡也别有风味的。月光是隔了树照过来的，高处丛生的灌木，落下参差的斑驳的黑影，峭楞楞如鬼一般；弯弯的杨柳的稀疏的倩影，却又像是画在荷叶上。塘中的月色并不均匀；但光与影有着和谐的旋律，如梵婀玲上奏着的名曲。

——《荷塘月色》

　　她松松的皱缬着，像少妇拖着的裙幅；她轻轻的摆弄着，像跳动的初恋的少女的心；她滑滑的明亮着，像涂了"明油"一般，有鸡蛋清那样软，那样嫩，令人想着所曾触过的最嫩的皮肤；她又不杂些儿尘滓，宛然一块温润的碧玉，只清清的一色——但你却看不透她！

——《绿》

　　一个暮春的早晨，霏霏的毛雨默然洒在我脸上，引起润泽，轻松的感觉。新鲜的微风吹动我的衣袂，像爱人的鼻息吹着我的手一样。

——《歌声》

典常谈》。1948年，在北京，朱自清拒绝接受美国的救济粮，表现了高尚的民族气节，贫病去世。

名著概要

　　朱自清的散文主要收在《笑的历史》《踪迹》《背影》三个集子中，其中尤以《背影》最为著名。

　　《背影》这篇散文质朴深情地叙述父亲送别儿子的一段场景，准确地捕捉到几处无声胜有声的动人情节，注入了对劳碌一生的父亲的感恩，表现出旧世界里小资产者颠簸的命运。由此一段人人皆有的爱打动无数读者的心扉，成为中国文学史上的散文名篇。

　　《荷塘月色》同样是一篇名作，写作者在心情不太宁静的晚上在住家附近的池塘边所见的景色。描写得细致入微，遣词造句，形象贴切。

　　《桨声灯影里的秦淮河》是一篇游记性的散文，描绘秦淮河两岸的风光，意境深远，带有浓厚的个人情感。

　　此外，《欧游杂记》《温州的踪影·绿》《儿女》也都相当出色，弥漫着抒情的气氛，精致婉转。

作品特色

　　朱自清是文学研究会的成员，他的散文是面向人生的。《执政府大屠杀记》《白种人——上帝的骄子》《生命的价格——七毛钱》等作品，正视淋漓的鲜血与惨淡的人生，带有很强的纪实性。《背影》则是许多人都能成诵的抒写平凡人生的名作了。而他更擅长写那种漂亮精致的写景抒情的散文。《荷塘月色》《桨声灯影里的秦淮河》与《绿》是这一类的名篇。作者对自然景物精确观察，对色彩、声音

名家点评

　　文学研究会的散文作家中，除冰心女士外，文字之美，要算他（朱自清）了。
　　　　　　　　　　　　——郁达夫

　　我们应该写闻一多颂，写朱自清颂，他们表现了我们民族的英雄气概。
　　　　　　　　　　　　——毛泽东

有着敏锐的感觉，再通过千姿百态或动或静的鲜明形象和巧妙的比喻联想，融入自己的感情色彩，从而点化出一种细密、幽远、浑圆的意境。在《荷塘月色》一文中，曲折的荷塘，田田的荷叶，新浴的荷花，脉脉的流水，伴以月色、微风、清香、树影、蛙鸣……这种景色怎不让人欣喜而忘情呢。以绘画作比，朱自清的这一类散文是中国画中的工笔画。作家一丝不苟，将常见的景物细细描出，为读者勾勒一幅赏心悦目的图景，营造出一种情、理、趣、景相融为一的艺术境界。

　　朱自清对中国古典文学造诣颇深。他的散文时时透露出浓郁的古典气质。这突出表现在他具有传统文人的灵心善感的情意和略带忧郁的心理特征。写于早年的《匆匆》，一开头是这样写的：

　　燕子去了，有再来的时候；杨柳枯了，有再青的时候；桃花谢了，有再开的时候。但是，聪明的，你告诉我，我们的日子为什么一去不复返呢？

　　世间美好的事物似乎都有重来的时候，除了时间。普通的人们也天天都在过日子，为什么就没有感到日子仿佛有灵性，就像长了腿脚似的匆匆地从身边溜走了呢？偏偏朱自清有这种感觉，他因而把无迹可循的时间流逝写得若有其形，就好像在生活中一直陪伴着我们的朋友，有那么一天忽然挽留不住地挥袖作别。这让深具诗人气质的"我"非常忧郁：

　　在逃去如飞的日子里，在千门万户的世界里的我能做些什么呢？只有徘徊罢了，只有匆匆罢了；在八千多日的匆匆里，除徘徊外，又剩些什么呢？过去的日子如轻烟，被微风吹散了，如薄雾，被初阳蒸融了；我留着些什么痕迹呢？我何曾留着像游丝样的痕迹呢？

　　轻烟薄雾般的日子一天天地溜走了，在那些以平常心度日的人们看来，这没什么好伤感的，不是说平平淡淡才是真吗？但这是常人，不是诗人，诗人们都是多情的种子。诗人朱自清的散文有一个灵魂，那就是纯真的情。如谓不然，请通读这篇情意浓浓的《匆匆》。通观朱自清、冰心乃至巴金、沈从文等作家，他们有一个共通的地方，那就是真情至上，作家把自己的心与读者的心连在一起，把一腔真情毫无虚饰地交给读者，于是就有了不朽的文学。

作品影响

　　朱自清是中国现代散文家中最为人熟知的一位。他的作品，从《春》到《背影》到《荷塘月色》，随着一代又一代人的成长，影响了无数年轻读者的审美和人生，是"白话美术文的模范"。

　　他的散文把古典诗词的美好意境用纯正的白话文表达出来、营造出来，以浓烈的诗意、顺畅的结构和平素的语言证明了白话文的新鲜活力，对中国现代散文

的发展做出了巨大的贡献。

延伸阅读

《冰心散文选》是女作家冰心一生各个时期的散文作品集。它们体现了冰心散文的整体风格：清新婉丽，以情感人；还展现了冰心散文的主要内容：母爱、童心、大自然。《寄小读者》《小橘灯》都是脍炙人口的名篇。

《周作人散文选》收录中国现代性灵派小品的代表作家、鲁迅的弟弟周作人的散文名篇，他的散文韵味悠长，饱蕴热情，略带苦涩，与鲁迅的杂文构成了中国现代散文世界的两道奇观。

背　影

| 成书年代：现代 |
| 作　　者：朱自清 |
| 地　　位："五四"时代的春江花月夜 |

背景介绍

《背影》一书于1925年出版，当时作者还只是一个二十几岁的青年人，但对人生的体验已经相当深刻了。在内忧外患、兵连祸接严重困扰下的旧中国，作者凭着自己敏锐的洞察力，看透了时代和社会的沉疴，将哀伤和愤懑凝聚于笔端，淋漓尽致地描绘出一幅光景惨淡的社会图画。在这幅图画中展示了小资产阶级和知识分子在中外反动派的残酷压榨下朝不保夕的艰苦境况，深刻地反映了这一时期处在社会下层的小私有者日趋破产的真实生活。

《背影》初版封面

名著概要

《背影》是朱自清散文的代表作。1928年10月由上海开明书店初版。该书收集作家早期优秀散文18篇，这本书分成两辑：甲辑和乙辑。

甲辑文章有《女人》《白种人——上帝的骄子》《背影》《阿河》《哀韦杰三君》《飘零》《白采》《荷塘月色》《一封信》《〈梅花〉后记》《怀魏握青君》和《儿女》。

乙辑有《旅行杂记》《殷勤的招待》《躬逢其盛》《第三人称》《说梦》《海行杂记》。

《女人》作者描写日常生活的女性，说他自己喜欢什么样的女性。也用各种各类的形容词和比喻来描写女性，并且对美丽女性的不幸寄予了深切的同情。

《白种人——上帝的骄子》写于"五卅"惨案之后，通过在电车上对西洋小孩的一瞥，表现反帝国主义的思想和忧愤的情怀。

《背影》文章记作者离开南京到北京大学去，父亲送他到浦口车站，照料他上车，并替他买橘子的情形。在作者脑海里印象最深刻的，是他父亲替他买橘子

> **相关链接**
>
> 《踪迹》：朱自清的诗和散文合集，1924年12月由上海亚东图书馆出版。第一辑收诗，第二辑收散文。诗篇有《光明》《新年》《煤》《送韩伯画往俄国》《羊群》《小舱中的现代》等。他的诗或热切地追求光明的未来，或有力地批判黑暗的世界，揭露悲惨的人生，洋溢着反帝反封建的革命精神，记录了大时代在一代知识分子心灵上的投影。集中的散文有《匆匆》《桨声灯影里的秦淮河》《温州的踪迹》《航船中的文明》等。有的写景抒情，有的记叙写实，创造了一种风景画和抒情诗相结合的艺术境界。

时在月台爬上攀下时的背影。作者用朴素的文字，把父亲对儿女的爱，表达得深刻细腻，令人感动。作者能够从平凡的事件中，体味父亲的关怀和爱护。

《白采》这篇文章是写一个叫白采的人。白采在朱自清心目中是一个不可捉摸的人，突然收到熏宇来的信说白采死了，遗下很多文学作品和四包女人的头发，引出一连串的故事。

《荷塘月色》原文有9段，散文集节录了有6段。本文写于1927年7月。他感觉到时局不安，加上工作上遇到不如意的事，弄到心绪不宁，于是借观赏在北京清华园西院古月堂附近的荷塘，以丰富的想象力、流利优美的文笔写出如诗如画的荷塘月色。

《怀魏握青君》是怀念去世的朋友的作品。

《儿女》叙说了旧中国知识分子家庭中儿女无法团聚的悲苦。

作品特色

《背影》这部散文集之所以会经久不衰，很大程度上归功于它为人们塑造了许多经典的艺术形象，而其中印象最为深刻的当属挥之不去的"背影"的形象，这一点从散文集的名称中就能窥见一斑。

《背影》谋篇的特点是抓住人物形象的特征，即父亲的"背影"来命题立意的。"背影"在文章中出现了四次，每次的情况都有所不同，但思想感情却是一脉相承的。第一次是文章的开头，开篇点题"背影"，有一种浓厚的感情气氛笼罩全文。第二次是在车站送别的情景中，作者对父亲的"背影"做了具体的描绘，这是写作的重点：父亲胖胖的身躯，穿着黑布大马褂，深青布棉袍，步履艰难，蹒跚地爬过铁道为儿子买橘子。这个镜头表现了父亲爱儿子的深厚感情，使儿子感动得热泪盈眶。第三次是父亲和儿子告别后，儿子眼望着父亲的"背影"在人群中消逝，离情别绪又催人泪下。第四次是在文章的结尾，儿子读着父亲的来信，在泪光中再次浮现了父亲的"背影"，思念之情不能自已，与文章开头前后呼应。

这篇作品把父子之间的真挚感情表现得淋漓尽致，但不同于一般作品去描写人物肖像，着力于神情、音

朱自清与夫人陈竹隐

容笑貌的描绘，而是抓住人物形象的一个特征——"背影"，不惜笔墨做具体细致的刻画。在写法上，《背影》的主要特点是白描，作者写父亲的背影、描写那买橘子时过铁道的场面，完全用白描的手法。这种不加形容和修饰的质朴的文字，把当时的情景如实地记述出来，给读者以身临目击之感，达到了再现实景的艺术效果。

整部散文集通体干净，没有多余的字眼，即使一个"的"字、一个"了"字，也是必须用才用。除了夹入了一些文言词语以外，没有华美的辞藻、生僻的词语，都是质朴自然的家常话，生活气息非常浓厚，提炼得非常简洁。《背影》这部散文集的语言不但忠实朴素，而且又非常典雅文质。这种高度民族化的语言，和《背影》所表现的民族精神气质以及文章的结构和谐统一。没有《背影》语言的明丽典雅、古朴质实，就没有《背影》的一切风采。

作品影响

《背影》这部散文集通过一条与众不同的途径，反映了一种在旧道德观念的冰水退潮时，人与人之间的关系——特别是父子关系中最真诚、最动人的天伦的觉醒。在这种觉醒面前，人们第一次作为一个真实的人来占有并表露自己的感情。这也是《背影》中蕴藏的革命性的历史内容及思想意义。它的出版不仅提高了朱自清在散文史上的地位，也使人们竞相模仿他情真意切、平和冲淡的散文风格。

阅读指导

朱自清的散文有着深沉的艺术造诣。《背影》集中既有以至情传世的叙事抒情散文，又有充满诗意、以宁静幽远的意境取胜的写景抒情散文。他的散文结构完整，布局和谐，精心修饰而不露雕琢的痕迹。例如经典名篇《背影》写的是家庭遭遇变故的情况下父亲送别远行的儿子时的一番情景。作者通过朴实真切的记叙，抒写了怀念老父的至情，表现了当时社会中小有产者虽然屡经挣扎仍不免破产的可悲境遇，以及由此而生的感伤情绪。闪耀在泪光中的父亲的身影，曾经引起经济上同样处于风雨飘零状况中的许多小资产阶级读者的感叹。从这类散文可以看出，作者善于把自己的真情实感，通过平易的叙述表达出来；笔致简约，朴素，亲切，文字多用口语而加以锤炼，读来有一种娓娓动人的风采。

名家点评

这篇文章通体干净，没有多余的话，没有多余的字眼。即使一个"的"字，一个"了"字，也是必须用才用。

——叶圣陶《文章例话》

《背影》虽然只有一千五百字，却历久传诵，有感人至深的力量，这篇短文被选为中学国文教材，在中学生心目中，"朱自清"三个字已经和《背影》成为不可分割的一体了。

——吴晗《他们走到了它的反面——朱自清颂》

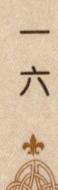

志摩的诗

成书年代：现代
作　　者：徐志摩
地　　位：随心轻扬的爱与才华

作者简介

徐志摩（1896～1931年），原名章垿，初字槱森，后字志摩，又字又申，笔名诗哲、南湖、云中鹤，浙江省海宁市硖石镇人。他出身于富商家庭，自幼聪明，骈四骊六的文章写得洋洋洒洒。1915年，他曾在沪江大学、北洋大学、北京大学就读。1918年赴美留学，获哥伦比亚大学经济学硕士学位，后远至英伦追随罗素在英国剑桥大学学习政治哲学。在那里，他开始诗歌创作，模仿英国唯美诗派，并同时建立了自己的人生理想。1927年回国后曾在北京大学、清华大学、中央大学等多所大学任教授。此后，他发起并成立了著名的文学团体——新月社。1924年，徐志摩随印度诗人泰戈尔漫游欧洲。1931年，他因飞机失事，在山东济南附近遇难。

徐志摩像

背景介绍

郭沫若的《女神》以绝对的形式自由和狂放不羁的旋律，冲破了传统诗词严整的形式，是对于"旧"的一个大破坏。破坏之后必定要求再造新的形式，新的规范，以促使新诗的发展走上"规范化"的道路。以徐志摩（1897～1931年）、闻一多（1899～1946年）为代表的前期新月派，正担负着这样的历史使命。

名著概要

徐志摩的诗集有《志摩的诗》（1925年）、《翡冷翠的一夜》（1927年）、《猛虎集》（1931年）、《云游》（1931年）4本，大多数是自己创作的新诗，也有一小部分的译诗。

《志摩的诗》是作者自费排印的第一部诗集，收录1922～1925年的诗作55首，包括《雪花的快乐》《沙扬娜拉》《为谁》《我有一个恋爱》《毒药》等。其中《沙扬娜拉》最为脍炙人口。这首诗构思精巧，抓住日本少女温柔谦和的性格特征，语言清新流畅，音韵和谐，声情并茂。

《翡冷翠的一夜》收诗42首，其中译诗6首，大部分是爱情诗，表现对"爱、自由、美"的追求。作家在这一诗集中逐渐巩固了自己独特的抒情方式，熔中外诗歌艺术于一炉，富有变化。翡冷翠即"佛罗伦萨"的旧译。

《猛虎集》是徐志摩的代表作、巅峰之作，收诗33首，另有译诗7首。《再别康桥》《我不知道风是在哪一个方向吹》被认为是他的最佳诗歌，同时也是中国文学史上最著名、最朗朗上口的新诗，潇洒空灵，飘逸飞动，为古典理想的现代重构，代表了徐志摩的最高文学成就。

作品影响

　　徐志摩的诗是他真情实感的生活艺术记录，是他追求爱、自由和美的思想表现。他的诗富有才情，字句清新，想象丰富，神思飘逸，有古典的美，有自然的美，有繁华世界的美，有文辞的美，有音律的美，有色泽的美，有声音的美，有女性妩媚的美，有多愁才子的美。徐志摩总是在不着痕迹的试验当中，将丰富多彩的内容与多种多样的形式完美地统一，使新诗在他的笔下达到了一个难以企及的高度，推动了新诗艺术的快速发展，为中国新文学运动做出了巨大的贡献。

阅读指导

　　新月派的诗人针对《女神》这一类只求创造，不讲形式的诗作，提出了"理性节制情感"的原则与诗的形式格律化的主张。他们批评诗歌中情感的过分泛滥和不加节制的直抒胸臆的抒情方式。他们认为："如果只是在感情的旋涡里沉浮着，旋转着，而没有一个具体的境遇以作知觉依皈的凭借，结果不是无病呻吟，便是言之无物了。"这种理论，实质上与传统的"乐而不淫，哀而不伤"的抒情模式相暗合，也受到了西方唯美主义的影响。可以这样认为，他们是在借助传统与外来的双重力量，在破坏之后的一片废墟上重建诗国的纲领与章法。

　　徐志摩是新月派的灵魂人物。他具有自己独特的人生信仰。他热烈地追求"爱""自由"与"美"，追求人与自然的和谐，这与他那活泼好动而潇洒空灵的个性以及天纵之才结合在一起，就形成了徐志摩诗特有的飞动飘逸的艺术风格。徐志摩是一位沉浸在浓得化不开的爱情里的诗人，他把自己对于爱情的炽热追求，全都化作了美妙的歌吟。在他所有的诗作里，爱情诗是最有特色的。比如《雪花的快乐》一诗，诗人在开头写道："假如我是一朵雪花，／翩翩地在半空里潇洒，／我一定认清我的方向／飞飏，飞飏，飞飏，／这地面上有我的方向。／不

《玛丽玛丽》初版封面　　　　《落叶》初版封面　　　　《猛虎集》初版封面（1932）
（徐志摩、沈性仁合译）

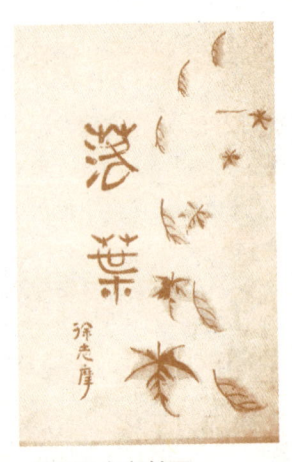

剑桥大学一景

1918年徐志摩赴美留学，两年后他为追随自己的崇拜者罗素而到了英国，后进入康桥大学（即剑桥大学）深造，在康桥两年他深受西方教育的熏陶及欧美浪漫主义和唯美主义诗人的影响。

去那冷寞的幽谷。"那么它会飞向哪里呢？原来他有另一种追求，另一个"我的方向"：坚定地飞扬，直奔向清幽的住处，会见花园里的她，"盈盈的，沾住她"，直到融入"她柔波似的心胸"。在这首诗里，雪花并非自然之物，是被诗人意念填充的雪花，是人的精灵，他要为美而死。在追求美的过程中，他丝毫不感到痛苦和绝望，他充分享受着选择的自由，热爱的快乐。雪花的飞扬，是一种坚定、欢快和轻松自由的追寻，而绝美的她，住在清幽之地，出入雪中花园，浑身散发着梅的清香，她的心胸恰似万缕柔波的湖泊。可以想象，诗人创作这首诗的时候，或许正漫步于雪花飞扬的天地间，他的灵魂正随着雪花一起飞扬。胸中有爱的人，一定热爱美丽的大自然。徐志摩把大自然称为"最伟大的一部书"，他的不少诗作里，经常出现大海星空、白云流泉、空谷幽兰、落叶秋声等美丽的景观。《再别康桥》则是以他的母校康桥大学的校园景色为对象，抒发了对于自然的深厚感情。诗人在第一节里，抒写了故地重游的学子作别母校时的万千离愁：

轻轻的我走了，正如我轻轻的来；
我轻轻的招手，作别西天的云彩。

连用三个"轻轻的"，仿佛是一缕清风一样来了，又悄然无声地离去；那对于康桥的至深情意，竟在招手之间幻化成了西天的一抹残红。第二节至第六节，诗人在康河里泛舟寻梦，披着夕照的金柳，软泥上的青苔，绿荫下的水潭，一一映入眼帘，诗人进入了物我两忘的境界，幻想自己化成康河里随着柔波招摇的水草。诗人要寻梦，要放歌，但是终归于沉默：

但我不能放歌，悄悄是别离的笙箫；

● 相关链接 ●

《女神》出版于1921年8月，收诗53首，由现代文学大师郭沫若创作而成，是中国新诗真正的奠基之作。他的诗将"五四"的时代精神化入字里行间，富有音乐美、节奏性和战斗精神。

《戴望舒诗集》是现代著名诗人戴望舒（1905～1950年）的作品。其中1928年发表的《雨巷》是最美、最具有影响力的代表诗篇，诗人因此获得"雨巷诗人"的美名。在这首诗里，作者写进了"五四"一代的理想和幻灭，表现出忧郁的时代情绪。

《红烛》是闻一多（1899～1946年）的代表性诗集，大部分创作于留学美国期间，具有强烈的爱国激情，意境幽远，色彩浓艳。

中国名著大讲堂

夏虫也为我沉默，沉默是今晚的康桥。

此际的沉默无言，胜过多少别离的情语！诗的最后一节，以三个"悄悄的"与开头回环对应，潇洒地来，又潇洒地离开。挥一挥衣袖，不带走一片云彩，但是真的如此了无牵挂吗？诗人一定牵挂着什么。是柔波里的水草？还是沉默的夏虫？

延伸阅读

作为新月派格律诗的代表诗人，徐志摩在创作方面取得了极大的成功。而新格律诗理论的奠基工作，主要是由闻一多来完成的。闻一多的新诗理论的核心内容是讲究诗的"三美"：音乐美，绘画美，建筑美。徐志摩对此十分推崇。闻一多的创作主要集中在20世纪20年代中期，1931年发表长诗《奇迹》以后，便基本上搁下诗笔。他的诗作结集为《红烛》和《死水》两部诗集，贯穿其中的诗魂，就是闻一多浓烈、真挚的爱国主义情思。在这些诗篇中，诗人一面为满目疮痍的祖国、为陷于苦难的人民唱出悲哀的歌声，表现自己希望破灭时的泣血的呼号，另一方面又对心爱的祖国怀着"铁树开花"的坚定信念。

家

成书年代：现代
作　　者：巴金
地　　位：对封建大家庭的控诉与批判

作者简介

巴金（1904～2005年），原名李尧棠，字芾甘，笔名佩竿、余一、王文慧等。四川成都人。1920年考入成都外国语专门学校。1923年从封建家庭出走，就读于上海和南京的中学。1927年初赴法国留学，写成了处女作长篇小说《灭亡》，发表时始用巴金的笔名。1928年底回到上海，从事创作和翻译。从1929年到1937年中，创作了主要代表作长篇小说"激流三部曲"中的《家》，以及《海的梦》《春天里的秋天》《砂丁》《萌芽》（《雪》）、《新生》、"爱情三部曲"（《雾》《雨》《电》）等中长篇小说，出版了《复仇》《将军》《神·鬼·人》等短篇小说集和《海行集记》《忆》《短简》等散文集。其间任文化生活出版社总编辑，主编有《文学月刊》等刊物和《文学丛刊》等丛书。

巴金画像

抗日战争爆发后，巴金在各地致力于抗日救亡文化活动，编辑《呐喊》《救亡日报》等报刊，创作有《家》的续集《春》和《秋》，以及长篇小说《抗战三部曲》（又名《火》），出版了短篇小说集《还魂草》《小人小事》，散文集《控诉》和《龙·虎·狗》等。在抗战后期和抗战结束后，巴金创作转向对国统区黑暗现实的批判，对行将崩溃的旧制度做出有力的控诉和抨击，艺术上很有特色的中篇小说《憩园》《第四病室》，长篇小说《寒夜》便是这方面的力作。

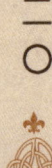

中华人民共和国成立后，巴金曾任全国文联副主席、中国作家协会主席、中国笔会中心主席、全国政协副主席等职，并主编《收获》杂志。他热情关注和支持旨在繁荣文学创作的各项活动，多次出国参加国际文学交流活动，首倡建立中国现代文学馆。出版有短篇小说集《英雄的故事》、报告文学集《生活在英雄们中间》、散文集《爝火集》、散文小说集《巴金近作》、随笔集《随想录》五集，以及《巴金六十年文选》、创作《回忆录》等多种。中华人民共和国成立前的作品大都收集在 14 卷《巴金文集》内，新编的《巴金全集》从 1986 年起陆续出版。他的作品已被译成多种外文出版。多年来他还出版了大量译作。

背景介绍

"激流三部曲"写的是一个溃败的封建大家庭悲欢离合的故事。这部小说的创作，曾受到左拉的长篇小说《卢贡家族的命运》及曹雪芹的《红楼梦》的影响；然而，当巴金的《家》以"激流"的篇名在《时报》出现时，却显示出自己的特点。时代的赐予和作家的生活感知，使他把艺术的视点集中在对封建家族制度的解剖上。家，在中国，是礼教的堡垒。巴金说，他写《家》的目的，就是要"宣告一个不合理的制度的死刑"。到了 20 世纪 40 年代，他在进行《秋》的创作时，全民族已进入抗击日寇的战争，然而巴金仍然认为"抗战中要反封建，抗战以后也要反封建"。在《家》《春》《秋》这一相互关联的三部曲中，他不停地解剖着在中国现代社会史上新旧历史转变时期封建大家族的种种矛盾，毫不可惜它的溃败，并且以热切的感情展现出生活中的"激流"在破败的家庭中成长起来，充满了自信和勇气，充满了爱和恨的力量，在腐败崩溃的事物中，看到了希望，看到了充满朝气的叛逆的人物。

> **名家点评**
>
> 尤其是长篇小说《家》，对封建礼教家庭进行全景式的描述，激励了年轻人挣脱束缚，追求自由的新生活。这部作品深深地影响了好几代中国青年。
>
> ——程光炜

名著概要

五四运动后，新文化的浪潮也冲击了古老的四川省城。18 岁的高觉民和弟弟高觉慧是两个热衷于新思想的青年。这天傍晚，他俩刚从学校回到高公馆，16 岁的婢女鸣凤就告诉他们来了客人。原来是姑母张太太和她的女儿琴。琴在省立一女师三年级读书，正与觉民相爱，是一个富有反抗性格的新女性。望着琴开朗活泼的美丽面庞，觉慧不由想起了自己的心上人——鸣凤。

觉新是觉民的大哥，也是这个家庭的长房长孙。他深爱着表妹梅，可父亲却为他选定了李家的姑娘瑞珏。他没有反抗，也想不到反抗，订婚和结婚，他都像傀儡似的被人玩弄着。婚后一个月，他到父亲做董事的西蜀实业公司做事去了。这时他才 19 岁。过了一年，父亲死了，觉新挑起了整个家庭的重担。

觉慧因为与同学们一道向督军请愿，被高老太爷训斥了一顿，不许他再出门。

旧历年过去，转眼就是元宵节，由于军阀混战，张太太的公馆被军队占据了，

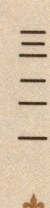

她只好带着琴和来张家玩的梅逃到了高公馆。为了躲避炮击,大家疏散到花园里。觉新与梅相遇了。他们互诉衷肠,泪流满面。

两天后,街上又传来要发生抢劫的消息。大家纷纷外出躲难,高公馆里只剩下觉新这一房人。过了三四天,抢劫并未发生,避难的人都陆续回来了。这天下午,梅和觉新等人在打牌,觉新的心完全不在牌上,他时常发错牌。梅推说有事回到房里痛哭起来,瑞珏赶来安慰了她。她们相对泣诉了心事,两人成了好朋友。

战争结束后,觉慧瞒着家人参加《黎明周报》的工作,撰文介绍新文化运动,抨击不合理的旧制度和旧思想。觉慧觉得自己与家庭更疏远了,只有想到鸣凤,他才感到一些亲切。高老太爷决定把鸣凤送给六七十岁的冯乐山做小妾。鸣凤怀着一线希望来找觉慧,觉慧正在专心写文章,没注意到鸣凤脸色的变化。鸣凤几次欲言又止。正在这时,觉民来了,鸣凤流着泪消失在门外。觉民把鸣凤的事告诉了觉慧。觉慧冲出门去寻找鸣凤,但没有找到。鸣凤已经喊着觉慧的名字,跳进湖里自尽了。鸣凤的悲剧使觉慧无限悲哀,他深深自责,同时更加憎恨这个黑暗的社会。

高老太爷的66寿辰到了,公馆里演了三天大戏。高家的亲朋好友都来了,冯乐山和婉儿也来看戏。鸣凤自尽后,高老太爷把三房的丫头婉儿送给了冯家。婉儿向淑华等人哭诉了自己在冯家所受的苦楚。

高老太爷刚过了寿辰,就主张觉民和冯乐山的侄女成婚。觉民不甘充当傀儡,他跑到同学家躲了起来。高老太爷知道了觉民逃婚的消息,勃然大怒。他威胁着要和觉民断绝关系,并命觉新立即找回觉民。觉新找不到觉民,他让觉慧捎信,劝觉民回家。觉民却回信劝他不要制造出第二个梅表姐来。觉新的眼泪流了下来,他感到没有一个人谅解他。有时他觉得应该帮觉民的忙,但向祖父讲情的结果只换来了一顿臭骂。高老太爷的权威受到了打击,非用严厉的手段恢复过来不可,他已不再需要理性了。觉新不敢再说什么,他又找到觉慧,劝他去找回觉民。然而觉慧却嘲笑他懦弱无用。觉新正在生气,梅的母亲钱太太差人报说梅去世了。这对觉新是个沉重的打击。他急忙赶到钱家,对着梅的尸体绝望地哭起来。觉慧没有哭,他只有对这个社会的愤怒。

一天,觉慧听到祖父房里闹成一片。原来他的五叔克定在外面讨小老婆的事传开了,五婶哭诉到老太爷面前。高老太爷大发雷霆,重重责罚了克定。然而一种从来没有感到过的悲哀突然袭来,高老太爷第一次感到了失望和幻灭。觉慧也看到了这个空虚的大家庭正一天天往衰落的路上走,没有什么力量可以拉住它。

电影《家》剧照

电影《家》由巴金同名小说改编,上海电影制片厂1956年出品。导演为陈西和、叶郎,主要演员有孙道临(饰觉新)、张瑞芳(饰瑞珏)等。

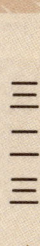

巴金和冰心两家人合影

高老太爷病倒了，但他的病并没有给这个家庭带来大的骚动，人们依旧在笑，在哭，在吵架，在争斗。对于他的病，医药已无多大效力了。陈姨太和克明三兄弟便借助迷信，这反而加重了老太爷的病。觉慧坚决反对在自己房间里捉鬼，还痛骂了克明和觉新。

病中的高老太爷显得非常衰弱、可怜。由于濒临死亡，他变得慈祥和亲切了。他夸奖了觉慧，并让觉慧叫回觉民，答应和冯家的亲事不提了。觉民、觉慧怀着胜利的喜悦归来了。高老太爷勉慰了他们几句，就垂着头去世了。第二天晚上，克字辈的弟兄们就为家产的分配发生了纠纷。

瑞珏生产的日子近了。陈姨太有一天对克明兄弟严肃地讲起"血光之灾"来。唯一免灾的方法是把产妇迁到城外去生产。大家都不愿意承担不孝的名声，纷纷赞成陈姨太的办法。他们要觉新照办。瑞珏搬到了城外一间阴暗潮湿的小屋里。不远的庙里停着梅的灵柩。瑞珏说她真想去看看，觉新感到了不吉。四天后，觉新照常来看瑞珏。听见瑞珏在房里凄惨叫痛，觉新想冲进去，但陈姨太吩咐过不准觉新进产房，没有人敢给他开门。瑞珏痛苦地叫着觉新的名字死去了，没能见到他最后一面。觉新突然明白了，夺去他妻子的是整个封建礼教。

觉慧再也不能忍受这个家庭的一切了。他要出走，觉新却去征求长辈们的意见。长辈们一致反对。觉慧不愿屈服，他要做一个旧礼教的叛徒，走出家庭、走向社会。"我是青年，我不是畸人，我不是愚人，我要给自己把幸福争过来"。觉慧眼里闪烁着坚定的光芒。觉新经过仔细考虑，决定帮助觉慧成功，并为他筹备了路费。

黎明，觉慧瞒着高家其他人，告别了大哥觉新、二哥觉民和《利群周报》社的朋友们，乘船离家到上海去了。在那里新的一切正在生长。

作品特色

《家》的主要情节，是由觉新与梅、瑞珏，觉民与琴、觉慧与鸣凤的爱情故事构成的。由于各自的处境与选择不同，他们的爱情故事各有各的结局。觉新，这个封建家庭和礼教制度的受害者，他虽清楚封建伦理道德对包括他本人在内的青年一代的残害，却不能不担负起封建家庭的长子责任，逆来顺受，委曲求全，实行"作揖主义"，结果却于一切无补，徒然牺牲了自己的爱情。他时时处于思想与行动的矛盾中，在无所适从中承受精神煎熬。就人物形象塑造来说，觉新是《家》的人物形象中性格内涵最为复杂的悲剧性典型。

《家》是把觉新"作揖"与觉慧的反抗对照着表现的。觉慧是高家最早的觉醒者，他认识到，封建家庭"是埋葬青年人青春和幸福的坟墓"，他不肯像觉新那样忍受，他要"做自己的主人"，走出家庭，勇敢地追求新的光明的人生道路。

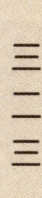

作家在这部小说的序言里曾说，尽管"周围是无边的黑暗，但是我并不孤独，并不绝望，我无论正在什么地方总能看见一股生活的激流在动荡，在创造它自己的道路"。可以说，作家的希望和理想，主要寄予在觉慧这一形象里。

巴金对地主阶级残暴、凶狠、荒淫的阶级本性的淋漓尽致的揭露，对生活在这种家庭里的青年一代遭遇的清晰透彻的描绘，对劳苦大众的深切同情和怜悯，都立足于暴露这种社会制度的腐朽和衰亡上，立足于他渴望以革命来改造中国社会的宏伟志向上。因此我们必须从反映一个时代的社会面貌的角度去认识《家》的伟大意义，而非仅仅停留在把它看作反映了一个家庭的衰亡史上。

在中国现代文学领域里，巴金的《家》是一部永生的杰作，具有永久的艺术生命力。

作品影响

"激流三部曲"是现代文学史上描写封建大家庭生活最优秀的作品之一，其中尤以《家》成就最高，影响最大。1931年在上海《时报》上连载时就赢得了广大读者的青睐；开明书店在1933年5月出版《家》的单行本之后，到1951年共出了33版，可见其持久的魅力。《家》的成功似乎在说，"五四"以后的文学非常需要一本题名为"家"的作品。在中国现代文学史上，要说反映现代中国半殖民地半封建社会的衰亡史，《家》是一部独一无二的相当优秀的作品。这部小说在鼓舞青年反封建斗争、激励青年革命热情方面，曾经发挥了很大的作用。

阅读指导

"激流三部曲"突出的特点是：作者将一个如此庞大的封建家庭衰败的历史，

经典摘录

她死了，对这个世界，对这个公馆并不是什么损失，人们很快地就忘记了她，好像她不曾存在过一般。"我的生存就是这样地孤寂吗？"她想着，她的心里充满着无处倾诉的哀怨。泪珠又一次迷糊了她的眼睛。她觉得自己没有力量支持了，便坐下去，坐在地上。耳边仿佛有人接连地叫"鸣凤"，她知道这是他的声音，便止了泪注意地听。周围是那样地静寂，一切人间的声音都死灭了。她静静地倾听着，她希望再听见同样的叫声，可是许久，许久，都没有一点儿动静。她完全明白了：他是不能够到她这里来的。永远有一堵墙隔开他们两个人。他是属于另一个环境的。他有他的前途，他有他的事业。她不能够拉住他，她不能够妨碍他，她不能够把他永远拉在她的身边。她应该放弃他。他的存在比她的更重要。她不能让他牺牲他的一切来救她。她应该去了，在他的生活里她应该永久地去了。她这样想着，就定下了最后的决心。她又感到一阵心痛。她紧紧地按住了胸膛，她依旧坐在那里，她用留恋的眼光看着黑暗中的一切，她还在想。她所想的只是他一个人。她想着，脸上时时浮出凄凉的微笑，但是眼睛里还有泪珠。

最后她懒洋洋地站起来，用极其温柔而凄楚的声音叫了两声："三少爷，觉慧。"便纵身往湖里一跳。

——《家》第二十六章

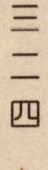

描写得十分细腻动人。它为我们展开了大幅的封建家庭的生活图画:"仇恨的倾轧和斗争掀开平静的表面爆发了。势力代替了公道。许多可爱的年轻的生命在虚伪的礼教的囚牢里挣扎、受苦、憔悴、呻吟以至于灭亡。"从这方面说,"激流三部曲"具有强烈的反封建精神。这主要表现为作者对这个家庭内部秩序的彻底否定,对统治者淋漓尽致的揭露,以及对青年一代的叛逆者和牺牲者的深刻同情。这部优秀的长篇在30年代出现,虽然描写的是"五四"时期的社会生活,但在现实斗争中起了进步作用,在现代文学史上占有一个重要位置。

《家》的突出成就是,通过一个封建大家庭由兴旺到衰落的历史,集中控诉了封建专制制度的罪恶。《家》中有很浓郁的古典小说的意味,但读起来却显得自然、亲切,而字里行间流溢着的不甘沉沦的躁动、执着上进的决心,又富有浓厚的现代气息。我们在阅读时一定要注意它的丰富的艺术性与深刻的内涵性,并要做到理论与现实的统一。只有把握了这一点才有可能真正理解小说的主人公。

子 夜

成书年代:现代
作　　者:茅盾
地　　位:中国第一部写实主义的成功的长篇小说

作者简介

茅盾(1896～1981年),原名沈德鸿,字雁冰,曾化名方保宗、沈明甫,常用笔名还有佩韦、方璧、玄珠、郎损等。生于浙江桐乡。1913年考入北京大学预科,1916年毕业,进入上海商务印书馆编译所工作。

1920年开始文学活动,曾与郑振铎、叶圣陶等人一起组织文学研究会。1921年接编《小说月报》,倡导现实主义,翻译介绍外国文艺。

《蚀》三部曲是茅盾的处女作,原稿笔名为"矛盾",正好反映了他的心态,后来叶圣陶改为"茅盾"。这部用血与泪的激情写成的三部曲是由三个系列的中篇组成:《幻灭》(1927年)、《动摇》(1928年)、《追求》(1928年)。整个作品以大革命前后一群小资产阶级知识青年的生活经历和心灵历程为题材,深刻揭示了革命阵营中林林总总的矛盾斗争。作品意在表现当时青年在革命大潮中必经三个时期:革命前夕的亢奋和革命既到面前时的幻灭;革命斗争剧烈时的动摇;幻灭动摇后不甘寂寞尚思作最后之追求。

茅盾像

一年后茅盾东渡扶桑,在日期间他完成了短篇小说集《野蔷薇》和长篇小说《虹》的创作。1930年茅盾归国,这时正是左联刚刚成立不久的时候,茅盾积极地参加左联的活动。此后直到抗战爆发,是茅盾创作的高峰期。长篇小说《子夜》、农村三部曲(《春蚕》《秋收》《残冬》)和《林家铺子》等短篇小说展示了茅盾作为一位革命现实主义作家强大的创作生命力,也奠定了他在中国现代文学史上举

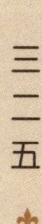

足轻重的地位。

《子夜》原名《夕阳》，1931年10月开始动笔，次年底完稿。《子夜》结构恢宏严谨。作品以吴荪甫为矛盾冲突的中心，辐射出各种人物和事件。整个作品的情节发展十分紧凑，时间跨度只有三个月，而人物众多，但作者采用开门见山、和盘托出的手法，一开始就在吴老太爷的吊唁仪式上把几乎所有的重要人物都推上前台，组成了复杂的人物关系网络。这场聚会就成了整个小说的结构上的纲。这是外国小说，尤其是托尔斯泰的《战争与和平》给作者的启示。同时，茅盾是一个擅长于心理描写的作家，他在《子夜》中有意识地学习托尔斯泰，运用所谓的"心灵辩证法"细腻地刻画人物心理。吴荪甫召见屠维岳时内心的复杂活动、吴少奶林佩瑶的内心失落和四小姐的心灵变化，都是作者采用这种手法的成功尝试。

在中国现代长篇小说史上，《子夜》具有重要的意义。它与老舍的《骆驼祥子》，巴金的"激流三部曲"，李劼人的《死水微澜》《暴风雨前》《大波》同在20世纪30年代问世，标志着现代长篇小说成就的一个高峰。

1948年12月，参加中国人民政治协商会议，并筹备第一次全国文艺工作者代表大会，被选为中国文联主席、中华全国文学工作者协会主席。中华人民共和国成立后出任第一任文化部长，当选为历届全国人民代表大会代表，历届政协全国委员会常务委员和第四、五届政协全国委员会副主席。

背景介绍

《子夜》是我国现代文学史上一部杰出的革命现实主义的长篇小说。它从1931年10月写起，至1932年12月完稿。在动笔以前，还经历了一个较长的准备和构思的过程。茅盾对于30年代初期的中国社会有比较深刻的研究和了解。在他的朋友中有做实际工作的革命者，有自由主义者，同乡故旧中有企业家、公务员、商人、银行家，并且常和他们来往。他很熟悉上海工商业界的情况，有一段时间把"看人家在交易所里发狂地做空头，看人家奔走拉股子，想办什么厂"当作是"日常课程"（《我的回顾》，见《茅盾自选集》，上海天马书店1933年4月初版）。当时学术界正在展开关于中国社会性质的论战，茅盾将亲自看到的社会现象同论战中一些理论对照，这就增加了他写作《子夜》的兴趣，决定通过生

相关链接

文学史界近年来公认茅盾是中国社会剖析派小说的坛主。这一派别来源于19世纪法国、俄国的现实主义小说，又同中国古典世态小说两相结合。历史上称1931年为"子夜年"，《子夜》的成功绝不是偶然的。同文学史上所有成功的作家一样，茅盾特别注重研究人以及人和人的关系。他有广泛的社会经验，又力图运用马克思主义观点分析各种现象，揭示其重大的意义，从而形成作品的主题思想。《子夜》就是这样孕育和产生的。茅盾对中国古典小说《水浒传》和《儒林外史》特别喜爱，又曾广泛地阅读外国著名作家的作品。对中外优秀文学遗产，他都能经过咀嚼、消化而加以吸收，取精用宏，"消化了旧艺术品的精髓而创造出新的手法"。这也是《子夜》获得成功的重要原因之一。

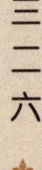

动具体的艺术形象，回答托派散播的中国已是资本主义社会的谬论。在写作《子夜》的时候，作家又充分地运用了他在第一次国内革命战争时期获得的社会经验。他说："当时在上海的实际工作者，正为了大规模的革命运动而很忙，在各条战线上展开了激烈的斗争。我那时没有参加实际工作，但是1927年以前我有过实际工作的经验，虽然1931年不是1927年了，然而对于他们所提出的问题以及他们工作的困难情形，大部分我还能了解。"(《〈子夜〉是怎样写成的》，1939年6月1日《新疆日报》副刊《绿洲》）过去的这段经历，以及这一时期参加左翼文艺运动，接近革命者所得来的具体感受和间接经验，不但丰富了他的创作素材，同时也使他有可能对客观现实做出较为全面而深入的分析。

《子夜》反映了1930年左右革命深入发展、星火燎原的中国社会的面貌。

这一历史时期的中国社会，由于帝国主义的争夺，帝国主义和整个中国的矛盾、帝国主义者相互间的矛盾同时在中国境内发展起来，造成了中国各派反动统治者之间的混战，伴随而来的是赋税的加重，这就激化了中国资产阶级和工人阶级之间的矛盾：中国资本家拼命压榨工人，中国工人奋起抵抗。随着帝国主义的商品侵略、中国商业资本的剥蚀和政府的赋税加重，地主阶级和农民的矛盾更加深化，农民更加仇恨地主。因为外货的压迫、广大工农群众购买力的枯竭和政府赋税的加重，使得国货商人和独立生产者日益走上破产的道路。《子夜》中的人物就是活动在这样一个历史背景中。

名著概要

20世纪30年代初，民族资本家吴荪甫开的丝织厂是硕果仅存的几项民族工业之一。他遇到了多方面的挑战。最近，有公债界魔王之称的赵伯韬找到他和他姐夫杜竹斋，要联合做一笔多头生意，也就是用低价买进股票，再以高价卖出，从中牟取暴利。亟待资金的吴荪甫虽然知道赵为人阴毒，但是也冒险干了一家伙，好在赚了一笔钱。他和孙吉人、王和甫又办了一个银行，他们的宗旨不是利用资本从事股票生意，而是要发展几个厂房，加强民族工业的实力。随后，成立益中公司，伺机兼并那些经营无方的小型企业。

如意算盘打好了，可吴荪甫却觉得生不逢时。工厂的工潮此起彼伏，使得他不能全力生产。这不，工厂女工姚金凤挑头，组织女工们罢了工。一肚子气的吴荪甫降了怯懦的老账房的职，起用一个年轻人屠维岳，他暗中收买了闹事者姚金凤，瓦解了工潮。谁

《子夜》封面

知,原来一个被收买的女工醋意大发,向其他女工告了密,结果姚金凤被当成了资本家的走狗,身败名裂,工潮复兴,不可抑止。火冒三丈的吴荪甫赶到工厂,兴师问罪。处于很不利地位的屠维岳却仍是那么沉着。他在厂门外迎接吴荪甫。随后,他将他的布置汇报给吴荪甫。他的计策狠毒,要三先生假令开除姚金凤,反而提升出卖了姚金凤的那一个吃醋女工。如此一来,姚金凤在女工眼里反而是被冤枉的姐妹了,这个决定女工必不接受,于是,可以作为让步,三先生再收回成命,不开除姚,并且给女工放假一天。这样,不但平息工潮,而且能将姚金凤这个钉子插在女工当中。吴荪甫依计而行。果然,罢工平息。

公债上的成功和工厂的再次稳定使吴荪甫踌躇满志。他和孙吉人、王和甫成立了一个银行。重视民族工业的吴荪甫此举并不是要利用筹措来的资本从事股票生意,他看不起姐夫杜竹斋之流买空卖空的做法,他要扩大民族工业资本,发展几个工厂。他的事业在一波三折中较顺利地发展着。他的性格坚定,做起事来大刀阔斧,雷厉风行。他最看不起他家的那些艺术家们。就在吴荪甫的事业渐渐有所发展的时候,赵伯韬出面捣乱来了。他的背景极为复杂,不仅有政界做后台,军界也与他有很深的关联。赵伯韬盯上了吴荪甫这块肥肉,想把他的企业吞食掉。他看准吴荪甫最大的困难就是资金短缺,于是就广布流言,说吴荪甫组建的银行将不按时付息,鼓动股民将存款提出来。吴荪甫又岂是白痴,他当机立断,贴出告示,告知股民,凡在半个月内谁要提取没到期的款子,可以特别通融,利息照日子算。只此一招,就扑灭了流言。

但是,资金对吴来说日益吃紧。家乡双桥镇又生变故,农民的反抗使得他在家乡的一些产业蒙受巨大的损失,所以不得不使出全部的伎俩来筹资。他开始恶毒地盘剥工人的劳动,不但增加了工作量,同时还要扣除20%的工资。工人大哗,新的罢工即将开始。新的罢工意味着新的危险,很快,吴荪甫就将内外交迫了。

在他和赵伯韬斗法的当儿,赵的一位姘头投靠了吴。她自愿当吴的耳目。于是,吴决定迎战。

赵向吴亮出了底牌。他要向吴的银行投资300万,实际是为了控制住吴企业的股份。如果不接受赵的建议,吴的资金将无法维持各个企业的改建,也无法坚持到商品销路好转的那一天。吴和孙吉人、王和甫商量后,决心与赵拼一把。他们将8个厂房全部抵押出去,凑齐了60万,吴又抵押了房产,这些钱都用来做公债,也就是股票生意。果然,吴得到确实消息,赵也全力以赴。僵局形成了,至于赵,他也感到了极大的压力,资金也周转不灵了。

吴荪甫紧张到了极点,他终于知道在中国这么个社会环境里要想发展民族工

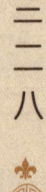

> **名家点评**
>
> 国内文坛,除我们仍受压迫及反对者趁势活动外,亦无甚新局。但我们这面,……茅盾作一小说曰《子夜》,挤三十余万字,是他们所不及的。
>
> ——鲁迅
>
> 这是中国第一部写实主义的成功的长篇小说。
>
> ——瞿秋白

根据茅盾同名小说改编成的电影《春蚕》剧照

业是何等困难。不知不觉,他也被卷入到买空卖空的投机市场来了。他不得不依靠典当他的心爱的工厂来与金融资本家赵伯韬做殊死一搏。在金融、企业和家乡投资三线作战使他精疲力竭。平生第一次,他离开了他的工作,和朋友及妓女消磨了一个晚上。

在厂房,罢工的热潮重新燃起,这次是全市有组织的总罢工。工人在中国共产党的领导下,十分团结。屠维岳又重演分化瓦解的伎俩,却阻碍重重。一群吴荪甫的亲戚为了削弱屠维岳的权柄,暗地里拉襟掣肘,寻衅捣乱。好好的一个厂子,刚刚费尽心机使女工们复工,自己人之间的一场打架斗殴事件使局面又急转直下。焦头烂额的吴荪甫,不得不暂时放下其他重要的事情,亲自赴厂视察。而此时的吴在屠维岳的眼里,已不像以前的镇静自若的三先生了,他仿佛失去了自信心。他怀疑一切人。他万万想不到将自己的亲戚安插在厂中,竟会恶化厂子的局势。

且放下厂里乱子不表,公债已经做到关键的时候了。力气不支的赵伯韬又亮出了他的王牌。他利用"国内公债维持会"的名义电请政府禁止卖空。正好做这卖空方的吴荪甫听后并不相信,王和甫则苦笑着回答说,赵伯韬的手腕不光如此,他还直接去运动交易所理事会和经纪人会,怂恿他们发文要增加卖方的保证金,要增加一倍多。这等于是使得赵伯韬一分钱可以顶吴荪甫的两分钱使。至此,几乎绝望的吴荪甫还剩下最后一个希望,就是请杜竹斋老姐夫加盟,把他的强大的资金投入卖空中,或可一搏。

他担心在最后的收盘时刻,杜竹斋不去交易所。他的担心是多余的。吴荪甫在交易所突然晕倒后,被送回家去。他的汽车驶出交易所时,杜竹斋的汽车恰好缓缓驶进。杜竹斋终于露面了。吴荪甫从电话中得知杜的来临,才长出一口气。他感到老赵的末日到了。也许民族资本家的梦想又开始飞舞到他的脑海中了。

但是,等待这位民族资本家的结局是十分不幸的。被他视为救星的姐夫杜竹斋进入公债交易市场后,他不是站在吴荪甫一边作空头,而是背叛了他的妻弟,作了多头。吴荪甫彻底破产了。

作品特色

《子夜》一书以上海为中心,反映了当时中国社会的全貌,写了近百个人物,围绕着丝厂老板吴荪甫两个月的活动而展开故事情节,通过他的遭遇和处境展

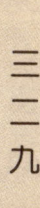

现了 20 世纪 30 年代初期中国社会广阔的生活画面、错综复杂的阶级关系和风起云涌的斗争形势。

在典型人物的塑造上，作家缜密的艺术构思和卓越的创作才能得到了充分的体现。作家笔下的工业资本家吴荪甫，不是庸碌卑琐的人物。他曾经热心于发展故乡双桥镇的实业，打算以一个发电厂为基础建筑起他的"双桥王国"来。他有这样的野心，把一些"半死不活的所谓企业家"全部打倒，"把企业拿到他的铁腕里来"。不仅这样，他还知道如果要发展民族工业，首先需要"国家像个国家，政府像个政府"。但他却生不逢时，生活在半殖民地半封建的旧中国，帝国主义侵略的魔手紧紧扼住了中国民族工业的咽喉，因而他的发展民族工业的雄心不能不成为一个幻想。《子夜》从多方面的错综复杂的社会关系中来突出吴荪甫的性格特征。吴荪甫是一个鲜明的矛盾的统一体：他一方面有"站在民族工业立场的义愤"，但另一方面，压倒他的却是"个人利害的筹虑"；他精明强悍，但又不能不表现出中国民族资产阶级先天的软弱性；他有时果决专断，有时狐疑惶惑，有时满怀信心，有时又垂头丧气，表面上好像是遇事成竹在胸，而实质上则是举措乖张。这一切，都是如此矛盾而又很自然地统一在吴荪甫的性格里，他是我国第二次国内革命战争时期民族资产阶级的典型形象。

《子夜》的语言具有简洁、细腻、生动的特点。它没有过度欧化的语言，偶尔运用古代成语，也是恰到好处，趣味盎然。人物的语言和叙述者的语言各具特色，使读者能如闻其声、如见其人、如临其境。

作品影响

《子夜》标志着茅盾的创作开始进入了一个新的成熟阶段，是中国现代文学一部杰出的革命现实主义长篇，是继《阿Q正传》后现代文学史上的又一座高峰。《子夜》的产生，显示了左翼文学阵营的战斗实绩，从创作上证明了无产阶级文学是一种不可战胜的、最有发展前途的力量。

茅盾手迹

阅读指导

《子夜》创造了一系列经典性的人物。一提到民族资本家吴荪甫，人们立刻会想到他的刚毅果断，想到他的容貌：魁梧，紫脸多疮。他被描写成 20 世纪机械工业时代的英雄骑士和"王子"。阴险毒辣的买办资本家赵伯韬，作品从来没有正面描写过他，然而，运用反衬法，赵伯韬便栩栩如生了，人们想到他，阴森之气似乎便从头罩到脚。《子夜》是以人

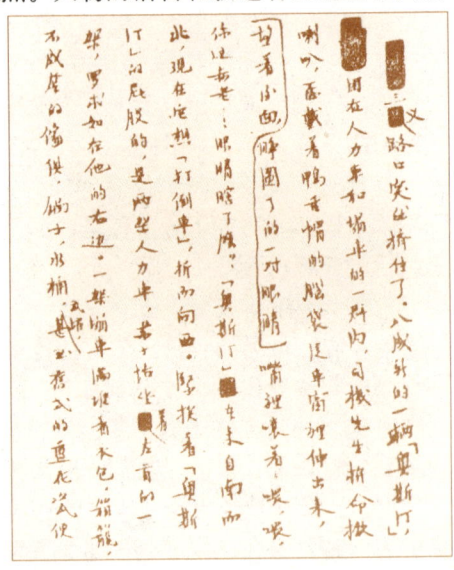

物众多，结构复杂，反映生活面广著称的，被它描写的人物上百个，基本都有个性，看出来作者深受托尔斯泰影响。

骆驼祥子

成书年代：现代
作　　者：老舍
地　　位："京味"十足的现实小说

作者简介

老舍（1899～1966年），现、当代作家。原名舒庆春，字舍予，另有笔名絜青、鸿来、非我等。满族，北京人。出身于一个贫民家庭。1918年北京师范学校毕业后任小学校长和中学教员。1924年赴英国任伦敦大学东方学院汉语讲师，阅读了大量英文作品，并从事小说创作。1926年加入文学研究会。1930年回国后任济南齐鲁大学、青岛山东大学教授。抗日战争爆发后南下赴汉口和重庆。1938年中华全国文艺界抗敌协会成立，他被选为理事兼总务部主任，主持文协日常工作。在创作上，以抗战救国为主题，写了各种形式的文艺作品。1946年应邀赴美国讲学1年，期满后旅居美国从事创作。中华人民共和国成立后不久应召回国。曾任中国文联副主席、

老舍先生像

中国作家协会副主席、中国民间文艺研究会副主席等职。参加政治、社会、文化和对外友好交流等活动，注意对青年文学工作者的培养和辅导，曾因创作优秀话剧《龙须沟》而被授予"人民艺术家"称号。老舍一生写了约计800万字的作品，主要著作有：长篇小说《老张的哲学》《赵子曰》《二马》《猫城记》《离婚》《牛天赐传》《文博士》《骆驼祥子》《火葬》《四世同堂》《鼓书艺人》《正红旗下》（未完），中篇小说《月牙儿》《我这一辈子》，短篇小说集《赶集》《樱海集》《蛤藻集》《火车集》《贫血集》，剧本《龙须沟》《茶馆》，另有《老舍剧作全集》《老舍散文集》《老舍诗选》《老舍文艺评论集》和《老舍文集》等。

背景介绍

1930年老舍从新加坡踏上了归程，面对满目疮痍的祖国，他的笔变得沉重起

相关链接

《老张的哲学》：本书是老舍独特艺术个性形成的一个起点。他的创作，以长于描写北京市民生活并具有浓厚的北京味儿而在文坛独树一帜，这部小说就显露了这一特点，作品以青年的爱情悲剧为线索，广泛地描写了20世纪20年代前后北京各阶层市民的生活及其思想感情。从创作《老张的哲学》开始，老舍就立意要幽默，把幽默作为一种美学品格来追求。老舍的幽默有自己的特征，既非辛辣的，也非无聊的。他的幽默是使人啼笑皆非的幽默，是微笑中藏着苦涩的幽默，是唤起人们同情的幽默，是具有丰富语言技巧的幽默。

中国名著大讲堂

来。《骆驼祥子》是其在这个时期的代表作。它揭示了"小人物"的奴隶心理和无法实现的希望的最终破灭。随着祥子心爱的女人小福子的自杀,祥子熄灭了个人奋斗的最后一朵火花,成为这个衰朽社会的殉葬品。《骆驼祥子》出版后,影响很大,被誉为"抗战前夕中国最佳的长篇小说"。1945年该书英译本在纽约出版,立即风靡美国。

名著概要

祥子是一个从农村流落到北京城里的二十多岁的青年。到了城里,他选中了拉车这一行。他觉得拉洋车是件容易挣钱的事。祥子对社会没有非分之想,只希望买一辆属于自己的洋车,做一个高等车夫。

整整三年,他不吸烟,不喝酒,不赌钱,没有任何嗜好,凑足了100块钱,买了一辆新车。没想到好景不长,北平城外军阀开始了混战,大兵到处抓人抓车。祥子明知危险,但为了多挣两块钱,还是抱着侥幸心理拉客出城了。走到半路,连人带车就被十来个兵捉去了。祥子的衣服鞋帽甚至系腰布带,都被抢了去。他每天给大兵们扛行李、挑水烧水喂牲口。这些祥子都不怕,他只是心疼那辆自己用血汗钱挣来的车。后来大兵们吃了败仗,祥子乘黑从兵营里偷跑回来,还顺手拉了三匹骆驼,卖了35块钱。从此他落下"骆驼祥子"的外号。

祥子的铺盖一直在西安门大街的人和车厂放着。车厂老板刘四爷,年轻时设过赌场、买卖过人口、放过高利贷、打过群架、抢过良家妇女,是土混混出身,懂得怎样对付穷人。他开的车厂有60多辆车,女儿虎妞协助他管理。虎妞长得虎头虎脑,是个三十七八岁的老姑娘。她什么都和男人一样,连骂人也有男人的爽快,有时候更多一些花样。刘四爷管外,虎妞管内,父女俩把人和车厂治理得铁桶一般。厂子里常住有20来个车夫,收了车,大家不是坐着闲谈,便是蒙头大睡。只有祥子不愿闲着,他擦车、打气、晒雨布、抹油……干得高高兴兴,仿佛是一种极好的娱乐。刘家父女很喜欢他住在车厂里,因此有时祥子虽然不拉刘四爷的车,刘四爷仍允许他一直住在厂里。祥子回到人和车厂,把卖骆驼的35块钱交给刘四爷存着,他要从头做起,再买一辆自己的车。即使今天买上,明天丢了,他也得去买。这是他的志愿、希望,甚至是信仰。祥子一天到晚思索着这回事,算计着他的钱。每天早出晚归、省吃俭用。有一天从杨宅回到人和车厂时,已是深夜11点多。虎妞的屋里仍亮着灯,打扮得有些妖媚的虎妞把祥子叫进屋,强迫他喝了酒,然后和祥子同居了一夜。

自从和虎妞发生了关系,祥子心里十分憋闷。年关越来越近了,祥子对新年充满了新的希望。然而虎妞出现了,她挺着肚子说已怀了祥子的孩

话剧《骆驼祥子》剧照

名家点评

  人在社会中生活，受着社会的制约。他的道路，是由他所处的社会环境，他所属的社会地位，他与社会的各种联系决定的。祥子的形象，是在当时那个黑暗社会的生活画面上，在他与各种社会力量的复杂关系中凸显出来的。他的悲剧，主要是他所生活的那个社会的产物。

——樊骏《论〈骆驼祥子〉的现实主义》

  《骆驼祥子》这篇作品，是对中国的现实，给以写实主义式作品的深入暗示。

——龙英宗

子，威胁祥子和她结婚。祥子只好听从她的摆布。

  祭灶那天晚上，祥子拉曹先生回家，路上被侦缉队盯上了。原来曹先生经常宣传社会主义言论，他被一个叫阮明的学生告发了。曹先生赶忙远走避难，他让祥子回家送信。一到家，祥子就被孙侦探抓住了。孙侦探敲诈去了他的全部积蓄，买车的计划又一次肥皂泡似的破灭了。

  祥子没有别的路，只好又回到人和车厂。虎妞与祥子的关系，引起车夫们的讥笑。刘四不能容忍自己的女儿和臭拉车的勾搭上，他要女儿在他和祥子中间选择一个，虎妞要祥子。刘四当时就与虎妞翻了脸，并把祥子撵出门去。虎妞索性自己租房子、雇花轿，嫁给了祥子。

  婚后，祥子才明白，虎妞并没有怀孕。她在裤腰上塞了个枕头，故意诱祥子上圈套。祥子不愿陪虎妞玩乐，一心想去拉车。虎妞要他去向刘四告软服输，祥子不去。后来刘四卖掉了车厂，不知到哪里玩乐去了，虎妞打探不出消息，这才绝了回家的心。她用自己的私房钱给祥子买了一辆车。

  不久，虎妞真的怀孕了。祥子拼命拉车、干活儿，累得病倒了。这场大病不仅使他体力消耗过大，而且把虎妞的积蓄也用光了。为了生活，祥子硬撑着去拉车，二强子的女儿小福子也帮忙买东西做饭。但虎妞还是因为难产死去了。为了置办虎妞的丧事，祥子卖掉了车。

  埋葬了虎妞，祥子一头倒在炕上，眼泪一串串流下来。车是自己的饭碗。买，丢了；再买，卖出去；三起三落，像个鬼影，永远抓不牢，而空受那些辛苦与委屈。小福子对祥子有情有意，祥子也很喜欢她，可负不起养她两个弟弟和一个醉爸爸的责任。祥子只好对小福子说："等着吧！等我混好了，我一定来娶你。"然后离开了小福子，他又找了一个车厂，拉车去了。

  过去那个要强、忠厚、努力的祥子不见了。他开始混日子，抽烟、喝酒、赌钱。在夏宅拉包月时，年轻的夏太太引诱祥子，使他染上了淋病。祥子不再爱惜车了，他还跟巡警吵嘴打架，成了巡警眼中头等的"刺儿头"。

  但祥子并没完全堕落，他常想照旧去努力自强，小福子的存在也常给祥子某种希望。曹先生避难回来，要祥子再来拉包月，还答应他把小福子接来同住。祥子高兴极了，他带着这个好消息去找小福子，却得知了小福子被卖进妓院后自尽的消息。祥子在街上失魂落魄地走，遇见了小马的祖父老马。老人因没钱买药，眼睁睁看着小马死在自己怀里。他叹道："我算是明白了，干苦活儿的打算独自一个人混好，比登天还难。"

祥子从此之后彻底变了。他没有回到曹先生那里，却变着法串宅门去骗钱花。最后，祥子的信用丧失得已赁不出车来，他的病也渐渐严重。于是，他又靠给红白喜事做杂工来维持生命，他成了个还有口气的死鬼。

人把自己从野兽中提拔出，可是到现在人还把自己的同类驱逐到野兽里去。祥子还在那文化之城，可是变成了走兽。这一点也不是他自己的过错。他停止住思路，不再有希望，就那么迷迷糊糊地往下坠，坠入那无底的深坑。他吃、他喝、他嫖、他赌、他懒、他狡猾，因为他没有了心，他的心被人摘了去。他只剩下那个高大的肉架子，等着溃烂，预备着到乱坟岗子去。这是社会病态的产儿，个人主义的末路鬼。

作品特色

老舍自称《骆驼祥子》是他的"重头戏"。这部小说最初连载于《宇宙风》杂志，1939年出版了单行本。为他带来盛誉的，就是现代小说名篇《骆驼祥子》。《骆驼祥子》的主要艺术成就在于它的人物典型形象的成功塑造。其中尤其以主人公祥子和虎妞的形象最为突出。祥子的不幸命运是依照"精进向上——不甘失败——自甘堕落"三部曲展开的。在小说开头，祥子初到北平，怀着寻求新的生路的希望，开始了他的个人奋斗史。他年轻力壮，善良正直，乐于帮助与他命运相同的人。他坚忍顽强，风里雨里地咬牙，追求自己的生活目标，用孤苦的挣扎编织着美丽的梦想。但是不久他即连遭厄运。他想拥有自己的一辆车的梦想总是那么遥远，而他如避瘟神的虎妞却牢牢地控制了他。尽管如此，面对失败他依然做了一定程度的反抗，不改自己做一个独立的劳动者的初衷，不愿意在老婆手里讨饭吃。但是这样的日子也过不了多久。虎妞因为难产而死，祥子只得卖掉车子来料理丧事。此生不再有买车的希望，但是他还有意中人小福子。但是当他得知小福子也已经不在人世的时候，祥子终于不堪这最后的沉重一击，向着命运的深渊沉沉地堕落下去。长久以来潜藏内心的劣性全都发作，吃喝嫖赌，打架，占便宜，甚至连原来作为立身之本的拉车，他也讨厌了。残酷的现实扭曲了他的性格，把一个曾经有着顽强生存能力的人变成了一堆行尸走肉。祥子的悲剧，是强者沉沦的悲剧，也是性格和命运的悲剧。除了人物形象方面的成就，这部小说的语言也取得了很高的成就。老舍创造性地运用北京口语，并融合

在三届人大一次会议上，老舍（前排左一）和梁思成、华罗庚、彭真等合影。

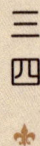

狄更斯、契诃夫、莫泊桑等外国小说家幽默而洗练的语言风格，形成了他自己的"斯文"而"雅谑"的京味：平易而不粗俗，精致而不雕琢，这就是他被人们尊为"语言大师"的原因。

阅读指导

《骆驼祥子》全书充满了北京地区的生活风光，不少描写点染出一幅幅色彩鲜明的北京风俗画和世态画。但作品关于时代背景的描写比较薄弱，与那个时代的社会重大变化缺少联系。故事的结局低沉，弥漫着一种阴郁绝望的气息。一方面表现了那个时代的悲惨气氛，加强了对于当时社会的批判力量，另一方面也反映出老舍在认识了旧社会黑暗势力的强大和个人奋斗的无能为力以后，还未找到劳动人民自我解放的正确道路的情况下所产生的彷徨苦闷的心情。老舍十分熟悉作品所描写的各种人物，他用一种朴素的叙述笔调，生动的北京口语，简洁有力地写出了富有地方色彩的生活画面和具有性格特征的人物形象。在写实手法的运用和语言的凝练上，都取得了成功。《骆驼祥子》是一部优秀的现实主义小说。

茶 馆

成书年代：现代
作　　者：老舍
地　　位：旧时代民间生活的缩影

背景介绍

新中国的诞生，为老舍的创作道路开辟了一个崭新的阶段。1949年10月，在美国讲学已逾三载的老舍，带着对祖国的热爱和对新生活的向往，在中国共产党和人民政府的召唤下，搭上了归国的航船。回国后，一个新的广阔的天地展现在他的面前。党和人民对文艺事业的要求，鞭策他努力改造自己，以积极热情的创作为人民大众服务。这一切给了老舍以新的艺术生命。三幕话剧《茶馆》发表于1957年，这是老舍剧作的艺术风格和特点发挥得最充分的一出戏。此剧于

《茶馆》话剧剧照

1958年和1963年两次演出，得到了好评，震动了剧坛；特别是经过十几年历史考验，在1979年再度演出时，它的艺术价值和思想意义更进一步为人们所认识。《茶馆》不仅是老舍最成功的作品，而且是属于中华人民共和国成立以来具有世界影响的我国优秀剧作之列的。

名著概要

第一幕，1898年初秋，戊戌变法刚失败，谭嗣同问斩后不久，裕泰茶馆生意兴隆，三教九流的人把这里作为一个相互交流的场所。信洋教的小恶霸，依仗洋人，连官府也怕他三分。有钱有势的人家为了一只鸽子，可以请来官府的打手和

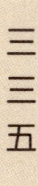

差人打群架。吃朝廷钱粮的旗人整日游手好闲。朝中的太监总管不仅家中生活豪华，而且还可以用高价买来妻子。农民和城市贫民却卖儿卖女。这种剪影式的描写，展现了清末社会的众生相，深刻地反映了帝国主义的渗透、侵略和封建统治者的荒淫、腐败造成的农民破产、市民贫困和社会黑暗的现实。这一切表明中国封建社会的末日即将来临。

第二幕，1916年袁世凯死后，军阀割据，连年内战，民不聊生，裕泰茶馆是北京城内硕果仅存的一家。茶馆老板王利发善良，有正义感，遇事总是逆来顺受，息事宁人。在他看来，那些旧军阀和狗腿子、各种各样的资本家、特务、巡警、党棍，都是些穷凶极恶之徒。对这些人，他一概请安、作揖、说好话。面对各方面的敲诈勒索，他不断地付银圆钞票，希望通过这种逆来顺受使茶馆的生意得以维持。因而，他一直在起早贪黑地苦心经营。尽管自己都吃不饱，他仍收留了康顺子母子。为了掩护进步学生免遭逮捕，他咬紧牙关慷慨相助。

第三幕，抗日战争胜利后，国民党统治时期的社会生活。剧中所有正直的人都陷于一种不可自拔的困境中。裕泰茶馆已经破败不堪，无论主人怎样改良也无法维持正常的生意。有名的厨师只能在监狱中蒸窝窝头。身怀绝技的无法维持生计，民间艺术濒于失传。恶势力异常活跃，帝国主义、封建势力、国民党官僚互相勾结，横行霸道，地痞、特务如鱼得水。在这样的环境中，人们的生命财产随时受到威胁，王利发在茶馆被人霸占后悬梁自尽。

阅读指导

《茶馆》描写了三个时代旧北平形形色色的人物，构成了一个人像展览式的"浮世绘"。老舍选取"茶馆"作为剧本的场景颇具匠心，他避开了对重大历史事件的直接描绘，只是描述这些历史事件在民间的反响，将之化入日常生活之中，从而避开了时代共鸣的简单、僵化与专断，发挥了作家熟稔旧北平社会生活与形形色色人物的优势。

在结构上，《茶馆》采取三个横断面连缀式结构，每一幕内部也以许多小小的戏剧冲突连缀。这样的结构本来容易变得松散，老舍克服了这方面的困难，剧本以"人物带动故事"，"主要人物由壮到老，贯穿全剧"，"次要人物父子相承"，"无关紧要的人物招之即来、挥之即去"。同时，人物的故事、命运又暗示着时代

经典摘录

　　唉！一边做一边学吧，指着这个吃饭嘛。谁叫我爸爸死得早，我不干不行啊！好在照顾主儿都是我父亲的老朋友，我有不周到的地方，都肯包涵，闭闭眼就过去了。在街面上混饭吃，人缘儿顶要紧。我按着我父亲遗留下的老办法，多说好话，多请安，讨人人的喜欢，就不会出大岔子。
　　　　　　　　　　　　　　　　　　　　　　　　　　——第一幕
　　我可没做缺德的事，伤天害理的事，为什么就不叫我活着呢？我得罪了谁？谁？皇上，娘娘那些狗男女都活得有滋有味的，单不许我吃窝窝头，谁出的主意？
　　　　　　　　　　　　　　　　　　　　　　　　　　——第三幕

的发展，从而使得剧本紧针密线，形散神凝，以貌似平淡散乱的人物、情节织出一幅"清明上河图"式的从清末到民国末年的民间众生相。

上海屋檐下

成书年代：现代
作　　者：夏衍
地　　位：30 年代中国社会生活的缩影

作者简介

夏衍（1900～1995 年），原名沈乃熙，字端轩，生于浙江杭州市郊。早年在杭州甲种工业学校学习，1920 年赴日本留学。1927 年回国，从事工人运动及翻译工作。1929 年参加筹备左翼作家联盟，同年与郑伯奇等人组织上海艺术剧社。他的剧作多从平凡的日常生活中选取题材，大都具有强烈的时代性，在人物的刻画上致力于揭示其内在的心理活动，情节多平淡无奇，结构严谨，具有隽永、素淡的艺术风格，为中国的话剧做出了突出的贡献。主要著有话剧剧本《上海屋檐下》《秋瑾传》《赛金花》等，电影文学剧本《风云儿女》《压岁钱》等，报告文学《包身工》，论著《夏衍剧作选》《电影论文集》等，译著长篇小说《母亲》等。

夏衍像

夏衍是继曹禺之后最有影响的剧作家，他从日常生活中发掘普通知识分子和小市民的内在悲、喜剧，从而提高了中国话剧的思想深度和艺术水平。

背景介绍

20 世纪 30 年代，国家内忧外患，时局动荡不安，人民生活困苦。《上海屋檐下》展示了一群挣扎在社会底层小市民的辛酸命运和琐碎的生活情态，赞扬了他们坚韧的意志和顽强的性格。该剧采用了写实的手法，是当时中国社会生活的缩影。

名著概要

20 世纪 30 年代的上海。一个令人郁闷的梅雨季节。一幢狭小的弄堂房子里，挤着五户人家。林志成的太太彩玉正在催促女儿葆珍去上学，而葆珍却在忙着给弄堂里的不识字的人当小先生。此时，林志成上完上午班回来，低着头一声不吭地扎进屋里。这几天他工作不顺心，烦闷得不想说话。他的反常表现引起了邻居赵、黄两家主妇的闲言碎语，两人感叹着如今日子的艰难，不觉将话拉到了黄家主妇桂芬的公公身上。老人家在乡下辛苦大半辈子，近来来到城里，本想与儿孙共享天伦之乐，谁想儿子黄家楣已失业多日，家里生活甚为窘迫。儿子媳妇想尽孝心却是心有余而力不足。赵家主妇由此提到自己的丈夫赵振宇。赵振宇是个小学教员，工资微薄，一家人日子过得也很拮据。不过他倒是为人热忱、乐于助人，没事时总爱与邻居们拉扯时代风潮、社会动态的话题。这正与林志成志趣相投，两人经常在一起谈社会、谈报纸，有时也互相倾诉一些郁闷于心的怨怒之言。弄堂

相关链接

《上海屋檐下》是夏衍应上海业余实验剧团之约而写的。剧本完成于1937年,并预告当年8月15日在上海"卡尔登大戏院"上演。但"八·一三"全面抗战开始,演出流产,直到1939年1月才由怒吼社在重庆首演。该剧上演后,在国内引起很大反响。

《上海屋檐下》在夏衍的创造上,是一次大的突破。在题材的选择和处理上,夏衍着眼于平凡小人物和他们几乎没有色彩的生活,着重揭示人物的内心世界和他们畸形关系的悲剧实质。剧中人物与环境的关系相存相依,不论黄梅天的"阴晴不定",还是"屋檐下"的拥挤、窒息,都象征着左右人们命运的政治气候。从《上海屋檐下》开始,夏衍充分表现了自己的创作个性,形成了深沉、凝重的艺术风格。

中的另外两户人家,一户是住阁楼的老报贩李陵碑,一户是住前楼的少妇施小宝。这两家的光景更为凄凉。李陵碑早年丧妻,唯一的儿子前些年也在军阀混战中丧命,如今年过花甲的他孤独无依。施小宝的丈夫是个水手,长期在外漂泊,前几年走后音讯全无。施小宝没有生活来源,无奈之下,在流氓"小天津"的胁迫下沦为暗娼,默默承受着别人的冷眼。

就在这阴雨连绵的时节,一位不速之客来到了弄堂。他就是葆珍的生父、彩玉的前夫、林志成的好友——匡复。此时志成一人在家,敲门声笃笃响起,志成开门后看到眼前的匡复惊愕得不知所措。原来8年前匡复入狱后音信全无,大家都传说他已离世,志成担负起照顾彩玉母女的责任。苦熬3年,志成与彩玉走到一起,组建了家庭。面对归来的匡复,志成感到深深的内疚。来找志成探问彩玉母女去向的匡复很快明白了事情的真相,他对于打破了志成平静的生活也深感自责。两人正处于尴尬境地,几个工人来找志成,他被拉去解决厂里的事务了。匡复一人呆坐,沉浸在痛苦的思索中。

为了维持一家人的生活,家楣桂芬夫妇只得典当家私。无奈之下,黄家楣将桂芬最后一件出门的衣服也当掉了。家楣耳聋的老父亲早已看明白了这一切。为了不拖累儿子,他决定回乡下。老人家只说是回家补种田地,执意要连夜赶回,家楣桂芬夫妇挽留不住,只得冒雨相送,心中满是悲伤与歉疚。黄父临行前将自己不多的积蓄塞到孙儿的襁褓中,想起儿子的状况,不由黯然神伤。

彩玉回家后见到匡复,两人同样陷入了尴尬痛苦之中。彩玉对匡复诉说了8年来母女的艰辛生活,并真诚期望匡复能重新振作起来,开始新生活。志成回来了,买来酒菜庆祝匡复的归来。彩玉和匡复很快从他的言语和神情中得知了他的失业。原来志成工厂里闹罢工,作为工务长的志成由于替工人争取利益和厂务主任闹翻而被解雇。匡复深深明白志成内心的痛

1986年的巴金和夏衍

苦，见到女儿葆珍后，他决定离开。半醉半醒间的志成听到了匡复与葆珍父女的对话，他决定从这场僵局中退出。然而他又不知自己该去哪里，对彩玉的感情也使得他痛苦不堪。彩玉看出了志成的想法，阻止他离开。匡复从女儿的歌谣中得到了新的勇气，他将痛苦埋于心底，留下一封信，连夜离开。彩玉和志成见屋内没有匡复，连忙出门追赶，最终徒劳而返。彩玉发现了匡复的诀别信，读后不禁失声痛哭。

天亮了，雨还在下。人们又开始劳碌了，低矮压抑的弄堂里传出了孩子们嘹亮的歌声："淌眼泪，傻不傻，那是没用的大傻瓜；碰钉子，怕不怕，钉子越碰胆越大，我们都是勇敢的小娃娃，大家联合起来救国家。"这歌声越来越大，敲开了生活在底层的人们冷漠的心扉，他们停下手中的活儿，向窗外眺望……或许连绵的阴雨即将结束，不久将是一个晴朗的天。

雷 雨

成书年代：现代
作　　者：曹禺
地　　位：现代话剧艺术的高峰

作者简介

曹禺（1910～1996年），生于天津一个没落的官僚家庭，名添甲，学名万家宝。童年时，父亲常常告诫他，不要忘记自己是"窭人之子"。他自幼天资聪慧，但性格孤僻。他受过较好的启蒙教育，还很早地涉猎了大量的古典小说，并且是个小戏迷，觉得戏剧是"一个美妙迷人的东西"。1922年曹禺考入南开中学，首次以"曹禺"笔名发表了小说《今宵酒醒何处》。同时，还崭露戏剧表演的天赋，先后演过《少奶奶的扇子》《打渔杀家》《南天门》《国民公敌》等多部戏。最为成功和为他带来莫大声誉的是他男扮女装演《玩偶之家》的女主角娜拉。1928年曹禺被保送进入南开大学政治系学习，后又考入清华大学西洋文学系。在清华期间，他仍

曹禺像

积极参加戏剧演出，有时还集导、编、演于一身。1933年，23岁的曹禺创作了《雷雨》，成为中国剧坛上升起的一颗光芒四射的新星。随后，陆续发表《日出》《原野》《北京人》。期间，担任了国立南京戏剧学院教授。抗战爆发后，前往重庆、江安。1947年奔向解放区。新中国成立后，长期任文艺界领导职务。1951年，北京人民艺术剧院成立，担任首任院长。

背景介绍

《雷雨》以1924年的中国社会为创作背景。这时正是第一次大革命的前夕，阶级斗争处于十分尖锐的状态。一方面，中国无产阶级已经登上政治舞台，在共产党的领导下，掀起了蓬勃的工农革命运动；另一方面，中国封建势力在帝国主

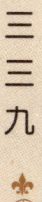

义的支持下，对人民大众进行着残酷的压迫和剥削。面对这样的现实，作者在自己的创作里，"发泄着被抑压的愤懑，抨击着中国的家庭和社会"。

名著概要

周公馆的老爷周朴园从矿上回来两天了，由于矿上闹罢工，所以一直忙于处理公务，没有见到太太繁漪。繁漪对周朴园也不关心。她从楼上下来，向四凤打听昨天大少爷是什么时候回家的。

最近一段时间，自从四凤和大少爷有了秘密之后，繁漪对四凤的态度好像好了许多。四凤只是刚才从她爹鲁贵那里得知，大少爷和他继母繁漪之间原来有段私情。现在太太这么一问，心里便紧张起来。更令她担心的是，她的母亲今天才从外地做工回来，而太太立刻就要请她来，不知道安的是什么心。

四凤把老爷让太太喝的药端上来，繁漪勉强喝了一口，嫌苦，让四凤给倒掉了。

繁漪的儿子，大少爷周萍的弟弟周冲，这时欢跳着进屋来。他用17岁孩子特有的活泼语气向母亲请安。他告诉母亲，他爱上了年轻美丽的姑娘四凤。繁漪很吃惊。但是，当她见周冲连父亲的反对也不怕，反而得到许多欣慰。四凤想起周萍把自己和他的继母勾引到手后，由于害怕父亲，又嫌弃了自己，不禁悲从中来。老爷周朴园处理完公务，踱进屋来。他对儿子们的恭敬和礼貌很满意。但他看到繁漪没有喝药，便强迫繁漪喝下去。周公馆闷得透不过气来。是雷雨要来了。一间屋子，不论春夏秋冬，周朴园都不许打开窗户。里面的家具摆设也都是30年前的旧式样，还有一张年轻女人的照片，她长得有些像四凤，一直放在桌上。

30年前，周朴园的第一个妻子为周家生了两个儿子，但不被周家所容，最后留下长子周萍，带着刚刚生下的二儿子，被周家赶出了门。因为这个女子是周家的用人，周家老太爷不同意这桩有辱门楣的婚姻。年轻女子离开周家，便投河自尽。30年以来，周朴园心中一直纪念着她，这间屋子的摆设完全按照那个女子的喜好布置的。

繁漪是周朴园的第二个太太，她只比周萍大7岁。在周朴园眼里，她不是个女人，而是有神经症的病人，她得不到任何温情。病态的她爱上了软弱的周萍。他们的幽会和疯狂的情感被用人鲁贵发现了。这之后，周萍却开始逃避这乱伦式的偷情。繁漪让四凤的母亲鲁妈来，就是要赶走四凤，重新得到周萍。

四凤的母亲鲁妈来到周公馆。她，不是别人，正是30年前那个投河自杀却没有死去的周萍的母亲侍萍。她认出了周公馆，她决定立刻带四凤离开。然而，这时，周朴园却来到她们面前，认出了她。侍萍拒绝了周朴园的钱。她提出见周萍的要求。周朴园答应了。

《雷雨》封面

说来真巧，这次闹工运的领袖是侍萍的儿子，也是周朴园抛弃的儿子，现在叫鲁大海。闻得实情，周朴园觉得是对自己作孽的报应。

既是仇人又是父子的周朴园和鲁大海在周公馆见面了。鲁大海知道工人罢工被周朴园破坏了，怒不可遏地扑向周朴园。于是侍萍看到了父子、兄弟势不两立的惨剧。

四凤不知其中原委，她不愿意同母亲离开周公馆，因为她把爱情已经献给了大少爷周萍。看见女儿犹豫的神色，侍萍不得不疑心女儿是否和周公馆的少爷有了隐情。一会儿，四凤抽泣起来，侍萍便问她有什么话好好告诉妈。鲁贵岔开了话题。

年轻单纯的周冲，很不满意白天父亲对工人鲁大海的态度。当他知道鲁大海是四凤的哥哥时，便来到鲁侍萍家，送来100元钱。恰好，侍萍和鲁大海出门去了，贪财的鲁贵接过钱来，欢喜得不得了。白天的一场变故，也把鲁贵的饭碗给砸了。在家里，他正骂咧咧的。他知道二少爷周冲也喜欢四凤，所以他故意让周冲和四凤单独待在一起，自己则出门买酒肉打牙祭去了。大海却正好这时回家，他一见周家的人就怒火中烧，他恨自己妹妹不争气，还在勾引周家少爷。

侍萍撞见逃走的周冲，她心惊肉跳，盘问四凤，到底和周家少爷发生了什么事情。四凤心绪繁乱，一天发生的事情是她所承受不了的。但她无论如何不能说出她和周萍的关系。四凤哭倒在母亲怀里，她只能说："妈，您为什么不相信自己的女儿啊。"侍萍让女儿发誓，今后不再见周家的人。深夜，周萍悄悄来看四凤。四凤不见。周萍用计赚开四凤的窗户，爬了进去。情人哭作一团。外面大雨倾盆，黑暗中隐隐传来女人的哭泣。谁能想到，这是繁漪的哭声。她跟踪周萍而至，目睹昔日的情人投入他人的怀抱，自己就像是被随便遗弃的废物。怨恨充斥了她的内心。偶尔天幕中划过的闪电，映亮了窗外怨毒而苍白的脸。悲喜交加的情人却没有看见。

侍萍和大海进四凤的屋里来了。惊慌失措的四凤和周萍想逃跑，可是他们发现，刚才大开的窗户突然被人从外面紧紧封死了。偷情暴露了，四凤无脸见人，哭号夺门而出。

在周公馆，死一样的寂静。这是孕育最大悲剧前的寂静。浑身雨水淋淋的繁漪与周萍四目相对。繁漪企图用最后的力气挽救她和周萍的关系。她也是个软弱的女人，她希望周萍把她从这个地狱似的家救出去，只要她能和周萍在一起，就是将来接来四凤，她也心无怨言。她的乞求已打动不了周萍的铁石心肠。绝望中的繁漪完全丧失了理智。

四凤找到了周萍。这时，哥哥大海、母亲侍萍也来到周公馆。他们担心四凤

相关链接

新中国成立前曹禺的戏剧创作可以划分为两个阶段。从《雷雨》到《日出》《原野》是其创作道路的第一个阶段。在这三部剧中，反封建和个性解放的思想不断深化和发展着，《雷雨》写的是一个资产阶级化的封建家庭的悲剧，《日出》进一步抨击了半封建、半殖民地金钱化社会的罪恶，《原野》表现的是一个在精神和肉体上遭受双重压迫的农民奋起复仇的故事。曹禺的戏剧艺术风格和悲剧艺术才华在这些剧中得到淋漓尽致的表现。抗战之后，曹禺的戏剧创作进入第二阶段。《北京人》和《家》代表了他这一时期的最高成就，前者追求平淡、深沉、悠远的艺术境界，后者在朴素的写实风格中传达出了具有抒情诗般的戏剧美。

想不开。但是，可怜的侍萍怎知道，她再也没有力量可以拆散这对情人了，因为四凤终于说出，她已经怀上了周萍的孩子。周萍满怀希望地对侍萍说，他将带四凤离开这里，去创建他们美满的生活。说这话时，四凤和周萍这对兄妹眼里闪烁着憧憬的光芒。侍萍敢在这个时候告诉他们真相吗？她同意了这对兄妹的私奔。

繁漪和周冲突然出现在楼道。她本意是让周冲从他哥哥手中抢过四凤。谁知，此时周冲发现，他对四凤的感情并不是爱情。这个可怜的周冲，他目睹了他所崇敬的母亲的丧心病狂。他的母亲用最具有破坏力的语言讲述了自己和周萍的偷情，她叫道，她已不是母亲，不是妻子，她只是被周萍救活的女人，一个闷死又活过来的女人，她喊周朴园，她要让他听到这一切。

这样闹，对周萍和四凤并无任何影响了。他们就要远走高飞了。可是，周朴园此时闻声而至，他误以为侍萍终于是来认亲子周萍来了，便轻巧地将这层性命攸关的纸捅破了。四凤哭号着奔出门外，周冲追了出去，他们在周家花园的漏电的电线上双双毙命。大少爷用枪自杀。

两个妇人疯了。黑夜中电闪雷鸣。

作品特色

无论是从故事层面、戏剧效果，还是从更深的人生哲理意蕴，《雷雨》都是一部值得一读的精彩之作。这里有着"最残酷的爱和最不忍的恨"，有着"最'雷雨'"的女人，也有着如"一棵弱不禁风的草"般的男人，有在岁月中历练得冷酷但仍残存着一丝温情的老人，也有对生活尚充满幻想的孩子。周朴园是半殖民地半封建社会里的第一代资产阶级人物，是一系列悲剧的制造者。他继承了封建统治阶级的残酷性，形成了既专横又虚伪的性格：强迫繁漪吃药的场面充分暴露了他的残酷；对待侍萍的态度，又集中反映了他的虚伪。这个典型的伪君子是中国半殖民地半封建社会中一个畸形的产物。繁漪是《雷雨》中最有特色、个性最鲜明的人物，她是"五四"以来追求妇女解放，争取独立、自由的新女性代表；她敢爱敢恨，对周家人人都怕的周朴园，也不放在眼里。当然，她对旧制度的反抗是由一种畸形的方式表现出来的，她在重压下，常常无助、自卑，甚至自虐。这是繁漪无法摆脱的弱点。鲁大海是一个有思想、有行动的年轻工人，他直爽、质朴又头脑清醒。他作为工人代表，和周朴园进行了坚决的斗争，显示了他的反抗精神。但是，曹禺毕竟对工人不太熟悉，所以鲁大海的形象与别人相比还是显得单薄。

剧本以扣人心弦的情节、简练含蓄的语言、各具特色的人物和极为丰富的潜台词，如刀刃一般在读者的心弦上缓缓滑过，那抖颤而出的余音，至今未息。

作品影响

《雷雨》是曹禺的第一个艺术生命，也是现代话剧成熟的标志。《雷雨》一发表，就震动了文坛，而此时的曹禺只有23岁。此外，他的四大经典名作《雷雨》《日出》《原野》《北京人》在千百个舞台上曾以多种面貌出现，被不同的人们饱含深情地演绎着、解读着，并一举将中国话剧推上了历史上最轰动热烈的巅峰时期。

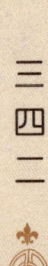

阅读指导

《雷雨》通过一个带有浓厚封建色彩的资本家家庭内部的尖锐冲突，以及周鲁两家错综复杂的矛盾纠葛，生动地展现了这个具有典型意义的剥削阶级家庭的全部罪恶历史，把旧社会"人吃人"的现象，把封建家庭的腐朽、没落、污浊的内幕，做了深刻而又精致的描绘。我们透过这个家庭，可以看到半殖民地半封建社会的罪恶和黑暗，和它必然灭亡的命运。

此外，《雷雨》在艺术上具有独特的风格。结构的紧凑和精练，情节的紧张发展和矛盾的高度集中，构成《雷雨》的显著特点。作者善于把各种戏剧冲突在作品里高度集中起来，使繁复的生活内容通过特定的场景和有限的画面精巧地表现出来，从而显示了作者提炼生活素材的卓越才能。并且，剧中各种情节都有清晰的线索，而又环环紧扣。它没有穿插式的多余人物，每一个人物的出现都能适应情节的发展。此外，细节的描写，环境的安排，也都起了为主题思想服务的作用。这一切，使剧本在艺术上构成了一个浑然的整体。

《雷雨》剧作完全运用了"三一律"，两个家庭八个人物在短短一天之内发生的故事，却牵扯了过去的恩恩怨怨，剪不断，理还乱。狭小的舞台上不仅凸显了伦常的矛盾、阶级的矛盾，还有个体对于环境、时代强烈不协调的矛盾，在种种剧烈的冲突中完成了对人物的塑造，其实悲剧早已潜伏在每一句台词、每一个伏笔中，只是到最后时分才终于爆发出来，化作一场倾盆雷雨，无比强烈地震撼了每个人的灵魂。此外，《雷雨》特别重视音响和色彩效果，不惜用浓墨重彩表现。同时，还注意对人物的声音、气味、眼睛进行夸张的处理。

边 城

成书年代：现代
作　　者：沈从文
地　　位：用诗构筑的生命牧歌

作者简介

沈从文（1902～1988年），现代作家、历史文物研究学者。原名沈岳焕，笔名小兵、懋琳、休芸芸等。湖南凤凰（今属湘西土家族苗族自治州）人。苗族。1918年小学毕业后随本乡土著部队到沅水流域各地，随军在川、湘、鄂、黔四省边区生活。1923年到北京自学并学习写作。1924年后开始发表作品，并与胡也频合编《京报副刊》和《民众文艺》周刊。1928年到上海与胡也频、丁玲编辑《红黑》《人间》

沈从文旧照

杂志。翌年任教于中国公学。1930年起在武汉大学、青岛大学任教。1934年起编辑北平和天津的《大公报》副刊《文艺》。抗日战争爆发后，到昆明任西南联合大学教授。抗战胜利后，任北京大学教授，编辑《大公报》《益世报》等文学

副刊。从 1926 年出版第一本创作集《鸭子》开始，沈从文先生出版了 70 余种作品集，被人称为多产作家。至 20 世纪 40 年代刊行的作品主要有：短篇小说集《蜜柑》《雨后及其他》《神巫之爱》《旅店及其他》《石子船》《虎雏》《阿黑小史》《月下小景》《如蕤集》《八骏图》，中篇小说《一个母亲》《边城》，长篇小说《旧梦》《长河》，散文集《记胡也频》《记丁玲》《从文自传》《湘行散记》《湘西》等。还有论文集《沫沫集》《废邮存底》《云南看云集》，批评专集《现代中国作家评论选》，以及多种沈从文的选集和多卷本《沈从文文集》等。

背景介绍

沈从文创作《边城》时正生活在国民党统治下的城市里。由于对社会政治的疏离、对都市人生的厌倦和对现实人生的困惑，沈从文把民族出路的探索和变革现实的希望寄托在完美人生形式的再造上。他在谈及《边城》时说："我要表现的本是一种'人生的形式'，一种'优美、健康、自然，而又不悖乎人性的人生形式'。"

名著概要

那是 20 世纪的初叶，这不同民族杂处的边城，尚未卷入近代中国社会的变乱，到处是一片宁静与和平。碧溪嘴白塔下摆渡的老船夫已年过七十，而生命的新枝正在萌发，如新竹豁裂了外箨，老船夫抚养的女儿的遗孤翠翠，转眼间到了 15 岁。城里管码头的顺顺，儿子天保和傩送也已成人。

翠翠在风日里长养着，把皮肤晒得黑黑的，触目为青山绿水，一对眸子清明如水晶，自然长养她且教育她。她为人天真活泼，处处俨然一只小兽物，人又那么乖，如山头黄麂一样，从不想到残忍事情，从不发愁，从不动气。平时在渡船上遇陌生人对她有所注意时，便把光光的眼睛瞅着那陌生人，做成随时都可举步逃入深山的神气，但明白了面前的人无心机后，就又从从容容地在水边玩耍了。

当年翠翠的母亲——老船夫的独生女，同一个清绿营屯防士兵"唱歌相熟"，肚子里还有了孩子，却"结婚不成"——黄罗寨那片林子里，立着那可怜的嫡亲祖母，一个苗族妇女的假坟，一抔黄土埋藏着一个民族的悲剧故事——屯防士兵顾及军人名誉，首先服了毒，老船夫女儿待孩子生下后，到溪边故意吃了许多冷水，也死去了。

相关链接

沈从文创作的小说主要有两类，一种是以湘西生活为题材，一种是以都市生活为题材，前者通过描写湘西人原始、自然的生命形式，赞美人性美；后者通过都市生活的腐化堕落，揭示都市自然人性的丧失。其笔下的乡村世界是在与都市社会对立互参的总体格局中获得表现的，而都市题材下的上流社会"人性的扭曲"也是在"人与自然契合"的人生理想的烛照下获得显现，正是他这种独特的价值尺度和内涵的哲学思辨，构起了沈从文笔下的都市人生与乡村世界的桥梁，也正由于这种对以金钱为核心的"现代文学"的批判，以及对理想浪漫主义的追求，使得沈从文写出了《边城》这样的理想生命之歌。

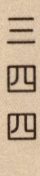

沈从文手迹《赠黄裳诗》

老船夫无从理解这悲剧的前因后果。这些事从老船夫说来谁也无罪过，只应由天去负责。正因为翠翠长大了，证明自己已真正老了。可是无论如何，得让翠翠有个着落。翠翠既是她那可怜的母亲交给他的，翠翠长大了，他也得把翠翠交给一个可靠的人，手续清楚，他的事才算完结。老船夫不曾料到，早在两年前的端午节，翠翠与傩送在河边第一次相遇，傩送已爱上翠翠，翠翠下意识里已朦胧生出对傩送的爱恋。不巧的是傩送的哥哥天保也爱上了翠翠。更严重的，是一座新碾坊又加入了这场竞争——团总将它作女儿的陪嫁，正托人向顺顺放口风，要傩送做女婿。

天保当真请了媒人，走车路向老船夫提亲。老船夫要让翠翠满意，问翠翠对这事的意见。翠翠却不作声。翠翠弄明白了，来做媒的是大老！她不曾把头抬起，心怦怦地跳着，脸烧得厉害，仍然剥她的豌豆，且随手把空豆荚抛到水中，望着它们在流水中从从容容地流去，自己也俨然从容了许多。老船夫思前想后，明白了翠翠的心事：隐隐约约体会到一件事情——翠翠爱二老不爱大老。想到这里时，他笑了，勉强笑了。其实他有点忧愁，因为他忽然觉得翠翠一切全像她母亲，而且隐隐约约感到了这母女二人共同的命运。

为了翠翠的幸福，老船夫愿意让翠翠自己做主，因此没有直接答应天保的提亲。待天保明白傩送也爱翠翠，同意傩送提出的公平解决办法：兄弟俩轮流对翠翠唱歌，谁唱动了翠翠的心，翠翠便归谁。结果，天保自知不敌傩送，赌气乘船下行，不料不小心被竹篙弹入激流淹死了。顺顺家以为这事与老船夫有关，傩送也以为他做事"弯弯曲曲"，不爽快，面子上对他冷淡了许多。为了求得一个人对自己命运的自主，老船夫陷入了不为人理解的孤独——提及这点时，一颗受伤的心仿佛被狠狠刺了一下，重复起了隐痛。傩送父子的冷淡，中寨人关于傩送决定要碾坊的谈话，翠翠外柔内刚的脾性，当年女儿悲惨的死，全都综合在一起，"命运"仿佛给了老船夫当胸一拳，他终于无力再抵抗，在一个雷雨交加的晚上，伴随白塔的坍塌而死去了。

后来便说到了老船夫死前的一切，翠翠因此明白了祖父活时所不提及的许多事。二老的唱歌，顺顺大儿子的死，顺顺父子对于祖父的冷淡，中寨人用碾坊作陪嫁妆奁，诱惑傩送二老，二老既记忆着哥哥的死亡，且因得不到翠翠的理会，又被逼着接受那座碾坊，心思还在渡船，因此赌气下行。祖父的死因，又如何和翠翠有关……凡是翠翠不明白的事情，如今可全明白了。翠翠把事情弄明白后，哭了一个晚上。

翠翠终于独自守在渡口，等待傩送的归来。到了冬天，那个圮坍了的白塔，

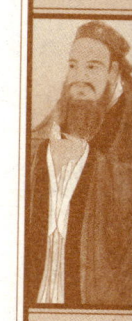

又重新修起来了。那个在月下唱歌，使翠翠在睡梦里为歌声把灵魂轻轻浮起来的年轻人，还不曾回到茶峒来。

作品特色

与一般写实的小说不同，《边城》并不是以工笔的精雕细刻在复杂的社会关系中表现人物的完整与丰富，而是以写意的笔法对生活中最能传达人物神韵的语言、动作和情态加以点染，使之呼之欲出。如少女翠翠的天真、活泼，老船工的纯朴，无不栩栩如生。这些人物的性格虽然没有内在的激烈矛盾与冲突，但人物性格呈现出一种纯净的美感。《边城》对人物性格的塑造，受到了传统艺术写意传神笔法较深的熏陶，翠翠的形象更体现了中国人的审美理想。

翠翠是以一个船家少女的美丽形象出现的，一举一动还带点童稚气，她天真纯洁、毫无心机。作品写翠翠之爱是十分含蓄的，她对爱情的渴望表现为一种朦胧的向往，表现为淳朴的山村少女对爱情特有的害羞、矜持的情感态度，她对两个年轻人的感情一直处于少女时期的梦境状态。作者细致地写翠翠在接触不多的男性中对二人的微妙印象，写二人为翠翠唱歌而傩送径直进入姑娘的心底，丝丝入扣。当爷爷死去，傩送出走的双重悲剧发生之后，翠翠凭借着自己的善良和坚韧，仍不改初衷地在渡船上生活下去，等待心上人有朝一日的归来。她用美好的心灵，抒写了湘西边地少女淳朴坚贞爱情的美丽诗篇。此外，老船夫的善良忠厚和重义轻财，天保和傩送对爱情的忠贞不二和对亲情的互相体贴，都具有一种东方式的恬静的美。

小说还以优美的语言和景致描写见长，整部小说的语言自然清新、朴素秀丽，既散发着浓厚的泥土气息，又显示出准确精练的艺术表现力；小说的景致描写为人们展现了一幅湘西边地特有的风俗、风景、风情画，使得整个作品透出浓郁的地方色彩和民间情调。

《边城》达到了乡情风俗、人事命运、人物形象三者描写完美和谐、浑然一体的境地，注重本色，充满了诗情画意。《边城》独特的诗化境界也就是其最动

经典摘录

黄昏来时翠翠坐在家中屋后白塔下，看天空为夕阳烘成桃花色的薄云……天快夜了，别的雀子似乎都在别处了，只杜鹃叫个不息。石头泥土为白日晒了一整天，草木为白日晒了一整天，到这时节皆放散一种热气。空气中有泥土气味，有草木气味，且有甲虫类气味。翠翠看着天上的红云，听着渡口飘来乡生意人的杂乱声音，心中有些儿薄薄的凄凉。

——第十三章

雨后放晴的天气，日头炙到人肩上背上已有了点儿力量。溪边芦苇水杨柳，菜园中菜蔬，莫不繁荣滋茂，带着一分有野性的生气。草丛里绿色蚱蜢各处飞着，翅膀搏动空气时作声。枝头新蝉声音已渐渐洪大。两山深翠逼人，竹篁中，有黄鸟与竹雀杜鹃鸣叫。

——第四章

人的艺术魅力所在。

作品影响

沈从文因写《边城》被人称为"文体作家",首先是因为他创造性地运用和发展了一种特殊的小说体式——诗化小说。其次,他在文学史上构建了一个富有魅力的"湘西世界",大大地发展了"乡土"小说,至今仍有许多作家模仿。

阅读指导

《边城》典型地表现了作者理想的人生形式以及社会理想,它歌颂了一种交织着爱和美的理想的人生形态:远离都市文明的边地,人们之间充满了一种和谐的美,男女的情爱、家庭的亲爱,都是那样的淳朴和自然。作者通过翠翠爱情的悲剧和美与爱本身的建造和毁灭来揭示社会的悲剧——以金钱和势力为婚姻基础的那个社会和时代的本质特征,透着深深的悲凉感和无可奈何。

小说在结构上也是独树一帜,它不是以曲折的情节取胜,而是在人生的"梦"与"现实"之间营造一种淡淡的悲凉与惆怅,以田园牧歌式的璧橱,把人生与自然、现实与梦境糅合协调为一体,如梦如幻。全书21节每一节都是诗,《边城》也成为一篇诗化小说。

论及《边城》时,作者沈从文自己说:"一切充满了善,然而到处是不凑巧,既然是不凑巧,因之朴素的善终难免产生悲剧。故事中充满了五月中的斜风细雨,以及那点六月中夏雨欲来时闷人的热和闷热中的寂寞。"沐浴着湿润与和谐的水边小城,蓬勃着人性的率真与善良。文明社会古旧的礼法与习俗在自然人性面前难以施威。然而,当生活中的各种情感都顺乎自然向前发展时,却有着这样那样的阴差阳错与偶然。由此,小说容纳了现在和过去、生存和死亡、恒久与变动、天意与人为等诸种命题,笼罩在整部小说之上的是一种无奈的命运感。作者称:"我这本书只预备给一些'本身已离开了学校,或是终究无从接近学校还认识些中国文字,置身于文学理论、文学批评以及说谎造谣消息所达不到的那种职务上,在那个社会里生活,而且极关心整个民族在空间与时间下所有的好处与坏处'的人去看……他们必也愿意从这本书上同时还知道点世界一小角隅的农村与军人。"对读者的预设,似乎表明了作者的创作意图。《边城》也许是作者努力建构的充满自然人性与牧歌情调的世外桃源。在这里,沈从文创造出闪耀着神性之光的理想人物,既体现着人性中庄严、健康、美丽、虔诚的一面,也同时反映了沈从文身上的浪漫主义与古典主义。

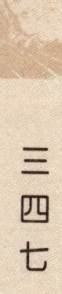

名家点评

一部 idyllic 杰作。
——刘西渭《〈边城〉奥〈八骏图〉》

《边城》整个调子颇类牧歌。
——汪伟《读〈边城〉》

可以称为牧歌型的。
——夏志清

小说的牧歌情调不仅如废名之具有陶渊明式的闲适冲淡,而且具有屈原《九歌》式的凄艳幽渺。
——杨义

围 城

成书年代：现代
作　　者：钱钟书
地　　位：现代社会的一部新《儒林外史》

作者简介

　　钱钟书（1910～1998年），字默存，号槐聚，曾用笔名中书君等，是我国当代著名的学者和作家。钱钟书先生1910年11月21日出生于江苏省无锡市一户书香世家，从小受到家学的熏陶，学业得以精进。1933年从清华大学毕业后，他曾在上海光华大学任教。1935年考取庚款赴英伦牛津大学留学，两年后以论文《十七、十八世纪英国文学中的中国》获副博士（B.Litt.）学位。随后又转赴法国巴黎索邦大学修一年。1938年回国，被清华大学破例录用为教授。后曾在湖南蓝田师范学院、上海震旦女子文理学院、暨南大学任教，并兼任南京中央图书馆英文馆刊《书林季刊》主编。在这期间，钱先生所出版的著作有自订诗集《中书君诗》与《中书君近诗》、散文集《写在人生边上》、短篇小说集《人·兽·鬼》、长篇小说《围城》和诗话《谈艺录》等。1949年以后，他的主要精力都放在学术研究上，主要著作有《宋诗选注》《管锥编》《谈艺录（补订本）》《也是集》《七缀集》《槐聚诗存》等。旧作《围城》《写在人生边上》《人·兽·鬼》等在20世纪80年代重印，有的还出版了少数民族语文本，使国内理论界和文学界受到震动和冲击，出现了一股"钱钟书热"。

钱钟书像

背景介绍

　　《围城》写于1944年至1946年之间，一发表便被誉为是一部新《儒林外史》。这是一部以旧中国中上层知识分子病态畸形生活为描写对象的幽默而辛辣的讽刺小说。主人公方鸿渐在书中的生活年代是1937年夏至1938年冬，正是抗战烽火燃遍神州大地，中国人民奋起浴血抗战，中华民族面临生死存亡的重要关头。方鸿渐等人游离于当时民族革命战争的大潮外。这类灰色的知识分子，在当时旧中国是大量存在的，钱钟书对他们相当熟悉，像他这样在一部长篇小说里对他们做这样集中的讽刺性描写，自有其不可忽视的现实主义的典型意义和不可替代的历史与美学价值。

名著概要

　　克莱登大学哲学博士方鸿渐留学回国了。他是个没有用的人，在欧洲四年，转了三个学校，改了几回专业，生活散漫，学无所成。因为父亲和老丈人都伸手向他要学位证书，没有办法，他只好从爱尔兰骗子手中买了这么个子虚乌有的大学的假博士学位。他绝不愿意做这事，可是为了尽晚辈的孝心，搞份假文凭也是

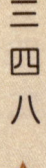

心安理得，只要今后自己决不以此招摇撞骗，但他没有想到，老丈人已经将他的博士照片和游学履历大肆渲染地登在报刊上了。方鸿渐一下船，来到这个阔别四年又毫无变化的故土，便先见到这份报纸，不由得面红耳赤，十分难堪。

未婚妻和方鸿渐从未见过面，就撒手人寰。他蒙岳父大人资助得以负笈欧洲，所以回国后，先看望了岳父岳母，这才回到家乡见爹娘。他刚进家门，小报记者便闻风而至，摄下了方博士西装革履的仪态，使他成了县里大名鼎鼎的人物，提亲者更是踏破门槛。方鸿渐不喜欢这些土里土气又打扮时髦的女孩们，爱情在他心中仍是一片空白的领域。

淞沪会战后，全国都不太平，方鸿渐又来到上海，在岳父的银行谋了份差事。在归国回来的法国邮轮上，方鸿渐曾和性感的鲍小姐有一夜风流，一夜过后，鲍小姐便冷落疏远了方鸿渐。爱的失落，使方鸿渐觉得事事难遂人愿。

春暖花开的时候，方鸿渐拜访了和自己一起留学归来的女博士苏文纨。在苏文纨家，他结识了苏的表妹唐晓芙。她是个天真、直爽的大学生。方鸿渐对唐晓芙一见倾心，坠入了情网，可是苏文纨喜欢方鸿渐。方鸿渐不喜欢苏文纨的做作，但是他总不能狠下心来拒绝，怕伤害了苏小姐。

苏文纨故意让自己的爱慕者赵辛楣见到方鸿渐。赵辛楣一来，苏文纨对方鸿渐的称呼立刻由"方先生"改为"鸿渐"。方鸿渐明白了苏文纨的把戏，赵辛楣见苏文纨对方鸿渐的称呼这么亲热，便妒火中烧，他一来就不断地攻击方鸿渐。伶牙俐齿的方鸿渐不愿意还击，处处退让着。

方鸿渐更加迷恋起唐晓芙。苏文纨对方鸿渐绝望后，就来拆散唐晓芙和方鸿渐的爱情。她添油加醋地把方鸿渐在船上和鲍小姐的风流韵事以及他已有妻室的事都告诉了唐晓芙。唐晓芙伤心欲绝，她怒斥方鸿渐。羞愧难耐的方鸿渐说不出话来，只好默默离去。爱情在他的心里死去了。苏文纨也没有嫁给赵辛楣，而是嫁给了诗人曹元朗。赵辛楣和方鸿渐反而成了朋友。

岳母对方鸿渐的态度转变了，现在说女儿是方鸿渐给克死的。方鸿渐一怒之下，辞去银行职务，和赵辛楣一起去三闾大学任教。

国内烽烟四起，局势动荡不安，所以在去三闾大学的路上，经历了许多的坎坷。和他们同行的还有几个人，一个是李梅亭，他要去当中文系的系主任。另一个女孩叫孙柔嘉，她才大学毕业，因为和赵辛楣有一些关系，所以在赵辛楣的介绍下，也到三闾大学任教。李梅亭带了几个大的箱子，给旅途增添了许多的麻烦，后来方鸿渐才知道，箱子里面装的是走私货。孙柔嘉很懂事也温顺，还懂得照顾别人。下雨的时候，李梅亭舍不

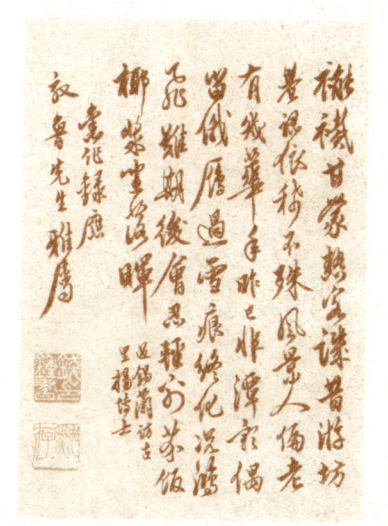

过锡兰访古里扬博士　现代　钱钟书

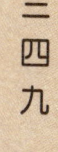

> **名家点评**
>
> 　　小说中数度提到的围城，象征了人间处境：每次离开一个地方，或因此和相识的人每次疏远，都好像一次死亡。鸿渐同鲍小姐、苏小姐、晓芙、已故未婚妻一家、自己家人、大学同事，以至自己妻子一一疏离，非常戏剧化地表现出他精神的逐渐收缩，直到一无所有的地步。《围城》是一部探讨人的孤独和彼此之间无法沟通的小说。
>
> 　　　　　　　　　　　　　　——夏志清《中国现代小说史》

得用自己的新雨伞，孙柔嘉就把自己的阳伞借给李梅亭用，结果雨伞脱了色，把李梅亭的衣服染得五颜六色。来到旅馆，李梅亭只顾整理自己的衣服，只有方鸿渐关心孙柔嘉，叫来店伙计拿去雨伞烤干。

赵辛楣警告方鸿渐不要坠入情网。方鸿渐失恋的心一直没有平息，他只是不忍心看孙柔嘉一个女孩孤身在外，无依无靠，才给了她一点关心。可赵辛楣开玩笑说，鸿渐这一念温柔，已经播下了情种。他警告方鸿渐说，别小看孙柔嘉，她可不是一般的女孩子，她极富有心计。

万没有想到，三闾大学这个教书育人的地方也是是非之地，里面尔虞我诈，钩心斗角。方鸿渐一来就深为失望。三闾大学最有地位的是历史系主任韩学愈，他娶了个白俄人做太太，却谎称是美国人。他称自己在国外学术刊物上发表过作品，这点唬住了高松年。高松年信以为真，他绝想不到韩学愈有胆量撒谎，由于学校一时找不到韩学愈所说的外国刊物，韩学愈的谎言就一直没有被揭穿。

可是，方鸿渐来到这里，对韩学愈构成了威胁。原来，韩学愈的学历也是那个子虚乌有的克莱登大学授予的博士学位，方鸿渐知根知底。中文系主任汪处厚的太太有智慧有品位，人长得美丽动人，比她老头子小20多岁。校长高松年暗恋着汪太太。不久，赵辛楣也坠入了情网。一天晚上，汪太太和赵辛楣散步被回来的汪处厚和高松年发现，赵辛楣在三闾大学待不下去了，便辞职去了香港。方鸿渐对学校的环境也厌恶透了，决计辞职而去。谁想，第二学期，人家根本就没有聘用他。他知道里面有人捣乱，心中很不是滋味。

孙柔嘉果然是有心机的女孩子，她知道方鸿渐语言风趣，对自己也会呵护，就想办法让方鸿渐向自己求婚。可怜的方鸿渐哪知是计，就真的和孙柔嘉订婚了。见未婚夫失去了工作，孙柔嘉也和方鸿渐一同离开三闾大学。

他们在回上海之前，去了香港。赵辛楣正在那里。他要帮助方鸿渐，但是孙柔嘉知道赵辛楣说自己坏话，就阻止方鸿渐和赵辛楣的来往，两人的矛盾越来越多。孙柔嘉完全是女人心理，爱争风吃醋，使小性子，希望方鸿渐哄她。可是鸿渐心事重重，他从毕业回国，到现在颠沛流离，一事无成，爱情在心中已经死去，但是身边却莫名其妙地有了太太，感时伤事，哪有好心情。

回到上海，两个人的家庭也不和，两人分别和对方的家庭也不和。方鸿渐在一家报社谋职，薪水只有孙柔嘉一半。于是他决定应赵辛楣邀请去重庆谋职。这时孙柔嘉请她的很有势力的姑母为方鸿渐找到一份高薪工作，谁知方鸿渐毫不领

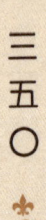

情，反而认为孙柔嘉和她的姑母背着自己的面，贬损自己的人格。他动手打了孙柔嘉，孙柔嘉愤然离家而去。

失魂落魄的方鸿渐回到自己冷冷清清的家中，心中一片茫然和空虚。

作品特色

《围城》是中国现代文学中杰出的讽刺小说。小说里有一段很有意思的对话，说英国哲学家罗素曾引过一句英国古话：结婚像金漆的鸟笼，笼外的鸟想住进去，笼内的鸟想飞出来；所以结而离，离而结，没有了局。法国也有相似的话，说结婚是被围困的城堡，城外的人想冲进去，城里的人想逃出来。这就是小说得名的由来，也是小说的用意所在。抗战初期，留学生方鸿渐和几个同伴搭法国轮船回到了万方多难的祖国。小说即

根据同名小说改编的电视剧《围城》剧照

是以他的生活道路为主线，反映了那个时代一批知识分子生活和心理的沉浮变迁。抗战爆发时，他们大都置身于这场民族存亡的伟大斗争之外，先是在十里洋场的上海，后来在湖南一个僻远的乡镇，围绕着生活、职业和恋爱婚姻等问题，进行着一场场钩心斗角的倾轧和角逐。

小说建构的是一个令人眼花缭乱的知识分子的世界。这是在20世纪半殖民地半封建社会的中国土壤上滋生起来的独特的知识分子群。这里有高松年那样道貌岸然的伪君子，也有汪处厚那样的依附官僚的可怜虫；有李梅亭那样满口仁义道德，内心男盗女娼的遗老，也有韩学愈那样伪造学历，招摇撞骗的假洋博士；有苏文纨和范懿那样混迹学界而一心在情场上争强斗狠的大家闺秀，也有陆子潇和顾尔谦那样一心攀龙附凤的小人……活跃在这新"儒林"里的各色人等，都扯起一面漂亮的旗帜，将自己的真面目掩盖起来，去追求新的晋身之阶。

在《围城》里，所有的人物都是盲目的追梦者，主人公方鸿渐也不例外。他的旅途正是一个精神追寻的历程。在与鲍小姐的追求与引诱的游戏中，在苏小姐、方鸿渐、唐晓芙的错位追求中，在与孙柔嘉的婚恋中，在谋职中，无一不是以追求始，以幻灭终。对于他来说，不仅是婚姻，人生万事都是围城。他能够走出去吗？小说的最后，夫妻俩终于劳燕分飞，方鸿渐准备到重庆去，而重庆未必不是他的另一个围城。

钱钟书先生晚年被冠以"国学大师""学术泰斗""文化昆仑"种种炫人眼目的名号，让这位老先生几乎喘不过气来。然而他仍坚持自由思考、独立地从事学术的精神，在整个时代都沦落以后，钱钟书就显得特别高大和可敬。

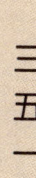

阅读指导

题目"围城"取自法国谚语,说被围困的城堡,城外的人想冲进去,城里的人想冲出来。一般认为此处围城之意是说没有家庭的人想组建一个家庭,有了家庭之后又想摆脱家庭的束缚,或者从更广泛的意义上理解人们对于生活中的事情没有经历时对它充满幻想,渴望经历,经历了才知道不像想象的那样美好,相反却有许多意想不到的懊恼和束缚。也许这就是有人理解为作品表现了"最深刻绝望感"的原因。

《围城》的文学成就也应该引起我们的注意,一方面它创造了一个落魄文人形象,可以看作是中国知识分子的一个普遍写照,这种人在我们今天的生活中依然存在,"应试教育"难免会将人塑造成方鸿渐这样的"百无一用是书生"的芸芸众生;另一方面,作品的讽刺幽默风格也是我们欣赏的重点,如苏文纨想借赵辛楣来激发方鸿渐对自己爱的勇气,可"方鸿渐像这几天报上战事消息所说:'保持实力,作战略上的撤退'",以此讽刺当时的国民政府步步后退的抗日态度,实在是妙手偶得的妙句。作品中明喻、暗喻、借喻等比喻手法的大量运用也是屡受好评的艺术特色。

金粉世家

成书年代:现代
作　　者:张恨水
地　　位:民国时期的"《红楼梦》"

作者简介

张恨水(1895～1967年),原名张心远,出身于江西广信小官吏家庭,祖籍安徽潜山。青年时期的张恨水成为一名报人,并开始创作。他自1914年开始使用"恨水"这一笔名,其名取自李煜"自是人生长恨水长东"之句。到1919年为止,这时期他创作的作品,如《青衫泪》《南国相思谱》等,以描写痴爱缠绵为内容,消遣意味浓重,均可列入鸳鸯蝴蝶派小说中。1924年4月张恨水开始在《世界晚报·夜光》副刊上连载章回小说《春明外史》,这部长达90万言的作品在此后的57个月里,风靡北方城市,使张恨水一举成名。1926年,张恨水又发表了另一部更重要的作品《金粉世家》,从而进一步扩大了他的影响。但真正把张氏声望推到最高峰的是将言情、谴责及武侠成分集于一身的长篇小说《啼笑因缘》,这部小说至今已有二三十个版本,在发表的当时就因各大电影公司争先要将之拍摄为电影而几成新闻,由它改编成的戏剧和曲艺也不在少数,因《啼笑因缘》而作的续书之多更是民国小说中之最。1934年,张恨水到陕西和甘肃一行,目睹陕甘人非人类

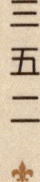

张恨水像

的艰苦生活，而大受震动，其后写作风格发生重大变化，士大夫作风渐渐减少，开始描写民间疾苦（如小说《燕归来》）。抗战爆发后，他将很大精力放在写作抗战小说上，其中最受后人重视的是长篇小说《八十一梦》和《魍魉世界》（原名《牛马走》）。抗战胜利后，他的一些作品致力于揭露国统区的黑暗统治，创作了《五子登科》等小说，但均未产生重大影响。1967年初，张恨水在北京去世，终年73岁。

背景介绍

《金粉世家》以国务总理一家的日常生活为重心，揭示上流社会家庭生活的众生相。小说以"家"为本位叙述故事，这触及中国文化的本质，因为中国的传统人伦是以家为本位的。虽然表面上，时序更迭，历史由封建王朝转入到民国共和，可其文化根底并没因王朝更迭就全然与西方文化接轨，内在的文化命脉很难短期内彻底换血。《金粉世家》是借助家庭这个舞台，来揭示社会，通过炙手可热的国务总理的家庭命运写社会，揭示人生的热与冷。

名著概要

《金粉世家》通过描写京城上层贵族之家的生活，淋漓尽致地展现了国务总理金铨这个权贵之家骄奢淫逸、糜烂堕落的寄生虫式的生活和腐朽透顶的灵魂，解剖了中国传统社会的宗法家族模式。在这个冠冕堂皇的大家庭中，人与人之间本来应有的、美好的、温柔的关系被扭曲异化，代之而起的是父子之间、母子之间、夫妻之间、嫡庶之间钩心斗角的利害算计。在权势煊赫、辉煌的漂亮外衣下，掩藏着肮脏的人际关系；在表面歌舞升平、衣香鬓影的繁华绮丽中，满含着肮脏、丑恶的种种秽行。金太太与金铨的小妾翠姨明争暗斗，金燕西结婚不几天，就又去追逐别的姑娘；老大凤举恰恰被自己的夫人吴佩芳放了高利贷；老三璐振的媳妇王玉芬瞒着丈夫把自己的私房钱投资于一家天津万发公司，后听说该公司行将倒闭，不得已才告诉丈夫，并借钱给丈夫，要他到天津打探消息，将款子抽回，做丈夫的却趁机带情妇去天津享乐，而把任务忘得一干二净。待媳妇打电话询问时，又"谎报军情"。结果公司倒闭，玉芬气得吐血……金铨的几个儿子，一个个游手好闲、不学无术、坐享祖业，过着醉生梦死、挥金如土的生活；他们泡在"金粉之香"中，逛窑子、娶小妾、捧坤角、跑舞场、嫖妓女，是一伙行尸走肉的浪

相关链接

《啼笑因缘》：张恨水20世纪二三十年代的另一部较有影响的作品。它描写了来京求学的青年樊家树与天坛的鼓书艺人沈凤喜一见钟情，然而樊家树的表嫂却极力撮合他和财政部长何濂的女儿丽娜的婚姻。中间还穿插了天桥武师关寿峰、关秀姑父女。后来，沈凤喜迫于军阀刘德柱的压力嫁给刘做小老婆，关秀姑扮成下人，潜入刘宅，将刘将军骗到西山极乐寺杀掉。何丽娜由于失意而放纵自己，最终看破一切学佛吃斋，在西山别墅隐居。关秀姑又带领樊家树上西山，和丽娜相会，自己去东北抗日了。《啼笑因缘》剧情一波三折，奇文迭起，却又合情合理。它最初在《快活林》上刊登，引起无数读者的喜爱，很长一段时间，这种痴迷的程度丝毫没有减退，一时文坛中竟有"《啼笑因缘》迷"的口号。

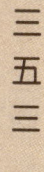

荡公子，一伙吃喝嫖赌无所不为的纨绔子弟。

　　金铨在封建社会活了大半辈子，受着封建文化的影响较深，因而他也娶妾氏，对子女教育时，也总端出封建家长的"严肃"面孔，是一副正人君子的嘴脸。但是，由于他同时又接受了资产阶级文化的影响，他有学识，留过洋，西方资本主义文明社会新的思想观念在他脑海中产生了影响，所以有时他也并不十分讲究封建伦理道德秩序。比如，他对于金燕西要娶平民之女冷清秋，就没有使用门当户对的封建伦理观念来压服他们，相反，他很看重冷清秋的才学，还担心儿子配不上她；在他高兴时，也发表人权平等的言论，让丫头与主人一起就座；他甚至还在金燕西和冷清秋的婚典上，当众发表见解非凡的关于婚姻讲究门第的弊端的演讲。两种阶级的文化思想在金铨身上交互体现，使这一人物形象具有多重性格，有别于同时代其他的封建家长形象。

张恨水部分小说书影

　　金燕西虽与贾宝玉一样有着喜欢向妇女献殷勤的心理，但他已经是一个现代青年。他可以与丫头一道谈自由、平等，口头上也不断标榜"我是很以出身于资产阶级自愧"。他见一个爱一个，玩坤角、玩交际花，他不想在脂粉群中找一个知音，不顾一切地追求冷清秋，是因为冷清秋漂亮、有才气，是个旧式女子。他认为交女朋友是交际场的好，结为伴侣还是朴实的好，旧式女子比新式女子更牢靠。

　　冷清秋是个出身于家道中落的书香门第的穷学生，是个才貌双全的平民少女。初遇金燕西，她美丽的容貌和清雅的气质就像磁石一样吸引了这个纨绔子弟，并成了金燕西千方百计追求的目标；而涉世未深的经历以及金燕西的甜言蜜语和殷勤的举动，又使冷秋清很快落入情网之中，并以身相许，最终只得与金燕西匆匆结婚。冷清秋以为自此便可过上幸福、安宁的生活，可谁知，婚后不长时间的共同生活，金燕西便露出了他纨绔子弟的真面目，这个以女性为玩物的浪荡公子，把妻子认同陌路，依旧与风流戏子、时髦女郎日夜厮混，过着挥金如土、花天酒地的生活。心高气傲的冷清秋面对这种屈辱的生活，陷入深深的烦恼和悔恨之中。由于传统观念的束缚，她没有采取断然行动，她对燕西还抱有一份幻想，企图通过劝说、忍让，等待他回心转意。等到金铨暴死，燕西与白秀珠旧情萌发，并打算抛妻弃子跟着白秀珠一同去德国时，冷清秋才觉自己的人格和自尊受到了致命的伤害。她禁不住一次次在内心喊"离婚！离婚！"她下定决心同金燕西决裂。于是她先是带着孩子躲进小楼学佛，随后又在一场大火中抱着孩子悄然遁去，宁可过自由的贫困生活。

阅读指导

《金粉世家》的精彩之处是细腻真切的家庭生活，这与中国传统世情小说《红楼梦》《金瓶梅》有共通之处。作家的才情，叙述智慧体现在不徐不疾地展示家庭日常生活。小说不怎么刻意渲染日常生活的非常性，而从人们惯常经验中寻找灵感。小说中大量的日常生活细节按生活的可然性逻辑连缀下来，给人以身临其境的真切幻觉效果。当然，小说也并不仅仅是拾掇生活细屑，作家在安排细节时，注意到细节的"小"中之"大"，于"无声"处见"精神"。作家甚至在不起眼的细节处，潜伏着关涉故事大局的叙述机心。大家庭环境中的各色人物，他们的行为表现，怨声笑语，也均能从各自的性格逻辑中寻得依据，看上去平平淡淡，可细加回味，却颇有深意。

倾城之恋

成书年代：现代
作　　者：张爱玲
地　　位：对现代人性价值观的叩问

作者简介

张爱玲（1920～1995年），原籍河北丰润，生于上海。童年在北京、天津度过，1929年迁往上海。中学毕业后到香港读书。1942年香港沦陷，未毕业即回上海，给英文《泰晤士报》写剧评、影评，也替德国人办的英文杂志《二十世纪》写《中国的生活与服装》一类的文章。1942年应《西风》杂志"我的生活"征文写散文《我的天才梦》得名誉奖。1943年她的小说处女作《沉香屑》（第一、二炉香）被周瘦鹃发表在《紫罗兰》杂志上。此后三四年是她创作的丰收期。主要作品有：散文集《流言》、散文小说合集《张看》，中短篇小说集《传奇》，长篇小说《倾城之恋》《秧歌》《赤地之恋》。事实上，张爱玲在20世纪50年代已完成她最主要的创作，包括《倾城之恋》《金锁记》《赤地之恋》《半生缘》

张爱玲像

等。1949年上海解放后以"梁京"笔名在上海《亦报》上发表小说。1950年参加上海第一届文代会。1952年移居香港，在美国新闻处工作。1955年旅居美国。在美与作家赖雅结婚，后在加州大学中文研究中心从事翻译和小说考证，在美过着隐居生活。1995年9月8日被发现逝于美国洛杉矶公寓。

背景介绍

对于1940年港战围城的18天，张爱玲在《烬余录》中写道："房子可以毁掉，钱转眼可以成废纸，人可以死，自己更是朝不保暮。"战争巨大的破坏力量，使张爱玲体认到文明潜在的自毁因素，感觉到思想背景中出现了某种面目模糊的"惘惘的威胁"："个人即使等得及，时代是仓促的，已经在破坏中，还有更大的破坏要来。"对张爱玲来说，港战的一场经历，使少女时期记忆悲酸的她，并非意外地体会到一种浓浓的末世感觉，在这种感觉里，时间是终止的，文明的根基已然毁坏，未来是什么概念，早就难以把握，人世种种，只不过是炮火余烬中废墟里的种种难堪而已。这就是她在《烬余录》中无意透露的《倾城之恋》的写作原型。

名著概要

　　白流苏出身于式微旧家庭，她虽然接受了封建包办婚姻，但当性情暴躁的丈夫对她百般虐待时，流苏并不是像大多数旧式女人那样委曲求全、忍辱偷生，而是愤而与之离婚回到娘家，可是在娘家人眼中流苏是嫁出去的女儿，已是外面的人了。随着家道败落，生计日益艰难，兄嫂们就开始想方设法赶走流苏。此时母亲的冷语无情和兄嫂的冷眼无义让流苏感到这个大厦将倾的贵族之家已不再是她最后的庇护所。特别是当笼罩在这个封建大家庭上的亲情面纱被金钱势力彻底撕毁之后，流苏强烈地感知到它所散发出的腐败与死气。流苏不愿被动地接受这一残酷命运，她准备再次出走，逃离这个令人窒息的家族，她要为自己另外找一条生路来，但她又有什么资本找到这条生路呢？正如流苏自己所说，她是个"顶无用的人"，而在失去了旧家庭给予她的身份和尊严等这些保护伞之后，她只剩下"还不老"的自己，除此她一无所有，一无所长。流苏所能看到的唯一出路，就是用自己残存的韶华再结一门亲，所以当范柳原这个理想结婚人选出现时，流苏首先并不是为他的风仪与魅力而动心，她心中涌动的最强烈的愿望就是与范柳原结婚，以获得经济的保证。她很清楚如果"没有婚姻的保障而要长期地抓住一个男人，是一种艰难的、痛苦的事，几乎是不可能的"。所以她千方百计要成为一个"名正言顺的妻"。在流苏眼中，婚姻的目的不是寻求情感的归宿，而是获取必要的物质倚靠以保障生存的方式和手段。

经典摘录

　　从浅水湾饭店过去一截子路，空中飞跨着一座桥梁，桥那边是山，桥这边是一块灰砖砌成的墙壁，拦住了这边……柳原看着她道："这堵墙，不知为什么使我想起地老天荒那一类的话……有一天，我们的文明整个地毁掉了，什么都完了烧完了，炸完了，坍完了，也许还剩下这堵墙。流苏，如果我们那时候再在这墙根底下遇见了……流苏，也许我会对你有一点真心。"

　　流苏拥被坐着，听着那悲凉的风。她确实知道浅水湾附近，灰砖砌的一面墙，一定还屹然站在那里……她仿佛做梦似的，又来到墙根下，迎面来了柳原……在这动荡的世界里，钱财，地产，天长地久的一切，全不可靠了。靠得住的只有她腔子里的这口气，还有睡在她身边的这个人。她突然移到柳原身边，隔着他的棉被拥抱着他。他从被窝里伸出手来握住她的手。他们把彼此看得透明透亮，仅仅是一刹那彻底的谅解，然而这一刹那够他们在一起和谐地活个十年八年。

名家点评

《倾城之恋》给人家的印象，仿佛是一座雕刻精工的翡翠宝塔，而非莪特式大寺的一角。美丽的对话，真真假假的捉迷藏，都在心的浮面飘滑；吸引，挑逗，无伤大体的攻守战，遮饰着虚伪。男人是一片空虚的心，不想真正找着落的心，把恋爱看作高尔夫与威士忌中间的调剂。女人，整日担忧着最后一些资本三十岁左右的青春再另一次倒账；物质生活的迫切需求，使她无暇顾到心灵。这样的一幕喜剧，骨子里的贫血，充满了死气，当然不能有好结果。疲乏，厚倦，苟且，浑身小智小慧的人，担当不了悲剧的角色。麻痹的神经偶尔抖动一下，居然探头瞥见了一角未来的历史。

——傅雷

范柳原生在异邦，长在他乡，接受的是西式教育。由于他父母的结合是非正式的，他的身份也无法得到确认，他孤身流落在英伦，吃过一些苦，这些都在他心中留下了抹不去的阴影。虽然他在后来也争到继承权，获得了财产，但却始终无法得到家族的承认。他和流苏一样，就像无根的浮萍，飘零的落叶，是被硬硬挤出家族谱系的孤独个体。他们的心都是虚飘飘的没有着落。所以他第一次见到流苏就对她产生了浓厚的兴趣。他能够看出流苏在家庭中的艰难处境，也能体会她受到的精神压抑。在她身上，他感觉到了那种非常熟悉的没有根的凄凉和惶惑。范柳原是真正懂流苏的，他曾多次提到流苏是"一个真正的中国女人"，她的"特长是低头"，他看出了流苏具有的中国传统女性身上的奴性。虽然流苏准备逃离，却始终无法获得独立的人格和价值，她只能依附于他人。而范柳原也是想着逃离，只不过他要摆脱的是对之失望已极的人类文明，回归到自然与原始中去。然而同流苏的命运一样，他最终也逃不掉，他必须依附于这个社会。他和流苏是一对无力掌握自己命运方向的、软弱无力的可怜虫。由于这种相似，使得范柳原千方百计地要得到和流苏在一起的机会。应该说，一开始他对流苏是抱有幻想的，他希望流苏能给他一点真心，能像他懂她一样懂得自己。但很快他就明白这不过是自己的一厢情愿，流苏不愿意也不可能真正了解他，两人无法产生心灵的交流和沟通，他不过是流苏想要得到的结婚对象而已。正如他做不了自己的主一样，流苏也无法主宰自己的感情，现实的重压已使她丧失了爱的能力，除了自己她根本不会爱别人。流苏就是这样"一个自私的女人"，而范柳原也"不过是一个自私的男人"，他想要得到的不过是浊世中的一点真爱，既然得不到对方真心的回应，他也绝不愿付出自己的真情。流苏与柳原就这样互相计较互相盘算着，两个人只为了自己的私欲而掩藏了真心，根本无法达成真正的契合。

流苏在她第二次寻求婚姻的过程中用尽了浑身解数，也受尽了种种委屈，却仍无法得到她想要的婚姻和名分。迫于生存的压力，她只能退而求其次，做了范柳原的情妇。1940年，香港的陷落不仅成全了流苏，也成全了范柳原。他亲眼目睹了文明的毁灭，战争的炮火轰毁了所有的浮华，使得"钱财，地产，天长地久的一切全不可靠了"，失去了身外之物的文明人，最终只剩下纯粹的自己。除掉了外在的束缚，人们终于能够坦诚相对，平等相处，所以他和流苏能在刹那间把彼此看得透明透亮，两人真正达到了谅解。等待流苏的恐怕也只有堕落一途。白流苏意外地得到了令人羡慕的圆满结局，但这一如意的结局并没有消解她"求嫁"过程中的悲剧意义，所以婚后的流苏并没有感到新生的自信与喜悦，相反，她心中却充满了一片苍凉和怅惘，在前面等她的仍是一个不可知的未来，她仍必须日日为婚姻奔忙，当一切恢复到战前的原状时，范柳原也很快滑回到他的老路上，"故事还没完——完不了"。

阅读指导

在《关于〈倾城之恋〉的老实话》一文中，张爱玲以嘲弄的口吻说："写《倾城之恋》，当时的心理我还记得很清楚。除了我所要表现的那苍凉的人生的情义，此外我要人家要什么有什么，华美的罗曼思，对白，颜色，诗意，连'意识'都给预备下了：（就像要堵住人的嘴）艰苦的环境中应有的自觉……"小说里，张爱玲不断强调"成全"了白流苏，在结尾的部分，更着意地回应小说《倾城之恋》的主题："香港的陷落成全了她。但是在这不可理喻的世界里，谁知道什么是因，什么是果？谁知道呢？也许就是因为要成全她，一个大都市倾覆了。成千上万的人死去，成千上万的人痛苦着，跟着是惊天动地的大改革……流苏并不觉得她在历史上的地位有什么微妙之点。"然而，实际上，张爱玲是以这种"成全"了白流苏的调子来描写女主角那种不圆满和不满足的感觉。此外，在作品结构和人物描写上张爱玲继承了中国传统小说有头有尾、首位呼应和"传神""写意"的表现手法，又成功地借鉴了外国小说象征和暗示、重意象和心理描写的表现手法，具有贴切而深邃的寓意。

繁星 春水

成书年代：现代
作　　者：冰心
地　　位：爱与美的哲学的结晶

作者简介

冰心（1900～1999年），原名谢婉莹，笔名有冰心女士、男士等。1900年生于福建省福州市，原籍福建长乐市。1911年进福州女子师范学校学习，1914年入北京教会学校贝满女子中学学习，1918年入北京协和女子大学预科。"五四"运动爆发后，她积极参加反帝反封建的宣传活动。她发表的第一篇作品是《两个家庭》，开始了以社会、家庭、妇女为主题的"问题小说"的创作。随后发表了《斯人独憔悴》《庄鸿的姊姊》等。1921年后，出版了小说集《超人》，诗集《繁星》《春水》等，作品多以"母爱"或"人类之爱"为解决社会人生问题的理想。1923年，她从燕京大学

冰心像

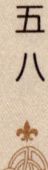

> **相关链接**
>
> 冰心创作的主要成就在散文和诗歌方面，尤其是她的通讯《寄小读者》，主要是写作者在1923年去美国留学途中和到美国后的生活、见闻，在当时产生过很大的影响。该书于1926年由上海北新书局出版，共包括27则通讯。作者在《四版自序》中曾说："假如文学的创作，是由于不可遏抑的灵感，则我的作品之中，只有这一本是最自由，最不思索的了。"《寄小读者》中表现的真善美主题，使它成为一部传世之作，打动一代又一代读者的心。

毕业后赴美国留学，专攻英国文学，同时把旅途和异邦的见闻写成散文寄回国内发表，结集为《寄小读者》。1926年回国后，冰心先后在燕京大学、清华大学女子文理学院任教。1931年写了小说《分》，标志着作家对社会现实有了进一步的认识。1932年北新书局开始分集出版《冰心全集》。抗战爆发后，她于1938年到昆明，1940年到重庆，曾以"男士"的笔名写了散文《关于女人》。抗战胜利后，曾在日本东京大学教授"中国新文学"课程。1951年秋回国，她写了散文《归来以后》等作品，创作上揭开了新的一页。1956年出版了《陶奇的暑期日记》。1958年3月《人民日报》开始刊登她的《再寄小读者》，内容多是介绍国外见闻、歌颂友谊以及勉励儿童努力上进。此外，还出版了《我们把春天吵醒了》《樱花赞》《拾穗小札》《小橘灯》，以及《冰心小说散文选》等。香港朝阳出版社还出版了她的散文集《樱花和友谊》《我们这里没有冬天》。她曾在《儿童时代》上发表《三寄小读者》。中华人民共和国成立以后，冰心曾以很多的时间和精力从事社会活动。

背景介绍

"五四"时期，多种书刊如雨后春笋般涌现，冰心在如饥似渴地阅读报刊上的文学作品和翻译。介绍外国文学作品时，随时将心中的感触记在笔记本的眉批上。后来读到印度泰戈尔的诗集《飞鸟集》，受到启发，就从她1920年至1921年陆续写下的300多首小诗中，选出"更有诗意的，更含蓄的"164段合为一集，这就是冰心第一部诗集《繁星》。《春水》写于1922年，这两本书都在1923年出版。作者说："我自己写《繁星》和《春水》的时候，并不是在写诗，只是受了泰戈尔《飞鸟集》的影响，把自己许多'零碎的思想'，收集在一个集子里而已。"

名著概要

总的说来，它们大致包括三个方面的内容。

一是歌颂母爱与童真。冰心，这位中国现代文学史上第一位著名女作家，她一步入文坛，便以宣扬"爱的哲学"著称。而母爱，就是"爱的哲学"的根本出发点。她认为，母爱是孕育万物的源泉，是推动世界走向光明的根本动力。冰心诗中的母爱往往有双重内涵：一是母爱对诗人的浸润；二是诗人对母爱的深情颂赞。它们抒发儿女对慈母的眷眷依恋之情，唱出了对慈母的爱的赞歌。比喻新颖，语言清丽，感人至深。在《繁星》《春水》中，她把母爱视为最崇高最美好的东西，

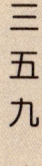

反复加以歌颂：

母亲啊！
天上的风雨来了，
鸟儿躲到它的巢里；
心中的风雨来了，
我只躲到你的怀里。

诗人以生动形象的比喻，把母爱之情传达出来，写得情真意切，感人肺腑。

这种对母爱的颂歌，在《繁星》《春水》里占了相当大的比重。可以说，正是对母爱的深情赞颂，奠定了这两部作品深沉细腻的感情基调。与颂扬母爱紧密相连的，便是对童真、童趣、童心及一切新生事物的珍爱：

万千的天使，
要起来歌颂小孩子；
小孩子！
他那细小的身躯里，
含着伟大的灵魂。

在诗人的眼里，充满纯真童趣的世界才是人间最美的世界。

二是对大自然的崇拜和赞颂。在冰心看来，人类来自自然，归于自然，人与自然应该是和谐一致的：

我们都是自然的婴孩，
卧在宇宙的摇篮里。

冰心还将母爱、童真、自然融为一体：

造物者——
倘若在永久的生命中，
只容有一次极乐的应许，
我要至诚地求着：
"我在母亲怀里，
母亲在小舟里，

《繁星》书影　　　《春水》书影

名家点评

　　冰心女士曾经受过中国历史上伟大诗人的熏陶，具有深厚的古文根柢，因此她给这一新形式带来了一种柔美和优雅，既清新，又直截。
　　不仅如此，她还继承了中国传统对自然的热爱，并在她写作技巧上善于利用形象，因此使她的风格既切实无华又优美高雅。

——胡适

小舟在月明的大海里。"

这首诗把对母爱的歌颂、对童真的呼唤、对自然的咏叹完美地融合在一起，营造出一个至善至美的世界，感情诚挚深沉，语言清新典雅，给人以无穷的回味和启迪，是冰心小诗中最美的篇章之一。

三是对人生的思考和感悟。我们称这部分诗为"哲理诗"。这类诗简练而隽永：
成功的花，
人们只惊慕她现时的明艳！
然而当初她的芽儿，
浸透了奋斗的泪泉，
洒遍了牺牲的血雨。

在艺术上，《繁星》《春水》兼采中国古典诗词和泰戈尔哲理小诗之长，善于捕捉刹那间的灵感，以三言两语抒写内心的感受和思考，形式短小而意味深长。特别是在语言上，清新淡雅而又晶莹明丽，明白晓畅而又情韵悠长，具有独特的艺术魅力。

迟桂花

成书年代：现代
作　　者：郁达夫
地　　位：灵与肉的冲突

作者简介

郁达夫（1896～1945年）原名郁文，字达夫，浙江富阳人，1911年起开始创作旧体诗，并向报刊投稿。1912年考入之江大学预科，因参加学潮被校方开除。1914年7月入东京第一高等学校预科后开始尝试小说创作。1919年入东京帝国大学经济学部。1921年6月，与郭沫若、成仿吾、张资平等人酝酿成立了新文学团体——创造社。7月，第一部短篇小说集《沉沦》问世，在当时产生很大影响。1922年3月，自东京帝国大学毕业后归国。5月，主编的《创造季刊》创刊号出版。7月，小说《春风沉醉的晚上》发表。1923年至1926年间先后在北京大学、武昌师大、广东大学任教。1926年底返沪后主持创造社出版部工作，主编《创造月刊》《洪水》半月刊，发表了《小说论》《戏剧论》等大量文艺论著。1928年加入太阳社，并在鲁迅支持下，主编《大众文艺》。1930年3月，中国左翼作家联盟成立，他为发起人之一。12月，小说《迟桂花》发表。1933年4月移居杭州后，写了大量山水游记和诗词。1936年任福建省府参议。1938年，赴武汉参加军委会政治部第三厅的抗日宣传工作，并在中华全国文艺界抗敌协会成立大会上当选为常务理事。1938年12月至新加坡，主编《星洲日报》等报刊副刊，写了大量政论、短评和诗词。1942年，日军进逼新加坡，与胡愈之、王任叔等人撤退至苏门答腊，化名赵廉。1945年日本投降后被日军宪兵杀害。

背景介绍

在第一次国内革命战争高潮时期,郁达夫思想上经历了一次激荡。1926 年曾去大革命策源地广州。翌年春折回上海,由于同创造社某些成员意见不合,也由于思想一时跟不上急遽变化的形势,宣布退出创造社。1928 年前后,郁达夫提倡农民文艺和大众文艺,对当时的无产阶级革命文学运动表示了不同的主张。他一直否认非无产阶级出身的作家经过努力有可能写出无产阶级的作品,而他自己在这方面确实也很少努力。在政治上,郁达夫不满新旧军阀的统治而倾向革命(《日记九种》曾痛斥蒋介石集团的叛变),这在他加入"左联"后所写的中篇《她是一个弱女子》里也有清楚的表现。作品侧面反映了大革命风暴在知识青年中激起的回响,接触到军阀压迫、工人罢工、日帝暴行等当时社会现实的若干重要方面。但是,中篇的主要篇幅仍然用来描写性变态生活,却表明了作者远未能摆脱旧有的思想局限。在白色恐怖日趋严重的情况下,郁达夫避居杭州,过着游山玩水的隐逸生活。也就在这段时间内《迟桂花》《迟暮》《瓢儿和尚》等短篇作品问世。虽然这些作品在艺术上有值得称道之处,如人物形象比较清晰,文笔也能给人以舒徐清澈之感,但它们对那种远离斗争的隐士式的生活却表示赞美和肯定,用很多笔墨去渲染乡居生活的所谓安逸和恬静,在思想上正好代表了作者远离政治、远离斗争的种种倾向。

名著概要

老郁接到翁则生的信,信中邀请他到翁家山参加婚礼。翁则生年过而立,曾经的病痛和爱情的失败,使他"百事原都看得很穿","落得随随便便"地活着。这位受"五四"风潮影响的知识分子,只因为顺从母意,便被一桩本无所谓的婚姻摆布着。女方是一位老处女,在时光的流逝中等闲。这一迟来的婚姻的确有悲悲喜喜的味道。

老郁启程赴翁家山,翁家山的色彩清雅丰富;"青葱的山和如云的树",在这些绿树丛中,又有听觉的幽远凄清;"突然从脚下树丛深处,却幽幽的有晚钟声传过来了";有触觉上的爽快怡人;"早晨的空气,实在鲜澄得可爱……小路两旁的细草上,露水还没有干,而一味清凉触鼻的绿色草气,和人在桂花香味之中,闻了好像是宿梦也能摇醒的样子"。景物的摇曳多姿,声色交夹,正是天高日晴,远山绿黛,清风幽香,晚钟夕阳以至澄鲜的朝晖,触目的山野景致等一系列山乡风物,幻化出翁莲生活的环境。在这里,老郁和翁莲不期而遇。老郁、翁莲与之既有相似之处也有不同之处。相似的地方在于:他们都经历了生活的磨难,青春已经逝去,但老郁和翁莲没有翁则生似的颓唐,青年的精神仍然在他们身上闪光。老郁是一位作家,留学期间曾救过翁则生的命,少年时却有"预备将来为国为人民致大用"的抱负,世道沧桑并没有消磨去他的品性。翁莲是年轻守寡、遭受到生活折磨的少妇,婚姻的创伤使她一度失去了天真的笑容,但好似山间未凋的野花,她依旧保存着"永久的孩子的天性"。她也有副热心肠,非常热心地陪老郁游山。此情、此景、此地,一对男女结伴上路。老郁首先为她纯朴的举止、天真的习性、浸染着乡土气息的山野知识以及体态的丰满窈窕而动心，"恍恍惚惚像回到了青春时代"。他忘了本来使命是驱人愁忧，反而沉酣于自我感想之中，不可自拔。率真的翁莲不知道老郁的心思，反而反辅为主去宽慰他，老郁因奢想她而伤心，她却天真地为他的悲戚而动容。于是在这一对男女之间就发生了一场似乎是意外的误解，感情的丝网在双方心里互相交织着。

　　青山绿水，已经怡人眼目，大自然的良辰美景使老郁陶然自乐，加之翁莲用极为朴质、舒缓清澈的笑语介绍山野知识，老郁倾心不已，仿佛草木山石虫鱼鸟兽都渗透着翁莲那特有的山间清野的芬芳。这位多愁善感的作家不由想起了外国小说中可爱女子的命运，触目伤怀，感极而悲。正当这时，翁莲把一只肥软的右手搭在他肩上，感情激荡，区分卑俗与纯真的界碑也就在这里，这里感情的升华是微妙自然的。微妙指老郁的感情纯化过程。"我就伸上手去把她的肥手捏住了，又默默地与之对视一分钟，但她的眼里脸上却丝毫也没有羞怯兴奋的痕迹出现，她的微笑，还依旧同平时一点儿也没有什么的笑容一样，看了我这一奇怪的形状，反又很自然地问我说：'你究竟在那里想什么？'翁莲那率直自然的反问，使我眼里酸溜溜的，'啊，我自己倒并没有想得什么伤心，为什么，你，你却反而为我流起眼泪了呢？'一边是欲言难言但又按捺不住的激情，一边是毫无所知坦然无邪的个性，哑谜似的交锋着，终于，老郁在经过心理斗争之后，挣扎出来。"老郁的羞愧难当使我们猛然醒悟了，任何世间的卑俗邪念都荡然无存。实际上这是人性返璞归真的一种写照，是人性的一种复活，而导致这一重大转变的，是翁莲那纯洁同"高山深雪似的心"。

　　此后，随着郁、莲兄妹相称，小说便转入悠远清澈的境界，人物情感的畅快和自然景物浑然天成，正如小说所描写的"一种又清新又寂静的淡绿色的光同清水一起，满浸在这附近的空气里在流动"。

阅读指导

　　《迟桂花》作为郁达夫后期创作的一部力作，确实达到了郁达夫整个创作的最高美学境界，也最充分地展现了郁达夫创作的美学价值。作者在文章的一开始，就表现出了一种极强极特殊的美学品质，就是对自然环境的偏爱，那些清风、流水、红霞、白云都容纳在他的审美范畴之中，经过他那清新秀丽的文笔描绘和渲染，不仅组合成一种独特的环境美，而且还可以使人们从中感受和聆听他对大自然欣赏中所蕴含的灵魂的慰藉和人生的慨叹。我们完全可以理解，只有那平和秀丽的自然环境，才是作家最美妙的去处，他可以借此来消融一切烦恼和忧愁，借此来寄托自己的情趣和理想，这也就恰恰形成了郁达夫独特的美学个性。此外，作品中常常带有淡淡的忧思，缠绵的情意，以及对美的眷恋。这种风格不仅表现在对自然环境的描写之中，也同样表现在他笔下的人物形象上。在作品中，翁则生一家恬静的生活，美好的形体，纯洁的人性，无一不作为郁达夫笔下人物形象的特定内涵，和富有诗意的环境相融合、相合谐，达到一种完美的统一。

死 水

成书年代：现代
作　　者：闻一多
地　　位："戴着脚镣跳舞"

作者简介

闻一多（1899～1946年），本名家骅。著名诗人、学者、爱国民主战士。1899年11月24日出生于湖北省浠水县。五四运动时在北京清华大学读书时即参加学生运动，曾代表学校出席全国学联会议。1923年出版第一部诗集《红烛》，闪烁着反帝爱国的火花，1928年出版第二部诗集《死水》，表现出深沉的爱国主义激情。1937年抗战全面开始，他在昆明西南联大任教。抗战八年中，他留了一把胡子，发誓不取得抗战的胜利不剃去，表示了抗战到底的决心。"一二·一"惨案发生后，他更英勇地投身爱国民主运动，最后献出了宝贵生命。遗著由朱自清编成《闻一多全集》四卷。

闻一多像

背景介绍

1928年1月闻一多出版了第二部诗集《死水》，不仅显示了闻一多思想感情向现实主义的深化，而且真正体现了他的新诗格律化的主张。《死水》中的诗多写于1925年诗人回国之后。在国外时对祖国的热切期望与回国之后所看到的军阀专横、政治腐败，形成了强烈的冲突。这种感情的巨大反差，使诗人把他对军阀统治下的中国社会现实的总体感受，凝结为"死水"二字。但总体来看，爱国主义的热情像一根红线似的贯穿着这两部诗集，它表现为三个相互渗透的内容：其一，对帝国主义的痛恨；其二，对有着数千年悠久历史和文化的中华民族的热爱和眷念；其三，对当时国内军阀混战、民不聊生的悲惨景象所感到的失望与忧虑。

名著概要

在1928年出版的《死水》集中，语言凝练，格律整饬，内容也十分充实。《祈祷》《一句话》是响亮的民族的庄严声音。《洗衣歌》正气凛然地斥责了充塞于美国社会中的种族歧视和铜臭血腥。长期以来民族的屈辱和悲愤，使诗人预感到沉默中正在蓄积着的伟大力量："有一句话说出就是祸，有一句话能点得着火。别看五千年没有说破，你猜得透火山的缄默？说不定是突然着了魔，突然青天里一个霹雳，爆一声：'咱们的中国！'"诗人对祖国命运、民族前途如此充满深情，他坚信：

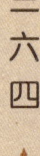

一旦"火山忍不住了缄默",就会使帝国主义和反动派"发抖,伸舌头,顿脚"。然而,期望越深,失望也越痛,当诗人踏上多年怀念的祖国大地时,他无比沉痛地写下这首《发现》:

　　我来了,我喊一声,迸着血泪,

"这不是我的中华,不对,不对!"

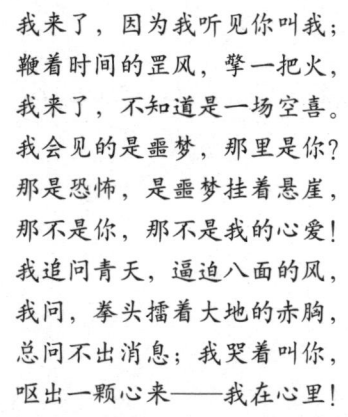

　　我来了,因为我听见你叫我;
　　鞭着时间的罡风,擎一把火,
　　我来了,不知道是一场空喜。
　　我会见的是噩梦,那里是你?
　　那是恐怖,是噩梦挂着悬崖,
　　那不是你,那不是我的心爱!
　　我追问青天,逼迫八面的风,
　　我问,拳头擂着大地的赤胸,
　　总问不出消息;我哭着叫你,
　　呕出一颗心来——我在心里!

《死水》环衬

这真是闻一多式的爱国诗篇!感情是如此炽热,又如此深沉,如此浓丽,又如此赤诚!它既具有屈原以来古典浪漫主义诗歌的传统特色,又表现出诗人闻一多的鲜明个性。回国后正视现实的切实态度,使诗人在《荒村》《天安门》《飞毛腿》等诗中,对军阀统治下人民的苦难生活直接做了描绘。《静夜》则表现了诗人对祖国和人民命运的深沉关切。尽管周围是洁白的灯光、"贤良的桌椅"、古书的纸香、孩子的鼾声,一片宁静幸福的景象,但是诗人的世界却不在这小小的斗室之

相关链接

　　闻一多是一位深受西方诗歌影响的充满爱国主义精神的著名诗人,同时也是诗歌方面的理论批评家。他发表过《诗的格律》等论文,主张新诗应该包括"音乐的美(音节)、绘画的美(辞藻)、建筑的美(节的匀称和句的均齐)",批评"诗的无韵"和"自然音节"之说。他引用外国一位教授的话:"差不多没有诗人承认他们真正给格律束缚住了。他们乐意戴着脚镣跳舞",并加以发挥说:"恐怕越有魄力的作家,越是要戴着脚镣跳舞才越跳得痛快,跳得好。"他的诗歌理论虽然包含某些合理的因素,如认为"新诗的格式是相体裁衣"等,但艺术观点则是形式主义的,思想基础有浓厚的唯心主义(如颠倒自然与艺术的关系,认为"自然在模仿艺术";用"游戏本能说"解释艺术的起源等)。这种诗歌理论体现出作者受到西欧资产阶级唯美派很深的影响。他的诗歌理论尽管具有过多地追求形式、技巧的倾向,但对于完全不讲究节奏、韵律,使新诗过分散文化的诗风来说,却也能起某些积极的作用。

内,他宣布:"静夜!我不能,不能受你的贿赂。"

　　谁希罕你这墙内尺方的和平!
　　我的世界还有更辽阔的边境。
　　这四墙既隔不断战争的喧嚣,
　　你有什么方法禁止我的心跳?

　　反对只歌唱"个人的休戚",正是诗人最可贵的精神。这促使他不肯与国内外反动势力同流合污,并且在后来经过长期摸索而终于毅然地走上民主战士的道路。在他对民族文化传统的赞美中,多少流露着怀古和夸耀"家珍"的情绪,而对人民苦难的同情,也没有能够超出资产阶级人道主义的范畴。这些思想局限,使诗人在诅咒"绝望的死水"之后,仍只得"让给丑恶来开垦"。闻一多曾于1927年春赴武汉参加革命宣传工作,但不久又退缩回来,度过了十几年的书斋生活。自抗战后期起,诗人在革命浪潮推动下,终于投身民主运动,用自己的鲜血和生命,写下了永放光辉的不朽诗篇。

　　闻一多的诗,能诚挚地表现出诗人的率真性格与坦荡心灵,和读者亲切地进行思想感情上的交流。如《口供》一首:

　　我不骗你,我不是什么诗人,
　　纵然我爱的是白石的坚贞,
　　青松和大海,鸦背驮着夕阳,
　　黄昏里织满了蝙蝠的翅膀。
　　你知道我爱英雄,还爱高山,
　　我爱一幅国旗在风中招展,
　　自从鹅黄到古铜色的菊花。
　　记着我的粮食是一壶苦茶!
　　可是还有一个我,你怕不怕?——
　　苍蝇似的思想,垃圾桶里爬。

　　这种自我解剖的诚恳态度,表现了诗人极其宝贵的纯正品格,也成为他后来能阔步前进的一个重要条件。闻一多不但是新格律诗理论的倡导者,也是多种诗歌格律的积极尝试者。以诗集《死水》为代表的一些诗歌,结构谨严,形式整齐,音节和谐,比喻繁丽。这些特色的形成,固然有西方诗歌的影响,很大程度上又得益于我国古典诗歌的滋养。闻一多对我国新诗格律的探索,做出了重要贡献。

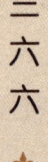

生死场

成书年代：现代
作　者：萧红
地　位：流亡文学的杰出代表

作者简介

　　萧红（1911～1942年），原名张乃莹，另有笔名悄吟，黑龙江呼兰人。幼年丧母，1928年在哈尔滨读中学，接触"五四"以来的进步思想和中外文学。尤受鲁迅、茅盾和美国作家辛克莱作品的影响。由于对封建家庭和包办婚姻不满，1930年离家出走，几经颠沛。1932年与萧军同居，两人结识不少进步文人，参加过宣传反满抗日活动。1933年与萧军自费出版第一本作品合集《跋涉》。在鲁迅的帮助和支持下，1935年发表了成名作《生死场》（开始用笔名萧红），蜚声文坛。1936年，为摆脱精神上的苦恼东渡日本，在东京写下了散文《孤独的生活》、长篇组诗《砂粒》等。1940年与端木蕻良同抵香港，不久发表了中篇小说《马伯乐》和著名长篇小说《呼兰河传》。1942年，历尽坎坷之后在香港病故，时年31岁。

萧红像

背景介绍

　　1935年12月，萧红的中篇小说《生死场》以"奴隶丛书"的名义在上海出版，在文坛上引起巨大的轰动和强烈的反响，萧红也因此一举成名。《生死场》原名《麦场》，后由胡风改名为《生死场》，是她以萧红为笔名的第一部作品。《生死场》以沦陷前后的东北农村为背景，真实地反映旧社会农民的悲惨遭遇，以血淋淋的现实无情地揭露日伪统治下社会的黑暗。同时也表现了东北农民的觉醒与抗争，赞扬他们誓死不当亡国奴、坚决与侵略者血战到底的民族气节。《生死场》的发表，符合时代的要求，呼唤民族意识的觉醒，对坚定人民抗击日本侵略的毅志起到了很大的鼓舞作用。萧红在作品中大胆地反映了人民的要求和愿望，抒发了她对祖国和人民的热爱，表现了强烈的爱国主义思想。《生死场》深受广大读者的喜爱，社会影响很大。萧红也因此成为20世纪30年代中国文坛知名的女作家，从而确立了她在中国文学史上的地位。

名著概要

　　《生死场》全书共有17节，在第一节《麦场》至第十节《十年》里，作者用充满感情的笔调，描写了东北农民贫苦无告的生活。他们身受地主阶级的残酷压榨，一年三百六十五天，每天都是背向蓝天、脸朝黄土，辛勤操劳，累弯了腰，累趴了

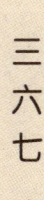

腿，还是得不到温饱，受着饥饿和疾病的煎熬，在这种牛马不如的生活中，有的妇女生下来的孩子也是畸形的。萧红用女性作者细致的观察，生动地写出了几个农妇的悲惨命运。

女主人公贫农王婆，是一个饱受磨难的老妇人，她的第一个丈夫虐待她，后来干脆抛弃了她和孩子，独自跑进关内去了。她为了生存，不得不嫁给第二个丈夫，这个丈夫却贫病而死。她又不得不嫁给第三个丈夫老赵三。在她老年的时候，儿子因为反抗官府，被反动政权枪毙了，她觉得生活无望，愤而自杀，可是在将要埋葬的时候，又活转过来了。另一个贫农家的少女金枝，她只有17岁，像所有的年轻人一样，梦想着青春和幸福。但生活给她带来的是什么呢？情人是一个粗暴的人，她还没有过门就怀了孕，受到母亲和同村妇女们冷言冷语的嘲讽。嫁过去之后，丈夫嫌她和刚出生的女儿拖累自己，竟把不满一个月的小金枝活活摔死了。还有一个贫农家的少妇月英，本来是村里最美丽、性情最温和的妇女，因为患了瘫病，成了丈夫的累赘。丈夫不给她饭吃，不给她水喝，她下身腐烂了、生了蛆虫，整天不停地呻吟、哭叫，就这样活活地烂死了。作者通过对她笔下三个人物的命运的描写，把北方贫苦妇女的悲惨遭遇展现在读者的面前，启发读者去审视黑暗的现实社会。

第十一节《年盘转动了》至第十七节《不健全的腿》，写的是"九·一八"事变后，宣称"王道"的日本军队的铁蹄，踏进了这个小小的村庄。受着地主阶级残酷压榨的广大农民身上，又直接地压上了一座帝国主义的大山。是驯服地做亡国奴，被杀害、被掳掠、被强奸呢，还是挺身而起、进行反抗呢？

在作品的后半部，萧红运用一般女性作者难于驾驭的雄健的笔锋，描写了这些被压迫的农民逐步走向觉醒，起来斗争的故事。他们的亲人被枪杀了，他们的邻人被掳走了，村中的寡妇多起来了，妇女们被奸污了，连鸡都抢得不剩一只了。就是这些受苦受难的农民，他们白天看着宣称"王道"的破旗，夜里秘密地组织起来。多灾多难的王婆倔强地站起来了，她在窗外给秘密团体站岗放哨。赵三成了义勇军的秘密宣传员，白天黑夜地走门串户。东村的一个寡妇把孩子送回娘家投奔义勇军去了。就连那个胆小怕事、一辈子守着一只心爱的山羊过日子的跛足二里半，也告别了老山羊，跟着头领参加了义勇军。作者用了不少篇幅，描绘人民宣誓的日子，用悲怆的气氛，烘托出人民要求抗战到底的决心。

阅读指导

《生死场》触目惊心地展现了 20 世纪 20、30 年代中国封闭的乡村社会农人日复一日、年复一年的混沌、蒙昧的近乎原始的生存状态——生是动物性的生，死是动物性的死。貌似平淡的生存面纱后隐藏的正是"蚁子似地生活着，糊糊涂涂地生殖，乱七八糟地死亡"的骇人图景。"在乡村，人和动物一起忙着生，忙着死"。除了描写这种动物式的生以外，萧红还突出地表现了生命死亡的普遍性和对生命毁灭所持的惊人的麻木态度。萧红通过生与死相亲相伴、相克相生的哲理性表述，体现了她对人类生命脆弱、不堪一击的悲剧性思考。在她笔下，人类似乎永远无法摆脱难产、衰老、疾病、瘟疫、饥饿、自杀等一系列形式的死亡；似乎死亡才是他们的目的，坟场才是他们永久的归宿与家园。而生，只是为了死，为了继续扩大那片坟场与荒山。"十年前村中的山，山下的小河，而今依旧十年前，河水静静地流，山坡随着季节而更换衣裳；大片的村庄生死轮回着和十年前一样。"时间的不确定意味着社会生活和历史发展的滞重与不变，意味着乡土社会生存状态的永久性循环与重复。正因为此，《生死场》的悲剧意蕴得以超越特定的时空而达于深远。

太阳照在桑干河上

成书年代：现代
作　　者：丁玲
地　　位：土地改革的史诗性作品

作者简介

丁玲（1904～1986 年），原名蒋伟，字冰之，1904 年 10 月 12 日生于湖南省临澧县黑胡子冲（现名佘氏高丰村）。著名女作家，国内外享有盛誉。成名作为《莎菲女士的日记》。1930 年加入"左联"，主编其机关刊物《北斗》。1932 年加入中国共产党，任"左联"党团书记。1936 年后，历任中国文艺协会干事会主任、陕甘宁边区文协副主任、《解放日报》文艺副刊主编。1946 年参加河北土改，写出《太阳照在桑干河上》，获斯大林文学奖。中华人民共和国成立后，历任中央文学研究所所长、中宣部文艺处长、《人民文学》主编、中国作协副主席、第六届全国政协常委、全国妇联理事等职。主要作品有《丁玲选集》《延安集》，以及短篇小说、中篇小说、散文选集等多种。曾被美国文学艺术院授予名誉院士称号。

丁玲旧照

背景介绍

丁玲进一步深入群众的生活和斗争，努力实践文艺为工农兵、为革命斗争的方向。1945年抗战胜利结束，丁玲和大批干部、作家一道从延安出发，前往华北解放区开展工作。1945年《五四指示》发布后，她于同年7月参加晋察冀地区的土改工作。至9月底为止，先在怀来，后往涿鹿，在短短两个月中，丁玲投身火热的斗争，不仅进一步深入了农民群众，同时也产生了强烈的创作冲动，并且以极大的热忱和卓越的艺术才华，写出了反映解放区土地改革运动的著名长篇小说《太阳照在桑干河上》。关于这部长篇的主题和人物的构思，她曾经回忆说："在工作中我体会到一些更深刻的问题，我觉得农民要自觉地起来，团结在一起，跟着共产党勇往直前，实在不是一件容易的事……特别是当时的环境，战争的火焰就在近边，如何把农民引入斗争……这实在需要细致具体而又要大刀阔斧的工作方式和完全相信群众的放手的领导作风。"她还说："卷入了复杂而又艰难的斗争热潮"的"那些老年人，那些最苦的妇女们，那些积极分子，那些在斗争中走到最前边最勇敢的人们"，"他们带给了我兴奋、紧张、不安定，好像很不舒服，但我感到幸福。我在他们的宇宙里生活着，编织着想象的云彩……我的小说好像已经完成了，只须要写出来"。

名著概要

顾涌从14岁开始，就跟着哥哥来到暖水屯，俩人吃了48年的苦头，才逐渐有了些土地，生活也越过越顺，全家16口人在土地上挺直了腰杆。顾涌的二儿子在村干部动员下入伍了，三儿子顾顺担任青联会的副主任，大女儿嫁给八里桥胡泰家，二女儿则给钱文贵的小儿子当媳妇。一天，顾涌领着儿女和小外孙，驾着胡泰家的胶皮车回暖水屯，引来乡亲们的众多议论。他的亲家钱文贵叫自己媳妇回娘家看看到底有什么动静。钱文贵在村里是有头有脸的人物，全村人都恭维

经典摘录

慢慢黑妮也发现了前途有危险，她越想抓住，就越觉得没有把握，她的这些心事只能放在心上，找不到一个可以谈谈的人。在这个时候，二伯父倒像知道了什么似的，也不说她，也不禁止她，还常常给她一些同情或鼓励。黑妮是不会了解他的用意的，心里还对他有些感激。因此在这个本来是一个单纯的、好心肠的姑娘身上，涂了一层不调和的忧郁。

——《5 黑妮》

他们分了手，文采几个朝县上走去，去到新的工作岗位去，沿路遇着一队一队的去挖战壕的民夫，那些人都是各村翻身的农民，都洋溢着新的气象，兴高采烈，都好像在说："土地是咱们的，是咱们辛辛苦苦翻身的结果，你蒋介石就想来侵占吗？不行！咱们有咱们人民的军队八路军，有咱们千百万翻身农民，咱们一条心，保卫咱们土地！"

——《58 小结》

名家点评

　　这一部艺术上具有创造性的作品，是一部相当辉煌地反映了土地改革的、带来了一定高度的真实性的、史诗性的作品。

　　　　　　——冯雪峰《〈太阳照在桑干河上〉在我们文学发展上的意义》

逢迎他，给他送东西送钱。人们称他是村子上八大尖里的第一尖。二姑娘领着女儿黑妮来到顾家，坐了一会儿，黑妮就回去了。

　　顾家大女儿告诉妹妹，八里桥的村干部去平安镇开会，农民们提出平分财产和土地。胡泰着急了，担心家里的车辆被人占有，于是让亲家赶一辆回来，说是卖了。然而，这件事一传十十传百，村里人心惶惶，有人说国民党调动大部队和美国大炮要打仗了。

　　张裕民是暖水屯的第一个党员，区里安排程仁、李昌到暖水屯配合他开展土改工作。张裕民认为在中国共产党和八路军的大力支持下，上级的决定执行起来比较方便。但是，要真正扫除封建势力，让百姓翻身自觉做主，却是一件比较困难的事。8月中旬，区里又派遣文采、胡立功、杨亮三人来到暖水屯。作为工作组的组长，文采决定先要把干部们的思想沟通好，按照晋察冀中央局有关土改的指示，才能顺利完成土改工作。次日，暖水屯的百姓们早早吃过晚饭，来到去年被打倒的地主许有武的院子等待开会。天黑时，文采按照他已经拟定好的提纲一气说了6个小时，得到人们的热烈响应。

　　在村干部的努力下，暖水屯11家地主的果木园被统制起来，果实由农会来卖。人们开始有了觉悟的萌芽。工作组遂决定在适当的时候，开一场批斗大会，打击长期欺压百姓的地主头子钱文贵。文采批准杨亮他们的提议，这晚在许有武的院子里召开农会。晚上大批人涌到许有武的院子，在区工会主任老董的建议下，村干部们把农会改成群众大会。

　　张裕民宣布今天这个会就是和钱文贵算账，让百姓自己来主持开会。太多的人要控诉钱文贵。黑汉子刘满第一个说话，他揭露钱文贵害死他爹，强拉他大哥当兵，生死未卜，还逼疯了他二哥的事。他口中大喊要报仇。之后，一个接一个的人上来，每当一个讲完，群众就爆发出热烈的吼声。钱文贵在愤怒中被带上了台，人们纷纷要求处死他。张裕民劝阻了大伙儿，接着钱文贵

《太阳照在桑干河上》手稿

相关链接

1927年，丁玲的成名作《莎菲女士的日记》在《小说月报》上发表，引起很大反响。茅盾曾指出："莎菲女士是心灵上负着时代苦闷的创伤的青年女性的叛逆的绝叫者。"作品由不连贯的34篇日记构成，通过细腻大胆的心理独白，塑造了一位富有叛逆精神，倔强自傲又沉郁苦闷的青年女性莎菲的形象，真实地反映了五四运动后，一部分青年继续反叛黑暗、努力寻求出路的痛苦历程。

被要求写保状，当场释放，只能暂时住在当兵的小儿子钱义的院子里。他的财产全部充公，留多少给他，由评委会决定。钱文贵被打倒之后，暖水屯的土改运动取得初步成效。

打倒钱文贵之后，文采整天坐在评地委员会办公室，帮助分地。暖水屯的地主原来的财产，只给他们留下一点，其余的全拿出来均分，经过众人的公议，事情进行十分顺利。中秋节这天，群众在开完分地大会后进行了游行示威。人们纷纷感到这个世界正在发生着飞速的变化。

阅读指导

《太阳照在桑干河上》在艺术上有着自己的特色。全书共58节，近40个人物，写了一个农村土改斗争从酝酿到发动群众、几经曲折终于斗倒地主的过程，波澜起伏，疏密相间；故事线索纷繁，然而主次分明，繁而不乱。这样宏大的结构对反映巨大规模的农村土改斗争及其复杂性十分合适，同时也充分显示了作者高度的艺术概括能力。其次，气氛描写十分突出。作品首先从顾涌开篇，进而写土改斗争在各个阶级人们心理上的影响，一直到工作组进村，整个暖水屯都处在"山雨欲来风满楼"的气氛中。工作组进村后，斗争逐步展开，紧张气氛仍有增无减。农民对翻身斗争的要求、期待、兴奋、欢乐，同时夹杂着一些疑虑；地主阶级在暴风雨前的惶恐、紧张、挣扎、反抗，有的还抱着幻想，都表现得活灵活现。在人物描写方面，作者经常用人物分析的方法，即在故事情节的发展中不时穿插叙述一些人物的身世经历和性格特点，这样从整部作品看虽然有时多少会影响故事发展的连贯性，不免使人感到沉闷，但对人物形象的完整性和深刻性的理解，无疑能取得比较明显的效果。与此同时，作品对人物内心活动的描写也比较突出，如对程仁、李子俊女人的几段心理描写，就非常地细致入微，这是作者擅长的刻画人物的一个特点。正是人物分析的方法和心理描写的方法相结合，作品中的人物形象显得鲜明、丰富。另外，场面描写也比较成功，如统制果树园和斗争钱文贵的场面生动活泼而又层次分明，特别是"果树园闹腾起来了"一节写得情景交融，有声有色。在写场面时，作者善于把环境描写和人物描写、叙述故事和心理分析很好地结合起来，运用多种手法加以表现，因而整个画面有动有静，使人印象深刻。还有，浓重的生活气息也是本书一个特点。作品虽是写土改斗争，但围绕这一斗争表现了广阔的社会生活，

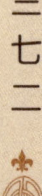

犀利的笔触深入到农村社会和农民家庭的细小角落，既写了人们政治上、经济上的关系，也写了他们生活上、伦理上的联系；既写了现实矛盾，也写了历史纠葛，因而整部作品就像一幅宏大绚丽的巨制图卷。